假账与反假账（第3版）

看透舞弊

破解舞弊

防患舞弊

贺志东◎著

電子工業出版社
Publishing House of Electronics Industry
北京 • BEIJING

内 容 简 介

本书依据会计准则、财务通则、审计准则、内控体系、税法体系等新的法律法规，对各种非法假账手法予以曝光，全面、透彻地分析了各种反假账技法，有助于查处、打击各种经济违法乱纪和财务造假行为。

本书共 16 章，从企业财务造假的主要特征、查账反假技法入手，详细介绍了企业在经济凭证、账簿、财务报表、资产、负债、所有者权益等方面的假账与反假账。

本书具有高度的操作性和实用性，案例丰富、具体，资料详尽，条理清晰，查阅方便，可供全国广大审计人员、企业领导、财会人员及相关人员使用。

图书在版编目（CIP）数据

假账与反假账 / 贺志东著. —3 版. —北京：电子工业出版社，2020.12

ISBN 978-7-121-39998-5

Ⅰ. ①假…　Ⅱ. ①贺…　Ⅲ. ①会计检查　Ⅳ.①F231.6

中国版本图书馆 CIP 数据核字（2020）第 231211 号

责任编辑：刘　殊
印　　刷：涿州市般润文化传播有限公司
装　　订：涿州市般润文化传播有限公司
出版发行：电子工业出版社
　　　　　北京市海淀区万寿路 173 信箱　　邮编：100036
开　　本：787×1 092　1/16　　印张：24.5　　字数：720 千字
版　　次：2015 年 5 月第 1 版
　　　　　2020 年 12 月第 3 版
印　　次：2022 年 10 月第 6 次印刷
定　　价：109.00 元

凡所购买电子工业出版社图书有缺损问题，请向购买书店调换。若书店售缺，请与本社发行部联系，联系及邮购电话：(010) 88254888，88258888。

质量投诉请发邮件至 zlts@phei.com.cn，盗版侵权举报请发邮件至 dbqq@phei.com.cn。

本书咨询联系方式：(010) 88254199，sjb@phei.com.cn。

前言

假账，是指单位领导人员、会计人员及其他有关当事人为了达到某些非法目的而有计划、有针对性地故意在账务处理等方面造假，违反国家有关财务会计等方面法律法规，导致财会资料信息失真的一种舞弊行为。

2001 年 4 月 16 日，时任国务院总理朱镕基在视察上海国家会计学院时，为该校题写了校训——不做假账。要求会计主体单位的领导、会计人员不做假账，审计等单位不参与、不协同做假账及不出具虚假审计报告。

假账满天飞，是目前比较普遍的社会现象。有的企业备有几本账，给自己看的是真的，给上级、税务机关等看的往往是假的，数字或夸大或缩小，视为“捞”成绩还是为偷漏税等目的不同而定。有的企业负责人招聘会计工作人员的标准，就是会不会做假账。真实的账领导当然要掌握，对外的账几乎就是随心所欲了：向银行贷款时，要夸大资产和净资产的量，掩饰不良资产；向税务局申报纳税时，要隐瞒利润额；向主管部门上报经营业绩时，又要向实际数字“注水”；企业改制时，自然就要把净资产、利润变为负数。总之，都要求在账面上做文章。

做假账与经济领域违法乱纪活动是相伴而行的，也就是说，做假账是经济领域违法违纪活动最亲密的伙伴，违法乱纪分子往往习惯于做假账，得益于做假账，同时是做假账的高手。他们既借助于做假账进行伪装和隐蔽，也利用做假账嫁祸于人或拉人下水；他们既寻觅和利用“假”，同时蓄意扩大和制造“假”；以假乱真，以真护假。做假账是违法违纪活动的重要手段之一。

做假账具有巨大的破坏性和杀伤力，它不仅侵害了财务信息使用者，侵害社会各方面利益关系人，而且损坏了社会经济生活的健康肌体，最终也损害行为者自己。

做假账对社会经济的影响是负面的，可谓有百害而无一利，它并非附属于社会经济体的小毛病，无关痛痒，而是社会经济肌体中的毒瘤。若任毒素不断扩散，可能危及社会经济的健康，所以必须痛下决心尽快将其切除。

当前，“反假账”具有重要的意义。各级政府经济管理部门和有关企业、事业单位都坚持有计划、有组织地对本部门、本单位经营管理和财务核算工作及有关会计、统计和业务信息资料进行清理、整顿和检查，特别是对财务核算资料进行稽核审查，加强内部控制，整肃管理和核算之混乱，防范财务风险和管理风险，打击做假账和经济领域违法乱纪。这对于确保政府部门所获的经济信息的全面、及时、准确，维护社会主义法纪，维护市场经济秩序，打击经济领域犯罪活动，加强会计控制和核算管理，都具有特殊的意义和作用。它不仅对于加强国民经济管理和宏观调控是必要的，而且对于企业、事业单位自身业务的健康运行和正常拓展，也是必不可少的。

为了有助于查处、打击各种经济违法乱纪和财务造假行为，全国著名财税、审计专家贺志东教授编写了本书，对各种非法假账手法予以曝光，并精心介绍各种反假账技法。全书共 16

章，内容包括财务造假的主要手法、查账反假技法，以及经济凭证、会计账簿、财务报表、收入、成本费用、利润、货币资金、应收及预付款项、存货、投资、固定资产、无形资产、负债、所有者权益等方面的假账与反假账。

本书特色：①专业性。②创造性。无论是形式还是内容，都体现了这一点。③高度的操作性、实用性。④新颖性。依据最新的企业会计准则、企业财务通则、审计准则、内控体系、税法体系等编写。⑤案例丰富、具体。⑥讲解全面、透彻、通俗。⑦资料详尽，条理清晰，查阅方便。

本书适用对象：全国各地广大内部审计人员、社会审计人员、国家审计人员、公司的治理层和管理层、财会人员和其他相关人员，以及税务稽查、纪检监察、公安经侦、法院工作人员等所有涉及查账的人士，也适合所有对反假账感兴趣的公民。

囿于学识、科研经费、编写时间等方面的原因，书中难免有不足之处，请读者不吝批评指正，以便今后再版时修订（jianyi@tax.org.cn）。

目录

第 1 章
财务造假综述

1.1 假账综述

当差错尤其是重大差错是由财务会计报表决定者主观故意造成的时，那么虚假财务会计信息就形成了。

案例

财务造假？某股票 15 分钟内市值一度蒸发超 60 亿港元，原来——

这一切，发生在港股南方能源（01573.HK）身上，到底发生了什么事情？我们一起来看看。

2019 年 7 月 29 日盘中，贵州无烟煤生产商南方能源遭沽空机构 Emerson Analytics 发表报告狙击，指该公司自 2016 年上市申请时已窜改公司财务状况，又认为公司与其主席兼行政总裁徐波正面临财务困难。

Emerson Analytics 称，南方能源在 2013 年至 2018 年间，收入被夸大约 5 倍，在某些年份甚至根本没有盈利，并预计“被退市”是其唯一合理的下场。

该报告还称，公司主席徐波是通过出售股份及押股集资等操作，维持其庞氏骗局的。

南方能源在沽空报告出现后第一时间申请了停牌。

7 月 29 日当天下午一点，南方能源紧急申请停牌，停牌前收跌 2.21%，报每股 9.73 港元。

8 月 2 日午间，公司发布澄清报告并于下午一点复牌，复牌即闪崩，从原本接近 10 港元，差点崩成“仙股”。短短 15 分钟内跌幅超 90%，盘中最低价到 0.78 港元，市值一度蒸发超 60 亿港元。

另外，南方能源发布公告反驳沽空报告，称 Emerson Analytics 的报告蓄意误导，混杂着不实且没有根据的揣测，旨在操控股价并损害上市公司声誉。

公告称，公司董事确认，彼等于该报告发布前并未被 EA 联系或接受其采访以核实该报告载列的任何数据或资料。该报告披露了其作者可能于公司股权及/或衍生工具中拥有好仓或淡仓，并因此在公司股份价格下跌时可实现巨额收益。

董事会强调，公司股东及有意投资者于阅览该报告时应该采取非常谨慎的态度并且将该指控视为其作者获取可能的巨利的途径。该报告混杂不实错误，蓄意误导及没有根据的揣测，公司认为该报告旨在操控股票价格并损害公司声誉。

不过从股价反应上看，此次南方能源的澄清似乎并未说服资本市场。

值得注意的是，恒生指数公司将于 2019 年 8 月 16 日收市后公布恒生综合指数年中检讨结果，相关变动将于 9 月 9 日生效。安信国际列出 20 只潜在新晋港股通标的，其中就包括南方能源（01573.HK）。里昂曾发表研究报告，亦看好南方能源（01573.HK）获纳入港股通标的。但就目前在这个节骨眼上突然股价闪崩来说，南方能源进入港股通的事情恐怕要黄了。

沽空报告说了什么内容？

南方能源被指上市阶段已造假

南方能源 2016 年在香港上市，当时集资净额 1.83 亿元人民币，刚上市时名为“中国优质能源”，于 2019 年 2 月改为现名。

南方能源的收入来源较为单一。数年来，南方能源仅无烟煤销售这一项收入。

而主营业务单一也导致了一个问题：南方能源的业绩和利润也就随着煤价的浮动而上下波动。根据其年报来看，去年的净利润同比减少 10.33%。

截至 2018 年年末，大股东 Lavender Row Limited 持有 2.41 亿股（由公司主席徐波家族所持），占比达到 33.6%。

沽空机构 Emerson Analytics 称，由德勤会计师事务所担任核数师的南方能源，在上市申请阶段已开始造假。

报告指出，南方能源的所有业务均由其全资子公司贵州优能（集团）矿业营运，两家公司的财务业绩理应接近。不过，根据国家工商总局的数据显示，贵州优能（集团）矿业在 2016 年的收入仅占南方能源当年表列收入的 12%，2017 年占比仅为 21%。

沽空机构甚至还“怼”了德勤会计师事务所。Emerson Analytics 称，2017 年的某个时候，南方能源公司试图出售某个矿场。就在投资者赶赴现场进行尽职调查之前，附近的青松煤矿的大量煤炭被运走并被塞进了某矿场的矿井。当投资者到来时，他们目睹了煤炭正在脚下被“开采”，大约 20 辆重型卡车排队运输煤炭。这些投资者不知道，这些煤后来又被送回了青松煤矿。

南方能源的审计师德勤似乎对夸大的产出数据视而不见。德勤是否经历过与上述投资者类似的经历？或者他们从来没有费心去过现场？有一点很清楚：德勤对关键运营数据的了解程度不如当地农民。

实际产出与官方数据不符

此外，该机构还曾实地调查，发现南方能源旗下三个煤矿 2018 年的实际产出，估计只有列表公布的 1/3。其中表现最差的罗州煤矿从 2018 年 8 月开始已关闭，其产量仅达表列数据的 5%。而该煤矿在 2016 年仍处于建筑阶段，未有任何生产活动，但南方能源声称该煤矿在 2016 年的表现是三个煤矿中最好的。

报告称，连续几天看到矿井非常安静，没有煤矿工人，并且完全没有看到运煤卡车。

该机构又称，南方能源在其 IPO 招股书声中声称，在 2013 年至 2015 年间，其六大客户（六盘水革贵经贸有限公司、赫章县同创矿业有限公司、武汉锐尔特工贸有限公司、贵州瑞金航贸易有限公司、贵州金坤贸易有限公司、六盘水市钟山区杏丰洗煤厂）贡献其收入接近 75%。

不过，根据企业信用信息公示系统数据，这六间公司中的四间，其总收入持续少于南方能源声称向其出售的数字。剩下两家公司中，一家在 2017—2018 年处于“停产”状态，另一家则从未购买过无烟煤。该机构估计，南方能源向这些客户的实际销售仅为其声称的 16%。

南方能源还被称为庞氏骗局

Emerson Analytics 称，南方能源在 2013 年至 2018 年间将其收入夸大约 5 倍，且其中一些年份根本无盈利。通过上市以来一直保持较高的市盈率，该公司控股股东徐波通过出售及质押其持有股份来贷款筹集资金，从而维持这一庞氏骗局。

报告称，南方能源的市盈率远远高于同行。在 2017 年 1 月 17 日至 2018 年 1 月 22 日期间，南方能源被香港证券交易所列为具有高度集中所有权的股票。

为了维持庞氏骗局或最终获得资金运营，控股股东将公司股票保持在膨胀的水平，然后处置其股票和/或将其作为贷款抵押，以提高流动性。

沽空机构最后得出结论，南方能源和徐波均面临财务困难，因为其财务造假已经难以持续，除牌将是该股唯一可能的命运。

据媒体报道，南方能源控股主要股东 Lavender Row Limited（由公司主席徐波家族所持）入禀中国香港高等法院，控告招银国际财务及招银国际证券，指招银（招银国际金融，简称招银）在 2019 年 7 月 8 日及 9 日不当地出售其部分南方能源质押股及要求其加速还款，Lavender 现向招银索偿。

入禀状指，Lavender 于 2017 年签订贷款协议，向招银借取 2 581 万美元（约 2.01 亿港元），还款期 3 年。Lavender 并把 1.436 亿股南方能源（约 20%南方能源股权）质押予招银。

2019 年 3 月初，招银要求 Lavender 在 3 月 22 日前缴付第二期还款及预缴第三期还款的利息，否则将出售押股。

Lavender 称已于上述 3 月 22 日前缴付上述第二期还款及第三期利息，且增加抵押品，但招银仍于本月 8 日及 9 日将押股中的 16 万股（约 0.0223%南方能源股权）出售，并要求 Lavender 加速还款。Lavender 指招银此举有违双方之前的贷款等协议。

据悉，在沽空报告中也指出，最近，招银在市场上以每股 11 港元的价格出售了 16 万股南方能源股票。据交易披露，招银之所以处置这些股份，是因为徐波无法偿还债务。披露易显示，招银国际及招商银行股份有限公司最新持股比例为 19.98%。

（本文相关资料数据整理自互联网。文章内容仅供参考，转载目的在于传递更多信息，并不代表赞同其观点，如有错漏请以证监部门官方结论为准。下同。）

1.1.1　假账的成因

（1）逃税需要。一些企业为了逃税做假账，千方百计少做收入，多列成本、费用、损失，以达到少交税或不交税的目的。

案例

做假账抬高进货价，药企逃税 1 亿多元

把药卖出去，再高价买回来，药厂不是傻，是太聪明了，它图的是少缴税。

2013 年 10 月 17 日，沈阳警方表示，破获特大虚开增值税专用发票案，涉案企业涉嫌逃税近 1.2 亿元。

2013 年 1 月 29 日，国家有关部门提供给沈阳警方一条某企业涉嫌逃税线索。沈阳市公安局专门成立了“1·29”专案组，对辽宁中沈医药有限公司（以下简称中沈医药）虚开增值税发票案进行立案侦查。

沈阳警方调查发现，中沈医药分别联系河北两家医药有限公司及辽宁某医药开发有限公司、辽宁某药业有限公司，以上述四家公司名义汇款给某制药公司。某制药公司先将发票开给上述四家公司，由上述公司将药品价格抬高几倍后，再给中沈医药开具相应价格的增值税发票，由中沈医药向上述四家公司支付相应比例的开票费。这些都没有真实的药品交易过程，药品实际由某制药公司直接到了中沈医药。由中沈医药再将药品数倍加价后销售给各大医院。

2013 年 10 月 17 日，沈阳市经侦支队介绍，按正常药品价格买卖，药企需要交纳较高的税金，于是药企从账面上抬高进货价格，虚假增加进货成本，压低利润。也就是说，从账面上看，药企没赚钱，那也就不用交很多税，甚至不用交税。而给该药企虚开增值税发票的企业赚取了开发票的手续费和返点。

经会计师事务所审核认定：中沈医药于 2010 年 1 月至 2012 年 4 月期间，从上述四家医药公司虚开药品增值税专用发票 1 180 组，逃税合计 1 亿 1 996 万元，给国家、人民造成重大经济损失。

中沈医药实际经营人夏某某（女，58 岁，现住址沈阳市皇姑区）及相关涉案公司的 3 名主要犯罪嫌疑人，目前已被批准逮捕。

（资料来源：《华商晨报》2013-10-18）

（2）信贷需要。很多企业资产状况不佳，为了向银行贷款或评上更高的银行信用等级，需要粉饰报表，将收入、利润、资产等指标虚假夸大，以达到信贷银行的要求。

案例

“武汉首席”会计师帮人做假账被拘，骗贷 800 余万元

仅为了 1.2 万元“好处费”，女会计按照对方授意出具虚假财务审计报告，导致银行 800 余万元贷款无法收回，最终自己被警方刑拘。令人唏嘘的是，涉案的女会计曾是 2014 年全市注册会计师协会评比出来的“武汉首席”会计师。

2015 年 4 月 13 日，武汉警方披露了这起案件，这是武汉查处的首起专业注册会计师做假账造成银行重大损失的案件。

商贸公司骗贷 800 多万元未还

“这个公司的财务报表是假的，800 多万元现在还没有还回来！”2014 年 12 月 2 日，武汉一银行到市公安局经侦支队报案，称湖北某商贸公司利用虚假财务报表骗取该行贷款 1 000 余万元，至今只归还了 200 万元。

经过 3 个月的侦查，案情基本被掌握：2013 年 10 月，涉案公司法定代表人杜某为骗取报案银行贷款，在公司实际经营规模不大且亏损的情况下，找到武汉一家会计师事务所注册会计师李丽（化名）。杜某为了骗取贷款，虚增涉案公司 2011 年、2012 年、2013 年营业额，杜撰了公司盈利的财务报表，杜某在虚假的财务报表上签字，视作其公司提供给会计师事务所的证明材料。李丽依此报表制作虚假的财务审计报告，收取 1.2 万元“好处费”，帮助杜某成功骗取报案银行 1 000 万元贷款，导致最终 800 余万元贷款无法收回。

2015 年 3 月 3 日，武汉市公安局以涉嫌骗取贷款罪将杜某刑拘。同月 5 日，李丽因涉嫌提供虚假证明文件罪被武汉警方刑拘。

涉案女会计曾是“武汉首席”会计师

“这只是个例外，我就是熟人帮忙，没想到出了这种事。”昨天，记者在市公安局经侦支队见到了已经刑拘期满前来做笔录的李丽。言谈中，李丽对自己犯下的错误十分后悔。

李丽在 2014 年注册会计师协会的考核中，业务能力排在全市第一。“主要是太相信熟人了，这笔业务是老客户介绍的，我为这个客户服务了 10 多年，而且这个客户如今也做到了湖北省内的翘楚，怎么能想到他们介绍的人不还钱呢？”

到底是哪个环节出了问题？李丽说：“还是自己的问题最大，应该坚持审计原则，不应太相信熟人。”她表示，其实会计师事务所有专门的操作规程与审计软件，都怪自己没有按照正常流程办事，“这对我打击很大，但我还坚信我是行业首席”。

如今，等待李丽的是法律的严惩，按照刑法，她可能被处五年以下有期徒刑或者拘役，并处罚金。

个案反映会计行业多个漏洞

经侦支队民警说，结合近年来会计师事务所行业内发生的多起造假事件，这起案件更深层次地暴露出会计、审计行业存在的问题与漏洞。

民警说，其中的问题有：会计师从业人员良莠不齐，缺乏良好的职业道德，公众利益意识不强。中小规模的会计师事务所业务单一，竞争力弱，有的受利益驱使，违规操作；有的屈从于客户要求，与客户串通作弊、恶意造假。同时，注册会计师的考试由中国注册会计师协会负责，各地的注册会计师及事务所由各地财政部门负责，注册会计师的再教育一般由地方院校进行，造成行业监管体系、监管制度不健全，管理分散，政府监管与行业自律管理的关系没有理顺，行业法律法规不健全。另外，由于虚假审计报告成本低，引发行业不正当竞争，造成恶性循环。而且，在司法实践中，对违规审计报告多归为质量问题，依法追究从业人员刑事责任的少。

（资料来源：法制网 2015-04-14）

（3）业绩需要。一些企业为了某种目的（如上市需要、直接股权债权融资需要、业绩考核需要等），对收入和利润进行人为的调节（包括报销不及时等非刻意因素），以达到不同时期的不同要求。

案例

央视曝光雅百特业绩造假：10 亿元假账出自 20 平方米店铺

2017 年，中国证监会查处了一起上市公司跨境财务造假案，这家公司不仅将建材自买自卖，假冒跨国生意。而且想乘着“一带一路”的东风，把假生意做到巴基斯坦。但经过监管机构跨境调查，参与巴基斯坦的项目完全子虚乌有，公司在年报中撒下弥天大谎。

雅百特 2015 年 8 月成功 “借壳上市”，当年年报显示，雅百特在与巴基斯坦木尔坦市开展的城市快速公交专线项目实现收入超过 2 亿元，占年度销售总额 21.8%。这么大单的跨国生意，让雅百特的年报“闪闪发亮”。不过，调查人员却发现，这笔收入有问题。

证监会调查人员：从资金链来讲，经过我们的调查，雅百特的回款主要来源于雅百特本身控制的公司，还有一些其他的中国境内的公司，根本就不是巴基斯坦方面转的钱。

据了解，巴基斯坦木尔坦项目业主方为木尔坦发展署，建设城市快速公交线，总投资超过 3.5 亿美元。不过，木尔坦发展署根本没有和雅百特合作，年报所说的收入完全子虚乌有。

证监会调查人员：调查发现雅百特根本就没有参与这个项目的建设，它找了海外的一个公司伪造了一个虚假的工程建设合同，但是这个合同根本就没有履行。

为了圆谎，雅百特还自导自演了一场将建材出口到巴基斯坦的“好戏”。

证监会调查人员：雅百特在建造这个工程的过程中，向海外出口了一批建筑材料，他们公司声称这批建筑材料是用于这个巴基斯坦木尔坦公交车站的建设。但是经过调查发现，这些建筑材料实际上并没有运送到巴基斯坦，又通过第三方的公司把这些材料进口回来，以这种方式达到了一种虚构海外工程在施工的假象。

证监会曾经要求公司及相关中介机构前往木尔坦核实该项目，但雅百特相关人员根本没去过巴基斯坦木尔坦市，施工现场的照片都是假的。

左右倒手，雅百特 73%利润造假

年报中最大的一笔收益竟然造假，雅百特公司胆子的确不小。不过，调查人员发现，除了假冒这笔跨国大单，雅百特还有更加离谱的谎言。

2015 年，雅百特以虚假采购的方式将资金转入其控制的上海远盼、上海煊益等关联公司，再通过上海桂良、上海久仁等客户将资金以销售款名义转回，构建资金循环，伪造“真实”的资金流。

同年，雅百特与境外公司伪造虚假的建筑材料出口合同，将报关出口至安哥拉的货物运送至中国香港，然后再由其控制的关联公司将货物进口回内地。

证监会调查人员：它把钱从境内的公司以国际贸易的形式转到海关，然后又以进口的方式把钱从海关转回境内，以这种方式来伪造一个真实的资金。

经确认，雅百特于 2015 年至 2016 年 9 月通过虚构海外工程项目、虚构国际贸易和国内贸易等手段，累计虚增营业收入约 5.8 亿元，虚增利润近 2.6 亿元，其中 2015 年虚增利润占当期利润总额约 73%。

独家曝光，10 亿元假账出自 20 平方米店铺

2015 年，雅百特 73%的盈利都是假的，雅百特千辛万苦伪造业绩，究竟是为什么呢？

据了解，雅百特肆意造假，和业绩对赌有关。

证监会调查人员：首先是为了完成业绩承诺，虚增收入，这是它的目的。因为它对 2015 年、2016 年、2017 年的业绩做了承诺，必须达到一定的标准，否则它要用股份进行赔偿。

调查人员发现，雅百特造假成本极低，动辄数亿元的走账，竟然都是在上海一间 20 平方米的小屋内完成的。稽查人员调查时看到，这间店铺里只有一位会计和一位不懂会计的助理，却操办着雅百特 6 家主要供应商和 4 家走账公司的资金流转。

证监会调查人员：这 6 家供应商和 4 家走账公司的财务人员只有一个财务经理何某，他还有一个助手，助手也不是财务人员，不太懂会计，但是 2015 年的资金流量已经达到近 10 个亿。

雅百特为了造假，动用了 7 个国家和地区的 50 多个公司走账，超过 100 多个银行账户进行资金划转，而且经常通过银行票据和第三方支付划转，渠道复杂。稽查人员为了核实这些账户信息，几乎走遍了上海各大银行。

抗拒调查，嫌疑人“狂飙”演技

随着案件一步步明晰，调查人员开始对雅百特相关人员进行询问，却遇到了意想不到的事情。

证监会调查人员：当时我们在调查雅百特的时候，发现了它的很多走账公司和供应商都是空壳公司，所以我们要求雅百特向证监会提供供应商的联系方式，雅百特一直在推托。在我们的多次催促下，他们就给了我们一个叫作熠循新能源的实际控制人韩某的联系方式。

调查人员随即向韩某了解熠循新能源的业务开展情况。接触发现，韩某实际是雅百特为“忽悠”调查人员、拖延时间而安放的一颗“烟雾弹”。

证监会调查人员：在我们一步步逼问的情况下，他没法把这个谎圆过去，后面就跟我们拍桌子，说那个熠循新能源的业务是他的隐私，中国证监会没权调查他。

穿过“烟雾弹”，调查人员终于发现了案件的核心人员。

证监会调查人员：我们的人员正在调查取证的时候，突然来了一个皮肤黝黑的男子，他看到我们在电脑中调取文件，他立马就把店铺的电闸关了，他跟我们说，这是他们的隐私，我们证监会无权调取。后面我们经过询问才发现，他是参与造假的李某。

李某是一个关键角色。李某在雅百特内部通信录上为雅百特副总裁、大客户事业部总裁，对外以雅百特员工身份开展业务，但实际上与雅百特不具有正式劳动合同关系。同时，他是上海煊益等 6 家雅百特供应商的控制人。透过李某对雅百特上下游公司的操控，调查人员发现雅百特和这些公司虚构的各种贸易层层嵌套、极为复杂。

境外协查，开创监管新效率

雅百特为规避调查，造假业绩多选在国外，本以为肆意撒谎，证监会的手伸不到那么远。但他们没想到，证监会运用了跨境协查这个大招儿。

因为雅百特造假涉及的是跨境贸易，涉及巴基斯坦、新加坡、美国等多地。接到中国证监会的请求，当地证监会给予有力协助，中国证监会一个月内就掌握了核心证据，使案件进程、效率大增，效果显著。

证监会调查人员：项目的施工地点，履约的地点都在境外，雅百特可能考虑到中国证监会可能没有这个调查的力度可以前往巴基斯坦调查。但是，因为中国证监会近年和全球 60 多个主要国家和地区的证券监管机构都签有备忘录，所以可以通过国际协查寻求这些监管机构的帮助。

多管齐下，证监会打假进行中

据了解，雅百特造假案是证监会 2017 年专项执法行动的第一批案件，剑指市场深恶痛绝的上市公司财务造假。这类案件呈现出造假规模大、造假手法隐蔽、系统性造假、跨境趋势明显、反调查手段多等特点，市场危害极大。

雅百特财务造假案是继首例沪港通跨境操纵案件——唐汉博操纵市场案后，证监会查处的又一例跨境违法案件。

证监会表示，将进一步加强与公安、司法机关的刑事执法协作；继续强化交易所一线监管职能，持续严厉查处上市公司财务造假行为，一经查实，一律彻查严处。

（资料来源：央视 2017-07-14）

（4）政策需要。政府部门有时从某种程度上也不反对假账。例如，有的税务部门有时也会和企业沟通，根据需要调整申报纳税的时间。另外，有的银行为了年底贷款任务的完成也需要企业会计报表上的配合。

（5）项目需要。随着政府财力的增加，政府投资立项增多，另外各级政府部门设立的基金种类多、数额大，为了争取上级或国家的项目、基金等，每年都有很多企业粉饰报表，虚夸自身的实力和项目的前景，套取国家资源。

（6）违规需要。在一些企业有一些如行贿等的支出，事情本身是违法的，这些支出往往被包装、被窜改成合理合法的支出入账。

案例

诺华成为第三家因在华行贿被处大额罚金的公司

据英国广播公司（BBC）2016 年 3 月 24 日报道，诺华涉嫌贿赂中国医护人员以提高药物销量，周三就此与美国政府达成和解，同意向政府支付 2 500 万美元（约合 1.6 亿元人民币）。美国证券交易委员会（SEC）称，诺华中国部门在 2009 年到 2013 年期间，通过交通、娱乐、会议、讲课、推广活动、教育研讨会及医学研修等多种费用名目来进行行贿。

报道称，其中一次行贿行为发生在 2011 年。销售人员涉嫌报假账，报销 8 100 美元的费用。这些费用实际上用作娱乐及购买礼物。

针对此，根据报道，诺华表示，相关指控是在公司推出合规措施之前发生的。诺华发言人并声明：“我们会定期检视及更新相关措施，而我们相信这些措施能解决证券交易委员会提出的问题及反映诺华努力提升全球的合规水平。”

而在此之前，最为知名的医药外企行贿案非葛兰素史克（GSK）30 亿元罚金案莫属，并由此，葛兰素史克重新修正在中国的医药销售业务，除规模性裁员外，医药代表的职能由药品销售向学术传播转变。

2014 年 9 月 19 日，湖南省长沙市中级人民法院依法对葛兰素史克（中国）投资有限公司和马克锐等人向非国家工作人员行贿、非国家工作人员受贿案进行不公开开庭审理，并于当日公开宣判，葛兰素史克被判处罚金人民币 30 亿元，这是迄今为止中国开出的最大罚单，马克锐等被告人被判处有期徒刑两到三年。

此后，2015 年 10 月 5 日，美国证券交易委员会（SEC）宣布，制药巨头百时美施贵宝（Bristol-Myers Squibb）同意支付超过 1 400 万美元（约合人民币 8 900 万元），以和解有关其涉嫌在华行贿的指控。

（资料来源：医谷 2016-03-26）

（7）福利需要。由于制度的约束，有些效益不错的国有企业、行政事业单位、社团组织等想尽办法私设小金库，满足账外职工福利支出的需要。

案例

9 人总工会滥发津贴 300 万元。食堂做假账，春节也天天开伙
——贵州省清镇市总工会严重违规违纪问题剖析

作为贵州省清镇市各级工会组织的领导机关，本是维护职工合法权益、关心职工生活、帮助解决困难、全心全意为职工服务的人民团体，却打着为职工谋“福利”的幌子，挖空心思、虚列开支、巧立名目、中饱私囊，顶风违纪分款物将工会经费占为己有。一夜之间，清镇市总工会从工会主席到会计、驾驶员及原纪检组长共 9 人被立案调查。目前，清镇市总工会党组书记、工会主席刘登玺已被移送司法机关。

2014 年 8 月，清镇市纪委在检查各部门落实中央八项规定精神情况时，发现清镇市总工会违规违纪发放津补贴的“苗头”。为抓早抓小，市纪委进行了打招呼、提醒，并将违纪问题在市委常委（扩大）会议上点名道姓曝光，对总工会主要领导和相关领导进行了约谈。市纪委主要领导还参加工会的民主生活会，会上专门进行了提醒和帮助，希望通过“咬耳朵、扯袖子”让违纪人员警醒，使其悬崖勒马。但清镇市总工会从领导到一般工作人员仍阳奉阴违，不收敛不收手。

2015 年 5 月，在贵阳市纪委开展的交叉检查中，检查组再次发现了该工会的问题。接到贵阳市纪委的“转办函”后，清镇市纪委与检察机关专门成立专案调查组对该案件进行查办。随着调查的深入，发现清镇市总工会上至主要领导，下至一般工作人员都存在违规违纪问题。

2015 年 6 月底，清镇市总工会机关干部职工共 9 人分别被立案审查。

据经办此案的清镇市纪检干部介绍，调查期间，工会仍执迷不悟，通过各种方式躲避责任，对抗组织调查，单位上下统一“口径”，建立了“攻守同盟”；有关责任人编造虚假会议记录、窜改会议记录本、删除电脑内的文件、销毁套取食堂公款发放登记原始表册等，企图伪造、销毁证据，给案件办理制造了许多障碍。

然而，聪明反被聪明误。调查中，清镇市纪委加大办案力量，在原有办案人员的基础上又增派 20 名纪检监察干部和财务专业人员，加班加点一张不漏地查阅总工会 2011 年至 2015 年的财务票据。历经 1 个多月的辛苦，对各种票据进行研判、比对，还通过恢复电脑删除数据还原相关证据。缜密的调查最终发现了伪造的会议记录前后笔迹不同、开具假发票套取公款、虚列食堂开支套取资金私分等破绽。

调查发现，为了多套钱，清镇市总工会在食堂的假账上，无论是周末、国庆，还是春节都天天“开伙”，天天“采购”，有些只有 30 天的月份，账目还作出了 31 日。翻看 2013 年 5 月的假账，土鸡、牛肉、猪肝、带鱼、牛奶等频频出现，绝大部分日采购额都在 800 元以上，有的超过千元。

“会前商议沟通，会上研究决定，不做会议记录，不出会议纪要，报表不留痕迹，用主席办公会代替经审委，清镇市总工会将纪律和规矩当成了‘稻草人’。”办案人员说。

据查，从 2011 年至 2015 年，该总工会违规违纪发放的各项补助金额竟高达 300 万元；违规发放各类奖金，一年当中，1 月、3 月、6 月、9 月、12 月等五个月分别有季度奖、半年奖、年终目标奖等不同的奖金发放；顶风违纪发放春节家属联谊活动会务费、超市购物卡、茅台酒、中高档香烟等，并借职务之便将单位笔记本电脑、照相机、移动硬盘等办公设备占为已有；甚至还利用职工食堂，虚列开支，制作假账，从中套取资金近 20 万元私分给在职干部职工。

该工会被“一锅端”，留下深刻的警示与反思。刘登玺在忏悔书中说：“我们忽视了党中央出台的八项规定，

低估了党中央加强党风廉政建设的决心，对自己要求不严，还心存侥幸，以为集体研究的事情不会被追究，以为‘法不责众’，最终自食苦果。”

（资料来源：中国新闻网 2015-10-14）

（8）其他需要。除以上几个主要方面外，促使单位做假账的原因还有很多，如有的地方官商勾结（如有的房地产商人、建筑公司行贿），给有权官员或其代理人的贿赂需要想办法列支；有的小微企业从国有企业、银行融资，被迫按贷款的一定比例返款给国企、银行相关领导；等等。

1.1.2 假账的特征

对于造假账的诸多方式与方法，从不同的时间、不同的层面和不同的视角进行观察，有不同的表象与不同的特点。尽管有的造假手法甚为精妙，做假的形式甚为隐蔽，不易被人察觉，但还是会不可避免地、或多或少地留下蛛丝马迹，这为我们查处财务造假提供了线索和痕迹，也为财务造假监控和检测系统捕捉目标提供了对象和观测点。

假账的主要特征如下。

（1）与正常生产经营和管理业务的非对称。做了“手脚”或发生了造假的会计核算数据不能正常反映本单位生产经营管理业务，会计核算数据与业务活动不能一一对应、相互印证，有的经营管理活动在会计核算中没有反映或没有全面、准确的反映，造成会计核算的数据与实际情况出现不同程度的相悖或相互矛盾。

（2）会计资料之间的勾稽关系被破坏。出现了原始凭证与原始凭证、原始凭证与记账凭证、记账凭证与会计账簿、总账与明细账、明细账与序时账、序时账与总账、账簿与实物资产、账簿与报表、报表与报表、主报表与附表之间的不相符合非对称，账簿与账簿和报表内部的平衡关系、证账表物之间正常的勾稽关系遭到损坏，不能相互查验和追溯，不能协调与沟通。

（3）正常的结构和比例关系发生倾斜。账务体系中既存的比例关系出现倾斜，正常的对比关系难以维系。例如，某企业正常情况下销售费用占销售收入的比重为 12%，但造假行为使之较大幅度提升为 24%；某公司没有出色的经营业绩，销售利润率却长期高于在业同行 14%以上；等等。这种倾斜有的是低级错误，人为痕迹明显，较容易被发现。容易出现倾斜的比例关系在账簿体系中甚多，如坏账准备与应收账款期末余额、应付职工薪酬——职工福利与工资总额、盈余公积与税后利润、累计折旧与固定资产原值、利息与本金、折合资金与外汇汇率、存货原值与减值准备等。

（4）会计资料出现不可解释的账项、数据，明显违背常理或自然规律。造假后的会计资料未及时修正、弥补，外露出异常；所列会计资料数据不能正常解释，无法自圆其说，找不到事实和证据进行验证；有的假数据、假业务明显违背自然规律，与常理不符。例如，有的建筑工程高工冒算，建筑工程人员出工日数超过其日历工作时数。又如，在冬天发放防暑降温费，夏天发放烤火费，修理工具的成本超过新购成本，等等。

（5）会计核算的程序发生异常，有关会计核算数据缺乏。造假的会计数据当其失去作用后，当事人可能将其消除，以除后患，因此导致某些会计资料的缺失。这种缺失可能是整体缺失，也可能是部分缺失；可能是借正常手段消除（如利用重组、整理、重置等手段），也可能用非正常手段（如借口丢失、发生火灾、损毁等）消除；可能是人为销毁，也可能借不正常外力销毁（如计算机会计核算发生病毒、偶然停电等）。由于会计资料缺失，使会计核算的程序和结果不能得到全面正常的反映。这种缺失在计算机会计核算环境下较容易实现。

（6）存在修改和掩饰痕迹。为了掩人耳目，造假行为人往往对原会计核算资料进行修改或掩饰，这是模糊故意造假与工作失误界限的常用手法之一，旨在应对审计监督和会计查账，转移和阻挡检查、监督人员的视线，将水搅浑，使财务造假行为蒙混过关。修改和掩饰的方法很多，有抠、挖、撕、刮等物理方法，也有药水褪色、变色、变造等化学方法。修改和掩饰手法是丢卒保车的方法。它将某些异常的痕迹和线索突出表现出来，展示在人们面前的貌似是工作闪失，掩饰的是财务造假和经济领域违法乱纪活动的实质。

1.2　假账的手法

财务造假的手法可谓花样繁多，不计其数。在包括企业在内的各种组织的会计核算和财务管理过程的任何环节、任何时点和时期都可能产生造假。只要造假主体具有造假动机且有适宜的环境，就可能将造假的设想变为现实。更重要的是造假可以用很多方式实施，实际情况也显示出其表现形式正日趋多样性和复杂化，并且更具隐蔽性。

在财务造假的诸多手法中，有司空见惯的“雕虫小技”，也有“科技含量”很高的高科技犯罪；有传统的造假手法，也有现代造假技术；有涂改、变造等手工制作，也有利用计算机程序与操作的舞弊；有会计凭证伪造，也有账簿的造假；有偶尔为之，也有经常性作案；有精心策划的造假，也有“一闪念”的随意之作；有假账真做，也有真账假做；有变有为无，也有无中生有。凡此种种，花样繁多。

财务造假行为的蔓延与发展是与其手法的更新和变化相互依赖的。造假方法是财务造假诸要素中变化最快、最为活跃的因素，也是最难被总结和概括的要素之一。尽管如此，揭示财务造假的手法仍是我们努力的目标之一，因为掌握财务造假者所使用的方式方法，具有特别重要的实战意义。知己知彼，百战不殆，了解对手是制服对手的前提。

1.2.1　财务造假的常见手法

1. 账外账

设立账外账目前已成为企业偷税等的一种主要方法。它主要是纳税人在生产经营过程中购入材料不需或不能取得合法凭证，而销售产品又不需开具发票的情形下，在正常设置的账簿以外设立的一种账。由于这种手法具有较大的隐蔽性，在一些中小企业中较为流行。

虽然国家三令五申严令禁止账外设账，但一些单位置国家规定于不顾，采用虚列费用等多种方式，套取资金，另行设账，从事不法经济活动。

账外账的形式，主要有以下几种：

（1）账外现金账和银行存款账，即小金库账；

（2）账外资产账，即小仓账；

（3）账外成本、权益、利润账等。

小知识

通过“账外经营”偷税的危害和成因

账外经营从其偷税性质上看，具有很大的危害性。突出表现在两个方面：一是账外经营会引起企业同行业之间的恶性竞争。由于企业以账外经营的偷税不正当行为来降低产品销售价格，增强产品市场竞争力，构成对合法经营者的巨大威胁，导致竞争的不公平性。同时，这也使一些企业为赢得价格上的竞争优势，争相效仿账外经营，使该类型的偷税行为蔓延、泛滥。二是账外经营会扰乱正常的税收秩序。企业通过现金交易、体外循环，把应该交给国家的税款占为己有，变成企业的利润，坑了国家，肥了自己。同时，这种偷税行为也极易引发全行业、配套企业偷税的连锁反应，特别是一般纳税人，如果它销售产品通过账外销售，而购进原材料又通过账内抵扣消化，那么，其偷逃的税款就是外购发票注明的全部增值税额及虚列成本的所得税额；同时，购货方如果接受了账外经营的货物而又无法取得合法的增值税专用发票抵扣税金，购货方可能采取同样的方法来偷税，减轻相应增加的税收负担。

究其账外经营偷税的成因，不外乎两大方面：首先从纳税人角度而言，最为关键的就是受利益驱动。近几年来，随着经济体制改革的不断深化，一些集体企业相应转制为私营独资企业或股份制企业等，这种转制后的企业私有性质，往往导致纳税人从自身利益出发，采取偷逃国家税收的方式来完善资本的原始积累。其次是部分业主、财会人员在买卖交易过程中税收法制观念淡薄，对账外经营偷税犯罪性质的严重性认识不足，达成了无票结算默契，能逃则逃。另外，一些企业为应对激烈的市场竞争，不惜通过片面压低销售价格，降低产品成本乃至偷税的方式，参与恶性竞争、赢得市场。从国家宏观体制来看，当前国家金融结算管理、行业行为管理等制度上的不规范性，也为账外经营创造了一定的外部环境。

小知识

两 套 账

1. 什么是两套账

（1）通常企业在不同目的之下，为了满足不同要求对同一个会计主体编制了两套账，甚至多套账。

① 反映企业实际经营情况的账：内账（管理账）。

② 为了应付税务机关的账：外账（税务账）。

③ 为了贷款需要的账：银行账。

④ 为了海关检查的账：海关账。

⑤ 为了申请高新资格的账：高新账。

（2）两套账或多套账的原理：对于同一会计主体，对于同一个会计期间，对发生的经济业务，每套账做不同取舍，使用不同的会计核算方法，导致每套账的会计报表结果不一样。

（3）对于一般企业来说，大多数企业只是存在两个套账：内账和外账。

值得说明的是，这样的两套账并不是违法行为，因为企业对外提供的会计成果仍然是由符合法律规定核算的外账产生，而内账只是企业作为内部管理使用的备查账簿而已。

2. 企业为什么需要两套账

虽说企业通常编制两套账并不是违法行为，但是如果外账不符合相关法规要求，就变为假账了，会产生偷税漏税、误导会计信息使用者等后果，就属于违法行为。

（1）企业发展的现实需要。民营企业特别是中小企业的原始积累都是靠偷税漏税等手段来完成的。企业为了减少税负，外账采取少计收入、多记成本费用等的方法来进行会计核算的假账。

（2）税收管理的环境恶劣。尤其是二、三线地区的税务机关可以随意预征、多征、少征或者不征税款，企业完全按规定编制套账照章纳税反而税负沉重，感觉像傻瓜一样吃亏了，就编制应付税务机关的外账。

（3）企业管理的切实需要。企业管理者需要财务数据反映企业全面真实的情况，才能够利用财务数据对企业进行管理监督考核，所以需要编制真实的内账。

因此，就滋生了企业需要编制不同目的、不同性质两套账的土壤。

3. 两套账簿的正确做法

（1）内账目标：内账的目标是反映企业实际收支的情况，是以收付实现制为主的流水账，核算的重点是实质不是形式。例如，业务员请客户洗脚、K 歌，没有发票就写一张纸条经过审批就可以入账；送客户红包就写一张纸条经过审批就可以入账；等等。

（2）外账目标：外账的目标是反映企业经营成果的情况，是以权责发生制为主的核算账，核算的重点是形式不是实质，符合税法的要求，尤其是以合法有效发票为准。

（3）两套账的程序：先从内账入手，将内账的凭证经过增减、变换后为外账凭证。

① 复印：对于正常的业务，如收入、成本、费用等有发票的凭证进行复印，原件作为外账的记账凭证，复印件作为内账的记账凭证。

② 减少：对不符合税法要求的凭证，如不开票收入、没有发票的成本费用，只在内账核算，不在外账核算。

③ 增加：为了多记成本费用，如多开的发票，并不是实际发生的，只在外账核算，不在内账核算。

④ 变换：如对一些费用，没有发票，以另一种名义开发票。例如，送人红包，内账凭一张纸条记到“业务招待费”，甚至记到明细科目“给某某人回扣”；然后以一张加油发票代替，外账记到“管理费用”只注明报销汽车费用。依此类推。

⑤ 经过复印、减少、增加、变换后，内外账分别有了自己的原始凭证，按照各自的原始凭证进行记账。

两套账或者多套账之间有着紧密的联系，账越多混乱的情况越严重。不管企业到底有多少套账，内账始终是根本。

4. 两账合一的目标

两账合一针对的是资产负债表，因为资产负债表是连续的，有期初、期末数据，期初、期末是连续的。利润表和现金流量表是期间报表。在某一个资产负债表日，经过调整之后，资产、负债、所有者权益都是公允的，简单来说，公允可以理解为正确或准确。在这一天，资产负债表的期末数据都是可以盘点的、可以查验的、可以询证的。

5. 两账合一的方法

（1）两账合一的时间选择

① 选择在计划报告期的前一年，因为太早做会加重企业税务负担（若不是因为要上市，做两套账才是企业的现实选择）。

② 选择在第三季度开始做。

③ 选择某一个月末为清产核资日，如 6 月 30 日、9 月 30 日。

④ 到年末，资产负债表日，调整完毕，两账合一完成。

⑤ 两账合一过程采取了一些非规范的方法，是不能经过 IPO 审计的，因此，两账合一的年度，通常不能作为报告期。

（2）内外账差异的调整原则和方法

以内账为起点、以外账为目标进行调整。也就是将以收付实现制为主的流水账调整变化成权责发生制为主的外账。内外账常见科目差异调整方法如下。

① 对企业进行清产核资，查清楚企业的资产、负债、所有者权益的实际情况，和内账数据进行比较，有差异直接调整内账。按道理，内账是反映企业真实情况的，数据本身就可以用来分析与外账的差异，但是由于多种原因，企业的内账也是混乱的，也会有很多差错，因此要通过清产核资，把账务调整正确。

② 根据清产核资的结果，直接调整外账，差异倒挤到“未分配利润”。内账的调整没有忌讳，但是外账调整要求从数据逻辑、时间匹配、合法有效凭证上符合相关法律规定。

③ 清产核资日之后内外账应不再发生新的差异，有差异都是清产核资日之前的。若又出现新的差异，那么差异就会没完没了、永不了结，两账合一也就失去了意义，两账合一就宣告失败。

④ 清产核资日之后，内外账并行到年末，此时，内外账已经一致（实际上“应交税费”和“未分配利润”还是有差异的，因为应交税费是永久性差异，企业只是在报告期规范纳税，此前的税是无法计算清楚的，该补交就补交，“应交税费”有问题，当然“未分配利润”也就不准确）。

⑤ 对经调整的外账的年末数，重新初始化，作为报告期第一年度的期初数，重启新的账套，新的账套就是以后企业的账套，原来的账套停止。

2. “小金库”

“小金库”，是指违反法律法规及其他有关规定，应列入而未列入符合规定的单位账簿的各项资金（含有价证券）及其形成的资产。

（1）资金来源

1）各项生产经营收入，包括销售收入、营业收入、出租收入、出售残次品和边角废料收入、处理报废固定资产变价收入、逾期押金收入、销售不动产收入等。

2）各项服务和劳务收入，包括加工、维修、运输和代理业务收入，服务业收入，广告收入，技术转让、技术咨询、技术服务、技术培训收入，等等。

3）各项价外费用，包括价外收取的基金、集资费、返还利润、补贴、违约金、手续费、包装费、储备费、优质费、运输装卸费、代收款项及其他形式的价外收费。

4）各种集资、摊派、赞助、捐赠等收入。

5）股票、债券等投资收益。

6）各种形式的回扣和佣金。

7）各项行政事业性收费。

8）各项罚没收入。

9）各类协会、学会的会费收入等。

10）其他应列入本单位或企业财务会计部门账内或应交存财政专户的收入。

11）通过虚列支出、资金返还等方式将资金转到本单位或企业财务会计部门账外的款项。

（2）支出去向

1）滥发钱物。以关心干部职工生活，为干部职工谋福利为借口，以补贴、奖金或实物的方式滥发乱奖给干部职工，一般人人有份，差别不大，多发生在节日、年终或举办某种活动之时。

2）吃喝玩乐。少数单位领导大吃大喝，或到处游山玩水，或经常出入歌厅、舞厅等娱乐场所，而这些开支不便公开在财务账上报销，于是就从“小金库”中支出。

3）送礼。有些单位领导为了拉关系，或为了得到上级领导的提拔重用，或寻求保护伞，经常到处送礼或替上级领导支付这样那样的账单，而这些支出受到财经法规的制约，于是就从“小金库”中支出。

4）购置特殊物品。例如，为领导购置房产、豪车等。

5）私分。少数人非法从“小金库”中领取款项，私分具有一定的隐蔽性。

6）私吞。个别单位负责人或掌管“小金库”的人乘“小金库”缺乏必要的财务监督机制之机，用假发票或白条报销等手段私吞“小金库”资金。

（3）特点

1）普遍性。审计中发现的“小金库”，行政机关有，事业单位有，企业单位有，各类团体、临时机构也有。不少单位是“两本账”“多本账”，有的在经营创收中收入不入账或入“另册”，脱离财务监督；有的截留挪用各种应上缴经费；有的把该收上来的经费留在下属单位（部门）作为“私房钱”；有的编大计划，造假预算，编假合同，在预算执行过程中虚列支出，虚报冒领，把报回来的预算经费打入“小金库”，化大公为小公，甚至化公为私等。

2）多样性。有的单位（部门）为了小团体利益，将单位内部划小核算单位，通过多头开设银行账户，把本应该作为单位收入纳入财务部门统一核算的资金，分散核算，以多本账作掩护，借此逃避监督；有的是投桃报李，把经费以合法名义拨到所属单位，公私不分，“小金库”成了小集体或某些个人的钱包。

3）隐蔽性。“小金库”是账外账，有的只有单位（部门）领导或少数几个人知道，具有很大的隐蔽性、诡秘性特点。有的“小金库”虽在一定范围内公开，但在财务手续上留有后路，使上级在检查时不易抓住把柄。待某项专门检查结束后，这部分资金又成了单位（部门）名副其实的“小金库”。

4）挥霍性。由于“小金库”的黑户口身份，出了问题难以查证，致使收支自由，随意性很大。一些单位请客送礼、讲排场、比豪华、摆阔气，一些干部出入高消费场所沉湎“灯红酒绿”，有的数额较大的行贿受贿，等等，挥霍的金钱大都来源于“小金库”。许多经济犯罪案件，也多与“小金库”相关联。

5）上升趋势。由于社会主义市场经济正处于不断完善阶段，体制尚不健全，法制还不完善，受社会经济环境的影响，经济生活中“小金库”的问题越来越突出。“小金库”为犯罪行为打开了方便之门，严重干扰了正常的经济秩序，败坏了社会风气，危害十分严重。

（4）成因

“小金库”的存在不是现在才有的，但像今天这样成为一个热门话题，有其特定的条件。从宏观上看，社会经济环境和秩序存在的某些紊乱现象，或多或少对经济管理产生一定影响。从微观上看，促使“小金库”存在、泛滥，有以下几个方面的原因。

1）单位（部门）领导授意或默许。这是“小金库”发展和屡禁不止的重要原因之一。大多数“小金库”都是在领导的眼皮底下，放任发展，这里很重要的一个问题，就是“小金库”与某些领导有说不清、道不明的瓜葛，有了“小金库”总是能为小集体或个人利益提供某些方便。

2）花钱办事方便的诱惑。凡是请客送礼、滥发钱物、铺张浪费等问题严重的单位，往往是由于私设了“小金库”。“小金库”对单位（部门）来讲，最根本的吸引力就在于能摆脱上级或同级财务、审计部门的监督约束，花钱办事方便，使集体乃至个人取得经济上的实惠。

3）制度不健全，制约滞后，经常性监督检查不力，为私设“小金库”开了方便之门。

4）现行财务管理体制存在一些弊端，单位（部门）所有制倾向较严重，监督乏力，在经费监督检查方面有的地方成了死角。

5）现行的财经法规、经费管理制度需进一步配套完善。一些单位（部门）为解决一些合理不合法、合法不合理的开支，想方设法把一些创收经费、生产经营收益等转化成“小金库”。从善良的愿望出发，如果能从当前社会经济环境的实际考虑，从财经法规制度上对这类问题明确界线，做到既管住管好，又不管得过死，这样也许能减少或杜绝“小金库”。

（5）清查方法

“小金库”具有隐蔽性，不容易被发现，但只要我们讲究方法，认真追查，即可清查出来。

1）审查会计凭证。可以通过对一张张会计凭证特别是所附原始凭证的审查，核实有无采取虚报冒领，截留应上缴、下拨款或假借上缴、下拨，将单位的资金以某种名义付给其他单位或个人，然后再从对方收回或存于对方、截留收入等手段为“小金库”筹集资金的情况。审查会计凭证时要注意从奇异的数字、时间、地点、物品、票据、编号、联系单位、报账手续、开支规律等中发现问题，如某单位按月发放某项补贴，若发现在财务账上开支不连续，则应查明原因，核实是否有从“小金库”中开支的情况。

2）审查收款票据。主要审查已使用发票、收据的存根联是否齐全，有无缺号情况；所有开具了未作废的发票、收据的记账联是否都做了账，存根联与记账联上的数量、金额是否一致；未使用的发票、收据有无缺号的情况，每份未使用的发票、收据及发票、收据联是否存在；核实有无将收入放入“小金库”中的情况。

3）审查货币资金。对库存现金进行突击盘点，核对库存现金实有数与现金日记账和总账余额是否相符，如发现溢余或短款，则应追查原因，核实是否有“小金库”的资金放入其中或“小金库”中的支出挪用了库存现金；如发现活期储蓄存折或定期存单，要追查资金来源、去向及其情况，核实是否属于“小金库”资金。对银行存款进行审查，核对被查单位所有银行存款账户的银行存款账面余额与单位银行存款实有金额是否相符，未达账款是否由于正常原因所致，特别要注意一收一付金额相等的未达账款，如发现不正常情况，则要追查资金去向及其原因，核实是否进入“小金库”中。另外，对有公款私存的，还要核实有无将其利息放入“小金库”中的情况。

4）审查往来账户。有些单位惯用往来账户过渡设“小金库”，此种手法通常是把单位的正常收入先记入往来账户，虚列出结算中的债务，待机再将其转入“小金库”中；还有的将已收回或可收回的债权列作呆账予以核销，把资金转入“小金库”中。在清查中，一是看往来发生和结算的单位名称是否一致，二是看往来款项支付的事由是否合理，三是看往来款项支付的手续是否正常，四是看列作呆账核销的条件是否充分。发现疑点则进行追查，核实是否将资金转入了“小金库”中。

5）审查收费情况。将被查单位经物价部门批准的收费项目、标准、范围与其实际收费情况进行核对，看有无已批准的收费项目没有收费或降低标准、缩小范围收费和巧立名目或提高标准、扩大范围收费的情况，收费收入是否进了账，并要注意深入已收费和可能收费的单位、人员中去了解，核实有无收费入“小金库”中的情况。

6）审查实物资产。对产成品、材料、低值易耗品、固定资产等实物资产特别是副产品、残次品、边角废料、报废固定资产进行盘点，并审查相应的总账、明细账、仓库保管账和备查账，核实账实、账账是否相符以及减少这些物资属于出售的部分是否都有收入进账，有无截留出售物资收入入“小金库”中的情况。

7）审查出租投资情况。对资产出租和对外投资情况进行审查，核实出租资产收入和对外投资收益是否都进了账，有无截留出租资产收入和对外投资收益入“小金库”中的情况。

8）追查特殊物品开支。对购买需要通过政府采购和发放给干部职工等特殊物品的开支情况进行追查，如没有发现在财务上报账，则应查明原因，核实是不是从“小金库”中开支的。

9）比较分析收支。对审查期间的各项收入、支出数特别是一些比较容易套取资金项目的收入、支出数与相应的上期实际数、本期计划数进行比较，如差异较大，则分析原因，核实有无将一些收入不入账而放入了“小金库”中的情况，有无采取虚报支出的手段套取资金放入“小金库”中的情况。

10）到相关单位核实。“小金库”的资金来源虽然隐蔽，但许多资金会在付款单位的账上反映，因此，要有重点地选择到被查单位的相关单位去调查核对，这是清查“小金库”的一条有效途径。相关单位主要有被收费单位、下级单位、销售产品单位、采购物资单位、被投资单位、承租资产单位、提供餐饮娱乐服务单位等。

11）找有关人员调查。找有关人员调查时，要注意分析和掌握各种人员的心理状态，有的放矢地做好启发疏导思想工作。一是找被查单位的一些比较熟悉情况，作风正派，敢说实话的人员，特别是共产党员、老同志了解收入、支出方面的情况，这是清查“小金库”不可忽视的一种方法，有时可以成为突破口。因为可以根据了解的收支情况反过去查账，看收入是否进账，支出是否报了账，如有出入或疑点，则再进行追踪调查，核实是否设有“小金库”。二是对发现的疑点或问题找有关人员，如被查单位的领导、财会及业务人员等进行调查核实。

12）发动群众举报。由于“小金库”具有隐蔽性的特点，给清查工作带来了一定难度。为此，要采取措施。如实行有奖举报、专项举报等广泛发动群众举报，以便发现线索，顺藤摸瓜，清查出“小金库”。

小知识

“小金库”和“账外账”的区别与联系

1. 区别

（1）概念不同。“小金库”与“账外账”是既有联系又有区别的财经违纪违规行为，应该说，先有“账外账”，后有“小金库”。

“账外账”是指违反《中华人民共和国会计法》和国家有关规定，在法定会计账册之外设立的账册。

“小金库”是指违反国家财经法规及其他有关规定，侵占、截留国家和单位收入，未列入本单位财务会计部门账内或未纳入预算管理、私存私放的各项资金。

（2）表现形式不同。“账外账”的具体表现形式不尽相同，就其资金来源而言，既包括属于本单位的正当收入、收益，又包括违规收入，如截留应当上缴财政的收入、虚列支出套取财政资金、“三乱”行为获取的收入等；在资金的处置上，既存在支出合理的情况，又存在乱支滥补、私存私放的问题。

“小金库”只是“账外账”的一种表现形式，具体表现为：

① 化公为私，未列入本单位财务部门收支、私存私放的资金（不含党费、团费、工会经费、互助金等）；

② 虽已入单位会计账，但只是挂在“暂存”账上，或跨年度没有正式列收列支，或将支出直接冲减“暂存”的款项；

③ 既不纳入预算内管理，又不纳入预算外管理的资金；

④ 将预算内收入转为预算外收入，或将财政性资金作为单位资金存放，不交财政专户储存；

⑤ 通过虚列支出、假报账、资金返还等形式将资金转到本单位财务会计部门账外；

⑥ 执收、执罚单位将收取的行政事业性收费、罚没收入不上缴，自立账户存放。

（3）定性依据不同。

① “账外账”的定性依据。根据《中华人民共和国会计法》第十六条规定，各单位发生的各项经济业务事项应当在依法设置的会计账簿上统一登记、核算，不得违反本法和国家统一的会计制度的规定私设会计账簿登记、核算。

② “小金库”的定性依据。对“小金库”权威的定性依据通常有两个，一是《国务院办公厅转发财政部、审计署、中国人民银行关于清理检查“小金库”意见的通知》（国办发〔1995〕29 号）第一条和《财政部、审计署、中国人民银行关于清理检查“小金库”的具体规定的通知》（财监字〔1995〕29 号）第二条：凡违反国家财经法规及其他有关规定，侵占、截留国家和单位收入，未列入单位财务会计部门账内或未纳入预算管理，私存私放的各项资金，均属“小金库”。二是《国务院关于加强预算外资金管理的决定》（国发〔1996〕29 号）第一条规定：各部门、各单位未经财政部门批准，不得擅自将财政拨款转为有偿使用，更不得设置“账外账”和“小金库”。

（4）处理处罚依据不同。从国家现行财经法律法规看，是把 “小金库”作为一种严重的经济违纪违规行为来对待的。对“小金库”的处罚比“账外账”的处罚要重得多，所以我们运用处理处罚依据时一定要坚持谨慎性原则，注意二者在适用处理、处罚依据方面的区别。

1）“账外账”的处理处罚依据。对“账外账”的处理处罚适用《中华人民共和国会计法》第四十二条：违反本法规定，有下列行为之一的，由县级以上人民政府财政部门责令限期改正，可以对单位并处三千元以上五万元以下的罚款；对其直接负责的主管人员和其他直接责任人员，可以处二千元以上二万元以下的罚款；属于国家工作人员的，还应当由其所在单位或者有关单位依法给予行政处分：①不依法设置会计账簿的；②私设会计账簿的……有前款所列行为之一，构成犯罪的，依法追究刑事责任。

2）“小金库”的处理处罚依据。对“小金库”的处理处罚，可以分别适用以下法规。

① 税收征收机关及工作人员对按规定征收的税收收入款项不按国家规定及时上缴国库，设置“小金库”的，适用《财政违法行为的处罚处分条例》第四条：财政收入执收单位及其工作人员有下列违反国家财政收入上缴规定的行为之一的，责令改正，调整有关会计账目，收缴应当上缴的财政收入，限期退还违法所得。对单位给予警告或者通报批评。对直接负责的主管人员和其他直接责任人员给予记大过处分；情节较重的，给予降级或者撤职处分；情节严重的，给予开除处分：

（一）隐瞒应当上缴的财政收入；

（二）滞留、截留、挪用应当上缴的财政收入；

（三）坐支应当上缴的财政收入；

（四）不依照规定的财政收入预算级次、预算科目入库；

（五）违反规定退付国库库款或者财政专户资金；

（六）其他违反国家财政收入上缴规定的行为。

《中华人民共和国税收征收管理法》（以下简称《税收征管法》）、《中华人民共和国预算法》等法律、行政法规另有规定的，依照其规定给予行政处分。

② 其他单位和个人违反财务管理的规定，私存私放财政资金或者其他公款设置“小金库”的，适用《财政违法行为的处罚处分条例》第十七条：单位和个人违反财务管理的规定，私存私放财政资金或者其他公款的，责令改正，调整有关会计账目，追回私存私放的资金，没收违法所得。对单位处 3 000 元以上 5 万元以下的罚款；对直接负责的主管人员和其他直接责任人员处 2 000 元以上 2 万元以下的罚款。属于国家公务员的，还应当给予记大过处分；情节严重的，给予降级或者撤职处分。

③ 对于行政性收费方面资金私设“小金库”的，按《国务院关于加强预算外资金管理的决定》规定“责令追回资金上缴财政”，还要依照有关规定进行处罚，并按《违反行政收费和罚没收入收支两条线管理规定行政处分暂行规定》第十三条“不按照规定将行政事业性收费纳入单位财务统一核算、管理的，对直接负责的主管人员和其他直接责任人员给予记过处分，情节严重的，给予记大过或者降级处分”的规定给予处分。

2. 联系

“账外账”和“小金库”都是在合法账簿和库存现金之外，非法筹集和转移资金，以供本单位或少数人支配的舞弊行为，均是严重违反财经法规的行为。

（1）从“账外账”的成因看，其设置动机、企图尽管都是以逃避税收和财政监督，谋求单位、团体利益为目的，但也不乏深层次的其他原因。主要有以下几种情况：一是为隐瞒单位自营收入；二是为攫取不正当收入或谋求不正当支出；三是为用钱上的方便。由于“账外账”和“小金库”成因均较复杂，如果仅从设置动机、企图上来看，很难将“账外账”与“小金库”区分开来。

（2）从“账外账”和“小金库”的资金来源渠道、性质、处置情况看，其表现形态错综复杂。无论是资金来源，还是资金去向，均表现出多向渗透、混合交叉，违规与合规并存的形态，而“小金库”的定义过宽，要真正将二者区别开来，的确有一定的难度。尽管“账外账”和“小金库”既有区别，又有千丝万缕的联系，但审计人员只要在审计实践中认真加以总结，不断地积累经验，正确地运用定性依据，恰当地作出处理、处罚，便会最大限度地避免审计风险。

3．“大头小尾”

所谓大头小尾，是指出具发票方，在开具手写发票时，所开具发票的正式发票联数额大，而存根联数额小的一种现象。根据《税收征管法》的规定，纳税人开具大头小尾发票，隐匿经营收入，造成不缴或少缴税款的，属于偷税行为。对于一些规模较大，实行建账征收的个体户，开具大头小尾发票，确实造成少缴税款的，应对其偷逃税款部分予以补征，并按《税收征管法》的规定给予处罚。其偷税数额，是按发票联数额减去存根联数额后的余额乘以相应的征收率，即少缴的税款。

对于那些规模较小，实行定期定额征收的个体户，如果核定期内实际经营额高于核定定额20%之内的，仍按原核定定额缴纳税款；如果个体户开具大头小尾发票，隐匿经营收入，造成实际经营额高于核定定额 20%以上而未向主管税务机关申报调整定额的，也将按偷税处理。偷税数额为实际经营额减去核定定额的差额乘以相应的征收率。

1.2.2 财务造假的主要手法

1. 会计凭证造假

主要包括伪造、窜改、变造、非据实填写原始凭证，非法取得假发票，自制假单据，记账凭证上账户对应关系不明，虚构经济业务或者正常业务不入账等。

2. 会计账簿造假

主要包括非法设置账簿，涂改、销毁、损坏账簿，不按规定登账、过账、对账和结账，不正当挂账和设置账外账等。

3. 财务报表造假

主要包括人为调整财务报表数据，不按照报表编制程序和方法制表，报表编制缺乏账簿基础，增加或减少报表内容，报表附注不真实，编制合并报表弄虚作假等。

4. 货币资金造假

主要包括现金收入不列账，记录差误出现长短款，以涂改凭证或用假凭证支付现金，虚构支出项目，虎头蛇尾贪污现金，虚列费用冒领公款，公款私存贪污利息，伪造单据套取现金，改变现金用途，利用时间差挪用现金，虚假注销坏账贪污公款，截留罚没现金收入，吃空额等“库存现金”账户造假；擅自提取现款，出租银行账户，制造余额差额，开具空头和空白及远期支票，涂改转账支票存根日期，多头开户，公款私开信用证卡，擅自外借现金贪污利息等“银行存款”账户造假；非法设立外埠存款账户，外埠存款非法支出，挪用在途资金，将外埠存款长期置于体外等“其他货币资金”账户造假。

5. 应收及预付账款造假

主要包括应收账款长期挂账形成三角债或坏账，坏账损失不作处理，故意制造潜亏；调整计提比例、误提坏账准备金，调整应收账款期末余额、多提或少提坏账准备金，利用坏账损失转移资金、挤列费用；利用应收账款放贷，利息流入“小金库”，配合虚增销售收入虚列应收账款，应收账款收回不入账；延期承兑应收票据索取酬金，利用往来账项隐匿资产或收入，虚构债权转移资产；应收票据所列事项不实，占用备用金谋利，其他应收款占压挪用等“应收账款”“坏账准备”“应收票据”“其他应收款”账户造假。

6. 存货造假

主要包括存货所有权确认不清、核算范围不明；存货违规分类造成成本不实，随意变更存货计价方式、调节成本费用；材料盘盈盘亏不作转账处理，不报毁损，虚盈实亏，设置账外物资“小金库”；监守自盗，以物易物，不执行核算程序和手续，不作材料出库和假退库，虚列成本费用；货到票未到，不暂估入账；人为提高成本差异率，计划成本偏高脱离实际成本，虚计在产品完工程度，调整完工产品成本；偷梁换柱，以次换好，以廉换贵；改变周转材料（低值易耗品和包装物）的核算方法，调节产品成本；委托加工受贿，多付材料费用；分期收款发出商品不按实际比率结转销售成本，虚增或提前计算销售收入；混淆出售和出租存货界限，破坏收入与成本匹配性；混淆资本性支出与收益性支出的界限，调节产品费用等“材料采购”“原材料”“周转材料”“材料成本差异”“生产成本”“委托加工物资”“发出商品”“商品进销差价”“存货跌价准备”账户造假。

7. 固定资产、累计折旧造假

主要包括固定资产种类划分偏误，固定资产计价和价值确认有误；违规调整固定资产账面价值；内外勾结，购入固定资产质次价高造成损失；通过接受捐赠、用“小金库”购买、对外投资分得、罚没收入、盘盈所得、以物资抵债收回、虚列工程造价、混淆的资本性支出和收益性支出等形成的固定资产或存货不入账，将之转移到账外；或者以虚假盘亏、假报损、假退料、出借出租未收回等形式将账内固定资产转移到账外（主要用于账外经营或出售谋利等）；固定资产价值中掺入其他消费支出项目，固定资产运杂费和税费不实，接受贿赂虚构固定资产重估价值；转移工程借款利息调节当年损益，在建工程试运行的收入不冲减在建工程成本；融资租入固定资产发生的财务费用计入固定资产价值，无偿转让旧设备清理损失列入期损益，固定资产盘亏不作账务处理；任意改变折旧方法或折旧率以调节折旧数额，增加固定资产不提折旧，未使用固定资产（房屋等除外）提取折旧，停用固定资产当月不计折旧，对已变卖固定资产仍提取折旧；在建工程提前作决算，多提折旧等“固定资产”“累计折旧”“固定资产减值准备”“工程物资”“在建工程”“固定资产清理”账户造假。

8. 无形资产、长期待摊费用造假

主要包括对无形资产的所有权和使用权处理不当，无形资产形成渠道不规范；无形资产增加不真实、不合法，对无形资产的计价不正确；无形资产的摊销期限过长或过短，无形资产摊销金额有误，无形资产摊销的方法不正确；将转让无形资产的收入作为营业外收入或列入“小金库”，虚增商誉、虚列专有技术以增大费用，出售无形资产不作账务处理；开办费各项费用支出范围和内容不实，开办费开支的标准不当，开办费摊销期限及相关财务处理混淆，租入固定资产改良和大修理不真实，改良和大修有关费用划分不清，有关账户乱设乱用等“无形资产”“无形资产减值准备”“长期待摊费用”账户造假。

9. 流动负债造假

主要包括高估负债，虚列资产、费用以调节利润；将短期负债列为长期负债，混淆资本性支出与收益性支出，低估负债、转移收入和资产，收入挂应付账款等往来科目，隐匿收入和利润；利用应付账款贪污现金折扣，故意推迟付款，合伙私分罚没收入，隐瞒退货贪污应付款项；用商品抵支应付款项，隐瞒收入；利用预收账款虚增商品销售收入，利用预收账款偷逃收入和相关税赋；利用工资费用调节产品成本，冒领工资进行贪污，支付利息计入应付职工薪酬——工资；多计多提应付职工薪酬——职工福利，将超支的福利费用打入成本，多计应付股利流入“小金库”等“短期借款”“应付票据”“应付账款”“预收账款”“应付职工薪酬——工资”“应付职工薪酬——职工福利”“应付股利”“应交税费”“其他应付款”账户造假。

10. 长期负债造假

主要包括利息不入费用、长期挂账，混淆资本化利息、将应计入固定资产的利息计入当期损益，或者将应计入当期损益的利息计入固定资产；未经批准擅自发行债券，变相提高债券利率，溢价和折价不按期进行摊销，混淆资本性支出与收益性支出的界限，债券资金使用超出章程范围，虚列长期应付款账户，期满后继续支付长期应付款项，融资租入固定资产不计提折旧，混淆融资租赁和经营租赁，资产改良不计入长期待摊费用等“长期借款”“应付债券”“长期应付款”“专项应付款”账户造假。

11. 所有者权益造假

主要包括：投资者以抵押物资作为投入资本骗取投资收益，中外合资或合作经营中的外方投资者与中方经营者勾结以陈旧、落后、废弃物资出资；虚假注册，搞假联营、假合资，骗取国家优惠政策；通过假注册转移资产和技术，损害投资者利益；将资本溢价或股本溢价作为当期损益，将法定财产评估增值等资本公积作为营业外收入或其他业务收入，截留接受捐赠的资产作为“小金库”，将法定财产评估减值作为资本公积的减项，将当期损益项目计入资本公积，未经批准将资本公积转增资本；将本期损益项目计入盈余公积，盈余公积提取顺序不正确，盈余公积列支渠道不正确、直接从成本费用中提取等“实收资本”“资本公积”“盈余公积”账户造假。

12. 收入造假

主要包括：从事发票造假，随意改变产品销售收入入账时间和入账金额，隐匿销售收入；以白条出库作为销售收入，将预收款项提前作为销售收入确认；向预付单位发出商品不计销售收入，虚设客户调整利润；（针对税基）少计或不计收入，将收入计入往来账之中，将各种视同销售的业务未按规定作为应税销售收入处理；关联企业之间销售业务不按正常价格计算收入，虚列销售折扣、折让、退回以抵减销售收入，价外费用不列作销售收入；虚列销售成本，增加成本费用项目、提高其金额，虚报盘亏、毁损等，隐瞒应税业务，故意混淆税率和适用范围等；延期办理托收承付以调节当年利润，销售退货不作冲回、虚拟业务，延期结算代销产品、经办人获利私吞，赊销商品作为收入，虚增存货周转率，销售自制半成品、直接冲减生产成本；低价出售产品、经办人捞取回扣，产品“以旧换新”用差价计算收入，以填制的记账凭证将收入转为损失，补收的销售额直接作为营业外收入逃税，不以销售折扣与折让冲减销售收入，来料加工节省用料不作收入，工业性劳务直接冲减成本，在建工程领用产成品不作销售处理，故意推迟或提前其他业务收入入账时间以调节利润；其他业务收入和成本金额不实，销售材料直接冲减材料成本，销售边角余料私存“小金库”等“主营业务收入”“其他业务收入”等账户造假。

13. 投资造假

主要包括将投资手续成本列为当期费用，交易性金融资产不及时入账，将投资收益列入“小金库”；将已宣告发放的股利列入股票成本，将投资收益隐瞒用于福利目的，投资计价不实损害投资者利益；隐瞒联营利润，低价转让债券损害企业利益，控股企业不计投资收益调节利润；成本法和权益法混淆使用，虚增利润；长期债券投资不摊销溢折价，不计提跌价准备或减值准备，有关投资信息披露不实误导投资者决策等“交易性金融资产”“长期股权投资”“债权投资”“投资收益”账户造假。

14. 成本费用造假

主要包括基本建设领用材料计入产品生产成本，将福利费用开支挤入成本项目；福利部门接受劳务不转账结算，将对外投资支出项目计入成本费用之中；修理费用重复计生产成本，多期材料一期分摊，虚计费用调节成本，回收物资账外处理，生产费用分配张冠李戴；未用材料不作退库，改变分配方法调节当年盈亏，虚估约当产量调整本期损益；期间费用计量不实，将生产成本计入期间费用，随意改变结转产品销售成本的方法；随意调节成本差异率，或者不按比例结转成本，任意扩大开支范围、提高费用标准；利用“汇兑损益”账户人为调节利润水平，混淆资本性支出与收益性支出的界限，将利息收入作为“小金库”不冲减财务费用，不按规定摊销无形资产和开办费，将应计入成本的运输费列入期间费用，职工医药费挤入管理费用等“生产成本”“制造费用”“劳务成本”“财务费用”“管理费用”“销售费用”“所得税费用”“主营业务成本”“其他业务成本”账户造假；等等。

15. 利润造假

主要包括虚列收入调整损益，虚转成本调节利润，转移股利收入挂在往来账项，出售股票收益用于职工福利，截留联营利润发放职工奖金，隐藏联营投资利润直接转入联营投资，转移罚没收入不作利润处理，转移营业收入计入营业外收入，没收财产损失计入当期损益，转移正常停工损失计入营业外支出，提前报废固定资产减少当年利润，应收的包装物押金列入营业外支出等“营业外收入”“营业外支出”“本年利润”“利润分配”账户造假。

16. 编造假决算

主要造假手法是通过虚构或隐瞒货币资金和存货项目、虚报债权债务、固定资产不实反映、虚构所有者权益等形式编制假资产负债表；通过操纵收入和支出发生的时间、地点和规模，人为地改变成本费用和收入利润水平及结构，编制假利润表。

17. 逃避银行债务

主要造假手法是采取假破产的办法，将生产的新产品异地转移，而将生产的老产品淘汰，并申请破产；或者将企业吃空，将资金和重要物资转移至体外，而以一个“空壳”申请破产；或者以兼并为名，采取内部或外部资产重组、改制、分立或兼并等方式，套取国家优惠政策，而让没有实质内容的“躯体”去破产，以逃避银行债务。

18. 会计电算化造假

主要包括会计软件开发造假，恶意使用有问题的核算软件；应用软件造假，包括窜改输入数据（输入虚假会计数据、修改数据、删除数据）、修改输出数据；程序方面造假，包括执行未授权的功能，超越控制执行程序，用截尾术删除某些尾数据，使用逻辑炸弹，为计算机操作员留下活动天窗；等等。

小知识

上市公司财务造假的主要手法曝光

上市公司财务造假大多属集体舞弊，其特征是利用收入、成本费用和损益类账户，利用关联方交易、资产重组、股权投资、时间差异、混淆收益性支出与资本性支出，利用现行会计政策和制度的某些缝隙等进行造假，以提供虚假的财务报告，粉饰经营业绩和财务状况。集体舞弊往往动用组织的资源和力量，有计划、有步骤地实施造假。其行为较为系统，涉及面较广泛，时间跨度大，牵涉的会计资料较多，手法比较老到，技术含量较高，造假的指向也较为明晰。但由于其“战线”过长，破绽相应地也较多，隐蔽性相比个人舞弊和小集团舞弊较差。

上市公司造假的主要手法如下。

1. 虚增销售收入

会计期间划分不确实，或会计原则适用错误，以致提前确认销售收入；或者虚列销售收入事项，存在销售退回或销售折扣、折让但不相应减少销售收入，以增加盈利水平。

2. 虚减销售成本

由于虚增了期末存货价格，以致销售成本随之虚减；或者不将销售成本与销售收入同步结转，将销售成本后移或转移到其他业务费用（一般不列入本期）中。

3. 多计存货价值

对存货成本的计算或评估故意发生错误以增加其价值，从而降低销售成本，增加营业利益；或虚列存货，以隐瞒存货减少、资产流失的实情。

4. 多计应收账款

由于虚列销售收入，导致应收账款虚列；或者应收账款少提或不提备抵坏账，导致应收账款变现价值和相关资产虚增。

5. 多计固定资产

例如，少提或不提折旧，收益性支出列为资本性支出，利息资本化不当，固定资产虚增，等等。

6. 费用任意递延

例如，将研究发展支出列为长期待摊费用，或者将一般性广告费、维护修缮费用或试车失败损失等递延，不计入本期成本费用之中，等等。

7. 漏列负债

例如，漏列对外欠款或少估应付费用等。

8. 隐瞒重要事项的揭露

例如，对重大诉讼案、补税、借款的限制条款、关系人交易，或有负债、会计方法改变、发生重大事故或损失等未予以适当揭露，而这些事项与本期损益有直接的和重要的关系。

小知识

会计造假手法 14 招曝光

1. 销售造假 4 招

（1）销售给股东和非控股子公司产品，以虚增销售收入；

（2）在不同控股程度的子公司间安排销售，调节利润的涨落；

（3）上市公司溢价采购控股子公司产品及劳务形成固定资产，以调节损益水平；

（4）变更销售收入确认方式，以虚增或虚减销售收入数额。

2. 成本造假 3 招

（1）调整不同成本费用项目之间的分类，使费用比率发生变化；

（2）变通广告、商标使用等费用，以调节利润；

（3）利息费用资本化，以调节损益。

3. 税收造假 2 招

（1）所得税返还款的确认期间作弊；

（2）通过内部转移价格规避所得税。

4. 资产造假 5 招

（1）资产溢价转让，提高当期收益；

（2）以不良实物对外投资；

（3）调节股权投资比率；

（4）折旧和摊销年限的自我调节；

（5）控制资产减值准备的提取和冲回等。

小知识

非企业性质组织财务造假的主要手法曝光

非企业性质的党政机关、行政事业单位、社会团体和组织等集体性财务造假，除了采用上述部分造假手法，还常常采取以下一些手法。

1. 截留挪用和骗取国家专项资金

主要造假手法是通过造假改变原资金的用途，将专项资金从生产性用途挪用于非生产性用途，从救济性用途挪用于奢侈性用途，从集体性用途挪用于个人或小集团的用途；采用虚报冒领、巧立名目、张冠李戴和乱摊派等手法骗取国家专项资金，将骗取的资金用于非法经营性用途或外借生息。

2. 骗取国家财政补贴

主要造假手法是虚假反映本地方和本单位的情况，虚构情节，骗取国家财政补贴；或者借国家体制改革、发生严重灾害、出现突发事件等时机，或者钻国家政策和管理体制的空子，隐瞒实情，夸大灾害损失和困难程度，向国家伸手，骗取国家财政支援。

3. 弄虚作假，骗取出口退税（企业也经常采用此法）

主要造假手法是与税收征管部门，甚至与境外不法商贩勾结，从地方保护主义或本部门、本单位的利益出发，采取少征多退、不征也退的方法，非法加大退税比例和数额；或者采取虚开增值税专用发票、提供虚假纳税凭证和假购进、假出口、假报关、假结汇、假买假卖等欺骗手法，骗取出口退税款。

4. 账户管理混乱

主要造假手法是乱设银行账户，重复开设银行账户，以便于使不同资金、众多账户通过不断往返结转，模糊来龙去脉，混淆性质和渠道，掩饰其违法乱纪的事实；或者通过诸多账户进行洗钱、设置“小金库”、从事账外经营活动等。

5. 建设项目竣工决算不实

主要造假手法是不具备编制竣工决算的条件而虚设竣工条件，编制竣工决算不符合规定的决算办法；编入决算的预留未完结尾项目计价不实；编入决算的资产计价不实；债权债务不清并列入竣工决算，导致决算严重不实；工程建设中侵占建设资金或成本，造成编制决算失实；偷漏建设项目应交的印花税、土地使用税、耕地占用税等。

第 2 章

查账反假技法

2.1 查账反假综合知识

会计查账简称查账。查账是以党和国家的政策、法律、法规、规定、制度规范等为依据，运用一定的方法、技术、经验和技巧，对企业和事业单位的经济信息资料载体，主要是会计账目进行审查、验证、分析、查对，以发现其管理漏洞、财务造假和违法乱纪事实的一种经济监督活动。

案例

康得新用的什么低级手法虚增利润总额 119 亿元？为何没查出？

2019 年 1 月，康得新复合材料集团股份有限公司（以下简称康得新）因无力按期兑付 15 亿元短期融资券本息，业绩真实性存疑，引起市场的广泛关注和高度质疑。证监会迅速反应，果断出击，决定对康得新涉嫌信息披露违法行为立案调查。

经查，康得新涉嫌在 2015 年至 2018 年期间，通过虚构销售业务等方式虚增营业收入，并通过虚构采购、生产、研发费用、产品运输费用等方式虚增营业成本、研发费用和销售费用。通过上述方式，康得新共虚增利润总额达 119 亿元！此外，康得新还涉嫌未在相关年度报告中披露控股股东非经营性占用资金的关联交易和为控股股东提供担保，以及未如实披露募集资金使用情况等违法行为。上述行为导致康得新披露的相关年度报告存在虚假记载和重大遗漏。

康得新究竟采用了什么样的造假手法？

一、存货方面

康得新通过虚构销售业务方式虚增营业收入，并通过虚构采购、生产、研发费用、产品运输费用方式虚增营业成本、研发费用和销售费用，手法很简单，就是大家常说的虚增收入。

但是，康得新并没有虚减成本，而是对应虚增成本，这样子，公司的毛利率就是稳定的，不会出现大的波动。同时同步虚增研发费用、销售费用，保证利润率也维持正常。

这就是康得新造假的高明之处，从财务分析的角度，毛利率、费用率、利润率均正常波动，就很难让人怀疑。

但是并非没有留下任何蛛丝马脚。公司的存货占比太低了，公司虚增收入和成本时，为防止事务所通过盘点发现，没有虚增太多的存货，所以导致存货的规模没有随着收入规模一起增长，不符合商业逻辑。

康得新存货数据显示，存货余额一直稳定增长，虽然 2013 年至 2017 年几乎没怎么增长，截至 2018 年，公司存货 8.51 亿元。但是存货占总资产的比例越来越低，2011 年和 2013 年存货占比高达 10%以上，近六年占比逐年下滑，2017 年和 2018 年只有 2.3%，一点都不像一家制造企业。

对比来看，南洋科技存货占总资产的比例一直维持在 5%左右，而激智科技由于规模较小，波动较大，最低也有 8%以上，即使康得新一直对标、市值 1 000 亿美元以上的 3M 公司，其存货占比多年维持在 10%～12%。而康得新的存货占比只有 2.32%，确实让人费解。

最后，我们看存货周转天数，2017 年和 2018 年分别只有 30 天和 29 天，也就意味着存货一个月周转一次。而对比公司则明显在三个月左右，而且存货周转天数越来越多，这也是企业发展的正常现象，即使是 3M 公司，其存货周转率也为 90 天左右。

看康得新 2018 年半年报存货明细，库存商品仅有 3.51 亿元，占存货的比例 50%左右。如果周转天数是 30 天的话，也就意味着一个月时间可以卖出去。

存货余额占比和存货周转率跟行业可比公司差异大，非常奇怪。

二、货币资金方面

一些上市公司财务造假的目的一般是虚增利润，那么净利润必然转入所有者权益的未分配利润科目，与此对应资产负债表的科目必须有造假的科目。所有者权益的未分配利润虚增的话，对应的要么是虚减负债，要么是虚增资产，由于调减负债比较困难，因此虚增资产是财务造假最常见的手段。

一般情况下虚增应收账款最容易，但是最低级，一个函证基本就露馅了。虚增存货也比较容易，尤其是容易盘点的存货，一个盘点就装不下去了。虚增在建工程和固定资产比较难以核查，因为没人知道你的房子到底值多少钱？

那么康得新虚增了什么资产？整理康得新简易的资产构成后发现，只有货币资金才能隐藏 119 亿元利润总额，达 89 亿元的净利润。当然，预付账款、应收账款等都有可能是虚增的，但是最主要就是这 100 多亿元的货币资金，难怪大股东占用资金高达 122 亿元。

所以事情就很清楚了，根本不是大股东占用上市公司 122 亿元资金，而是大股东把钱通过净利润的方式虚增进来，之后才拿回去。

那么现在整个逻辑链条就很清晰了，康得新通过虚构销售业务方式虚增营业收入，并通过虚构采购、生产、研发费用、产品运输费用方式虚增营业成本、研发费用和销售费用，与此同时，虚构收入和采购的对手方应该都是大股东的关联方，他们通过占用上市公司资金的方式把钱流回到上市公司体系，一边占用，一边回款，一边流向国外，所以现金流量表看起来虽然有波动，但是整体是正常的。

接下来的疑点就是如果虚构收入、成本，公司的大部分客户是假的，大部分采购对象也是假的，大部分出口业务估计也是假的，这一切都是假的，那么作为客户和采购对象的关联方是谁？为什么事务所和证券公司都没发现？这么“简单”的造假为什么可以瞒过这么多专业人士的眼睛？这些钱以采购的名义流向了国外，是不是流向了钟玉待在国外的子女那里？

对于康得新和钟玉，证监会表示：“康得新所涉及的信息披露违法行为持续时间长、涉案金额巨大、手段极其恶劣、违法情节特别严重。”就是先罚 60 万元，还不够 119 亿元造假的“一根毛”：对康得新复合材料集团股份有限公司责令改正，给予警告，并处以 60 万元罚款；对钟玉给予警告，并处以 90 万元罚款，其中作为直接负责的主管人员罚款 30 万元，作为实际控制人罚款 60 万元。

现在证券法对造假的容忍度太高了，康得新造假，这是超过“安然”级别的造假，这是中国成立证券市场以来最大金额的造假，这也是对所有金融专业人士和 1.5 亿股民的侮辱。追缴所得、牢底坐穿是起步，怎么处罚都不过分，不然一个康得新倒下了，可能有更多的康得新站出来。

证监会重申，上市公司及大股东必须讲真话，做真账，及时讲话，牢牢守住“四条底线”：不披露虚假信息，不从事内幕交易，不操纵股票价格，不损害上市公司利益。

（本文相关资料数据整理自互联网。文章内容仅供参考，转载目的在于传递更多信息，并不代表赞同其观点，如有错漏请以证监部门官方结论为准。）

2.1.1　查账的基本定位

会计查账不但包括对会计账簿的检查，还包括对会计凭证、财务报表和其他财会资料信息、统计核算资料、业务核算资料和其他经济信息资料的审查分析；查账不仅指审计人员对被查单位会计资料的审计监督，还包括财会人员、税务检查人员、司法人员（公安、检察院和法院）、纪律检查人员、监察人员和其他相关业务人员对财会、统计和业务核算信息资料的执法性、公正性和建设性检查；查账不仅指被查单位和个人接受来自单位以外的各类检查，还包括本单位、本部门出自核算和管理的目的和需要，而采取的有关自查和自纠；查账不仅针对出现了财务纠纷和经济领域违法乱纪问题的单位和个人，也适用于管理状况良好、未发生错弊的部门和单位。由此可以看出，查账作为一种方法和手段，具有广泛的活动领域和存在意义，它经常作为打击财务造假的执法工具、查处经济案件的取证方法、财会工作情况的调查研究手段和加强内部控制的管理措施而被广泛应用。

查账是一种事后检查方法。会计核算的记录程式是根据经济业务填写凭证，根据会计凭证登记账簿，根据账簿编制报表，即经济活动的发生是会计核算的基础，会计核算本身是一种事后的归集和统核——检查已经发生的经济业务和既成的经济事实，并追究或解除经济行为者的相关责任。查账只针对已存在的客观事实和业已发生的经济信息行为，而不针对可能发生的经济行为或未形成的经济结果。

查账的基本目标是会计资料的真实性（要求被查对象会计信息系统运作的稳定性和有效性以及核算结果的真实性，即经济信息与经济活动的发生、发展的客观事实相一致）、合法性（会计信息及其所反映的经济业务活动的合法性，保证被查对象的会计核算活动和经营管理活动在国家的法律法规所规定的范围内运行，要求其与市场经济规范和人们所接受的道德准则一致）和合理性。合理性问题是在查账实践中经常遇到的，也是较难把握和处理的问题。所谓合理是指合乎道理或事理，合理性在查账过程中常指某项经济活动合乎道理或合乎当前社会经济发展形势和被查单位实际，符合人们的习惯和认识水平。合理性的“理”并不像法律法规那样规范成型，人们对理的认识也存在较大的差异，所以讲到合理往往莫衷一是，有时会形成公说公有理、婆说婆有理的局面；也就是说理的表现形式是多种多样的，但绝不可由此认为理是不可捉摸的，可以由人们随心所欲。合理性所涉及的理应是公理，是社会公认的道理，是代表社会公众绝大多数人利益或在一定范围达成共识的理。查账中常遇到的有关被查单位生产经营管理活动的“理”（原则、道理或事理）主要有：经营原理，指被查单位出于经济效益的考虑，面对市场自主作出的决策、反应和竞争的基本原理；管理原理，指被查单位对其内部生产经营活动进行管理的本能需要及其享有的权利；会计原理，指被查单位根据会计法则进行正常核算的原理；经济学原理，指被查单位按照经济学理论组织、安排其生产经营管理活动的原理；逻辑原理，指被查单位按正常逻辑思维、判断和作出决断的原理；计算原理，指被查单位运用计算法则处理有关生产经营管理的数量关系；经实践检验成功的经验和法则、习惯和对经济形势及被查单位实际情况的某些特殊考虑等。这些“理”融合了社会经济发展的各方面和社会文化背景，综合反映了社会政治经济的多元性和多样性，反映社会不同层面对经济生活的不同认识和理解。“理”一般有三种表现形式：一是明文规定的理，如会计原理、统计原理、经济学原理等；二是约定俗成的理，这类理虽无明确的成文记录，但已为大众所接受并共同遵守，如对经营风险的防范，对市场行情变化的预期等；三是传统习惯，即社会广泛流传，但无文字记录，也未形成规范，只是为大家所默认。理与法有其共同的一面，即合法性和合理性的统一性，这在社会主义社会中是社会政治、经济活动中的主流现象，也就是说法律既代表了统治者的利益，体现了公平性，同时反映了社会公众的利益取值，体现了人民性，在查账中这表现为被查事项合法同时合理。但是，法与理之间有时存在着不一致性，因为理一般出自公论，是大众化的，而法是统治阶级意志的表现，它不可能在任何时候都完全合乎大众化的需要。另外，法在一个国度内应是统一的或通用的，但理带有传统习惯等因素，而传统习惯则较难实现通用和统一。再一方面，法是就整体情况制定的，是相对稳定的；而理有时是就局部情况而成立的，其形成程度及稳定性不及法律慎重和严格，所以法与理的不一致在一定程度上是难免的。法与理之间的矛盾主要表现为以下几种情况：合法不合理、合理不合法和法与理兼而有之难以取舍。查账人员必须正视这一矛盾，不能采取回避、绕道而行的态度，正确的做法是认真分析矛盾、吃透矛盾的实质。要明确矛盾之中的合理成分是哪些，不合理成分是哪些；合法因素是哪些，不合法因素又是哪些。分析其矛盾是一般性矛盾还是具有对抗性矛盾。另外，要分析矛盾的核心和焦点，找到其对抗的基本环节，判断矛盾的性质和存在的基础。再次，针对矛盾的存在基础，判断是非，评价矛盾主要方面的合理性和合法性，也就是分析是合理性占主导方面还是合法性占主导方面，并结合矛盾所产生的影响和后果进行处理。在查账过程中查账人员既要注意依法办事，也要注意按照“三个有利于”的原则办事，支持被查单位在改革开放的道路上进行探索。既要检查被查单位主观因素造成的过失和错误，也要注意客观因素的制约和影响（如上级主管部门瞎指挥，领导干部官僚主义，有关部门的吃拿卡要等）；既要分析其结果，也要分析评价其过程；既要考虑法的一般适用性，也要考虑被查单位的特殊性；既要考虑查账过程中的通例，也要参考其他单位出现的特例。即使对财务造假和违法乱纪事件的查处，也要分析其初衷是为企业生产发展，好心办错事，还是为个人和小集团的利益所进行的舞弊犯罪；是有意识的主动行为还是被环境所迫的被动行为；其错误的后果已经形成并较为严重，还是尚未酿成严重后果。在查账过程中，查账人员应让被查单位将其所有的道理说完，分析其据以之理是否存在或成立，在什么情况下存在或成立，而这种情况是否已经出现，该理在多大程度上与现行法律法规相抵触，并判断依法还是依理，并在多大程度上使其综合起来——这就是查账的难点和重点所在，也是其经验和技巧所在。

查账既依赖于“账”，也依赖于“查”，账就是会计核算资料的问题，查就是查账人员主体素质和检查方法与技巧问题。查账人员对被查单位账务体系的掌握情况、其会计和有关财经方面的专业知识、其查账经验和能力、查账工作的组织部署等在很大程度上决定查账结果。查账方法是查账主体运用的检查工具的手段，是技术含量最高的查账因素，因此要加速研究开发科学查账的技术方法。

2.1.2　查账方式的设计

查账人员在接受查账项目，特别是大案要案的检查时，首先应明确其目的和目标，掂量其“分量”，领会其作用和意义。

1. 选择常规检查方式还是联合检查方式

常规检查如查账项目是例行性、验证性检查，这种查账一般是有规律的，但由于未发现被查单位的错弊或未掌握有关错弊的线索，所以查账工作之初针对性不是十分明晰。

而对于特殊性检查，一般由于群众举报或发生了重要案件、暴露了重要线索，所以查账目标开始就较为清楚：是为查明问题，弄清事实真相，追究或解除有关当事人的责任，其性质一般属反腐倡廉的攻坚战。

显然，前者查账难度不大，风险较低，查账人员可采取常规查账方式；而后者的艰巨性和复杂性明显高于前者，其查账风险也较大，来不得半点马虎。查账的结果肯定为各方面所关注，并且涉及对人和事的处理，对本地区、本行业和被查单位以后发展产生较大反响。因此，为了降低查账风险，提高查账工作效能，应首选联合式查账方式。

联合式查账是对付规模和难度较大的“立体战”的主要方式，它是指多主体联合式的查账，一般由委托查账方指定某一单位（如审计、监察、税务等）牵头，由其协调、组织财政、物价、税务、工商、纪委、监察、司法等部门的人员共同组成查账小组，一并进点协同工作。联合查账应本着分工不分家的精神，查账人员一起商议制定查账计划，协商查账部署和安排，执行查账程序，最后一起确定查账定性、定量的结果，商量查账报告的撰写和修改，共同对查账结果负责。

由于查账主体各异，其看问题的角度也不尽相同，在查账工作中能够各尽所能，发挥各自的专业特长，对查账事宜的分析、判断比较容易构成“交叉火力”，汇集和综合多方面的意见、观点，进而形成较为全面、周密的查账结论。也正是由于多种主体的配合作战，能够扬长避短，形成查账工作的合力，取得 1+1 大于 2 的效果。经济领域违法乱纪分子往往容易躲过单一视角的检查，却较难躲过多视角、多层面、多方位的检查剖析，多主体的联合查账能最大限度地减少查账工作可能存在的“死角”，提高对错误和舞弊的查找精度。这种联合查账的会战形式，是查处大案要案的有力武器，在查账实践中发挥着重要作用。

但是联合查账也存在着一些不足，主要是对其组织和管理方面的问题。由于查账主体来自四面八方，为了一个工作目标临时被组合到一起，彼此的了解程度较低，各自的工作水平、能力、习惯彼此互不熟知，缺少一个磨合过程，于是其工作中的配合肯定不会十分默契，有时还会发生分歧和争议；另外，虽然大家共同对查账结果负责，但每一位查账人员所负的责任并不容易弄得很清楚，如果要分清责任，必须做到合理分工和协作，并施以有效的管理，这完全有赖于查账小组领导者的组织和协调水平。于是，为了做好联合查账，准备工作必须全面充分，对参与查账人员的构成要提出明确的要求。在过去的查账实践中，有时部分单位派不出合适的人来，便选派一些不具备查账基本素质的人来充数，对此应当力求避免。查账小组人不在多，而在于精，在于其较好的基本素质和“团队作战”能力。查账人员的分工可在出发前便初步确定，到工作现场再行“微调”。在查账过程，要特别注意各方人员的协调，防止各行其是，只从本行业本部门局部利益出发去观察问题、判定是非，而要将查账的思路和标准统一到查账计划（有时称查账方案）上来，以查账计划统一大家的言行。发生了分歧，大家应坐下来协商解决，不能将分歧公开化，暴露于被查单位面前。当彼此意见不能统一时，应向上级委托部门请示，绝对不允许私自向被查单位泄露、向其私下许愿，要坚决维持查账小组团结和对外行动的一致性。在形成查账报告时，应让大家充分发表意见，纳入共同部分，再仔细研究讨论存有不同意见的内容，经过摆事实、对照标准，达成共识；在查账结束前，应对本项目查账工作进行系统总结，列出成功经验，并找出差距和不足，供以后查账工作中吸取改进。联合查账是打击财务造假和经济领域违法乱纪的重要形式，它的精髓在于集中了集体的勇气、智慧和才能，因而独具特色，显示出强大的生命力，是当今一种难以取代的查账方式。

尽管联合查账具有不可比拟的优越性，但是并非所有查账项目均必须采用该方式，对一些小型、局部、非重大的查账项目，可以由被委托单位独自进行。独自查账也具有一定的优点，它便于组织和实施，能“短平快”地取得战果，收到成效；同时它“船小好调头”，查账工作调整变向较快，适应能力较好。一般查账项目可选择独自查账方式。

2. 考虑采取突击查账方式还是采取预告方式

在选择查账方式时，查账人员还要考虑采取突击查账方式还是采取预告方式。

（1）突击查账。突击查账是指查账人员抵达工作现场之前不通知被查单位，使查账工作保持一定的突然性，让财务造假和违法乱纪的有关行为人无从悉心准备，打它一个措手不及，进而收到“奇袭”的效果。突击查账突出了一个“快”字，出其不意，攻其不备，突然出现于被查单位面前，以争取查账工作的主动，而令对手陷入被动之境。对于一些违法乱纪案件的查处，采用突击查账是十分必要的，如果事先预告其查账行动，等于通知其做好物资、账面和心理准备，这会增加查账工作的难度，有时甚至造成难以挽回的损失。实施突击查账关键是事先保密，查账人员出发之前进行准备工作时，不能走漏消息或让被查单位有所察觉，否则突击的效果便会大打折扣。另外，突击查账难以让被查单位做好应有的准备工作，如准备好有关资料、账簿等，查账人员到达现场时，可能发生必要的资料条件不具备，对此查账人员要分析是客观实情，还是被查单位有意拖延、推诿，还是由于突击查账所造成的结果。突击查账对查账人员心理也有突击之感，查账的准备工作不可能像预告查账那样做得非常充分，或多或少有仓促上阵之感，查账人员必须避免这种心态的影响，在查账工作中做到从容不迫，有条不紊。对于不存在违法乱纪现象的企事业单位，采用突击查账容易挫伤被查单位的自尊，有的单位会感到不自在、不能接受，在查账工作中可能出现不支持不合作的现象，这一副作用也是需要查账人员注意的。

（2）预告查账。与突击查账相反，预告查账是一种比较“温和”的查账方式，它具有一定的适用性，可以让被查单位做好应有的准备，为查账人员提供必需的工作条件，能相应减轻查账人员的负担，保证查账工作的顺利推进。预告查账只是通知被查单位查账工作即将开始，并没有暴露查账的目标、意图和主攻方向，财务造假和经济领域违法乱纪分子从查账通知书中弄不清查账工作的确切所指，只要查账人员所采取的工作策略和方法得当，依然可保持查账工作一定程度的突击性，依然能争取工作的主动权（但对于重大的财经法纪案件的检查中，被查单位或有关当事人已成惊弓之鸟，不宜采用）。在查账实践中，预告查账占据较大比重，因为预告查账较突击查账更易管理，查账工作可严格按照查账程序逐渐推开，不必跳过某环节，特别是预告查账可以做较为充分的准备，对有些问题可以先行调查研究，再有针对性地进入被查单位。查账人员也可以要求被查单位完成必要的工作，被查单位没有理由拒绝和拖延。当然不管突击查账还是预告查账，都必须办理必要的立项手续，制订相应的查账计划，并施以严格的管理和控制。

3. 法定查账与自定查账

（1）强制查账或法定查账。在查账实践中，大多数的查账项目属于强制性查账，即司法部门、经济监督部门和主管部门，根据国家有关法律法规所实施的带有强制性查账，不管被查单位事先是否知晓，是否同意，都必须无条件接受并配合检查。这种检查带有明显的执法性，体现了依法管理的权威性和国家组织管理经济的需要，带有很强的权威性，因此强制查账有时也叫法定查账。强制查账一般适用于发生了重大财务造假和违法乱纪现象或线索的企事业单位，或国家规定例行的账务检查之情形。

（2）任意查账或自定查账。与强制查账相对就是任意查账或自定查账，这类查账不是国家依法强制执行的，而是企事业单位根据自身核算和管理的需要而提出，并要求有关经济监管部门进行的查账。例如，有的单位领导面对群众强烈的反腐呼声，为了证实单位财务核算的真实性和合法性，表明有关业务人员的正直清白，特聘请有关部门进行查账；又如，有的企业内部二级核算单位的负责人任期届满，企业领导需要对其在任期内经济责任的履行情况进行全面了解，并作出评价，也需要对其任期的财务收支及有关核算资料进行审查。任意查账的委托人与被查对象有时是合而为一的，这时查账人员所采取的查账方式，主要是根据委托人的要求及其配合程度来确定的。查账人员可以采取报送查账方式，即由被查单位根据查账人员的限定和要求，报送有关会计核算资料，由查账人员在被查单位之外的其他场合进行审查；也可以采取现场查账方式，即查账人员进驻被查单位现场（包括财务部门、生产部门、供销部门、技术部门等）进行审核查对，深入实际进行调查取证，完成其主要查账过程。

4. 期中查账与期末查账

（1）期中查账。期中查账，即在被查单位会计报告期中间对其账务资料进行查账。由于在会计期中，本期会计核算资料并未完全形成，查账的主要内容既包括会计事项的检查分析，也包括其有关内部管理的抽测评价。期中查账能及早发现其核算和管理存在的问题，要求被查单位及时采取补救措施，防范潜伏于会计资料中的错弊对会计报告真实性和公允性构成威胁。

（2）期末查账。期末查账是运用较为普遍的一种查账方式，是在被查单位会计期末、决算日后进行的查账。查账的目标主要是对其全部会计核算资料进行检查验证，重点是对会计报告真实公允性的检查，并由此追溯至有关账簿、凭证和实物资料之中，查对会计事项的处理、有关业务的记录和决算程序、方法及其结果。期末查账所涉范围全面，具有一定的广度和深度，既有公正性检查的性质，也具有执法检查的性质。

5. 轮流查账、巡回查账、对比查账、交叉查账等方式

查账人员还可以根据查账工作的需要和可能，采取轮流查账、巡回查账、对比查账、交叉查账等方式。

（1）轮流查账是指对计划安排需要查账的单位，根据轻重缓急，分门别类，按照一定的顺序分别进行账务检查的方式。目前，我国经济发展和法制建设的形势决定了各部门、各地区、各单位的查账任务很重，列入检查的对象较多，但由于查账力量受限，查账人员必须区分主次轻重，兼顾重点与一般，排出轮次，分批实施检查。

（2）巡回查账是指逐步实现查账工作经常化、科学化和制度化，对应查单位按照一定规则进行循环检查，每经一定周期便例行检查一次，使其经常处于正常的、有效的检查监督之中。这在有的部门、地区和单位是必要的，也是可能的。

（3）对比查账是指将两个或多个情况相同或相近的单位进行比较检查，分析存在问题的共性，找出其个性，判断其原因，开出诊治的通用“药方”。对比查账能够扩大查账受益面，使不同的受查对象通过检查找出自身不足，给出自己的正确定位，明确存在的差距和整改方向。

（4）交叉查账是一种交互查账的方式，某一被查单位在接受查账的同时，派员参加对本地区、本行业其他单位的查账工作，其他单位也派员参与查账人员所在单位的查账工作。在这种方式下，被查方同时是检查方，这不仅是简单的角色互换，而且是其视角的对换，视野的扩大，思路的拓展，在互查活动中能够起到互帮互促的作用，有利于推动其建立健全内部控制和管理制度，做好查错防弊工作，实现查账工作治本的目标。

2.1.3 查账程序的设计

查账程序是指查账工作所要经历的各个阶段、步骤和环节，及其相互的关系和先后顺序。查账工作有一定的工作规律可循，查账人员必须按照其内在联系，将各项检查工作分布于一定的时间和空间，并通过各阶段的工作递进衔接，渐进接近，最终实现查账工作目标。

查账工作程序总体来说可划分为三个阶段，即准备阶段、实施（或检查）阶段和终结（或报告）阶段。这三个阶段由浅入深、由低到高，循序渐进地完成查账工作的全过程。这三个阶段呈现接力式，前一阶段结束，便意味着后一阶段的开始，最后一个阶段工作结束，查账项目便告完结。一般一个查账项目对应于一个完整的查账程序，不同的只是各个查账项目之间以及各个阶段的工作内容和重点的差异。当然，特殊的查账项目可能出现较为复杂的查账程序，如有的查账项目在完成查账报告后，又发现新的财务造假和违法乱纪的线索，需要增添附加的查账程序；又如有的查账项目已经立项并着手进行准备，但遇到较大困难和麻烦，或者出现了新情况，不得不暂停检查，进行重新论证和调整，以决定是否进入检查阶段，等等。所以查账人员在查账过程中要根据实际的情况设计工作程序，并及时进行必要的调整、补充，不能指望以一个查账工作程式完成所有查账工作。

1. 准备阶段

准备阶段一般占整体查账程序时间的 15%左右。越是复杂的查账项目，准备工作的量越大，

时间越长，但在整体查账程序中的比重不一定相应增加。因为复杂的查账项目检查阶段和报告阶段的时间也会相应延长，进而使整个查账项目时间增加。准备阶段一般认为从确定查账项目到实际进驻被查单位的工作时间段，此间主要完成以下工作内容。

（1）确定查账项目（立项），明确检查对象、范围、目标和基本要求。查账项目的立项可以来自上级部门总体部署，也可以源于本部门、行业和地区工作的安排；既可以根据群众举报的有效线索，还可以依据被查单位出现的异常现象和上次查账的未尽事宜；既可以出自本单位工作计划，也可以应允被查单位的要求；既可以是结合当前经济发展形势而自订的检查，也可以配合其他部门和单位进行检查。

（2）配备查账人员。人员配备不是一个简单的人员调配问题，而是一个战斗集体的形成，以及其“火力配置”的问题。查账小组一般由数人组成，其中小组长一人，助理或副组长一至两人，组员的配备要考虑职称结构、年龄结构、性别结构、能力结构和工作特长，注意查账小组人员一专多能，能够综合解决诸多专业问题，使之能形成整体合力。在组成查账班子时，要巧用人才，注意发挥青年人的“冲”劲、中年同志的“稳”劲、老同志的“心计”和女同志的“细心”，讲究用人之道，用足人才，用好人才。

（3）熟悉与查账有关的政策、法律法规、法令、制度和规定。尽管查账人员在查账实践中熟悉和掌握了许多政策法规，但这不等于可以忽略该环节的工作。查账人员必须针对具体查账项目展开学习和补充，特别要学习掌握的是随着改革开放和社会主义现代化建设事业的发展，中央和地方政府、各部门、各行业针对经济领域遇到的新情况、新问题而颁发的各项法规法令，并领会其精神实质。要注意有关法律法规的相关性、层次性、地域性和时效性，并通过学习统一查账人员的认识，准确把握政策法规的尺度，掌握好查账的基本依据。查账人员可以自己准备并携带有关法律法规资料进驻被查单位，也可以向被查单位借用，特别是一些常用的法律法规制度。

（4）进行查账工作的预研。在进驻被查单位之前，在其外部调查、收集其基本情况资料，以对其有初步了解。对委托人的意图作深入讨论，以求准确深刻理解；分析举报人的动机及其所述事实的真实程度，判断查账工作的难度和阻力所在；预测查账可能遇到的风险，思考防范对策和控制措施；初步设计查账小组的内部分工，探讨工作技巧，制定工作纪律。

（5）进行有关文件、文书和资料的准备。备齐查账工作底稿，检查有关计算器具，配备有关文具和器材。不论什么样的查账项目，查账人员都必须明确面临的工作形势，明确查账的工作性质，以及查账委托人所要达到的要求和查账目标，明确达到该目标所涉的工作广度和深度，进而完成查账工作的心理准备。在查账的准备工作中，不应当忽略查账人员进入角色、研究角色、钻研角色以及调整心态的准备工作，将查账人员工作的主动性、积极性鼓动起来，建立自信、必胜的心理。

（6）办理有关查账手续。如是预告查账，要下达查账通知书，提前通知被查单位，令其做好各项准备工作，并收取查账通知书回执；如是突击查账则不必提前告知被查单位，而等到查账人员亲临查账现场时，再将通知书当面送达被查单位。前者称预告查账，后者称突击查账。

2. 实施阶段

自查账人员进入现场到查账人员检查工作完成，并着手撰写查账报告为止。实施阶段的主要工作是对被查客体进行调查、取证、分析、评价和判断，并形成查账人员的初步检查结论（未形成书面形式，与被查单位见面）。这一阶段占整个查账工作时间的 60%以上，是查账的关键阶段。此间主要完成以下工作内容。

（1）调查、了解被查单位的实际情况。这种调查与准备阶段的调查有所不同，查账人员应区别其联系与差异，前者属于查账的准备工作，调查工作是粗浅的，带有一定的探索性，而后者是实施性的调查，是收集查账证据的重要组成；前者是在被查单位以外进行的，调查的对象不是被查单位，主要向银行、税务、工商、物价、主管部门等调查，而后者是在被查单位内进行的，直接面对被查单位；前者的目标旨在形成一个查账初步的工作思路，而后者要形成查账工作的结论；显然前者是为后者服务的。调查、了解被查单位情况有一个由浅入深的过程，经过一定广度和深度的调查之后，对被查单位的内部控制制度、有关内部管理规章、有关财会资料、统计资料和业务核算资料以及其他经济信息资料，被查单位的生产经营、资本经营活动的概貌、单位内部组织机构的设置及其分工、协调和配套衔接，以及本次查账应查部位及其相关环节等有了初步了解。查账人员可以形成正式查账工作方案（如果查账工作方案在准备阶段业已形成，也可以在实施阶段进行一些调整修改），查账工作方案是查账工作的蓝本，是指导查账工作的计划指南。查账方案的内容主要包括查账工作的目标、范围、重点、时间、人员安排及其分工，工作步骤、要求、进度及衔接等。查账方案制定的质量关键体现于它的适应性和实用性上，也就是说查账方案不是做给别人看的，更不是为查账存档服务的，而是为规范和指导查账工作服务的。查账方案不是可有可无的，而是必经的工作环节。查账人员，特别是查账小组负责人必须高度重视，认真编写。查账方案不必面面俱到，追求其形式的完美，而应追求其内容贴近实际，行之有效，易于查账人员理解和操作。查账方案形成后要让工作人员人手一份，经常进行检查对照，发现偏差及时纠正。查账方案还应留有必要的余地，保持一定弹性，因为随着查账深入，新的情况的发现可能打乱原有的工作部署，因此在执行查账方案的过程中应保持必要的灵活性（具体查账业务与工作方案存在差异，应在工作底稿中说明）；另外，查账方案应保密，不得公开于被查单位，以免造成查账工作的被动。

（2）深入检查现场，听取汇报，提出询问，观察业务活动情况，走访有关业务部门和生产单位等。

其主要工作应集中于被查单位会计核算、统计核算和业务核算工作及其相关资料。查账人员要对被查单位内部控制及其管理制度的有无和执行遵循情况进行评估，发现其薄弱环节及其可能造成的影响后果。要向对方索取和调阅有关账册、报表，并做好借用资料登记手续。向被查单位索取的资料既包括查账工作经常涉及的常规资料，也包括查账项目所需的特殊材料。查账工作所涉常规资料有被查单位的规章、制度、文件、计划、合同文本，被查期内的各种审计、检查资料，分析评价资料，上年度的财务报表、财务分析资料，各种自制凭证的存根、未粘贴在记账凭证上的各种支票、发票、收据等存根，以及银行账户、银行对账单、备查簿等相关的经济信息资料。查账人员要求被查单位提供资料，最好要求其打开财务资料室（档案室），让查账人员进入，由其随意抽阅有关凭证、账簿和报表，而无须被查单位财务部门始终派员一步不离地全程陪同，或由被查单位人员根据查账人员的要求逐次从档案室中提取资料，以免其窥视查账人员行动。当然查账人员应要求被查单位至少选派一人作为联络员，负责解答查账工作的疑惑，沟通信息，协助工作。查账人员要注意联络员功能的妙用，可以将一些事务性工作交给他去办理，如聘请人员、查找资料、引导带路、介绍情况和人员、提供必备的其他工作便利等，这样可以减轻查账人员工作，提高工作效率。但不能让其过多介入查账工作之中，不能让其知晓“圈内”的事，不能让其察觉查账对象和目标，如不能让其代邮调查函，不能让其复印取证材料，不能让其作调查记录，在查账人员召开工作会议时应让其回避（不能让其在现场服务），要做到内外有别。

（3）通过调查和测试被查单位内部控制制度，通过对有关账证资料的审查，获取有关发生和存在错与弊的书面证据、实物证据和语言证据。

常用的查账方法有听、看、问、查、比、议，以及外调内引、分析、评价。查账人员在查账工作中发现的问题应注意及时准确地收集或形成证据，并将其记录于查账工作底稿之中。查账人员必须记住只调查不取证，或只取证不鉴定确认证据都将无济于事，都可能前功尽弃。因此查账工作涉足要广，资料要全，调查要细，取证要实。好记性不如烂笔头，不要过分相信自己的记忆力。查账工作纷繁复杂，查账人员需要记忆回顾的事太多，等到需要回忆时才去发掘有时会为时过晚。调查、取证、记录是查账实施阶段的三部曲，缺一不可。另外查账人员在注意调查取证的科学性和有效性的同时，还要注意调查取证的合法性，不能超越法律法规允许的范围从事查账工作，如需要采取特殊的调查取证手段，应提请公安、检察等司法部门执行或监督执行。再者，在收集证据的时候，查账人员应同步进行必要的分类、整理、归纳，使调查取证的材料指向明晰，便于使用加工，以提高后续查账工作的效率。当然各位查账人员的工作应注意密切配合，注意在查账工作中互相沟通、交换信息，保持整体协调。

（4）查账工作实施阶段的成果是形成系列查账工作底稿。这些工作底稿是对查账工作过程及其发现的问题的详细记载，并附有查账人员初步分析的结论，这些底稿不仅是查账工作记录，也是查账工作总结。工作底稿可以一事一稿，单独编；也可以一事数篇，连续记录；可以是一人一稿，也可以是一人多稿，但多人一稿的情形出现较少。查账工作底稿应是可追溯的，即从工作底稿可以查到有关账证表等会计资料之中，能够看出所查问题的性质、成因、结果和影响。同时，工作底稿也是可综合和再加工的，为形成查账报告提供依据和素材。因此，查账工作底稿是查账报告与被查事实之间的桥梁。在结束查账实施阶段工作之前，查账小组负责人应对查账工作底稿进行验收，视查账工作所收集的证据材料是否揭示了被查事项的基本情况，是否达到了预期的查账目标，是否符合委托人的要求，如果回答是肯定的，则可以结束审查，进入下一阶段。

3. 终结阶段

这是查账的最后阶段，是对查账工作进行总结，对查账查出的财务造假和违法乱纪活动进行定性、定量分析和判断，并形成查账结果——查账报告，且根据委托人的要求提出处理、处罚意见。终结阶段的工作时间约占整个查账项目的 15%。其具体工作内容如下。

（1）整理和分析查账工作底稿，审查、鉴定和综合查账证据，理出有关问题的脉络，证明其问题实质。

对事实清楚、证据确凿的有关问题，作出定性、定量结论，并提出处理、处罚建议；对证据不足尚不能定案的事项，一般要追加查账程序，进一步深入审查，直到获得相关证据为止。若经过深入审查短时间内无法获得必要证据的，则不宜作出相应的查账结论。对查账人员存有较大疑问而采取了补救措施仍无法查实的事宜，查账人员可作为专门问题在查账报告中提示，或将其作为特例另行立案查处。总之，查账的结论应完全建立在充分、有效和准确的事实证据的基础之上，而不能捕风捉影或任意添加。对查账证据的加工处理，应合理使用查账证据，对关键证据应进行再度验证、复核；对函证和技术鉴定所获的证据要完备有关手续；对语言证据要与实物证据、书面证据相衔接、吻合。各种证据不能相互矛盾，而必须相互支撑，形成共同指向。

（2）查账小组成员摆事实、摆证据，共同讨论查账结果，形成查账结果报告，并责成某一位组员（一般由查账组长）执笔撰写查账报告。

对查出的事实，查账人员认真查对有关法律法规，得出严密的查账结论。查账报告要反映查账过程中查出的主要问题及其成因成果，查账报告的基本内容主要包括查账的客体、范围、方式、时间以及实施查账的情况，被查单位的基本情况，被查经济业务活动的情况及其存在的财务造假和违反财经法纪的情节、性质、原因和后果，查账评价意见或处理、处罚意见及其依据。查账报告要做到事实清楚，证据确凿，内容完整，定性准确，评价公正，处理恰当，建议可行，行文规范，措辞得当。查账报告写作之关键是本着“宁不足勿过火”的原则，本着对委托人负责，对被查单位负责，对查账人员自身负责的态度，将查账报告写好。查账报告不应有言过其实之处，对没有查实的问题可以不作反映，对查出的问题查至什么程度就反映什么程度，切不可夸大其词，任何的夸大都将成为查账风险。查账人员可略作一些保留，对一些次要问题在报告中不予提出或不作重点表述，既突出问题的主要方面，也有利于争取主动，规避查账风险。

（3）查账报告初稿写就后，一般应在一定范围内与被查单位见面（不是与当事人见面），听取被查单位对报告的意见。

对被查单位的态度，查账人员要注意“巧”观察：如果报告中存在弃真风险（将被查单位不存在财务造假和违法乱纪现象误判为存在错弊的可能性），被查单位往往会比较强烈地反映出来，迅速指出查账报告的不实之处，并积极协助查账人员进行纠正；而对于误受风险（被查单位财务资料出现财务造假和违法乱纪现象而查账人员误判为不存在的可能性），被查单位会视而不见，保持沉默，很快表示全盘接受。对于查账人员查出被查单位违法乱纪事实并进行一定处理、处罚，被查单位态度冷漠，对查账报告几乎不看便表示首肯，是值得查账人员怀疑的。一般来说，对其处理、处罚，被查单位都要作一番解释和讨价还价，有时“据理力争”地纠缠很长时间，影响查账人员正常工作。对此查账人员要冷静观察被查账有关人员的心态和动机，发现其是否存在没有查出或查实的问题。

（4）查账报告征求了被查单位意见后即可定稿，向委托人递交。

根据委托者的要求，查账人员应强化查账结果的落实，向委托单位提出切实可行的意见、建议，如要求被查单位调整有误的会计账目，要求其补缴偷漏的税款，并课以一定的罚款，没收其非法所得，要求其归还非法侵占的资财等。对有关当事人违反了党纪政纪的，要移送有关部门给予党政处分，触犯了法律应追究其法律责任的，应移交司法部门。移送应办理有关手续，留下有关凭据，并将其一并归入查账工作档案备查。

2.1.4 查账路径的设计

怎样才能选择好查账的切入点，抓住审查线索，主动跟踪追击，实现纵深突破，迅速取得并扩大战果，取得查账工作的全面胜利呢？这是查账人员在准备阶段即要认真思考的重要问题。进入审查实施阶段，各方面的工作纷至沓来，查账人员又面临着正确把握工作方向，保持查账项目各部分工作的衔接、递进和协调关系，保持工作的有序和高效问题，因此客观上需要有一条符合实际的查账思路，有一条统帅查账项目活动的主线，以规划项目活动的走向，检查和指导查账工作循序渐进地接近和实现查账目标，而不至于偏离其轨道——这就是查账路径的设计及其功能的问题。

查账路径（也称查账线路、查账路线、查账导向）在所有查账项目中均客观存在，并发挥着规划、指导和协调作用，只是在许多查账活动中查账人员没有发觉，或者没有这样称谓，或者没有这样去认识它而已。过去有些查账工作水平不高，力度不够，效果不显，在很大程度上与忽视查账工作的总体布局有关，以至于查账思路不清、趋向不明，导致查账人员各自为政，进行审查分析时只能走一步看一步，不知道查什么、分析什么、怎么分析；不知道围绕什么展开检查，直至得出怎样的结果便可以停止分析，并据以作出查账结论。查账工作的技巧首先是总体布局的技巧，然后才是具体技术方法运用之技巧，因此应高度重视查账路径的选择运用。

查账路径对于查账人员来说并不陌生，如对被查会计核算资料进行审查分析，查账人员习惯采用顺查法，这就清楚地确定了查账分析的基本走向，它是以被查单位会计资料形成（记账）的顺序，即以会计凭证—会计账簿—财务报表为主线进行审查。由于采用了这种查账路线，与此相对应的查账方针和策略也随之确定，查账人员的基本分工也依此而形成。查账人员必须投入较多的人力和时间，在较大范围内使用审阅法和核对法去查找凭证、账簿和报表中存在的各种错弊，特别是突出对原始凭证和记账凭证的审阅分析（因为顺查法的特点和难点是对原始凭证和记账凭证的审查），在全部应查对象检查完毕后查账工作方可告一段落。采用其他类别的查账方式同样如此，查账路径这支“魔棍”始终都在施展它的魔力。

查账路径有许多类型，这些类型不是理论工作者在书斋里的创造发明，而是查账工作者在查账实践中摸索积累和总结概括的。它适用于不同审查环境，在查账工作中扮演着不同的角色，发挥出不同的作用。

1. 查账总体工作的路径

（1）查账分析以被查单位（主要指企业）生产经营的实物运动为主线，依照采购—生产—营销—运输的业务环节顺序进行追踪审查。

它的特点是查账活动与生产经营管理业务活动保持了相同的走向，查账程序与被查单位业务程序基本吻合，具有一定的“可见性”，查账分工以被查单位的业务分工和其内部机构设置为基本依据，并以此展开和细化。这种路径的优点是查账思路清晰，衔接紧密，查对有关业务活动方便，不足之处是实物运动的路径脱离了价值形态单独进行审查分析（尽管企业生产经营实物运动与价值运动有着紧密联系），有时难以取得理想效果。这种路径俗称管理型路线，它较为广泛地为被查单位业务和行政管理人员所接受。这种检查路径适用于企业生产经营周期较长且供产销业务比较稳定，有一定规律可循，业务核算资料比较齐全之情形；或者查账工作需要得到有关业务人员和管理人员支持、配合的查账项目；或者查账人员对被查单位生产经营及业务管理较为熟悉，对进行检查较为得心应手的情况。

（2）以被审单位（主要指企业）生产经营的货币（价值）运动为主线，依照资金—成本—收入—利润—资金的顺序进行推导性分析。

企业的生产经营过程也是其理财过程，其价值运动能够从另一侧面反映企业经济活动的全貌。会计核算正是用货币形式反映和监督企业生产经营业务活动的信息系统，它以货币为工具对企事业单位生产经营管理活动进行写实。以价值运动为中心的查账路径与对会计核算资料的审查无疑属殊途同归，它既符合查账人员的工作习惯，也符合被查单位财务核算工作的走势，因此采用这种工作路径对查账人员来说可谓轻车熟路，能充分发挥查账人员的特长，且具有广泛的适用性。当然这种路径也要注意与被查单位生产经营管理的实物运动相结合，特别是对一些在账面上看不清的业务，必须将之“还原”至具体的业务之中，才能发现其原有面目。要防止只抓住会计资料，查死账、死查账、查账死（查不出、查不清问题）的狭窄的查账思路。该路径经常也称为财会线路，适用于企业资金循环比较规则，无较大起伏且有关财务核算资料比较详细、齐全的情形；或者查账人员以财会人员为主体的查账项目。查账人员常见的顺查法、逆查法属于这种思路的具体运用。

（3）以人、财、物、信息等生产要素为对象，进行同步审查，即同时利用实物尺度和货币尺度对被查单位生产要素的购置、调配、消耗及结果进行审查分析。

企业单位生产经营管理的过程也是其生产要素组织和运用的过程，其财务状况和经营成果也是其生产要素组织、运用的状况和结果。企业生产要素的集中和调配使用是随着生产经营活动的变化而增减往复运动的，生产要素的运动与企业资金运动和信息运动的方向是一致的。生产要素路径强调了对被查单位的总体审查和分析评价，既包括财务分析和检查，也包括经营管理的诊断和评价，突出了其资金运动与实物运动及其信息运动的对应性和协同性。在查账分析中采用该路径有利于发现被查对象生产经营管理的态势，迅速找出关键点，发现其异常，为查账的深入、收集有关检查证据提供手段。这种查账路径适用于对被查单位生产经营和会计核算局部的较为详尽的检查；或者被查单位生产要素运转出现问题和疑惑的情形。

（4）以资金—使用—资金—使用的业务循环为序，进行往复性分析审查，主要用于政府机关和行政事业单位查账项目之中。

因为政府部门和事业单位不以营利为主要目标，其业务循环不管是实物运动，还是价值循环，都具有其特殊性，对其进行检查分析要体现这一特点，即不着重审查其市场经营行为的合法性和有效性，而是分析其业务活动、职能工作及其管理行为的有序性、正常性和合规性。采用这种路径可以对非经营性单位进行账务检查，当然这种检查实质仍是对其价值运动为主体的审查，只是其业务内容已大相径庭。

2. 用于解决局部查账问题的查账思路

除了上述查账项目总体工作的布局，在查账实践中还出现以下查账路径，用于部署分项目和审查要点的查账工作，解决局部查账问题。这些查账路径具有很强的技术性和可操作性，常常配合于且细化和分解了上述总体查账工作的战略部署。

（1）以制度为导向的查账思路。制度导向查账是以对被查单位内部控制制度的审查为起点和主干，以制度的有无、优劣程度及其执行情况的审查入手，解剖制度产生的背景、执行程序及其结果，从制度本身引申到有关的财政收支、财务收支活动，引申到有关账与实、人与事，从制度的薄弱环节和执行的偏误，追踪到管理控制缺陷及所涉及的方面，分析其性质、影响程度和浪费损失，找出问题症结所在，提出处理处罚意见和整改措施建议，由此完成由低到高、由浅入深、由一般到具体的查账过程。制度导向模式要求被查单位建立和健全有关内部控制制度，查账工作以此为基础进行延伸，这一路径体现了查账治本性原则。采用这一路径于内部控制系统较为健全的被查单位，不仅能减少查账工作量，提高查账效率，而且能推动其各项管理工作的完善。将此路径运用于内部控制不甚健全的被查单位，亦能促进其内部控制和管理制度的建设，查处由于管理不善所造成的财务造假和违法乱纪现象，收到较好的查账效果。

（2）以结果为导向的查账思路。结果导向查账是从被查单位生产经营或管理系统的输出的审查入手，验证结果的性质并进行分解，以此为线索，剖析导致结果的主客观因素，根据各种影响制约因素，追踪至经济活动的各层次、各方面和各环节之中，依此完成从果到因、由此及彼、由表及里、由结果到过程的查账过程。这里所讲的结果可以是被审单位某一时期的财务状况和经营成果，也可以是所查会计期间的财务、生产和销售等某一方面的成果，还可以是反映这些成果和生产经营及财政、财务收支活动的财务指标、技术经济指标和经济效益指标，当然也可以是发现异常账项和异常的财产物资变动等。结果一般反映于被查单位的会计资料及其他有关资料之中，采用这一路径可以对被查单位过去一段时期的生产经营活动和财务核算结果进行追溯检查，它较好地反映了查账“事后性”的特点，突出了对已有结果的追析，特别对于解剖被查单位出现的典型事件或典型案件具有较好的适用性。

（3）以问题为导向的查账思路。问题导向查账是结果导向查账的特例，即以不好的结果为查账的线索，属于一种专题（专案）类查账。它以被查单位暴露的突出问题为主题，进行追踪审查、深入分析，揭示问题的性质、成因和后果，提出针对性整改措施，由此完成查、处、帮、促的查账过程。这一路径适用于出现了突出问题、暴露出严重隐患、潜伏着重大危机的企事业单位，如已发生了重大贪污盗窃、重大的财务造假和违法乱纪事件或人员、重大火灾、重大人身伤亡事故和暴露出了决策程序不明造成重失误、严重的损失浪费等。采用这一路径能够抓住存在的问题，解剖典型事例，查处有关违法乱纪的人与事，追究有关行为人的责任，并能举一反三，扩大教育面，给被查单位上上下下以示警，堵塞财务造假和违法乱纪的再生渠道，防患于未然。

（4）以业务为导向的查账思路。业务导向查账指以被查单位重要业务活动为主要线索和对象，对业务活动的过程和结果进行审查分析评价，判断业务活动的进行是否正常，是否收到预期结果，业务的核算是否合规，分析导致业务活动及其核算中存在偏差的成因，提出纠正改进办法的查账程式。所谓重要业务活动指对被查单位生产经营管理有重大影响的工作内容，如经营方针的制定、建设项目的立项和实施、产品更新换代、会计政策的制定和更改、企业的关停并转联等。业务导向查账是抓住被查单位主要矛盾方面的工作思路，通过主要业务“解剖麻雀”，窥视其经济业务的真实性、合法性和效益性，同时以此分析推断企业其他经济业务活动的状况。采用该路径能够发现重大业务活动中存在的问题，也容易挖出大案要案，并由此完成对一批重要业务的审查评价。

了解了查账的基本路径后，下一个问题是查账人员如何选择和使用最佳查账路径。根据查账经验，查账人员开展查账工作，进行研究分析，可以选用上述已有查账分析路径，也可以设计新的查账路径。不论选用还是自行设计，都要因时因地因项目，体现出科学、灵活、有效的原则，既要遵循紧扣查账目标，符合被单位实际，同时要便于组织和管理查账项目活动。

2.1.5　查账技巧综述

财务造假和经济领域的违法乱纪活动常常是极为隐蔽的，行为人为了防止被人发觉而进行了精心的伪装，有的甚至制定了严密的攻守同盟，查账人员要在大量的账务资料中（假账、错账、重账、漏账往往不是暴露于明处而是湮没于大量的业务账项之中，有的无明显特征，有的经过了掩饰与真账基本无异，有的真中有假或假中有真、鱼龙混杂）发现其蛛丝马迹、跟踪追击，逐步突破行为人设置的防线，最终查明经济活动的真相，确实需要付出大量艰辛的努力。这种努力需要融入和集中查账人员无数的知识、经验和智慧，是查账人员创造性劳动的体现和结晶。也就是说查账没有现成的模式可循，没有完全成功的经验能够照搬（因为查账环境的差异，某些地方和单位的成功经验不一定能成为他处的经验，盲目照搬有时会形成误导），查账是因时而异、因地而异、因人而异、因项目而异的，查账人员依靠一种检查方法，以不变应万变是行不通的。查账人员与财务造假和经济领域违法乱纪分子不仅要斗勇，而且重要的是与之斗法、斗智。无数查账实践经验表明，强攻不如智取，正面进攻不如迂回包抄。查账人员掌握了查账思路和方法，灵活地运用查账经验和技巧，查账工作就能以巧破千钧，取得事半功倍之效；反之，查账中机械、呆板、不得要领，或仅以势压人，以权吓人，往往欲速则不达，结果只能事倍功半，甚至无功而返。

因此，在查账中需要学会一个“巧”字。所谓巧，就是指工作的方向、思路、经验、方法和技巧。“巧”字体现在查账人员所采取的查账对策符合被查单位和被查项目的实际，体现在查账人员掌握了财务造假和违法乱纪行为人活动的基本规律，并有针对性地采取了反制措施，故能取得意想不到的效果。

1. 掌握科学查账的思想方法

对复杂的客观事物进行科学调查、分析，进而作出评价判断，查账人员需要熟悉和了解检查客体，需要以一定的查账理论知识为基础，以较为丰富的实际工作经验为后盾，掌握一套适应自己工作特点和习惯的查账分析方法和技巧。而这些方面都需要有正确的世界观和方法论作为指导，只有思想方法对路，才容易掌握查账分析的基本规律，才能够寻找查账捷径和技巧。

这些指导原则如下：

（1）实事求是、一切从实际出发，即观察和分析查账问题时，持有客观、科学的态度，坚持公正和务实原则，不将主观臆断、个人好恶、经验教条、个人或长官的意志带入查账工作之中；

（2）透过现象发现本质，即不为表面现象所迷惑，将思维推向本质；

（3）系统地、相互联系地看待问题，即将个别的、分散的因素相互联系起来，从事物发生、发展的全过程及其整个系统中发现其原有状态和自身规律；

（4）长远和全局分析问题，即以全面的、动态的眼光分析查账事项，既要立足现在，同时要着眼未来；既要分析财政、财务收支活动的现实结果，又要分析其长远的影响。

2. 最大限度地利用被查单位的基础条件

查账工作的对象客体是被查单位的会计核算系统，该系统的运行状况及其基础条件如何与查账工作密切相关。查账人员在配备工作资源的时候，不仅要立足于己，同时应着眼被查单位可资利用的基础和条件，最大限度地发挥其应有的效能，以提高查账工作质量和效率。查账人员要注意学会与被查单位打交道，利用被查单位的有利因素，借助其力量达到查账工作的目标。

（1）要较为透彻地了解被查单位生产经营管理的基本情况，如了解其所有制性质、经济规模、经营实力、管理体制、内部机构设置、管理的层次和幅度、主要产品及其市场营销、生产程序及其生产工艺等，特别要了解其经济信息系统的运行机制及运行状况，了解会计核算系统工作程序和方法，注意掌握被查单位与其他企事业单位经济核算的异同，掌握核算系统运行的关键点，进而有针对性地部署和实施查账工作。

（2）调查和了解被查单位内部控制制度的建立和健全状况，检验分析其会计控制和管理控制系统的有无及其健全完善情况，然后进一步测试其发挥的作用和获取的效果。对内部控制制度的调查分析不是仅看其控制点是否设立及控制的宽严，而是要着重看其控制的效果，看其是否达到控制的基本目标。通过测试判断被查单位内部控制和管理系统可资利用的程度，同时决定查账涉足的范围和重点。对于内部控制和管理比较有效的单位，查账人员可以实行抽查和初查，不作为检查的重点，有时可以利用或部分利用其内部检查的结果（如以其提供的线索进行跟踪检查，或检查自查暴露的问题的改进情况等）；而对于内部控制和管理松散、经常出现失控的关键点则实施全面而详细的检查，且对其内部控制制度给予重建或完善工作，或者追加一定的审查程序。

（3）要求调阅以前的查账报告、审计报告、评估报告、自查报告等有关查账的资料档案，仔细分析出具报告的时间、背景，分析报告所涉问题的性质、原因及其生成条件，查对目前被查单位是否存在同样的气候条件，有无生成同样问题的可能。在索取有关资料的过程中，要特别注意搜索被查单位不愿出示的文件资料，被查单位有不愿出示的材料（常常是借各种理由推托，如当事人不在无法获得，资料已无法查寻，要等待领导批准等），说明其中有难言之隐，几乎可以肯定存在着某些不利于被查单位的事由和资料数据，这往往正是查账人员需要调查收集和弄清楚的问题，对此查账人员应紧抓不放，一追到底。

（4）注意观察被查单位的人和事，注意当事人和被调查人的言语，注意被查单位上下左右的关系及其存在的异常和矛盾，注意单位人际关系的微妙变化，注意核实群众举报信、揭发信所涉的内容，注意发现由于查账所引发的其他异常现象，注意单位潜伏的不稳定因素和隐患，注意有关人员反常行为和发出的暗示，经常揣摩那些“只能意会不可言传”的东西。查账工作所需要查实的事宜、需要获得的证据材料有时是“踏破铁鞋无觅处，得来全不费工夫”。只要查账人员留心观察，注意收集，认真分析并施以正确的推理判断，有时能借对方之矛攻其之盾，借对方之力解自身之谜。其关键在于善于捕捉战机，抓住突破口，大胆深入，这完全依赖于查账人员敏锐的洞察力和透彻的分析能力。

（5）要注意发动被查单位的群众，依靠群众。查账工作是政策性、专业性很强的工作，一方面，查账人员要凭借查账技能和工作技巧，广泛运用有关学科相关知识，发挥查账人员的聪明才智，科学组织、精心协作；另一方面，查账分析工作应以群众力量为依托，与群众交朋友，做知心人，从群众那里取得第一手材料，特别是那些在账本上查不到、查不实的活材料、活数据。因为被查单位群众对本单位生产经营情况比较熟悉，长期以来积累形成了一些对本单位和外单位经济活动的观察方法和分析方法，查账人员完全可以向其学习，以补充自身的不足，消除自身的分析可能存在的“死角”，弥补查账分析可能存在的局限。要相信被查单位群众的思想觉悟，相信从事财务造假和经济领域违法乱纪的人总是少数，其得益者也是少数，广大群众对此是不赞同的，是有反感的。只要查账人员出于公心、态度诚恳、工作得法、取信于民，广大群众一定会积极、主动地帮助、支持和配合查账人员的工作，这样查账工作就易取得进展（当然查账人员要注意保护反映情况人、举报人的权益，做好保密工作，正确、恰当地运用群众所提供的证据材料，保管好资料档案），一切违法乱纪就难逃法网。

3. 查账方法的最佳运用

查账可资利用的方法很多，有定性分析方法，有定量分析方法；有检查书面资料的方法，有检查实际情况的方法；有调查方法，有取证方法；有检查被查单位账面资料的方法，有查账人员工作的管理方法；有传统的查账方法，有现代审计的技术；等等。具体地讲，查账方法按照查账的顺序划分，可分为顺查法、逆查法和直查法（从明细账入手，然后同时朝总账、报表方向和记账凭证、原始凭证方向检查）；按照查账的规模工时分，可分为全查法和抽查法；按照查账法所依赖的基础划分，可分为账项基础法、制度基础法和风险基础法；按照查账的操作环节划分，可分为审阅法、核对法、复算法、核实法、查询法、盘存法、函证法、调节法、比较法、观察法、分析法、测试法、调查法、论证法、推理法、调整法、鉴定法；等等。这些方法在查账过程中均能发挥一定的作用，解决局部的查账问题。但这些方法也存在局限性。一种查账方法往往只解决一个方面的问题，一个问题解决了，还需要其他方法进一步解决其他查账问题。因此各类查账方法有一个相互搭配、分工协调、相辅相成的问题。由此查账人员要以系统论的思想统驭查账方法的使用和搭配，注意坚持对被查单位会计核算系统进行全面检查和综合分析，坚持定性分析方法与定量分析方法相结合；静态分析方法与动态分析方法相结合；理论分析方法与实践检验方法相结合；结果分析方法与过程分析方法相结合；客观因素分析方法与主观因素分析方法相结合；指标分析、数据分析方法与非指标数据分析方法相结合；内查方法与外调方法相结合，使查账的内容与形式完美地结合起来。

另外，查账人员要注意各查账方法的性能、特征、优缺点及其适用范围，注意扬长避短，择各方法之长，去其之短。同时要注意一种方法适应较差，不能取得良好效果时，要及时更换或补充新方法，保持各方法的递进、交替使用，使审查方法形成查账工作的合力。例如，查账人员使用函证法对被查单位往来账项的真实性进行调查核实，在调查中发现被函证方与被查单位有共谋的嫌疑，因此查账人员应停止函证，采用逐一核对账目、验证合同、审查银行划转等方法实施检查。再如，查账人员评价某被查单位具有较好的内部控制制度，并确实得以执行，效果甚好，为此对其有关账簿记录的 5 000 笔业务采取抽查的方法进行检查，抽查的规模为应查总体的 10%。但经过初步抽查发现差错率高达 30%，查账人员为验证该错误属于总体性差错还是抽样中产生的抽样（偶然性）误差，对样本规模进行扩充，使抽样规模达总体的 20%，结果其差错率居高不下。由此，查账人员认为被查总体存在着较大差错的可能较大，应改变检查方法，改为全面检查。总之，使用查账方法没有现成的标准答案，查账人员要在检查工作的实践中摸索查账方法的最佳组织方案。

4. 灵活、应变、开拓和创新性操作

所谓技巧是查账人员独辟的捷径。一种技巧性的查账方法经过无数人使用之后，其效力必然开始下降，被查单位也知悉并准备了对应的防护手法，这时需要的是查账人员的再创造，推出新的更为科学和适用的查账方法。所谓巧，是因为它具有专属性，对被查对象具有突击的效果、震动的感应和奇特的作用。这一切有赖于查账人员在工作实践中的灵活、应变、开拓和创新，融智慧、经验、学识、能力、水平为一体，通过对被查对象的观察和思考，找到查账主体作用于被查单位的最佳着力点，找到理想的工作路径和方法。

较为理想的工作路径和方法的基本特征如下。

（1）经过预测和实施，不仅是确实有效的，而且是客观可行的，符合查账人员的理论知识水平，为大家所接受，同时符合有关法律法规之规定，与社会道德行为规范无矛盾之处。

（2）是被查单位和有关当事人所意想不到的，其超乎常规却在情理之中，因而具有特殊的效果，能够出其不意、攻其不备，使财务造假和经济领域违法乱纪的行为人措手不及，容易取得并扩大战果。

（3）与被查单位的环境具有较好的相融性，适应其实际情况，能迅速拨开迷雾，较快发现被查事物的真相，揭示其本质。

（4）具有一定的弹性，具有备用方案和手段，使查账工作有层次性、渐进性，所采用的查账方法有粗有细，有刚有柔，检查所针对的重点、难点选择得当，切中要害。

（5）便于查账工作的组织和管理，也易于考核查账工作，使查账工作的成本降低（查账少走弯路，少受挫折），工作效率较高。

（6）查账方法现实效果在查账过程中能为查账人员所感知，与不使用该方法存在着明显差异，因此特别为查账人员所认同。当然，查账的技能和技巧是查账人员长期的实践经验、洞察力及其开拓性、创造性精神与其工作灵感相结合的产物，它是相对于一般查账方法而言的，绝对不能将它神化。

2.2 财产物资方面的检查

2.2.1 财产物资方面常见的错弊

财产物资有广义和狭义之分，广义的财产物资包括企事业单位所有的财物资产，凡所有人拥有或能控制的资财尽属其中，包括流动资产、固定资产、无形资产、长期或短期投资、长期待摊费用和其他资产。狭义的财产物资仅指在企事业单位内的有形资产，主要是存货和固定资产。此处论述的是狭义概念上的财产物资（其他产物资检查的技术和方法可比照此执行），它是企事业单位最有生命力的资产，是生产经营管理的核心资产，构成企事业单位的基本家底，是其赖以生存和发展的主要物资基础。

存货在企业流动资金中占有很大比重，其流动性强、种类杂、数量多、收发频繁，其采购、入库、保管、领发、使用等生产经营实物运动，环节较多，运转时间长，且与其价值运动及其增值的过程密切相关，对其核算的会计账户多，内部流转和结算关系复杂，在管理和核算上存在一定难度，容易产生薄弱环节，因而经常成为违法乱纪人作案的对象。

固定资产在企事业单位的资产中占有很大比例，其增、减、用、折旧和修理等对企业生产经营活动均有重大影响，并对资产、负债和损益及财务报表的编制结果有严重制约，因此成为查账审核的重要客体。

（1）存货管理和核算经常出现的错误类型。

① 采购业务中的随意性，不按照严格的程序和手续依法签订采购合同，而是签订“君子”协议和人情合同，搞关系采购，较容易上当受骗，易萌生采购纠纷，使采购业务暗伏着采购风险、运输风险和财务风险。

② 供货单位供应、发运不及时，在途不归，或者出现假在途，尽管购货单位一催再催，但如石沉大海，踪影全无，给采购方造成经济损失和信誉损伤。

③ 验收手续不健全，有采购人员“一手落”的现象。仓库保管人员对有关财产物资的验收马虎，没有开箱验包，而是以清点箱包数量代替实物内容的清点，造成物资短缺且无法追回。验收手续松散，验收单和入库单内容不完整，签章不全，份数不足，经常导致账实不符、账账不符、账单不符、账证不符。

④ 支付货款缺乏有效的内部控制措施，财会部门与采购部门、运输部门、保管部门和使用部门相互脱节，凭证混乱，没有正规和有效的业务流程，缺乏经常的核对检查，造成各自为政，顾此失彼，极易被坏人钻空子。

⑤ 存货发出选用的计价方法不合理（不符合企业生产经营管理和核算的特点）、不得当（混淆各种计价方法的界限）、不一致（计价方法在各会计期末保持一贯性）；计划成本和实际成本计价选择不当，不但未能简化核算，反而增添麻烦，带来诸多不便。

⑥ 未实行经常性的盘点，长期家底不清，导致盲目采购与超储积压现象并存，损失浪费现象严重。暂存存货与入库存货不分、寄放存货和自有存货不分、真退库材料与假退库材料不分、在用材料与在库材料不分，存在大量账外物资材料，不能说明原因的盘盈和盘亏面广量大，有时出现存货账户的贷方（赤字金额或数量）余额。

⑦ 存货发出手续不健全，出库时不按程序和手续办事，经常多发或少发。计入生产费用或其他当期损益账户的金额不实，影响到会计核算的准确性。例如，某市塑料制品厂材料领用制度不健全，仓库用于发料的计量器具严重失准，有时甚至保管人员以估计、目测发料，由于采用定期盘点法计算存货的发出价值，材料的短缺、丢失、被窃等全部计入当期损益。

⑧ 经常发生存货毁损，但材料报损手续不严，有关账务处理随意，其漏洞百出。

存货类错误既有其实物购、储、发、用方面的错误，又有其计价、记账和账务处理方面的偏误，其主要集中于存货的计量和计价之中，错误表现形式是数量和金额方面错误，出现账与实、账与账、账与证不符，不仅影响到存货保管和使用，而且直接影响到产品的生产成本和当期损益的核算。

（2）固定资产管理和核算的主要错误。固定资产的使用周期长，周转慢，核算和管理中经常出现的错误表现在其购建、增减变动和折旧、修理之中，其发生的频率比存货低，但所涉金额大，影响深远。因为固定资产的建设与使用，属于资本性支出，不仅对单位当期损益产生影响，而且对未来的生产经营产生长期作用，所以对固定资产的各类错误不可小视。

有关固定资产管理和核算的主要错误有以下几方面。

① 有关固定资产管理和核算的内部控制制度残缺，或虽已建立但未组织有效实施，无制度或不按照制度执行的现象普遍。例如，固定资产购建、转让、报废审批手续不严格，固定资产使用保管无相应的岗位责任制，对有关固定资产无专人负责或分工责任，固定资产的验收、登

记制度不完备，缺乏固定资产定期盘点制度，固定资产的账、证、卡、实缺乏核对制度，无相互制约和对应关系，在库、在用和封存固定资产管理混乱，有关固定资产损失和有关人员的过失事故频发等。

② 固定资产的所有权界定不明，家底不清。登记在册的固定资产有的未办理过户转移手续，已出售转让的固定资产有的交割手续未清而未冲账，或者已用作借款或发行债券的抵押但未在账上注明；融资租入固定资产在租赁期未满前只有使用权而无所有权，而账面未能如实反映；在用与封存固定资产未分别登录；在建工程与在用固定资产界限不明，造成家底不清、账底不明；财务部门所登记的固定资产数与使用部门的数目不一，固定资产账、卡、实互相不符。

③ 固定资产原值计算失准。特别是购建的固定资产未能考虑其全部成本费用，漏计固定资产的运输费、保险费、包装费及安装调试费、长期借款的利息支出、外币的汇率差支出等；混淆了资本性支出和经营性支出的界限，将固定资产购建费用列入企业生产经营费用；对投资者投入的固定资产未以评估价为做账依据，而是以估计价、计划价入账；接受捐赠的固定资产计价随意，不反映其实际价值和效用；盘盈的固定资产不按照完全重置价为基本依据，与购建固定资产有关的赋税不计入固定资产价值；等等。

④ 固定资产增减变动手续不全，有关账务处理有误。增加或减少固定资产未按照规定履行有关审批手续，有关增减固定资产的文件，如固定资产的预算、会议记录、授权证书、合同、主管部门的审批文件、所有权证书、转拨凭证、发票等残缺不全，其合法性、合规性、合理性和效益性存在问题和隐患；对固定资产增减变动的有关账务处理存在偏差，混淆了经营性（收益性）支出与资本性（建设性）支出的关系，混淆了在用、在建和在库，经营性租赁和融资性租赁，购建与修理，固定资产与周转材料的关系，造成固定资产价值和有关经营损益的不实。

⑤ 固定资产折旧核算有误。主要是固定资产折旧计提范围错误，扩大或缩小固定资产折旧的计提范围，提前或推迟了计提的时间；应该计提的没有计提，而不应计提的计提了折旧；固定资产折旧计算方法错误，不适当地采用了加速折旧法，或经常变换折旧计提的方法；固定资产使用年限计算不当，为逃税提供了方便；有关固定资产的残值的计算存在偏差，有关清理费用估计不当等，导致固定资产折旧率和折旧额计算失准。

⑥ 固定资产清理报废处理不当。未通过“固定资产清理”账户核算，对有关固定资产原值未予冲销；有关清理费用计算不当，残值收入处理欠妥，未冲销有关固定资产清理费用；有关固定资产的净损失或净收益未列入营业外支出或营业外收入。

（3）存货舞弊的具体形式。存货的舞弊不仅出现于被查单位内，而且也延伸到被查单位以外；不仅出现于被查单位的物资储存和消耗的生产领域，而且也出现于物资采购供应的流通领域；不仅出现于财产物资的实物周转，而且也出现于储备资金、生产资金和成品资金的价值运动之中。因此，不仅要对被查单位内的财产物资进行检查，而且要对其来源及其构成进行分析验核。

存货舞弊的具体形式有以下几种。

① 采购人员图谋私利，在物资采购供应中营私舞弊。主要的手法是签订假合同骗取企业货款，或以假合同骗取预付款；购买假冒伪劣商品，从中捞取好处；有的内外勾结，暗算企业，拿“回扣”“佣金”；舍近求远，舍优求劣、舍廉求贵、舍计划内求计划外、舍国有求个体，牺牲企业和国家利益，谋求个人实惠；接受请客送礼，以原则作交易；作感情买卖，订君子协议，明知上当却不揭发举报，反与之同流合污；等等。

例如，某市机电厂 2018 年进行生产线改造，基本建设中需要采购黄沙 200 余吨，附近国有建材门市部黄沙货源充足，价格适中，送货上门，但该厂采购人员不予问津，向 100 千米以外的长江边上的个体淘沙户商购黄沙，后发现个体户对黄沙采购人员每吨“优惠”多达售价的 40%，抓住了众多采购人员的心理，于是上门求购人员不绝，而国有门市部门庭冷落。

② 以物易物，不结算、不划账，截留利润，偷税逃税。主要的手法是以生产资料串换生活资料，以生产资料对换其他生产资料，以生产或生活资料调换劳务和服务（如培训、旅行等）；以生产的产品换取某些生活福利（解决子女入学、入托、住房、交通）等。由于产品交易不结算、不走账，摆脱了银行、市场监督管理等部门的监督，为偷漏流转税、虚减销售收入、隐瞒利润大开方便之门。

例如，某市某职业大学与本地某文教设备用品厂签订了联合办学协议，协议规定每年企业向学院捐资 10 万元教学仪器和设备，学院承诺每年优先录取该企业职工子女入学，并免收所有学杂费，同时每年为企业义务培训管理人员和职工 200 人次。其实这是一份等价交换，是以某些名义包装的以物易“物”。

③ 采购成本弄虚作假，将买价和有关采购费用搞乱。主要问题是采购成本的乱列，将运杂费、合理损耗费用、入库前的挑选整理费用、应担负的税金等部分项目不置入采购成本，而将其直接计入当期损益；将一些不属于采购成本的项目，如采购人员的差旅费、有关人员的会务费、通信器材和通信费用等计入采购成本；对购货的折扣作虚假处理，折扣费用未抵扣有关物资的采购成本，而是作为“小金库”或作为个人的隐性收入；对购入存货采购中的增值税进项税额计算处理作假：或将增值税计入存货成本，虚增存货成本，造成利润不实，同时将之作为进项税额准备抵扣；或者混淆小规模纳税人和一般纳税人的区别，混淆军品和民品、应税产品和非税产品、应税产品与免税产品、内销产品与出口产品的区别，多计进项税额；发生采购退货时，有意将应冲销的“应交税费——应交增值税（进项税额）”的增值税退还款作为“应付账款”“营业外收入”“其他业务收入”等，一方面多抵扣、少缴税，另一方面虚增收入和利润。

④ 设账外物资“小金库”。主要的手法是购进存货时即作生产费用，未使用便计入成本费用；回收的边、角、余、废料不入账；盘盈、捐赠的物资不做账；自制材料不入账；外发加工的材料的余料不入账；领用材料即计入成本费用，假退料和退库不记账等，积少成多、积小成大，账外物资“小金库”呈现滚雪球之势。

⑤ 监守自盗，虚报损失。保管人员利用职务之便，涂改账目、盗窃财物，或者虚报和夸大损失，将报损材料转移或贪污私分；冒领或假造领料单和发料单，盗窃物资，转移出售；或盗窃财产物资，将所窃物资成本通过短斤少两、克扣打折等手法，打入正常领料发料业务之中。

例如，某市某金属构件厂一仓库保管人员李某与厂外不法分子相勾结，不法分子需要什么品种、规格的物资，便向其订购，李某便从企业物资仓库中将物品盗窃出库，以十分低廉的价格出售给不法分子；有时不法分子所需要物资库中没有，李某便以仓库之名通知采购人员购买。采购部门居然长期丝毫无察，直到李某往厂外偷运物资被查获，此案才告破。

⑥ 移花接木“调包计”。将采购或库存物资进行调换，以次等品换优等品，以廉价物换贵重物资，以劣质商品换优质商品，以旧商品换新商品，以坏商品换好商品。有计划、有预谋地对不同商品产品串档串规，混淆不同批次、不同型号、不同产地、不同价格的物资，偷梁换柱，瞒天过海，以达到其违法乱纪之目的。

例如，某食品公司仓库保管陈某，其妻开了一家小店，经营日杂食品。长期以来夫唱妇随，凡小店经营不善、进货不当、无法出售的物品全部由陈某“调剂”回厂，从厂里折换回新的食品，如将临近保质期的方便面送回工厂，然后将新出厂的产品调换回店。2011 年 8 月陈某不满足于小打小闹，开始搞起以假换真活动，将从地下进货渠道购得的假货，回厂调换真品，或帮助他人调换从中得利。仓库其他同志发现后，向单位领导反映了情况。

⑦ 虚列盘盈盘亏。隐藏盘盈，多报盘亏，或将盘盈盘亏长期挂账不作处理，或者按违法乱纪行为人需要，随意做账，如计入营业外收入、其他业务收入等，或者将盘盈盘亏与物资储备中发生的非正常损失或溢出金额相互冲销，不转出其相应的“进项税额”，以增加增值税的抵扣数。

⑧ 发出存货的计价方法作假，随意改变存货发出的计价方法，以适应其需要。例如，在按照计划成本核算的企业，利用期末结转材料成本之机，通过多转或少转材料成本差异，人为调整计划成本，调整当期损益水平。存货类舞弊，如系集体作假大多与企业当期损益和税赋有关，如系个人作假一般与盗窃财物、转移出售、贪污钱款有关。舞弊的特点是作案点多，账面与实物两处作假（有时是联系起来，有时则单独进行），涉及的部门和人员复杂，可能涉及财会部门、保管部门、采购部门、生产部门、运输部门等，这些部门的业务人员都可能直接或间接介入其中。存货舞弊有时与错误是相伴而行的，查账人员通过表面分析很难加以识破，还必须作进一步的剖析；另外，存货的舞弊与固定资产的舞弊有许多相同或相似之处。

（4）固定资产舞弊的常见形式。

① 固定资产购建先天不足，一哄而起，建设资金不到位，东扯西拉，拆东补西，甚至动用企业正常生产经营资金和国家专项资金；超越固定资产投资审批权限，各自为政，乱开口子，层层加码，突破预算，批少建多、批小建大，甚至搞计划外建设；搞“胡子”工程、“钓鱼”工程、“首长”工程、“条子”工程、人情工程和“豆腐渣”工程，不仅造成固定资产投资建设的损失浪费，而且产生财务风险、生产风险、市场风险、技术风险，给企业带来一系列隐患。

② 将固定资产混同于周转材料，化整为零，搞计划外、超标准、超预算建设；或者将周转材料化为固定资产，将收益性支出转移到资本性支出之中，虚减成本费用支出，虚增利润。

③ 任意扩大或缩小固定资产计价范围，将与固定资产购建无关的费用支出打入固定资产原始价值，或者相反，将与固定资产购建、租赁、改造、扩建有关的费用支出，列入当期损益；将不同规格、型号、投资的固定资产混淆，虚增国家或其他投资者购建的固定资产成本，虚减企业自己投资购建的固定资产的成本费用开支。例如，某市某政府机关兴建办公大楼，时年正值当地闹水灾，建办公楼显然与救灾的气氛不太协调。为了躲避风头，有关部门要求不能突破工程预算，更不能背上超标准装修办公楼之名，为此要设法将部分建设款项转移出去。财务部门将有关建筑材料的运输费、保险费、设备安装费等隐藏于往来账项之中；将部分费用摊派到建筑施工单位承建的其他项目之中；有的费用列在暂挂款，待以后再行结算。

④ 不据实反映固定资产的增加、减少、修理，或者故意将使用账户或会计处理弄错，如将固定资产列周转材料，将经营性租赁固定资产注销，将出售的固定资产仍保留于账中；通过盘盈不报、捐赠不记账等手法，设置账外固定资产，将其用于对外投资、租赁或待机出售，形成账外财产物资和小金库。例如，某市某化肥厂将报废的旧汽车出售给个体户，由于该汽车超龄服役，其折旧已计提完毕，残值也近乎是零，但是企业抓住个体户上牌照困难和急于购车的心理，高抬车价，以 3 万元将车出售，售车收入作为有关部门“创收”，而翻新修理车辆的费用转移到企业另外三辆汽车中，计入了企业管理费用。

⑤ 乱计折旧，随意加速、破坏折旧方法的一致性，扩大或缩小折旧范围，突破残值和清理费用的正常域值，延长或缩短正常使用年限，以多提或少提折旧，集中或分散计提，达到人为调节本期损益，调节经营成果的目的。

⑥ 固定资产修理不实，混淆大修、中修和小修的财务界限；或者以修理掩盖建设，以修理掩盖改建和扩建，以修理掩盖更新改造，逃避国家有关部门的监督和控制。例如，某市某企业计划在疗养院附近兴建一游泳池，估计难以获得上级有关部门批准，于是设法打擦边球，将游

泳池选址在原来一处喷泉附近，将兴建改为对原喷泉设施进行改造。工程上马后，被有关部门发觉，遂要求其停工并作出检查。

一般来说，固定资产舞弊隐藏着被查单位在盈利、投资、税收等方面较为长远的考虑，表现形式是：其作假行为有一定的持续性，如多计折旧，其折旧率和折旧额在一定时期内会出现较正常偏高；固定资产作假的方向在一定时期内保持一致，如作假目标是将固定资产建设费用打入正常生产经营的当期损益，那么其作假的特征是多计生产成本，少计建设成本，一般不会出现互相抵消、作用力相反的行为；固定资产舞弊所涉金额较大，一般不属于个人所为，根据查账实践，这类舞弊大多有比较复杂的背景，这是检查人员需要特别注意的。

2.2.2　财产物资方面检查反假

1. 物资盘点的方法与技巧

（1）盘点的程序和方法。

盘点也叫实物检查、盘存、清点，它是通过对财产物资的清点、计量和技术测算等手法，来证实账面记录的财物是否真实和确实存在的查账技术。它实施于账实核对之先，是检查财产物资，收集实物证据，证明账面数据，落实查账结果的重要手法。

盘点法的主要目标：

① 证实账存数量是否真实，品种是否相符，计价是否正确，收发是否正常，以保证会计资料的正确和真实；

② 为了确定各种财产物资有无短缺、损毁、腐坏、变质、积压、贬值和失窃等现象，揭发可能存在的贪污盗窃、弄虚作假等违法乱纪现象，以保护财产的安全和完整；

③ 通过盘点可以观察财产清查制度、物资收发手续制度等本身的健全性及其执行的有效性，为查账工作提供重点和线索，将查账工作有针对性地导向深入；

④ 通过盘点查明物资储备是否合理、生产是否均衡、产品是否适销对路、存货周转是否畅通等，为评价企业经济效益及其生产经营管理水平提供依据。

盘点法是检查有形资产的方法，盘点法对无形资产无效。盘点法按照其具体做法不同，可分为直接盘点和间接盘点。直接盘点也叫亲自盘点，是指查账人员亲临盘点现场，组织和实施盘点，并要求被查单位有关人员协作工作的盘点方法。间接盘点也叫监督盘点、会同盘点，是指查账人员不亲自执行盘点，而是由被查单位的有关业务人员或保管人员实施盘点，查账人员在现场对其盘点进行指导、观察、监督的盘点方法。在查账实践中，查账人员大多采用监督盘点，因为它能最大限度地调动被查单位的积极性，发挥其熟悉情况、方便操作等优势，以减轻查账人员的工作量，提高查账效率。直接盘点在一般情况下只作为特别手法备用，在特殊情形下偶尔用之，如对特别贵重物资的盘点核查、对贪污盗窃案件的实物检查、对内部控制制度不可信赖的被查单位的实物核实、对财务造假和违法乱纪嫌疑人保管或经手物资的检查等。不论直接盘点还是间接盘点，查账人员都需要确定盘点的对象范围，实施合理盘点方法和程序，保证盘点工作的有序、高效。

关于查账盘点的范围，查账人员应根据财产物资品种的多少和其内部控制的强弱程度以及查账环境来决定。一般来说，对现金、有价证券和贵重物资、稀缺物品等应采用详细盘点的方法，全部实施盘点和核对；对原材料、商品产品、在产品、周转材料、半成品、备件、零部件等，其价值适中、品种繁多、收发频繁、储存地点分散、数量繁杂，要根据查账人力、财力的情况和查账目的之要求，采用判断抽样盘点或随机盘点法，也可以将两者结合起来，或采用 ABC 盘点法。

通过判断抽样和随机抽样结合实施盘点，一般是先采用判断抽样，确定重点盘点项目，诸如对财产保管、内部控制薄弱环节、涉嫌错误或舞弊的财产物资、长期存放但不经常使用的财物、贵重物资或市场紧缺物资、可以移作生活用途的物品等，将其列为第一序列，全部进行盘点检查。然后对品种、规格、数量、型号繁多、价值适中的存货资产，列为第二序列，实施随机抽样盘点，部分进行检查。ABC 法是运用 ABC 分析法原理对财产物资进行分类盘点检查的方法。ABC 法原本是企业物资分类管理的科学方法，根据这一原理，将企业所有物资划分为 A、B、C 三类，分别采取不同的管理对策实施控制。查账过程中查账人员可以利用被查单位内现成的划分，根据查账计划要求确定各类物资盘点检查的比重，直接计算出需要抽查的品种和数量。这种方法既简便可行，又安全可靠。如果被查单位未实行 ABC 管理法，查账人员可以利用该法的原理，将其财产物资进行科学划分，并依此进行分层盘点检查。具体的办法是：首先，理出被查单位应查物资的品种和数量，并列出其清单；其次，按照其价值大小（同时列出品种、数量、消耗等标志）进行排序，金额由大到小排列；再次，按照重要性划分三个层次，A 类物资系单位价值高、用量多、消耗金额比重大和保管条件差（或保管条件要求苛刻）的材料，作为重点盘点物资。C 类物资系单位价值低、用量少、消耗金额比重小和保管条件要求一般，作为随机抽样盘查的一般物资。列入 A 类和 C 类之间的是 B 类物资，实施判断抽样盘点。一般 A 类物资占全部物资价值的 75%以上，其品种或数量占总数的 10%左右，C 类物资占全部价值的 10%以下，其品种或数量占全部的 50%以上，其间是 B 类物资。

对各类物资的盘点检查，其基本程序是相近或相同的。

① 进行盘点准备工作。准备工作包括对确定需要进行盘点的物资，在通知被查单位并实施盘点前实行封存。确定盘点对象应考虑被查单位的具体情况及查账人员的力量，弄清以下问题：该物资是否有盘点的价值？是否对查账工作起到推进作用？该物资以前是否盘点过？账面反映的数量是否合理，有无疑点？该物资是否发生过错误和舞弊？对其实施盘点是否可行？盘点工作的基础条件是否已具备？等等。确定了盘点对象后，应着手盘点的实质性准备。首先，盘点有顺序，因为被查单位的财产物资品种繁多、存放地点分散，同步实施盘点既无可能也无必要，所以分次盘点几乎是必然的。但分次盘点有先后之分，后盘点的地点等同于预告盘点，其突击效果全无，为防止被盘点单位弄虚作假，有必要对其实行封存。封存可以采取贴封条、上锁、请人看守、请人代为保管等方式。其次，查账人员要了解有关财产物资的内部控制和管理制度，对各项制度的遵循情况进行评价，发现存在的薄弱环节，明确盘点的重点。再次，做好盘点的人员准备。在直接盘点和监督盘点法下，人员构成是不同的，一般盘点工作参与的查账人员不得少于两人，其中一人负责，并要求被查单位派人参加。最后，通知被查部门，并要求其将有关物资盘点日的账面数扎出，将已经发现的错误数剔除，并进行盘点的器具和表格文具的准备。对一些特殊物资的盘点还需要准备特殊的器具，如对贵金属的盘点需要准备天平，对现金盘点需要准备数钞机和验币器等。万事俱备，剩下的就是选择盘点的时间，进入盘点现场了。

② 实施盘点。查账人员进入现场后，应察看被盘点部门和有关人员是否进入“状态”，有关手续是否已办理完毕。在监督盘点下，查账人员不能离开盘点现场，同时应把握盘点的进度，对有关人员所实施的盘点清查要实行全过程监控，不能只看其结果而不论其过程。对一些重要的盘点环节还要细看，必要时要求其放慢速度或重复操作，演示其过程或者要求其解释盘点的结果，也可以对有关盘点结果进行复核和清点。要防止有关人员对查账人员玩弄“障眼法”，趁查账人员不注意串换物资、搞“调包”。如果发现此类情况，查账人员应提出严肃批评，严重时应改为查账人员实施直接盘点。在盘点过程中，要严格记录程序，特别对盘点出现的结果要如实记录在案，并执行有关手续，填具有关的表格，写明盘点的实际数额，并签字为证。

③ 总结盘点结果。盘点表格的手续完毕之后，还要将盘点的结果与有关账簿记录进行核对，确定其是否账实相符。账实不符的原因有多种，有的属于在物资材料收发过程中的正常的、小额的短少，即正常的“盘盈”或“盘亏”。但超过正常的幅度和范围，事情就不那么简单，对此类账实不符的情形，查账人员不能轻易下结论，而要结合其他查账环节，进行深一步的调查研究。最初的调查是询问被查单位有关人员，让其解释账实不符的原因，查找理由，如果其能作出令人信服的说明，即可消除查账人员疑虑，可不再作进一步追查；如果其不能自圆其说，说明问题仍然存在，则应作跟踪检查，直到得到满意的结论为止。

（2）盘点技巧释例。

① 盘点应尽量采用突击盘点的方式。特别是对被查单位重要的财产物资（主要是流动资产，如货币资金、贵金属、有价证券、有关票据单证、易移为生活用途的物资等）进行检查更是如此。突击盘点的效果有时是预告盘点所无法比拟的，突击使被查单位的有关保管人员和财会人员事先无法“布防”，尚来不及填补便被置于检查之下。因为对有些财产物资造假、对付盘点检查十分容易，只需几分钟即可完成，如对付现金盘点，财务部门可以从本部门财会人员口袋里拼凑出足够的现金垫入金库，而查账人员对此难以辨识；企业也还可以将其财产物资从一处迅速移动到另一处，以应付检查。所以实施突击的盘点能取得攻其不备的效果，为保证这一效果，对同类物资的盘点应实施同步检查，对不能同步盘点的，应采取封存等暂时的保全方法。

② 妙用监督盘点。通知盘点时，查账人员要与被查单位有关人员商议盘点的分工，由查账人员提出盘点清单，交被查单位执行，同时静观其反映。对被查单位反映强烈或冷淡的盘点物资，查账人员应特别注意盘查监督。在监督盘点中发现异常的物资，而被查单位有意回避或转移视线的，应改为查账人员亲自盘点；对查账盘点后发现假错问题不大的物资，可中途交由被查单位盘点（改为监督盘点）。监督盘点应有所侧重，对重要物资、容易出错的物资要严加监督，抽样复核，对一般物资可适当放宽。注意，监督盘点的重点不仅是监督物，还要监督人；不仅要视其结果，还要分析其过程。

盘点不仅对实物清点，而且要检查与其相关的其他物件，如白条、票据、其他抵押物等。

这些物品常常与财产物资的变动相关，查账人员应注意分析取证，发现异常、弄清事由。对物资的查证不但要检查其数量、价值，还要结合有关账面记录检查其归属性、质量和流动方向。经济领域违法乱纪活动的发生不仅出现于财产物资的数量和计价之中，而且经常出现于其所有权、使用权及其流转变动之中。

③ 盘点的时间一般选择上班前或下班以后。这不仅对被查单位正常业务的影响最小，而且对形成检查工作结论最为有利。例如，选择了上班时间实施盘点，经清点发现被查单位现金库中存放有大量现金，查账人员无法确定其是否为现金超限，因为被查单位存在着下班后解送银行的可能，因此现时还不构成错误；但查账人员上班前或下班后查出其现金在库里“过夜”，现金超限的事实清楚，容易作出定性和定量分析的结论。

④ 最好选配两个人以上查账人员参加盘点，要至少有一位被查单位财务部门（盘点现金）或仓库（盘点存货）保管部门的人员参与，但也不宜让被查单位派多人介入，因为人多容易出现错误和混乱。参加盘点的人员不能完全听任被查单位选派，特别是不能让违法乱纪的嫌疑人员参与。在亲自盘点中，盘点的分工应由查账人员决定，被查单位有关人员也可以适当参与协作。在监督盘点中，查账人员应清楚盘点的程序，并严格按照既定的程序执行，任何改变程序、减少工作环节的举动都要由被查单位有关人员作出说明。

⑤ 如遇到盘点日与被查单位结账日不一致，查账人员应对其进行调节。调节法经常用于核对法和核实法之前，即先对一些不具可比性内容进行“修理”，使之同处于一个起点，具有基本

可比性。一般需要调节的内容有：计量单位、指标内容、时间单位、计算方法、完工程度、价值价格等。

⑥ 区别对待固定资产盘点与存货（或其他流动资产）盘点。因为存货和固定资产具有不同的性质，不同的核算和管理特点，具有不同错弊形式和表现，因此对其盘点检查也应体现出内容和方法的侧重。存货盘点地点灵活，适于财务部门、生产部门、仓库等保管部门、销售部门和其他存货的存放地，而固定资产因为移动性差，对其盘点大多于坐落地或运转地；存货的盘点主要是对其数量和价值的清查，而固定资产的盘点主要是对其品名、型号、规格、新旧程度、使用年限、运行状况等的核对；存货盘点主要采用清点、计量、盘查等方法，而固定资产盘点主要采用观察、询问、审阅等技术方法；存货盘点大多应采用突击盘点，并需要较多的人手和时间，而固定资产盘点可不采用突击形式，所需的时间和精力相对要少。

3. 财产物资账目的检查

盘点检查了财产物资的实存数量，并没有完成全部查账程序，财产物资盘查还有赖于有关会计账目的配合检查。在查账实践中，查账人员并非一开始就着手财产物资的盘点，而是先检查有关财产物资的账证表，直到查账工作进展到一定阶段，或到最后需要证实账目检查的结果，才进行盘点清查。因此，对财产物资账目的检查是查账工作的重头戏。

（1）财产物资账目检查的基本目标。财产物资账目检查的基本目标是：检查测评有关财产物资及其核算管理的内部控制制度的健全性和有效性，确定财产物资的真实存在性（需要通过盘点），财产物资增减变动（主要是购、建、收、发、存、用）的合法性和合规性，有关账务处理的正确性和及时性，分析判断发生于财产物资的错误和舞弊的性质及其影响程度。

（2）财产物资账目检查的基本步骤及主要环节。

① 索取有关财产物资收、发、存方面的资料。这些资料可先由被查单位根据查账通知的要求主动提供，在其提供的资料出现遗漏或不完全时，查账人员可以出示所列出的材料清单索取。索取的资料应包括被查单位有关财产物资核算和管理的内部控制制度、材料物资请购单、采购供应计划、采购合同、采购部门业务活动记录、材料盘点记录和明细表，存货的收、发、存、用等凭证，有关固定资产购建方面的文件、批准件、发包承包协议、建设质量鉴定文件、竣工验收报告等。当索取的资料被查单位无法提供或一时难查找时，查账人员除要求其说明原因，分析其真伪外，还要求其以书面形式陈述清楚，备日后查考；当然对被查单位提供的资料没有涉及的财产物资，不能排除于查账工作之外，这些账外物资或账外业务往往潜伏着不少问题，是查账人员盘查的重点之一，查账人员不能轻易放过账外疑点。在收集资料时，查账人员应尽可能做到全面而详尽，有关账、证、表、单可谓“多多益善”，使有关财产物资的所有业务尽在查账人员的“火力威慑”范围之内，但在使用时不能四面出击，陷入资料堆中，而应有所选择和侧重。

② 对被查单位财产物资的内部控制制度的可信程度进行测评。有关存货的内部控制制度主要包括：材料定额与计划管理制度，请购制度，采购与验收制度，发料制度，储存和保管制度，进货凭证和付款管理制度，调拨与退料制度，有关存货安全保卫制度，材料收、发、存设账控制制度，材料收发凭证连续编号、复写纸套写以及填制传递管理制度等。查账人员通过审阅法、查询法和查对法等了解这些制度的健全性和完整性，通过观察法、凭证检查法等调查制度的执行情况及其效果。通过检查分析由于内部控制制度及其执行出现的失控或疏漏，可能造成的错误和舞弊。

③ 审查存货及固定资产账簿记录。按照复式记账原则，检查有关总分类账与明细分类账记录是否相符。当发生账账不符时，采用分段查找的方法，按月、旬或周将总账与明细账、采购

账与保管账、保管账与使用记录进行核对，查出不一致所在时间区域，然后再逐一查找总账与明细账、总账与有关财务报表、总账或明细账与有关单证不吻合的具体业务记录。如果账账、账表、账单不符，不是账簿记录笔误所致，则应进一步追踪查对有关记账凭证和原始凭证，视其业务来源的合法性和处理的正确性，并检查账证是否相符。

④ 核实存货物资的真实存在性。进行账实核对，首先需要盘点实物，盘点后可将盘点结果与有关账目记录进行核对，对账实不符的材料物资应查对有关采购单、收料单、验收单和领用单，判断出错的环节和程序，判断其性质（错误或舞弊）及其对财务管理和会计核算及当期损益产生的影响。对固定资产账簿的检查，除了要进行总账与明细账核对，还必须实施账卡核对、账实核对，对其核对不似存货那样以一批材料、一类存货为单位，而是以单一固定资产，即分品种、型号、规格、类型，逐台、逐辆、逐件地进行仔细查对，以发现其中可能存在的错弊。因为有关固定资产增减业务数量不多，进行详细的检查核对是比较适宜的。

⑤ 抽查有关凭证记录。账账不符的记录要追查相应的凭证，对账账相符、账实相符的会计记录不等于排除其存在错误和舞弊之可能，由此也还要对有关存货采购凭证、验收凭证、发出凭证，对其所登录数量、计价、质量等因素进行抽查，以分析其是否正确、真实和合法。对固定资产的采建、运输、验收、调试安装、使用、修理、折旧、退役、报废、毁损、盘盈盘亏等凭证应进行全部检查，特别对固定资产的增加、减少业务不能有所或缺。对检查中发现的问题应作延伸检查分析，如对其业务全过程实施跟踪剖析，对特别重要的问题应设置专题进行调查研究等。

⑥ 对当期损益影响程度的分析。对财产物资的检查，特别要注意审查存货采购和发出的计价、计量，以及固定资产折旧业务对被查单位财务状况和经营成果的影响。由此要对材料采购成本的构成内容和计算方法实施审核，复核材料采购成本的真实性、材料发出成本的合规性及计价的正确性，审查材料供应过程及账务处理的正确程度，审查固定资产折旧计提的合理性、一致性，分析测算有关存货和固定资产的错弊对被查单位当期损益和后续会计期间损益的影响程度。

⑦ 查账目标的延伸。查账人员根据查账目标的基本要求，对存货管理和核算的有效性进行附加检查评价，编制有关存货购进储存期龄表，并将库存与定额核对，检查有无不适用、超储、积压，查证购进、储存和材料供应的实际效果，发现存在的不足和问题，寻找有关人员座谈，分析其成因，既检查会计核算的错误和舞弊，也检查有关经营管理和内部控制的薄弱环节，将查账工作真实性、合法性目标与效益性目标结合起来。

（3）对财产物资有关账簿的检查主要采用的方法。

1）选用直查法。直查法是相对于顺查法和逆查法的另一种查账方法，它不完全按照会计记账程序推展查账工作，而是直接从有关明细账的审阅和分析入手，然后根据发现的问题和查账工作的需要，审核记账凭证和原始凭证，核对财产实物或者审核总账和财务报表。直查法有异于顺查法和逆查法，查账的出发点不是从会计核算系统的起点或终点，而从其中部（明细账）入手；其审查的对象不是会计核算系统整体，而是其中某些方面和环节；其审查的方式往往不是全查法，而是有重点地抽样，因此在技术上有其特点和优点。

明细账处于会计核算过程的中部部位，可以较全面地说明每笔经济业务的来龙去脉，它既反映原始凭证和记账凭证所记录的业务内容，又是登记总账和编制财务报表的依据，有承上启下的作用。故对明细账直接进行审核，有利于判断是非，抓住关键环节。被查单位（主要是企业）的存货和固定资产品种繁多、规格复杂，一个总账往往包含了几个、十几个乃至几十个明细账。例如，在原材料总账下，按照材料的不同类型，可分设许多明细账，以分别反映不同品种、规格、型号的材料的购、存、发、用等具体情况。而总账只能概括地反映许多材料收发存情况的总体变动和结果，从中显然不易发现存在的错误和舞弊，即使发现错弊也不易找寻错弊具体所在。另外，明细账与总账存在着制约和平衡关系，明细账具有较好的“中转性”，从明细账很容易向总账、凭证或财产实物作延伸性检查。

采用直查法审查财产物资账目的基本操作步骤如下。

① 根据查账的目标，确定需要审查的财产物资明细账。

② 审阅并分析明细账，这是直查法的关键步骤，因为它既是查账着手的第一步，也是为后续审查指示方向。审查分析的内容是：明细账的设置是否符合会计制度的要求和被查单位核算和管理的实际；明细账账户格式是否符合要求，形式是否合理，是否存在异常和疑点；明细账的摘要是否清楚，有无模糊不清、过简过粗或空白不填之情况；其增减发生额是否合理，有无超出正常范围及其来源、去向不明的情况；明细账的余额是否正常，是否出现贷方余额及过高或过低的情况，是否存在其他值得注意的问题。对存有疑问的账项的数量和金额记录要进行分析性复核。

③ 根据明细账的审查，核对记账凭证原始凭证，或者核对账表、账账。

④ 审查分析凭证或报表。

⑤ 对疑问的财产物资实施盘点，以核实其全部问题，取得充分可靠的证据。

直查法集顺查法和逆查法优点于一身，能显著提高查账工作效率。但是直查法对被查单位有关财产物资明细账的要求和依赖性较大，所以对于被查单位管理混乱、账目不清、账目内在关系遭破坏，以及特殊重要的、查账风险较大的查账项目不宜采用直查法。另外，直查法还要求查账人员了解被查单位会计核算的账目体系，熟悉其内部分工，具有较好的财会方面的知识，否则对明细账的分析也难以发现潜伏于大量业务之中的错误和舞弊。

2）实施现场观察。现场观察法是指查账人员通过深入现场察看来了解被查单位的一般情况，以证实书面（主要是账目）检查中发现的问题，了解实际情况，取得查账证据的方法。在对财产物资账目进行审查的过程中，经常要对有关物资收、发、存等管理情况，对有关盘点制度的实施情况，对有关运输保管环节等进行查验、核实，以取得亲历证据。同时，对被查单位账目所反映的情况进行验证，补充和完善有关资料数据。

查账人员实施现场观察要留意被查单位的查账环境，注意其领导对查账工作的态度，谨防被查单位领导通过伪造部署“场景”、设置“道具”、安排“演员”，甚至进行精心的排练，以假戏真做，掩饰存在的问题，模糊查账人员的视线；另外，要注意被查单位有关人员对查账人员较普遍存有防备心理，持有多一事不如少一事的看法，不愿让查账人员看出破绽，担心“防线从我这里突破”，也有意无意地进行伪装。所以查账人员要巧破被查单位“导演”的假戏，主要策略是：对财产物资账目检查应配合于现场观察，如对原材料收料、发料手续及其记录的观察，对固定资产修理保养的观察，对存货定期盘点的观察，等等。观察法可以考虑采用非预告方式，以防被查单位事先布阵。观察可进行多次，特别要在被查单位自以为解除警报时，突然出现于观察现场；也可以请被查单位先行介绍，查账人员后行观察，但观察应在不受干扰的情况下进行。查账人员在进行观察时应保持合理的警觉，仔细注意周围发生的变化和异常，不放过一丝差异和疑点；要善于质疑，对一些不正常且不能合理解释的问题要多问几个为什么，从大量表象中发现问题的本质。在观察中要综合使用其他查账方法，如要结合使用询问法、盘点法、函证法、调查法等，一边观察一边收集证据材料，如观察的同时可请有关人员填写调查表，请有关人员对查账人员关心的问题作出解释，要求被观察业务人员出示业务凭证等。在观察时，查账人员必须做好查账记录，以形成完备的查账工作底稿。

3）采用鉴定法。鉴定法是指对某些查账事项的审查，超出了查账人员的技术能力和业务范围，需要请专门人员运用特殊方法进行检测，以取得查账证据的方法。在财产物资检查中经常要采用鉴定法，对物资的真伪、品质、结构和配方、质地、生产工艺等进行检测，对固定资产的新旧程度、运行状况、保养水平等进行检测。有时还要对有关凭证、账簿及其有关记录的真伪作出鉴定，以证明被查物资的确切数量、品质和价值，证明有关会计记录的真实性和准确性。

目前我国社会经济活动中，假冒伪劣（包括商品、零部件、账册、凭证、单据、合同等）现象较多，并有向社会生活各方面渗透之趋势，鉴定法在查账工作中，尤其是在财产物资的账目检查中具有特别的地位和作用。查账人员采用鉴定法时应果断，凡超出自身业务技术能力和范围的工作，应聘请有关专家进行鉴定，切不可勉强为之或贻误战机（有时因鉴定不及时让有关人员抢先做了手脚、转移了物品，会给鉴定带来麻烦），以减免查账风险。聘请前来鉴定的专家应有独立性，与被鉴定事项和被查单位无利益关系，以保证其作出公正合理的鉴定结论，如在鉴定过程中发现其与被查单位存在有损于其客观公正的联系，应责成其回避。所聘请的专家应具有较好的信誉和较高的权威，查账人员的选择不一定局限于本地，可以向本地或邻近省市公安、商检、质检、市场监督管理、卫生防疫等部门求援。查账项目外请专家进行技术鉴定的有关事宜，查账人员对外应给予保密，不仅要向被查单位保密，而且对查账中的某些细节及查账人员的工作意图，还要向鉴定专家保密，以防其不慎泄露工作机密，或者对其鉴定工作产生影响，以损坏其客观性和公正性。进行技术鉴定要出具鉴定报告，鉴定报告应有专家或专家组成员的（集体）签名，并加盖鉴定单位的公章，以明确责任，表示鉴定结果正式生效。对鉴定报告及鉴定人员，查账人员要给予保密，如其需要在查账报告中运用鉴定结果，应注意其结果的正确运用。鉴定报告应归入查账工作档案妥善保管，不能随意查阅或外传。

2.3　舞弊行为检查准则

2.3.1　舞弊行为检查准则（内部）

舞弊，是指组织内、外人员采用欺骗等违法违规手段，损害或者谋取组织利益，同时可能为个人带来不正当利益的行为。

1. 一般原则

组织管理层对舞弊行为的发生承担责任。建立、健全并有效实施内部控制，预防、发现及纠正舞弊行为是组织管理层的责任。

内部审计机构和内部审计人员应当保持应有的职业谨慎，在实施的审计活动中关注可能发生的舞弊行为，并对舞弊行为进行检查和报告。

内部审计机构和内部审计人员在检查和报告舞弊行为时，应当从下列几方面保持应有的职业谨慎：

（1）具有识别、检查舞弊的基本知识和技能，在实施审计项目时警惕相关方面可能存在的舞弊风险；

（2）根据被审计事项的重要性、复杂性以及审计成本效益，合理关注和检查可能存在的舞弊行为；

（3）运用适当的审计职业判断，确定审计范围和审计程序，以检查、发现和报告舞弊行为；

（4）发现舞弊迹象时，应当及时向适当管理层报告，提出进一步检查的建议。

由于内部审计并非专为检查舞弊而进行，即使审计人员以应有的职业谨慎执行了必要方面假账查处程序，也不能保证发现所有的舞弊行为。

损害组织经济利益的舞弊，是指组织内、外人员为谋取自身利益，采用欺骗等违法违规手段使组织经济利益遭受损害的不正当行为。具体包括下列情形：

（1）收受贿赂或者回扣；

（2）将正常情况下可以使组织获利的交易事项转移给他人；

（3）贪污、挪用、盗窃组织资产；

（4）使组织为虚假的交易事项支付款项；

（5）故意隐瞒、错报交易事项；

（6）泄露组织的商业秘密；

（7）其他损害组织经济利益的舞弊行为。

谋取组织经济利益的舞弊，是指组织内部人员为使本组织获得不当经济利益而其自身也可能获得相关利益，采用欺骗等违法违规手段，损害国家和其他组织或者个人利益的不正当行为。具体包括下列情形：

（1）支付贿赂或者回扣；

（2）出售不存在或者不真实的资产；

（3）故意错报交易事项、记录虚假的交易事项，使财务报表使用者误解而作出不适当的投融资决策；

（4）隐瞒或者删除应当对外披露的重要信息；

（5）从事违法违规的经营活动；

（6）偷逃税款；

（7）其他谋取组织经济利益的舞弊行为。

内部审计人员在检查和报告舞弊行为时，应当特别注意做好保密工作。

2. 评估舞弊发生的可能性

内部审计人员在审查和评价业务活动、内部控制和风险管理时，应当从以下几方面对舞弊发生的可能性进行评估：

（1）组织目标的可行性；

（2）控制意识和态度的科学性；

（3）员工行为规范的合理性和有效性；

（4）业务活动授权审批制度的有效性；

（5）内部控制和风险管理机制的有效性；

（6）信息系统运行的有效性。

内部审计人员除考虑内部控制的固有局限外，还应当考虑下列可能导致舞弊发生的情况：

（1）管理人员品质不佳；

（2）管理人员遭受异常压力；

（3）业务活动中存在异常交易事项；

（4）组织内部个人利益、局部利益和整体利益存在较大冲突。

内部审计人员应当根据可能发生的舞弊行为的性质，向组织适当管理层报告，同时就需要实施的舞弊检查提出建议。

3. 舞弊的检查

舞弊的检查是指实施必要的检查程序，以确定舞弊迹象所显示的舞弊行为是否已经发生。

内部审计人员进行舞弊检查时，应当根据下列要求进行：

（1）评估舞弊涉及的范围及复杂程度，避免向可能涉及舞弊的人员提供信息或者被其所提供的信息误导；

（2）设计适当的舞弊检查程序，以确定舞弊者、舞弊程度、舞弊手段及舞弊原因；

（3）在舞弊检查过程中，与组织适当管理层、专业舞弊调查人员、法律顾问及其他专家保持必要的沟通；

（4）保持应有的职业谨慎，以避免损害相关组织或者人员的合法权益。

4. 舞弊的报告

舞弊的报告是指内部审计人员以书面或者口头形式向组织适当管理层或者董事会报告舞弊检查情况及结果。

在舞弊检查过程中，出现下列情况时，内部审计人员应当及时向组织适当管理层报告：

（1）可以合理确信舞弊已经发生，并需要深入调查；

（2）舞弊行为已经导致对外披露的财务报表严重失实；

（3）发现犯罪线索，并获得了应当移送司法机关处理的证据。

内部审计人员完成必要的舞弊检查程序后，应当从舞弊行为的性质和金额两方面考虑其严重程度，并出具相应的审计报告。审计报告的内容主要包括舞弊行为的性质、涉及人员、舞弊手段及原因、检查结论、处理意见、提出的建议及纠正措施。

2.3.2 舞弊行为检查准则（外部）

为了规范注册会计师在财务报表审计中与舞弊相关的责任，中国注册会计师协会制定了《中国注册会计师审计准则第 1141 号——财务报表审计中与舞弊相关的责任》（以下简称 1141 号准则），自 2012 年 1 月 1 日起施行。

在涉及识别、评估和应对由于舞弊导致的重大错报风险时，1141 号准则是对注册会计师如何应用《中国注册会计师审计准则第 1211 号——通过了解被审计单位及其环境识别和评估重大错报风险》和《中国注册会计师审计准则第 1231 号——针对评估的重大错报风险采取的应对措施》的进一步扩展。

财务报表的错报可能由于舞弊或错误所致。舞弊和错误的区别在于，导致财务报表发生错报的行为是故意行为还是非故意行为。

被审计单位治理层和管理层对防止或发现舞弊负有主要责任。管理层在治理层的监督下，高度重视对舞弊的防范和遏制是非常重要的。对舞弊进行防范可以减少舞弊发生的机会；对舞弊进行遏制，即发现和惩罚舞弊行为，能够警示被审计单位人员不要实施舞弊。对舞弊的防范和遏制需要管理层营造诚实守信和合乎道德的文化，并且这一文化能够在治理层的有效监督下得到强化。治理层的监督包括考虑管理层凌驾于控制之上或对财务报告过程施加其他不当影响的可能性，如管理层为了影响分析师对被审计单位业绩和盈利能力的看法而操纵利润。

在按照审计准则的规定执行审计工作时，注册会计师有责任对财务报表整体是否不存在由于舞弊或错误导致的重大错报获取合理保证。由于审计的固有限制，即使注册会计师按照审计准则的规定恰当计划和执行了审计工作，也不可避免地存在财务报表中的某些重大错报未被发现的风险。

在舞弊导致错报的情况下，固有限制的潜在影响尤其重大。舞弊导致的重大错报未被发现的风险，大于错误导致的重大错报未被发现的风险。其原因是舞弊可能涉及精心策划和蓄意实施以进行隐瞒（如伪造证明或故意漏记交易），或者故意向注册会计师提供虚假陈述。如果涉及串通舞弊，注册会计师可能更加难以发现蓄意隐瞒的企图。串通舞弊可能导致原本虚假的审计证据被注册会计师误认为具有说服力。注册会计师发现舞弊的能力取决于舞弊者实施舞弊的技巧、舞弊者操纵会计记录的频率和范围、舞弊者操纵的每笔金额的大小、舞弊者在被审计单位的职位级别、串通舞弊的程度等因素。即使可以识别出实施舞弊的潜在机会，但对于诸如会计估计等判断领域的错报，注册会计师也难以确定这类错报是由于舞弊还是错误导致的。

管理层舞弊导致的重大错报未被发现的风险，大于员工舞弊导致的重大错报未被发现的风险。其原因是管理层往往可以利用职务之便，直接或间接操纵会计记录，提供虚假的财务信息，或凌驾于为防止其他员工实施类似舞弊而建立的控制之上。

在获取合理保证时，注册会计师有责任在整个审计过程中保持职业怀疑，考虑管理层凌驾于控制之上的可能性，并认识到对发现错误有效方面假账查处程序未必对发现舞弊有效。

本准则的规定旨在帮助注册会计师识别和评估舞弊导致的重大错报风险，以及设计用以发现这类错报方面假账查处程序。

1. 定义

舞弊，是指被审计单位的管理层、治理层、员工或第三方使用欺骗手段获取不当或非法利益的故意行为。

舞弊风险因素，是指表明实施舞弊的动机或压力，或者为实施舞弊提供机会的事项或情况。

舞弊是一个宽泛的法律概念，注册会计师关注的只是导致财务报表发生重大错报的舞弊。与财务报表审计相关的故意错报，包括编制虚假财务报告导致的错报和侵占资产导致的错报。尽管注册会计师可能怀疑被审计单位存在舞弊，甚至在极少数情况下识别出发生的舞弊，但注册会计师并不对舞弊是否已实际发生作出法律意义上的判定。

（1）舞弊，无论是编制虚假财务报告还是侵占资产，均涉及实施舞弊的动机或压力、机会以及借口。

① 如果管理层为实现预期利润目标或财务结果（可能是不现实的）而承受来自被审计单位内部或外部的压力，则可能存在编制虚假财务报告的动机或压力，在未能实现财务目标可能对管理层产生严重后果的情况下尤其如此。类似地，被审计单位的人员也可能由于入不敷出等原因而产生侵占资产的动机。

② 如果被审计单位的人员可以凌驾于内部控制之上，如处于重要职位或知悉内部控制特定缺陷，则可能存在实施舞弊的机会。

③ 某些人员可能有能力为实施的舞弊行为寻找貌似合理的借口。某些人员持有某种态度，或具有某种特点或道德观，使其故意实施不诚实的行为。然而，即使诚实的人，在对其施加足够压力的情况下，也可能实施舞弊。

（2）编制虚假财务报告涉及为欺骗财务报表使用者而作出的故意错报（包括对财务报表金额或披露的遗漏）。这可能是由于管理层通过操纵利润来影响财务报表使用者对被审计单位业绩和盈利能力的看法而造成的。此类利润操纵可能从一些小的行为，或对假设的不恰当调整和对管理层判断的不恰当改变开始。压力和动机可能使这些行为上升到编制虚假财务报告的程度。由于承受迎合市场预期的压力或追求以业绩为基础的个人报酬最大化，管理层可能故意通过编制存在重大错报的财务报表而导致虚假财务报告。在某些被审计单位，管理层可能有动机大幅降低利润以降低税负，或虚增利润以向银行融资。

（3）管理层可能通过以下方式编制虚假财务报告：

① 对编制财务报表所依据的会计记录或支持性文件进行操纵、弄虚作假（包括伪造）或篡改；

② 在财务报表中错误表达或故意漏记事项、交易或其他重要信息；

③ 故意地错误使用或披露与金额、分类、列报相关的会计原则。

（4）编制虚假财务报告通常涉及管理层凌驾于控制之上，而这些控制看似有效运行的情况。管理层通过凌驾于控制之上实施舞弊的手段主要包括：

① 作出虚假会计分录，特别是在临近会计期末时，从而操纵经营成果或实现其他目的；

② 不恰当地调整对账户余额作出估计时使用的假设和判断；

③ 在财务报表中漏记、提前或推迟确认报告期内发生的事项和交易；

④ 隐瞒或不予披露可能影响财务报表金额的事实；

⑤ 构造复杂交易，以歪曲财务状况或经营成果；

⑥ 篡改与重大和异常交易相关的记录和条款。

（5）侵占资产，包括盗窃被审计单位资产，通常的做法是员工盗窃金额相对较小且不重要的资产。侵占资产也可能涉及管理层，他们通常更能够通过难以发现的手段掩饰或隐瞒侵占资产的行为。侵占资产可以通过以下方式实现：

① 贪污收到的款项，如侵占收到的应收账款或将与已注销账户相关的收款转移至个人银行账户；

② 盗窃实物资产或无形资产，如盗窃存货以自用或出售、盗窃废料以再销售、通过向被审计单位竞争者泄露技术资料与其串通以获取回报；

③ 使被审计单位对未收到的商品或未接受的劳务付款，如向虚构的供应商支付款项、供应商向采购人员提供回扣以作为其提高采购价格的回报、向虚构的员工支付工资；

④ 将被审计单位资产挪为私用，如将被审计单位的资产作为个人或关联方贷款的抵押。

侵占资产通常伴随着虚假或误导性的记录或文件，其目的是隐瞒资产丢失或未经适当授权而被抵押的事实。

（6）对公共部门实体的特殊考虑。从事公共部门实体审计的注册会计师与舞弊相关的责任，可能取决于适用于公共部门实体的法律法规或其他监管要求，或由授权审计的文件单独进行规定。因此，从事公共部门实体审计的注册会计师的责任可能不限于考虑财务报表重大错报风险，还可能包括考虑舞弊风险。

2. 目标

（1）识别和评估由于舞弊导致的财务报表重大错报风险。

（2）通过设计和实施恰当的应对措施，针对评估的由于舞弊导致的重大错报风险，获取充分、适当的审计证据。

（3）恰当应对审计过程中识别出的舞弊或舞弊嫌疑。

3. 职业怀疑

按照《中国注册会计师审计准则第 1101 号——注册会计师的总体目标和审计工作的基本要求》的规定，注册会计师应当在整个审计过程中保持职业怀疑，认识到存在由于舞弊导致的重大错报的可能性，而不应受到以前对管理层、治理层正直和诚信形成的判断的影响。

除非存在相反的理由，注册会计师可以将文件和记录作为真品。但如果在审计过程中识别出的情况使注册会计师认为文件可能是伪造的或文件中的某些条款已发生变动但未告知注册会计师，注册会计师应当作出进一步调查。

如果管理层或治理层对询问作出的答复相互之间不一致或与其他信息不一致，注册会计师应当对这种不一致加以调查。

保持职业怀疑要求注册会计师对获取的信息和审计证据是否表明可能存在由于舞弊导致的重大错报风险始终保持警惕，包括考虑拟用作审计证据的信息的可靠性，并考虑与信息的生成和维护相关的控制（如相关）。由于舞弊的特征，注册会计师在考虑由于舞弊导致的重大错报风险时，保持职业怀疑尤为重要。

尽管不能期望注册会计师不受以前对管理层、治理层正直和诚信情况形成的判断的影响，但由于具体情况可能已经发生变化，注册会计师在考虑由于舞弊导致经适当授权而被抵押的事实的重大错报风险时，保持职业怀疑尤为重要。

按照审计准则执行的审计工作通常不涉及鉴定文件的真伪，注册会计师没有接受文件真伪鉴定方面的培训，不应被期望成为鉴定文件真伪的专家。然而，如果识别出的情况使其认为文件可能是伪造的，或文件中的某些条款已发生变动但未告知注册会计师，注册会计师需要作出进一步调查。可实施的进一步调查程序包括：

（1）直接向第三方函证；

（2）利用专家的工作以评价文件的真伪。

4. 项目组内部的讨论

按照《中国注册会计师审计准则第 1211 号——通过了解被审计单位及其环境识别和评估重大错报风险》的规定，项目组成员之间应当进行讨论，并由项目合伙人确定将哪些事项向未参与讨论的项目组成员通报。项目组内部讨论的重点应当包括财务报表易于发生由于舞弊导致的重大错报的方式和领域，包括舞弊可能如何发生。在讨论过程中，项目组成员不应假定管理层和治理层是正直和诚信的。

（1）项目组就由于舞弊导致财务报表发生重大错报的可能性进行的讨论可以达到以下目的：

① 具有较多经验的项目组成员有机会与其他成员分享关于财务报表易于发生由于舞弊导致的重大错报的方式和领域的见解；

② 针对财务报表易于发生由于舞弊导致的重大错报的方式和领域考虑适当的应对措施，并确定分派哪些项目组成员实施特定方面假账查处程序；

③ 确定如何在项目组成员中共享实施审计程序的结果，以及如何处理可能引起注册会计师注意的舞弊指控。

（2）项目组内部讨论的内容可能包括：

① 项目组成员认为财务报表易于发生由于舞弊导致的重大错报的方式和领域、管理层可能编制和隐瞒虚假财务报告的方式及侵占资产的方式等；

② 可能表明管理层操纵利润的迹象，以及管理层可能采取的导致虚假财务报告的利润操纵手段；

③ 已知悉的对被审计单位产生影响的外部和内部因素，这些因素可能产生动机或压力使管理层或其他人员实施舞弊、可能提供实施舞弊的机会、可能表明存在为舞弊行为寻找借口的文化或环境；

④ 对接触现金或其他易被侵占资产的员工，管理层对其实施监督的情况；

⑤ 注意到的管理层或员工在行为或生活方式上出现的异常或无法解释的变化；

⑥ 强调在整个审计过程中对由于舞弊导致重大错报的可能性保持适当关注的重要性；

⑦ 遇到的哪些情形可能表明存在舞弊；

⑧ 如何在拟实施审计程序的性质、时间安排和范围中增加不可预见性；

⑨ 为应对由于舞弊导致财务报表发生重大错报的可能性而选择实施方面假账查处程序，以及特定类型方面假账查处程序是否比其他审计程序更为有效；

⑩ 注册会计师注意到的舞弊指控；

⑪ 管理层凌驾于控制之上的风险。

5. 风险评估程序和相关活动

当按照《中国注册会计师审计准则第 1211 号——通过了解被审计单位及其环境识别和评估重大错报风险》的规定实施风险评估程序和相关活动，以了解被审计单位及其环境时，注册会计师应当实施本准则第十八条至第二十五条规定方面假账查处程序，以获取用以识别由于舞弊导致的重大错报风险所需的信息。

（1）询问管理层。注册会计师应当向管理层询问：

① 管理层对财务报表可能存在由于舞弊导致的重大错报风险的评估，包括评估的性质、范围和频率等；

② 管理层对舞弊风险的识别和应对过程，包括管理层识别出的或注意到的特定舞弊风险，或可能存在舞弊风险的各类交易、账户余额或披露；

③ 管理层就其对舞弊风险的识别和应对过程向治理层的通报；

④ 管理层就其经营理念和道德观念向员工的通报。

管理层对内部控制和财务报表的编制承担责任。因此，注册会计师向管理层询问其对舞弊风险及旨在防止和发现舞弊的控制的自我评估是恰当的。管理层对上述风险和控制所作评估的性质、范围和频率可能因被审计单位的不同而不同。在某些被审计单位，管理层可能每年进行详细的评估，或将评估作为持续监督的一部分。而在其他一些被审计单位，管理层的评估可能并不十分正式或频繁。管理层评估的性质、范围和频率与注册会计师对被审计单位控制环境的了解相关。例如，管理层没有对舞弊风险作出评估，在某些情况下可能意味着管理层对内部控制缺乏重视。

在某些被审计单位，尤其是小型被审计单位，管理层评估的重点可能是员工舞弊或侵占资产的风险。

在拥有多处经营地点的被审计单位，管理层的识别和应对过程可能包括对各经营地点或业务分部的不同程度的监督。管理层可能已经识别出可能存在较高舞弊风险的经营地点或业务分部。

（2）询问管理层和被审计单位内部的其他人员。注册会计师应当询问管理层和被审计单位内部的其他人员（如适用），以确定其是否知悉任何影响被审计单位的舞弊事实、舞弊嫌疑或舞弊指控。

注册会计师通过询问管理层可以获取有关员工舞弊导致的财务报表重大错报风险的有用信息。然而，这种询问难以获取有关管理层舞弊导致的财务报表重大错报风险的有用信息。询问被审计单位内部的其他人员可以为这些人员提供机会，使他们能够向注册会计师传递一些信息，而这些信息是他们本没有机会与其他人沟通的。

注册会计师可以就是否存在或可能存在舞弊，直接询问被审计单位内部管理层以外的下列其他人员：①不直接参与财务报告过程的业务人员；②拥有不同级别权限的人员；③参与生成、处理或记录复杂或异常交易的人员及对其进行监督的人员；④内部法律顾问；⑤负责道德事务的主管人员或承担类似职责的人员；⑥负责处理舞弊指控的人员。

管理层通常最有条件实施舞弊。因此，在保持职业怀疑评价管理层对询问作出的答复时，注册会计师可能认为有必要通过其他信息印证管理层的答复。

（3）询问内部审计人员。如果被审计单位设有内部审计，注册会计师应当询问内部审计人员，以确定其是否知悉任何影响被审计单位的舞弊事实、舞弊嫌疑或舞弊指控，并获取这些人员对舞弊风险的看法。

《中国注册会计师审计准则第 1121 号——通过了解被审计单位及其环境识别和评估重大错报风险》和《中国注册会计师审计准则第 1411 号——利用内部审计人员的工作》及其应用指南对审计设有内部审计的被审计单位作出了规定并提供了指引。在针对舞弊执行上述审计准则的规定时，注册会计师可以询问特定内部审计活动，例如：

① 内部审计人员在本期实施的旨在发现舞弊的程序（如有）；

② 管理层是否对实施内部审计程序的结果采取了令人满意的应对措施。

（4）了解治理层实施的监督。除非治理层全部成员参与管理被审计单位，注册会计师应当了解治理层如何监督管理层对舞弊风险的识别和应对过程，以及为降低舞弊风险而建立的内部控制。

治理层负责监督被审计单位为监控风险、财务控制和对法律法规的遵守而建立的系统。在许多国家或地区，公司治理实务较为健全，治理层在监督被审计单位对舞弊风险以及相关内部控制的评估中发挥着积极的作用。由于治理层和管理层的责任可能因被审计单位和所在国家或地区的不同而不同，注册会计师了解治理层和管理层各自的责任是很重要的，这样才能了解适当人员所实施的监督。

了解治理层实施的监督，可能有助于注册会计师了解被审计单位发生管理层舞弊的可能性、与舞弊风险相关的内部控制的充分性以及管理层的胜任能力和诚信程度。注册会计师可以通过多种方式进行了解，如参加讨论此类问题的会议、阅读上述会议的会议纪要或询问治理层等。

除非治理层全部成员参与管理被审计单位，注册会计师应当询问治理层，以确定其是否知悉任何影响被审计单位的舞弊事实、舞弊嫌疑或舞弊指控。治理层对这些询问的答复，还可在一定程度上作为管理层答复的佐证信息。

注册会计师应当评价在实施分析程序时识别出的异常或偏离预期的关系（包括与收入账户有关的关系），是否表明存在由于舞弊导致的重大错报风险。

在某些情况下，治理层的全部成员参与管理被审计单位。这种情况可能存在于小型被审计单位中，即只有一名业主管理被审计单位，其他人员不具有治理职能。在这种情况下，由于不存在独立于管理层的监督，注册会计师通常无须采取措施。

（5）考虑其他信息。注册会计师应当考虑获取的其他信息是否表明存在由于舞弊导致的重大错报风险。

除运用分析程序获取的信息外，注册会计师获取的有关被审计单位及其环境的其他信息可能有助于识别由于舞弊导致的重大错报风险。项目组成员间的讨论也可能提供有助于识别此类风险的信息。此外，注册会计师在客户接受和保持过程中获取的信息，以及为被审计单位提供其他服务所获取的经验（如中期财务信息审阅等业务），都可能与识别由于舞弊导致的重大错报风险相关。

（6）评价舞弊风险因素。注册会计师应当评价通过其他风险评估程序和相关活动获取的信息，是否表明存在舞弊风险因素。存在舞弊风险因素并不必然表明发生了舞弊，但在舞弊发生时通常存在舞弊风险因素，因此，舞弊风险因素可能表明存在由于舞弊导致的重大错报风险。

舞弊通常都很隐蔽，因而发现舞弊非常困难。然而，注册会计师可能识别出表明实施舞弊的动机或压力，或者为实施舞弊提供机会的事项或情况（舞弊风险因素），例如：

① 为满足第三方的预期以获得额外的权益性融资，可能产生实施舞弊的动力；

② 如果达到不切实际的利润目标可以获得大额奖金，可能产生实施舞弊的动机；

③ 无效的控制环境可能产生实施舞弊的机会。

舞弊风险因素不能简单地按重要性排序。舞弊风险因素的重要性差别很大。有的舞弊风险因素虽然存在于被审计单位，但特定条件没有表明存在重大错报风险。因此，确定舞弊风险因素是否存在以及是否在评估由于舞弊导致的财务报表重大错报风险时予以考虑，需要注册会计师运用职业判断。

本节附录 1 列示了与编制虚假财务报告和侵占资产相关的舞弊风险因素。根据舞弊存在时通常伴随着的三种情况，这些风险因素可以分为以下三类：

① 实施舞弊的动机或压力；

② 实施舞弊的机会；

③ 为舞弊行为寻找借口的能力。

为舞弊行为寻找借口的风险因素，可能不容易被注册会计师发现。然而，注册会计师可能注意到这些信息的存在。虽然本节附录 1 列示了多种注册会计师可能遇到的舞弊风险因素，但这些仅是举例，还可能存在其他风险因素。

被审计单位的规模、复杂程度和所有权特征对考虑相关舞弊风险因素具有重大影响。对大型被审计单位，可能存在一些用以约束管理层不当行为的因素，例如：

① 治理层的有效监督；

② 有效的内部审计；

③ 存在书面的行为守则，且该守则能够得到执行。

此外，将业务分部层面考虑的舞弊风险因素与被审计单位整体层面考虑的舞弊风险因素相比较，可能会产生不同的看法。

对小型被审计单位，上述部分或全部考虑因素可能并不适用，或相关性较小。例如，小型被审计单位可能没有书面的行为守则，但可能通过口头交流或管理者示范作用建立一种重视诚信和道德行为的文化氛围。小型被审计单位的管理层由一人掌控，但这本身并不意味着管理者未能展示和传达对内部控制和财务报告过程的恰当态度。在某些被审计单位，对于管理者授权的要求可以弥补内部控制其他方面的缺陷并能降低员工舞弊的风险。然而，由于个人掌控的管理层可能存在管理层凌驾于控制之上的机会，因而可能构成内部控制的潜在缺陷。

6. 识别和评估由于舞弊导致的重大错报风险

注册会计师应当在财务报表层次和各类交易、账户余额、披露的认定层次识别和评估由于舞弊导致的重大错报风险。

（1）在收入确认方面存在的舞弊风险。在识别和评估由于舞弊导致的重大错报风险时，注册会计师应当基于收入确认存在舞弊风险的假定，评价哪些类型的收入、收入交易或认定导致舞弊风险。如果认为收入确认存在舞弊风险的假定不适用于业务的具体情况，从而未将收入确认作为由于舞弊导致的重大错报风险领域，注册会计师应当按照本准则第五十一条的规定形成相应的审计工作底稿。

与收入确认相关的由于编制虚假财务报告导致的重大错报通常源于高估收入，如提前确认收入或记录虚假收入。该风险也可能源于低估收入，如不恰当地将本期收入转移到以后期间。

某些被审计单位在收入确认方面存在的舞弊风险可能高于其他被审计单位。例如，如果上市实体依据收入的逐年增长或利润来衡量业绩，管理层可能有压力或动机通过不恰当的收入确认编制虚假财务报告。类似地，如果被审计单位的现金销售占收入的比例很大，收入确认方面的舞弊风险可能较大。

当被审计单位仅存在一种简单的收入交易（如单一租赁资产的租赁收入）时，注册会计师可能认为在收入确认方面不存在由于舞弊导致的重大错报风险。

（2）识别和评估由于舞弊导致的重大错报风险并了解相关控制。注册会计师应当将评估的由于舞弊导致的重大错报风险作为特别风险。如果此前未了解与此类风险相关的控制，注册会计师应当了解相关控制，包括了解控制活动。

管理层可能会对选择执行的控制的性质和范围及选择承担的风险的性质和程度作出判断。在确定为防止和发现舞弊而执行的控制时，管理层需要考虑由于舞弊导致财务报表发生重大错报的风险。管理层在考虑时可能认为，执行和维护与旨在降低由于舞弊导致的重大错报风险相关的某一特定控制，并不符合成本效益原则。

注册会计师了解管理层为防止和发现舞弊而设计、执行和维护的控制是非常重要的。在了解时，注册会计师可获知一些情况，如管理层有意识地选择接受缺乏职责分工导致的风险。通过这种了解所获取的信息有助于识别舞弊风险因素，这些因素可能影响注册会计师对舞弊导致的财务报表重大错报风险的评估。

7. 应对评估的由于舞弊导致的重大错报风险

（1）总体应对措施。注册会计师应当针对评估的由于舞弊导致的财务报表层次重大错报风险确定总体应对措施。在确定总体应对措施时，注册会计师通常更需要在整体审计工作中保持职业怀疑，包括：

① 在选择拟检查的支持重大交易的文件的性质和范围时，增强敏感性；

② 增强对管理层有关重大事项的解释或声明进行印证的必要性的认识。

除计划特定审计程序外，确定总体应对措施还包括考虑一些更为普遍的事项。

在针对评估的由于舞弊导致的财务报表层次重大错报风险确定总体应对措施时，注册会计师应当：

① 在分派和督导项目组成员时，考虑承担重要业务职责的项目组成员所具备的知识、技能和能力，并考虑由于舞弊导致的重大错报风险的评估结果；

② 评价被审计单位对会计政策（特别是涉及主观计量和复杂交易的会计政策）的选择和运用，是否可能表明管理层通过操纵利润对财务信息作出虚假报告；

③ 在选择审计程序的性质、时间安排和范围时，增加审计程序的不可预见性。

（2）人员的分派和督导。注册会计师可以通过以下方式应对识别出的由于舞弊导致的重大错报风险，如向项目组额外分派具备专门技能和知识的人员（如法律专家和信息技术专家）或分派更有经验的人员。

督导的程度需要反映出注册会计师对由于舞弊导致的重大错报风险的评估及执行审计工作的项目组成员的胜任能力。

（3）在选择审计程序时增加不可预见性。由于熟悉常规审计程序的被审计单位内部人员可能更能够隐瞒虚假财务报告，因此，注册会计师在选择拟实施方面假账查处程序的性质、时间安排和范围时增加不可预见性是非常重要的。增加不可预见性主要通过以下方式实现：

① 对通常由于其重要性或风险程度较低而不会作出测试的账户余额和认定实施实质性程序；

② 调整实施审计程序的时间安排，使之有别于预期的时间安排；

③ 运用不同的抽样方法；

④ 在不同的经营地点或未预先通知的经营地点实施审计程序。

（4）应对评估的由于舞弊导致的认定层次重大错报风险实施方面假账查处程序。按照《中国注册会计师审计准则第 1231 号——针对评估的重大错报风险采取的应对措施》的规定，注册会计师应当设计和实施进一步审计程序，审计程序的性质、时间安排和范围应当能够应对评估的由于舞弊导致的认定层次重大错报风险。例如，针对由于舞弊导致的认定层次重大错报风险，注册会计师应当考虑实施函证程序以获取更多的相互印证的信息。

注册会计师针对评估的由于舞弊导致的认定层次重大错报风险采取的应对措施，可包括通过以下方式改变审计程序的性质、时间安排和范围。

① 改变拟实施审计程序的性质，以获取更可靠和更相关的审计证据或获取额外的佐证信息。这可能影响拟实施审计程序的类型及其组合。例如：

- 对特定资产进行实地观察或检查变得更重要，或选择使用计算机辅助审计技术以收集更多的有关在重要账户或电子交易文档中包含数据的证据。
- 设计程序以获取额外的佐证信息。例如，如果注册会计师发现管理层处于利润预期的压力之下，可能存在虚增收入的相关风险，其虚增收入的方式可能是签署包含影响收入确认条款的销售协议，或在发货前提前开具销售发票。在这种情况下，注册会计师可以设计询证函，函证的内容不仅包括欠款余额，还包括销售协议的细节，如交易日期、退货权、交货条款等。此外，通过向被审计单位的非财务人员询问销售协议和交货条款的变化，以对函证获取的信息进行补充，也可能是有效的。

② 调整实施实质性程序的时间安排。注册会计师可能认为在期末或接近期末实施实质性程序能够更好地应对舞弊导致的重大错报风险。考虑到评估的由于故意错报或利润操纵导致的风险，注册会计师可能认为将期中实施审计程序得出的审计结论延伸至期末是无效的。相反，由于故意错报（如错报涉及不恰当的收入确认）可能在期中已经发生，注册会计师可能选择对较早期间发生的交易或整个报告期内的交易实施实质性程序。

③ 实施方面假账查处程序的范围反映对舞弊导致的重大错报风险的评估结果。例如，扩大样本规模或在更详细的层次上实施分析程序可能是适当的。同时，计算机辅助审计技术可能有助于注册会计师对电子交易和会计文档实施更广泛的测试。该技术可用于从关键电子文档中选择交易作为测试样本，对具有特定特征的交易进行分类，或对总体进行测试而不是进行抽样测试。

如果识别出影响存货数量的舞弊导致的重大错报风险，注册会计师检查被审计单位的存货记录，可能有助于其识别出在盘点过程中或结束后需要特别注意的存货存放地点或存货项目。注册会计师检查存货记录后可能决定在不预先通知的情况下对特定存放地点的存货实施监盘，或在同一天对所有存放地点的存货实施监盘。

注册会计师可能识别出影响多个账户和认定的舞弊导致的重大错报风险。这些账户和认定可能包括资产估值、与特定交易相关的估计（如并购、重组或处置某个业务分部）及其他重大预计负债（如养老金及其他离职后福利，或环境补救负债）。该风险也可能与日常估计所依据的假设的重大变化相关。在了解被审计单位及其环境的过程中获取的信息可能帮助注册会计师评价管理层作出这些估计及其所依据的判断和假设的合理性。对以前期间类似的管理层判断和假设进行追溯复核，也可能有助于评价支持管理层估计的判断和假设的合理性。

本节附录 2 列示了应对评估的舞弊导致的重大错报风险方面假账查处程序（包括如何增加审计程序的不可预见性）。该附录列示了针对评估的由于编制虚假财务报告（包括由于收入确认导致的虚假财务报告）和侵占资产导致的重大错报风险采取的应对措施。

（5）针对管理层凌驾于控制之上的风险实施的程序。管理层处于实施舞弊的独特地位，其原因是管理层有能力通过凌驾于控制之上操纵会计记录并编制虚假财务报表，虽然这些控制看似有效运行。尽管管理层凌驾于控制之上的风险水平因被审计单位而异，但所有被审计单位都存在这种风险。由于管理层凌驾于控制之上的行为发生方式不可预见，这种风险属于舞弊导致的重大错报风险，从而也是一种特别风险。

无论对管理层凌驾于控制之上的风险的评估结果如何，注册会计师都应当设计和实施审计程序，用以：

① 测试日常会计核算过程中作出的会计分录及编制财务报表过程中作出的调整是否适当；

② 复核会计估计是否存在偏向，并评价产生这种偏向的环境是否表明存在舞弊导致的重大错报风险；

③ 对于超出被审计单位正常经营过程的重大交易，或基于对被审计单位及其环境的了解以及在审计过程中获取的其他信息而显得异常的重大交易，评价其商业理由（或缺乏商业理由）是否表明被审计单位从事交易的目的是对财务信息作出虚假报告或掩盖侵占资产的行为。

在设计和实施审计程序，以测试日常会计核算过程中作出的会计分录以及编制财务报表过程中作出的其他调整是否适当时，注册会计师应当：

① 向参与财务报告过程的人员询问与处理会计分录和其他调整相关的不恰当或异常的活动；

② 选择在报告期末作出的会计分录和其他调整；

③ 考虑是否有必要测试整个会计期间的会计分录和其他调整。

由于舞弊导致的财务报表重大错报通常涉及通过作出不恰当或未经授权的会计分录对财务报告过程进行操纵。这种操纵行为可能在整个期间或在期末发生，或由管理层对财务报表金额作出调整，而该调整未在会计分录中反映，如合并调整和重分类调整。

注册会计师对不适当地凌驾于会计分录控制之上的重大错报风险进行考虑是非常重要的，这是因为，自动化流程和控制可以降低由于疏忽造成错误的风险，但不能消除人们不恰当地凌驾于这些自动化流程之上的风险（如通过改变自动过人总账或财务报告系统的金额）。此外，当信息技术用于自动传递信息时，在信息系统中可能留下很少或不会留下明显的此类人工干预的证据。

在识别和选择拟测试的会计分录和其他调整，并针对已选择项目的支持性文件确定适当的测试方法时，可以考虑的相关因素包括以下几方面。

① 对由于舞弊导致的重大错报风险的评估。注册会计师识别出的舞弊风险因素和在评估由于舞弊导致的重大错报风险过程中获取的其他信息，可能有助于注册会计师识别需要测试的特定类别的会计分录和其他调整。

② 对会计分录和其他调整已实施的控制。在注册会计师已经测试了这些控制运行的有效性的前提下，针对会计分录和其他调整的编制和过账所实施的有效控制，可以缩小所需实施的实质性程序的范围。

③ 被审计单位的财务报告过程以及所能获取的证据的性质。在很多被审计单位中，交易的日常处理同时涉及人工和自动化的步骤和程序。类似地，会计分录和其他调整的处理过程也可能同时涉及人工和自动化的程序和控制。当信息技术应用于财务报告过程时，会计分录和其他调整可能仅以电子形式存在。

④ 虚假会计分录或其他调整的特征。不恰当的会计分录或其他调整通常具有独特的识别特征。这类特征可能包括：

- 分录记录到不相关、异常或很少使用的账户；
- 分录由平时不负责作出会计分录的人员作出；
- 分录在期末或结账过程中编制，且没有或只有很少的解释或描述；
- 分录在编制财务报表之前或编制过程中编制且没有账户编号；

- 分录金额为约整数或尾数一致。

⑤ 账户的性质和复杂程度。不恰当的会计分录或其他调整可能体现在以下账户中：

- 包含复杂或性质异常的交易的账户；
- 包含重大估计及期末调整的账户；
- 过去易于发生错报的账户；
- 未及时调节的账户，或含有尚未调节差异的账户；
- 包含集团内部不同公司间交易的账户；
- 其他虽不具备上述特征但与已识别的舞弊导致的重大错报风险相关的账户。

在审计拥有多个经营地点或组成部分的被审计单位时，注册会计师需考虑从不同的地点选取会计分录进行测试。

⑥ 在常规业务流程之外处理的会计分录或其他调整。针对非标准分录实施的控制的水平与针对为记录日常交易（如每月的销售、采购及现金支出）所编制的分录实施的控制的水平可能不同。

注册会计师在确定对会计分录和其他调整进行测试的性质、时间安排和范围时，需要运用职业判断。然而，由于虚假会计分录和其他调整通常在报告期末作出，注册会计师要选择在报告期末作出的会计分录和其他调整进行测试。此外，舞弊导致的财务报表重大错报可能发生于整个会计期间，并且舞弊者可能运用各种方式隐瞒舞弊行为，因此注册会计师要考虑是否有必要测试整个会计期间的会计分录和其他调整。

在复核会计估计是否存在偏向时，注册会计师应当：

① 评价管理层在作出会计估计时所作的判断和决策是否反映出管理层的某种偏向（即使判断和决策单独看起来是合理的），从而可能表明存在由于舞弊导致的重大错报风险，如果存在偏向，注册会计师应当从整体上重新评价会计估计；

② 追溯复核与以前年度财务报表反映的重大会计估计相关的管理层判断和假设。

在编制财务报表的过程中，管理层需要作出影响重大会计估计的一系列判断或假设，并对这些估计的合理性进行持续地监督。管理层通常通过故意作出不当会计估计来编制虚假财务报告，如以相同的方式低估或高估所有准备，从而使利润在两个或多个会计期间内得以平滑，或达到某预定的利润水平以影响财务报表使用者对被审计单位业绩和盈利能力的看法，从而欺骗财务报表使用者。

追溯复核与以前年度财务报表反映的重大会计估计相关的管理层判断和假设，其目的是判断是否存在管理层偏向的迹象，而不是质疑以前年度依据当时可获得的信息而作出的职业判断。

《中国注册会计师审计准则第 1321 号——审计会计估计（包括公允价值会计估计）和相关披露》也要求进行上述复核。将上述复核作为风险评估程序来实施，其目的是获取有关管理层以前期间会计估计流程的有效性的信息，有关前期会计估计（与本期会计估计相关）的结果或对其作出的后续重新估计（如适用）的审计证据，以及可能需要在财务报表中披露的事项（如估计的不确定性）的审计证据。在实际工作中，注册会计师可以根据 1141 号则的规定并结合《中国注册会计师审计准则第 1321 号——审计会计估计（包括公允价值会计估计）和相关披露》的复核要求，对管理层所作的判断和假设进行复核，以评价是否存在管理层偏向，是否存在舞弊导致的重大错报风险。

以下迹象可能表明被审计单位从事超出其正常经营过程的重大交易或虽然未超出其正常经营过程，但显得异常的重大交易，从事这些交易的目的可能是为了对财务信息作出虚假报告或掩盖侵占资产的行为：

① 交易的形式显得过于复杂（如交易涉及集团内部多个实体，或涉及多个非关联的第三方）；

② 管理层未与治理层就此类交易的性质和会计处理进行过讨论，且缺乏充分的记录；

③ 管理层更强调采用某种特定的会计处理的需要，而不是交易的经济实质；

④ 对于涉及不纳入合并范围的关联方（包括特殊目的实体）的交易，治理层未进行适当的审核与批准；

⑤ 交易涉及以往未识别出的关联方，或涉及在没有被审计单位帮助的情况下不具备物质基础或财务能力完成交易的第三方。

当按照规定实施的程序无法涵盖特定的管理层凌驾于控制之上的其他风险时，注册会计师还应当确定是否有必要实施其他审计程序，以应对识别出的管理层凌驾于控制之上的风险。

8. 评价审计证据

注册会计师要根据实施方面假账查处程序和获取的审计证据，评价对认定层次重大错报风险的评估是否仍然适当。这种评价主要是注册会计师根据判断作出的一种定性评价，可以使注册会计师加深对舞弊导致的重大错报风险的了解，并判断是否有必要实施追加的或其他不同方面假账查处程序。本节附录 3 列示了可能表明存在舞弊的情形。

（1）在临近审计结束时为形成总体结论而实施的分析程序。在就财务报表与所了解的被审计单位的情况是否一致形成总体结论时，注册会计师应当评价在临近审计结束时实施的分析程序，分析是否存在此前尚未识别的舞弊导致的重大错报风险。

确定哪些特定趋势和关系可能表明存在由于舞弊导致的重大错报风险，需要运用职业判断。涉及期末收入和利润的异常关系尤其值得关注。这些趋势和关系可能包括：在报告期的最后几周内记录了不寻常的大额收入或异常交易，或收入与经营活动产生的现金流量趋势不一致。

（2）考虑识别出的错报。如果识别出某项错报，注册会计师应当评价该项错报是否表明存在舞弊。如果存在舞弊的迹象，鉴于舞弊不太可能是孤立发生的事项，注册会计师应当评价该项错报对审计工作其他方面的影响，特别是对管理层声明可靠性的影响。

如果识别出某项错报，并有理由认为该项错报是或可能是舞弊导致的，且涉及管理层，特别是涉及较高级别的管理层，无论该项错报是否重大，注册会计师都应当重新评价对舞弊导致的重大错报风险的评估结果，以及该结果对旨在应对评估的风险方面假账查处程序的性质、时间安排和范围的影响。在重新考虑此前获取的审计证据的可靠性时，注册会计师还应当考虑相关的情形是否表明可能存在涉及员工、管理层或第三方的串通舞弊。

如果确认财务报表存在舞弊导致的重大错报，或无法确定财务报表是否存在舞弊导致的重大错报，注册会计师应当评价这两种情况对审计的影响。

由于舞弊涉及实施舞弊的动机或压力、机会或借口，因此一个舞弊事项不太可能是孤立发生的事项。例如，在某个经营地点发生了大量的错报，即使这些错报的累积影响并不重大，但仍可能表明存在舞弊导致的重大错报风险。

识别出的舞弊产生的影响取决于被审计单位的具体情况。例如，一项原本不重大的舞弊如果涉及较高层级的管理层，就可能成为一项重大舞弊。在这种情况下，由于怀疑管理层声明的完整性和真实性以及会计记录和文件的真实性，注册会计师可能质疑以前获取的审计证据的可靠性。此外，还可能存在涉及员工、管理层或第三方的串通舞弊。

9. 无法继续执行审计业务

如果由于舞弊或舞弊嫌疑导致出现错报，致使注册会计师遇到对其继续执行审计业务的能力产生怀疑的异常情形，注册会计师应当：

（1）确定适用于具体情况的职业责任和法律责任，包括是否需要向审计业务委托人或监管机构报告；

（2）在相关法律法规允许的情况下，考虑是否需要解除业务约定。

如果决定解除业务约定，注册会计师应当采取下列措施：

（1）与适当层级的管理层和治理层讨论解除业务约定的决定和理由；

（2）考虑是否存在职业责任或法律责任，需要向审计业务委托人或监管机构报告解除业务约定的决定和理由。

注册会计师可能遇到的对其继续执行审计业务的能力产生怀疑的异常情形如下：

（1）被审计单位没有针对舞弊采取适当的、注册会计师根据具体情况认为必要的措施，即使该舞弊对财务报表并不重大；

（2）注册会计师对舞弊导致的重大错报风险的考虑以及实施审计测试的结果，表明存在重大且广泛的舞弊风险；

（3）注册会计师对管理层或治理层的胜任能力或诚信产生重大疑虑。

由于可能出现的情形各不相同，因而难以确切地说明在何时解除业务约定是适当的。影响注册会计师得出结论的因素包括管理层或治理层成员参与舞弊可能产生的影响（可能会影响到管理层声明的可靠性），以及与被审计单位之间保持客户关系对注册会计师的影响。

注册会计师需要在这些情形下承担相应的职业责任和法律责任，这些责任可能因国家或地区的不同而不同。例如，在某些国家或地区，注册会计师可能有权力或有义务向审计业务委托人或监管机构（在某些情况下）作出声明或进行报告。考虑到具体情况的特殊性质以及法律法规的规定，再决定是否解除。业务约定并确定适当的措施（包括向股东、监管机构或者其他机构或人员报告）时，注册会计师可能认为征询法律意见是适当的。

对于公共部门实体，在很多情况下，由于授权审计的文件的性质或出于公众利益的考虑，注册会计师可能无法解除业务约定。

10. 书面声明

注册会计师应当就下列事项向管理层和治理层（如适用）获取书面声明：

（1）管理层和治理层认可其设计、执行和维护内部控制以防止和发现舞弊的责任；

（2）管理层和治理层已向注册会计师披露了管理层对由于舞弊导致的财务报表重大错报风险的评估结果；

（3）管理层和治理层已向注册会计师披露了已知的涉及管理层、在内部控制中承担重要职责的员工以及其他人员（在舞弊行为导致财务报表出现重大错报的情况下）的舞弊或舞弊嫌疑；

（4）管理层和治理层已向注册会计师披露了从现任和前任员工、分析师、监管机构等方面获知的、影响财务报表的舞弊指控或舞弊嫌疑。

《中国注册会计师审计准则第 1341 号——书面声明》及其应用指南对向管理层和治理层（如适用）获取适当的声明作出了规定并提供了指引。不论被审计单位的规模大小，除认可已经履行了编制财务报表的责任外，管理层和治理层（如适用）还认可其设计、执行和维护内部控制以防止和发现舞弊的责任也是非常重要的。

由于舞弊的性质以及注册会计师在发现舞弊导致的财务报表。重大错报对遇到的困难，注册会计师可以向管理层和治理层（如适用）获取书面声明，并确认其已向注册会计师披露了下列信息是非常重要的：

（1）管理层对财务报表可能存在的舞弊导致的重大错报风险的评估结果；

（2）对影响被审计单位的舞弊事实、舞弊嫌疑或舞弊指控的了解程度。

11. 与管理层和治理层的沟通

（1）与管理层的沟通。如果识别出舞弊或获取的信息表明可能存在舞弊，注册会计师应当及时将此类事项向适当层级的管理层通报，以便管理层告知对防止和发现舞弊事项负有主要责任的人员。

当注册会计师已获取的证据表明存在或可能存在舞弊时，尽快提请适当层级的管理层关注这一事项是很重要的。即使该事项（如被审计单位组织结构中处于较低职位的员工挪用小额公款）可能被认为不重要，注册会计师也应当这样做。确定拟沟通的适当层级的管理层，需要运用职业判断，并且这一决定受串通舞弊的可能性、舞弊嫌疑的性质和重要程度等事项的影响。通常情况下，适当层级的管理层至少要比涉嫌舞弊的人员高出一个级别。

（2）与治理层的沟通。如果确定或怀疑舞弊涉及下列人员，注册会计师应当及时将此类事项向治理层通报，除非治理层全部人员参与管理被审计单位：

① 管理层；

② 在内部控制中承担重要职责的员工；

③ 其他人员（在舞弊行为导致财务报表重大错报的情况下）。如果怀疑舞弊涉及管理层，注册会计师应当将此怀疑向治理层通报，并与其讨论为完成审计工作所必需方面假账查处程序的性质、时间安排和范围。

注册会计师与治理层的沟通可以采用口头形式，也可以采用书面形式。《〈中国注册会计师审计准则第 1151 号——与治理层的沟通〉应用指南》明确了注册会计师在确定采用口头还是书面形式沟通时需要考虑的因素。由于涉及较高层级管理层的舞弊或导致财务报表重大错报的舞弊的性质和敏感性，注册会计师需要及时报告这类舞弊事项，并考虑是否有必要以书面形式报告。

在某些情况下，当注意到舞弊涉及管理层之外的人员，且不会导致重大错报时，注册会计师也可能认为与治理层沟通这一事项是适当的。类似地，治理层可能也希望获知这方面的信息。如果注册会计师与治理层在审计初期阶段已就沟通的性质和范围达成一致意见，将有助于这一沟通过程。

在例外情况下，如果对管理层或治理层的诚信或正直情况产生怀疑，注册会计师可能认为征询法律意见以确定适当的措施是适当的。

（3）与舞弊相关的其他事项。如果根据判断认为还存在与治理层职责相关的、涉及舞弊的其他事项，注册会计师应当就此与治理层沟通。

其他需要与治理层讨论的有关舞弊的事项可能包括：

① 对管理层评估的性质、范围和频率的疑虑，这些评估是针对旨在防止和发现舞弊的控制及财务报表可能存在的重大错报风险而实施的；

② 管理层未能恰当应对识别出的值得关注的内部控制缺陷或舞弊；

③ 注册会计师对被审计单位控制环境的评价，包括对管理层胜任能力和诚信的疑虑；

④ 可能表明存在编制虚假财务报告的管理层行为，如对会计政策的选择和运用可能表明管理层操纵利润，以影响财务报表使用者对被审计单位业绩和盈利能力的看法，从而欺骗财务报表使用者；

⑤ 对超出正常经营过程的交易的授权的适当性和完整性的疑虑。

12. 向监管机构和执法机构报告

如果识别出舞弊或怀疑存在舞弊，注册会计师应当确定是否有责任向被审计单位以外的机构报告。尽管注册会计师对客户信息负有的保密义务可能妨碍这种报告，但如果法律法规要求注册会计师履行报告责任，注册会计师应当遵守法律法规的规定。

注册会计师对客户信息负有的保密义务可能妨碍其向被审计单位以外的机构报告舞弊。但是，注册会计师的法律责任在各个国家或地区有所不同。在特定情况下，法律法规或监管要求可能超越保密义务。在某些国家或地区，从事金融机构审计的注册会计师负有向监管机构报告舞弊行为的法定义务。此外，在某些国家或地区，当管理层和治理层未能采取纠正措施时，注册会计师也负有向监管机构报告错报的义务。

在这种情况下，注册会计师可能认为征询法律意见以确定适当的措施是恰当的，这样做的目的是在对识别出的舞弊涉及的公众利益进行考虑时确定必要的步骤。

对于公共部门，报告舞弊（无论是否通过审计过程发现）的责任可能取决于相关法律法规、授权审计的文件或其他监管机构的具体规定。

13. 审计工作底稿

《中国注册会计师审计准则第 1211 号——通过了解被审计单位及其环境识别和评估重大错报风险》规定注册会计师应当记录对被审计单位及其环境的了解以及对重大错报风险的评估结果。

注册会计师应当将下列内容形成审计工作底稿：

（1）项目组内部就舞弊导致财务报表重大错报的可能性进行的讨论所得出的重要结论；

（2）识别和评估的舞弊导致的财务报表层次和认定层次的重大错报风险。

注册会计师应当记录对评估的重大错报风险采取的应对措施。注册会计师应当将下列内容形成审计工作底稿：

（1）对评估的由于舞弊导致的财务报表层次的重大错报风险采取的总体应对措施；

（2）审计程序的性质、时间安排和范围；

（3）审计程序与评估的舞弊导致的认定层次的重大错报风险之间的联系；

（4）实施审计程序（包括用于应对管理层凌驾于控制之上的风险而实施方面假账查处程序）的结果。

注册会计师应当在审计工作底稿中记录与管理层、治理层、监管机构或其他相关各方就舞弊事项进行沟通的情况。

如果认为收入确认存在舞弊风险的假定不适用于业务的具体情况，注册会计师应当在审计工作底稿中记录得出该结论的理由。

附录1：

舞弊风险因素示例

本附录列示了注册会计师在各种不同情形下可能遇到的舞弊风险因素，以及注册会计师需要考虑的两种舞弊类型——编制虚假财务报告和侵占资产。对于每种舞弊类型，根据舞弊导致的重大错报发生时通常存在的三种情况，其风险因素被进一步分为三类：动机或压力；机会；态度或借口。尽管所列示的风险因素涵盖了多种情形，但它们只是一些举例，注册会计师可能识别出其他不同的风险因素。上述举例并非在所有情况下都相关，对于不同规模、不同所有权特征或情况的被审计单位而言，风险因素的重要性可能不同。此外，风险因素示例的列示顺序并不反映它们的相对重要性或发生频率。

1. 与编制虚假财务报告导致的错报相关的舞弊风险因素

以下列示了与编制虚假财务报告导致的错报相关的舞弊风险因素。

（1）动机或压力

① 财务稳定性或盈利能力受到经济环境、行业状况或被审计单位经营情况的威胁，体现在以下方面：

- 竞争激烈或市场饱和，且伴随着利润率的下降；
- 难以应对技术变革、产品过时、利率调整等因素的急剧变化；
- 客户需求大幅下降，所在行业或总体经济环境中经营失败的情况增多；
- 经营亏损使被审计单位可能破产、丧失抵押品赎回权或遭恶意收购；
- 在财务报表显示盈利或利润增长的情况下，经营活动产生的现金流量经常出现负数，或经营活动不能产生现金流入；
- 高速增长或具有异常的盈利能力，特别是在与同行业其他企业相比时；
- 新发布的会计准则、法律法规或监管要求。

② 管理层为满足第三方要求或预期而承受过度的压力，这些压力来源于以下方面：

- 投资分析师、机构投资者、重要债权人或其他外部人士对盈利能力或增长趋势存在预期（特别是过分激进的或不切实际的预期），包括管理层在过于乐观的新闻报道和年报信息中作出的预期；
- 需要进行额外的举债或权益融资以保持竞争力，包括为重大研发项目或资本性支出融资；
- 满足交易所的上市要求、偿债要求或其他债务合同要求的能力较弱；
- 报告较差财务成果将对正在进行的重大交易（如企业合并或签订合同）产生可察觉的或实际的不利影响。

③ 获取的信息表明，由于下列原因，管理层或治理层的个人财务状况受到被审计单位财务业绩的影响：

- 在被审计单位中拥有重大经济利益；
- 其报酬中有相当一部分（如奖金、股票期权、基于盈利能力的支付计划）取决于被审计单位能否实现激进的目标（如在股价、经营成果、财务状况或现金流量方面）；
- 个人为被审计单位的债务提供了担保。

④ 管理层或经营者为实现治理层制定的财务目标（包括销售收入或盈利能力等激励目标）而承受过度的压力。

（2）机会

① 被审计单位所在行业或其业务的性质为编制虚假财务报告提供了机会，这种机会可能来源于以下几个方面：

- 从事超出正常经营过程的重大关联方交易，或者与未经审计或由其他会计师事务所审计的关联企业进行重大交易；
- 被审计单位具有强大的财务实力或能力，使其在特定行业中处于主导地位，能够对与供应商或客户签订的条款或条件作出强制规定，从而可能导致不适当或不公允的交易；
- 资产、负债、收入或费用建立在重大估计的基础上，这些估计涉及主观判断或不确定性，难以印证；
- 从事重大、异常或高度复杂的交易（特别是临近期末发生的复杂交易，对该交易是否按照“实质重于形式”原则处理存在疑问）；
- 在经济环境及文化背景不同的国家或地区从事重大经营或重大跨境经营；
- 利用商业中介，而此项安排似乎不具有明确的商业理由；
- 在属于“避税天堂”的国家或地区开立重要银行账户或者设立子公司或分公司进行经营，而此类安排似乎不具有明确的商业理由。

② 对管理层的监督由于以下原因失效：

- 管理层由一人或少数人控制（在非业主管理的实体中），且缺乏补偿性控制；
- 治理层对财务报告过程和内部控制实施的监督无效。

③ 组织结构复杂或不稳定，体现在以下几个方面：

- 难以确定对被审计单位持有控制性权益的组织或个人；
- 组织结构过于复杂，存在异常的法律实体或管理层级；

- 高级管理人员、法律顾问或治理层频繁更换。

④ 内部控制要素由于以下原因存在缺陷:

- 对控制的监督不充分，包括自动化控制及针对中期财务报告（如要求对外报告）的控制;
- 由于会计人员、内部审计人员或信息技术人员不能胜任而频繁更换;
- 会计系统和信息系统无效，包括内部控制存在值得关注的缺陷的情况。

（3）态度或借口

① 管理层未能有效地传递、执行、支持或贯彻被审计单位的价值观或道德标准，或传递了不适当的价值观或道德标准;

② 非财务管理人员过度参与或过于关注会计政策的选择或重大会计估计的确定;

③ 被审计单位高级管理人员或治理层存在违反证券法或其他法律法规的历史记录，或由于舞弊或违反法律法规而被指控;

④ 管理层过于关注保持或提高被审计单位的股票价格或利润趋势;

⑤ 管理层向分析师、债权人或其他第三方承诺实现激进的或不切实际的预期;

⑥ 管理层未能及时纠正发现的值得关注的内部控制缺陷;

⑦ 为了避税的目的，管理层表现出有意通过使用不适当的方法使报告利润最小化;

⑧ 高级管理人员缺乏士气;

⑨ 业主兼经理未对个人事务与公司业务进行区分;

⑩ 股东人数有限的被审计单位股东之间存在争议;

⑪ 管理层总是试图基于重要性原则解释处于临界水平的或不适当的会计处理;

⑫ 管理层与现任或前任注册会计师之间的关系紧张，表现为以下几个方面:

- 在会计、审计或报告事项上经常与现任或前任注册会计师产生争议;
- 对注册会计师提出不合理的要求，如对完成审计工作或出具审计报告提出不合理的时间限制;
- 对注册会计师接触某些人员、信息或与治理层进行有效沟通施加不适当的限制;
- 管理层对注册会计师表现出盛气凌人的态度，特别是试图影响注册会计师的工作范围，或者影响对执行审计业务的人员或被咨询人员的选择和保持。

2. 与侵占资产导致的错报相关的舞弊风险因素

根据舞弊发生时通常存在的三种情况，与侵占资产导致的错报相关的舞弊风险因素也分为三类：动机或压力、机会、态度或借口。当发生由于侵占资产导致的错报时，可能同时存在一些与编制虚假财务报告导致的错报相关的舞弊风险因素。例如，当存在由于编制虚假财务报告或侵占资产导致的错报时，可能存在对管理层的监督失效以及其他内部控制缺陷的情况。以下列示了与侵占资产导致的错报相关的舞弊风险因素。

（1）动机或压力

① 如果接触现金或其他易被侵占（通过盗窃）资产的管理层或员工负有个人债务，可能会产生侵占这些资产的压力。

② 接触现金或其他易被盗窃资产的员工与被审计单位之间存在的紧张关系可能促使这些员工侵占资产。例如，以下几种情形可能产生紧张关系:

- 已知或预期会发生裁员;
- 近期或预期员工报酬或福利计划会发生变动;
- 晋升、报酬或其他奖励与预期不符。

（2）机会

① 资产的某些特性或特定情形可能增加其被侵占的可能性。例如，当存在下列资产时，其被侵占的机会将增加:

- 持有或处理大额现金;
- 体积小、价值高或需求较大的存货;
- 易于转手的资产，如无记名债券、钻石或计算机芯片;
- 体积小、易于销售或不易识别所有权归属的固定资产。

② 与资产相关的不恰当的内部控制可能增加资产被侵占的可能性。例如，以下情形可能导致资产被侵占：

- 职责分离或独立审核不充分；
- 对高级管理人员的支出（如差旅费及其他报销费用）的监督不足；
- 管理层对负责保管资产的员工的监管不足（如对保管处于偏远地区的资产的员工监管不足）；
- 对接触资产的员工选聘不严格；
- 对资产的记录不充分；
- 对交易（如采购）的授权及批准制度不健全；
- 对现金、投资、存货或固定资产等的实物保管措施不充分；
- 未对资产作出完整、及时的核对调节；
- 未对交易作出及时、适当的记录（如销货退回未作冲销处理）；
- 对处于关键控制岗位的员工未实行强制休假制度；
- 管理层对信息技术缺乏了解，从而使信息技术人员有机会侵占资产；
- 对自动生成的记录的访问控制（包括对计算机系统日志的控制和复核）不充分。

（3）态度或借口

① 忽视监控或降低与侵占资产相关的风险的必要性；

② 忽视与侵占资产相关的内部控制，如凌驾于现有的控制之上或未对已知的内部控制缺陷采取适当的补救措施；

③ 被审计单位人员的行为表明其对被审计单位感到不满，或对被审计单位对待员工的态度感到不满；

④ 被审计单位人员在行为或生活方式方面发生的变化可能表明资产已被侵占；

⑤ 容忍小额盗窃资产的行为。

附录 2：

应对评估的舞弊导致的重大错报风险可能实施方面假账查处程序示例

以下是应对评估的由于编制虚假财务报告和侵占资产两种舞弊行为导致的重大错报风险可能实施方面假账查处程序的示例。尽管这些程序涵盖了多种情形，但它们只是一些举例，因此，并非在任何情形下都是最恰当的或必要的。此外，以下程序的列示顺序并不反映它们的相对重要性。

1. 对认定层次的考虑

针对注册会计师评估的舞弊导致的重大错报风险的具体应对措施，可能因识别出的舞弊风险因素或条件的类型及其组合，以及可能受影响的各类交易、账户余额、披露及认定的不同而不同。

以下是具体应对措施的示例。

① 出其不意地或在没有预先通知的情况下进行实地查看或执行特定测试。例如，在没有预先通知的情况下观察某些存放地点的存货，或出其不意地在特定日期对现金进行盘点；

② 要求在报告期末或尽可能接近期末的时点实施存货盘点，以降低被审计单位在盘点完成日与报告期末之间操纵存货余额的风险。

③ 改变审计方案。例如，在发出书面询证函的同时口头联系主要的客户及供应商，或者向某一组织中的特定人员发出询证函，或者寻求更多或不同的信息。

④ 详细复核被审计单位季末或年末的调整分录，并对在性质或金额方面表现异常的分录进行调查。

⑤ 对于重大且异常的交易，尤其是期末或临近期末发生的交易，调查其涉及关联方的可能性，以及支持交易的财务资源的来源。

⑥ 使用分解的数据实施实质性分析程序。例如，按地区、产品线或月份将销售收入和销售成本与注册会计师的预期进行比较。

⑦ 询问涉及识别出的舞弊导致的重大错报风险的领域的人员，了解其对该风险的看法，以及所实施的控制能否应对和如何应对该风险。

⑧ 当其他注册会计师正在对被审计单位的一个或多个子公司、分支机构或分公司的财务报表进行审计时，与其讨论所需执行工作的范围，以应对评估的舞弊导致的重大错报风险，这些风险是由这些组成部分之间进行的交易和活动产生的。

⑨ 如果某位专家的工作对于某一财务报表项目（其因为舞弊导致的错报风险被评估为高水平）格外重要，针对该专家的部分或全部假设、方法或发现实施额外程序以确定该专家的发现是否不合理，或聘请其他专家实现该目的。

⑩ 实施审计程序以分析所选择的以前已审计的资产负债表账户的期初余额，从事后的角度评价涉及会计估计和判断的特定事项（如销售退回的准备）是如何得以解决的。

⑪ 对被审计单位编制的账目或其他调节表实施相应方面假账查处程序，包括考虑期中执行的调节。

⑫ 利用计算机辅助审计技术，如数据采集以测试总体中的异常项目。

⑬ 测试计算机生成的记录和交易的完整性。

⑭ 从被审计单位以外的来源获取额外的审计证据。

2. 具体应对措施——编制虚假财务报告导致的错报

针对注册会计师评估的编制虚假财务报告导致的重大错报风险的具体应对措施举例如下。

（1）收入确认

① 针对收入项目，使用分解的数据实施实质性分析程序。例如，按照月份、产品线或业务分部将本期收入与具有可比性的以前期间收入进行比较。利用计算机辅助审计技术可能有助于发现异常的或未预期到的收入关系或交易。

② 向被审计单位的客户函证相关的特定合同条款以及是否存在背后协议，因为相关的会计处理是否适当，往往会受到这些合同条款或协议的影响，并且这些合同条款或协议所涉及的销售折扣或其相关期间往往记录得不清楚。例如，商品接受标准、交货与付款条件、不承担期后或持续性的卖方义务、退货权、保证转售金额以及撤销或退款等条款在此种情形下通常是相关的。

③ 向被审计单位的销售和营销人员或内部法律顾问询问临近期末的销售或发货情况，以及他们所了解的与这些交易相关的异常条款或条件。

④ 期末在被审计单位的一处或多处发货现场实地观察发货情况或准备发出的货物情况（或待处理的退货），并实施其他适当的销售及存货截止测试。

⑤ 对于通过电子方式自动生成、处理、记录的销售交易，实施控制测试以确定这些控制是否能够为所记录的收入交易已真实发生并得到适当的记录提供保证。

（2）存货数量

① 检查被审计单位的存货记录，以识别在被审计单位盘点过程中或结束后需要特别关注的存货存放地点或存货项目。

② 在不预先通知的情况下对特定存放地点的存货实施监盘，或在同一天对所有存放地点实施存货监盘。

③ 要求被审计单位在报告期末或临近期末的时点实施存货盘点，以降低被审计单位在盘点日与报告期末之间操纵存货数量的风险。

④ 在观察存货盘点的过程中实施额外的程序。例如，更严格地检查包装箱中的货物、货物堆放方式（如堆为中空）或标记方式、液态物质（如香水、特殊的化学物质）的质量特征（如纯度、品级或浓度）。利用专家的工作可能在此方面有所帮助。

⑤ 按照存货的等级或类别、存放地点或其他分类标准，将本期存货数量与前期进行比较，或将盘点数量与永续盘存记录进行比较。

⑥ 利用计算机辅助审计技术进一步测试存货实物盘点目录的编制。例如，按标签号进行检索以测试存货的标签控制，或按照项目的顺序编号进行整理以检查是否存在漏记或重复编号。

（3）管理层估计

① 聘用专家作出独立估计，并与管理层的估计进行比较。

② 将询问范围延伸至管理层和会计部门以外的人员，以印证管理层完成与作出会计估计相关的计划的能力和意图。

3. 具体应对措施——侵占资产导致的错报

应对措施因被审计单位具体情况的不同而不同。在通常情况下，对评估的侵占资产导致的重大错报风险采取的应对措施，将针对特定的账户余额和特定类别的交易。尽管上述两类（本附录第一部分和第二部分提及的）应对措施中的部分措施也可能适用于这种情形，但其工作范围应针对识别出的与侵占资产风险相关的特定信息。

应对注册会计师评估的侵占资产导致的重大错报风险方面假账查处程序举例如下：

① 在期末或临近期末对现金或有价证券进行监盘；

② 直接向被审计单位的客户询证所审计期间的交易活动（包括赊销记录、销售退回情况、付款日期等）；

③ 分析已注销账户的恢复使用情况；

④ 按照存货存放地点或产品类型分析存货短缺情况；

⑤ 将关键存货指标与行业正常水平进行比较；

⑥ 对于发生减计的永续盘存记录，复核其支持性文件；

⑦ 利用计算机技术将供货商名单与被审计单位员工名单进行对比，以识别地址或电话号码相同的数据；

⑧ 利用计算机技术检查工资单记录中是否存在重复的地址、员工身份证明、纳税识别编号或银行账号；

⑨ 检查人事档案中是否存在只有很少记录或缺乏记录的档案，如缺少绩效考评的档案；

⑩ 分析销售折扣和销售退回等，以识别异常的模式或趋势；

⑪ 向第三方函证合同的具体条款；

⑫ 获取合同是否按照规定的条款得以执行的审计证据；

⑬ 复核大额和异常的费用开支是否适当；

⑭ 复核被审计单位向高级管理人员和关联方提供的贷款授权及其账面价值；

⑮ 复核高级管理人员提交的费用报告的金额及适当性。

附录 3：

表明可能存在舞弊情形示例

以下是表明财务报表可能存在舞弊导致的重大错报的情形的示例。

1. 会计记录中的差异

① 对交易的记录不完整或不及时，或对交易的金额、会计期间、分类或被审计单位会计政策的记录不恰当；

② 账户余额或交易缺乏证据支持或未经授权；

③ 在最后时间编制的对财务成果产生重大影响的调整分录；

④ 有证据表明员工对系统或记录的访问权限不符合其职权范围；

⑤ 向注册会计师传递的有关舞弊指控的消息或投诉。

2. 审计证据不一致或缺失

① 文件丢失；

② 文件存在改动迹象；

③ 预期存在文件原件的情况下，仅能获取复印件或电子版本；

④ 调节表中包含无法解释的重大项目；

⑤ 资产负债表项目、财务趋势或重要财务比率或关系发生异常变动，如应收账款的增长比收入增长快；

⑥ 管理层或员工对注册会计师的询问或实施分析程序的结果作出的答复或解释不一致、含混不清或不合理；

⑦ 被审计单位的记录与询证函回函之间存在异常差异；

⑧ 应收账款记录中存在大量的贷方分录和其他调整；

⑨ 应收账款明细账与总账或客户对账单与应收账款明细账之间存在难以解释的或解释不当的差异；

⑩ 作废的支票或支票存根丢失或根本不存在，而通常情况下，被审计单位会对作废的支票或支票存根实施某些控制或存在其他支持性文件，如作废的支票与银行单据一起被退回至被审计单位，或者作废的支票存根上注明“作废”标记，或者作废的支票存根与作废的支票保存在一起；

⑪ 大额存货或实物资产丢失；

⑫ 难以获取电子证据或电子证据缺失（不符合被审计单位的记录保存惯例或政策）；

⑬ 询证函回函数量低于或高于预期；

⑭ 无法为本期的系统变更和系统配置工作提供关键的系统开发、程序变更测试以及系统实施活动方面的证据。

3. 注册会计师与管理层之间的关系紧张或异常

① 管理层不允许注册会计师接触可能提供审计证据的某些记录、设备、特定员工、客户、供应商或其他人员；

② 管理层对解决复杂或有争议的问题施加不合理的时间限制；

③ 管理层对审计工作的开展表示不满，或威胁项目组成员，特别是有关注册会计师对审计证据作出的关键评价或与管理层之间潜在意见分歧的解决等事项；

④ 被审计单位在向注册会计师提供其要求的信息时发生不正常的拖延；

⑤ 管理层不愿意配合注册会计师接触重要的电子文档，使其不能运用计算机辅助审计技术进行测试；

⑥ 管理层不允许注册会计师接触关键的信息技术操作人员（包括系统安全、系统操作和系统开发人员）及设备；

⑦ 管理层不愿意对财务报表披露作出补充或修改，以使其更加完整、易懂；

⑧ 管理层不愿意及时处理已识别出的内部控制缺陷。

4. 其他方面

① 管理层不愿意让注册会计师与治理层单独会谈；

② 会计政策似乎与行业惯例存在差异；

③ 会计估计变更频繁，且似乎并非由所处环境的变化所致；

④ 容忍违反被审计单位行为守则的行为。

小知识

评价审计过程中识别出的错报

为了规范注册会计师评价识别出的错报对审计的影响以及未更正错报对财务报表的影响，中国注册会计师协会制定了《中国注册会计师审计准则第 1251 号——评价审计过程中识别出的错报》（以下简称本准则），自 2012 年 1 月 1 日起施行。

《中国注册会计师审计准则第 1501 号——对财务报表形成审计意见和出具审计报告》规定了在对财务报表形成审计意见时，注册会计师应当针对财务报表整体是否不存在重大错报，确定是否已就此获取合理保证得出结论。注册会计师按照《中国注册会计师审计准则第 1501 号——对财务报表形成审计意见和出具审计报告》的规定得出的结论，考虑了对未更正错报的评价及其对财务报表的影响。《中国注册会计师审计准则第 1221 号——计划和执行审计工作时的重要性》规范了注册会计师在计划和执行财务报表审计工作时恰当运用重要性概念的责任。

1. 定义

错报，是指某一财务报表项目的金额、分类、列报或披露，与按照适用的财务报告编制基础应当列示的金额、分类、列报或披露之间存在的差异；或根据注册会计师的判断，为使财务报表在所有重大方面实现公允反映，需要对金额、分类、列报或披露作出的必要调整。错报可能是错误或舞弊导致的。

错报可能由下列事项导致：

（1）收集或处理用以编制财务报表的数据时出现错误；

（2）遗漏某项金额或披露；

（3）由于疏忽或明显误解有关事实导致作出不正确的会计估计；

（4）注册会计师认为管理层对会计估计作出不合理的判断或对会计政策作出不恰当的选择和运用。

《〈中国注册会计师审计准则第 111 号——财务报表审计中与舞弊相关的责任〉应用指南》列举了舞弊导

致的错报的例子。

未更正错报，是指注册会计师在审计过程中累积的且被审计单位未更正的错报。

2. 目标

（1）评价识别出的错报对审计的影响。

（2）评价未更正错报对财务报表的影响。

3. 累积识别出的错报

注册会计师应当累积审计过程中识别出的错报，除非错报明显微小。

注册会计师可能将低于某一金额的错报界定为明显微小的错报，对这类错报不需要累积，因为注册会计师认为这些错报的汇总数明显不会对财务报表产生重大影响。“明显微小”不等同于“不重大”。明显微小错报的金额的数量级，与按照《中国注册会计师审计准则第1221号——计划和执行审计工作时的重要性》确定的重要性的数量级相比，是完全不同的（明显微小错报的数量级更小）。这些明显微小的错报，无论单独或者汇总起来，无论从规模性质或其发生的环境来看都是明显微不足道的。如果不确定一个或多个错报是否明显微小，就不能认为这些错报是明显微小的。

为了帮助注册会计师评价审计过程中累积的错报的影响及与管理层和治理层沟通错报事项，将错报区分为事实错报、判断错报和推断错报可能是有用的。事实错报是毋庸置疑的错报；判断错报是由于注册会计师认为管理层对会计估计作出不合理的判断或不恰当地选择和运用会计政策而导致的差异；推断错报是注册会计师对总体存在的错报作出的最佳估计数，涉及根据在审计样本中识别出的错报来推断总体的错报。《中国注册会计师审计准则第1314号——审计抽样》规定了如何确定推断错报和评价样本结果。

4. 随着审计的推进考虑识别出的错报

如果出现下列情况之一，注册会计师应当确定是否需要修改总体审计策略和具体审计计划：

（1）识别出的错报的性质及错报发生的环境表明可能存在其他错报，并且可能存在的其他错报与审计过程中累积的错报合计起来可能是重大的；

（2）审计过程中累积的错报合计数接近按照《中国注册会计师审计准则第1221号——计划和执行审计工作时的重要性》的规定确定的重要性。

如果管理层应注册会计师的要求，检查了某类交易、账户余额或披露并更正了已发现的错报，注册会计师应当实施追加假账查处程序，以确定错报是否仍然存在。

错报可能不会孤立发生，一项错报的发生还可能表明存在其他错报。例如，注册会计师识别出由于内部控制失效而导致的错报，或被审计单位广泛运用不恰当的假设或评估方法而导致的错报，均可能表明还存在其他错报。

抽样风险和非抽样风险可能导致某些错报未被发现。审计过程中累积错报的汇总数接近按照《中国注册会计师审计准则第1221号——计划和执行审计工作时的重要性》的规定确定的重要性，则表明存在比可接受的低风险水平更大的风险，即可能未被发现的错报连同审计过程中累积错报的汇总数，可能超过重要性。

注册会计师可能要求管理层检查某类交易、账户余额或披露，以使管理层了解注册会计师识别出的错报的发生原因，并要求管理层采取措施以确定这些交易、账户余额或披露实际发生错报的金额，以及对财务报表作出适当的调整。例如，在从审计样本中识别出的错报推断总体错报时，注册会计师可能提出这些要求。

5. 沟通和更正错报

除非法律法规禁止，注册会计师应当及时将审计过程中累积的所有错报与适当层级的管理层进行沟通。注册会计师还应当要求管理层更正这些错报。

如果管理层拒绝更正沟通的部分或全部错报，注册会计师应当了解管理层不更正错报的理由，并在评价财务报表整体是否不存在重大错报时考虑该理由。

及时与适当层级的管理层沟通错报事项是重要的，因为这能使管理层评价这些事项是否为错报，并采取必要行动，如有异议则告知注册会计师。适当层级的管理层通常是指有责任和权限对错报进行评价并采取必要行动的人员。

法律法规可能限制注册会计师向管理层或被审计单位内部的其他人员通报某些错报。例如，法律法规可能专门规定禁止通报某事项或采取其他行动，这些通报或行动可能不利于有关权力机构对实际存在的或怀疑存在的违法行为展开调查。在某些情况下，注册会计师的保密义务与通报义务之间存在的潜在冲突可能很复杂，此时注册会计师可以考虑征询法律意见。

管理层更正所有错报（包括注册会计师通报的错报），能够保持会计账簿和记录的准确性，降低由于与本期相关的、非重大的且尚未更正的错报的累积影响而导致未来期间财务报表出现重大错报的风险。

《中国注册会计师审计准则第 1501 号——对财务报表形成审计意见和出具审计报告》要求注册会计师评价财务报表是否在所有重大方面按照适用的财务报告编制基础编制。这项评价包括考虑被审计单位会计实务的质量（包括表明管理层的判断可能出现偏向的迹象）。注册会计师对管理层不更正错报的理由的理解，可能影响其对被审计单位会计实务质量的考虑。

6. 评价未更正错报的影响

在评价未更正错报的影响之前，注册会计师应当重新评估按照《中国注册会计师审计准则第 1221 号——计划和执行审计工作时的重要性》的规定确定的重要性，以根据被审计单位的实际财务结果确认其是否仍然适当。

注册会计师应当确定未更正错报单独或汇总起来是否重大。在确定时，注册会计师应当考虑：

（1）相对某类交易、账户余额或披露以及财务报表整体而言，错报的金额和性质以及错报发生的特定环境；

（2）与以前期间相关的未更正错报对相关类别的交易、账户余额或披露及财务报表整体的影响。

注册会计师在按照《中国注册会计师审计准则第 1221 号——计划和执行审计工作时的重要性》的规定确定重要性时，通常依据对被审计单位财务结果的估计，因为此时尚不能知道实际的财务结果。因此，在评价未更正错报的影响数之前，注册会计师可能有必要依据实际的财务结果对重要性作出修改。

按照《中国注册会计师审计准则第 1221 号——计划和执行审计工作时的重要性》的规定，如果在审计过程中获知了某项信息，而该信息可能导致注册会计师确定与原来不同的财务报表整体重要性水平或者特定交易、账户余额或披露的一个或多个重要性水平（如适用），注册会计师应当予以修改。因此，在注册会计师评价未更正错报的影响之前，可能已经对重要性或重要性水平（如适用）进行的重新评价导致需要确定较低的金额，则应重新考虑实际执行的重要性和进一步审计程序的性质、时间安排的适当性，以获取充分、适当的审计证据，作为发表审计意见基础。

注册会计师需要考虑每一单项错报，以评价其对相关类别的交易、账户余额或披露的影响，包括评价该项错报是否超过特定类别的交易、账户余额或披露的重要性水平（如适用）。

如果注册会计师认为某一单项错报是重大的，则该项错报不太可能被其他错报抵销。例如，如果收入存在重大高估，即使这项错报对收益的影响完全可为相同金额的费用高估所抵销，注册会计师仍认为财务报表整体存在重大错报。对于同一账户余额或同一类别的交易内部的错报，这种抵销可能是恰当的。然而，在得出抵销非重大错报是适当的这一结论之前，需要考虑可能存在其他未被发现的错报的风险。

确定一项分类错报是否重大，需要进行定性评估。例如，分类错报对负债或其他合同条款的影响，对单个财务报表项目或小计数的影响，以及对关键比率的影响。即使分类错报超过了在评价其他错报时运用的重要性水平，注册会计师可能仍然认为该分类错报对财务报表整体不产生重大影响。例如，如果资产负债表项目之间的分类错报相对于所影响的资产负债表项目金额较小，并且对利润表或所有关键比率不产生影响，注册会计师可以认为这种分类错报对财务报表整体不产生重大影响。

即使某些错报低于财务报表整体的重要性，但因与这些错报相关的某些情况，在将其单独或连同在审计过程中累积的其他错报一并考虑时，注册会计师也可能将这些错报评价为重大错报。可能影响评价的情况包括：

（1）错报对遵守监管要求的影响程度；

（2）错报对遵守债务合同或其他合同条款的影响程度；

（3）错报与会计政策的不正确选择或运用相关，这些会计政策的不正确选择或运用对当期财务报表不产生重大影响，但可能对未来期间财务报表产生重大影响；

（4）错报掩盖收益的变化或其他趋势的程度（尤其是在结合宏观经济背景和行业状况进行考虑时）；

（5）错报对用于评价被审计单位财务状况、经营成果或现金流量的有关比率的影响程度；

（6）错报对财务报表中列报的分部信息的影响程度，如错报事项对某一分部或对被审计单位的经营或盈利能力有重大影响的其他组成部分的重要程度；

（7）错报对增加管理层薪酬的影响程度，如管理层通过达到有关奖金或其他激励政策规定的要求以增加薪酬；

（8）相对于注册会计师所了解的以前向财务报表使用者传达的信息（如盈利预测），错报是重大的；

（9）错报对涉及特定机构或人员的项目的相关程度，如与被审计单位发生交易的外部机构或人员是否与管理层成员有关联关系；

（10）错报涉及对某些信息的遗漏，尽管适用的财务报告编制基础未对这些信息作出明确规定，但是注册会计师根据职业判断认为这些信息对财务报表使用者了解被审计单位的财务状况、经营成果或现金流量是重要的；

（11）错报对其他信息（如包含在"管理层讨论与分析"或"经营与财务回顾"中的信息）的影响程度，这些信息与已审计财务报表一同披露，并被合理预期可能影响财务报表使用者作出的经济决策。《中国注册会计师审计准则第1521号——注册会计师对含有已审计财务报表的文件中的其他信息的责任》规范了注册会计师如何考虑含有已审计财务报表的文件中的其他信息，针对这些信息，注册会计师没有出具报告的义务。

需要指出的是，这些因素只是举例，不可能涵盖所有情况，也并非所有审计都会出现上述全部因素，仅供注册会计师参考。注册会计师不能以存在这些因素为由而必然认为错报是重大的。

《中国注册会计师审计准则第1141号——财务报表审计中与舞弊相关的责任》说明了如何考虑由于或可能由于舞弊导致的错报对审计的其他方面的影响，即使错报金额相对财务报表而言并不重大。

与以前期间相关的非重大未更正错报的累积影响，可能对本期财务报表产生重大影响。有多种可接受的方法供注册会计师评价这些未更正错报对本期财务报表的影响。在不同期间使用相同的评价方法可以保持一致性。

（1）对公共部门实体的特殊考虑。就公共部门实体审计而言，评价一项错报是否重大，可能还受到法律法规或其他监管要求规定的注册会计师对特定事项（如舞弊）履行报告责任的影响。评估某事项在性质上是否重大，可能受到公众利益、受托责任、管理层的正直诚实和确保有效的立法监督等方面的影响。涉及遵守法律法规和其他监管要求的事项更是如此。

（2）与治理层的沟通。除非法律法规禁止，注册会计师应当与治理层沟通未更正错报，以及这些错报单独或汇总起来可能对审计意见产生的影响。注册会计师在沟通时应当逐项指明重大的未更正错报。注册会计师应当要求被审计单位更正未更正错报。

如果注册会计师就未更正错报已与负有管理责任的人员沟通，且这些人员同时负有治理责任，注册会计师无须就这些事项再次与负有治理责任的相同人员沟通。然而，注册会计师需要确信与负有管理责任人员的沟通能够向所有负有治理责任的人员充分传递应予沟通的内容。

如果存在大量单项不重大的未更正错报，注册会计师可能就未更正错报的笔数和总金额的影响进行沟通，而不是逐笔沟通单项未更正错报的细节。

《中国注册会计师审计准则第1151号——与治理层的沟通》要求注册会计师就其要求管理层和治理层（如适用）提供的书面声明与治理层进行沟通（参见本准则第十五条）。注册会计师在考虑根据相关情况判断出的错报金额、性质及可能对未来期间财务报表产生的影响后，可能需要与治理层讨论错报未得到更正的原因及其影响。

注册会计师应当与治理层沟通与以前期间相关的未更正错报对相关类别的交易、账户余额或披露以及财务报表整体的影响。

7. 书面声明

注册会计师应当要求管理层和治理层（如适用）提供书面声明，说明其是否认为未更正错报单独或汇总起来对财务报表整体的影响不重大。这些错报项目的概要应当包含在书面声明中或附在其后。

由于编制财务报表要求管理层和治理层（如适用）调整财务报表以更正重大错报，注册会计师需要要求其提供有关未更正错报的书面声明。在某些情况下，管理层和治理层（如适用）可能并不认为注册会计师提出的某些未更正的错报是错报。基于这一原因，他们可能在书面声明中增加以下表述："因为[描述理由]，我们不同意……事项和……事项构成错报。”然而，即使获取了这一声明，注册会计师仍需要对未更正错报的影响形成结论。

8. 审计工作底稿

注册会计师应当就下列事项形成审计工作底稿:

（1）设定的某一金额，低于该金额的错报视为明显微小;

（2）审计过程中累积的所有错报，以及是否已得到更正;

（3）注册会计师就未更正错报单独或汇总起来是否重大得出的结论，以及得出结论的基础。

注册会计师在记录未更正错报时，需要考虑下列事项:

（1）未更正错报的汇总影响;

（2）对是否超过特定类别的交易、账户余额或披露的重要性水平作出的评价;

（3）就未更正错报对关键比率或趋势以及遵守法律法规、监管要求与合同要求（如债务合同）的影响作出的评价。

第 3 章

经济凭证方面的假账与反假账

3.1 综合知识

财务造假往往是从经济凭证开始的，并通过凭证“导入”企事业单位财务核算系统。假凭证有很强的生长和繁殖能力，会迅速引出假数据、假账目和假报表。造假行为人为了掩饰其假账、假报表，往往也需要假的经济凭证作侧应，使财务造假“证”—“账”—“表”—“实”连为一体，使内部—外部连成一片。因此防范和打击财务造假，必须实施溯源策略，整肃经济凭证之源头，谨防“病从口入”，严把“进口关”。

经济凭证鉴别是指对会计凭证和非会计凭证真伪的检查甄别。

当前社会经济生活中存在的凭证管理混乱，假票据、假单证泛滥，构成了企事业单位财务造假的土壤和养料。打假治乱在宏观上需整顿经济环境，维护正常的经济秩序，营造不利于假凭证生存的气候和条件；在微观上要封堵假凭证的流通线路，堵塞其生存的缝隙，因此经济凭证鉴别技术显得尤其重要。

小知识

经济凭证

1. 经济凭证的分类

会计凭证与非会计凭证，合称经济凭证。

（1）会计凭证。会计凭证是记录经济业务发生和完成情况的书面证明，也是登记账簿的依据。

任何单位在处理任何经济业务时，都必须由执行和完成该项经济业务的有关人员从单位外部取得或自行填制有关凭证，以书面形式记录和证明所发生经济业务的性质、内容、数量、金额等，并在凭证上签名或盖章，以对经济业务的合法性和凭证的真实性、完整性负责。任何会计凭证都必须经过有关人员的严格审核并确认无误后，才能作为记账的依据。合法地取得、正确地填制和审核会计凭证，是会计核算的基本方法之一，也是会计核算工作的起点，在会计核算中具有重要意义。

会计凭证按照编制的程序和用途不同，分为原始凭证和记账凭证两类。

① 原始凭证。原始凭证又称单据，是在经济业务发生或完成时取得或填制的，用以记录或证明经济业务的发生或完成情况的原始凭据。原始凭证是会计核算的原始资料和重要依据。

② 记账凭证。记账凭证是会计人员根据审核无误的原始凭证，按照经济业务的内容加以归类，并据以确定会计分录后所填制的会计凭证，它是登记账簿的直接依据。记账凭证又称为记账凭单，它根据复式记账法的基本原理，确定了应借、应贷的会计科目及其金额，将原始凭证中的一般数据转化为会计语言，是介于原始凭证与账簿之间的中间环节，是登记明细分类账户和总分类账户的依据。

（2）非会计凭证。会计凭证系直接输入会计信息核算系统的“信息源”，是用于记账（通过编制记账凭证）的最初级凭证。除此之外，还存在另一部分不直接用于记账的非会计凭证，如重要会计记录（如作出重大投资的决议、决定某些与会计核算有关的财务政策和经营策略等）、采购合同（购置生产要素和非生产要素）、重要文件（如对某些经济活动作出批准或答复，对某类经济活动作出禁止或解禁，对某些资产、税收、费用作出增加或减少以及取消的规定等）等，这些凭证所反映的有关数据、资料一般不是原封不动地录入会计核算系统，而是通过其特有方式影响企事业单位的账务处理和会计核算，特别是对于会计核算的范围、程序和方式方法等产生直接作用与关联，也具有凭证的特性，故将之称为非会计凭证。

与会计凭证相比，非会计凭证的数量不多，发生的频率也不高，但其来源广泛、内容丰富、结构复杂。它包括会议纪要、业务核准文书、经济合同、契约、公证文件、协议书、证明、财务政策文件、批准（复）文件、委托书、授权书、竞标书、产品质量认证书、报关单、验关单、资质证书、信用证书等。需要注意的是，并非所有经济类文书、文件都属于经济凭证，只有那些具有证实经济业务、明确经济责任且对企业财务核算产生作用，能作为记账的直接或间接依据的经济文件、文书，才能冠以凭证之名。例如，企业政治学习经验交流会的记录，与财务核算无直接关联，不能作为经济凭证；但企业对拟报废固定资产的技术鉴定会议记录，其记录和结果报告就是经济凭证，它能够作为有关固定资产报废业务账务处理的基本根据。又如，企业与本厂职工签订的用工合同，属于经济凭证，它可作为计算职工工资待遇的依据，并指导有关账务处理；但企业与社区签订的精神文明共建协议，如不直接发生财务收支，就与财务核算不发生关系，就不属经济凭证。非会计凭证要素较为复杂，除上述会计凭证所具有常规要素外，还有凭证依据、凭证作用、作用范围、生效时间、生效条件和其他方面的要素。

（3）会计凭证与非会计凭证的联系与区别。经济凭证，不管是会计凭证还是非会计凭证，都具有证实经济业务，明确经济责任，反映原始的经济运行状况的功能。只不过会计凭证较为细微、具体地反映某一项业务活动的过程和结果，而非会计凭证则通常反映某项重大业务活动或对某一类业务活动及其财务核算作出规定和规范（例如，国家技术监督部门下达对老旧机电产品实行强制报废的通知，既规定了企业对通知所指的机电产品的报废行为，也规范了相应的财务处理；又如，企业之间签订购销合同，既规范了双方的交易行为，也规范了相应的结算和核算行为）；会计凭证提供了经济业务具体的、准确的时间、空间和数量的界限，提供财务核算所需要的基本要素，而非会计凭证给出了某些业务的内在确定性，提供了核算及其管理的指导原则和操作要领（例如，上述机电产品强制报废通知，规定了报废损失的计算及处理方法，为企业对该业务的核算提供了依据；又如，购销合同规定了供需双方交货、托运、付款、验收等交易环节，并为该业务核算提供了基本线路和主要依据）；会计凭证一般只是记账的凭据，本身没有价值，而非会计凭证不仅是核算的原则依据，有时其本身还具有价值，是企业的无形资产（如产品质量认证书、等级证书等都是需要企业经过努力和积累才能获得，是企业投入劳动的结晶）。会计凭证与非会计凭证在反映经济活动方面同样具有重要的作用，应受到同样关注。

2. 经济凭证的作用

经济凭证的作用是证明和证实经济活动，其“证明”和“证实”的真实、准确、全面和完整与否，直接关系到会计核算和管理的质量。经济领域的违法乱纪活动及会计核算中的“假”“乱”现象，与经济凭证的失实和管理混乱存在着密切联系，许多会计账簿及财务报告的错误和舞弊出于经济凭证，或能够在经济凭证中找到根源。经济凭证的错弊（主要是原始凭证）极易将单位以外的假乱与单位内部的管理失控及假乱现象连为一体，使违法乱纪活动具有更为复杂的经济和社会背景，因为原始凭证的真实性涉及其他单位会计信息系统的运行及其结果，涉及多个信息系统的“交汇”，即各企事业单位之间因为其业务往来，互相提供原始凭证，互相交换经济信息，并互相消化信息于自身的财务核算系统之中。由此，会计凭证（外来原始凭证）的造假具有“传染”性、联动性，一旦让其混入本单位会计核算系统，就会渗透到其他经济信息之中，产生病毒“感染”。如果外来病毒与自身管理混乱和财务造假交合于一处，就会使其病情加重，使“假”“乱”问题越发错综复杂。

因此，对财务造假的检查封堵，经常需要借助于对会计凭证的稽查，会计凭证的稽查既可以从会计核算系统的输入着手，查堵假乱及错弊的“源头”，防止其向会计核算系统内部进一步渗透和蔓延；也可以作为检查账簿和报表的补充，用以证实财务报表和账簿检查中发生的疑点，配合财产物资的检查，以提供详细的检查证据。对经济凭证的检查既可以集中出现于查账工作之前，即采用顺查法的检查模式；也可以集中出现于查账工作之末，即采用逆查法的形式。当然对以经济凭证的检查还可以不规则地出现于检查工作各个阶段，及时作为账簿检查和报表分析的延伸和补充。

3.1.1 经济凭证稽查的思路

企事业单位在何处设防稽查最为经济、有效和持久，这不仅涉及企事业单位的管理成本和效率，还涉及其应履行的诚信义务和查错防弊的责任。

面对纷繁复杂的市场经济环境，企事业单位无力保证从外部取得经济凭证是绝对真实的，也无法对其真实性负责；社会不能要求企业主动出击，超出其业务活动区域，去治理和改善外部的经济环境。企事业单位只能对开具的凭证的真实性和合法性负责，杜绝自身存在的“假源”，同时出于查错防弊需要，对所接收的外来凭证实施把关验收，将有悖于真实性、合法性、全面性和完整性原则的经济凭证拒之门外，使之不至于侵害本单位的会计核算信息系统。所以企事业单位稽查财务造假的防线应推展到经济核算的前沿，将“哨卡”设于经济凭证的“入口处”，采用打击与防堵相结合，以查堵为主的防范策略。对已经进入企业会计核算信息体内或已经存在的“假”采取“查”，对未进入体内或潜在的“假”采取“堵”，对可能进入企业核算系统和自身可能滋生的假采取“防”的办法，这样有理有节地采取措施能够明确主攻目标，推进打假治乱工作。“查堵防”是企事业单位面对当前经济形势的现实选择，它不是被动、消极的方法，而是主动积极的策略。它不仅具有微观效果，也具有宏观意义。企事业单位拒假防假，无形中削减了开具和推销假凭证的单位和个人的势力范围，压缩了其存在的空间，这也是对社会经济环境改善所做的积极贡献。如前所述，封堵经济生活中财务造假现象、净化社会经济氛围，需要从一点一滴做起，各单位守好一方土地，也是对社会打假治乱工作的支持和配合。再一方面，企事业单位堵住了“假源”，也就将外部之假与内部之假隔绝开来，也明确了自身的责任，如果再度出现假乱现象，就应从其自身管理和核算中找原因。

封堵假源的工作任务主要由财务部门执行和完成，因为经济凭证大多由财会人员经手、处理和收执并用于核算和管理之目的，所以其真伪及其所反映的经济业务的真实性和合法性，要由财会人员在核算过程中鉴别审查，财会人员及其领导者对此负有不可推卸的责任。因此，要增强财会人员的事业心和责任感，增强防假和识假的技能。但不能由此得出结论：防假打假是财务部门的事，与其他部门和人员无涉。经济凭证流入企事业单位不仅通过财务核算渠道，而且也借助、利用其他途径和渠道流入，如采购渠道、销售渠道、行政管理渠道、技术渠道、人员交流渠道等。例如，假的经济合同早于财务核算产生，常常通过采购部门的渠道流入企业，误导企业财务核算；假的技术鉴定报告往往通过技术部门流入企业，误导企业花费过高的代价购买过时的技术装备等。打假治乱需要企业各部门及有关人员介入和支持，这不仅是为了编织识假、防假的庞大网络，同时因为技术原因，有的假凭证的检查鉴别超出财会人员技术能力，需要请有关领域的专家进行鉴定和鉴别；有的“假源”来势凶猛，还带着十分复杂的社会、政治、经济背景，并非财会人员能够阻挡，也需要借助整个单位，甚至是社会的、公众的力量才能奏效。因此，形成企业防假、查假、打假的合力，共同分担查堵工作的负荷是非常必要的。

堵假的任务不是集中于某一时刻同步完成的，而是分散、溶解于企业生产经营管理活动各个方面、各个业务步骤和各个环节之中，落实于每个工作人员的各项操作过程之中，每一个环节的失误或疏忽都可能出现险情，特别是对外发生经济交往的部门和人员。假凭证、假单据的混入，除了内外勾结情形，往往是与有关业务人员的工作闪失和疏于防范联系在一起的。所以对假源的查堵应实施全过程、全方位监控，类似于产品全面质量管理的“全过程控制”，不仅要对企业资金运动和财务核算过程进行监督，还要对其生产经营实物运动和统计核算、业务核算进行控制；不仅对其业务结果进行监督，还要对其业务活动过程进行控制；不仅对其外部凭证的形成、传递、运用和处理实施“安全检查”，还要对其内部有关人员和业务处理的规范性、合规性和合法性进行保证监督，使打假治乱成为企业整体的行动，而非某些部门或个人的行为。

3.1.2　经济凭证稽查的措施

经济凭证的稽查策略，应本着内外有别，各有侧重的原则，重视基础性、常规性、事前性建设和积累，同时配以突击性、事后性、补救性的检查惩处，力求将稽查工作做深、做细，取得实效。

1．企事业单位对外来经济凭证防范的措施

（1）增强防范意识，绷紧防假之弦不松动。特别是接收外来凭证的业务经手人员，应持保持警惕，以质疑的态度去审视经办的业务，凡事多问一个为什么，不放过一个疑点，不保留一项似是而非的环节，并以此培养业务人员的职业习惯和思维定式。对收执的外来凭证一律按照既定的程序进行鉴别性检查；对有关凭证要素不全或不清晰者，要求其补齐或注明；对于来历不明、手续不全的凭证给予退回或补证；对于存有重大疑点的凭证应追加必要的证实或澄清的程序；对经济凭证的鉴别需要依靠科学手段，辅之以直觉和经验，而绝不能以直觉和经验代替科学的程序和方法。

（2）掌握防假识假本领。有强烈的防假意识和查假欲望，还要借助于精湛的识假技术，才能克敌制胜。目前经济领域制假贩假的门类复杂、技术高深，有的假凭证、假单据制造水准之高、仿真性之好，已达真假难辨的地步，有的假凭证不仅逃过人们的肉眼观察，而且混过机器检验；国内目前许多名牌产品设计的防伪标志，其使用寿命也只有短短的 1 ~ 2 年，很快类似的仿冒产品便接踵而至，迫使厂家不得不设计新的防伪标志；有关的凭证票据也是这样，一茬票证刚使用不久，就被假冒伪劣搞乱，不得不频频更新。可见假与打假之间技术较量的激烈程度，在这一较量中，技术手段成为制胜的关键要素之一。对假凭证的防、查、堵，会计人员和经济监督、监察人员，要掌握经济凭证鉴别技术、查账技术、内查外调技术、分析推理技术等方法技巧，占领打假防假的技术制高点。

（3）制定假情报告制度和重大案情通报制度。发现外来假源侵入企事业单位会计核算系统，应立即示警，动员有关方面积极查清假情，控制其作用力和影响面，消除其不良后果，并总结经验教训，防止类似现象再度发生。上述工作应制定出制度，责任落实到人，形成惯例，而无须临时动员和部署；对于假情的发生和会计资料的重大失真，应类似于企业生产经营失误和重大人身伤亡事故一样，要查清原因、责任和损失，并在一定范围予以通报，使当事人、知情人、有关领导和业务人员充分吸取教训，引以为戒。绝对不允许对假情及由此引发的不良后果隐瞒不报，暗地“私了”；不允许对假情存在任何恻隐、侥幸之心，不能对此心慈手软，搞下不为例。实践证明，财务核算及其管理的报喜不报忧，对假情控制、处理搞暗箱操作，只能损坏打假治乱的攻击力，留下隐患，为以后造成更大财务风险埋下祸根。

（4）贵在坚持，持之以恒。对假凭证堵源是一项十分烦琐但又是非常细致的工作，靠领导一时冲动，施以重拳，往往收不到应有的效果。理想的效果来源于常备不懈，逐步改善和提高。三天打鱼两天晒网式防假，不仅不会取得实质性成效，反则会暴露出管理和制度中许多漏洞和弊端，给“假”的势力予可乘之机；企事业单位紧一阵、松一阵，往往顾此失彼，难得要领。所以防假查假有时不仅是靠实力，而且更是靠耐力和毅力。

2．企事业单位对内部人员经济凭证造假舞弊的防范措施

（1）建立有关经济凭证的内部控制制度。对有关凭证的生成、传递和使用的操作作出规范，特别是对会计凭证的开具、填制和发出，制定出严格的程序。所有业务不得跳越既定的程序，

即便特殊的业务出现先斩后奏，也必须在业务完成后及时补齐手续。凭证内容必须全面反映经济业务的基本面貌，不得出现不合适的简化；有关凭证要素应保持完整，不得有所或缺，以保证凭证的真实、完整和合法，同时保持经济业务的本来线索，以便查考和核对。

（2）建立健全经常性的核对、稽查制度。对有关会计凭证进行核对，使原始凭证与记账凭证、记账凭证与有关会计账簿、会计总账与明细账、账簿记录与有关财产实物、会计账簿与财务报表之间保持一致或正常勾稽关系，并可互相说明、相互查对和印证；对账证、证证不符，应及时查明原因，迅速调账纠正，回到正确的起点，而不是等到这种不符积累到一定数量之后，才引起重视；对于经常性、规律性错误或舞弊，应从管理制度和人员素质上分析，找出导致问题的深层原因，并向管理层反馈，从更高的层面上采取防范、控制策略。

（3）严抓凭证的管理工作。主要内容包括空白凭证的管理、制错凭证的管理、使用过的凭证的管理和旧凭证的管理。对空白凭证的管理指对外有效凭证的管理，如销售发票、银行支票、收款收据、提货单等，应事先编号、指定专人进行管理，领用、交回要履行登记手续。一般领用单位或使用人用完规定的单位数后，方可领用新的补充数，提前多领须经有关领导批准；携空白凭证外出要事先说明理由，经领导同意后才可携离；凭证一般在开具时才加盖公章，而不事先将所需公章加盖完毕；对于凭证丢失，要及时报告，并采取积极补救措施，防止被坏人利用，造成企事业单位的经济损失；对误填作废的凭证各联应加盖“作废”的戳记，并将全联和存根一齐保管，不得随意抽出销毁；对使用过已登记入账的原始凭证，一般作为记账凭证的附件装订成册，注明其所附的记账凭证的日期和号数，严防丢失，特别要将销售发票、收据、支票存根保管好，以防被坏人利用；对于过时的不再使用的凭证，要及时清理，集中收回，统一上缴或销毁，不宜实行新旧凭证共用的双轨制，要特别注意防范旧凭证被不法分子盗取并利用进行造假舞弊。

（4）合理保管各种经济凭证档案。企事业单位不仅要按照我国《会计法》和《档案法》的要求，建立和健全会计档案的保管制度，保护好会计资料档案，而且要特别注意保管好非会计档案，如经济合同、契约、文书、批文、章程制度、鉴定证明等。要完善保管、借阅、外调等手续，谨防可能出现的丢失、外传、缺少、涂改和毁损事故的发生。由于经济凭证面广量大，不可能所有凭证均永久性保存，因此要合理制定有关经济凭证的保存期限，对于一些重要的凭证应适当延长其保管时间，对确系无使用和保管价值的凭证资料，要通过有关人员鉴定并办理有关手续后方可销毁。

3.2 会计凭证

3.2.1 原始凭证

3.2.1.1 原始凭证常见的造假舞弊

1. 窜改原始凭证

窜改原始凭证指行为人对已存在的原始凭证（主要是外来凭证）采取涂改、刮擦、添加、删除、化学药剂消退、胶带拉扯等方法，改变原始凭证本来面目的作假行为。

由于原始凭证的性质及其特殊作用，根据有关规定，对原始凭证的更正与账簿更正方法明显不同，即将已发现的开错或错开的原始凭证加盖作废印记，原张保留于凭证存册中，重新开出正确的原始凭证，而不能对原始凭证本身作出涂改和增删。窜改原始凭证的做法属于故意行为，是财务造假者常见的造假舞弊手法。

篡改原始凭证通常有以下几种形式。

（1）篡改原始凭证的时间，旨在混淆不同业务的时间和不同时间的业务，以从中渔利。

例如，某市某机电厂 2018 年 1 月购买某企业一台大型电器，整机保修时间为两年，为了节省维护费用，延长享受免费保修，机电厂与生产单位技术服务部门工作人员李某串通，将购货发票中的 1 月改为 12 月，经查此类篡改两年内共发生 5 次，给生产企业造成较大经济损失。

（2）篡改凭证接受人，旨在改变原始凭证的归属，混淆经济业务行为人和责任人，造成张冠李戴的实际效果。

篡改原始凭证抬头一般做法如下：不同企业单位相互混淆，集体与个人相互混淆，内销与外销相互混淆等。

例如，某市纺织三厂一领导子女上“贵族中学”，交纳入校“赞助费”8 万元，要求校方将收款收据的抬头写为该单位名称，以便作为企业赞助希望工程等社会公益事业支出，混入企业“营业外支出”报销，造成混淆视听的效果。

（3）篡改凭证所记录的业务内容，旨在掩饰原业务的真相，以遮人耳目。

例如，将公款吃喝、游山玩水的发票或收据开成会务费、劳务费、资料费、信息交流费等，将购买个人生活用品的费用开成办公用品、文具等，将由于个人违法乱纪或个人失误招致的罚没性支出冒充为招待费、咨询费、治安联防费等。

（4）篡改凭证数字，旨在改变原始凭证所反映的经济业务活动的性质、规模及所涉价值量，这种改变具有直接的经济意义，系财务造假者常用的造假术。

原始凭证中的数字是财务造假和违法乱纪人员作假的重点，这不仅因为它具有较为明显的“效益”，还因为它操作上较为简便，且较易进行伪装，查账人员以肉眼鉴别的识别率和准确性较低。例如，用“消字灵”改动凭证数据，在某些数字前进行添加（例如，将 2 改为 12，将 0 改为 6，将 3 改为 8，将“另”改为“捌”等），移动某些位数的小数点，进行“升位”或“缩位”等。

例如，某市家具厂财务人员伍某见企业支出劳务费的收据中无小写金额，且大写金额书写不甚规范，便见缝插针，在原大写数字前加了千位数，使原“捌佰陆拾元”变成为“叁仟捌佰陆拾元”；一个月后又将企业收入其他单位交回的结算现金 15 000 元，用退字药水将大写“壹万伍仟元”改为“壹万叁仟元”，将小写的 15 000 元中 5 改为 3，贪污其差额款项。此类现象在查账实践中较为常见。

2. 伪造原始凭证

伪造原始凭证与篡改凭证不同，它纯粹系无中生有或有中生无，凭空假造原始凭证，以达到违法乱纪之目的。

其基本特征是虚构凭证及所有或主要的凭证要素，同时虚构了经济业务活动本身。

伪造原始凭证需要具有一系列作案的条件，并非所有违法乱纪者均能顺利实施。

伪造原始凭证具体的手法曝光如下：伪造凭据和单证、伪造印鉴、伪造文件或批件、伪造签名和批示等。

伪造原始凭证也可能与其他财务造假手法交叉使用：行为人在进行伪造的过程中，可能利用已有的便利条件，如利用手中窃得的发票，伪造企业财务专用章或发票专用章；或者其掌握着单位的财务专用章，伪造假发票单据；或持有领导签字的信纸，伪造有关的申请报告等。伪造原始凭证不一定需要财务造假和违法乱纪分子亲自操作，他们经常巧妙地利用经济领域中的假乱现象，如利用了目前社会上发票管理的混乱，通过非法途径取得“正式”发票，或通过“黑道”取得所需的公章，委托关系户印刷了某些业务的“正式批文”，或者伙同他人（其字体与被模仿人相似）模仿领导签字，等等。但是这些行为均是在造假者指使和授意下进行的，是为其特定的经济目标服务的。

例如，某市某厂长张某和厂长办公室秘书、供销处工作人员一行 5 人，在出差期间于某市某饭店聚赌，被联防队员当场查获，被没收赌资 2 万余元。为了弥补经济损失，在厂长授意下某秘书从车站码头闲散人员手中购得 10 余张空白住宿发票，虚列费用支出 1 万多元；另又向熟人索要了若干张进餐发票，谎称接洽客户花费了业务招待费 1 万余元，回厂后将伪造原始凭证分头全部报销入账，后被群众举报，由纪检、审计部门查账核实。

3. 窃取原始凭证

窃取原始凭证是采取不正当的手法盗窃单位内的正规原始凭证，并利用其进行财务造假和违法乱纪活动的行为。

窃取原始凭证大多发生于内部管理和控制较为松散的企事业单位，主要表现在原始凭证的保管不慎，领用手续不全，凭证使用控制不严，对凭证的购、用、存的数量清点、登记不清，对凭证存根审核不细，有关印鉴与凭证未实行分开保管，使作假者有机可乘。

经常被窃取的原始凭证有：本单位的销售发票和收据——用以乱开发票或收据收取手续费，乱开票收款不入账，为个人经商或为他人经营活动服务，倒卖发票和收据谋利等；窃取空白或有效介绍信——以便以单位名义从事本人或他人的经营活动，或者进行招摇撞骗；窃取空白或有效支票——冒领现金，挪用单位公款，转移资金，公款私存；窃取领料单和出门证——以私领财产物资，特别是可以用于个人生活目的的物品，或者将其出售倒卖；窃取企业重要业务的凭证及有关数据资料——以出售或泄露企业商业机密、财务机密和人事机密牟利。

例如，某省某市某机电厂与其原料供应商存在二十余年的协作供货关系，经历了数次市场经济风波的考验，经久不衰，两企业发展了长期互惠互利关系，凡双方交易总是互相提供打折优惠和其他便利。2018 年 3 月，另有一厂家通过机电厂会计人员张某，想以该单位的名义购得对方企业的产品，以享受与本单位一样的优惠，该会计经不起利益的诱惑，窃取了本单位的介绍信两份提供给该厂家前往购货，使之享受了优惠打折，该会计因此分得好处费 8 000 余元，后在提货过程中被供货单位发现。

4. “修剪”原始凭证

“修剪”原始凭证指利用移花接木、张冠李戴等“障眼法”和其他方法对原始凭证进行“技术处理”，使其适应财务造假和违法乱纪活动的需要。

所谓“修剪”原始凭证不同于窜改凭证的方法，这种“修剪”不是由作假人亲自对凭证进行改动，而是打擦边球或由开票人进行原始凭证的改动，使所持有的原始凭证完全以一副“正规”面目出现。

“修剪”原始凭证的具体做法如下。

（1）“修剪”凭证记录的业务内容，按照持票人的需要任意变动。

例如，购买 A 商品开票写成 B 商品，或者将商品拆零，一次购买的商品分为两次或两次以上开票等。目前，随着市场竞争的日益激烈，商家为了招揽生意，往往用开票上提供方便来讨好或取悦于购买人，只要能购买所供商品，可以在发票上满足客户各类需要，如按照其要求开票、多开票、开具空白发票、不据实开票、开具其他发票等。作假者经常运用“修剪”过的发票贪污舞弊，将所购个人用品伪装为办公用品，将滥发奖品实物伪装为领用材料物件，将其他不宜入账物品和费用支出改头换面以公开合法的面目入账。

（2）“修剪”凭证抬头，张冠李戴，将非本单位的发票“修剪”为本单位所有，将个人购买行为“修剪”为单位所为，损公肥私，贪污舞弊。

例如，享受公费医疗、联合医疗或医疗保险的个人，将家庭其他不享受医疗福利和保险的成员的医疗费全部或部分开到享受医保人员的名下，以减少医疗费用的支出；将应由个人承担的吃饭、旅游、交通费用，“修剪”为业务费用，全部列入单位报销之列；将平时发生的各项个人支出的票据的抬头空出，待时机成熟时将其一齐并入其他费用报销。

（3）利用造假发票重复报销。一般的发票或收据一式多联，其中一联为客户联并加盖印章，作为报销凭证，但作假行为人钻凭证管理的空子，利用各联凭证区别甚微（仅颜色不同和凭证左边缘注明各联凭证第次和用途），将凭证左部边缘撕去，用凭证记账联或存根联混同报销，有时甚至用复印和复制的原始凭证报销。

（4）“修剪”原始凭证记录所涉金额，化整为零，避税逃控。有些税种有起征点，有些税采取累进的计税方法，为了减少税赋，某些单位采取化整为零的策略，将高于起征点的税基金额打散，使之分散“隐蔽”，降低计税累计基数，同样可以此逃避国家专项商品购买控制。

5. 假、旧、废原始凭证舞弊

假发票指的是伪造的虚构业务的各类发票（上述伪造原始凭证），它掺杂于企业单位正常的生产经营业务之中，鱼目混珠。

旧发票是由于企业变更、会计期间跨越、纳税计算等原因而发生的发票更换事宜，新的发票启用即告旧发票使用的中止。但并非所有经营主体均知悉发票更换，所以有时旧发票仍能“发挥效用”，不少单位不但不拒收旧发票，而且将之按正常途径入账，这无疑给财务造假带来方便。

废发票指由于种种原因开具错误而作废的发票，作废的发票不能销毁，而应存于发票簿中并加盖作废印记，但由于管理原因，作废的发票未加盖印章，而被人又拿出来再度使用。

原始凭证舞弊还包括使用不合规的凭证替代发票，如采用自行印制的收款收据或付款收据替代发票，甚至用收料单、进门单、收货单、验收单和其他白条替代发票。这些单据属企业单位的内部核算和管理凭证，不能作为购买实物、支付费用的报销凭据，不具有证明对外经济活动、明确经济责任的基本功能，因此不能编制记账凭证、登记入账。但企业为了内部核算和管理的方便，内外不分，甚至以内替外，极易给违法乱纪者提供生成空间。

例如，某省某市电器厂对外销售产品，对私营客户、个人消费者凡不索取销售发票者一律不开具正式发票，而开具自行印制（未经财税部门批准）的收据代替。其销售部门财务处会计张某，利用收据易于取得、难以查对等特点，将销售电器款项 10 万余元置于账外，并贪污其中 4 万元。在其贪污过程中，企业经常发现账实不符情况，但几经核对未能发现其真正原因，反认为盘点有误而不了了之。

6. 虎头蛇尾式凭证造假（也叫大头小尾、阴阳发票）

它指原始凭证正联与副联分别填列不同的内容和数字，以达到隐瞒收入、逃税、贪污的目的。

按照规定原始凭证不论其一式几联，均应垫入复写纸一次写就，且内容和金额应完全一致；但大头小尾法则故意将凭证分次书写，进行作假和违法乱纪。例如，在开具增值税专用发票时，与客户勾结大头小尾，将客户持有联写成“大头”，让其作为增值税进项税额抵扣，而存根联则据实记录，保持正常的增值税销项税额，对方单位享受的进项税额抵扣的“好处”与开票单位分享。

3.2.1.2　对原始凭证的稽查

对原始凭证进行稽查，主要是审核其形式的合规性，检查其证实经济活动、明确经济责任等功能的实际效用，证实会计凭证及其所反映的经济业务活动的真实性、合法性和正确性。

1. 对原始凭证的常规稽查的主要内容

（1）对其技术形式的分析审查，主要审阅原始凭证的编制是否符合规定要求，用以查明原始凭证是否合规合法、有无伪造、弄虚作假。

① 原始凭证所具备的共同要素是否齐备，是否存在要素不全、遗漏、空白等情况；

② 原始凭证所填写的文字、数字是否清楚完整，用复写纸压写的字迹是否明晰，有无模糊不清之处，特别是其金额、单价、数量、时间等关键部位是否清晰可辨；

③ 凭证更正方法是否符合规定，有无涂改、增添和污损现象；

④ 原始凭证所办理的审批传递手续是否符合规定程序，有关人员是否全部正式签章，是否盖有财务公章或“收讫”“付讫”戳记；

⑤ 原始凭证的使用、保管是否符合规定；

⑥ 自制原始凭证（包括证、券、单、表）是否连续编号，其存根与所开具的凭证是否一致，作废凭证有无缺少、遗失现象等。

（2）实质内容的分析检查，即对原始凭证所反映的经济业务进行实质性检查，其要点如下：

① 经济业务的摘要是否真实、清楚、明确；

② 经济业务是否有悖于国家法律法规和有关规章制度；

③ 经济业务的进行是否按有关程序办理了合规手续，并附有相关的凭证；

④ 经济业务活动的进行是否体现了经济、高效和节约的原则；

⑤ 有无存在上述原始凭证舞弊和其他利用原始凭证舞弊的行为。

概括地说，对原始凭证的稽查主要是对其形式、内容、所记录的数据和处理手续的分析。

2. 检查原始凭证的关键

检查原始凭证的关键在于对原始凭证形式与其内容检查的有机结合，而不是仅局限于其一，因为不正常的经济业务经常也表现为形式的异常。无数查账实践经验说明，形式和内容的检查应当双管齐下，但也应有所侧重：查证原始凭证错误应侧重于对其形式的检查，查证原始凭证舞弊应侧重于对其业务内容实质及其相关因素的检查。

3. 对原始凭证特征、标志的认证

对原始凭证的舞弊检查应重视对其特征、标志的认证。不论原始凭证作假者采用什么方法和形式进行舞弊，其原始凭证都会或多或少地、直接或间接地表现出以下特点：凭证明显不规范，凭证的要素一般不齐全，经常缺少部分要素，其关键要素经常出现模糊，让人不能发现其经济业务活动的全貌。例如，标明购买文具的假凭证（实为购买香烟、名酒），往往只注明“文具”两字，而不注明到底购买了什么文具，其规格、型号、品种、数量如何；其金额数往往只有一个总数，而没有分项目的明细，因此经不起推敲；原始凭证的经手人常常有姓无名，如果仔细追查很可能是查无此人；原始凭证的时间与业务活动的发生时间及以后的入账时间存在明显差异，有时同一业务产生不同凭证的时间相距甚远（如采购材料、发出材料、运输材料和验收材料之间相距较远等）；主要业务凭证与其他相关业务的凭证不配套，有时只有其中一部分，而缺少另一部分（如销售货物只有销售发票而无发货单据、托运证明、出门单、结算凭证等）；凭证的形式不规则，以非正规的票据单证代替正规的原始凭证，如用货币收付款凭证替代实物收付凭证，以自制凭证代替外来凭证，以非购销凭证代替购销凭证等。另外，原始凭证的内容、结算方式、资金流向与对方单位等因素存在着异常，这些都是原始凭证舞弊的可观察标志。

【例 3-1】 在对某市某国有工业公司 2018 年度财务收支的审计中发现一张可疑凭证，反映公司年中在市某建材门市部购买建筑材料两万余元，其材料细目是大理石、木地板等用于室内装潢的各类材料，公司在账务处理时填制了记账凭证称“装潢大会议室用料”，而大会议室正是审计人员此时审计的办公地点，会议室内不见大理石、地板等材料，遂引起审计人员追查。

经查会议室早于 2016 年装修完毕，以后未再重装，且购买两万元材料也不足以装潢如此大的会议室，此材料倒颇像家庭室内装修之用。于是审计人员从凭证形式分析至其内容，终于查明公司经理办公室人员在领导的默许下，用公款为经理装修家庭住房的事实。

【例 3-2】 在检查某市某政府机关财务收支账目时发现多张购买“办公用品”的凭证，购买品名不清、用途不明，凭证较多出自一家名为“宏发”的个体商店。经了解该店只经营一些小型家用电器，根本不经营办公用品，也无权经营诸如复印机这样的办公设备。后查明，原来近些年机关实行办公费用包干，机关行政事务处将经费下发给各部门，由其根据工作要求，自行购买所需物品，节余归己，超支不补。该机关由于管辖诸多企事业单位，绝大部分的差旅费和办公用品费摊派至基层单位或到基层单位报销，故承包费用年年有所节余。于是领导者盘算如何利用办公经费，亮出“宁让其超出不让其节余”的原则，平时将一些找不到地方支出的费用打入办公费中，且经常到宏发商店购买家用小电器私分，该部门机关领导家中所用的小电器基本都来自此商店。

4. 检查原始凭证的常用方式方法

检查原始凭证的方式方法很多，常用的方式是利用查账人员的经验，对凭证中所列各要素进行审阅，视其是否存在异常之处，发现其中可能存在的错弊；或将原始凭证所反映的经济业务与实际情况进行比较，视其是否存在差异，并分析差异的性质和原因；或者将不同时期同类原始凭证上的相同要素进行对比分析，寻找其中存在的明显变化，分析其是否具有业务依据和正当缘由。原始凭证数量繁多，来源各异，查账人员不可能对其进行全面检查，常见的形式是采取抽样检查法，即按照一定标志和规律，从凭证总体中抽出其中一部进行检查，并以此推断凭证总体特性。在原始凭证的检查中，审阅法和抽样法在诸多查账方法中居主导地位，常常为查账人员首选。另外，对原始凭证进行分析，还可以使用复核法（对原始凭证所记录反映的有关数据资料进行重复验算）、核对法（主要指证证核对，即将记账凭证与所附原始凭证进行核对）、推理和判断（对原始凭证所反映的经济业务进行合理假设，并据以判断其结果，特别是在发现凭证不能反映经济业务真实面貌时）、询问与函证法（对有疑问的原始凭证记录向有关经办人员、当事人和知情人进行询问，或者向被查单位以外的有关人员发函调查）、实物盘点法（对有关实物进行清查盘点，以证明原始凭证所记录的数量和金额的正确性）、实物鉴定法（对有疑问的原始凭证，请有关专家对其进行鉴定，以鉴别其真实性和合法性，其主要方法有物理鉴定、化学鉴定和法律鉴定），等等。

小知识

原始凭证的常见错误

发生于经济凭证的错误与舞弊属不同的性质，但错误与舞弊有紧密联系，错误可能诱发舞弊，舞弊经常也需要错误作掩护，并隐藏于错误之中，因此错误频发部位也是舞弊高发区域。另外，错误与舞弊不仅存在质的差异，也存在一个数量界限，一旦数量界限被突破，错误与舞弊是可以转化的（如故意重复一类错误，或让错误的结果扩大，对其后果不予控制，这就走向舞弊）。从形式上和外表上看，错与弊常常是难以明显区分的，辨别错误与舞弊是查账人员的责任，错误经常是造假和舞弊检查的线索和参照，在审计查账实践中，许多重大的造假和舞弊都是从错误中引申出来的。因此稽查经济凭证造假，不能忽视错误的存在，不能放弃对错误的调查和分析研究。

发生于原始凭证中的错误是多种多样的，但就其共性而言，经常发生的错误形态主要有以下几种。

1. 抬头错误

原始凭证接收单位和人员不清，无法确认凭证的具体归属，或者出现张冠李戴：个人与集体、单位与单位、个人与个人之间混淆；容易造成凭证接收主体的错位，被坏人移花接木。

2. 日期错误

原始凭证所记录的日期与进行账务处理日期相距甚远，不符合及时性原则，甚至出现矛盾，错误地将不同归属期的业务记录于同一会计期间。在发生两笔相同业务的情况下容易出现错记、错写、错算或出现舞弊。

3. 计量单位错误

原始凭证所用计量单位与实际不符，或将计量单位扩大或缩小，或将不同物品的计量单位混淆，造成单实不符；或者由于计量单位的错误造成计价误差（如由于划小计量单位，使原来能够完整计价的商品变为不能整除的小数，造成计价误差等），这极易成为不法分子作假的工具。

4. 数量错误

将原始凭证中有关数据错记，或将不同物品的数量弄错，将在库与在途、在途与在用混淆，造成账实不符、单证不符、账证不符。数量错误经常引发金额错误或舞弊。

5. 金额错误

原始凭证金额大写与小写之间不一致，或者只有大写而没有小写，只有小写而没有大写，金额数不等于数量乘以单位价格数，总金额不等于各物品金额的合计数。金额错误是最直接的会计错误，影响财务报表的正确性，危害程度较大，也易被坏人钻空子，服务于其造假目的。

6. 书写错误

原始凭证中书写不合乎有关记账规范要求，乱涂乱改，特别对一些重要的凭证要素，如金额、摘要、单位、价格等采用挖、补、刮、擦等方法进行改错；凭证中的书写字迹不清，数目不详，内容不明。经常性书写错误容易夹杂有意的涂改舞弊，给检查人员调查取证带来困难。

7. 计算错误

出现原始凭证中的多计、少计、重计、反计，运用计算方法有错，计算公式有误等。

8. 价格错误

原始凭证中将单价列错，并造成总金额错误，单位价格列错可能是因为单位错误、小数错误，也可能是位数错误或差价（如批零差价、季节差价）选择错误。这种错误可能来自企事业单位之外，也可能出自内部财会人员之手。

9. 摘要错误

原始凭证中所列摘要不明，或者空白，或者将经济业务的原来面目加以掩饰，或者填列不详。摘要不明有两种情形：一是习惯性和非规范性简略，经常出现于工作忙乱之际；另一种是别有用心的省缺，属于舞弊造假行为。

10. 等级、品级错误

将不同等级和品级的物品弄错，将不同规格和质量的物品搞错，将相类似或相近物品串档、串次、串规格、串品种。这极易成为“圈内人”可资利用的条件，成为较为隐蔽的作假部位。

11. 格式错误

将原始凭证基本格式错用，将其他不合规的单据如白条、信件等作为凭证使用，或者将原始凭证不附于记账凭证后，而用作其他用途。

12. 印鉴错误

有关原始凭证业务未按规定加盖印鉴，已盖印鉴不是财务专用章、发票专用章或销售专用章，而用行政章或其他印章代替；沿用旧印鉴而不使用已更换的新印鉴；已入账的凭证无入账标志，作废的凭证也无相应的提示。此类错误较少发生，大多带有故意作假性质。

13. 编号错误

连续原始凭证出现断号或跳号，有关作废的原始凭证原张不在凭证册之中，其存根联与正联不符。

14. 手续错误

原始凭证的手续不全，或者手续混乱，有关经办人员的鉴章不齐全，其责任不清；有关经办人、批准人、复核人的关系不明。

在财会实践中，原始凭证错误的出现往往不止一处，有时一张凭证可能包含若干处错误，这对后续会计核算环节的影响也是多方面的。有的原始凭证的错误直接影响其做账效力，如原始凭证中的印鉴错误使受票单位财会人员对其真实性和合法性产生怀疑，甚至认为其是废票；有的原始凭证计量单位错误，会导致所反映的经济业务的错误，导致被查单位多付或少付款项；有的原始凭证所登时间不明，使会计人员难以确认其准确的归属期，影响当期损益的准确计算，等等。对原始凭证错误的检查除了采取常规查账方法，查出其错误的性质、原因，还需要利用舞弊查证方法，对其形成的背景条件及造成的不良影响进行追踪调查。

小知识

原始凭证的审核

为了如实反映经济业务的发生和完成情况，充分发挥会计的监督职能，保证会计信息的真实性、可靠性和正确性，会计机构、会计人员必须对原始凭证进行严格审核。

1. 审核原始凭证的真实性

原始凭证作为会计信息的基本信息源，其真实性对会计信息的质量具有至关重要的影响。其真实性的审核包括凭证日期是否真实、业务内容是否真实、数据是否真实等内容。对外来原始凭证，必须有填制单位公章和填制人员签章；对自制原始凭证，必须有经办部门和经办人员的签名或盖章。此外，对通用原始凭证，还应审核凭证本身的真实性，以防假冒。

2. 审核原始凭证的合法性

审核原始凭证所记录经济业务是否有违反国家法律法规的情况，是否履行了规定的凭证传递和审核程序，是否有贪污腐化等行为。

3. 审核原始凭证的合理性

审核原始凭证所记录经济业务是否符合企业生产经营活动的需要，是否符合有关的计划和预算等。

4. 审核原始凭证的完整性

审核原始凭证各项基本要素是否齐全，是否有漏项情况，日期是否完整，数字是否清晰，文字是否工整，有关人员签章是否齐全，凭证联次是否正确等。

5. 审核原始凭证的正确性

审核原始凭证各项金额的计算及填写是否正确，包括阿拉伯数字分位填写，不得连写；小写金额前要标明“¥”字样，中间不能留有空位；大写金额前要加“人民币”字样；大写金额与小写金额要相符。凭证中有书写错误的，应采用正确的方法更正，不能采用涂改、刮擦、挖补等不正确方法。

6. 审核原始凭证的及时性

原始凭证的及时性是保证会计信息及时性的基础。为此，要求在经济业务发生或完成时及时填制有关原始凭证，及时进行凭证的传递。审核时应注意审查凭证的填制日期，尤其是支票、银行汇票、银行小票等时效性较强的原始凭证，更应仔细验证其签发日期。

原始凭证的审核是一项十分重要、严肃的工作，经审核的原始凭证应根据不同情况进行处理。

（1）对于完全符合要求的原始凭证，应及时据以编制记账凭证入账。

（2）对于真实、合法、合理但内容不够完整、填写有错误的原始凭证，应退回给有关经办人员，由其负责将有关凭证补充完整、更正错误或重开后，再办理正式会计手续。

（3）对于不真实、不合法的原始凭证，会计机构、会计人员有权不予接受，并向单位负责人报告。

3.2.2 记账凭证

3.2.2.1 记账凭证常见的造假舞弊

1. “飞过海”

“飞过海”指无原始凭证而以行为人的意志凭空填制记账凭证并登记账簿的舞弊手法。

“飞过海”的具体做法有以下几种。

（1）没有收款原始凭证而编制收款业务的记账凭证，这种凭空编制记账凭证的目的是虚列收入、创造企业经营业绩或捞取政治资本。

例如，某市轴承厂领导 2018 年面临市场疲软、产品销售下滑的被动局面，为了保住企业长期先进的称号和厂长优秀企业家的荣誉，通过厂长办公会议讨论决定，将该年度生产的各类轴承（未实现销售部分）的二分之一虚列为销售，并授意财务部门凭空填制了收款凭证，煞有介事地将 350 万元的“销售收入”登记入账，创造了“销售收入与生产同步增长”的佳绩。经查账人员核对“银行存款”和“应收账款”“库存商品”账户余额以及“主营业务收入”明细账发现其破绽。

（2）没有付款凭证而编制付款业务的记账凭证，这种无据付款（实际上未付，而账面记录已付）往往旨在虚列支出、多计成本费用或转移资金，如系个人所为一般是贪污现金或盗窃财物。

例如，某市玩具厂 2018 年度玩具出口共创汇 400 余万美元，获利 500 余万元，企业为以丰养歉，防范国际市场风险的不测，同时担心露富，怕上级主管部门鞭打快牛，于是财务部门报经厂领导获批，采取无原始凭证空头记账的形式，虚列成本费用 150 万元，将企业的利润压缩到一个“正常”的范围。在日后的审计查账中，查账人员发现该企业的出口、创利数字与新闻媒体报道宣传的数字有较大出入（报社、电台从本地外贸部门取得有关数据资料），遂引起怀疑，经深入查对，终于发现企业虚列成本、隐藏利润的事实真相。

（3）没有转账凭证而编制转账业务的记账凭证，这种无据转账一般在月末、年末混同于结转成本和结算损益时发生，这种空转可能出于多种需要，有调节当期损益的考虑，也有贪污、盗窃和挪用方面的需要。

例如，某市劳动服务公司，为私设“小金库”，虚设了若干投资账户，经常以投资形式，从固定资产或（收回的）长期投资账户中向自设的小金库账户注入资金，注入的资金使用后再作投资损失（如股票贬值、被投资单位倒闭等）销账。资金注入时，在账面的表现形式是无原始凭证的空转，其分录是借：长期投资，贷：长期投资或固定资产。这类投资活动资金投向及其形式和内容在记账凭证中均无法反映，也没有原始凭证说明，引起查账人员的怀疑。

没有原始凭证空转账的特点是，按照行为者的主观设计做账，缺乏客观依据，而行为人的设计一般以增添其利得为目的，有一定的主观随意性。

2. “夹插法”

“夹插法”指对记账凭证进行添加、“装饰”和“夹塞”，使记账凭证与原始凭证不符，不反映原始凭证所记录的经济业务活动的原貌。

“夹插法”主要的做法是改动记账凭证，使其借贷金额与原始凭证所列金额不一，或者使各记账凭证金额之和与记账凭证汇总表所列金额不一，或者记账凭证与科目汇总表的数量和金额不符。

“夹插法”造假经常是违法乱纪分子伪造原始凭证作假的补充手段，因为并非所有的财务造假活动，违法乱纪分子都能如愿以偿地取得有效的原始凭证，而窜改原始凭证也有一定的技术难度，且容易被人所发现，所以舞弊者将作假的对象径直指向记账凭证。填制记账凭证对财务人员来说可谓“举手之劳”，作起假来较易得手；同时原始凭证与记账凭证的不符混杂于众多凭证之中，也不易查出。“夹插法”作假，行为人一般要进行某些伪装，如将所附原始凭证用糨糊粘牢贴死，使之无法开启、容易破坏，让查阅人无法看清；或者将所附原始凭证的编号搞乱，以破坏其对应关系；或者直接对不同业务的原始凭证进行组合，使之与记账凭证保持“一致”，等等。

例如，某市通信器材厂财会人员张某，故意推迟、拖延有关管理费用的做账，将一段时间的报销凭证积累起来集中处理，以便“搭车”作假——将自己收集的假、废、旧的原始凭证（打车收据、购物发票及其他缴费单据等）一并混入其中进行报销。自 2010 年 10 月至 2011 年 2 月间，张某每隔数日将十几张乃至几十张原始凭证混合于一两笔业务之中，借记“管理费用”，贷记“库存现金”或“银行存款”，贪污现金，作案多起，涉案金额 13 000 余元。

3. “暗度陈仓”

“暗度陈仓”指混淆记账凭证对应关系，使不合法的原始凭证堂而皇之地正常入账。

根据复式记账法的基本法则，每一笔经济业务都要在两个或两个以上的账户平行登记，平行登记后借贷方账户之间存在着一定的对应关系。“暗度陈仓”的作假手法就是使这种对应关系模糊起来，以掩人耳目，如违法乱纪人员用现金 5 万元支付了一笔材料采购，如据实反映其经济业务应借记“原材料”科目，贷记“库存现金”科目，但这无疑是不打自招，将其违纪活动暴露于光天化日之下，于是作假者就要设法将其“过滤”入账，要将材料与现金的对应关系改为材料与银行存款的关系，从而将不正常的对应关系变为正常。另一种“暗贷陈仓”的处理是将业务对应关系搞乱，使查阅人不知其所，以蒙混过关，主要是采取多借多贷的手法，将可以一借多贷或一贷多借，或一借一贷的清晰关系搞模糊，将不同时间或地点发生的业务合并于一处登录，或者将同一地点和时间发生的业务分开登记入账。

例如，某市印刷厂财务部会计王某，将企业需要兑出的 4 000 美元（当时汇率为 1∶8.1）先折为德国马克，汇率为 1∶1.65，然后再将 6 600（4 000 × 1.65）马克折为人民币 34 320 元（汇率为 1∶5.2）。但做账时王某“暗度陈仓”，将美元换马克、马克换人民币的两次折换，变为美元换人民币一次性兑换行为，此时美元与人民币的汇率为 1∶8.2，依此兑得人民币 32 800 元，两者的差异成为王某的“外快”收入。其实际的账面记录及其对应关系应是：

（1）借：银行存款——德国马克户（6 600 马克　汇率 1∶5.2）　34 320
　　　贷：银行存款——美元户（4 000 美元　汇率 1∶8.1）　32 400
　　　　财务费用——汇兑损益　1 920
（2）借：银行存款　34 320
　　　贷：银行存款——德国马克户（6 600 马克　汇率 1∶5.2）　34 320

而被混淆的对应关系是：

借：银行存款　32 800
　贷：银行存款——美元户（4 000 美元　汇率 1∶8.2）　32 400
　　财务费用——汇兑损益　400

4. “障眼法”

“障眼法”就是对记账凭证的业务摘要栏进行窜改，使其看不清经济业务的本来面目，或者搞张冠李戴，使记账凭证会计科目与经济业务的内容不符，以达到弄虚作假的目的。

障眼法的特点在于使查阅人看不清记账凭证所记录的经济活动的面貌，用于障眼的遮挡物一是会计科目，即违反会计核算原则，对经济业务编制不正确的会计分录，使用不正确的会计科目；二是假摘要说明，即原始凭证上的摘要说明与记账凭证上所列不一致，或对摘要保持空白不予填写，或者填写简单几个字不得要领，以改动经济业务活动的原来内容和性质。

例如，某市建筑安装公司 2017 年以前屡次设置小金库，被查账人员查获并课以罚款，此后该厂领导吸取了“经验教训”，认为以货币形式设置小金库是查账人员搜索的目标（对于有“前科”的单位更是如此），而对以实物形式存在的小金库，查账人员的检查相对较为宽松，且隐蔽性好不易发现。于是自 2018 年始，该公司以购买材料为名，以乱计成本费用等方式，购买金卡、金币、邮票等有保值和增值潜力的商品 50 余万元，并将其置于账外。其具体操作过程是：原始凭证（购物发票）不开品名或写成购物等，在填制记账凭证时统称为购料、购办公用品或干脆写一两个字“料”或“用品”，后计入制造费用、管理费用或销售费用等科目。此类记账凭证，在审计中引起查账人员的怀疑，因为该企业其他记账凭证均写明其业务内容，唯独这类凭证有含糊之迹，于是查账人员对此类凭证作了统计分析，发现其运行规律以及物资走向，查明了“含糊”背后遮挡的事实真相。

3.2.2.2 对记账凭证的稽查

对记账凭证的稽查主要是对其财务收支的手续、财务责任和会计分录、记账方向等的查验。

1. 记账凭证常规检查的主要项目

（1）记账凭证的基本要素是否完整，有无缺少或空白，主要是填制日期、编号、业务内容摘要、附原始凭证张数、会计科目及其借贷方向，填制、出纳、复核、会计主管人员的签章等，是否清晰和准确。

（2）审查科目的运用是否针对经济业务的性质和内容，是否符合有关财务制度和会计制度的规定，借贷方向是否正确。

（3）审查各级负责人和有关经办人的签章是否齐备，其会计责任是否明确，有无手续不清、责任不明的现象。

（4）复核记账凭证的单价、数量和明细金额、合计金额是否正确，有无多计、少计和误计。

（5）核对记账凭证与对应的账簿记录是否一致，有无出入和账证不符的情况。

（6）与所附的原始凭证核对，视其数量、金额、摘要等是否一致，有无证证不符的现象。

2. 对记账凭证的检查关键

对记账凭证的检查关键在于与原始凭证及会计账簿检查的合理配合。独立地对记账凭证进行检查，往往只能发现其中存在的某些疑点或异常，而不能辨清其实际内容；只能发现其中存在的有悖正确性的账务处理，却不能辨明其性质（错误还是舞弊）及其后果；只能发现其中某些线索，却不能找到真实依据。所以对记账凭证的检查既不是终点，也不是起点。在采用顺查法的情况下，对记账凭证的检查是建立在原始凭证检查的基础之上的，根据原始凭证中的错弊追踪到记账凭证，在此，记账凭证的检查是原始凭证检查的“接力”，而记账凭证的检查也为账簿的检查提供了方向和条件；在逆查法下，与前述情况相反，在会计账簿的检查中发现的问题，可以通过对记账凭证和原始凭证的检查得以落实，即凭证的检查是账簿检查的深入和延伸。所以记账凭证的检查应当作查账工作过程中的一环，查账人员要注意这一环节与其他环节的连接和互动，只有这样，才容易把握有关问题发生、发展的来龙去脉，取得事半功倍之效。

【例 3-3】 查账人员在对某市军用被服厂的查账中，发现两张来路不明的旧发票（原始凭证）被会计人员利用，重复报销。根据查账人员的经验判断，该类报销业务有领导正式“审批”签字，且金额较大，当事人行踪公开，无隐蔽运行的痕迹，不像是个人财务舞弊，其特征却酷似集体作假，估计该类报销在企业不止一起，其资金可能流入单位的“小金库”。经过查核原始凭证和记账凭证，发现此类报销时有发生，报销单据来源散乱，主要是以购料、购物形式出现，特别于企业编制财务报告前发生居多，其资金去向不明，但会计分录的借方大多为“制造费用”和“管理费用”科目，即清一色计入产品成本或当期损益。由此不难看出该企业采取虚列成本费用的方法筹集“小金库”资金，使企业产品成本和盈利长期不实的违法乱纪事实。

【例 3-4】 审计人员在审查 2018 年 3 月现金收付凭证时，发现 3 月 20 日 135 号付款凭证所附原始凭证少了一张，金额为 250 元，对方科目为“企业管理费”，摘要不明。审计人员认为无原始凭证空作记账凭证是财会人员贪污的常用手法，该缺少的原始凭证如被用于舞弊目的，一般出现于 3 月 20 日以后的账务之中，于是审计人员对 3 月 20 日以后的财务进行了较为详尽的检查，终于在 6 月 16 日处理的凭证中找到了一张 250 元的办公用品的单据，然后找会计对证。在事实面前会计不得不承认其利用没有加盖“现金付讫”戳记的凭证，进行重复报销、贪污现金的情节。

3. 对记账凭证稽查的主要方法

对记账凭证稽查的主要方法是核对法，核对法是保证记账凭证“桥梁”疏通的重要手段，它既要检查记账凭证与原始凭证的一致性和衔接性，又要检查与会计账簿的记录的对应性和吻合性，只有两类核对无误才能说明其基本正确性。其次是使用审阅法，对记账凭证的基本要素进行完整性检查，检查其编制水平和质量，特别要检查其关键要素是否齐备并表达清晰。再次是使用抽样检查法，记账凭证的数量虽然较原始凭证少，但如在记账凭证核算程序与方法（记账凭证不经过汇总，直接逐笔登记总账和各种明细账的核算方法）下，原始凭证和记账凭证的数量必几乎相当，即使在其他（汇总记账凭证、科目汇总表等）核算程序和方法下，记账凭证的数量仍比会计账簿庞大许多，所以查账人员一般较难对其进行全部而详尽的检查，而只能采取抽查的方法。当然上述三种方法要与其他检查方法配合使用，并视检查的具体情况有所选择和侧重。

4. 记账凭证舞弊稽查的程序

首先采取审阅法对记账凭证的重要部位进行技术观察和审视，具体内容是：审查记账凭证的外在形式、记账凭证所载会计分录、记账凭证的摘要等。如果记账凭证系采用计算机填制的，要对其所采用的科目编号进行查对，视其有无混淆不同会计科目的顺序及其编号，填制凭证的操作程序有无错误，操作后有无存盘或必要的备份。

在初步审阅的基础上，如发现了异常或疑点，立即将记账凭证的可疑之处或疑点与原始凭证进行核对。其主要内容是核对会计科目核算的经济内容与原始凭证是否相符，记账凭证中的借贷方金额是否与原始凭证相符，特别是对附有多张原始凭证的情形，应对其进行加总验证，不但要核对数量、金额，而且要核对其业务内容、凭证张数、业务发生的时间区间等；核对汇总记账凭证与分录记账凭证合计是否相符，核对记账凭证与明细账、日记账及总账，看其是否相符，是否存在矛盾和不一致的地方。

如果发现明显的矛盾且不能正常解释的异常凭证，应作进一步的查询。查询是指查账人员针对记账凭证中出现的异常和可疑之处，向被查单位有关操作人员、当事人或知情人进行询问，询问可以公开、当面进行，也可以秘密、间接进行。查询还包括函询（含电传、电报、上网通信等），函询有积极函询和消极函询两种方式。函询的对象一般是出具原始凭证的单位、开具凭证的经办人、被查单位的货主或客户等，通过查询应查清记账凭证中出现的各种问题，并取得有关问题的证据材料。

在对记账凭证的检查程序中，查账人员还应综合使用其他技术方法，如使用比较分析法，对原始凭证和记账凭证填制的时间、业务发生地点、所涉及的数量金额等进行分析；可以对比其他正常业务凭证，找出可疑凭证的破绽；对比发生差误的凭证，找出错误和舞弊的共性；使用经验判断法，分析和判断记账凭证错误和舞弊的动因和根源，界定其对相关业务及其会计资料的影响；采用计算统计法，分析记账凭证发生舞弊的概率，计算出凭证错弊的所涉金额；也可以采用内查外调法，对在被查单位内部无法查清的特殊凭证，向有关单位和个人进行调查巡防，以收集外部查账证据。

【例 3-5】 查账人员在对某市汽车修配厂的审计中，通过审阅发现一张内容模糊的记账凭证，该凭证的摘要栏中注明“职工培训费”，填制时间为 2018 年 1 月，金额为 34 000 元，其他要素无异常。查账人员根据经验判断，每年的 1 月是企业生产经营的大忙时节，此时企业派不出人员参加培训，各组织培训的单位，在此时一般也不会组织在职培训学习，于是查账人员查阅了与记账凭证对应的原始凭证，终于发现了可疑之处：原始凭证是一张既无抬头又无内容的行政事业单位收款收据，只是写明其金额数，大写小写一致，开票单位是外地某大学，时间不明，视收据并无改动之处，也不像是伪造的。查账人员认为有必要将此业务查清，于是带着问题向做账的会计询问，会计对查账人员的询问先假装不解，后又不着边际地说了一些与问题无关之语。下面是部分问与答：

问：“你为什么做职工培训费？‘借：管理费用——培训费，贷：银行存款’的会计分录对不对？”

答：“根据大学的公章，大学公章当然是培训，以往的培训费都是这么做的。”

问：“你知道谁参加了培训？培训多长时间？”

答：“不知道，我不是分管培训的。”

问：“那么谁知道内情？”

答：“知道内情的人知道，我们是外人，只管做账，莫问国事。”

问：“本地有大学，为什么到外地这么远的地方培训？”

答：“培训总是叫公私兼顾，我们的领导历来很重视培训，市场的竞争在技术，技术竞争在人才，人才竞争在培训……”

显然会计不愿意作出正面回答，恐有什么难言之隐，但言语中又暗示了什么，查账人员认为这疑点更大，于是与原始凭证上的开票单位取得联系，函证原始凭证内容的真实性，结果终于揭开了职工培训费的秘密：原来企业某副厂长之子去年高考，因分数达不到录取线，经找人“周旋”，与某大学达成缴费上学的协议（实际上是缴纳一部分赞助费后入学），缴费时应家长要求收据的抬头未写内容，即准备适当的时候报销入账。由于小孩刚入学人们对此事敏感，该副厂长等避过了风头于次年初将收据报销，财务部会计在部门经理的授意下将此列为培训费作了账务处理，但忽视了在职培训的常识。

小知识

记账凭证的常见错误

记账凭证的错误在许多方面与原始凭证有类似之处，记账凭证也可能出现诸如日期错误、金额错误、计算错误、摘要错误、格式错误、编号错误等差错，但我们在进行分析时更应注意记账凭证错误的特点，寻找其特殊之处。记账凭证的错误可能是来源于原始凭证，是原始凭证错误的继续，如会计人员取得伪造的原始凭证，而对其真伪未能鉴别，将其填制记账凭证、登记入账；也可能是填制记账凭证时操作的误差，与原始凭证的正确性无关，如会计人员由于缺乏基本的做账知识，将有关业务会计分录做反，使之不反映经济业务活动的本来面目。对记账凭证的错误可以从原始凭证的“入口”处设防，也可以在记账凭证登录时对原始凭证审核“把关”。这种审核把关，是将经济信息输入企业单位财务核算系统前的最后一次检验，如果该检查功能失效，对会计信息系统的破坏将是直接的，因为登入会计账簿的记账凭证会混入账簿数字的海洋中，以后再对其进行单独检查将是十分困难的，凭证的错误就可以长驱直入，对会计信息系统及其资料的正确性产生破坏。因此，对记账凭证的错误必须引起足够的警觉。

记账凭证的常见错误类型主要有以下几种。

1. 摘要记录错误

对记账凭证中有关的摘要表示过于简单，或者记录反映的内容和形式不规范，不足以最低限度地说明经济业务活动的情况；或者用语不准确，容易造成误解，或者文字说明语不达意，与实际情况相距甚远；或者干脆让之空白不写，给舞弊者予可乘之机。

2. 科目运用错误

没有正确运用有关会计科目，发生了性质运用错误（如将应收与应付、虚账户与实账户、固定资产与周转材料混淆）、内容错误（将科目所包括的业务内容弄错，如混淆了银行支票、汇票和本票的区别，将银行汇票、本票列入其他货币资金之中，将销售费用列入财务费用或管理费用之中等）、对应关系错误（将科目借方与贷方关系列错，出现多借多贷或者其他对应关系不明的现象）等。科目错误混淆了经济业务的对应关系，使资金运动和财务核算的线路产生模糊，是不法分子经常利用的条件。

3. 记账法则错误

混淆了借贷记账法与收付记账法、增减记账法的界限，混淆复式记账法与单式记账法的界限，所用的记账法则不正确。

4. 凭证格式错误

收入凭证、支出凭证和转账凭证的用途不明，互相串用，特别对从银行提取现金或向银行存入现金，未按规定编制付款凭证，而是分别编制收款和付款凭证，重复记账。

5. 记账凭证无编号或者编号错误

记账凭证经常涉及两份及以上的原始凭证。此时的编号用序号（三份凭证的情形）1/3、2/3、3/3 等区分表示所附的不同的原始凭证。无编号是指对多份原始凭证没有按序排队编号，使各份凭证难以区别；编号错误指虽然在原始凭证编号但所排列的顺序混乱，难以窥视其互相关系。

6. 附件数量和金额错误

记账凭证所附的原始凭证的张数和内容与记账凭证不符，或者各张原始凭证所记金额的合计数与记账凭证记录金额不符。

7. 印鉴错误

对已入账的记账凭证未加盖有关印章，或者加盖不全，使已入账的凭证与未入账凭证难以区分；有效的记账凭证与出错作废的凭证难以区分；记账凭证中没有记账、审核等人员的签章。

小知识

记账凭证的审核

为了保证会计信息的质量，在记账之前应由有关稽核人员对记账凭证进行严格的审核。其审核的主要内容如下。

1. 内容是否真实

审核记账凭证是否有原始凭证为依据，所附原始凭证的内容与记账凭证的内容是否一致，记账凭证汇总表的内容与其所依据的记账凭证的内容是否一致等。

2. 项目是否齐全

审核记账凭证各项目的填写是否齐全，如日期、凭证编号、摘要、会计科目、金额、所附原始凭证张数及有关人员签章等。

3. 科目是否正确

审核记账凭证的应借、应贷科目是否正确，是否有明确的账户对应关系，所使用的会计科目是否符合国家统一的会计制度的规定等。

4. 金额是否正确

审核记账凭证所记录的金额与原始凭证的有关金额是否一致，计算是否正确，记账凭证汇总表的金额与记账凭证的金额合计是否相符等。

5. 书写是否正确

审核记账凭证中的记录是否文字工整、数字清晰，是否按规定进行更正等。

此外，出纳人员在办理收款或付款业务后，应在凭证上加盖"收讫"或"付讫"的戳记，以避免重收重付。

3.3 非会计凭证

3.3.1 非会计凭证方面常见的造假舞弊

非会计凭证造假与会计凭证造假有相似之处，如存在窜改、涂写、伪造，以及对凭证内容作出有利于己的改动，或者对有关文件、批示作出某些不正当、不合法的"变通"处理，使之适应于违法乱纪活动的特定需要等。但非会计凭证造假也有诸多不同于会计凭证造假的地方，主要是非会计凭证舞弊一般要与企事业单位其他财务造假和经济违法乱纪活动联系在一起，并互相利用、相得益彰。因为非会计凭证一般不直接作为做账的凭据，对其造假和舞弊，通常不能直接获利或受益，而要通过一系列"补充"手法，将其体现于财务核算的具体过程之中，其利益才能显现出来，所以此类造假的目的不在凭证本身，而在于凭证兑现的利益的多少。这类造假舞弊带着更为复杂的经济背景，会对某一阶段或某一时期会计核算过程和结果产生影响。

非会计凭证造假较多出现于企事业单位集体造假舞弊之中，其主要形式如下。

1. 改动凭证

改动凭证是指对已有的非会计凭证进行不合法、不合规的改动。改动的内容从时间、地点、对象范围到金额、方法无所不有；改动的方式有涂改、添加内容、重新印刷（用相同的纸张、字号、格式印制文件、批件、合同等的内容页，而保留或沿用原件的文头页和文尾页，因为文头和文尾，特别是印鉴较难伪造且制假风险较大）、中间加页、删节、以"更正"形式改动等。

例如，某市某机械厂的生产产生较大噪声污染，社区居民对此反感甚盛，媒体对此反复报道，经当地政府协调，企业决定两年内逐步将生产区搬迁到新址。为鼓励企业顾全大局、讲究社会效益的举动，市政府决定补偿其搬迁工程的部分损失，由企业申请、政府有关部门批准对其原执行的部分收费（如治安费、卫生费、部分环保费、门前三包费、用电增容费、水处理费、绿化减失补偿费等）项目给予减免，减免期为两年。该企业在市政府完成了对企业申请减费的批文后，对批文第二页进行重新处理，又添加了三项与搬迁无关、不应减少的费用。这一改动利用了政府管理中的某些漏洞得以蒙混过关，企业由此少缴有关费用累计 180 余万元。对这些费用企业在财务核算中照常提取，并转入"小金库"留存，后被审计机关审查发现。

2. 追补非会计凭证

根据正常的业务活动流程，应是非会计凭证发生在前，所指导或规范的经营管理和财务核算活动在后，追补凭证则反其道而行之，为了对已经发生的经济业务活动（不正当、不合法的）的合法性、合规性和合理性作出证明，不正当地临时追加凭证，以掩盖其业务活动的本来性质和面目。需要注意的是，追补凭证不包括原经济业务活动因手续不完备，或因疏忽未办理有关手续后来被发现，而在事后补办的凭证和手续。追补凭证特指本来不该办但为了掩饰违法乱纪的目的而办理的追加凭证。

例如，某市国有汽车运输公司因经营不善，财务状况不佳，在元旦、春节两大节日期间无力按惯例给职工发放基本福利，于是将某生产性固定资产出售，以解燃眉之急。节日之后，企业领导深感此举不妥，可能被即将到来的审计查出，于是急忙责成企业设备管理部门进行“技术鉴定”，并出具一份鉴定报告，报告称出售的固定资产技术性能已不能保证生产需要，在工艺上和产品质量上无法满足管理要求，故予以提前报废处理，报告的时间被移至出售资产之前；同时假造了企业管理部门批准报废的文件，由此该业务披上了合法的外衣（当然企业还需对固定资产出售的收入及福利的分发等作出相应的账务处理、完备有关的手续）。

3. 伪造凭证，即无中生有、有中生无地假造凭证

伪造凭证包括伪造文件、合同、契约、批文、传真件等，以此影响经营管理业务或财务核算，从中获取不正当的利益。

例如，某省某高等专科院校为了隐藏资金，以便在下一预算年度中获得经费增加额度，在接近年末时，将账面剩余的资金转移出去，以显示出原预算不足、造成单位经费紧张、不能应付正常的支出、影响教学科研业务的假象。具体做法是：先假造教学部门申请购买计算机、投影仪等教学仪器的紧急报告，谎称由于增加招生导致学校教学设备短缺。然后在领导的授意下，采购部门与生产厂家串通，在完成小批购买后假签了大量采购合同、修理合同和供应配件合同，并依此合同将账面上的部分资金“预付”出去，造成账面资金短缺。在完成上述部署后，校方向上级主管部门正式提出追加预算的申请。

4. “移花接木”

“移花接木”是指将非本单位凭证或与本单位无关的凭证，或虽与本单位有关但因情况发生变化已不适于本单位，但能给本单位集体或个人带来利益的凭证，转用于财务核算和管理。

例如，按照上级通知，对事业编制未满的行政事业单位可于年终一次性发放结编奖人均 400 元，凡完成本年度奋斗目标且未出现重大失误的事业单位可发放奋斗奖人均 800 元。某市某行政事业单位人员超编，且因工作疏忽产生严重失误而被有关新闻媒体曝光，按规定上述两项奖本不该发放，但该单位领导以安定人心为由，将去年奖金的发放名目和标准搬出来，煞有介事地搞了一番评比、拉开档次，最后按人均 1 100 元发放了奖金，引起兄弟单位的较大反响。

3.3.2　对非会计凭证方面造假的查处打假

非会计凭证的稽查的基本目标是分析审查其来源的真实性、形式的合法性和内容的合理性。

1. 对非会计凭证稽查的主要项目

针对非会计凭证的特点及其出现错弊，稽查的主要项目和方法如下。

（1）检查分析非会计凭证要素是否齐全，如文件的文号、行文单位、发文时间、发文范围、公章等是否清楚，有无文件、合同等的要件不全，内容破绽百出，印刷质量低下等现象。

（2）检查非会计凭证的来源，视其是否真实，其逐级下达的途径是否清楚，有关文件与收文单位、有关合同与签订单位、有关申请与相应的批文是否匹配、吻合，有无来源不明、对应关系不清、张冠李戴的现象。

（3）检查非会计凭证制发单位及其与凭证收执单位的关系，分析其是否具有本文资格或是否与收执单位存在正常的业务往来，分析有关文件、合同、批件等产生的背景、环境，判断其

产生的程序是否正常，其内容条款是否反映了企事业单位的实情及其面临的新情况、新问题，或是否反映了签约双方的意愿和利益，有无不合实际、不适时宜之处。

（4）检查非会计凭证的内容是否科学、严密，有无口径不一、表述不明、标准不清、前后矛盾之处。

（5）结合企事业单位有关业务活动，对非会计凭证的相关性、地域性、时效性进行审查分析，分析其内容是否与国家有关政策、法律法规和制度相矛盾，是否适应改革开放和经济建设的形势，按其行事是否会引起不良后果，是否存在经营风险等。

2. 对非会计凭证稽查的主要方法

对非会计凭证稽查的主要方法是寻找和核对原文法，即查对文件、合同、批文、契约的原文，对被查单位无法出示原件的文件、合同等非会计凭证，应责成其说明原因，并提供原文的出处，指出查阅原件的条件。查阅原文后，查账人员要将此与副件、复印件、留存件、执行用文本等进行核对，分析其有无差异，以及被查单位对原文的理解、执行有无偏差。其次，对有关非会计凭证的内容进行审阅分析，检查其是否存在疑点，如有条件的话可以将同一发文单位的不同发文实施对照检查，将被查合同文本与其他合同进行对照，将申请报告与批文进行对照，以发现其中可能存在的问题和线索。再次，对有疑点的非会计凭证要进行必要的内查外调，如向发文单位进行函证调查，向合同签约的对方发函或去人调查，视其是否真实、合法、合理，视其产生过程是否正常，有无操作失误和造假舞弊现象。最后，发现已经改动、涂写、有意毁坏、缺损等不实的非会计凭证，需要鉴别其真伪的，或者对查处重大财务造假和违法乱纪案件有重要意义的非会计凭证，应组织或聘请有关专家，运用有关科学手段进行鉴别。

【例 3-6】 某市某企业矿山设备厂为了开发新产品，扩大矿山机械市场，提高国际市场占有份额，计划与邻近省会某工程机械厂联营。2018 年请当地某会计师事务所对本企业资产进行评估，为在联营谈判中取得有利位置，该厂与事务所协商，要求虚列资产、高估本企业的资产总额，在厂方高额利润的引诱下，事务所放弃客观、公正和公平原则，按照厂方的设计出具了假验资报告。企业根据验资产报告调整了企业原有资产账面数。由于有了“实力”作后盾，在日后的联营谈判中，矿山设备厂以老大自居，以资产雄厚、发展强劲的面目出现，博得联营方的好感，谈判很快取得进展，但最后因一个技术问题未达成共识，对方要求由其聘请会计师事务所对矿山设备厂资产进行重新验资，假验资的闹剧才告戳穿。

【例 3-7】 某市某区工商局接到群众举报，Y 市某电缆厂驻某市经营部冒用国家电工产品认证合格证书，经过调查发现，该经营部于去年 2 月私自将与该厂厂名仅一字之差的 Y 市海达电缆厂的电工产品认证合格证书复印件改为该厂的合格证书，使许多消费者上当受骗，使海达电缆厂蒙受经济和名誉损失。工商局根据有关法规，对该厂变造经济凭证的事实进行了处理，责令该经营部公开更正，并处以罚款一万元。

小知识

非会计凭证的常见错误

非会计凭证的错误类型较多，形式也较复杂，呈不规则性。错误的来源可能是工作人员疏忽，或由于各种条件的限制，使其对某些因素未给予充分的重视；也可能是误入其他单位和个人设计的陷阱，上当受骗；还可能受约于外部和内部环境（如领导官僚主义瞎指挥、碍于人情世故、维系供需双方的既存关系等）一时无法完全避免的缺陷等。常见类型主要有：内部制发的业务文件缺乏明确业务目标，无针对性，有些条款指向欠明，部分内容出现前后矛盾，不能准确地规范和指导财务核算和管理，不能作为财务核算和管理的依据；内部制发的业务文件和制度对财务核算和管理的要求超越客观需要和可能，在实际中难以落实；接收外来的文件张冠李戴，不具有文件所规定的相关性、地域性和时效性，企事业单位却自动“对号入座”；有关业务文件的精神表述不清，使业务部门理解不透、把握不准，对某些条文的解释存在两维性，企事业单位不请示上级有关部门或发文单位，而是按照有利于自身的方面操作执行；有关业务文件遗失，或无正本，以副本或复印件留存；不以正式文件作为执行依据，而是通过口头传达或道听途说的消息来指导财务核算和管理工作；有关合同、契约内容不全面，条文表述不清，出现理解和执行的分歧与偏差；或者合同制定时未完成相应的商谈程序，手续不完备，有损其法律效力，存在合同风险；有关财务核算和管理工作请示报告的批复，内容简单，只是作出原则性的说明，未对其核心问题作出明确答复，未明确有关核算业务的授权，使财务部门不知所措；企业经营管理部门的重要决策未形成正式的书面决议供基层部门执行；或所形成的决议文件中，对于主导性意见和分歧性意见未作恰当表述，使执行部门难以统一思想认识，在执行中存在疑虑，等等。

由于非会计凭证不是直接用于做账，而是指导和规范财务核算行为，为核算和管理提供依据，所以一旦发生错误就不只影响到一笔业务账务处理，而可能涉及一批业务的账务处理，其波及面比较宽泛，这与会计凭证错误明显不同。

3.4 伪造

3.4.1 伪造凭证的鉴别

实施财务造假和违法乱纪需要伪造经济凭证，所谓伪造是指无中生有地假造，包括全部伪造和部分伪造两种手法。

（1）全部伪造。指造假人为了达到某种目的，按照真实凭证的格式，或者按照自己设计的式样，采用描绘、复写、印刷等方法制作假凭证。

（2）局部伪造或称变造。指造假人在真实凭证的基础上对其进行改造，如添加某些内容、改动有关数字，或者采用机械、化学方法去掉凭证上某些文字数字，再加入自己所需要的内容等。

伪造凭证是造假人对无法通过正规渠道取得凭证的非法补充，或者对已有凭证信息的更动和窜改。

1. 造假人进行凭证伪造一般需要具备的条件

（1）具有伪造的需求和动机，熟悉所伪造的凭证或持有真实凭证的样本；

（2）掌握财务核算及做账程序和方法，具有一定的伪造方法和技巧；

（3）具备隐蔽伪造的条件和环境，所伪造的凭证有望混入单位财务核算系统，易于实现造假目的。

2. 对伪造凭证的鉴别是复杂的技术性检验工作

造假人伪造凭证不需要高深的技术和精密的工具，他可以巧妙地利用社会经济生活中管理的薄弱环节，利用外部的力量实现自己的目的，如购买假发票、假收据，委托他人制假凭证、假印章等，这样做不仅提高造假的效率，而且减少制假的风险和成本，因此为大多数制假者所乐于采用。

造假者伪造经济凭证大多不是一次性行为，而具有一定的持续性和连贯性。造假者伪造的个别凭证（如单张发票、收据、票证等），一般在个人舞弊中使用，重复性较差。但伪造凭证系“批量生产”或连续作业，其伪造的凭证大多不是本单位或制造者个人使用，而传送或出售给有关单位或个人，其影响和破坏的面就更为广泛。在有的地区，生产、运输、出售和使用假发票、假收据等经济凭证的违法活动，已形成一条龙服务，可谓要什么发票就有什么发票，只要提供样张就能迅速生产出来。所以，对假发票的鉴别不能是一般性常规检查，而要进行复杂的技术性检验工作，充分惩治财务造假。

3. 鉴别伪造经济凭证工作的任务

主要是识别可疑凭证是否为伪造，确定其伪造的方法和手段，恢复凭证原有的真实面目，为查明财务造假和违法乱纪事实提供证据，为防范假凭证侵害指示坐标方位。

4. 伪造凭证的手法曝光

随着我国经济的发展及计算机的运用推广普及，在日常经济生活所见的各类凭证中，手工雕刻制版、机械制版、铅字排印等简易方式印制的凭证已经绝迹，电子扫描制版印制的凭证增多，相应的伪造凭证也有所增加，对此类伪造凭证的鉴别，主要是将其与真凭证进行比较，发现两者差异特征，比较的要点有以下几个方面。

（1）印刷材料的比较。有的凭证印刷采用了特殊材料，有严格的质量标准和规格要求，一般来说，印刷原始凭证的纸张较薄且有较好的透明感，易于复写，经不起橡皮反复摩擦；印刷票证的纸质较厚且耐磨，不怕湿水，光泽好，易长期保存；另外，印刷经济凭证和票证的油墨也有特殊要求，一般造假者难以购得，所以造假人往往以其他材料代替，尽管代替的材料性质、外观与真凭证接近，但只要仔细观察，就可以发现其质地、物质成分的差异。具体方法是借助光源观察可疑凭证与样本的异同，通过普遍光源可以观察比较图文和纸张光泽；通过手感可以发现纸张的轻重和厚薄；通过双手抖动可以辨析纸张响声的差异；也可以在紫外线照射下观察比较不同材料所反映出来的吸收与透过率，在显微镜下能够观察到可疑凭证的纸张中是否具有真品中所具有的某些成分。

（2）制作方法的比较。对可疑凭证的制作方法进行辨别，视其是用何种方法制作的，是否与真凭证的印制方式一致，有无过于精细或过于粗糙的现象，有无出现不同的制作工艺、采用不同的印制设备和印刷技术，其印刷工序有无简单或复杂现象等，以此判断可疑凭证是否单独印刷，与真凭证是否出于同时、同机、同版。

（3）版面特征的比较。可疑凭证一般是根据真凭证的表面图文结构复制的，不管其复制过程多么精密，总会或多或少地会产生与真凭证版面特征的变异。观察的要点是：可疑凭证的版面内容、结构、尺寸、细节形态等是否与真凭证一致，其图案、底纹、花边、格线、印文、号码是否与真品相同；其部分图案点线的数量、长短比例的相对位置和交接状况是否相同；版面的长度和宽度是否相同；版面文字、线条的长短和粗细、交接及转折处的形态是否相同等，以此综合推论可疑凭证是否属真品。

5. 特殊鉴别（或鉴定）法

在查处重大财务造假和违法乱纪案件中，对一些特殊的可疑凭证还可以采取特殊鉴别（或鉴定）法，包括凭证印刷鉴别、凭证制作时间鉴定和不易见的文字鉴别。

（1）凭证印刷鉴定。主要对凭证制作方法、印刷工具、印刷凭证的来源等进行鉴定检查，分析可疑凭证与真实凭证的异同，主要鉴别内容是：

① 版型鉴别，判断可疑凭证是凸版印刷、凹版印刷，还是平版印刷、孔版印刷；

② 鉴定同类凭证（如一本销售发票、连号的收据、一份合同的前后页）是否同版印刷，分析其版面格式、内容与版面尺寸、文字、线条的形态和相对位置，图文网点的密度、形态是否相同或一致；

③ 确定可疑凭证与凭证样本是否同刀，分析其纸页对应边的边长和各对应角的角度、纸张周边切划的痕迹等是否相同或相似；

④ 确定可疑凭证纸与凭证样本纸的页距。

（2）凭证制作时间鉴别。主要对凭证形成的时间、顺序进行鉴别，鉴别内容主要有：

① 通过对凭证的内容、所用物质材料和工具、笔迹和凭证物质材料随时间推移而发生的变化等推测凭证形成的具体时间；

② 通过对两份凭证或凭证中的两部分文字，或相互重叠、交叉的文字和印文的鉴别，以判断其形成的先后、主次。

（3）对不易见的文字的鉴别。主要是对因为自然的或非自然原因造成的不能或不易看见或看清的凭证文字进行恢复或鉴别，主要内容是对压痕凭证文字的鉴别、对掩盖凭证文字的鉴别、对消退凭证文字的鉴别和对燃烧、烤焦、蒸煮、浸泡、撕毁等凭证文字的检查鉴别。

上述三种鉴别检查项目多，准确性较好，技术含量较高，但鉴别难度较大，需要由有关部门（主要是公安、检察、安全等机关或部门）专业人员进行。由于鉴别的条件要求较高，运用成本较大，在一般凭证的检查鉴别中不多采用。

3.4.2　伪造凭证的印章印文的鉴别

伪造印章印文往往是伪造凭证的关键，鉴别印章印文往往也是鉴别凭证的关键。因此，在打假治假的斗争中，检查稽核人员应以专业科学知识武装头脑，提高职业敏感性，增加鉴别真假的水平和能力，以一双“火眼金睛”，捕捉经济凭证中存在的各类疑点，识破各种经过巧妙伪装的假印章印文，在复杂的背景和案情中发掘财务造假和违法乱纪的事实。

财务造假和违法乱纪分子伪造印章印文的基本条件是：掌握一定的印章方面知识，具有伪造和变造印章印文的工具、条件或能力；能够获得正式印章或印文的样本；有相应的可资利用的凭证；伪造印章印文和相应的凭证后能够利用于财务造假和违法乱纪活动。也就是说，伪造印章印文是财务造假活动中的一环，造假者不仅需要有伪造印章印文的必要和可能，还需要有其他方面的配套保障，否则不能达到其造假的最终目的。

由于伪造印章需要一定的工艺和技巧，在经济生活中造假者亲自伪造印章的案例不太多见，而动手伪造印文者则相对较多，特别是在个人造假舞弊中。因此要加强对个人经办业务凭证、来历不明的经济凭证、经多人之手传递的凭证、经过较长时间才入账的凭证、经过修改追加的凭证、残缺不全的凭证、重大或特殊业务的凭证的稽查，特别对其印文形状、结构、线条、文字等易伪造的部位进行检验查对。

1. 财务造假者伪造印章印文的主要手法曝光

财务造假者伪造印章印文主要有三种手法：一是伪造印章后加盖，二是直接伪造印文，三是部分伪造印文。

（1）照相制版法。以真印文为样本，通过照相方法制作平版或腐蚀凸版，再印制成假的印文。这类造假形式常见于集体舞弊、集体诈骗活动，特别是国内企事业单位与境外组织勾结的违法乱纪活动之中。例如，内外串通签订假供销合同，伪造出口证明和报关、验关凭证，以骗取国家出口退税；其中假单据、假凭证的公章和专用章一般系境外组织伪造。再如，境内外不法分子相互勾结，用伪造的假账单、假信用证、假授权委托书等骗取我银行贷款，所使用的印章也大多在境外刻制完成。这种伪造方法的突出特点是：照相平版式印刷伪造的印文具有平版印刷的特点，纸面没有凹入感，墨色平淡，印文成分系油墨而不是印泥或印油；照相腐蚀凸版印刷伪造的印章印文，其文字笔画的棱角不分明，呈现纯圆状，笔画线条边缘不齐，有时有毛边出现。这种制假方法所制印文与真印文在结构、规格、大小等方面相同，但有时也会出现局部错位。

（2）雕刻伪造法。这是财务造假和违法乱纪者，特别是个人舞弊者常用的方法。造假者雕刻假印章的途径较多，有个人亲自刻雕，更多的是由造假者提供样本，由不法刻章企业或个体刻字户代制。由于真假印章刻制的技术水平、刻制材料和工具不同，伪造印文与真印文之间肯定存在一些差异，其特点是：印文外形不规整，字的大小和间距不匀，字位和五角星位置不正；笔画线条粗细不一，直线不直，弧度不圆，转折生硬，字体不标准；笔画和线条有不规则的间断，有时出现刻刀损伤的痕迹等。

（3）单字拼迭法。采用单个铅字或雕刻成的单字，依照真印文的规格，分别加盖于伪造的文件或凭证上，或者将活字先固定于圆形体中然后再加盖于文件或凭证上，这在个人舞弊或集体造假舞弊均有所采用。其特点是：字的压力不匀，色调不均；选用的单字可能出现字体不一、大小不同的现象；或者出现固定的位置不准，整体布局有偏，字位不正，排列不齐，字间与边框粗细与文字大小不适的现象；如果边框是附加的，会与文字缺乏协调性，有生硬和勉强之感。

（4）变造印文。就是在真印文上经过加工改制而成的伪造印文。该方法常被不具备伪造印章的个人舞弊者采用。其具体方法曝光如下：用抠、挖、擦、补等方法去掉原印文上的某些文字，或者在真印文的空白处增加某些文字；或者是将作废的或真印章去掉或遮挡去某些内容，再加入新的文字。例如，企业财会人员开具假发票收款，将保卫部门的公章变造为财务专用章，保留公章上的企业的名称，而用胶布将保卫处三个字遮起来，先加盖于发票、收据之上，然后再用准备好的“财务专用章”五个铅字补盖于遮挡的空白处，从而伪造出表面完整的财务专用章。

变造印文的特点明显，容易辨认：

① 可疑凭证印文处有擦乱痕迹，涂改部位的纸张、色彩均与他处不一，用肉眼或放大镜可清楚观察到；

② 补充的文字与原印文存在差异，不论字体、排列、间隔、位置等都与众不同；

③ 遮挡后补充造假一般难以达到与总体的协调一致，有组装的痕迹，其空白、间距等把握不准，字体结构、色调、加盖作用力等均显出程度不同的差异。

（5）描绘伪造法。将伪造文件或凭证覆盖于真文件或凭证上，用笔描绘成伪造印文，或将真文件或凭证的印文置于伪造文件或凭证之上，用硬性书写工具描绘，在伪造的文件上形成压痕，然后再用颜料或印油描绘；或者用复写纸描绘的方法形成印文形状，然后用染料或印油勾绘。该伪造术一般出现于个人凭证舞弊之中，其伪造的凭证数量不多，即不适用于短时间内的重复舞弊。该方法的特点是：文字、线条有描写的痕迹和笔迹压痕，文字、线条颜色不均匀，且深浅不一；线条、文字粗细不等，边框不圆；印文中有染料、复写纸的痕迹。

（6）漏印伪造法。用蜡纸盖于真印文上，用笔在蜡纸上画成浅印，然后在钢板上刻画，制成蜡版，再用印泥或红油墨等渗漏成印文。这种制假方法由于工艺难度大，仿真性不强，在现实中较为少见。其特点是手工绘制特点明显，线条和文字中有中空现象；边框不齐，笔画粗细不一；印文中有许多密布的小点，且无加盖印章的压印痕迹。

（7）转印伪造法。采用转移真印文的办法制作印文，具体有直接转印、间接转印和描绘转印三种。由于经过转印，印文的形状、字体存在部分失真，与真印文相比有所变异；同时由于转印过程中使用了蜡、复写纸等工具，所以在转印印文中存在蜡屑或蜡油斑；再者转印印文没有正常印文的压印痕迹，无凸凹之感。

2. 对印章和印文伪造进行鉴别的主要技术方法

（1）观察法。用放大镜、显微镜等器械观察可疑印文，或将可疑印章印文放大，以利于肉眼观察其中有无书写工具、复写纸、染料等的痕迹，有无制假所用材料或工具留下的物质颗粒和斑渍；分析凭证上的印章名称、内容与文件是否相符；印文和图案是否呈反像；字体及分布位置是否规范，有无模糊和涂抹的痕迹。通过观察若不能发现明显的异常，或虽找到异常但不足以证明其真伪，则应采取印文对比检验法再行检查。

（2）印文对比检验法。对可疑的印文与样本印文进行对比检验，具体做法有以下几种。

① 标示对照法。将可疑印文与正式的被模仿的印文放置于一处进行对比，找出两者的相同点或不同点。

② 测量对比法。在可疑的印文和样本印文中确定若干基点，测量印文有关部位的特征，以发现其反常和变异之处（如测量印文的直径、文字间隔、文字大小、交接部位等）。

③ 画线对比法。将可疑的印文与真印文制成同倍数的两张比较照片，在两者相同部位选若干基点连成直线，观察和比较直线所通过的印文文字笔画、线条的位置和距离是否一致。

④ 拼接对比法。将印文折叠起来，将折叠线上的印文边框、文字、线条同可疑印文的相同部位的边框、文字、线条互相拼接，观察其是否能完全接合。

⑤ 重叠对比法。将可疑印文与样本印文利用透光进行观察比较，视各部分文字、线条等是否重合。

⑥ 显微镜和投影仪对比法。通过显微镜和投影仪将可疑印文与样本印文进行重叠观察，视两者是否相应部位是否吻合，有无走样和变形。

在经济凭证印章印文的检验过程中，查账人员对可疑的印章和印文所进行的鉴别分析及其所使用的程序、方法等应做好记录，在完成鉴别之后还应就鉴别结果出具鉴别意见或鉴别报告。在检验过程中，如遇到一些特别复杂的凭证，对其鉴别超出了查账人员的技术手段和能力，应聘请有关部门或组织（如公安司法部门、有关专业研究所、技术情报部门等）的专家进行鉴别和鉴定，其鉴定的结果也应形成书面结论。对已查实的伪造印章、印文应及时组织清查和处理，即须查明伪造印章印文的来源、使用的频度及波及范围、造成的影响和后果以及直接和间接责任人；同时对伪造印章应收缴，对有关凭证要进行清点登记造册，对能收缴的应收缴销毁，对无法收缴的应通知本单位有关部门和有关人员对其实施控制和防范，或者通知各有关部门和单位以引起其重视和警觉，或请求有关部门和单位协查，尽力控制其影响，消除其危害；对假印章、印文侵蚀本单位会计核算系统的程度和后果应作出评估和匡算，对有关会计账目应进行调整和梳理，对有关责任人依法给予处理和处罚，触犯法律的要移交司法机关惩处。

3.5　变造

变造凭证的鉴别手法主要有以下几种。

1. 对采取抠、挖、擦、撕扯等机械方法窜改的经济凭证的鉴别

（1）手感法。用光洁的指面平抚怀疑被窜改的凭证，一般没有经过窜改的凭证纸质平整，纤维光洁，表面有光泽，而窜改之处纸张表面的完整性损坏，纸张变薄，格线受损，有纤维毛头，存在触摸异感。

（2）背光目视法。将检查的原始凭证底面增加直射光源，可以用阳光、窗外光线、无色灯光等，观察凭证怀疑窜改过的部位，被窜改的部位一般与周围的不同，不仅纸面粗糙，有细细的纤维头，而且有明显挖擦的纸屑，被涂改或重写的字迹有褪色之感，不甚自然。如果用肉眼进行观察存在困难，可借助放大镜和显微镜进行侧光或透光观察。

（3）试剂检测法。将少许汽油或酒精涂抹于凭证可疑之处，被窜改之处对试剂的吸入和渗透比其他部位要快，非经窜改之处其纸张光面未被破坏，微量试剂滴入后呈小水珠均匀分布于四周，被吸收和渗透的速度较为缓慢，且不甚明显。另外，对窜改经济凭证的鉴定，检查人员

要注意到：原始凭证窜改舞弊不同于凭证错误，一般是单向运动，即支出性原始凭证的数量金额是由小改大，收入性凭证则是由大改小，不会反其道而行之；窜改凭证改动的对象较多集中于外来凭证和较难取得的凭证；窜改过的凭证一般不会单独报账，让其显露于醒目之处，而经常“搭车”与一些正常凭证一并报销入账。

2. 添加和改写类经济凭证的鉴别

对经济凭证的添加改写一般其文字分布位置不正常，字间、笔画间的间隔和比例关系失称，笔画粗细不均匀，墨迹色泽和浓淡有异，有时出现不必要的修饰、重描和不正常的交叉笔画，凭证背面和折叠处有非常明显的墨水渗散现象，有时出现文字笔迹特征不一致以及笔顺紊乱等情况。对此类凭证检验的基本方法是在放大镜或显微镜下观察笔画交叉点的特征，发现笔顺异常，检验的办法是根据墨水渗散现象、笔画的高低纹路和交叉点笔道是否间断三个方面的特点进行判断。如果查账工作涉及大案要案，检查人员对有疑问的凭证可以请公安部门采用分色照相法、照相感光纸复印法、红外线照相法、紫外线照相法、紫外线检验法和光谱分析法发现添加和改写的特点，也可以对可疑笔画进行化学检验，确定墨水、铅笔、圆珠笔或复写纸是否同种同类，以发现添加和改写部位。

3. 对消退经济凭证要素的鉴别

消退经济凭证要素常用的化学药品有酸、碱、氧化剂等，其特点是：被消退的凭证部位纸张表面光泽消失，纸质变脆，甚至出现穿孔，有淡黄色污斑和隐约可见的文字残留笔画，纸张格子线和保护花纹受到破坏，在药剂作用下新添加的文字和数字墨迹渗散变淡。如果查处重大案件，检查人员对可疑的凭证可请当地司法部门进行鉴定，主要的方法有紫外线荧光分析法和化学试剂显色法。

4. 局部伪造经济凭证鉴别

对此类伪造凭证的鉴别主要是检查假印章、假证件和单据及冒充签字，参见以下各节的详细阐述。

5. 变造证件（主要指经济类文件、证书，如出口许可证、质量许可证等）和单据（主要是发票和收据等）的鉴别

主要是将可疑件与原物（真实件）进行对照，通过对其技术特征的分析，判断其真伪。一般来说，检查人员可以通过证件单据的图案、花纹、印文、颜色等的异常发现问题。检查的重点是文书格式、印刷字体、文字布局、纸张质料、格线、保护花纹、图案、印章等，对预设有防伪标志的证件，应着重检查其清晰性、完整性，视其有无移动、撕扯、改写等痕迹。检查的方法主要是审阅法，即采用目力查验和分析，必要时可采用化学分析方法辨别文书物质材料。

6. 其他变造凭证鉴别

对窃取凭证的鉴别不是对其真实性的检查，而是对其来源合法性和合理性分析，经过对凭证要素合规性检查后，未发现其本身存在问题，但发现凭证开具的部门和人员出现异常，如出现企业技术部门、生产部门或非本单位职工开具本企业产品销售发票，开票地址不在本单位内部，经常是流动于各处，行踪不定，但开出的发票的形式和内容完备，单位印章、税务专用章等无缺，开票人惧怕收票人与开票单位联系等情节，即可怀疑其来源存在疑义。对旧、废凭证的鉴别主要是对其凭证的有效性的鉴定，这类鉴定可通过向凭证开具单位查询，检查、核对其凭证式样、印章、地址等要素的方法进行，如通过审阅发现凭证中有原单位的名称、升位前的电话号码、旧的印章、已经调离的经办人、原法人代表姓名、老银行账号、原有厂址、旧的凭证编号等，应对可疑点进行查询，以证实凭证有效性。对大头小尾凭证的鉴别，主要是观察凭

证报销联（一般系第二联或第三联，字迹系复写纸压写所致）的正反面是否为复写压写，所写的字迹是否正好填入有关栏目内，其笔顺是否自然、清楚，有无字体错位、轻重不一、笔顺别扭、运笔不畅或中断的现象，记账凭证联上是否有其他书写痕迹，这些正是大头小尾造假的特征和鉴别标志。

3.6　防伪

进行打假治乱，不仅需要采用行政、法律、经济的手段，依靠社会多方力量齐抓共管，而且需要依靠科学技术方法和手段。只有充分应用人类科学技术发展的一切有用成果，才能迅速形成打假治乱的战斗力和威慑力，才能真正构筑防范和打击财务造假和经济领域违法乱纪活动的坚实基础和强大后盾，才能制服高科技犯罪和智能型造假舞弊。经济凭证防伪正是现代科技手段在打假治乱中的有效应用。

对经济凭证实施鉴别是假设凭证中存在着假的可能性，或者说假已混杂于真实凭证之中，需要作出某种预防性鉴定和区分，鉴别的目标是不让其混入本单位会计核算系统。

为了提高防假治假的效率和效果，我们不妨将防假、打假的战线推进到经济凭证产生之初，且较大幅度地提高其科技含量，即在凭证之中设计科技防伪标志，以限制假凭证的产生，或者使其出笼后立即暴露于光天化日之下，原形毕露；另一方面，经济凭证鉴别也需要有某些容易鉴定和识别的标志物，这些标志物是鉴别的对象和依据，它既简化了鉴别工作，使之易于操作，同时提高了鉴别的准确程度。因此经济凭证，特别是一些重要凭证的防伪设置在世界各国普遍受到关注，竞相推广采用。我国近十年也相继研究、开发、采用了一系列防伪技术和防伪标志，并在行政管理、经济活动、对外贸易、司法审判等领域推广应用，取得了明显的社会效益和经济效益。

3.6.1　设计经济凭证防伪标志的原则

在设置防伪标志的时候，应该充分考虑上述各影响的因素，权衡利弊得失，本着以下原则，设计适宜的经济凭证防伪标志。

1. 经济性

经济凭证防伪标志的设计首先要考虑成本费用支出的承受力，考虑经济上的可行性，因为防伪设置所需要的成本费用一旦高于假乱所造成的损失，防伪设计便失去了经济意义。因此，要预计有关经济凭证出现假乱的潜在危险性和可能性，根据假乱的规律，编制为设置防伪标志所需要的费用预算，寻找预防成本投入的最优点。

2. 适用性

适用性即做到防伪设置的实用性与经济凭证开具单位和收执单位的实际情况相符，与人们思维和习惯吻合；对人们正常的经营业务和凭证开具无不良影响，使用在技术上具有可行性，不存在制作障碍，而且为人们的知识和能力所接受。

3. 简易性

简易性即使用、鉴别防伪标志的方便性。防伪技术和防伪标志制作的复杂性，不等于人们对其使用和鉴别的复杂性，一般的防伪标志应为人的肉眼观察或其他常规鉴别方法所能辨别，而无须专门的仪器设备，无须经过专门培训、掌握特殊的技能；否则防伪便失去群众性，限制其普及推广。

4. 保久性

保久性即经济凭证的防伪标志具有一定的耐久性，不因时间的推移而弱化，在一定的时间期限内能够保持其防伪性能。因为经济凭证的真假不仅需要即时检查鉴别，还要进行后续检查鉴定，如果经过不太长的时间保存，防伪标志的可辨性减弱，不能正常发挥其功用，那么就不能满足打假治乱工作对经济凭证的鉴证需要。

5. 有效性

有效性即抗伪造性，防伪标志的制作有若干技巧和窍门，暗伏有若干不易被人发觉的特点，对其进行仿造、复制是困难的，对其真假鉴别易于径直得出准确的结论。

6. 技术独占性

防伪标志存在制造技术的秘密性和技术的独有性，并实行严格的法律保护监督。如果防伪标志的制作工艺外传或已为民间所掌握，那么将对防伪技术和相应的防伪标志构成威胁，对其控制将是十分困难的，防伪的效果无形之中将被削弱。

3.6.2 经济凭证防伪标志的选择制作

代防伪技术已经延伸到现代光学、分析化学、计算机及多媒体技术、生物工程学、遗传工程学、现代管理学、计算机图像识别技术、电磁感应学、法医学等多个重要领域，逐步成为一门新兴的边缘科学。

小知识

现代防伪技术的分类

根据防伪技术应用的不同领域，现代防伪技术可分为三个方面。

（1）产品防伪。指对产品（主要指物资产品）设计、生产工艺、加工制造等相关的技术、技巧、配方、窍门、秘诀等实施的保护和加密，使其不能或不易被人窥探、获取、悉知或掌握，不易被不法分子复制、伪造。例如，美国公司的可口可乐产品配方、我国的青花瓷器的烧制工艺等属于这一类。

（2）标志防伪。在防伪品上附上公众容易识别的标志物，以便于人们鉴别真假。经济凭证防伪大多属于这一类别，如人民币上的水印、护照上的紫外线水印、毕业文凭上的特制花纹、商标上的暗记等。

（3）信息防伪。这是指为保护信息或知识产品及其载体安全性所采取的防伪措施，如早期所采用的电报密码和现代采用的计算机程序的启动密码都属于此类。

从 20 世纪 70 年代末至今，随着我国改革开放和社会主义经济建设事业的发展，我国防伪产品行业也经历了从无到有、从小到大的迅猛发展，从技术上已从条形码防伪到激光全息防伪、温变防伪；从引进消化到自我设计和生产，初步形成了实用型、效益型生产体系，有些技术已超过或到达世界先进水平。因此，经济凭证防伪已具有较为坚实的技术基础和有利环境。我们要在我国现有经济凭证管理的基础上，逐步推行凭证防伪，加大防伪技术含量和防范力度，以求不断有所突破，取得实质性效果。

1. 在凭证中防伪标志的设置

根据经济凭证的使用面广、量大、管理分散复杂、介入主体成分各异的特点，在凭证中设置防伪标志可以选用自携式防伪和附属式防伪两种设计。

（1）经济凭证自携式防伪设计。所谓凭证自携式防伪设计是指在凭证的印制过程中将有关防伪标志印制于凭证之中，即防伪标志与凭证本身融为一体，彼此不分离，破坏防伪标志即破坏了凭证本身。

经济凭证自携式防伪设计的主要技术手段如下。

① 印刷方式防伪。利用经济凭证印制的批量优势，采用先进的印刷方法，使其版面设计、

制作工艺、艺术效果和形体特征等方面胜出一筹，使造假者难以企及。纸张水印技术是历时悠久的防伪印刷手段，被世界各国所广泛采用，它是在造纸过程中采用特殊技术，使纤维排列成预先设计成的特殊图案，如人民币中毛泽东人头像、工人头像，国家税务发票中“税”字图文，以及其他有价证券和重要文件所采用的票首（文头）图案。在当今科学技术高度发展的今天，水印防伪技术不能说是什么高精尖技术，一些中小型印刷企业只要具有一定的技术力量和常规印刷设备便可印制。但是水印防伪印刷成本较大，适用于批量生产，这对犯罪分子是极好的制约。据有关专家测算：制造一吨水印纸，需要 3 立方米木材、100 吨水、100 多度电、100 多个劳动力以及难度较高的操作技术，这绝非不法分子“小打小闹”（不达到一定生产批量）或手工作坊所能加工制作，即使其生产出来也难以达到真品那样惟妙惟肖，而犯罪分子从事成批量的假凭证生产危险性是很大的。因此经济凭证防伪设置较普遍采用水印防伪技术，特别是对一般的会计凭证，可在不大量增加成本费用的前提下确保简易而有效的防伪。除水印技术之外，对一些特殊凭证还可以并用较为复杂的凸版或凹版印刷技术，提高制作工艺的技术含量，以增加复制的难度，提升防伪的可靠性。

② 油墨防伪。油墨防伪是在印刷纸中加入无色纤维或彩色纤维纸，印刷时再配用荧光、磁性、温度、光变油墨等特种油墨和特种制版凹印技术所形成的防伪屏障。用于印刷凭证的油墨应为专用原料，定点生产，与其他印刷用油墨形成区别。具体的印刷技术方法有：以不同颜色的油墨专门配置一种色彩，使防伪者难以调制出相同的颜色；使用荧光、磷光等特殊物质加入特制的油墨中，使造假分子不知悉配方难以加以复制；用专门的荧光油墨在凭证中喷印出隐形编号，在正常光下不能显现，在特殊光源中可轻易辨别；在油墨中加入磷光粉剂制成特殊油墨印刷凭证，其磷光条框在紫外线的照射下发出紫绿光，由于该工艺较为复杂，造假者只能望而却步。油墨防伪由于其制作工艺复杂、成本较大，不适用于一般的会计凭证防伪，而较适宜于证件、文书、合同契约等非会计凭证防伪，如我国利用油墨防伪技术印刷“渔业捕捞证”“烟草准运证”等特种证件和高档产品的证书标志上，取得明显的防伪效果。

③ 纸张防伪。印制经济凭证的纸张应有特殊规定，不仅类型特殊，而且具有特殊要求并配以特殊的管理方法，以防不法分子生产或获取凭证印刷用纸张。凭证用纸张应满足凭证所需的使用特性，如纸张具有较好的透明性、复写性、防水性，纸张较薄，不具有抗摩擦、抗撕扯和化学侵蚀等性能，即要求凭证“一次成形”，不给予修改空间，以使凭证遭不法修改或变造时留有明显的痕迹。另外，在凭证用纸张中加入特殊材料，也可以形成纸张独有的防伪特征，达到经济凭证防伪设计的“双保险”。

④ 暗记防伪。在凭证印刷过程中，加入某些细微的、不易被人发觉的特殊标记，隐蔽于凭证格式、图案之中。这些标记可以是图形、数字或文字，其特点是用肉眼不易看清；或者让其混杂于其他标记之中容易被人所忽视；或者需要使用特别的工具、器械和特殊的方法才能辨认。暗记的内容和设置部位应当只有少数相关人员才了解和掌握，这样做能够增加其防伪的实际效果。需要注意的是，暗记的内容是不公开的，当其解密后设计者就需要考虑补充新防伪手段。暗记防伪可以适用于会计凭证和非会计凭证，其实际效果取决于暗记设计的艺术性、巧妙性和保密性。

⑤ 其他防伪手段。除上述以外还有打孔防伪、条形码防伪、矩阵码防伪、立体成像技术等，由于其技术的局限性和较高的成本费用，在经济凭证防伪中广泛采用尚需时日。

（2）经济凭证附属式防伪标志设计。附属式防伪标志是指在凭证印制完成后，根据凭证开具者需要而在发出凭证时附粘的防伪标志，即凭证不开具、不发生效用时不带有相应的防伪标志，只有当其开具并交给凭证持有人、发生效力时，才附上相应的防伪标志。

经济凭证附属式防伪标志设计的主要技术手法如下。

① 激光全息图像防伪技术。这是在商品防伪中最常见的形式，其基本做法是：通过激光制版，将影像转移制作在塑料薄膜记录材料上，该标志在光源的照射下会产生五光十色的衍射效果，并使图片具有二维、三维空间感。这种防伪标志一般制作成不干胶粘贴物，在需要时附贴于经济凭证之上。这种防伪技术具有很广的适应性，普遍用于产品防伪，也可以应用于会计凭证和非会计凭证（如证件、文件、合同、委托书、授权书、公证书等）防伪。

② 凭证加膜保护防伪技术。在经济凭证表面加贴一层塑料薄膜，既保持经济凭证原有内容的清晰可辨，同时加贴了保护膜，有效防止了可能出现的对凭证文字、内容和印章的修改和变造。保护膜本身也具有一定防伪性，如薄膜上印有深浅颜色不同的花纹、图案、文字或数字等。保护膜虽粘贴后与自携凭证防伪标志相当，与凭证具有不可分离性，当破坏了保护膜也就破坏了凭证本身，但它仍属于附属式标志，因为它是在凭证完成填写后才加贴的，有对凭证内容的保护功效。

③ 核对提示防伪技术。在经济凭证中加贴核对提示防伪标志，取得凭证者刮开标识涂膜，即见隐藏于内部的文字，根据标志上的文字提示，凭证持有人可以拨打指定电话、输入凭证号码核对查询该凭证的背景资料，查验凭证的真实性和合法性。

④ 其他防伪技术，如凭证加密技术、凭证使用一次性呈色技术等。

经济凭证防伪一般以自携式防伪标志为首选，因为它具有使用方便、鉴别简单、开发使用成本低廉、易于管理等特点，具有较为广阔的普遍推广前景。

3. 实施经济凭证防伪设置过程中的注意事项

在实施经济凭证防伪设置过程中，要特别注意以下几个方面的问题。

（1）充分认识我国经济领域财务造假和违法乱纪活动的严重性和危害性。虽然各级政府、有关部门不断加大打击力度，但制售假凭证、贩卖假发票等违法犯罪活动在一些地区仍然比较严重，这迫切要求我们刻不容缓地推进打假治乱工作，坚持标本兼治，完善打假法规，理顺反假体系，加强反假宣传，加大打假力度，以推动反假、打假斗争向纵深扩展，维护经济凭证的信誉，确保经济秩序健康运行。在此大背景下，防伪工作应做到动态完善，那种认为一次防伪设置就获得一劳永逸效果的想法是幼稚的。要加强更新技术，改进防伪产品，不断推陈出新。经济凭证防伪设置要一代一代更迭，当老一代防伪设置已过时或已被不法分子破解并生产出伪品，就应及时推出新的防伪设计。其中关键是做好产品开发和技术储备，且及时跟踪经济领域出现的新情况、新问题，迅速有效地调整工作方略。

（2）注意传统技术与现代技术相结合。切勿一味追求技术先进性，盲目引进国外先进的、价格高昂的防伪技术和设备。因为我国有自己的国情，有些国外通行的防伪方法和技术在我国不一定可行，如超能核微孔技术、声纹技术、遗传基因加密技术等在国外仍处于早期开发阶段，有些功能尚不稳定，需要许多配套条件，在我国目前尚不完全具备普遍使用的环境，对这些技术可进行理论探讨和技术预研，等技术成熟和基础条件具备时再推广普及。另外，对我们过去采用的传统防伪措施和方法也不可简单否定，如图型、图标、文字、数码等防伪技术目前仍具有一定的市场，未必已完全过时。科学和明智之举是将现代科学技术与传统的技术方法有机结合起来，取长补短，相得益彰。以实际效果作为检验防伪技术优劣的基本尺度，而不是以技术先进性和设备的价值作为取舍标准。

（3）注意防伪和管理相结合。只防不管不仅削弱了防伪的实际效果，而且会动摇人们对打假治乱的信心，给后续的防伪工作带来不利的影响。目前我国防伪产品生产厂家虽然数量众多，但力量过于分散，水平普遍较低，重复较多，管理松散，其技术水平长期得不到提高。个别企业对承制的防伪产品疏于管理，使企业内部及外部人员极易将产品带出厂外，给造假者以可乘之机。过去荧光防伪印油曾经名噪一时，以致数以百计的企业拥入该领域竞争，有的企业将防伪印油陈列于商店出售，给不法分子大开方便之门。有些既无技术又无人员的乡镇小厂引进一条生产线就搞“激光全息”“荧光防伪”等高科技产品，这些企业什么业务都接，什么产品都做，什么人都可以购买其产品，以致假凭证、假单据也附有防伪标志，破坏了防伪产品的信誉。目前我国没有一个统一的防伪行业管理机构，防伪产品从生产到运输、从销售到使用，缺乏必要的管理监督手段，也没有行之有效的完善的法律、法规体系和规章制度，仅有的《防伪全息产品通用技术条件》等七个行业标准不具有强制效力，得不到全面贯彻执行。防伪产品是一种公共安全产品，应列入“特（殊）行（业）”进行管理，要建立防伪产品的科研生产单位管理制度，包括人员进入科研、生产区的检查制度，有关科研资料的密级确定及相应的移交、保管、领用、保密等管理制度，产品的交货及运输管理制度，防伪技术的转让管理制度，防伪技术装备安装使用管理制度，防伪产品及防伪标志的保管、使用管理制度，防伪标志的鉴定制度，防伪设备引进管理制度等。要实行防伪产品生产许可证制度及质量监督机制，以明确责任、保证防伪技术的唯一性和独占性。要从生产厂家的资金、设备、科研人员力量到管理制度步步严格把关，保证防伪产品的生产、使用、管理的规范性、科学性和严密性。

（4）经济凭证防伪技术与鉴定技术相结合。防伪与鉴定是检查假凭证、假单据的两个技术环节，防伪提供了鉴定的依据和标准，防伪标志的设计应充分考虑检查鉴定的要求。在设置经济凭证防伪标志时，应提供鉴别防伪标志的技术、技巧和方法，对一些重要的防伪标志还要配备若干高科技防伪技术和多功能检测器材，这些鉴定手段在打假治乱斗争中发挥了不可取代的作用。

（5）注意防伪与违章违法的处理处罚相结合。防伪只是手段，而不是目的，要达到防伪的目的还必须对检查中发现的财务造假和经济领域违法乱纪活动进行坚决处理处罚，要加强打击制假贩假的力度。有些西方国家防伪行业并不发达，它们主要致力于提升打击假冒伪劣的力度，也较好地杜绝了假冒伪劣的产生。而相比之下，我们对制假者有些心慈手软，搞了不少“不了了之”和“下不为例”，这无疑等于姑息养奸，放虎归山，其结果不仅否定了防伪技术作用，使人们对防伪技术产生疑虑，而且助长了制假者的嚣张气焰，使之更加胆大妄为。因此，要强调执法严明性，对财务造假和违法乱纪活动绝不能手软，对防伪、查假工作发现的假源一定要一查到底，查一宗，处理一宗，这样才能向制假者发出明确的信息：此路不通，才能杜绝假源滋生，打假治乱才能取得实质性进展，防伪工作才具有现实意义。

小知识

防伪的制约因素

防伪的功用不是万能的，科学技术是一把“双刃剑”，它可以被治假者所用，也可以为造假者所用，既能用于攻击制假贩假者，有时也被用于侵害无辜者，使其受到损害，所以治假和防伪本身是“被克”与“反克”的矛盾，是一场激烈的技术较量。另外，防伪受到政治、经济、社会等诸多因素的制约，使其实际效果与设计者的初衷经常发生离析，这些制约因素具体如下。

1. 成本因素的制约

经济凭证防伪设置在一定程度上受到成本费用的限制，在经济凭证中增设防伪标志无疑会增加交易成本，这种增加控制在一定范围之内防伪便是可行的，一旦超出人们承受的限度就会限制其利用和推广，甚至迫使人们放弃防伪设计。所以现实的选择是在成本适当开支的前提下，选择经济、易行的防伪方法，稳健设防布控。

2. 管理因素的制约

防伪有两个方面的问题，一是技术问题，二是管理问题，只设置防伪标志，实施了防伪策略，但没有有效的管理对策，防伪效果也会大打折扣，甚至使其彻底失效。例如，防伪标志的生产、流通、使用没有严格的管理措施，使防伪标志生产企业在技术上没有独占性，也没有技术监督和管理，任何企业都可以上马生产、流通销售，那么防伪标志就成了摆设，根本无甚作用；又如，凭证开具单位对凭证所附的防伪标志不妥善保管，使之散失，让造假者复制、借用，就使造假有了可乘之机。在现实生活中，我们所实施的防伪措施，有些防伪标志的设计采用了国际上的最新防伪技术，连国外也未普遍使用，但实际的效果令人失望，原因是我们管理措施和管理水平跟不上，以至于造成"一流的技术、二流的素质、三流的管理、四流的效果"。所以迅速加强防伪标志的技术、生产、流通和使用等方面的管理，提高其管理水平是当务之急。

3. 科技因素的制约

由于科学技术手段的局限性，限制了其功能的正常发挥，这种局限性包括技术的相对滞后性、技术的不适应性、操作的复杂性、功能的矛盾性、运行的非稳定性及配套的困难性等。技术水平的制约可以通过管理水平的提高加以弥补，但管理维持于较低水准，技术的局限性就会更加明显地暴露出来，被不法分子所利用，抵消防伪标志设置的作用。

4. 道德因素的制约

社会对假乱的态度，对打假治乱的支持或认同的程度，人们的价值取向和社会责任感等是防伪设计发挥作用的社会环境，当人们对假乱现象麻木不仁，听之任之，只有当其侵害了自身利益时才奋起自卫、实行还击，当自身利益未受到威胁则滞留于局外，隔岸观火，这种社会氛围下防伪标志的作用是相当有限的，不能形成防假打假的全面攻势，不可能收到防伪的预期效果。只有当人们向往法制，视打假治乱为己任，积极投身于与财务造假和经济领域违法乱纪的斗争之中，主动学习和掌握防伪知识，这样才能强化防伪设计作用，才能置假乱于死地。

5. 心理因素的制约

由于设置防伪标志，人们心理上得到一种安慰，似乎比过去安全多了，认为有了防伪标志便可杜绝假冒伪劣，甚至可以高枕无忧了；殊不知防伪标志也会有假，造假者也会贼喊捉贼，防伪标志或装置也会因各种原因而减效或失效，所以人们过高的心理预期，及其对防伪物的过分依赖反倒会造成人们心理的麻痹，放松了警惕，这样使防伪设置的实际效果大打折扣。

3.7 其他

1. 凭证笔迹鉴别

经济凭证由文字、数字和相关的符号等组成，文字描述了经济业务的内容和特征，反映了业务活动的基本状况。造假者正是通过模仿领导签字、假造文书，以业务经办人名义填写凭证等文字造假活动，虚构经济业务的内容，改变凭证性质、变动凭证的归属等。凭证书写文字的造假主要有凭证个别或部分文字造假和凭证全部文字造假两种类型，前者如伪造领导的签字、改变领导批准文字的内容、伪造笔迹对凭证进行添加等；后者如伪造重要会计记录、伪造申请报告、伪造授权证明和委托书、伪造有关业务人员的笔迹报销费用等。凭证书写文字造假与凭证造假、印章作假往往围绕于共同的造假目的而交织在一起，且互相配合、互相掩饰、相互侧应。

凭证书写文字造假的条件是：行为人有造假和违法乱纪动机，具备造假的基本条件（如有条件接触凭证、了解凭证业务流程、掌握凭证单据并有条件脱离他人视线等），熟悉被仿冒者的签字或其他文字书写的笔迹和书写特征（如持有被模仿人签字样本、熟悉书写风格等），具备造假若干技术条件（如有被模仿者相同的书写工具、结交了若干熟悉笔迹模仿伪造的"行家"、接受过有关笔迹伪造的训练）四个方面。

经济凭证文字有手工书写和计算机打印两种，我国经济生活中，会计凭证主要是手工书写，而非会计凭证大多系计算机打印。不论手工书写还是计算机打印，经济凭证中的一些关键要素系手工书写，如同意批准手续系领导者签字，有关业务的原始文字一般系手工记录，凭证的经手人、复核人等是有关人员亲笔签字等。因此，对经济凭证文字的鉴别主要是对手工书写文字的鉴别。

对凭证手写文字的鉴别，主要是通过笔迹鉴定完成的。所谓笔迹是手写文字符号的表现形态，是人们依据文字符号的书写动作规范，运用书写工具，为达到某种目的，表现一定意向，在凭证或其他表面上书写所留下的一种痕迹。笔迹反映了书写者书写动作习惯，并带有某些固有的、独特的书写特征，这些特征是进行凭证笔迹鉴别的重要对象和依据，每一个会使用文字和书写文字的成年人，其书写习惯的总和都是特定的，与其他任何人都不会相同。因为人的书写习惯不是天生的，而是经过长期练习和实践才形成的，是一种"自动化"程度极高的锁链系统，一个人从开始学习书写到书写运用自动化锁链系统的形成和巩固，一般需要经历几年至几十年的时间，这些时期书写习惯的形成大致可分为条件反射活动的建立、条件反射锁链系统趋向巩固、条件反射锁链系统自动化三个阶段。当人的书写习惯和特性形成之后，特别是到了 25 岁之后，其稳定程度逐步增大，变异的成分逐步减少，并走向固定。

书写特征不仅形成过程漫长，而且其内涵丰富，体现于文字书写的许多方面，这为我们进行笔迹鉴别提供了诸多的切入点：首先，汉字有不同的书体和字体之分，不同的书体和字体有不同的特征，人们学习和掌握运用书体或字体是一复杂的过程，有的人持某一种书体和字体，也有人不持有或不善于某一种字体或书体，而是"杂家"，综合了不同的风格和特点，且加入了自己的东西，这种"加工"具有十分鲜明的个性特征，是我们进行笔迹鉴别的有力依据；其次，笔迹特征包括书写的动作特征、书面语言（组织、运用、创造语言的特点）、文字布局特征等，其中书写动作习惯是最主要的特征，也是表现于凭证中最突出的特征，这一特点是书写人书写技能的高低和书写动作的一般规律的体现，是因人而异的。对经济凭证文字书写的鉴别，可以通过对凭证书体、字体及笔迹特征的鉴别，分析判断书写人的笔迹是否符合其自身的书体、字体特征，同时对其书写特征进行查对，分析其有无将自己书写习惯作强行改变，而将他人的书写特征迅速移植到自己书写动作之中。笔迹鉴别应十分重视书写动作特征的研究，书写动作特征包括笔迹一般特征和细节特征，前者鉴别检查的要点有：笔迹的熟练程度、字形、字的倾斜程度、字行的方向和形态、字与字、行与行的间隔、字的大小、压力轻重、字的基本结构等；后者鉴别检查的要点有：单个笔画的运笔特征（含起笔、收笔、提转、笔画特征）、笔画之间相互关系特征（含交叉、连接、远近、长短特征等）、合体字各部相互关系特征、笔顺特征、错字特征、书写标点符号特征等。书写动作特征是书写人经过长时间的积累和沉甸渐进形成的，具有很好的稳定性和习惯性，这种稳定性和习惯性是我们笔迹鉴别的基础，但是也不能否定稳定性中隐藏的变异性，即要注意书写人书写动作特征的某些细微变化，这种变化是书写人无意识的、缓慢发生的，与财务造假人故意的、短期内发生（在造假作案时）的变化（如伪造、模仿等）是不一样的。前者是有依据的，具有一定的变化过程和规律，如源于年龄的变化、病理原因、心理原因、书写姿势和环境因素、书写工具和材料所引起的书写习惯的改变等；而后者变化是无依据的，往往是造假人有意贴近原书写人书写习惯的"短期行为"，其来得突然去得也突然，并且具有很强的针对性。

对经济凭证笔迹进行鉴别，特别要求鉴别者运用上述有关笔迹学方面的基本知识，对伪造笔迹进行鉴别和鉴定，发现伪造经济凭证笔迹的财务造假和违法乱纪活动。伪造笔迹是书写人采用与正常书写不同的手段与方法，以歪曲自己的笔迹或模仿他人书写动作特征为目的的行为。伪造或伪装凭证笔迹常见的手段有：改变书写速度，改变书体、字形、笔形，改变字的结构，非正常方法书写，非正常书写工具书写，多人混合书写，模仿书写（有观察模仿、记忆模仿和练习模仿）等。由于书写人受到主观和客观因素的影响，伪造者不可能完全实现自己的主观动机，在笔迹上肯定会出现一些稳定的或不稳定的，明显的或不明显的书写破绽，反映出书写人自身所有的书写特征。一般来说，伪造者书写速度过快或过慢会造成笔迹不稳定，伪造笔迹的前面部分“仿真性”较好，而后面部分较差；伪造者多次模仿笔迹水平较高，而初次作假水平较低；笔画多、字结构复杂模仿起来较为困难，因而漏洞较多，而简单的字迹较易模仿且漏洞少；作假者一人单独模仿他人笔迹所反映书写特征单一容易发现查找，而多人集体模仿所书写特征混杂不易揭露。根据这些特点，在进行凭证笔迹鉴别时，要抓住经济凭证管理和书写者容易暴露的薄弱环节，如凭证数量较多、开具频繁、管理混乱、内部控制失控、凭证书写不规范、传递程序不清等部位；发现造假者在经济凭证文字书写中的蛛丝马迹，找出正常书写人与模仿者的笔迹差异，抓住若干重要可疑凭证和可疑文字，进行重点鉴别和鉴定，并以此为突破口进行深入审查，以求取得财务造假和违法乱纪的证据。

伪造笔迹的鉴别主要抓住变速书写和冒充签字两种常见的造假形式做文章。对改变书写速度伪造笔迹的鉴别主要是观察可疑凭证书写文字的特点，是否与改变书写速度的特征相符：故意慢写由于降低了书写速度，一笔一画地拼凑文字的痕迹依稀可见，其运笔不流利、笔画转折生硬、有不正常的停笔现象，连笔动作减少，字的结构欠紧凑，故意慢写一般是模仿书写人正体笔迹，较多出现于伪造会议记录整理、发言稿、合同文本等；故意快写的特点是有意地加快书写速度，字迹潦草、布局混乱，书写中连贯动作无规律，有多余的笔画或过渡，有不自然的连字、带笔、转笔，故意快写一般系造假者以不熟练的书写方式模仿书写人熟练的行书或草书，较多出现于伪造领导签字、业务人签字、凭证手续签章等。

冒充签字凭证鉴别与改变书写速度鉴别有相近之处。冒充签字的手法主要有：模仿签字、重描签字、复写式重描签字和压痕重写签字。冒充人一般与被冒充者在笔迹熟练程度、字形、字的斜度、字行的方向和形态、字与字、行与行的间隔、字的大小、压力轻重、字的基本结构等方面存在着差异，这些差异可以通过肉眼观察发现。书写人不加掩饰的书写习惯往往是“自动化”的，其笔画均匀、运笔流利、单字结构严密、搭配均称，快速书写时动作不乱；反之刻意模仿他人书写，往往文字符号不规则，结构松散，字的各部分比例失调，运笔生涩呆板，笔画有抖动、间歇现象，动作协调程度和书写速度较低，快写时动作紊乱。对复杂的假冒笔迹鉴别，或者对重大的财务造假及违法乱纪案件的笔迹鉴定，为了提高其权威性、可靠性和准确性，审查稽核人员可以聘请公安部门笔迹专家进行。

2. 凭证打印文字鉴别

随着计算机的推广和普及，特别是计算机在会计核算中运用的增多，有越来越多的经济凭证由手工书写改为计算机打印，在经济生活中常见发票、收据、银行计息单，贴现单，交通运输部门的交运单、提货单，存款提款单、电费水费单、煤气单等，都属于计算机打印凭证，其特点是以打印或印刷代替手工书写的方式填制凭证，这些凭证我们称为非手工书写凭证。非手工书写凭证与手工书写凭证一样，是财务造假者从事财务制假和经济领域违法乱纪活动所经常涉足的，因此对其真伪进行鉴别是凭证文字鉴别的重要内容，对于查处和打击财务造假和违法乱纪活动具有重要的作用。

对非手工书写凭证的文字鉴别主要是对凭证本身来源真假的鉴别，即视其是否出于开具凭证单位的打印设备，有无“移植品”（出于非凭证打印设备）；对其打印软件正常操作的鉴别，视其有无人为地改变操作软件，以变动凭证要素，改变凭证文字内容；对其凭证制作规范和可信程度进行鉴定，视其有无将凭证操作软件拷贝自行打印，或自行模仿凭证格式复制凭证的现象等。

对经济凭证来源的鉴定，要对开具凭证单位打印设备进行鉴别，即认定其打印机的种类，用于打印凭证的机器是何种牌号、型号、由何生产厂家出品、生产年份和产地等，认定被鉴定凭证是否由开具凭证单位特定的打印机所打印。因为用于经济凭证打印的设备一般属于专用设备，其所用的纸张也是专用的，打印的凭证有一定的规格和样式，如有的厂家的打印凭证的机器与收款机连于一体，用专用的纸带打印凭证，凭证有特别的编号和特殊的标记；有的企业用于打印凭证的机器是经财税部门验核的，其空白凭证是经财税部门批准印制的，并加盖（印）了税务专用章，打印后计算机主动记录业务发生的时间、规模、笔数和金额。伪造非手工书写凭证一般在样式上与真实凭证相同，但在一些凭证细节上不可避免地存在着一些差异，如打印文字编排的紧密稀疏程度、色带或油墨的深浅、字痕的清晰度、纸面的压痕、字体、文字在凭证中的位置、凭证纸张的强度、透明性及优劣程度等均可能暴露出“模仿失真”的痕迹，这些通过眼睛观察都能发现。但是，仅通过肉眼的一般观察是不够的，为了提高观察的准确性，宜采用直接对比的方法，即将真实的凭证与可疑凭证置于一处，进行对比分析，视其有无明显的差异；然后再将两张凭证重合，背光视其字痕、位置是否能够完全重合。如果未发现有异，即可认定为“真品”；如果常规观察和重合对照均发现有异常，那么可以初步认定其系“伪品”。因为计算机打印的凭证是一个“模子浇出来”的，一般不存在肉眼差异，即两笔业务内容和金额相同的凭证，应是完全一样并可重合的。

对计算机软件改动伪造凭证的鉴定，一般采用查对法，即检查计算机记录的业务存根，根据可疑凭证上的号码，调出开具（打印）凭证的计算机的记录，找出相应和相关的业务，视其是否与可疑凭证中载明情况一致。一般计算机核算系统均具有检索功能，只要输入经济凭证的号码就可显示出其业务发生时间、地点、内容和金额等要素，这一检查简便易行，可靠性强。对一时无法进入会计核算系统进行检索查找的可疑凭证（如不在被查单位现场，计算机核算系统出现故障，计算机系统有关操作人员缺乏合作诚意等），可对其凭证文字和内容进行审阅，主要视其是否系同一台打印机一次打印而成的，有无多次或多台打印机分别对准打印的现象。分次或多台打印机打印出的凭证的特征是凭证中字体不一、字痕深浅不一、字间行间不等、字位不齐、有人为调节的痕迹，或者凭证被多次打印后失去其应有的平整、光洁，而显得有些皱褶，凭证底面的复写纸未打印处折损现象严重。总之，改动非手工书写凭证会使凭证的总体协调性、美观性、整洁性下降，由此也暴露出变造的蛛丝马迹。

对非法复制计算机凭证的鉴定，除了上述采用的核对计算机原始存根，还可以采用检查测试法，即调查测试被查单位计算机凭证软件有无外借，进入计算机核算：系统的密码有无泄露，计算机凭证的编号是否正常，开具凭证的操作是否规范等。这里特别要强调对计算机会计核算系统的内部控制和管理，它是我们查错防弊的第一道防线，也是最基本的防线。对于模仿打印凭证自行复制的鉴别，可以按上述查对法、审阅法、对比法等方法进行检查。用计算机复制凭证一般能做到外形的一致，以骗过人们肉眼的常规观察，但其无法复制真实凭证的全部技术特征，检查人员只要对可疑凭证的纸张、格式、字迹、编号等作仔细鉴别，就不难发现其破绽。当然对较复杂的非手工书写凭证进行鉴定，应聘请有关专家参与或协助。

3. 凭证印文印章的常规检验

为了证明经济凭证的规范性及其法律效力，在经济凭证上要加盖开票单位的印章，印章是凭证证明力和信誉、信用的象征，经济凭证上有无印章往往是其真实性、合法性、权威性、可靠性和有效性的重要标志。不法分子要进行财务造假和经济领域违法乱纪活动，往往伪造印章印文，如造假者通过“地下”渠道购得假发票、假收据，需要假印章才能伪造出完整的且“仿真”性强的原始凭证；再如造假者假冒上级机关批文，也需要假印章来“画龙点睛”。因此对经济凭证的稽查，应重视对其印章印文的检查鉴别，这对于打击财务造假和违法乱纪活动具有重要作用。

印章又称图章、戳子，由印柄和印面两部分组成，印面印出来的印痕，即印面结构的反映图像叫印文。印章按其用途可分为公章、专用章和私章三种。公章是党、政、军各级机关及社会团体、工、矿、企事业单位及其附属机构使用的代表本单位或部门的印章；专用章指专用于某一特定业务或某种特定文书的印章，如发票专用章、税务专用章、销售专用章、合同专用章、收款专用章等；私章是私人用的名章，代表印章持有人的身份，有时代表其签字。

我国现行的公章一律为正圆形，印文字体为宋体字或仿宋体字，按照各级机关的权力和性质，印章中央刻有国徽、军徽或五角星，印章字体自左向右环行，若有后段自左向右横行。各级印章的直径自 4 厘米至 6 厘米不等：国务院的印章直径为 6 厘米，国务院各部、委、各直属机构和各省、直辖市、自治区人民政府、国务院设置的主管部门专门业务的领导小组等机构印章为 5 厘米；自治州、县、自治县、市、市辖区人民政府的印章直径为 4.5 厘米；行政公署的印章直径为 4 厘米；乡镇人民政府、我驻外使领馆、国务院各部门和地方各级国家行政机关所属的工作单位以及厂矿、商店、学校、医院等企事业单位的印章直径为 4.2 厘米。公章所用名称应是机关或单位的法定名称，除名称字数过多不易刻制清晰外一般不使用简称。公章所用的刻制材料一般为钢、铜、塑料和木材。公章代表单位的行政权力，所以有时也称行政章，在经济凭证中经常出现于正式文件、公告、重大业务批件、通知、报告、协议和证件之中。

专用章的种类繁多，印章形状有圆、方、扁、椭圆、菱形等，印章大小、字体等各异，印章的内容也存在较大差异，如有的专用章文字形同公章，只刻有单位名称和专用章名称，但有的专用章文字繁杂，除单位名称和专用章名称外，还有账号、法人代表、联系电话，甚至刻有中外文或汉语拼音以及一些独特的图案。专用章的刻制材料主要是钢、铜、塑料、木材和橡皮。经济凭证上加盖的印章主要是专用章，专用章一般加盖于发票、收据右下部，文件、合同的后下部。专用章有特定用途和适用范围，如发票专用章用于对外销售产品的收款和提货的开票，合同专用章用于对外签订供销合同，有时也用于对外非商品交易合同；收款专用章常用于对外或对内各项非商品交易的收款开票等。需要注意的是，各部门、各单位的专用章是非统一的，有的单位没有销售专用章和收款专用章，而以财务专用章代之；有的单位没有合同专用章而以企业销售部门的公章代之。专用章的刻制和使用受到有关规章制度、开票单位的机构设置、业务分工以及经营管理习惯和风格等多种因素的影响和制约。

私章的款式、大小、形状、字体无统一的标准，且掺杂了许多个人的偏向和爱好，但是作为财务做账用的私章必须大小适宜，且字体清晰可辨（不得使用难以辨认的字形、字体），一般为小长方形或方形，面积与常用凭证所留空间相当，所用材料除上述专用章用料外，还有牛角、水晶、象牙和石料等。经济凭证加盖的私章以反映开票人、经手人的经办责任，加盖的部位一般于凭证中指定的填写经手人、复核人、经办人、记账人的位置之上。私章必须是印章所有者使用和保管，代为保管和使用应得到相应的授权，特别是企业法人、企业单位财务主管的私章应妥善保管，不得转让、外借或用于非正常途径。

对印章的常规检验可以采取简便方式，即通过肉眼和简单的器械进行观察分析，常见的办法是将可疑的印章、印文与真实的印章、印文进行比较，发现其差异，分析其可能的制假手法；其次，可将不同原始凭证、收据、文件、合同上的两个印文进行比较，分析其是否为同印章所盖之印，判断可能存在的问题及其性质；最后，可利用有关印章方面的知识，通过经济凭证所加盖的印文的审阅、比较，发现刻制和使用中存在的蛛丝马迹，找出有关问题的疑点和线索。

对凭证印章印文检验的基本点如下。

（1）了解被查单位有关公章、专用章的数量和分布，分析评价其有关印章保管和使用的内部制度的严密性和科学性，如检查印章的刻制、启用、适用范围是否具有明文规定，印章是否有专人负责保管，印章使用有无批准登记手续等，查寻其是否存在管理漏洞和造假隐患。

（2）各级政府部门和各单位在印刷文件时所使用的套印印章、规格、式样与正式印章相同；而钢印和其他专用章，在名称、样式上与正式印章有所区别，被查对象在此方面有无出现异常。

（3）各部门、各单位如因机构变动、更名、所有制性质改变等停止使用印章时，应将原印章缴回制发单位封存或销毁，新旧印章同时使用的情形是非法的，不应存在。被查单位是否存在两枚相同内容的印章同时使用的现象，新印章启用是否办理了相应手续，旧印章是否已作妥善处理。

（4）业务专用章具有很强的专用性，不具有普遍的证明力，因此各类经济凭证应加盖适宜于凭证所涉业务的专用印章，有无张冠李戴、移花接木的现象发生。

（5）印章的制作与凭证印刷不仅在时间上、空间上是分离的，而且在保管和使用上也是分离的或非同步的，正常的程序是凭证开具在先，加盖印章在后，即印文压盖凭证字迹，而不是字迹压写印文之上。查看此方面有无异常，是否可能被不法分子利用。

（6）印文的规格特征（如印文的内容及排列、印文的形态及大小、印文的边框等）和印文的细节特征（如印章印文的字间、字与边框、字与图案之间的相对位置与距离，笔画线条的交叉部位、搭配及相互间的长短、粗细程度，笔画、线条的相对倾斜方向及弧度、折转角度与两端的形态；图案具体结构形态的细节特点，印面的疵点、破损、暗记等）是否明晰、正常，有无出现明显异常和可疑之处；如果发现印文特征有所改变，应追踪其原因，视其是否正常，能否找到恰如其分的解释，进而作出存在或排除财务造假和违法违纪可能性的推断。例如，印章材质胀缩性引起的印文的大小、形态的变化，因盖印的作用力不同所产生的变形，因印染物及衬垫物的厚薄不同形成的线条粗细、字迹清晰度的变化，因印章材质发生老化、印章长期不清洗而沾有异物、印章保管使用不当而造成残缺等使印文模糊不清等，都源于自然因素的作用或长期使用的损耗，属于正常的变化。如果印文特征变化缺乏客观依据，无正常理由，或带有人为雕刻的痕迹，那么就有必须作出进一步真伪鉴别和追溯检查。

第 4 章

会计账簿方面的假账与反假账

账簿是会计信息的载体，它既是会计凭证的入口，财务报表的出口，连接会计凭证和财务报表的桥梁，会计信息的枢纽，也是财务造假者作案的重要对象，因此对会计账簿的检查具有特殊意义。

会计账簿简称账簿，是由具有一定格式的账页组成的，以会计凭证为依据，全面、连续、系统地记载各项经济业务的簿册。企事业单位根据会计凭证，按照规定的程序和要求，将经济业务记入账簿，通过账簿的记录或汇总，反映企事业单位的经营过程及其成果。企事业单位的会计核算是复杂的，其内容和形式存在许多差异，因此账簿的设置和使用也不尽相同，我们可以按不同的标志将会计账簿划分成若干种类。按用途不同可将会计账簿划分为日记账、分类账和备查账，其中日记账又可分为普通日记账和特种日记账，分类账又可分为总分类账和明细分类账；按其外表形式划分可分为订本账、活页账和卡片账等。账簿由封面、扉页和账页组成，每一账页又由账户名称、日期栏、凭证种类及号数栏、摘要栏、金额栏、页次等要素组成。

4.1 会计账簿方面的常见舞弊

账簿表现的错弊虽然存在于账簿之中，但引发错弊的原因分布于会计核算各个方面，如会计凭证错弊、实物盘点错弊、财务人员工作交接错弊、会计工作操作错误和作假等。掌握账簿分析的常见错弊旨在提示查账人员在查账工作中注意这些错误的类型，掌握其在账簿中的表现规律，提高发现财务造假和违法乱纪的敏锐性、及时性和准确性。

账簿中常见错误主要有：账户设置错误、记账依据错误、账簿形式错误、账簿启用和交接错误、记账错误、改账错误、过账错误、结账错误、有关账簿平衡关系破坏、账簿保管错误等。

账簿上常见的舞弊形式有以下几种。

（1）凭空记账。指无记账凭证记账或者有凭证不记账，账簿中所列的业务不是根据经审核无误的原始凭证填制记账凭证逐笔登录，而是虚列业务，根据自身造假和舞弊的需要，将不存在的业务登记入账（或假造记账凭证入账），或者将真实合法的原始凭证及记账凭证置于一边，取而代之为虚假的业务和凭证，或者在原有凭证的基础上顺便“搭车”，加入一些不合法的业务内容，使登记入账的业务原有内容面目全非。

例如，某市工艺品贸易公司财务人员白某，将上级主管部门摊派给该公司的 4 000 余元订阅报纸杂志的凭证交公司领导审批，考虑到与上级主管部门的关系，公司经理批示同意将此作为管理费用报销入账，白某利用这一机会，将自己及其家属订购书报的费用 1 000 余元夹杂于此一并报销，经查此类搭车报销白某已经手数十起，所涉金额达 2 万余元。

（2）虚账作假。虚账包括利用虚设账户进行空头核算，私下转移资金，弄虚作假，掩人耳目；巧立业务、名目和项目，合法“包装”，填制凭证公开入账，假账真做；账户之间金额互相转移，走门串户，张冠李戴，搅乱账户对应关系等。虚账作假的特点是在账簿中有关业务存在虚假因素，而虚假因素往往与真实的东西混同一处，真中有假，假中有真，真假难辨。

例如，某市东方实业公司会计肖某与其夫采购人员马某长期勾结作案，贪污公款。马某外出采购订货，将若干假冒商品夹杂合格品中运输回厂，当入库验收时发现其品质存在问题，要求给予退换，肖某便将其列为往来业务，由于其金额不大且较为零星，时间久了被人所淡忘，因此形成肖某作案的空间。一段时间后，肖某便将其并入其他科目或在下次供货时将其冲销，将不合格品的退货款项贪污下来（为马某所领取），按此法肖某和马某共贪污款项 3 万多元。

（3）涂改、销毁、“遗失”、损坏账簿造假。对已有账簿记录进行破坏，或使原有记录消失，或者使其不能正常反映原有经济、业务的全貌，或者使其发生变异。账簿改动的方法很多，有类似凭证的涂写、窜改；有将有关账簿烧毁、撕掉、折换、化学褪色等；有的则制造事故，伪造现场，造成账簿不慎被毁的假象；有的则丢卒保车，让某人出面承担账册丢失、损坏的责任，将作假和违法乱纪活动伪造为一般的行为过失，使查账人员检查的线索中断。

例如，某市某审计局根据群众举报，发现某商场财务部门账务混乱、管理不严，有关人员存在着严重的贪污、挪用公款等问题，经主管部门同意决定对其进行立案审查。当审计局组成了审计工作小组进驻商场前夕，该商场财务部门发生了火灾，事后经勘查，着火面积不大，仅烧毁了财务部和对面的经营部办公室，财务部的会计档案部分被毁。公安人员和审计人员深入现场，在群众的支持配合下，很快查清这是一场精心伪装的人为的纵火案件。纵火者事后交代：纵火的目的是破坏审计，掩盖其贪污等劣行，作案时其假装点燃取火炉不当引起火种，然后又报警，并积极参与扑救工作，但扑救工作仅限于抢救出办公用品和电脑打字机等“值钱”的物品，置会计档案于不顾，任其毁尽。

（4）设置账外账和小金库。账外账和小金库的实质是：违反财经法纪，进行隐性核算，设置两套账或三套账，一套账用于内部管理（对外不公开），一套账用于应付外来检查，内松外紧，逃避财政、银行的监督；小金库以公款私分、滥发奖金、请客送礼、乱开乱支等手段为小集体或个别人谋利，侵占、截留国家和单位的收入，化大公为小公、化小公为个人。小金库的来源很多，有截留各种生产经营收入、以私人的名义存入银行，非法侵占出售国家和集体其他资产的收入，虚列支出、虚报冒领、套取现金，转移投资、联营的所得，隐藏回扣、佣金、好处费，截留应上缴国家财政的各种罚没款项和物资等。设置账外账和小金库是目前经济领导较普遍的违法乱纪现象，且经过较长时间的治理，久治不愈，因此也经常成为查账工作的重点所在。

例如，某市钢丝绳厂近几年来由于市场行情的变化，产品销售不旺，生产处于停产、半停产状态，但是经过查账发现，该厂的福利一直保持较高的水平，并未随着生产的下降而有所影响。原来该企业自 20 世纪 80 年代末就开始设置账外账、积累小金库，趁市场旺销的时机狠捞一把，同时将部分收入隐蔽起来，以私人名义存入银行，长期吃息。后来又将部分款项做了投资，享受对外投资收益。前两年又在账外建设兴办一家招待所（不在本地，实为对外营业宾馆）。在生产不景气时除了动用这笔钱坐吃收益，还在账面上做名堂，将一部分职工办理假下岗，空吃国家对下岗工人的补贴，同时将对个人、集体企业的零星销售不做账，将以物易物、出租固定资产、对外劳务输出等收入转移到小金库之中，在勉强维持生计的表面下，“小日子”过得红红火火。

（5）登账、挂账、改账、结账作假。在登记账簿的过程中，不按照记账凭证的内容和要求记账，而是随意改动业务内容，或者故意使用错误的账户，使借贷方科目弄错，混淆业务应有的对应关系，以掩饰其违法乱纪的意图。挂账作假就是利用往来科目和结算科目将经济不结清到位而是挂在账上，或者将有关资金款项挂在往来上，等待时机成熟而回到账中，以达到“缓冲”、不露声色和隐藏事实真相的目的。改账作假是指对账簿记录中发生的错误不按照规定的改错办法，而是用非规范的改错方法进行改错，或者利用红字 “改错”，随意对账户中的记录进行加减处理，如利用红字改变库存数、冲销材料成本差异数、无据减少销售数额等，以达到其违法乱纪之目的。结账作假是指在结账及编制报表的过程中，通过提前或推迟结账、结总增列或结总减列和结账空转等手法故意多加或减少数据，虚列账面金额；或者为了人为地把账做平，而故意调节账面数据，以达到其掩饰或舞弊的目的。

例如，某市生物化学制药厂为了实现年初制定的包保指标，兑现领导立下的军令状，在年底前进行了财务试决算，发现距离完成计划的要求差距不小，经测算本年度无法完成厂领导所立下的奋斗目标，为此厂领导一班人商量对策，决定对账面数字进行“微调”，并许诺在“完成计划”后给全厂职工颁发奖金，财务部在此基础上另加 20%（厂领导得 20 倍于工人承包奖）。具体的账面处理由财务部经理负责实施，采取的手法是先将所需要利润数计算出来，然后采取倒扎的办法，依次推出所需的成本、收入和销售数量，先编制财务报表，然后根据报表数来调节账目，拼凑凭证。

（6）计算机记账造假。在实现计算机会计核算的单位，利用计算机在系统程序中设置陷阱，或通过计算机系统本身制造假数据、窜改数据等，以达到其非法目的。这类舞弊随着计算机的普及运用正在我国悄然而起，它主要的作案手法是窜改程序、窜改输入、窜改文件和非法操作等，其作假有技术含量，且较隐蔽，不留线索，较难被发现和查处。

例如，某市某银行工作人员池某利用个人熟悉计算机和接触计算机之便，在业余时间以“钻研”业务为名，熟悉了银行计算机系统，并成功地拼凑出若干用户密码，然后将其资金调出账外，一年多来共调出用户资金十余万元用于炒股，后因听闻风吹草动自杀身亡。

4.2 会计账簿方面的查处反假

4.2.1 会计账簿的常规检查

会计账簿常规检查的基本步骤及主要内容如下：

（1）确定查账的工作目标，如较大规模或较复杂的账簿检查工作应制定工作方案或计划，并确定查账工作中使用的标准和依据；

（2）了解被查单位有关账簿体系和记账人员职责分工等情况；

（3）评价其账簿启用、交接和保管使用情况；

（4）复核、验证有关账簿所记载的收、付、存的数额及其小计、合计的正确性；

（5）审查账簿的入账登记、过账、改账、结账等操作业务的规范性和合规性，检查其账户对应关系的清晰性；

（6）对有关总账和明细账进行核对分析，保证账账相符；

（7）对账簿中记录业务发生的异常点进行重点检查，并根据异常情况和重要错误的线索，进一步检查相应的会计凭证和实物，查明问题的原因所在；

（8）将账簿检查过程中发现的问题进行归纳分类，收集有关证据数据，如可根据不同的性质，将账簿中发现的错误归为一类，将账簿中发现的舞弊归为另一类，列出其造成的危害和影响，并将有关证据材料附于其后；

（9）对检查发现的问题作出评价，主要看查账分析程序是否完整、全面、科学，有无须要补充之处，视其是否有尚未查明的新情况和新问题；检查计划的要求是否达到，是否需要进行调整，并追加查账分析的程序工作；

（10）账簿检查报告或审查报告，报告可单独就账簿分析成文，也可以结合凭证分析检查和财务报表检查的结果一并写成，而一般以后者形式为好，因为对会计资料的分析是一项系统工作，会计账簿中出现的问题，往往也会对财务报表和会计凭证产生影响，也就是说，账、证、表之间存在内在联系，不能将其人为割裂开来。

4.2.2 账簿检查的基本方法

账簿检查不论在顺查法还是在逆查法中，都处于会计资料审查分析的中间部位，作为报表分析审查的深入和继续，或者作为凭证检查的延伸和补充。对账簿分析检查可使用详查法，对账簿所记录的全部业务进行分析，也可以采用抽查法，对其登记的业务进行部分检查。

对账簿分析检查的具体方法有多种形式，其常用的方法有以下几种。

1. 复核法

复核法又称复算法，是指对会计账簿的历史记录及其合计、小计、差额、积数等进行重复的验算、验总，旨在证实会计记录有关金额或数据的正确性和准确性。当然这种方法的操作是比较原始和机械的，它是用查账人员进行验算核准后的有关数据来证明被查单位的账面数据，其前提是查账人员的核算是正确无误的，且其验算的资料数据的计算口径等与被验算的数据具有可比性。复核法的适用范围仅限于账簿中发生计算过程的有关数据资料。

2. 审阅法

审阅法是以国家的方针、政策、法令、制度、规定作为判断是非的准绳，通过审查性过目，检查分析有关账簿资料的真实性、合法性和合规性，视其有无差错、疑点或弊端。审阅法的适用性较广，在查账工作中经常运用。该方法运用得成功与否在较大程度上取决于查账人员自身的观察能力、分析能力和判断能力，取决于其经验水平。运用审阅法对账簿的分析主要是审阅账簿记录的有关经济业务是否符合会计核算的基本要求，记账内容是否合规，其记账金额是否与记账凭证相符，内容记载是否齐全，账页是否连号，记账是否符合会计制度和记账规则，有无违反我国《会计法》的现象，有无涂改或其他异常迹象。对明细分类账的记账内容要认真审阅各科目所列内容有无违反国家有关法令、规定，违反财务会计制度，乱列名目擅自支用等现象。

3. 核对法

核对法指对账簿记录（包括相关资料）两处或两处以上的同一数值或有关数据进行互相对照，旨在查明账账、账证、账实、账表是否相符，以便证实账簿记录是否正确，有无错账、漏账、重账，揭露营私舞弊、违法乱纪行为。核对法在查账工作中运用也十分广泛，查账人员常常用之来发现疑点，取得证据，为进一步审查查证提供线索。核对法可由两人合作进行，也可由一人单独进行。

通常采用核对法分析检查的账簿内容有：

（1）核对凭证与账簿记录、账簿与账簿记录（总账与明细账）、账与报表记录、账与卡、账与实之间的数额是否相符；

（2）核对总分类账借方余额账户的合计数同贷方余额账户的合计数是否相符；

（3）核对账外账单，如银行对账单、客户往来清单等同本单位有关账目的数据是否相符；

（4）核对原订的预算、指标、定额、承包基数与实际用以考核的预算、指标、定额和承包基数是否相符；

（5）核对生产记录、发货托运记录、原材料消耗记录、产成品入库记录、废次品记录、考勤记录等同相应的账簿记录所反映的内容、数额是否相等；

（6）核对销售合同、外加工合同、联营合同等所记载的内容与金额，同有关账簿记录所反映的内容、金额是否相符。

4. 核实法

核实法是核对法的特例，指将账簿资料与实际情况进行对照，用以验证账实之间是否相符，并取得书面证据的一种方法。核实法主要用以核对账户记录，它结合盘点方法所获取的实物证据，进行账簿资料与现实物资之间的对照，核实的重点是盘存类账户，如现金、原材料、燃料、产成品等。此外，还有盘存类账户中银行存款；其他货币资金及其结算类账户中的应收、应付、暂收、暂付等，也可以用此法核对分析。

5. 调节法

调节法是指为了检查账簿中某些业务，而事先对其中某些因素进行增减调节，以使其相关可比的一种查账方法。因为在被查单位各类账簿中记录着各种业务，由于其记录业务的角度和方式不同，账簿与账簿之间、业务与业务之间可能存在着差异，有时不具有可比性。另外，查账人员检查账簿的时点与被查单位做账的时点不同，两者面对的资料数据也可能存在差异，这些都影响着账项的比较查对。因此，需要采用调节法对此进行处理，以使其对口且具有可比性。例如，对银行存款未达账的调节，是银行存款日记账余额与银行提供的对账单余额核对的前提；又如，对半成品不同的完工程度的调节，是进行有关半成品账实核对的基础。

6. 各种查账分析方法

各种查账分析方法包括比较分析法、账户分析法、比率分析法、相关分析法、平衡分析法、分组分析法、因素分析法、趋势分析法、推理分析法、图表分析法、差额分析法、量本利分析法、价值分析法、预测分析法等。

（1）比较分析法。比较分析法是指查账人员直接通过有关查账项目之间的对比，将相关数据进行比较来揭示其中的差异所在，并在此基础上分析判断差异是否正常及其形成的原因，从而判明经济活动是否合理、有效，被查单位有无问题的一种分析方法。例如，将实际指标与计划指标比较，本期指标与上期指标比较，同一时期相关指标比较，被查单位指标同行业先进水平、国际先进水平比较等可以判断被查单位指标的完成（变化）情况及先进合理性，对于比较中发现差异较大的指标应作为进一步审查的重点，结合其他审查方法，收集证据，揭示其产生差异的原因。

1）分类。比较分析可用绝对数的比较，如数量、金额等直接进行比较，反映其存在的差异额；也可用相对数的比较，如应收账款周转率、存货结构、销售利税率等重要比率进行比较，反映其差异程度。

按对比时采用指标的形式不同，可分为绝对数比较分析和相对数比较分析两种。

① 绝对数比较分析是指直接以有关项目之间的总量或货币总额（数量或金额）进行对比，揭示其存在的差异并进行判断的一种分析方法。例如，对企业各个不同时期的管理费用或销售收入进行对比，对库存商品各个不同时期的存销量进行对比，都属于绝对数比较分析。通过这种对比，可以揭示被查项目的增减变动情况有无异常，是否合情合理，是否存在问题等。运用绝对数比较分析，更适合对资产负债表、利润表中的某些项目、成本表、有关账户余额及有关明细账户某些项目的检查。当这些项目的增减变动超出了正常情况下难以出现的现象时，便可

认为背后有问题。而且，将被查项目在各个不同时期的总额变动情况进行综合分析，有时还可以揭示经济活动的发展趋势，从而有利于从整体上分析判明产生问题的可能性及其存在的原因。

② 相对数比较分析又称比率分析，是指通过计算被查项目的百分比、比率或比重结构等相对数指标进行对比，揭示其中的差异，并分析判断有无问题的分析方法。例如，应收账款周转率、存货结构、销售利税率、成本费用率、资金率、资金增长率、完成程度及比重结构等指标的计算与对比，就属此类比较。许多时候，使用相对数比较分析更容易发现问题。因此，不能忽视相对数比较分析方法的应用。有时，为了确保查账人员的分析判断正确，在使用了绝对数比较分析后，还应该用相对数比较分析。

例如，在查阅某商业企业的年度财务报表时，发现该企业的凭证填制规范，账目填写清楚，账实、账表、账账都相符，从表面看没有重大问题，但经查账人员进一步比较分析企业的费用率及费用额后，发现该企业的费用率高达 14.7%，比上年增长 6.8%，费用额大幅度增加，其中运杂费比去年增加一倍还多，在商品销售额没有较大增长的情况下，出现上述现象明显反常。经过进一步审查核实，最后查明，该单位通过各种渠道，弄到运费单据入账、集体私分利润 30 万元的违纪问题。在报表审阅中，运用相对数比较分析有助于查账人员发现问题。又如，在对某企业的利润表查账时，计算对比了各月份的收入、成本，结果发现该单位在成本及价格都无变动的情况下，收入、成本反而有较多差异，这就违反了常规。经进一步审查，原来是该单位为了隐瞒本期实现的利润调节以后各期余额，多转了本期的主营业务成本所致。

2）应用。比较分析法可以广泛用于能够进行对比的被查项目的一般性检查。至于在什么场合应该用绝对数比较分析，或者相对数比较分析，应视被查项目的具体情况而定。一般而言，两种比较分析法都能采用的，应同时运用两种方法，以防判断出现差错。

查账人员在具体应用比较分析法时，应特别注意以下几点。

① 对比之前，应对用于对比的被查项目有关资料内容的正确性予以认可。否则，所揭示的差异将是错误的，由此也将会导致分析判断的错误。

② 对比的各项目之间，必须具有可比性。也就是说，用来进行相互比较的有关项目，应该是同质的，否则，各项目就无法对比；必须使对比指标之间在时间、范围、内容、项目、计算方法等各方面一致。如果存在不可比的情况，应进行调整计算，剔除不可比因素影响后，再进行对比。只有指标可比，比较的结果才有实际意义，才能说明实际问题。

③ 应该对比哪些内容，应根据比较的目的而定。一般而言，可以是相关项目比，同一项目与不同时期比，同一项目与计划、定额比，与其他选定的对比项目比等。

④ 比较揭示的差异，应予以记录并附分析说明，使之能真正为决定采用其他查账方法提供依据。

（2）账户分析法。账户分析方法的特点是不先审查报表和凭证，而是直接在账面上检查，以便发现可疑账项，为进一步审查提供线索。

账户分析法通常采用下列三种具体方法。

① 按账户借贷方对应关系进行分析。按账户借贷方对应关系进行分析，查明是否有不正常、不合理的对应关系。

例如，在审查一笔销售业务时，发现该笔业务的会计分录为：

借：银行存款

　　贷：原材料

销售材料应在“其他业务收入”账户内核算，不应直接记入“原材料”账户，上笔业务正确的会计处理是：

借：银行存款

贷：其他业务收入

同时结转：

借：其他业务成本

贷：原材料

② 对账户的本期发生额和余额进行分析。对账户的本期发生额和余额进行分析，以查明其内容是否正确、合理，有无错弊和异常现象。

例如，在审阅企业管理费明细账中的修理费时，发现记账有修建花园、假山、鱼池、亭台等费用。这是将应列入专用基金的开支，人为地摊入期间费用。又如，在审阅库存商品明细账时，发现 A 型电机明细账结存中的数量是蓝字，金额却为红字。这是由于多转主营业务成本造成的，说明该企业主营业务利润不准。

③ 把两个以上相关账户内容结合起来分析。将固定资产、累计折旧这两个账户编一份表进行分析，可以看出这两个账户之间的对应关系是否正确。在一般情况下固定资产账户余额减去折旧账户余额，应等于固定资产净值。如果不等，则说明账户对应关系及其记录可能有差错。

采用账户分析法，对于发现会计原理运用上的错误、会计分录上的错误和记录中的错误甚为有效。但企业账户较多，查起来费时费力，一般适用于审查对应关系容易搞错的账户或容易发生错弊的账户。

（3）相关分析法。相关分析法是指将存在关联的被查项目进行对比，揭示其中的差异，并且判明经济业务可能存在的问题的一种分析方法。对被查单位而言，一项经济业务的发生，必然会引起一连串的相关活动的变动，这已是被查单位经济活动的规律，任何单位和个人都不能无视这种规律；否则，各种问题就会暴露无遗。对于查账人员来说，只要掌握这些规律，就能发现问题所在。

例如，单位购买材料的经济业务的发生，必然要支付货款及运杂费，同时必然引起材料的增加，存款的减少。所以，在审查时，如果发现被查单位支付了运费、减少了存款，却没有材料的增加，则该项经济业务就可能有问题。

又如，某单位有违法开支的事实，则必然要有相应的资金来源，若没有，则多数存在“小金库”或者其他舞弊问题。某企业给每个工人制作一套厂服，但在账面上找不到制作厂服的开支，经查，原来是单位通过多报原材料短缺损，将制作厂服的费用全部挤进了生产成本。

再如，工厂主营业务成本一般应大于或至少等于产品的生产成本，若主营业务成本小于生成成本，则背后也可能有问题。某企业为了多发奖金，采用了少转成本，虚增利润的办法，当然出现了异常，结果查明该企业实际潜在亏损达近 80 万元的事实。

根据以上不难看出，相关分析法的应用领域非常广泛，几乎所有资料、所有活动均可运用相关分析方法来揭示问题。一般情况下，相关分析法不需要任何测算。

在具体应用相关分析法时，查账人员应注意以下两点。

① 经济活动事项之间在哪些方面有关联，属于什么关联，这些关联既包括直接的，又包括间接的或逻辑的。找出经济活动事项之间的关联，是运用相关分析法的关键，否则会导致分析不能揭示出差异或分析判断失误的后果。

② 能够从相关事项的异常现象背后把握问题的实质。

（4）平衡分析法。平衡分析法也叫控制计算法，是指根据复式记账原理和会计制度的规定，以及经济活动之间的内在依存制约关系，对应该存在的内在制约关系的有关项目进行计算或测定，以检查其制约关系是否存在，并揭示其中有无问题的一种分析方法。由于该种方法通常是通过对存在依存制约关系的数据计算或测定进行的，它可以检查和发现企业经济活动的不平衡状况，以便于及时采取措施，保持经济活动的顺利进行和平衡发展。例如，运用会计恒等公式对比分析变化；运用过程平衡分析不同时期变化等。

从会计原理的角度看，有许多项目的数量或金额指标之间，都存在相互依存制约关系。如果项目之间出现了明显的不符现象，则有极大可能存在问题。因此，当查账人员在查账过程中碰到较为复杂的问题，运用直接比较分析法难以发现异常情况时，运用平衡分析法将是极为有效的。例如，审查某商业企业的费用明细账时，发现运杂费同以往相比有明显增加，其背后有无问题呢？此时查账人员难以马上作出结论。但若运用平衡分析方法，则可帮助查账人员很快澄清事实，即将商品购进量与装卸搬运量进行对比，若搬运量明显多于购进量，则其中必定有假。通过查账人员的测算，果真发现搬运量远远多于购进量，经进一步审查发现，原来是单位的财务科长与某会计合谋伪造搬运费单据，贪污公款所致。

平衡分析法实际上是比较分析法的一种转化形式，主要应用于存在内在依存制约关系的数量或金额指标的一般性审查，当使用比较分析法难以奏效时，一般使用平衡分析法。

为了保证平衡分析法的有效性，查账人员在具体运用时还应注意以下几点。

① 对有关指标先进行复核，验证其是否正确。

② 在具体分析前，关键在于找出有关项目之间存在哪些内在的依存制约关系。如果找不到依存关系，或不存在依存关系，则运用平衡分析法是无效的。

③ 在运用平衡分析法时，多数情况是对有关指标进行计算测定，因此，对测定使用的公式一定要注意其科学性，对计算过程一定要认真演算，以防结果出错，导致分析判断失误。

④ 为了便于找出依存制约关系，要求查账人员掌握一些生产经营活动方面的常识，否则，被查单位的问题将难以发现。

（5）因素分析法。因素分析法是一般分析方法中最基本的分析方法之一，是从影响指标变动的各个因素中，采用一定方法来分别确定各个因素变动对指标的影响程度的一种审查方法。在分析中假定其中一个因素可变，而其他因素不变来确定可变因素变动对被分析对象——指标的影响程度。

常用的方法有两种，即连环替代法和差额计算法。

1）连环替代法。连环替代法是从影响指标变动的因素中，连续依次替换各个因素，每次替换后计算出结果，而且在替换时必须是在第一个因素变化后不再变化的基础上替换第二个因素。形象的替换顺序叫连环替代。

具体计算替换程序如下：

① 确定影响指标变动受哪些因素的影响，根据指标与因素之间的依存关系，列出计算公式，然后代入基期数字。

② 将各个因素连续依次替换，在替换时必须是在第一个因素变化后不再变化的基础上替换第二个因素，在第一、第二个因素变化后不再变化的基础上替换第三个因素。依此类推，每个因素替换一次，每次替换后，需计算出替换结果。

③ 将每次替换计算的结果与前一次替换计算的结果相比较，所得的差异就是变动因素对指标的影响程度。

④ 将各个因素变动对指标的影响程度相加，就是被分析指标的总差异。

2）差额计算法。差额计算法是连环替代法的一种简化形式，其基本原理与连环替代法相同。它是在指标与因素之间是乘积的依存关系时，直接根据各个因素之间的差异来计算对指标影响程度的一种方法。

查账人员应用因素分析法的目的，是确定影响某一经济现象的诸因素的影响方向及其影响程度，从而为进一步查账提供线索，或为正确评价经济活动提供依据，并挖掘提高经济效益的各种潜力，然后有针对性地提出改进建议和措施。影响方向，是指各因素对经济现象的影响是正还是负，是增加还是减少，是超支还是节约。影响程度，是指各因素的影响数额在总体差异中所占的比重。查账人员通过运用比较分析法，已经发现了差异的所在，而再运用因素分析法，可以揭示相互联系的诸因素对总体差异的影响情况，其结果，既便于分清主次，抓住主要矛盾进行深层次查账，也能使最终的查账评价更为客观。

① 确定被审查活动的影响因素及联系。确定影响因素及各因素之间的相互联系，是进行分析的前提和基础。例如，产品单位成本由原材料、燃料与动力、工资及福利费、车间经费、企业管理费等成本项目构成，相互之间是和的关系；再如，原材料成本受产品产量、原材料单耗和单价三个因素的影响，它们之间是乘积的关系。

② 确定因素的排列顺序。用因素分析法测定某一因素的变动时，需要假定其他因素不变，还要遵循一定的先后顺序，否则，测定的结果差距很大。因素的排列顺序取决于分析的目的、要求和指标与因素之间的依存关系。一般来说，因素替换的顺序是：先替换数量指标，后替换质量指标；先替换实物指标，后替换价值指标；先替换基础指标，后替换派生指标；先替换主要指标，后替换次要指标；先替换外延指标，后替换内涵指标。但若按有利于明确经济责任归属的原则进行因素分析时，则不需要考虑排列顺序问题，如原材料成本的相互影响因素，按习惯排列顺序先产品产量，再单耗，最后单价。因素分析法实际上是比较分析法的发展和补充，是以指标对比分析为基础的。

③ 依次替换各因素并测定影响效果。替换因素时，具体有两种方法：一种是按习惯上的因素分析法进行替换，每次一个，且在前一次的基础上进行；另一种是按明确责任归属的方法进行替换，虽然也是每次一个，但不依赖前一次的结果，且要单独测定共变因素的影响。

由于因素分析法是一种假定抽象分析，它是在假定其他因素不变而只有一个因素变动的情况下计算其变动对指标影响的程度，而指标变动是各个因素共同变动影响的结果，故应当合理地安排指标和因素之间的依存关系，要符合实际并有实际意义。

④ 进行延伸检查。各影响因素是否真实，问题的症结何在，有无提高效益的潜力等，都应作必要的检查。例如，上述原材料成本，若是生产量增加引起成本增加，则应进一步查明产量的增加是否真实，有无虚构产量以伪造产量及产值计划完成的舞弊问题，或有无片面追求产值以致造成积压和浪费的情况；若是因市场急需所致，则应进一步分析产品在市场上是否还有更大的潜力，以便明确是否应扩大生产，如果可以扩大生产，则应考虑是追加投资，或者租赁设备，还是通过协作来扩大产量，单位内部还能在多大程度上增加产量等；若是材料单价的提高造成成本增加，则应进一步查明材料单价的提高是否真实，有无改变成本结转方法调节成本利润的问题，国家有无调整价格，单位有无因改变进货渠道、地点而使采购费用增加的情况，有无控制材料价格增加的潜力，等等。

⑤ 提出改进建议与措施。通过延伸检查，明确了产生影响的原因以及存在潜力的环节，即可在此基础上有针对性地提出改进的建议与措施。例如，认为成本增加是产量增加所致，且市场上还有潜力，但增加投资不合算，则建议单位扩大协作或租入设备，并在现有的基础上提高设备的利用率，以达到增加产量、提高经济效益的目的。

（6）趋势分析法。趋势分析法又称动态分析法，是指用发展的观点分析研究经济活动在时间上的变动情况，揭示其增减变动的幅度及其发展趋势是否正常、合理的一种分析法。它不着眼于某一个时间点，而是从各个不同时期的综合比较中揭示经济活动的规律性并预测未来。因此，运用趋势分析法有利于把握被查单位经济活动的发展前景，提出建设性的意见和建议。趋势分析法既可用于财务查账中揭示被查单位有无问题，也可用于经济效益查账中揭示经济活动的发展前景及其趋势。它可以用来反映指标的发展变化动态，预计发展趋势。由于基数不同，可以分为发展速度、增长速度、平均发展速度、平均增长速度、环比增长速度、基比增长速度等。

趋势分析法的具体运用主要有以下三种。

① 重要财务指标的比较。重要财务指标的比较，是将不同时期财务报告中的相同指标或比率进行比较，直接观察其绝对额或比率的增减变动情况及变动幅度，考察有关业务的发展趋势，预测其发展前对不同时期财务指标的比较，可以计算成动态比率指标，如利润增长的百分比。由于采用的基期数不同，所计算的动态比率指标可有两种：定基动态比率和环比动态比率。定基动态比率，是以某一时期的数额为固定的基期数额而计算出来的动态比率；环比动态比率，是以每一分析期的前期数额为基期数额而计算出来的动态比率。

其计算公式如下：

$$定基动态比率=\frac{分析期数额}{固定基期数额}$$

$$环比动态比率=\frac{分析期数额}{前期数额}$$

② 财务报表金额的比较。这是将连续数期的财务报表的金额数字并列起来，比较其相同指标的增减变动金额和增减变动幅度，来说明企业财务状况和经营成果发展变化的一种方法。

财务报表的比较，可以有资产负债表比较、利润表比较、现金流量表比较等。比较时，既要计算出表中有关项目增减变动的绝对额，又要计算出其增减变动的百分比。

③ 财务报表构成的比较。财务报表百分比比较是在财务报表比较的基础上发展而来的。它是以财务报表中的某个总体指标作 100%，再计算出其各组成指标占该总体指标的百分比，比较各个项目百分比的增减变动，以此来判断有关财务活动的变化趋势。这种方法比前述第②种方法更能准确地分析企业财务活动的发展趋势。这种方法既可用于同一企业不同时期财务状况的纵向比较，也可用于不同企业之间或与行业平均数之间的横向比较。这种方法能消除不同时期（不同企业）之间业务规模差异的影响，有利于分析企业的耗费水平和盈利水平。

查账人员在具体应用趋势分析法查账时，应特别注意：

① 进行分析前，应对用于分析的各种指标本身的可靠性予以认可，否则将得出错误的查账结论；

② 用于进行趋势分析的有关指标，在各个时期应具备可比性，如有不可比因素影响，则应运用因素分析法将不可比部分剔除；

③ 进行趋势分析时，常常需要运用多种方法，在选用这些具体分析方法时，必须注意其合理性与科学性；

④ 在作出分析结论时，应综合考虑各种因素的影响，以防决策失误。

小知识

函　证

1. 关于函证的说明

函证技术是指查账人员根据查账工作的具体要求，设计出一定格式的文字或表格式函件，邮寄给有关组织或个人，根据对方的回答和提供的情况，来获取有关证据或证实某类问题的查账技术方法。函证技术的主要工具是邮寄信函，即调查询问的函件不由查账人员亲自送达被调查单位，而是通过邮电系统传递。随着科学技术的迅速发展，函证技术的手法也在不断翻新，现今函证手段已不局限于信函，电报、电传、可视电话、录音电话、网上通信、电子邮件传输等技术手段都已纳入了函证法的技术领域，日益频繁地出现于查账过程的内查外调之中，引起人们的广泛重视。查账人员必须学习、掌握这些新技术手法，发挥高新技术方法的特点和优势为查账工作服务。但是，在当前的技术条件下，采用信函调查仍是其基础性手法，它具有经济实用、保密性好、能取得直观的书面证据资料等优点，为其他手法所不能完全取代。

函证法是账面检查的补充和延伸。在查账工作中存在着许多事项，通过账面检查或被查单位内部调查不能最终查实，而需要向被查单位以外的有关单位和个人调查询问，并以此与查账的证据材料互相印证。例如，对应收账款或应付账款账面余额的检查，要证实其是否真实，既要检查被查单位提供的账面数字，核对有关的销售凭证或采购凭证（扣除现销或现购部分），同时要向有关债权债务单位函证，要求其提供有关书面证明。因为查账人员亲自前往被调查单位取证，由于受到人力、物力、财力的限制，受到查账时间的限制，是难以实现的，现实可行的办法是将调查的问题拟成函件，发函调查。函证法是查账工作进行到一定阶段后采用的调查方法，对于取得外部查账证据，查活账，取得账外资料是十分重要的。

函证法的采用有比较明确的指向，它取得的调查证据也较有限。函证法取得的证据材料往往要和其他证据材料结合起来，才能支持查账结论。

函证法是建立在一系列假设的前提之上的，其能否顺利实施及产生的效果何如，不是查账人员自身所能完全左右的，它要求下列假设必须成立：

（1）被函证人没有与被查单位串通，也就是说没有证据说明被查单位与被函证单位和个人存在共谋，若被查单位存在账面错误和舞弊，与被函证单位无涉；

（2）被函证单位或个人在正常情况下，会按照函证调查的要求，提供真实可靠的证据材料，其提供的资料数据具有一定的可信赖度；

（3）被函证方提供的证据材料是有用的，无答非所问，内容不清，外延不明，令人费解之处，并且再次函证是可行的。

如果上述三假设不被否定，函证法是可行和可靠的。但是在实际工作中，查账人员执行函证中，会遇到各种预料不到的情况，如被调查方不配合，被调查人不负责任，提供的情况不实，甚至提出无理要求、索取有关费用，如不满足便设置障碍，阻挠调查等。如果遇到类似情况，查账人员应注意哪些环节出现阻碍，及时采取合理对策，在这些上述假设前提遭破坏时，应及时采取补救程序，如对函证材料进行补证和检查，派员亲自前往调查取证等。

函证法按照要求对方给予回答的方式的不同，可以分为积极函证和消极函证两种。积极函证是指要求对方对函证的内容直接以书面形式，向发函单位作出答复。消极函证是指只有当被函证方对函证内容持有异议时，才要求直接以书面形式向发函方作出书面答复，在对函证内容无异议时，被函证方可默认确认但不予回复。两种函证方法作用和效果不同，查账人员应视具体情况灵活选择采用。

2. 函证要点及其技巧

函证法的技术要点在于：① 选择函证的方法，即采用积极函证还是消极函证；② 设计函证函的格式和内容；③ 有关函证事宜的妥善处置。

函证方式的选择要根据查账工作的具体需要，凡是在账务资料上能查清楚的问题、能在被查单位内部弄清的事项就无须采取函证的形式。因为函证的信件往返需要较长的时间，有时可能石沉大海、有去无回，而查账人员事先对此都无法确切把握，一旦函证出现阻碍就有可能延误查账的进程，因此查账人员不能对函证抱有十分把握，只有到非函证不可的地步，才组织实施函证。函证的事宜要经过查账人员的讨论商议，一般情况下查账人员不得以个人的名义函证，而只能经过查账小组组长同意后，以查账小组或委托机构的名义进行。

函证所采用的方式，应视查证的内容及其重要性而定，一般情况下，以下的内容宜采用积极函证法。

（1）查账的事宜特别重要，对于弄清事实、查清问题有重要的作用，而查账人员对此存在很大疑义，且尚未掌握充分证据，需要通过函证提供有力而准确的资料依据。所谓重要可以用如下特征来衡量：所查事项涉及较大金额，对查账目标的实现影响重大；所查账项或业务事关重大，对查账项目的进展起关键作用；是查账项目取得突破的"瓶颈"，如果该问题不能突破，查账项目将功亏一篑；案件定性、定量所需要的重要的事实、情节、数据金额、单据等。

（2）经过对被查单位内部调查取证，几乎所有的查账程序和方法均实施后仍一筹莫展，通过函证可望取得新的证据材料，弄清有关事实真相。

（3）印证事项的发生、发展涉及被查单位以外的许多人和事，其背景材料和有关的资料大多存于被查单位以外，而这些材料对查账工作不可或缺。

（4）印证事项与查账日相距甚远，在被查单位内证据材料已自然消失或中断，采用积极函证法有利于内部潜在的证据材料的恢复。

（5）被查单位内有关人员对被查业务作了伪装，并制定了攻守同盟，而需要从其外部打开缺口。

（6）其他需要采用积极函证的情形。

除此之外的其他被查事宜，可以采用消极函证方法。消极函证法适用于对一般事项的查证，如是否存在信用期内的应收账款业务、与客户是否保持正常业务往来、税务结算有无拖欠、企业供货是否及时、市场行销是否平稳等。消极函证发出一定数量的函证函，只要有一部分被默认或回函质疑，便达到发函目的。消极发函所取得的材料只能作为旁证材料，补充支持查账结论。

函证函的设计要突出查账人员提出的问题，且易于理解、便于回答，不至于导致误解和异议。函证函的形式可以有多种，常见的形式是调查表格，但也可以是图表式和文字式。回答问题的方式可以是说明式、是否式、填充式、打钩式等，但积极函证法下必须留出空间给被调查人发表自己的意见，即采用或部分采用说明式。

调查函的内容应包括以下几个方面：

（1）查账部门或单位的名称，即说明函证者主体的身份，如系审计机关，应写明"××机关函件"字样，如系税务部门，应写明"××局函件"字样，等等；

（2）被函证单位和个人名称，单位应写明法定全称，个人应写明其所在单位或通信地址；

（3）函证的目的、要求证实的内容和提供的证据资料数据，此项内容应说明清楚、指向明确，写清应证的业务名称、内容、经手人、涉及的人与事、发生的时间、数量规模、金额、凭证及其号码等，并留足函证人回答问题的空当；

（4）函证的具体要求，包括回答的方式、内容、格式和复函的时间、回答人的签名、单位的盖章等；

（5）其他礼貌之语；

（6）发函单位的名称（盖章）、发函时间等；对函证函的格式设计，各查账单位有所不同，没有统一的要求。

查账人员在查账过程中，实施函证所涉及的基本点是：

（1）尽量给被函证者提供方便，给对方越多的方便，收回函证的希望就越大，所以查账人员既要考虑函证函的总体设计的简明扼要，也要注意一些细节的处置，如是否在函证中附上回函的邮票，回函的信封是否已设计好（一般将函证函反过来粘贴起来即可），回函信封上的收件人地址、邮编和收件人是否已注明，函证函中是否写明"谢谢合作""多谢支持"等礼貌用语等；

（2）为了保证函证的效果，有关函证的事宜应保密，避免由被查单位人员办理和参与有关函证的事宜，包括选择函证单位或个人、写函证函、函证函封口、投递、答复函的接收等，以防其窜改函件或从中舞弊掺假；

（3）如果发现被查单位悉知查账人员调查的行踪，应采取补救措施，如增加函证单位或个人、改变函证内容、改用其他调查取证的方法等。在采取积极函证法下，规定的时间后仍未收到对方复函，也应采取一定补救措施，如可再度发函、亲自派员前往调查、委托有关部门和人员就地取证等；

（4）对发函和收函工作应做好必要的记录工作，特别是对发函的数量、单位、内容及经办人等信息，应排出编号、列出清单、载明时间、记录在案。如系逾期未收的积极函证函，采取补救办法的也应注明其措施的具体内容和实施情况；对已收到的回函应将其结果记入查账工作底稿，对回函结果不甚满意的也应在底稿中说明。

小知识

有关当事人和知情人的查询

1. 查询的基本知识

查询技术是指查账人员通过直接找有关人员进行面谈，以取得必要的资料、了解有关情况或证实某些问题的查账技术方法。查询法也称面询法，与函询法（有时也称函证法）相对，因为函证法中查账人员与被查证对象不晤面，而查询法是查账人员直接与被查对象接触和交锋。函证法的技术要点是调查函的设计，而查询法的技术要点是查账人员的调查水平、语言表达、心理素质和应付各种复杂情况的能力的综合表现。

查询法是查账人员常用的技术方法之一，因为任何在查账中发现的问题，都需要知情人或当事人的证实，这种证实的方法就是查询法。只有通过查询证实了有关问题的基本情节和内容，才能真正落实查账的结果，确定被查事项的性质和程度。例如，经过查账发现被查单位通过虚开销售发票之手法，虚增销售收入 210 万元，虚增销售利润 40 万元，从账面检查得出的基本结果要以一定形式与被查单位见面，并经当事人核实后才能结案。又如，经查账了解到被查单位财务部门设置“小金库”，归部门责任人掌管使用，查账人员取得了有关账面证据之后，不可回避地要将此结果与财务部门责任人见面，以核实有关事实。其实查询技术不仅在查账阶段后期亮相，用以核实有关事实；在查账阶段早期，查账人员在进入被查单位之前，便要实施一定调查，要与主管部门、税务部门、工商管理部门、银行、物价部门等接触，这种调查很大程度就是面对面的询问式的调查，也就是查询法的运用。在进驻被查单位后，查账人员要召开被查单位有关人员座谈会，听取其汇报，了解基本情况，这实际上也是查询方法的运用过程。在查账过程中，查账人员经常与被查单位内外的有关人员接触，并通过面谈了解情况、查实问题、取得口头证据，也经常作为检查书面资料方法的侧应和补充，为检查活材料、查活账，取得书面证据和实物证据提供技术手段。

查询法按照其面询对象数量的不同，可划分为集体查询、小范围查询和个别查询；按照查询对象性质的不同，可划分为当事人查询和知情人查询；按照其查询性质的不同，可划分为审查式查询、座谈式查询、交流式查询和征求式查询；按照查询频度的不同，要划分为一次性查询、重复式查询和经常式查询；按照查询地点的不同，可划分为内部查询和外部查询。各类查询方式是可以交叉运用的，如审查式查询可以是一次性查询也可以是重复式查询，同时可以是内部查询或外部查询。查账人员应当根据不同的案情和不同的查账环境，确定查账查询的具体方式。

查询法是查账人员与被查询者的接触和交谈过程，因此查账人员不能像要求自己一样去要求被查询者，而要研究被询问者的身份、心理特点、个性和言谈举止，运用自身的学识和经验，巧妙选择谈话的议题和基本内容，启发对方的思路，充分调动对方的情绪，使其知无不言、言无不尽。

查账人员运用查询法的基本技巧如下。

（1）查账人员根据查账工作需要，准确地确定查询对象。

（2）计划询问的人员须与查账项目相关，能够对查清事实、确定案情发挥应有的作用。在查询前应通过被查单位协助工作的联络员，对其有一个间接了解，以供查账人员在制定查询策略、实施查询时参考。

（3）在准备对被询者进行询问时，可通过联络员通知被询人，也可以亲自通知。

（4）如果查询可以让被查询人事先悉知，应事先预约，以示对被询问人的尊重，同时让其对询问有所准备，减少对被查询人正常工作的影响，对被查询单位的领导实施问询更应如此。当然对有的被查询人不宜事先预约，如对违法乱纪的行为人和当事人，对有关“假”“乱”活动的参与人和知情人，对上蹿下跳、有意对抗查账的有关人员等。开展查询的最佳时间应安排在被查询对象的工作时间段内，最好不要安排在上班之前或下班之后，更不要安排在休息日，被询问人自己要求或考虑到特殊保密因素者除外。

（5）每次查询，不能由查账人员与被查询人一对一地进行，而应有两位或两位以上的查账人员在场，特别是对违法乱纪行为人的询问尤其如此。在查询过程中应做好记录工作，一般两位查账人员一位负责设问，另一位负责记录，记录的内容应在询问完毕后，交被问者过目，并要求其在记录后签名，以明确其责任，特别是对违法乱纪行为人的询问，更要注意完备询问手续。但是，如果发生被询问者拒绝签字，在查账人员反复劝说无效的情况下，可由两位查账人员相互签字，证明记录是真实、可靠和有效的，同时必须载明询问的时间、地点、内容及被询问者拒绝签字等的情节。询问过程中一般不采取录音、摄像等记录形式，如果确实需要录音、摄像，应事先与被询问人说明，征得其许可的情况下，方可实施。查账人员不能在被询问人不知道的情况下，采取录音和摄像手段记录查询的情况。作为调查证据的录音、摄像材料应是原始资料，而不是经过剪辑或其他技术删节或增添后的。

（6）在询问过程中，查账人员要注意倾听被询问人的陈述。在被询问者陈述时，查账人员应注视其表情，不时点头示意，表示领会其意。如果没有听明白，可以提出质疑，但绝对不能心不在焉，心猿意马，对被询问人的述说爱听不听，甚至感到厌倦，这样陈述者会立即打住话头，话到嘴边可能又咽回去，不利于查账人员获取第一手的真实材料。

（7）在询问过程中，查账人员要表现出较好的修养举止。首先注意外表的整齐庄重，其次不能将查询视同于审讯，使人产生敬而远之的感觉，这不利于与被查询人展开交谈，难以达到预期的查询目的。

（8）对查询对象的回答，不论其正确与否，对查账工作有用与否，都应做好保密工作。查账人员的查询记录不应向被查单位公开，也不能放在被查单位提供的办公室内“过夜”。在查账报告中如要运用被查询人所提供的证据材料亦不宜涉及被查询人的姓名及其特征。涉及对多个当事人或知情人的询问，应单独分开进行，以防其相互串通。如同步询问有难度，应采取一定技术处理措施，如设置不同的问题，提出一些与调查主题无关的话题，使当事人弄不清查账人的真实动机；也可以在查询结束前，要求其暂时保密；或者让众询问人在某处集中等候查询等。

2. 查询技术的应用

询问技术的应用，首先是适当选择询问的方式。询问方式的选择是查账人员与被询问人接触和交谈的形式，如果选择不当，不仅影响查询的效果，有时还会使询问导入“残局”。例如，对有关违法乱纪现象的知情人的询问，安排在大庭广众之下的走廊上，人来人往，无人不知，知情人面对无数双投来的目光欲说无胆，后顾之忧甚重，难以直言相告。再如，查账人员在有关会议上要求被询问人提供违法乱纪者的作假证据，显然会造成会场“冷场”，无人应答。所以查账人员采取查询法要善于发现和采用最佳的询问方式，追求最佳的询问效果。一般的询问方式有集体询问、小范围询问和个别询问三种，集体询问指众人集中于一处，采取会议式的群体询问的方法。它适用于以下情形：

（1）调查了解一般的情况或查实普通问题，这些情况和问题是大家所周知的，无法回避和隐瞒的；

（2）调查的情况和问题无须保密；

（3）询问的内容不会招致当事人和行为人的打击报复，所以被询问人无后顾之忧，可以畅所欲言；

（4）调查的结果不会令众人难堪，或造成反映情况人的不利影响和后果；

（5）被询问人大多性情开朗，善于言谈，无语言障碍；

（6）当众调查有利于启发思路，容易达到较好的询问效果的议题。

小范围询问指对两三人进行查询取证。小范围询问既有别于集体询问，也不同于个别询问，它是分头对少数几人实施询问，其谈话的话题可以相对自由一些，气氛可以宽松一些。当然对询问的对象，查账人员要认真研究和选择。小范围询问适用于两三位被询问者之间无利害冲突，对某些问题有共同的认识，容易达到一致，或者共同参与和介入某些业务，但由于客观条件所限，对其认知的程度不甚全面，需要一起恢复回忆，还原事件的原有面目。例如，被查单位若干位群众写信举报本单位财务部门、采购部门少数人的不正之风，查账人员便可以采取小范围询问的方式，将写信的同志集中起来，有针对性地进行询问；又如，被查单位发生了事故，当时现场目击者仅两三人，这是众所周知的。查账人员为了调查事故的起因和发生经过，可以采取小范围询问法。小范围询问法中被询问者谈话具有很强的互补性，谈及的内容具有较好的延伸性，可以不受环境的限制，询问人和被询问之间容易沟通，对一些不善言辞的人也能起到较好的启发开导作用。

个别询问指查账人员对被查单位内外某一个人单独进行询问。个别询问给人的感觉总有些不自在，被询问人总担心说错了什么，心理压力和防备是明显的，这种压力既来自查账人员，也来自被查单位的环境。所以查账人员应适当扩大个别询问的主题，这既是增加信息资料的来源，又是减轻被询问人心理负荷的得力举措。一般以下事宜宜采用个别询问：

（1）询问的内容较为重要，不宜扩散，走漏了消息对查账工作的开展不利；

（2）谈话内容涉及对人和事的处理，对被询问人可能产生不利的影响和后果，可能招致威胁和损害，可能带来当事人的打击报复；

（3）被询问人系为数不多的知情人，众人关注，其一举一动都可以产生牵一发而动全身的效果；

（4）询问的内容属于需要保密的范围；

（5）需要与当事人、知情人和其他相关人员对质的内容；

（6）被询问人有语言障碍或不善于交际和言谈，或存在心理障碍，受到挫折后容易产生不良后果的；

（7）需要查账人员引导和启发后，才能进入询问角色的；

（8）有关违法乱纪活动的涉案人、参与人、知情人的调查、核实。

调查询问的方式可以因工作需要和案情发展而改变，但被询问的对象不能因为这一改变而穿梭出现于各类询问之中，同一被询问者不宜既出现于集体询问，又出现于小范围询问和个别询问，多次询问后调查的效果会呈现出递减之势。

询问方式确定之后，查账人员就要选择询问场所，营造询问气氛，具体选择询问策略。询问场所的选择和询问气氛的营造不是小事，它对被询问者的心理和态度具有重要影响。查账人员应选择环境安静、光线明亮、空气新鲜的地点，如办公室、住所、庭院等作为询问场所。询问地点应避免各种因素的干扰，如防止不断出现的电话铃声、不时有人来找、经常有噪声影响等。外来的干扰容易打断被询问者的思维，给其增加不安和烦躁，不利于询问工作的进行。另外，查账人员要营造良好的询问氛围，具体应在以下几个方面作出努力：

（1）查账人员设问应和缓，不应急躁，让被询问人有轻松之感，以减轻其恐惧和压力；

（2）查账人员设问的定位要准确，让被询问人迅速明白提问的意图，正确消化所提出的问题，便于其作出及时准确的回答；查账人员提出的问题要大小、详简适中，思路清晰，用词得当；

（3）查账人员的态度应是诚恳而严肃的，能妥善处理与被询问人观点的分歧，冷静分析和对待被询问人的各种态度和表现；不要轻易打断被询问人的发言，让其自由表达其思想认识和所知悉的情况，即使不甚正确的观点和不太准确的情节，对其的再度发问也应尽量在其发言完毕之后；查账人员为证查某些内容，可采取请其复述、核对查账人员陈述、重点说明等方式；

（4）在遇到冷场的时候，查账人员应耐心等待或谈一些与询问无关的事宜，以宽松其紧张的心态，同时唤起其记忆；也可以采取暗示的办法，巧妙地引出主题；也可以先行休息一下，调节一下气氛；发现被询问人有思想顾虑，应着力打消其疑虑，解除其思想疙瘩；

（5）询问中查账人员要灵活运用询问技巧，采取多种设问方法，特别对知情人、当事人狡猾对抗、拒不说明情况和问题的时候，要以巧制“滑”，以静制动，以变应变，占据询问工作之主动，具体的对策如下。

① 巧设问，指通过巧妙地设计提问，让被询问人放松警惕，误入查账人员布置的“圈套”之中。巧设问一般从“明处”入手，提出一些表面看来似乎很容易回答的问题，但从其回答中容易暴露出其他问题或线索，容易引出其他话题，而这些询问的“副产品”正是查账人员所需要的，用其可以证明其他问题或事项，可能以被询问人之矛攻其盾，使其不能自圆其说，原先的说法不攻自破。

② 对质，当两人或两人以上的询问说明不一致，且各执己见，莫衷一是时，最好的办法是对质，由不同观点者直接交锋。通过交锋，当事人或知情人各自陈述自己的看法和情况，容易排除细枝末节和一些不正常因素的干扰，通过“筛选”得出最后结论。对质能有效地打消被询问人的侥幸和抵赖心理，识破其当面一套背后一套的嘴脸，从而迫使当事人和知情人说出事实真相。

③ 攻心，是对被询问人讲明利害关系，从心理上战胜对方，攻破被询问人的心理防线，使之说出知道的全部实情。特别是询问之初，被询问人与询问人存在对立的情况下，被询问人不愿正面回答查账人员的问题，并且持有明显的抵抗和防范情绪，这时查账人员取得询问进展的关键是打破这种“僵局”，所使用的武器是攻心术，查账人员可以动之以情、晓之以理。例如，被询问人有思想包袱，担心说清问题受到处理，查账人员应告诉其抵赖与狡辩是无济于事的，甚至适得其反，查账人员迟早会弄清事实真相，迟说不如早说，少说不如多说，说清问题，争取主动，否则思想的包袱会越背越重，于己、于家庭不利；再如，被询问人讲哥们儿义气，不愿说明实情，查账人员应说明以情义代替原则的危害性，或列举哥们儿出卖朋友的事实，劝告被询问人不必为所谓的哥们儿牺牲自己的前途；等等。通过攻心能够瓦解被询问人的对立和防范，取得意想不到的效果。

④ 开门见山。即单刀直入，直逼主题，先发制人，切中要害，在对方没有防备的情况下，猛攻其薄弱

环节，使被询问人步步死守、转移视线、拖延时间的企图化为泡影。开门见山式的先发制人关键在于掌握好突击的“火候”，过早或过迟都会影响其效果。

⑤ 提示或暗示，即当被询问人有意无意地中断回答，或打岔、转移话题或者不能回忆起所述事实的时候，查账人员适当的提示或暗示是必要的。适当的提示或暗示既说明查账人员已经掌握了基本证据材料，胸有成竹，同时能较好地把握询问的方向，不使其游离基本主题。提示或暗示的技巧在于，不让被询问人知道查账人员的底细和意图，不能让其知道查账人员已经掌握的情况和线索。

⑥ 变向。即在采取多种策略不能奏效的情况下，如果一味强攻，可能不会有收获，这时查账人员应及时改变提问方式和方向，转移被询问人的视线，使其放松警惕，而在其防守不严的侧面寻机发起进攻，在被询问人还没来得及构筑防线之前实施突破，往往能取得强攻所不能取得的效果。

4.2.3 账簿奇异分析技巧

账簿分析主要是对总账账户借贷方对应关系及其发生额的分析，是对明细账借贷方发生额来踪去迹的分析，有时也包括对与被查账户相关的凭证的延伸检查分析。这些分析既要依靠查账人员专业知识、业务技能和实际经验，同时要依赖账簿分析法的技术、技巧。在长期的查账实践中，查账人员积累了一系列账簿分析检查的经验和方法，它为我们进行账簿分析提供了极好的借鉴和参考，账簿奇异分析检查法就是其中一种，现简单说明如下。

1. 从账面奇异金额发现问题

会计资料是数字的海洋，数字是构成会计资料的基本材料，所谓奇异数字是指发生了较为明显的奇怪异常的数字。所谓异常是指该数据针对其业务内容和其所反映的信息内容而言的，没有一个数字绝对是异常数字，也没有一个数字天然不是异常数字，异常数是相对而言的。

例如，购买一辆板车用600元是正常数，而修理一辆板车用了600元就是异常数，如果将来物价上涨到一定程度，购买板车用600元也可能是异常数。

所以认识异常必须结合特定时期的特定的经济业务内容，必须由查账人员进行准确的专业判断。识别异常数主要从以下几方面来入手。

（1）从数目大小发现问题。特别对一些经济业务有一定的数量金额界限的，如发现无故突破该界限便可视为异常，应进行深入调查审核。我们可以用该界限去把握其活动的合法合规性之度，这个度可以从这几方面理解：有关数据具有的比例结构，如折旧与固定资产原值存在比例关系，坏账准备与应收账款期末余额存在比例关系，应付职工薪酬——职工福利与工资总额存在比例关系等；有关费用的发生与其业务规模和拓展的联系，如某企业销售费用过去每月为12万元，本月份销售量未有增加，甚至有所下降，而销售费用上升至20万元，则这20万元就是值得推敲的异常数，因为销售费用增加无业务背景的支托；有关常识的运用，如上述的修理板车便是一例。

（2）从数字的正负方向发现问题。在账簿体系中，有的会计科目的余额本身应为借方记录值或贷方记录值，有的账户是虚账户，有的是实账户，在经济业务中有的业务本身是一种增加（正向）或减少（负向）。例如，购买材料应支付贷款，即企业的材料应为正增加，而企业的银行存款应是减少，如果经济业务活动的结果与之相悖，则说明存在问题，这就是我们所说的出现异常。又如，被查单位进行材料实物盘点，经查出现了某材料的期初余额+本期收入数小于本期发出数+期末盘存数的“余额”，即出现了来历不明的材料剩余，该余额便为异常数。有的虚账户出现了期末余额就是奇异数，应进一步查明原因。

（3）从数字的精确程度发现问题。一般会计核算对数字的计算有相应的精度要求，财会人员应以此为标准处理有关会计业务，如果发现的账簿中有的业务出现过分的精确或不精确，都应列为异常而加以分析。

例如，发现被查单位的利润为 300 万元，某产品的材料成本差异摊销值为 3 000 元，就是一异常数，理由是销售收入经扣除销售成本、税金等，材料成本差异经过汇集再按一定的分配率分配到产品之中，怎么如此凑巧正好为一位正整数，其中有无人为调节的因素，确实值得怀疑。又如，某采购员外出报销的住宿费是 10 天计 4 218 元，平均每天 421.8 元，哪有这么准确的计价呢，这的确存在不解之处，有必要进一步查实。

2. 从账面奇异时间发现问题

所有经济活动的发生和发展总是在特定的时间范围内进行的，财务人员对业务进行会计处理也应准确反映其发生的时间或时期，时间是对经济业务进行反映和监督的重要因素，而这一要素不像金额数值那样为人们所重视，常常易被忽略，但它往往也暴露出许多疑点和线索。认识和判断时间异常主要从以下两方面入手。

（1）从时点的错位发现问题。经济活动总有其特定的时间，具体说它总是发生于某一时点，如果有关账簿或凭证记录上无时点反映，或故意使之模糊起来，或虽有所反映但所反映的时间与其相对应的经济活动有明显矛盾，都应列为异常数，作为进一步审计的重点。例如，现货购买材料记录所反映的时间与实物验收时点、付款时点相距甚远，就是一例异常，应引起警觉。又如，某市供电局前局长收受贿赂，其中一笔收贿 8 万元，当法庭审判时有关人员出示了一张借据，由此被告一口咬定其收到 8 万元的现金不属于受贿，而是向朋友借款行为。到底是借款还是收受贿赂，关键是该借据写于何时点。后经查实该借据是在事情败露后，当事人补写的，将时间往前推了一年多，说明其收受贿赂的事实清楚、罪名成立。

（2）从时间区间的延长或缩短发现问题。许多经济活动的进行总有一定时间区间，超出正常的时间区间不能完成应完成的经济业务，说明其中存在非正常因素，所以应列为异常数加以分析。例如，企业的债权超过结算期和信用期不能收回就可能出现坏账，企业在途材料和在途商品根据合同规定及其所采用的运输方式，长期不能到货，就出现异常，应进一步查明原因。

3. 从账面业务的奇异地点发现问题

如上所述，经济活动总是在一定空间和地点进行的，这一空间和地点反映了被查单位经济活动的特点，如企业采购材料一般有相对固定的卖主，也就是说有相对稳定的采购地点，企业的产品一般也应有相对稳定的市场，也就是说有相对固定的销售地域，如果这些地点发生变化应反映企业生产经营管理的变化和调整；如果这种变化不能说明其正常理由，甚至业务发生地点与其业务内容发生违反逻辑的现象，这都说明出现了异常，应作为进一步审查的线索。例如，被查单位的采购人员为谋取个人好处费、回扣等，舍近求远、舍优求劣、舍国有求个体、舍廉求贵、舍计划内求计划外，这必然表现为企业同一商品、同一价格在多个地点可以采购到，采购人员偏偏到远僻的地方去购买，即出现异常地点。同时异常地点还常常表现为单位物资的奇怪的流向，即企业的物流与货币流不是呈交换性对流，而是出现物流或货币流的迂回往返，甚至出现不明去向的流动。例如，A 企业向 B 企业购买物资，正常情形应为 B 企业向 A 企业供货，A 企业向 B 企业付款，但出现 B 企业向第三方供货，A 企业向另一单位付款的现象，这也是异常地点的表现。再就是某些经济活动发生的地点明显违背常识，如被查单位本身地处广东，却赴东北采购热带水果，地处产煤区的企业却赴能源紧张地采购煤炭等，这些常识性“失误”应引起查账人员的注意。

4. 从账面奇异的账户对应关系中发现问题

账户的对应关系通过记账凭证上所载明的会计分录加以表现，反映资产、负债和权益的对应增减变化。所谓奇异的对应关系是指不正常地反映经济业务全貌，破坏了账户正常的对应关系，因而未真实准确地反映经济活动的资金变化。发现奇异的对应关系一般从财产物资和资金的来源及去向入手，特别要注意两者结合起来进行检查。例如，原材料增加，对应科目一般为银行存款的减少或负债的增加，而原材料的减少，其对应科目一般为成本费用的增加；但如果发现贷记“原材料”科目，借记“银行存款”科目，则反映企业出售原材料直接计入存款，却未计入“其他业务收入”科目，应作为异常对应关系，要查明原因。又如，企业借记“原材料——A”科目，同时贷记“原材料——B”科目，则反映企业以物易物，违反国家有关规定，也应列为异常对应关系作仔细检查。

5. 从账面奇异的购销单位发现问题

随着市场经济的发展，企业与其他单位的经济交往日益增多且日趋复杂化，但无论如何企业总有自身的业务联系单位，其经济业务活动总有一定规律性。如果企业交往的单位违背这一规律，与企业正常的生产经济活动无关，则可视为异常的购销单位，应做进一步深入检查。如何发现奇异购销单位呢？根据查账实践经验，可以从以下两方面查找。

（1）从购销单位的业务范围来判定奇异单位。因为任何单位都有其正常业务，如果超出其范围，购销单位开具的凭证及其所反映的经济业务与其本身的经营业务不符，如经营食品的企业发生了倒买倒卖紧俏能源的业务，就可视为异常购销单位，并作为疑点作进一步查实。

（2）从购销单位与结算单位的矛盾发现奇异常。在正常的经济交往中一般购货单位必为付款单位或负债单位，如果两者发生分离，出现了非买卖关系的第三者，不供货却收款或不收货却付款，则可视为不正常现象，并应查明事实真相。

6. 从账面反映的有关业务经办人员和手续的异常发现问题

经济业务的发生须有一定的经办人并办理正规手续，如果有的业务经办人或有关手续异常，则说明该业务存在一定问题，有必要予以查明。例如，被查单位从事采购业务的经办人不是本企业职工，且身份不明，这不能不说存在问题（当然，这不一定通过账面检查可以发现，查账人员将查账与查实结合起来加以揭露）；又如，被查单位的采购货物到厂并已入库，借记“原材料”科目，但无正常的货物验收手续，财务部门仅根据购货发票记账，这也不得不引起查账人员的注意，将其作为进一步审查的重点。

7. 从账面的逻辑混乱发现问题

企业的账面业务记录存在着一定的内在逻辑关系，正是这种逻辑维系着账务体系的运作，保持了企业价值运动的正常进行。如果出现逻辑紊乱，说明账目记录中出现了矛盾或错误，而这矛盾和错误往往隐匿着各种问题，所以必须查清。例如，企业“原材料”账户出现贷方余额，“材料成本差异”的分摊额大于其发生额，未曾从银行提取现金却有充足的现金可用，秋冬季节大量发放冷饮降温费、夏天却发烤火费和取暖费等，都是与正常逻辑不符的，应列为查账人员深究不放的对象内容。

第 5 章

财务报表方面的假账与反假账

企业编制财务报表的目标，是向财务报表使用者提供与企业财务状况、经营成果和现金流量等有关的会计信息，反映企业管理层受托责任的履行情况，有助于财务报表使用者作出经济决策。财务报表使用者通常包括投资者、债权人、政府及其有关部门和社会公众等。

财务报表是对企业财务状况、经营成果和现金流量的结构性表述。一套完整的财务报表至少应当包括资产负债表、利润表、现金流量表、所有者权益（或股东权益，下同）变动表及附注。

资产负债表、利润表和现金流量表分别从不同角度反映企业的财务状况、经营成果和现金流量。资产负债表反映企业在某一特定日期所拥有的资产、需偿还的债务，以及股东（投资者）拥有的净资产情况；利润表反映企业在一定会计期间的经营成果，即利润或亏损的情况，表明企业运用所拥有的资产的获利能力；现金流量表反映企业在一定会计期间现金和现金等价物流入和流出的情况。

所有者权益变动表反映构成所有者权益的各组成部分当期的增减变动情况。企业的净利润及其分配情况是所有者权益变动的组成部分，相关信息已经在所有者权益变动表及其附注中反映，企业不需要再单独编制利润分配表。附注是财务报表不可或缺的组成部分，是对在资产负债表、利润表、现金流量表和所有者权益变动表等报表中列示项目的文字描述或明细资料，以及对未能在这些报表中列示项目的说明等。

5.1 财务报表的粉饰手法

对于财务报表的粉饰，可以从不同的角度对其予以分类。

1. 按财务报表的编制主体分类

从财务报表的编制主体看，财务报表粉饰可以分为国有企业财务报表的粉饰、上市公司财务报表的粉饰、外商投资企业财务报表的粉饰和私营企业财务报表的粉饰。

这种分类有助于我们正确把握各种不同的财务报表粉饰的动机、手段及其影响，进而针对不同的财务报表粉饰采取不同的措施予以治理。由于不同企业有着不同的财务报表粉饰动机，因此其粉饰的手段也存在差异（尽管粉饰的基本原理是一致的），粉饰的后果是不一样的。例如，国有企业财务报表的粉饰，将使国有资产的权益受到损失。而上市公司财务报表的粉饰，将严重影响到投资者的利益，并对证券市场的健康发展产生重大的不利影响。

2. 按财务报表反映的期间分类

从财务报表反映的期间看，财务报表粉饰可以分为历史财务报表的粉饰和未来财务报表的粉饰。

历史财务报表是企业编制的反映过去一定时期财务状况、经营成果和现金流量情况的财务报表，而未来财务报表所反映的期间则是未来一定时期。在我国目前情况下，企业编制的未来财务报表仅是盈利预测表。一般地，根据有关法规的要求，企业需要编制盈利预测表的场合也仅是在发行和上市股票时，其编制目的主要是确定股票发行价格（当然还有为投资者提供决策所需要的信息等目的）。显然，历史财务报表与未来财务报表的编制目的存在差异，因而其粉饰动机存在差异，历史财务报表的粉饰动机多种多样，而未来财务报表在目前看主要是为了提高股票发行价格，以募集更多的资金；历史财务报表与未来财务报表在编制方法上存在差异，因此其粉饰方法也有所不同，历史财务报表粉饰的方法多种多样，而未来财务报表的粉饰方法只能是运用不当的预测基准、虚构交易合同、选用不当预测方法等。上市公司历史财务报表的粉饰，依据所反映的期间不同，又可以分为 3 年或 3 年又一期的财务报表（又称基本财务报表）的粉饰、年度财务报表的粉饰、中期财务报表的粉饰。基本财务报表是公司在上市时为了反映 3 年或 3 年又一期的财务状况、经营成果和现金流量情况而编制的，其反映的会计信息决定了公司是否具有股票发行资格，并在一定程度上影响了公司股票发行价格，所以其粉饰动机是争取股票发行和上市资格，并提高公司股票发行价格。由于基本财务报表在编制上与年度财务报表有一定程度上的差异，如会计模拟方法的运用、资产的剥离等，因而其粉饰方法也必然存在一些差异。在我国的证券管理模式下，年度财务报表与企业是否具有配股资格以及是否要对其进行特别处理、停牌等联系在一起，所以年度财务报表粉饰的动机则是取得配股资格、逃避处罚等。而中期财务报表的编制目的仅是向投资者传递中期的会计信息，没有其他附加的目的，所以中期财务报表粉饰的动机主要是为了操纵证券市场。由于中期财务报表与年度财务报表在编制要求上存在差异，如中期财务报表通常可以不经过审计、可以不编制现金流量表、财务报表附注可以简化等，因此中期财务报表在粉饰方法上也与年度财务报表的粉饰存在差异。

3. 按财务报表反映的信息分类

从财务报表反映的信息看，财务报表粉饰可以分为经营业绩粉饰、财务状况粉饰、现金流量粉饰和表外信息粉饰。

表外信息粉饰可按照编外信息的特征归为经营业绩粉饰、财务状况粉饰和现金流量粉饰，为叙述方便，我们将其单独归为一类。在这四种粉饰中，经营业绩的粉饰是最为普遍的。

4. 按财务报表粉饰的结果分类

从财务报表粉饰的结果看，财务报表粉饰可以分为积极式粉饰（这里的积极并不是指财务报表粉饰具有经济的影响）、消极式粉饰和均衡式粉饰。

积极式粉饰是指夸大其词的粉饰，包括通过提前确认收入、推迟结转成本、亏损挂账等来高估利润，通过资产评估、虚构业务交易和利润等来高估资产，通过账外账、设立负债性公司等来低估负债等。消极式粉饰是一种隐藏利益的粉饰，包括通过推迟确认收入、提前结转成本等来达到利润最小化，以及通过将坏账、存货积压、长期投资损失、闲置固定资产、待处理流动资产和待处理固定资产等所谓虚拟资产一次性处理为损失以清洗利润等。均衡式粉饰是指试图将利润均衡化，如利用其他应收应付款、长期待摊费用调节利润，制造利润稳步增长的假象。

小知识

虚假财务报告的分类

（1）从内容上看，虚假财务报告可以分为财务数据虚假型和非财务数据虚假型两种。

① 财务数据虚假型财务报告是最常见的，如多计资产，少列负债，虚增利润，少计费用等。

② 非财务数据虚假型财务报告是指对非财务数据进行虚假陈述，在上市公司中对公司成立时间的虚假披露，对关联方关系的虚假陈述等。

（2）从所反映的信息来看，虚假财务报告可以分为经营业绩虚假、财务状况虚假和现金流量虚假。

（3）从形成的性质看，虚假财务报告可以分为错误型虚假财务报告和舞弊型虚假财务报告。

① 错误型虚假财务报告是指无意识地对企业经营活动状况进行了虚假陈述，在主观上并不愿意使财务报告歪曲地反映企业经营状况。这主要是会计人员素质较低引起的错误，如经济业务的遗漏、对会计政策的误解等。

② 舞弊型财务报告是指为了实现特定的经济目的而有意识地偏离会计准则和其他会计法规对企业财务状况、经营成果和现金流量情况进行虚假陈述的财务报告，它是利益集团或个人为了经济利益而进行的一种有意作为，是一种损人利己的行径。

（4）从造假策略来看，虚假财务报告可以分为夸张式虚假、缩小式虚假和均衡式虚假。

① 夸张式虚假，是指通过提前确认收入、推迟结转成本、潜亏挂账、少提各项准备等来增加利润，通过资产评估、虚构交易、虚增利润等来高估资产，通过账外账、特殊目的实体（SPE）等来低估负债等。

② 缩小式虚假，是指通过推迟确认收入、多转成本、多提各项准备等使利润最小化，通过对某些资产一次性处理为损失等方法“清洗利润”。

③ 均衡式虚假是指通过对上述方法的综合利用来使利润平滑，以制造企业利润呈现稳定增长的假象。

5.2 财务报表粉饰的识别

5.2.1 财务报表粉饰的识别

1. 识别财务报表粉饰的基本原则

（1）谨慎性原则。遵循谨慎性原则，是指在对财务报表进行分析时，应保持应有的怀疑态度，应该清醒地认识到编制财务报表的企业管理层是一个经济人，他所追求的是自身效用的最大化，为追求自身效用的最大化，企业管理层有可能对其财务报表加以粉饰。

（2）动机分析原则。在遵循谨慎性原则的前提下，需要对企业管理层编制财务报表时所处的环境以及所面临的压力进行分析，以确定其是否具有粉饰财务报表的动机。例如，上市公司在面临配股压力下是否有粉饰财务报表的动机。

（3）重要性原则。重要性原则是一个重要的会计概念，它意味着只有那些影响财务报表使用者决策的错报、漏报才是重要的，并非所有的错报和漏报均是重要的。

2. 识别财务报表粉饰的具体方法

（1）分析性复核方法。分析性复核是对企业重要的比率或趋势，包括调查这些比率或趋势的异常变动及其与预期数据和相关信息的差异，常用的方法有简易比较、比率分析、结构百分比和趋势分析等方法。

简易比较是指将本期金额或比率与以前年度的相关数据或其他相关数据所进行的比较。通过上述数据的简易对比，可以发现企业财务报表发生重大变动的项目。

比率分析法是对财务报表中的某一项目与其相关的另一项目相比所得的值进行分析。这种方法要求先计算各种相关比率，再将上述比率与相应的参照标准进行比较，为判断财务报表表达是否恰当提供参考。常用的比率通常包括以下几项。

① 短期流动性比率：流动比率、速动比率、流动负债与资产比率、应付账款周转率；

② 现金状况比率：现金与销售比率、现金与资产比率；

③ 存货周转率；

④ 应收账款周转率；

⑤ 投资报酬率：销售净利率、净资产收益率；

⑥ 财务杠杆比率：资产负债率、产权比率、长期债务与营运资金比率；

⑦ 资本周转率：流动资产周转率、总资产周转率；

⑧ 其他比率：毛利率、销售收入/单位销售数、现金销售/销售收入、销售费用/单位销售数、每股盈利、每股净资产、边际利润；

⑨ 与现金流量相关的财务指标：净利润与经营现金流量的比例；经营现金流量与销售的增长。

结构百分比分析又称为共同比财务报表分析。它是指先计算财务报表各构成要素占有关总额的百分比，然后将其与以前年度的相关数据或其他相关数据进行比较。通过上述数据的对比分析，可以发现企业财务报表的异常变动与差异。

趋势分析是对连续若干期财务报表某一项目的金额及其变动情况进行比较与分析。通过对财务报表某一项目的趋势分析，可了解该项目的增减变动情况及其变动幅度。

此外，还可根据需要采用时间序列分析、时间预测模型分析、回归分析、财务模型分析等较复杂的分析技术。

（2）虚拟资产剔除法。虚拟资产剔除法是将资产负债表中的长期待摊费用、递延所得税资产、递延所得税负债、待处理流动资产损失、待处理固定资产损失、3 年以上的应收款项加以剔除，然后进行分析的一种方法。

（3）特殊报表项目分析法。特殊报表项目分析法是对财务报表中如应收账款、其他应收款、投资收益、关联交易、资产负债表日后事项、或有事项等，以及财务报表中所披露的会计政策及其变更等进行分析，从而发现财务报表粉饰行为的一种方法。

（4）审计意见分析法。对注册会计师出具的审计报告加以分析，也是识别财务报表粉饰的一个重要途径。分析审计报告时，应关注以下两方面的问题。

① 审计报告中所反映的意见类型。注册会计师所发表的审计意见类型直接反映了财务报表是否存在粉饰以及粉饰的严重程度。在目前的证券市场上，上市公司财务报表粉饰问题较严重。

当然，在分析审计意见时，我们还应该注意这样的两种现象：一是一些注册会计师所发表的审计报告可能并不恰当，如理应发表保留意见却发表带解释说明段的无保留意见，理应拒绝表示意见或发表否定意见却发表保留意见，理应发表否定意见却发表拒绝表示意见等；二是个别上市公司所在年度报告或中期报告中所披露的注册会计师发表的审计意见与注册会计师实际所发表的审计意见不一致。

② 审计报告说明段中的说明事项。这些事项直接反映了公司粉饰财务报表的方式，以及该等事项对财务报表的影响。

5.2.2　报表对应关系识别法

大家在进行公司财务报告分析时较多地采用财务比率和比率体系，对关联公司间的关联购销也比较关注，而对非关联公司间因上下游产品关系、生产性企业和其他企业间的业务往来而形成的购销、应收应付等报表对应关系较少关注。其实因产品、劳务等形成的“关联”公司间相对应的应收应付项目的急剧变动，或者双方应收应付项目出现不对应等情况都隐含这样或那样的问题，因此报表对应关系识别法提醒广大投资者在对上市公司进行分析时，不妨也关注一下类似的报表对应关系，以便能及早发现问题，规避投资风险。

小知识

黎明股份的报表对应关系分析

黎明股份在 1999 年度报告中，为了掩饰其经营业绩，虚增资产 8 996 万元，虚增负债 1 956 万元，虚增所有者权益 7 413 万元，虚增营业收入 1.5 亿元，虚增利润总额 8 679 万元。负责对该公司进行审计的事务所在审计报告中出具的是一份典型的无保留意见的审计报告。

现在，我们对黎明股份资产负债表和利润表粗略地看一下，看看能发现什么问题。

（1）该企业的主营业务收入为 40 942.56 万元，但主营业务税金只有 82.43 万元，税率只有 2‰，这是一组非常不协调的数字。按常规，按增值税额的 10%计算，该企业的主营业务税金应当是百分数。再看看期初数，期初的主营业务税率却在 6‰以上。

（2）该企业的财务费用是负值，与资产负债表中短期借款 8 015.34 万元明显矛盾。同比期初数，同样有短期借款，但财务费用为正值。

（3）从所得税看，企业的所得税率为 20.5%，而期初的所得税率为 35.2%，显然这是重大问题，必须作出说明。

（4）该企业可供股东分配的利润是 5 269.75 万元，按规定应提取法定盈余公积金 10%，应为 527 万元，但只提取了 345 万元，只占可分配利润的 6.55%，而期初数达到了 10%。

（5）利润分配表中有应付普通股股利 1 900 万元，但在资产负债表中的应付股利项目中无此数，两表相互矛盾。

（6）按常理，利润分配表中提取的盈余公积金，都应当在资产负债表中反映出来，但只要细看一下，便不难发现，该企业的盈余公积提取了 690 万元，而资产负债表中盈余公积增加了 862.66 万元，两者相差 173 万元。

（7）利润分配表中的未分配利润为 2 507 万元，而资产负债表中的未分配利润为 2 417 万元，两者相差 90 万元，属于明显的会计错误。仅就以上报告中反映出的问题来看，就可断定对黎明股份是万万不能出无保留意见报告的。

5.2.3 报表性重组识别法

有些上市公司重组后，报表上的业绩指标可能确实提高了，但综合实力并没有得到实质性的提高。因为突击重组制造出的突击利润并不具有持续性，这样的公司其可持续发展能力只能令投资者担心，也为证券市场增添了新的泡沫。一系列的财务技术可能挽救了上市公司，但是成熟的投资者还是更应该对公司未来作出理性判断，关注其资产盈利能力和市场竞争能力。毕竟财务技术就像医生的手术刀，健康的机体本身才是最重要的。我们认为这种资产重组短期行为比较严重，有报表重组之嫌疑，称为报表性资产重组。另外，还有些上市公司通过资产重组不仅其业绩指标得到了明显提高，而且其综合实力也得到了明显的改善，我们称为实质性资产重组，这是证券市场上需要大力提倡的一种资产重组。资产重组可分为报表重组和实质重组，报表重组并不能对企业经营效率产生实质性的改善，只能改变短期内的财务报告数字，如提高利润、净资产收益率等。而实质重组可以提高企业的真实业绩，优化企业的资源配置，对企业的未来产生积极影响。怎样识别报表重组呢？

其分析要点为：

（1）从重组的规模看，假重组的规模一般不大，收购或出售的资产总额一般低于总资产的 50%；

（2）从重组的行业来看，假重组通常不改变公司的主业；

（3）从重组双方来看，假重组多发生在关联企业之间，或者同地区的企业之间；

（4）从时间来看，假重组多发生在下半年；

（5）从高层管理人员来看，假重组一般不会伴随高层管理人员的更换；

（6）从公司的处境来看，假重组公司通常要么已经面临困境，或即将陷入困境，如两年连续亏损；要么需要进行配股，必须将净资产收益率做到证监会规定的标准。

5.3　资产负债表方面的假账与反假账

对于公司众多报告粉饰手法，报告分析人员需要从各方面收集证据，从原始凭证追查到账簿、报表，以发现遗漏的内容。例如，检查公司的原始凭证（合同、产权证明等），向银行函证公司担保情况，向律师函证公司担保和诉讼情况，从媒体得知公司诉讼状况和重大关联交易等。分析重大报告项目也是一个有效识别方法。许多财务报告粉饰案例，只要分析人员保持职业谨慎，执行应有的分析程序，通常还是可以获得适当的证据，能够甄别一些报告项目下的虚假成分，发现报告粉饰者的狐狸尾巴的。资产负债表项目包括三大类：资产、负债和所有者权益。重要性原则是实施资产负债表分析的一个基本原则，对于那些内部控制制度较为薄弱而在资产负债表中又占有相当比重的项目，分析人员必须特别予以关注。

小知识

资产负债表方面造假手法

（1）利用交易性金融资产，调节货币资金

货币资金可直接作为支付手段，无须变现，是流动性最强的资产。拥有一定量货币资产，使投资者和债权人对企业拥有一种安全感和信任感，但持有过多的货币资金，说明资产利用效率不高，因此，有的企业将货币资金调入交易性金融资产栏内，有的企业又会将交易性金融资产转为货币资金。

（2）利用资产项目，隐报财产损失

有的企业为了掩盖管理中存在的问题，将存货和固定资产损失不在资产负债表中列示，而是与存货和固定资产合并，隐报财产损失。

（3）少列折旧，掩盖固定资产磨损程度

有的企业固定资产磨损严重，机器设备老化，企业不愿暴露，便通过少计折旧（也可能用增加固定资产原值）来掩盖事实。

（4）高估无形资产，虚增企业实力

无形资产使用有效期难定和影响未来收益因素不确定，其价值最具不确定性。因此，有的企业在评估无形资产时，有意高估其价值，或直接利用财务报表虚增无形资产，虚增企业实力。

（5）少报负债额度，隐匿财务风险

在资产负债表中，有的企业有意调减流动负债、长期负债来掩饰其面临的风险。

（6）虚构所有者权益，夸大企业实力

有的企业通过高估资产，虚报资本溢价，增加所有者权益；有的企业甚至通过盈余公积、未分配利润来调节所有者权益。

（7）调增速动资产，虚增变现能力

某些企业在其变现能力差的情况下，对流动资产项目构成进行调整，调增速动资产提高其变现能力以欺骗公众。

（8）调整应收账款周转率，粉饰企业财务状况

有的企业扩大赊销收入或压低应收账款平均余额来粉饰其财务状况。

5.3.1 资产项目分析

5.3.1.1 流动资产分析

1. 货币资金分析

资产负债表中反映的货币资金包括企业的库存现金、银行存款、外埠存款、银行汇票、银行本票、信用证、信用卡和在途资金等。货币资金的分析要点总的为以下两点。

第一，判断规模是否适当。一般而言，企业的资产规模越大，相应的货币资金规模应当越大；在相同的总资产规模条件下，不同行业（如工业、商业、金融业企业）的企业货币资金的规模也不同；同时，它还受企业对货币资金运用能力的影响。企业过高的货币资金规模，可能意味着企业正在丧失潜在的投资机会，也可能表明企业的管理人员生财无道。

第二，分析货币资金内部控制制度的善程度及实际执行质量。其中资金内部控制制度分析又具体可细分为以下几点。

（1）对于库存现金，重点判断现金业务是否有下列两大作假、不实行为：挪用现金和贪污现金。

1）挪用现金的主要手法。

- 利用借款。
- 延迟入账。
- 白条抵库。
- 循环入账。

2）贪污现金的主要手法。

- 少列现金收入总额。
- 利用空白发票多计费用。
- 虚列凭证、虚构内容。
- 公款私存，贪污利息。
- 虚报坏账，贪污货款。
- 非法侵占出售国家和其他单位资产的收入、截留企业的各种罚没收入。

（2）对于银行存款，重点判断是否公司有不当利用支票、出借账户和开立“黑户”行为。

1）不当利用支票。

- 擅自提现。私自签发现金支票，不留存根不记账，将提取的现金据为已有。
- 有意签发空头支票等。
- 出借转账支票。

2）出借账户。

- 因为交情将账户出借他人。
- 擅自出借资金，利息收入不入账。

3）开立“黑户”。

- 在正常使用的银行账户以外，以某种名义在银行开立别的账户用于收付非法款项或作为企业的小金库。
- 挪用账外资金，炒股票非法获利。另外也应注意是否直接虚构进账单、对账单，虚增银行存款；是否利用未达账项操纵银行存款余额。

2. 交易性金融资产分析

（1）关注交易性金融资产的目的性与报表金额的特点。因为交易性金融资产具有易变现、持有时间短、盈利与亏损难以把握等特点，因此，交易性金融资产在报表中的表现具有金额经常波动、投资收益与亏损易变等特点。如果报表中交易性金融资产金额跨年度长期不变，投资收益较固定，则企业有可能故意将长期投资的一部分人为地划分为交易性金融资产，以改善流动资产状况。

（2）分析交易性金融资产是否挂账，截留投资收益。

（3）分析交易性金融资产在报表中的计价。

① 某些购买成本，是否列入当期费用。

② 交易性金融资产是否入账。

③ 是否将已宣告股利，列入股票成本。

3. 应收款项

应收款项是公司财务报告中十分重要的报告项目，具体包括应收账款、预付账款、应收票据和其他应收款等。正因为应收款项具有应收而未收的特点，这一报告项目既在一定程度上反映了企业的经营绩效，也有可能因日后无法收回造成坏账损失，严重影响企业的经营业绩。

应收款项的分析要点如下。

（1）考虑决定其规模的主要因素。例如，企业的经营方式及所处行业特点是预收款的广告业、赊销的工业企业还是现销的商业企业，企业的信用政策是宽松的还是紧缩的。

- 如果应收账款膨胀或高居不下，显示利润有被“注水”的可能及经营活动创造现金能力减弱。

例如，YQ 公司近期业绩不错，但 2018 年中报显示该公司应收账款增加 1.32 亿元，增幅达 78.76%，且应收账款中的第一大股东 YQ 集团所欠货款占到 80%。大量新增应收账款的存在，致使公司经营性现金流量为负值。YQ 公司尽管 2011 年中期每股收益达 0.35 元，但每股经营活动产生的现金流量净额为–0.19 元。

- 如果应收款项中大股东欠款占多，上市公司有可能成为大股东的“提款机”。

（2）考察应收账款的质量。

- 账龄分析。
- 对债务人的构成分析。
- 应收账款管理政策评价。

例如，企业是否有明确销售结算方式，建立货款奖惩回收制度；是否把货款回收进度作为企业经营业绩的重要内容来考核；是否建立对客户的信用评价制度；是否销售跟踪制度；是否加强对营销队伍的管理。

- 应收销货款是否长期挂账，购销双方彼此渔利。
- 是否延期承兑应收票据，索取酬金。

例如，本已到期的应收票据，是否因付款方暂无力支付，该企业便提出以“好处费”为条件，将应收票据转入“应收账款”。

（3）考察应收账款和应收票据有无真实的贸易背景。

- 企业是否利用虚无信用来创造销售。
- 是否用无真实贸易背景的应收票据向银行贴现。
- 是否利用应收账款放贷，利息转入“小金库”。

（4）分析应收账款的坏账准备提取的是否充足。

- 坏账损失是否不作处理，有意制造潜亏。
- 是否调整计提比例，错提坏账准备金。
- 是否利用坏账损失转移资金，挤列费用。

（5）判断公司预付账款是否成为“回收站”。在许多企业中，“预付账款”账户发挥着“回收站”的作用，企业销售商品，不确认收入，而是暂时存放在“预付账款”账户中作为预付款，日后，再作相反会计分录，视同退款。这样的后果就是企业可以偷逃收入、偷逃税金、隐匿收入。

（6）其他应收款是我们应该给予足够重视的资产负债表项目。一些企业可能没有披露关联交易或关联方关系，但其他应收款项目的性质实际上会告诉我们这些企业与其他企业或单位之间的非常关系，所以其他应收款的多少可以帮助我们判断该上市公司受到其他企业或单位的影响程度，这种影响越大，该上市公司的净利润指标的可靠性越差。例如，有些企业为虚增收入，又怕存货急剧增加，存货周转率急剧下降，就把应收账款往其他应收款、预付账款转移，手法是公司先把资金打出去，再叫公司把资金打回来，打出去时挂在其他应收款或预付账款，打回来作货款，确认收入。

4. 存货分析

（1）对公司的分析。并非所有的公司都可以通过存货来粉饰报告，但如果公司是一个制造企业，或者说其拥有一个确定存货价值的复杂系统，或公司涉及高新技术或其他迅速变动的行业，或公司拥有众多的存货存放地点时，管理层进行存货报告粉饰的可能性会增加。

（2）高估存货是最常见的粉饰手段，但虚构存货会使公司的账户失去平衡。与以前的期间相比，销售成本会显得过低，而存货和利润将显得过高。当然，还可能会有其他的迹象。在评估存货高估风险的时候，分析人员应回答以下问题，回答“是”越多，存货粉饰的风险就越高：

- 存货的增长是否快于销售收入的增长？
- 存货占总资产的百分比是否逐期增加？
- 存货周转率是否逐期下降？
- 运输成本所占存货成本的比重是否下降？
- 存货的增长是否快于总资产的增长？
- 销售成本所占销售收入的百分比是否逐期下降？
- 销售成本的账簿记录是否与税收报告相抵触？
- 是否存在用以增加存货余额的重大调整分录？
- 在一个会计期间结束后，是否发现过入存货账户的重要转回分录？
- 存货是否有相应的所有权证？

（3）关注存货的计价问题，是否有以下问题：

- 成本不实；
- 随意变更存货的计价方法；
- 材料盘盈盘亏，不作转账处理；
- 不报毁损，虚盈实亏；
- 监守自盗，虚报损失；
- 材料假出库，虚列成本费用；
- 虚计在产品完工程度，调整完工产品成本；
- 发出商品，不按实际比率结转销售成本；

- 存货跌价准备计提是否充分。

（4）分析是否存在账外物资“小金库”。将账内的一定比例的物资材料移到账外，置于企业生产经营的体外，作为随时可供自己调用的物资“蓄水池”。主要手法曝光如下：

- 购进存货时即作生产费用或作为待摊费用，未使用便计入成本费用；
- 领用的材料不用或少用，却计入成本费用，采用不作退料或假退料、退库不记账等方式，积少成多，形成大量账外物资，将其报出，存入“小金库”；
- 回收的边、角、废料不入账；
- 盘盈、接受捐赠的物资不做账；
- 自制材料不入账；
- 外发加工退回材料的余料不入账。

5.3.1.2　非流动资产分析

1. 长期投资分析

（1）资产负债表中长期投资项目的金额，在很大程度上代表企业长期不能直接控制的资产流出，其投资方案是否合理，关键看能否获得较高收益，是否可分散风险，企业的安全性如何。

（2）资产负债表中长期投资项目，代表的是企业高风险的资产区域，要看其是否与企业的总体发展目标和经营方针一致，也就是说，长期投资的增加应以不影响企业生产资金周转和提高企业资金效益为前提，长期投资的减少应以实现企业资产的保值增值为前提。

（3）债权投资的质量分析。

- 对债权投资的账龄。
- 债务人构成。
- 对利润表中债权投资收益与现金流量表中因利息收入而收到的现金之间差异的分析。
- 分析是否截留利息收入。企业以面值购入的债券，应按规定利率按期计算应计利息，并将应计利息收入作投资收益处理。但有些企业为了截留利息收入和偷漏所得税，而采取了计入“其他应付款”账户挂账的舞弊手法。
- 是否长期债券投资，不摊销溢（折）价。

（4）长期股权投资的质量分析。

- 长期股权投资构成分析（投资方向、投资规模、持股比例等）。
- 对利润表中股权投资收益与现金流量表中因股权投资收益而收到的现金之间差异的分析。
- 分析是否隐藏联营投资利润。
- 是否成本法、权益法混淆使用，调节利润。

（5）判断长期投资减值准备计提是否充足。

2. 固定资产分析

（1）分析公司发展状况。一般而言，处于重建过程或新的迅速成长的公司，可能会在固定资产上进行大量投资。处于衰退或成熟行业的公司通常会处置过时的资产，但不会增加固定资产投资。对于前一种公司，分析人员应检查固定资产账户的借方数，评估增加的会计处理和估价，在可能的情况下，在测试的基础上对固定资产进行盘点。

（2）识别判断企业固定资产投资是战略性投资还是战术性投资。战术性投资不涉及企业的发展前途，投资金额小，见效快，以实际需要和经验为依据。战略性投资则要涉及企业的转产或产品结构的调整，投资额大，回收期长，以预期收益为依据，决策风险大。

（3）分析是否存在以下粉饰手段。

- 固定资产与低值易耗品的划分不符合规定标准。
- 固定资产分类不正确。
- 固定资产出租收入，虚挂往来账。
- 清理固定资产净收益，不按营业外收入记账。
- 固定资产盈亏，不作账务处理。

（4）判断固定资产的计价。

- 减值准备计提是否充足；
- 计价方法是否科学；
- 价值构成是否任意变动固定资产价值所包括的范围；
- 是否购入固定资产质次价高，采购人员捞取回扣；
- 是否固定资产运杂费掺入了旅游参观费；
- 是否运杂费用张冠李戴，人为调节安装成本；
- 是否接受贿赂，虚计固定资产重估价值；
- 是否转移工程借款利息、调节当年损益；
- 是否在建工程试运转收入，不冲减在建工程成本；
- 是否随意改高折旧方法或折旧率，调节折旧计提数额；
- 是否增加固定资产，不提折旧；
- 是否未用固定资产（除房屋、建筑物外）提取折旧，是否当期不应计提的，当期计提折旧；
- 是否变卖固定资产，仍旧提取折旧；
- 是否在建工程提前报决算，多提折旧。

3. 无形资产分析

（1）资产负债表列示的无形资产基本上是企业外购的无形资产，因为与无形资产自创有密切关系的研究和开发费用基本上已经作为发生会计期间的费用，并没有作为无形资产处理。

（2）关注是否有以下粉饰行为。

- 无形资产所有权和使用权处理不当。
- 无形资产增加不真实，不合规。
- 无形资产计价不正确。
- 对无形资产摊销期限不符合规定。
- 无形资产摊销金额不正确。
- 伪造无形资产增加的虚假证明。
- 出售无形资产，不做账。

（3）关注企业是否将转让收入记入“营业外收入”偷逃“增值税”。

5.3.1.3 表外资产分析

资产负债表的表外资产是指那些因会计处理原因或计量手段的限制而未能在资产负债表中体现净值，但可以为企业在未来作出贡献的资产项目。

表外资产通常包括著作权、专利权、专有技术、商标专用权、销售网络、客户关系、特许经营权、合同权益、域名和商誉等账面未记录或未进行资本化处理的资产。

5.3.2　负债项目分析

1. 流动负债分析

（1）分析流动负债组成项目的性质和数额，进而判断企业流动负债主要来自何方，偿还紧迫程度如何。这要同企业的经营形势相联系，分析企业采购政策、付款政策、分利政策及其他经营特点。对于商业企业，正常情况下是流动负债和销售收入或实现利润都有所增长。而对于工业企业，常常是长期负债和实现利润都在增长，而流动负债并无明显变化。

（2）对短期借款应分析是否存在以下粉饰行为。

- 虚提银行借款利息，调节利润。
- 将短期借款（特别是展期的短期借款）记录，反映为长期借款，导致短期借款信息失真。
- 通过连续展期将应由长期借款解决的资金变通为短期借款，如通过连续展期形式将获取的流动资金借款用于购建固定资产，使短期借款信息失真。

（3）对应付账款应分析是否存在以下粉饰行为。

- 应付账款长期挂账。
- 虚列应付账款，调节成本费用。
- 利用应付账款，隐匿收入，偷逃税款。
- 故意增大应付账款，将现金套出私分。
- 对于一些非法开支，或已超标准或规定的费用，人为挤入“应付账款”进行缓冲。
- 用商品抵顶应付账款，隐瞒收入，偷漏增值税。

（4）对预收账款应分析是否存在以下粉饰行为。

- 利用预收账款，虚增商品销售收入。
- 利用预收账款，长期挂账，不作销售处理。不转作收入，也不结转成本，以达到偷逃收入和税金的目的。

（5）对应付职工薪酬——工资应分析是否存在以下粉饰行为。

- 利用工资费用，调节产品成本。
- 冒领贪污。
- 支付利息，计入“应付职工薪酬——工资”科目。

2. 长期负债分析

长期负债是指偿还期在 1 年或超过 1 年的一个营业周期以上的债务，包括长期借款、应付债券、长期应付款等。

长期负债分析要点如下。

（1）如果企业在长期负债增长的同时，经济效益、实现利润明显提高，说明企业负债经营正确，企业财务状况发展良好。

对其变化也要与流动负债的变化结合起来分析。企业长期负债增加，流动负债减少，说明企业生产经营资金有长期保证，是扩大业务的好机会。在这种情况下，如果销售收入确实增长，则表明企业抓住了机会，经营有方。如果销售收入并未增长，有两种可能：一是企业通过增加在建工程进行结构性调整，这时要分析项目的预期效益；否则，表明企业通过恶化资金结构、用降低结构稳定性的办法，暂时回避短期资金紧张。

（2）对于长期借款应分析是否存在以下粉饰行为。

- 利息不入费用，长期挂账。
- 混淆资本化利息，没有将利息支出列为期间费用，由此造成虚增利润的后果。

（3）对于应付债券应分析是否存在以下粉饰行为。

- 未经批准，擅自发行。
- 变相提高债券利率。
- 溢（折）价不摊销。
- 混淆资本性支出与收益性支出的界限。
- 债券使用超出章程范围。

（4）对于长期应付款应分析是否存在以下粉饰行为。

- 虚列账户。
- 期满后继续付款。
- 融资租入固定资产，不计提折旧，虚增利润。
- 混淆融资租赁和经营租赁。
- 资产改良不计入“长期待摊费用”。

3. 表外负债和或有负债分析

（1）表外负债。为显示较好的财务实力，许多企业利用资产负债表外交易的安排，以规避资产及负债的入账。为了避险，有些企业从事衍生性金融商品交易。美国安然会计丑闻曝光后，特殊目的个体（SPE）的合伙引起人们广泛注意。美国《财富》（*Fortune*）500 强公司利用 SPE 表外筹资或移转风险，十分普遍。SPE 成为企业合法美化财务报表的一个新工具。表外负债是企业在资产负债表中未予反映的负债，即资产负债表的右方无该项目，左方也无相应的资产对应，而表外负债所形成的费用以及取得的经营成果在利润表中反映出来。常见形式有以下几种。

1）直接表外负债。企业以不转移资产所有权的特殊借款形式直接负债，具体如下。

① 经营租赁。经营租赁是出租方以自己经营的设备租给承租方使用，承租方由于租入设备扩大了自身生产能力。这种生产能力，即经济资源，并没有反映在承租方的资产负债表中（融资性租赁，其资产、负债均反映在资产负债表），承租方只为租入的这种生产能力支付了一定的使用费，即租金。

② 售后回租。指企业在资金短缺时将自己的设备卖给租赁公司租回该设备使用。承租人在卖出设备时作资产转换的会计处理，但在租回时只按经营租赁作记录。从表内来看，承租方资产账面额减少，但该项设备的生产能力并没有退出企业，而资产转换后增加的货币资金使企业扩大了生产能力。因此，售后回租属于表外筹资。

小知识

为了适应社会主义市场经济发展需要，规范租赁的确认、计量和相关信息的列报，提高会计信息质量，2018 年 12 月 7 日，我国财政部修订发布了《企业会计准则第 21 号——租赁》（财会〔2018〕35 号，以下简称“新租赁准则”），这是进一步完善我国企业会计准则体系，保持与国际财务报告准则持续全面趋同的重要成果。

租赁准则修订的主要内容：

新租赁准则在租赁定义和识别、承租人会计处理方面作了较大修改，出租人会计处理基本延续现有规定。

修订的主要内容如下：

A.完善了租赁的定义，增加了租赁识别、分拆、合并等内容。

新租赁准则将租赁定义为“在一定期间内，出租人将资产的使用权让与承租人以获取对价的合同”，并进一步说明如果合同中一方让渡了在一定期间内控制一项或多项已识别资产使用的权利以换取对价，则该合同为租赁或者包含租赁。

同时，新租赁准则还对包含租赁和非租赁成分的合同如何分拆，以及何种情形下应将多份合同合并为一项租赁合同进行会计处理作了规定。

是否属于“租赁”不再拘泥于合同形式是否为“租赁协议”，而应根据“已识别资产”“主导使用”等概念进行判断。

租赁拆分和合并概念的引入，使租赁的计量单元细化到了“单独租赁”，类似于新收入准则下的“单项履约义务”。

B.取消承租人经营租赁和融资租赁的分类，要求对所有租赁（短期租赁和低价值资产租赁除外）确认使用权资产和租赁负债。

新租赁准则下，承租人不再将租赁区分为经营租赁或融资租赁，而是采用统一的会计处理模型，对短期租赁和低价值资产租赁以外的其他所有租赁均确认使用权资产和租赁负债，并分别计提折旧和利息费用。

短期租赁是指在租赁期开始日，租赁期不超过12个月的租赁。

低价值资产租赁是指单项租赁资产为全新资产时价值较低的租赁。

承租人对于短期租赁和低价值资产租赁可以选择不确认使用权资产和租赁负债，而是采用与原经营租赁相似的方式进行会计处理。

C.改进承租人后续计量，增加选择权重估和租赁变更情形下的会计处理。

原租赁准则未对租赁期开始日后选择权重估或合同变更等情形下的会计处理作出明确规范，导致实务中多有争议且会计处理不统一。新租赁准则明确规定发生承租人可控范围内的重大事件或变化，并且影响承租人是否合理确定将行使相应选择权的，承租人应当对其是否合理确定将行使续租选择权、购买选择权或不行使终止租赁选择权进行重新评估。

租赁变更是指原合同条款之外的租赁范围、租赁对价、租赁期限的变更。

企业应视其变更情况将其作为一项单独租赁进行会计处理或重新计量租赁负债。

D.生产商或经销商作为出租人的融资租赁，可以确认收入。

新租赁准则明确了生产商或经销商作为出租人的融资租赁，可以确认收入。

E.改变售后租回交易的会计处理方法。

新租赁准则下，售后租回交易的处理，关键在于资产转让是否满足收入准则所规范的“销售”，而非对租赁类型（经营租赁或融资租赁）的判断。不符合“销售”条件的，视为融资行为处理，而即使满足销售条件，出售相关的会计处理及确认的损益也与原准则不同。

F.丰富出租人披露内容，为报表使用者提供更多有用信息。

关于出租人发生的经营租赁，原租赁准则仅要求出租人披露各类租出资产的账面价值。新租赁准则要求出租人增加披露相关租赁收入及未折现租赁收款额等信息。此外，出租人还应当根据理解财务报表的需要，披露有关租赁活动的其他定性和定量信息。

修订租赁准则的意义：

此次对租赁会计准则的修订完善有以下现实意义。

A.有利于提高会计信息质量，更好地满足报表使用者需求。

新租赁准则下，承租人会计处理不再区分融资租赁和经营租赁，而是统一采用使用权资产模型，有利于全面反映企业因租赁交易取得的权利和相关义务，提升了报表透明度和可比性。同时，新租赁准则对承租人后续计量的改进和完善，以及承租人、出租人的新披露要求都为报表使用者进行经济决策提供了更为相关和可靠的信息。

B.有利于真实反映企业资产负债情况，防范化解风险。

新租赁准则下，原采用经营租赁方式取得的资产及支付义务需在资产负债表中列示，消除了承租人利用经营租赁进行表外融资的机会，可以更为全面真实反映企业资产债务情况。

C.有利于联动企业业务管理与会计管理，推动企业加强风险管理，提高发展质量。

新租赁准则下，做好租赁的识别、使用权资产和租赁负债的计量，需要业务部门提供大量信息并加强合同管理。同时，新准则引入的承租人增量借款利率反映了承租人自身信用风险特征，结合原表外债务的显性化，将促使企业重新梳理评估现有业务和债务结构，加强风险管理，提升发展质量。

新租赁准则带来的相关影响：

总体而言，新租赁准则将导致承租人资产负债表中的负债大幅增加，从而改变某些关键财务指标，预期对于大量采用经营租赁模式的行业，如零售、运输、航空、电信等将产生深远影响。此外，虽然出租人的会计处理模式没有发生显著变化，但由于承租人会计处理的变化可能影响承租人重新架构租赁安排，进而影响出租人的业务模式及与承租人的商业谈判，其商业影响也不容小觑。

A.新租赁准则对财务报表的具体影响。

根据原租赁准则，承租人对融资租赁和经营租赁分别采用“上表”和“不上表”两种截然不同的会计处理，新租赁准则提出全部“上表”的单一模型。除了满足豁免规定的情况（短期租赁和低价值资产租赁），几乎所有租赁均需要“上表”，意味着承租人的资产负债表将随着现时经营租赁的租金承诺而相应大幅度膨胀。此外，经营租赁承租人的费用分摊方式将由原来的直线法变为与融资租赁一致的“前大后小”模式，即在租赁期的前半段时间内的总费用（资产折旧加上利息）要高于原准则下直线法确认的经营租赁费用。

新旧模式下经营租赁费用对利润表的影响对比如下：

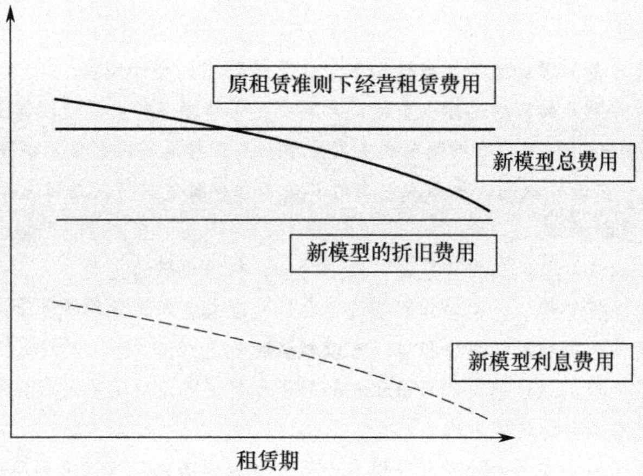

B.对相关财务指标的影响。

a.资产周转率（销售收入/资产总额）。

预期将下降，因为使用权资产将构成资产总额的一部分。

b.资本充足率（负债/权益）。

预期将上升，因为租赁负债的确认将增加企业的负债金额。

c.EBITDA（息税折旧摊销前利润）。

预期将上升，因为 EBITDA 中不再有租赁费用，而增加的折旧费用和利息费用都将反映在 EBITDA 之外。

d.净利润

由于“前大后小”模式，净利润在租赁开始的最初几年相比原会计模式将会下降。

新租赁准则中承租人的租赁业务均需入表，短期租赁和低价值租赁是仅有的例外情况，能够采用与原准则中经营租赁类似的简化处理。预计“短期租赁”和“低价值租赁”将成为未来实务中的“必争之地”。

③ 代销商品。代销商品是一种免费的表外负债，代销方在收到代销商品时，只登记代销商品登记簿，而不做增加资产、负债的账务处理。代销方式优于赊购商品，尽管两者都不需支付现金，但后者背上了债务责任，并且反映在资产负债表内。代销商品是很多无本经营或资本不足企业采用的筹资方式。

④ 来料加工。它与代销商品性质相同，无须企业垫支资金买材料，也不像租赁筹资那样要支付租金，只是对委托方的材料进行加工并收取加工费。受托方的材料不作增加存货处理，只是在来料加工登记簿上予以登记。来料加工在满足企业生产经营的同时，缓解了资金不足，也是一种免费的表外筹资方式。

小知识

租赁对财务报表的影响

有两家企业 A 和 B，需要获得价值 1 000 万元的设备，获得这一设备的渠道可以是借钱购买或租赁。假如，企业 A 借钱购买此设备，而企业 B 通过租赁获得此设备，有关资产增加前和资产增加后两家企业的资产负债表见表 5-1、表 5-2。

表 5-1　租赁对财务报表的影响（资产增加前）　　单位：万元

企业 A 和 B 的资产负债表			
流动资产	500	流动负债	500
固定资产	500	股东权益	500
总资产	1 000	负债及股东权益	1 000
资产负债率=500/1000=50%			

表 5-2　租赁对财务报表的影响（资产增加后）　　单位：万元

企业 A 的资产负债表（借款购买）				企业 B 的资产负债表（借款购买）			
流动资产	500	流动负债	1 500	流动资产	500	流动负债	500
固定资产	1 500	股东权益	500	固定资产	500	股东权益	500
总资产	2 000	负债及股东权益	2 000	总资产	1 000	负债及股东权益	1 000
资产负债率=75%				资产负债率=50%			

由此可见，企业 A 借了 1 000 万元来购买此资产，因此，资产和负债都出现在资产负债表上，它的资产负债率也从原来的 50%上升到 75%。而企业 B 是租赁该资产，如果是经营租赁，租赁所需的固定费用可能等于或高于贷款的费用，支付不了租金，如同支付不了利息一样可以导致企业经营困难。因此，企业 A 和 B 面临的财务风险相似，但企业 B 的资产负债率保证不变，只有 50%。这是否对两家企业是公平的呢？或者说，是否会对投资者进行误导呢？

2）间接表外负债。由另一个企业的负债代替本企业负债，使本企业表内负债保持在合理限度内。最常见的方法是：投资于子公司或附属公司，母公司把应由自己经营的产品，拨给一个子公司或附属公司，子公司或附属公司将生产出的产品销售给母公司。子公司或附属公司负债经营。这里子公司或附属公司的负债，实际上是母公司的负债，本应由母公司负债经营的部分，由于母公司负债的限度，转由附属公司或子公司作为与母公司同样独立的法人负债，使各方的负债都能保持在合理范围内。

例如，某公司自有资本 1 000 万元，借款 1 000 万元，该公司想要追加借款，但目前表内借款比例已达到最高限度，再以本公司名义借款已不可能。于是，该公司以 500 万元投资于新公司，新公司又以本公司名义借款 500 万元。新公司实质上是母公司的一个车间，但车间改为公司后，具有了法人资格，可以独立向外借款。这样，母公司实际的负债比例不再是 50%，而是 60%。因为，两个公司实际资产总额为 2 500 万元，有 500 万元是母公司投给子公司的，不应重复计算在内。两个公司共向外借入 1 500 万元，其中，在母公司报表内，只反映 1 000 万元的负债，另外 500 万元反映在子公司报表内，但这 500 万元仍为母公司服务。

3）转移表外负债。将表内的项目转移到表外进行负债，有应收票据贴现、出售有追索权的应收账款和资产的回租等形式。

① 应收票据贴现。它实质上是一种以应收票据作为抵押的借款，尤其当企业将商业承兑汇

票予以贴现时，企业基本形成了一种或有负债，但很多企业并不把它作为负债处理，而是冲减应收票据，即借银行存款、贷应收票据。

② 出售有追索权的应收账款。它是一种以应收账款抵押的借款，与应收票据同样性质，在出售时，应收账款应在表中以负债的形式反映，而实际上企业大多数直接冲减应收账款，即借银行存款、贷应收账款。

③ 产品筹资协议。筹资企业与贷款企业订立协议由筹资方向贷款方“出售产品”，并在相关交易中购回该项产品，筹资方只作产品销售的会计核算，即借记“银行存款”，贷记“主营业务收入”，但不作购回处理。其情况与存货抵押借款相似，只是在借款人的资产负债表中既不反映借款，也不记列存货。产品筹资协议将负债变为收入记入利润，这部分虚记的利润实质上是企业的负债。

4）交叉结盟。公司透过策略联盟、合资经营、合伙与特殊目的个体（SPE）从事广泛的商业活动，已成为典型的经营模式。

例如，制药、生物科技与化学公司皆通过联盟与合资经营方式，从事大部分的研发与行销活动；软件发展商亦是如此。而特殊目的个体（SPE）则常被用来作为经营权及风险移转与最佳化。这些被广泛使用的活动多半在财务报表上被忽略，或以不适当的会计方法呈现，因而对提供给投资人与债权人的资讯产生不良影响，也制造了财务报告不实表达与粉饰的诱因。

4. 或有负债

或有负责是指过去的交易或事项形成的潜在义务，其存在需通过未来不确定事项的发生或不发生予以证实；或过去的交易或事项形成的现实义务，履行该义务导致经济利益流出企业的可能性不很确定或该义务的金额不能可靠地计量。形式有商业票据背书转让或贴现、未决诉讼、未决仲裁、产品质量保证、为其他单位提供债务担保、应收账款抵押等。或有负债由于其债务取决于未来的不确定性事项，使或有负债的确认出现很大弹性，公司财务报告分析者要谨慎对待或有事项。

例如，ST 海洋 2015 年第三季度已经扭亏，可 2015 年全年竟然报出巨额亏损，有一大原因是其计提了巨额的预计负债 28 661 万元；ST 中侨 2015 年年报中，该公司原先披露担保总额是 35 096 万元，更正后变成 41 569 万元，更正后的年报对该 41 569 万元的或有债务全额计提预计负债，其中补提以前年度或有负债 38 961 万元，当期计提或有负债 2 608 万元。

5.3.3 所有者权益项目分析

所有者权益的来源包括实收资本（或股本）、其他权益工具（含优先股、永续债）、资本公积、其他综合收益、专项储备、盈余公积、未分配利润。根据所有者权益的永久性程度一般将其分为投入资本和留存收益两大类。其中投入资本是指企业所有者实际投入企业的资本，包括实收资本和资本公积。实收资本是投资者投入资本形成法定资本的价值，由所有者向企业投入的资本，在一般情况下无须偿还，可以长期周转使用。资本公积是企业收到投资者的超出其在企业注册资本（或股本）中所占份额的投资，以及直接计入所有者权益的利得和损失等。资本公积包括资本溢价（或股本溢价）和其他资本公积。资本溢价（或股本溢价）是企业收到投资者的超出其在企业注册资本（或股本）中所占份额的投资。形成资本溢价（或股本溢价）的原因有溢价发行股票、投资者超额缴入资本等。而留存收益是指通过企业的生产经营活动而形成的资本，即经营所得净收益的积累，它包括盈余公积和未分配利润两部分。盈余公积是指企业按照规定从净利润中提取的各种积累资金。公司制企业的盈余公积分为法定盈余公积和任意盈余公积。未分配利润是企业留待以后年度进行分配的结存利润，也是企业所有者权益的组成部分。相对于所有者权益的其他部分来讲，企业对于未分配利润的使用分配有较大的自主权。从数量上来讲，未分配利润是期初未分配利润，加上本期实现的净利润，减去提取的各种盈余公积和分出利润后的余额。

1. 投入资本分析

（1）考察所有者权益内部的股东持股构成状况与企业未来发展的适应性。

在进行分析时，要首先了解公司的控股股东的情况及公司所属子公司的情况，了解控股股东的控股比率、公司对控股股东的重要性、控股股东所拥有的其他资产及控股股东的财务状况等。对于子公司，要了解上市公司持有的股权比率、子公司销售与母公司及各子公司之间的相关性、子公司销售额和盈利对母公司的贡献度及各子公司的所得税率和执行优惠税率的阶段。在企业的股东构成中，控制性股东将有权决定一个企业的财务和经营政策；重大影响性股东则对一个企业的财务和经营政策有参与决策的权利。因此，控制性股东、重大影响性股东将决定企业未来的发展方向，在对企业所有者权益进行分析时，必须关注企业的控制性股东、重大影响性股东的背景状况：谁在控制（或重大影响）着某一特定企业？控制（或重大影响）着某一特定企业的股东有没有能力将企业引向光明的未来？这里的关键是要有战略眼光。

例如，国外的一家牛奶公司与中国企业合资生产一种在市场上很有潜力的奶产品。中方提出要占股份 51%，外方占 49%，外方没有异议，但要由外方经营。经营第一年，投入大量资金开拓市场，年底出现亏损，亏损额双方承担。中方由于拿不出钱来，只得把一部分股份让给外方，连续三年都是如此。到第四年，企业终于开始赚钱，可中方的股份已经下降到 15%。这样，企业前三年赔钱时，中方按高比例分担；当开始赚钱时，中方却按低比例分成。

（2）考察企业实收资本是否缺失。具体分析是否存在以下粉饰行为。

- 投资者以抵押物作为投入资本，骗取企业的投资收益，给接受投资的企业带来了经营风险和损失。
- 无形资产所占比重过高。
- 以陈旧、落后的机器设备和技术，甚至废弃的物资出资。
- 不具备符合国家规定并与其生产经营和服务规模相适应的资本数额。
- 不能如期缴纳所认缴的股本，甚至故意拖欠所认缴的股本。

（3）关注资本公积金的合理性。具体分析是否存在粉饰行为，具体粉饰行为见第十六章资本公积方面造假手法。

2. 留存收益分析

明确盈余公积主要是用于扩大企业的生产规模，增强企业的经济实力，应付各种风险或弥补以后年度发生的亏损，按照法定程序转增资本等的积累性资金。对盈余公积应分析是否存在粉饰行为。对于未分配利润应分析是否存在粉饰行为。

5.4 利润表方面的假账与反假账

5.4.1 利润表会计信息失真形式

（1）调整利息保证倍数，粉饰企业财务状况。利息保证倍数是企业税息前利润净额与所支付利息之比；利息保证倍数反映企业偿债能力，特别是长期偿债能力。当利润不足以支付利息时，企业长期拖欠银行贷款利息，并且不在账上反映。

（2）调整成本费用，夸大成本利润率。企业在报表中虚报盈利或销售成本、期间费用等，提高成本费用利润率。

（3）通过往来账调节利润。利用往来账隐瞒收入，将收入挂账不计利润，并将隐瞒的收入结转下年。

（4）对外投资挂应收款，将取得的投资收益不入“投资收益”账户。有的企业直接将产品对外投资，而在账务上作应收账款。

（5）通过待处理财产损益、营业外收支账户调节利润。

（6）通过多计、少计折旧，调节成本、利润。

5.4.2 利润表项目分析

利润表项目主要有六大类：收入、费用、营业外收支、投资收益、所得税和净利润。

1. 收入项目分析

（1）明确企业目前发展的战略主要是追求业绩（收入）还是追求利润。

一个企业如果重视业绩的成长，常能快速扩大营业额，使企业迅速成长。但其背后的财务状况常常是毛利下降，销售费用上升，投资增加，负债增加，坏账也增加。因此，在短期来看，有漂亮的外表；长期而言，却是利润下降以及财务负担上升，稍不小心，即会周转失灵，陷入危机。重视利润的企业很少削价竞争，所以成长较慢；但因为成长较慢，相对的资金需要也少，企业的财务结构较好。利润是每一个企业所追求的主要目标，用利润来管理企业，为大多数企业接受。但仍有许多企业以业绩作为管理目标，这与其会计制度不健全有关。

（2）分析企业营业收入的各种构成和比重。

- 品种构成。在从事多品种经营的条件下，企业不同产品的营业收入构成对信息使用者有十分重要的意义：占收入比重大的产品是企业过去业绩的主要增长点。
- 地区构成。占总收入比重大的地区是企业过去业绩的主要地区增长点，不同地区消费者对不同商品具有不同的偏好，不同地区的市场潜力在很大程度上制约着企业的未来发展。
- 与关联方交易的收入在总收入中的比重。关联方交易是企业间正常交易的一个成分，但是信息使用者必须关注关联方交易的营业收入在交易价格、交易的实现时间等方面的非市场化因素。
- 部门或地区行政手段对企业业务收入的贡献。
- 主营业务收入所占的比例。只有企业主营业务收入突出，占企业收入总额的绝大部分，才能保证企业的经营方向。它是企业实现利润的主要来源，也是决定企业获利能力的最主要因素。

（3）对主营业务收入应分析是否存在以下粉饰行为。

- 由于发票管理不严格而带来的漏洞。
- 产品销售收入的入账时间不正确。
- 产品销售收入的入账金额不实。
- 故意隐匿收入。
- 白条出库，作销售账。
- 预收货款提前转作销售收入。
- 向预付款单位发出商品时，不作销售处理入。
- 虚设公司，调整利税。
- 延期办理托收承付，调整当年利润。

- 延期结算代销产品，经办人员获利私吞。
- 销售折扣与折让处理不规范以此调整收入。
- 在建工程领用产成品，不作销售处理。

（4）对其他业务收入应分析是否存在以下粉饰行为。

- 其他业务收入入账时间故意提前或推迟。
- 其他业务收入入账金额不实。
- 销售材料，直接冲减材料成本。工业企业除了记销售，销售材料、固定资产出租，包装物出租或出售，技术转让、运输等非工业劳务和销售，均应作为其他业务收入进行核算，有些企业为了逃缴税款，将销售材料所得的收入直接冲减材料成本。
- 乱用科目，调整收入。例如，企业出租包装物收取押金500元，企业为了不体现其他业务收入，便直接记入“营业外收入”。
- 要对企业收入进行连续3年的趋势分析，以判断其收入的稳定性。只有收入较为稳定或稳步增长的企业，其生产和再生产才能正常进行。补贴收入只是偶然所得，不具持续性，因而即使能增加企业的利润，也只是暂时的，并不代表企业的长期盈利能力和发展能力。

2. 费用项目分析

（1）明确企业营业成本水平的高低既有企业不可控的因素（如受市场因素的影响而引起的价格波动），也有企业可以控制的因素（如企业可以选择供货渠道、采购批量来控制成本水平），还有企业通过成本会计系统的会计核算对企业制造成本的处理。因此，对营业成本降低和提高的评价应结合多种因素进行。

（2）了解目前许多企业在不降低生产成本以保证品质的情况下，通过建立物流中心，降低企业销售渠道的销售费用，重新开拓利润增长点，降低作业链最后环节给顾客的销售价格。物流被称为企业的第三利润源泉（相对于物质资源与人力资源而言），随着竞争加剧，企业在生产领域成本压缩的空间趋于饱和后，对成本控制转向流通领域。

（3）对生产成本和期间费用分析是否存在以下粉饰行为。

- 企业将不属于产品成本的费用支出列入直接材料费等成本项目。
- 把对外投资的支出计入成本、费用项目中。
- 企业违反规定，将不属于本期产品成本负担的材料费用支出一次全部列入本期成本项目。
- 未用材料，不作退库。
- 改变分配方法，调节当年盈亏。
- 虚估约当产量，调整本期损益。有些企业利用约当产量估算的特点，采用多计（少计）在产品数量的手法，虚增（或虚减）利润来调节当年损益，例如，某制造企业年末在产品300件，在产品完工程度为60%，约当产量为180件，但在分配费用时约当产量仅为200件，相应地使完工产品少计成本。随着产品的销售，也就自然少转了产品销售成本，导致利润增加。
- 期间费用计入生产成本，或生产成本计入期间费用。
- 已销产品不结转成本。
- 随意改变结转产品销售成本的方法。
- 随意调节成本差异率。
- 企业采用分期收款销售方式销售产品，不按比例结转成本。
- 混淆资本性支出与收益性支出的界限。
- 坏账损失不按规定提取。

● 把应计入成本的运输费列入期间费用。

（4）通过主营业务成本、销售费用、管理费用、财务费用与主营业务收入相比较，可以了解企业销售部门、管理部门的工作效率及企业融资业务的合理性。具体又分两种形式：一是主营业务收入以高于成本的速度增长，从而主营业务利润大量增加，表明公司主营业务呈上升趋势，产品市场需求大；二是主营业务收入与成本成比例增长，导致利润增长，说明公司主营业务处于一种稳定成熟的状态，利润有一定保障。

3. 营业外收支项目分析

（1）明确营业外收入是企业发生的与其日常活动无直接关系的各项利得，主要包括非货币性资产交换利得、债务重组利得、融资租赁时最低租赁收款额与未担保余值的现值之和大于该项融资租赁资产账面余额的差额、权益法下长期股权投资的初始投资成本小于投资时应享有被投资单位可辨认净资产公允价值份额的差额、罚没利得、政府补助利得、确实无法支付而按规定程序经批准后转入的应付账款和按规定程序经批准后划转出去的应付款项、盘盈利得、捐赠利得等。

其中，捐赠利得是指企业接受捐赠产生的利得。企业接受的捐赠和债务豁免，按照《企业会计准则》规定符合确认条件的，通常应当确认为当期收益（营业外收入）。但是，企业接受控股股东（或控制股东的子公司）或非控股股东（或非控股股东的子公司）直接或间接代为偿债、债务豁免或捐赠，经济实质表明属于控股股东或非控股股东对企业的资本性投入，应当将相关利得计入所有者权益（资本公积）。

企业发生破产重整，其非控股股东因执行人民法院批准的破产重整计划，通过让渡所持有的该企业部分股份向企业债权人偿债的，企业应将非控股股东所让渡股份按照其在让渡之日的公允价值计入所有者权益（资本公积），减少所豁免债务的账面价值，并将让渡股份公允价值与被豁免的债务账面价值之间的差额计入当期损益（营业外收入）。控股股东按照破产重整计划让渡了所持有的部分该企业股权向企业债权人偿债的，该企业也按此原则处理。

企业发生的营业外收入，应设置“营业外收入”科目核算，并在“营业外收入”科目中按具体项目进行明细核算。期末应将“营业外收入”科目余额转入“本年利润”科目，结转后应无余额。

企业发生的各项营业外收入，借记“库存现金”“银行存款”“待处理财产损益”“固定资产清理”“应付账款”等科目，贷记“营业外收入”科目。

编者按：我国营业外支出和营业外收入核算范围已经调整，将“营业外支出”和“营业外收入”核算范围中的“非流动资产处置利得”和“非流动资产处置损益”，分别调整为“非流动资产毁损报废收益”和“非流动资产毁损报废损失”。

非流动资产毁损报废收益，是指因自然灾害等发生毁损、已丧失使用功能而报废非流动资产所产生的清理收益（计入营业外收入）。

（2）明确营业外支出是指企业发生的与其日常活动无直接关系的各项损失，包括非流动资产毁损报废损失、非货币性资产交换损失、债务重组损失、融资租赁时最低租赁收款额与未担保余值的现值之和小于该项融资租赁资产账面余额的差额、罚款支出、公益性捐赠支出、非常损失、盘亏损失等。

其中，非常损失是指企业对于因客观因素（如自然灾害等）造成的损失，在扣除保险公司赔偿后计入营业外支出的净损失。

企业发生的营业外支出，应设置“营业外支出”科目核算，并在“营业外支出”科目中按具体支出项目进行明细核算。期末应将“营业外支出”科目余额转入“本年利润”科目，结转后应无余额。

企业发生的营业外支出，借记“营业外支出”科目，贷记“待处理财产损益”“库存现金”“银行存款”“固定资产清理”等科目。

（3）分析是否存在下列粉饰行为。

- 转移罚没收入，不作利润处理。
- 转移营业收入，计入营业外收入。
- 转移正常停工损失，计入营业外支出。
- 提前报废固定资产，调整当年利润。

4. 投资收益项目分析

（1）明确企业根据《企业会计准则第 2 号——长期股权投资》的规定确认的投资收益或投资损失，取得、持有、出售交易性金融资产和指定为以公允价值计量且其变动计入当期损益的金融资产实现的损益，承担、出售交易性金融负债和指定为以公允价值计量且其变动计入当期损益的金融负债实现的损益，持有、出售以公允价值计量且其变动计入其他综合收益的金融资产实现的损益等。企业发生的投资收益，应设置“投资收益”科目核算，并在“投资收益”科目中按具体投资项目进行明细核算。期末应将“投资收益”科目余额转入“本年利润”科目，结转后应无余额。若公司账面上有巨额长期股权投资，分析者应根据报表注释认真分析投资项目所处的行业风险即发展前景，必要时收集被投资公司的相关资料，以分析该长期投资的投资收益是否为公司可长期依赖的利润来源项目。

（2）若交易性金融资产中债权投资所占份额较少，而企业交易性金融资产收益剧增，则表明企业可能在炒股，即使本年度获得了大量投资收益，但也是一个潜在的危险信号，应加以警惕。

（3）投资收益主要取决于被投资项目的经营情况和分配政策，因此分析企业的投资收益要弄清投资项目的经济效益、发展前景、增长潜力。在操纵净利润的手段中，最直接有效的方法是通过投资收益增加利润。投资者应对利润表中的投资收益给予非常重视。对于投资收益占利润总额比重较大的企业，应该仔细分析投资收益的来源，辨别这种投资收益的长久性。如果一次性的投资收益，如出售投资所得的收益数量较大，这种投资收益的长期性就很难保证。

（4）分析是否存在转移股利收入，挂往来账；出售股票收益，用于职工福利；隐藏联营投资利润，直接转入联营投资等粉饰行为。

5. 所得税项目分析

所得税是指按税法规定从企业的生产经营所得和其他所得中缴纳的税金。

当期所得税是指企业按照税法规定计算确定的针对当期发生的交易和事项，应向税务部门缴纳的企业所得税金额，即应交企业所得税。当期所得税应以税收法律、法规等为基础计算确定。企业在计算确定当期企业所得税额时，对于当期发生的交易或事项，会计处理与税收处理存在不同的，应首先在会计利润的基础上，按照税收法律、法规的规定进行纳税调整后，计算得出当期应纳税所得额，其次，按照应纳税所得额与适用的企业所得税税率乘积计算确定当期应纳企业所得税额。按照以下公式计算确定：

应纳税所得额=会计利润 ± 纳税调整额

当期应纳企业所得税额=应纳税所得额 × 企业所得税税率

递延所得税是指按照《企业会计准则第 18 号——所得税》规定应予确认的递延所得税资产和递延所得税负债金额，即递延所得税资产及递延所得税负债当期发生额的综合结果，但不包括计入所有者权益的交易或事项的所得税影响。

$$递延所得税=（期末递延所得税负债-期初递延所得税负债）-（期末递延所得税资产-期初递延所得税资产）$$

企业因确认递延所得税资产和递延所得税负债产生的递延所得税，通常应当计入所得税费用，但以下两种情况除外：

（1）某项交易或事项按照《企业会计准则》规定应当计入所有者权益的，由该交易或事项产生的递延所得税资产或递延所得税负债及其变化也应计入所有者权益，不构成利润表中的递延所得税费用（或收益）。

（2）企业合并中取得的资产、负债，其账面价值与计税基础不同，应确认相关递延所得税的，该递延所得税的确认影响合并中产生的商誉或是计入当期损益的金额，不影响所得税费用。

通过以上计算确定当期所得税和递延所得税后，利润表中应予确认的所得税费用为：

$$所得税费用=当期所得税+递延所得税$$

此外，企业根据税收优惠政策向税务部门申请获得退回的企业所得税，无论是在资产负债表日后、财务报告批准报出日之前收到，还是在财务报告批准报出日之后收到，一律应在实际收到时冲减收到当期的所得税费用，即借记“银行存款”科目，贷记“所得税费用——当期所得税”科目。

分析所得税项目时需要注意：

（1）企业在所得税方面的节约，属于企业纳税筹划的范畴，与企业常规的费用控制具有明显的不同。因此，企业对所得税不存在常规意义上的降低或控制问题。

（2）销售费用、管理费用、财务费用对企业实现利润有直接的影响，其增减变化直接反映在利润的增减变化上。对于销售费用、管理费用、财务费用的有关项目来说，如果企业的支出超过国家的有关规定，则其超支部分要调整作为应纳税所得额上交所得税。

（3）企业采取的资产减值准备政策，在税收法规上不予以承认，从而避免了个别公司通过资产减值准备的计提来避税的可能。

6. 净利润项目分析

（1）净利润是公司的净利，在其他条件不变的情况下，净利润越多，企业盈利能力就越大，成就也越显著。从表面上看，它受收入和成本的影响；实际上，它还反映公司产品产量及质量、品种结构、市场营销等方面的工作质量，因而在一定程度上反映了公司的经营管理水平。

（2）净利润作为评价指标，有以下三个局限性。

- 它是一个总量绝对指标，不能反映公司的经营效率，缺乏公司之间的可比性。
- 它作为评价指标，容易使公司追求眼前利益，产生短期行为，不利于激励公司长远发展，如可能导致公司不进行技术改造及设备更新，不开发新产品，不处理积压商品，不进行正常的设备维修与保养，只注意价格竞争，不注意公司综合实力等。
- 就目前我国相当数量的企业的现状来看，企业往往过分强调盈利能力，普遍对盈利能力与偿债能力的协调统一缺乏足够的认识，忽视甚至不顾偿债能力。这些企业在短期内可能由于拖欠债务的偿还而增加了生产经营的投入，表面上增加了企业的盈利能力，但实际的结果是，大量的资金占用在生产经营过程中，削弱了资金的流动性，最后导致企业出现严重的债务危机，甚至会出现破产的危险。对这种盈利能力的提高，分析者是值得警惕的。

（3）利润常发生报告粉饰的情况主要涉及营业收入、营业成本、投资收益、投资损失、营业外收入、营业外支出等项目。既然企业有充分的空间来操纵利润，那么，对于财务报告的使用者来说，不仅要看利润表的数据，而且要看利润的计算过程；不仅要看利润的数量，而且要看利润的质量。一般认为，利润质量高的企业具有以下四大特点。

- 实行持续、稳健的会计政策，对企业财务状况和利润计量是谨慎的。企业如果充分考虑了资本的保全，如在资产发生减值的时候及时在当期计提减值准备，或在选择会计政策、会计方法时持谨慎态度，以及及时确认成本费用，那么企业的利润质量就比较高；如果企业为了使财务报表显示出较高的收益水平，而提前确认收入，推迟确认成本费用，或者当企业资产发生减值时不计提减值准备，那么企业的利润质量就比较低。
- 利润主要是由主营业务创造的。如果在企业的利润当中主营经营收益占有很大的比重，说明企业的经营能力较强，具有最主要最稳定的利润来源。而非经营收益具有偶发性，它只可能在某个期间给企业带来较大的收益，却不能经常性地带来收益。所以，主营经营收益在利润结构中的比重越大，说明企业的盈利能力越强，企业的收益质量就越高。
- 利润具有的稳定性和确定性。利润的稳定性和确定性，是指从企业长期发展的角度来看，企业有没有能力保持稳定的利润水平和平稳的增长速度，以及企业确认的利润是否包含了不确定性因素，如果有，这种不确定性有多大，或者说所确认的利润在多大程度上是有真正的经济利益流入的。企业的固定资产更新率较高，说明企业的生产能力较强；企业保持了较优的资本结构，使其财务风险适中，有较强的筹资能力；企业在科研开发、广告等方面有较大的资金投入，说明企业注重保持和提高企业长期发展的能力。如果企业有稳定的原料供应和良好的销售市场并能及时收回货款，则企业利润的不确定性就很小，企业的利润质量就高。但是，如果企业为了增加销量而一味地放宽赊销条件，相应的货款不能保证及时收回，那么企业利润的不确定性就很大，企业的利润质量就比较低。
- 会计上反映的收入能迅速转化为现金。会计收入的变现程度是衡量利润质量高低的一个重要标准。国外许多财务专家认为所谓利润质量，是指在谨慎、一致的财务基础上，一家持续经营企业在某一时期内创造稳定自由现金流量的能力。其中“自由现金流量”是指在扣除了税费及支付了用于维持企业现有竞争力的所有资本费用或其他投资之后的现金流量。

7. 表外利润项目分析

企业有部分损益项目不在利润表中反映，如以前年度损益调整，从制度上消除了企业对各年度利润进行随意调整的技术上的可能性。以前年度损益调整是反映企业本年度发生的调整以前年度损益的事项，企业在年度资产负债表日至财务会计报告批准报出日之间所发生的需要调整报告年度损益的事项，以及本年度发生的以前年度重大会计差错的调整也在本项目中核算。这些利润项目尽管并不要求企业在利润表中反映，但对企业报表使用者来说，它们可能是非常重要的。报表分析者应该查看企业的留存收益账户是否有以前年度损益调整项目，当发现这些项目时，分析者则应在利润表的分析中加以考虑。

5.5　现金流量表方面的假账与反假账

现金流量表是指反映企业在一定会计期间现金和现金等价物流入和流出的报表。

现金流量是指企业现金和现金等价物的流入和流出。企业从银行提取现金、用现金购买短期到期的国库券等现金和现金等价物之间的转换不属于现金流量。

现金是指企业库存现金以及可以随时用于支付的存款。不能随时用于支取的存款不属于现金。

现金等价物是指企业持有的期限短、流动性强、易于转换为已知金额现金、价值变动风险很小的投资。期限短一般是指从购买日起三个月内到期。现金等价物通常包括三个月内到期的短期债券投资。权益性投资变现的金额通常不确定，因而不属于现金等价物。企业应当根据具体情况，确定现金等价物的范围，一经确定不得随意变更。

5.5.1 现金流量表会计信息失真形式

（1）虚增经营活动中产生的现金流量，虚增现金流入，虚饰偿债能力。

（2）歪曲投资活动现金流量，夸大现金支付能力。

例如，虚增投资活动现金流入或虚减投资活动现金流出，以处置资产收回的现金作为现金流量（未扣除处置资产的支出金额），使投资现金流量失真。

（3）夸大筹资活动产生的现金流量，虚增现金流入。

例如，虚增筹资活动流入的现金或虚减筹资活动流出的现金，如“发行债券收到的现金”反映企业发行债券实际收到的现金，企业往往以发行收入填列，而未减去支付佣金等发行费用，使现金流量失真，虚增现金流入量。

5.5.2 现金流量表项目分析

在国外，自 20 世纪 90 年代以来，以会计利润为导向的报告分析方法正日益向以现金流量为导向的分析方法转变，权责发生制最终还是得由现金收付制来体现。我国自 1998 年起，“现金流量表”作为会计报告的“第三张表”正式登台亮相，成为上市公司公开的会计信息之一。它的出现一方面凸现了真正绩优企业盈利的高含金量，另一方面也暴露了某些企业利润虽高但资金捉襟见肘的窘境。企业现金流动状况是“好转”“恶化”，还是维持不变，不能简单从期末与期初现金数量对比中得出，这不足以说明更多的财务状况问题。要揭示现金状况的变动原因，只有分析各项目因素对现金流量的影响。

1. 经营活动现金流量分析

如果说现金是企业赖以生存发展的血液，那么经营性现金流量的匮乏说明了企业自身造血机能的低下，为维持企业正常运转，企业只能依靠外部输血——筹资。

经营活动现金流量分析要点如下。

（1）明确经营活动现金流入量主要包括销售商品、提供劳务收到的现金项目、收到的税费返还项目等，经营活动流出的现金主要包括购买商品、接受劳务支付的现金、支付给职工以及为职工支付的现金、支付的各项税费等。

（2）如果经营活动现金流量小于零，则意味着企业通过正常的商品购、产、销所带来的现金流入量不足以支付因上述经营活动而引起的货币流出。企业正常经营活动所需的现金支付还需通过以下方式解决：

- 消耗现存的货币积累；
- 挤占本来可以用于投资的现金，推迟投资活动；
- 进行额外贷款融资；
- 拖延债务支付或加大经营活动负债。

一般来说，企业在生命周期的成长阶段，经营活动现金流量往往表现为“入不敷出”状态。

（3）如果经营活动现金流量等于零，企业经营活动现金流量处于“收支平衡”状态。企业正常经营活动不需要额外补充流动资金，企业经营活动也不能为企业的投资活动以及融资活动贡献现金。但是，必须注意的是，在企业的成本消耗中，有相当一部分属于按照权责发生制原则的要求而确认的成本（如折旧）和应计成本（下面把这两类成本称为非现金消耗性成本）。显然，如果经营活动现金流量等于零，企业经营活动产生的现金流量是不可能为这部分非现金消耗性成本的资源消耗提供货币补偿的。因此，从长期来看，经营活动现金流量等于零，不可能维持企业经营活动的货币“简单再生产”。

（4）如果经营活动现金流量大于零，并在补偿当期的非现金消耗性成本后仍有剩余，此时意味着，企业通过正常的商品购、产、销所带来的现金流入量不但能够支付因经营活动而引起的货币流出、补偿全部当期的非现金消耗性成本，而且有余力为投资活动提供现金支持，表明企业所生产的产品适销对路、市场占有率高、销售回款能力较强，同时企业的付现成本、费用控制在较适宜的水平上。在这种状态下，经营现金流量处于良好的运转状态，对企业经营活动的稳定与发展、企业投资规模的扩大起到重要的促进作用。但要注意的是，经营活动现金流量仅大于零是不够的，如果经营活动现金流量大于零，但不足以或恰能补偿当期的非现金消耗性成本，仍然不能为企业扩大投资等发展提供货币支持。

（5）从现金流量表“将净利润调节为经营活动的现金流量”一项中，能够发现影响经营现金流量的因素很多，有公司内部的原因（盈利、亏损或扩张等），也有外部环境的因素（市场变化、经济周期、公司竞争等），其中“存货增减数、经营性应付项目增减数以及经营性应收项目的增减数”最为重要。经营性应收项目主要包括企业的应收账款、应收票据、其他应收款、预付账款等；经营性应付项目主要包括应付账款、应付票据、其他应付款、预收账款等。通过对这些项目的分析，将每股经营活动产生的现金流量与每股收益进行比较，可以使投资者更清楚地了解企业当前的实际经营状况。

例如，大庆 HK2018 年净利润同比下滑了 40%，2018 年中期每股收益 0.181 元，全年却仅有 0.192 元，下半年公司每股实现利润仅 1 分钱。更值得关注的是，公司每股经营性现金流呈现负值，为–0.198 元，而 2017 年这一指标高达 0.493 元。资产负债表显示，公司存货一项目高达 7 066 万元，同比上年增长了 84%，成为经营性现金流出现负值的主要因素。利润表显示，2018 年公司主营业务收入同比降低了 5%。在生产规模没有扩大的情况下，公司存货却大幅增长，说明其主业经营存在一定的问题。

（6）要注意经营活动现金流量分析的陷阱。主要表现为企业把筹资活动的现金流入加到经营现金流量中（如把从其他企业的借款称为这是购货单位的预付账款），把经营活动支出放到投资活动中（如把本来应属于本期费用的支出硬和某项固定资产的购建有关），合在一起夸大经营活动现金流量。同时，要注意以下可能影响经营活动现金的因素。

- 会计方法不同对现金流量分类的影响。例如，一项租赁业务，如果作为经营性租赁业务，则费用支出记入经营活动现金流出；如果作为融资性租赁，则计入筹资活动现金流入。对于这两者的区分，我国尚没有具体的执行标准。
- 企业的兼并活动可能扭曲投资者对经营活动现金的理解。以购买子公司为例，购买进来的子公司会为企业带来应收账款、存货等流动资产，但这些资产在现金流量表上全部在当期以投资活动现金流出表示，以后应收账款的收回、存货的出售反映在下期经营活动现金流入内，夸大了下期经营活动现金流入。
- 利用关联交易。许多应收账款都是与关联企业相关的，为了增加当年的经营现金流入，公司可以要求关联企业在年底前先偿还大部分债务，下一年，再将这笔钱如数转回给关联公司，现金仅在公司擦“年”而过，没有任何实质意义。

2. 投资活动现金流量分析

（1）明确投资活动流入的现金包括收回投资所收到的现金，取得投资收益所收到的现金，处置固定资产、无形资产和其他长期资产所收回的现金净额，收到的其他与投资活动有关的现金等；投资活动流出的现金包括购建固定资产、无形资产和其他长期资产所支付的现金，投资所支付的现金，支付的其他与投资活动有关的现金。

（2）如果投资活动现金流量小于零，企业投资活动现金流量处于“入不敷出”状态。投资所需资金的缺口，可以通过以下方式解决：

- 消耗现存的货币积累；
- 挤占本来可以用于经营活动的现金；
- 利用经营活动积累的现金补充；
- 额外贷款融资；
- 拖延债务支付或加大投资活动负债。

必须指出的是，投资活动的现金流出，有的需要由经营活动的现金流入量来补偿，如企业固定资产的购建支出，将由未来使用有关固定资产会计期间的经营现金流量来补偿。因此，如果投资活动现金流量小于零，不能简单地作出否定评价，重点应考虑的是企业的投资活动是否符合企业的长期规划和短期计划，是否反映了企业经营活动的发展和企业扩张的内在需要。

（3）如果投资活动现金流量大于等于零，则此时意味着，投资活动方面的现金流入量大于流出量。这种情况的发生，或者是由于企业在本会计期间的投资回收活动的规模大于投资支出的规模，或者是由于企业在经营活动与筹资活动方面急需资金而不得不处理手中的长期资产以求变现等原因所引起。因此，必须对投资活动的现金流量原因进行具体分析。

（4）如果处置固定资产、无形资产和其他长期资产所收回的现金净额大或在整个现金流入中所占比重大，说明公司正处于转产时期，或者未来的生产能力将受到严重影响，已经陷入深度的债务危机之中；如果购建固定资产、无形资产和其他长期资产所支付的现金金额大或在整个现金流出中的比重大，则说明公司未来的现金流入看好，今天的投资，明天的收益。

3. 筹资活动现金流量分析

（1）明确筹资活动流入的现金包括吸收投资所收到的现金、借款所收到的现金、收到的其他与筹资活动有关的现金等；筹资活动流出的现金包括偿还债务所支付的现金、分配股利、利润或偿付利息所支付的现金、支付的其他与筹资活动有关的现金等。

（2）如果筹资活动现金流量大于零，则表明企业通过银行及资本市场的筹资能力较强，但应密切关注资金的使用效果，防止未来无法支付到期的负债本息而陷入债务危机。此时关键要看企业的筹资活动是否已纳入企业的发展规划，是企业管理层以扩大投资和经营活动为目标的主动筹资行为还是企业因投资活动和经营活动的现金流出失控、企业不得已的筹资行为。

（3）如果筹资活动现金流量小于零，则其出现，或者是由于企业在本会计期间集中发生偿还债务、支付筹资费用、分配股利或利润、偿付利息、融资租赁等业务，或者是因为企业经营活动和投资活动在现金流量方面运转较好，有能力完成上述各项支付。但是，筹资活动现金流量小于零也可能是企业在投资和企业扩张方面没有更多作为的一种表现。

（4）通过比较筹资活动现金流出中“分配股利、利润或偿付利息所支付的现金项目”和利润表、资产负债表中“应付股利和财务费用项目”，对企业利润分配和支付利息能力作出评价。如果利润表和现金流量表补充资料的财务费用同时出现负数，则表明公司存在过多的存款，即现金富余，如果是企业找不到新的投资方向，则为一个严重的问题。

4. 现金流量表项目分析的其他注意事项

（1）高质量的现金流量的特征。

- 企业现金流量状态体现了企业发展战略的要求。
- 在稳定发展阶段，经营活动现金流量应当与经营活动所对应的利润有一定的对应关系，并能为企业的扩张提供现金流量的支持。盈利能力和盈利质量从不同角度反映了企业的盈利情况，二者各有侧重。盈利能力强调企业获取收益的能力，它以权责发生制为基础，表现为净利润的大小及有关比率的大小；而盈利质量反映的是以权责发生制为基础的盈利的确认是否同时伴随相应的现金流入，只有伴随现金流入的盈利才具有较高质量，两者差异越小，盈利质量越高。

（2）资产负债表分析的是借款人可能的偿债能力，而现金流量分析的是绝对的借款人真实的偿债能力。因此现金流量对企业太重要了，它可以增强企业的抗风险能力。即使经济再萧条，只要企业的现金流量正常，其资源就不会失去。但必须注意，现金流量主要解决生存问题。如果从投资战略的角度看，可能另一类企业更具价值。那就是企业主营业务收入、利润、资产可以实现倍增的企业。这类企业的特点是高技术含量、高附加值、高成长性。

（3）注意不均匀现金流量问题。资产负债表和利润表的编制是依据权责发生制原则，各期指标变动相对均匀；现金流量表依据的是收付实现制，各期差别可能会很大。因此，现金流量表的分析最好结合连续几个期间的数据进行趋势综合分析。

（4）检查大额的不涉及现金收支的投资和筹资活动，如了解被分析单位是否发生债务转化为资本业务，是否存在一年内到期的可转换公司债券，是否存在不涉及现金的大额的调账事项等。这些重大的投资和筹资活动，虽不涉及当期现金的流入和流出，但对被分析公司的财务状况和未来的现金流量将产生重大的影响。

5.5.3 现金流量表方面造假查处

1. 现金流量表方面造假查处目的

查账人员审计现金流量表的目的主要在于：确定现金流量表的内容、性质和数额是否正确、合理、完整；确定现金流量表有关项目数额与其他报表及附注的勾稽关系是否正确；确定现金流量表各项目的披露是否恰当。

2. 现金流量表方面造假查处程序

基于上述假账查处目标，查账人员对现金流量表方面假账查处程序主要包括以下几点。

（1）获取编制现金流量表的基础资料。

- 复核加计是否正确。
- 将基础资料中的有关数据和财务报表及附注、账册凭证、辅助账簿、审计工作底稿等核对相符，并进行详细分析，检查数额是否正确、完整，现金流量分类是否合理。
- 根据审计调整分录，对基础资料的有关数额作相应调整。

检查对现金及现金等价物的界定是否符合规定，界定范围在前后会计期间是否保持一致。

（2）检查现金流量表编制方法。

- 了解现金流量表编制方法。如果被查单位未利用计算机程序编制现金流量表，应查明其是否专门为编制现金流量表设置辅助账簿记录，并取得现金流量表编制底稿；如果被查单位利用计算机程序编制现金流量表，应对其计算机程序进行了解分析，必要时可聘请专家协助工作。
- 检查合并现金流量表编制方法，关注集团内部往来及购销业务是否已作抵销。对本期存在收购子公司或部门以及出售子公司或部门情况的，检查是否已作正确处理。
- 关注现金流量表编制过程中，对有关特殊事项的处理是否正确，如以净资产或非货币性资产对外投资；收购其他公司时，权益性投资所支付的现金是否已扣除被收购公司被收购日的现金；处置子公司时，处置投资所收到的现金是否已扣除被处置子公司被处置日的现金；以承担债务形式购置资产；融资租入固定资产；发行 1 年内到期的可转换公司债券；债务重组；非货币性交换；新设改制公司年度及股份公司上市年度现金流量表的特殊处理；金融保险等特殊行业现金流量表的编制。

（3）对现金流量表进行分析性复核，并检查。

① 主表与补充资料之“现金及现金等价物净增加额”是否一致。

② 主表与补充资料之“经营活动产生的现金流量净额”的勾稽关系是否合理。

③ 补充资料之货币资金期末、期初余额与资产负债表的勾稽关系是否合理。

④ 现金流量表有关数据与审计后财务报表及附注的勾稽关系是否合理。

⑤ 是否存在金额异常的现金流量表项目，并作追查调整。

- 若以净额为基础分析经营性其他应收款、其他应付款时，其本期增减变动金额是否已正确列入“收到的其他与经营活动有关的现金”或“支付的其他与经营活动有关的现金”。
- 是否出现金额异常的项目，如“支付的其他与经营活动有关的现金”金额大大低于本期管理费用和销售费用的合计数。
- 是否存在某项现金流量未发生，而现金流量表对应项目有发生额的情形，或某项现金流量有发生额，而现金流量表对应项目无发生额的情形。
- 比较个别现金流量表和合并现金流量表相同项目金额，分析是否存在异常。

（4）检查现金流量表补充资料中不涉及现金收支的投资和筹资活动各项目金额是否正确、合理、完整。

企业应当在附注中披露将净利润调节为经营活动现金流量的信息。至少应当单独披露对净利润进行调节的下列项目：资产减值准备；固定资产折旧；无形资产摊销；长期待摊费用摊销；处置固定资产、无形资产和其他长期资产的损益；固定资产报废损失；公允价值变动损益；财务费用；投资损益；递延所得税资产和递延所得税负债；存货；经营性应收项目；经营性应付项目。

企业应当在附注中以总额披露当期取得或处置子公司及其他营业单位的下列信息：

- 取得或处置价格；
- 取得或处置价格中以现金支付的部分；
- 取得或处置子公司及其他营业单位收到的现金；
- 取得或处置子公司及其他营业单位按照主要类别分类的非现金资产和负债。

企业应当在附注中披露不涉及当期现金收支，但影响企业财务状况或在未来可能影响企业现金流量的重大投资和筹资活动。

企业应当在附注中披露与现金和现金等价物有关的下列信息：

- 现金和现金等价物的构成及其在资产负债表中的相应金额；
- 企业持有但不能由母公司或集团内其他子公司使用的大额现金和现金等价物金额。

5.6 财务报表附注方面的假账与反假账

企业财务报表附注是企业财务报告必不可少的组成部分，它应对比较式财务报表两个期间（或时点）的数据均作出说明。财务报表附注包括在财务报表内未提供的，与公司财务状况、经营成本和现金流量有关的，有助于报表使用者更好地了解财务报表且可以分开的重要信息。分析财务报表附注的目的是找出上市公司经营环境存在问题或风险的信号，找出调查分析的重点。或者说，当我们阅读和分析完一家上市公司的财务报表附注时，应该列出一份调查分析重点提纲。分析上市公司财务报表附注的公司简介和控股子公司及合营企业，有助于我们了解一家上市公司的基本情况，并且确定我们对上市公司进行调查分析的基本框架。

企业会计准则规定企业的年度财务报表附注至少应披露如下内容：

（1）不符合会计核算前提的说明；

（2）重要会计政策和会计估计的说明；

（3）重要会计政策和会计估计变更的说明，以及重大会计差错更正的说明；

（4）或有事项的说明；

（5）资产负债表日后事项的说明；

（6）关联方关系及其交易的说明；

（7）重要资产转让及其出售的说明；

（8）企业合并、分立的说明；

（9）财务报表重要项目的说明；

（10）当期确认下列各项收入金额的说明：销售商品的收入；提供劳务的收入；利息收入；使用费收入；本期分期收款确认的收入。

（11）所得税的会计处理方法；

（12）合并财务报表的说明；

（13）有助于理解和分析财务报表需要说明的其他事项。

另外，上市公司在年报中会按照要求详细披露许多重大事项，其中分析者需特别关注的一些事项是重大诉讼、仲裁事项；公司控股股东变更情况；公司收购及出售资产、吸收合并事项；重大关联事项；上市公司与控股股东在人员、资产、财务上的“三分开”情况；其他重大合同，含担保等及其履行情况。

财务报表附注分析识别法要点如下。

1. 关注企业的重要会计政策和会计估计变更

由于会计准则和会计制度不可能涉及会计核算的每个方面，并且会计准则和会计制度有一定的灵活性，在同一笔业务和事项的会计处理上可能存在多种可供选择的处理方法，因此投资者一定要从公司选用的会计政策上识别是否存在粉饰财务报告的行为。公司管理层选择或改变会计政策主要有以下三个原因：提高公司账面利润；降低公司风险；使公司财务比率符合证监会的要求。一般来说，当本年公司利润较高而经理又不能取得相应好处时，他们便倾向于把利润推迟到下一年度实现；而当公司各项指标估计不能符合证监会的要求时，管理人员便会倾向于采用能够使公司达到合适财务比率的会计程序。因而分析公司会计政策的选择，也能适当帮助人们判断公司股票中到底是存在“隐藏价值”还是存在“水分”的问题。

通过变更会计政策来粉饰财务报告的主要形式有：

（1）折旧政策的变更；

（2）存货计价方法的变更；

（3）坏账准备计提方法的变更；

（4）长期股权投资核算方法的改变。

会计估计的变更是因为赖以进行估计的基础发生了变化，或者取得了新的信息，积累了更多的经验。会计估计的变更无疑将会对企业的财务状况产生极大的影响，会计估计变更是最容易用来修饰财务报告的。分析者对财务报告附注一定要认真阅读，以防范和化解投资风险。

2. 关注或有事项

常见的或有事项包括未决诉讼、未决索赔、税务纠纷、产品质量保证、商业票据背书转让或贴现、为其他单位提供债务担保等。有些公司为了逃避投资者的目光，会隐瞒或有事项的发生。

例如，NHX公司自1997年以来，为集团公司及其关联公司提供贷款担保总额高达46 910万元；被第一大股东占用资金达63 287万元；为大股东提供担保的贷款中逾期部分已达10 400万元。公司对上述重大事件均没有及时披露，为此，公司及其董事、监事均遭到深交所的公开谴责。

大部分公司不敢像NHX那样完全隐瞒所发生的或有事项，但是，有的上市公司会采取其他“花样”企图蒙混过关。

（1）将或有事项的披露分散在年报的几个部分，没有按要求在财务报告附注的或有事项一栏集中披露。例如，SD股份在或有事项一栏无披露事项，但在承诺事项中，则揭示出为子公司贷款担保8 100万元，为外单位贷款担保4.34亿元，共计5.15亿元（占净资产比例将近50%）。这就需要分析者认真阅读有关内容。

（2）大部分公司没有披露或有负债可能对公司经营和财务产生的影响，这就要求分析者自己作出合理的判断。

（3）普遍没有对或有负债进行会计处理。

根据会计准则的要求，如果很可能导致支付义务，且金额能够可靠计量的话，应该在“预计负债”科目下进行确认和计量，但目前在报表上确认或有负债的上市公司几乎没有。在这种情况下，分析者最好从谨慎性原则出发，在分析中将这部分金额从利润中扣除。

3. 关注企业合并、分立的说明

企业在合并、分立方面进行财务报告粉饰有两种做法：一种是集中在某家子公司作假（母公司及其他子公司也有作假，但所占份额不大）；另一种是造假分散，几乎所有子公司及母公司都在造假。前者如银广夏，后者如黎明股份。现在许多上市公司都有一些神奇子公司，业绩好得不得了，这样的子公司业绩往往可能是粉饰出来的。还有一些子公司，是年底才并购进来的，这时要注意其并购日是否合适；另一些子公司，在母公司报表进进出出，这些子公司都很可疑：刚并入母公司时，业绩好得出奇，可过了几年，就要置换出去，这些子公司也往往存在粉饰问题。

4. 对重点会计科目重点分析

公司进行报告粉饰时，常常运用的项目包括应收账款、其他应收款、其他应付款、存货、投资收益、无形资产、计提准备等会计科目。如果这些会计科目出现异常变动，分析者必须认真对待，考虑公司是否存在利用这些科目进行报告粉饰。

5. 关注主营业务收入的确认

在分析销售收入时尤其要关注应收账款和存货周转率等指标。目前有些上市公司虚夸营业收入的惯用方法就是增加应收账款，实际上这是一种高风险的销售方式。尤其在“三角债”盛行的今天，如果根据利润表和资产负债表计算出的存货周转率很低，则说明该公司可能存在少结转主营业务成本而虚增利润的现象。因此，投资者要关注财务报表附注中的收入说明问题进行进一步分析。

6. 关注委托经营问题

在目前的证券市场上，由于委托经营方面的法规不健全，给有些公司报告粉饰提供了空间。

委托经营的操作方法往往是将上市公司的不良资产委托给母公司经营，定额收取利润，在避免不良资产亏损的同时，凭空取得一块固定的收益，或者母公司将稳定、获利能力高的优良资产以较低的托管费用委托上市公司经营，虚拟上市公司的经营业绩。也有一些公司将从股市上获取的资金委托证券公司或投资基金经营，从而改变募股资金投资的投向。因此，投资者要从财务报表附注中对委托经营认真地进行分析和思考。

小知识

特殊行业财务报告方面的假账与反假账

1. 房地产企业

统计结果显示，房地产是中国收入最高的行业之一，甚至超过了金融业，可我们经常在媒体上看到，房地产公司老总都表示利润在10%左右，就让我们分析一下10%这个数字的背后都有些什么样的文章。

第一是地价。地价是开发商获得土地的成本，往往占开发总成本的20%以上，一个大型的房地产集团公司往往有几个全资子公司，一个子公司获得一块地皮的开发权后，可以将其加价转让给另一个子公司，另一个子公司又转让给下一个。这样几经转手之后，土地的成本就上去了。

第二，要注意开发成本不等同于开发商的实际投入。首先，在土地出让金上，可以说没有一家房地产公司是一次性全额支付的；其次，在工程招标上，开发商往往让投标单位同意垫资和让利作为其获得该项工程的先决条件；另外，抵押贷款也是开发商减少自有资金投入的重要手段。我们可以做一个简单的计算，按照开发商的理论，他们投入15亿元的一个项目，利润率10%，即15 000万元，可是，他们自有资金的投入或许只有5 000万元，财务报告的销售利润率10%不假，但从开发商的角度来看，其所有者权益报酬率高达300%，这就是为什么房地产业是一个暴利行业。房地产企业财务报告粉饰的手法主要在收入和成本两方面。

（1）收入方面。

1）巧立名目提前确认收入。

提前确认收入的情况多见于房地产业上市公司或上市公司控股的房地产子公司。很多房地产企业都提前确认营业收入。

2）收入的确认由房地产开发商自己调节的空间较大。

例如，房子卖了，钱也收了，但不办理结算手续，房地产开发公司就形成不了利润，可以放在下一年形成利润，当然也可以提前预先结利。

3）利用非经常性收益。

例如，2001年上市的16家房地产公司平均每股收益0.35元，扣除非经常性收益后平均每股收益0.28元，非经常性收益对业绩的贡献比例达到20%。SM股份每股收益0.182元，扣除非经常性收益后几乎为0；SWK每股收益为0.592元，扣除非经常性收益后只有0.302元，低于上年的0.445元；JRJ收到补贴收入2 000万元，THBY获得税收优惠1 786.71万元。大量非经常性收益的出现说明了主营业务的盈利能力仍然不强，企业为了保持较好的业绩或实现扭亏不得不用非经常性收益填补业绩的不足。对于存在大量非经常性收益的公司，应当具体分析造成主营业务盈利能力下降的原因，是在建项目销售前景良好，只是尚未达到确认收入的条件，造成暂时的盈利减少，还是已经没有新的开发项目，靠消化存量房苦苦支撑，如果是后者就不再具有真正意义的投资价值了。

（2）成本方面。

1）随意设立成本对象。成片开发的小区，应根据合同把同时开工的工程名称在“开发成本”科目下设不同的成本对象，但有的小区往往将原应归属同一工程的项目分成多个对象。在多个项目同时开发或滚动开发过程中，将一个项目的成本计入另一个项目。

2）成本不进行分配，或随意分配。用于动迁的商品房成本，不根据实际去向和用途转出，在同一笔费用（还包括财务费用、管理费用、销售费用等）用于支付不同成本对象时，相关部门有时根本不作任何分配。

3）危改拆迁过程中虚报拆迁户的数量。

4）实物与账面成本结转不一致。在外购或自建动迁用房、商品房内部调拨或转自用，以及商品房的销售上，没有一套规范的业务操作规程，致使账面和实物数量严重不符。

5）成本未打足。

- 因不能及时取得发票，应计入而未入的成本。承包单位开出发票，就需缴纳税金及附加及所得税，故对工程已经结束而发包方不能及时支付款项的，就不开出发票。对此，房地产公司就难以及时进行成本核算，造成成本低于实际数。
- 公建配套设施不按预算计提。按规定，非有偿转让的公建配套设施，建设规模大的，可按建筑面积或投资比例预提，而有的公司人为少提或不提。

6）不能正确解决在产品向完工产品的结转问题。在产品向完工产品结转的依据是工程的竣工交付：在结转时，首先要审查完工部分工程的单项成本是否全部计入；其次，审查公共费用是否足额分摊，如配套设施费用、动迁成本及前期费用的分摊等。

7）结转完工产品时，任意预计销售成本，或查找内部所谓的计划成本结转。

由于以上因素的存在，商品房销售时许多企业无法计算真实的成本资料，因此一些企业采用所谓计划成本来预计销售成本，这种错误的做法，严重违反了成本必须按实际成本结转的原则。

2. 信息技术企业

目前，各国各行业中报告粉饰问题最严重的是计算机、电子和电信等信息技术企业。近年来，这几个行业的企业之所以会收益大增，大都得益于网络热。从表面上看，一个个网络公司的开张给这些企业带来了巨大的诱惑，它们不惜一切手段来扩大市场，无视那些网络公司的基础，最终陷入了报告粉饰的泥坑。以互联网公司为例，一般来说，互联网公司的正常收入来源为广告、产品销售、网页设计、网站建设、系统维护等。在这些正常部分之外，互联网公司在报告粉饰方面有哪些文章可做呢？其手法主要有以下几种。

（1）夸大收入。网络公司要到创业板上市，而网络公司又无盈利，成本不能改变，这就要调整销售收入以达盈余目的。通过电子商务的货物很多，但哪些算网络公司的收入呢？判定的标准是看互联网企业是经销还是代销，如果商品的所有权属于A公司，公司从A公司买走商品，并将货款打到A公司的账上，这笔钱是A公司的收入。如果只是代销，只能收取代理佣金，不能把商品销售总额都做到收入中来。把原本属于代销的商品算作自己的收入，操作其实很简单。A公司网上卖的商品，在公司内只有很少或根本没有库存，公司下订单后，A公司即与供应商签订合同，双方做采购的账务处理，相当于A公司先把货物买进来，再卖出去，这样，尽管成本很高，收入全部记在自己的账上。

（2）关联交易。

1）广告。网站互换广告，然后分别计算各自的现金流。更高级的方法是，A公司与B公司签订合同，B公司在A的网站上做广告支付给A广告费100万元。A的关联公司C再与B签订合同，由B为C做网页设计，C需支付B网页设计费100万元。C付出的100万元其实是A的，经过B最后又回到A。但此时A的账面上，已多了一笔100万元的广告费收入。

2）收入转移。A是互联网公司，B是在A中占大股的传统公司，为支持A上市，B将自己的营业收入部分甚至绝大部分转移在A上，实现传统业务收入向网络业务收入的转移。

3）融资变担保。A获得风险投资5 000万元，按理说应该把这笔钱花出去作业绩，但这笔钱一直在A的账上，作为一种隐性担保，担保其关联公司C由银行贷款。A与B签订合同，为B做广告或做网站解决方案，B支付A费用，而这笔费用是由C打到B公司账上的。

4）采购。A欲从B公司购买10台服务器，每台报价100 000美元，最后，以5.5折甚至4.8折的价格买下，A提出签合同时把价格写成8.5折的价格，实际也按8.5折的价格付给B，条件是B要把8.5折和4.8折之间的差价投到A的网站上做广告，顺理成章地成为A的收入。每个关联公司都需要采购，把关联公司的采购挪到互联网公司，也是一种常见手段。

（3）收购。互联网公司要想快速做大，最便捷的方法是收购其他企业，实现合并报表，将控股公司的收入算到自己的营业收入中来。这里的关键是要控股，非控股公司的营业收入只能算在投资收益中。是否控股与股份比率没有关系，关键是要看是否拥有实质控制权。收购的公司可以是传统企业，也可以是互联网企业。还有一种做法不是购买现成的公司，而是和别人合资建立小的公司，然后占大股。

（4）不计成本地增加收入。为了把收入快速做上去，互联网公司有时宁肯不计成本。比如，国内的A公司发行上网卡，承诺每月包月费只收70元。假定某公司每天上网2小时，且均在每小时2元的时段上上网，每月共计120元。根据A与电信的分成比例，电信会拿走120元的70%，这样A的预收账款少于电信向A收取的费用，这部分亏损只能由A自己背。A推出优惠上网价格的目的，是吸引公司增加收入，结果收入越多，亏损越多。

小知识

安然公司（Enron）财务报告粉饰手法

总部设在得克萨斯州休斯敦的安然公司（Enron）曾被《财富》杂志从1995年起评为美国最有创新精神的公司，连续6年排名居于微软、英特尔这些大公司之前。该公司2001年的股价最高达每股90美元。但在安然公司前任财务主管涉嫌做假账，受到证券交易委员会（SEC）调查的消息公布后，公司的盈利大幅下调，股价急剧下跌至26美分。安然公司被迫根据美国《破产法》第十一章的规定，在2001年12月初向纽约破产法院申请破产保护，以资产总额498亿美元创下了美国历史上最大宗的公司破产案纪录，立刻成为新闻媒体的焦点。在市场经济中，公司的兴衰、生死本属常见之事，但安然公司的倒台引起如此大的震动有其特殊之处。

（1）它是个庞然大物，在美国企业中排第7位，是世界最大的天然气交易商，又曾以700亿美元的股市市值居美国上市公司之前列，其破产将使投资者损失达320亿美元，雇员退休金损失超过10亿美元。

（2）位居世界五大会计公司之列的安达信公司，作为安然公司的审计公司，竟然与安然公司串通一气，帮其做假账，在美国证券交易委员会（SEC）宣布对安然进行非正式调查后，安达信竟销毁了大量有关安然的档案材料。

（3）它的主要债权人是摩根大通和花旗集团等华尔街最负盛名的金融机构。两家金融机构已因为安然的损失分别注销了4.51亿美元和2.28亿美元。

安然公司主要的财务报告粉饰手段如下。

1. 利用“特别目的实体”高估利润、低估负债

“特殊目的实体”（Special Purpose Entities，SPE）是指该主体或企业并非为经营之目的而设立，而可能是根据某种特殊目的而设立。比如大企业为了使融资的负债不表现在资产负债表中以改变公司的权益结构，往往通过特殊安排而让可以不予合并的子公司（如低于50%的权益）实施融资，母公司提供担保。由于子公司不纳入报表合并范围，母公司实质上得到的融资便不会在资产负债表上列示，从而形成表外融资，隐藏企业债务风险。

安然公司不恰当地利用“特别目的实体”符合特定条件可以不纳入合并报表的会计惯例，将本应纳入合并报表的三个“特定目的实体”排除在合并报表编制之外，导致1997—2000年，高估了4.99亿美元的利润、低估了数亿美元的负债。此外，以不符合重要性原则为由，未采纳安达信的审计调整建议，导致1997—2000年高估净利润0.92亿美元。安然公司的上述重大会计问题是源于美国的现行会计惯例，即如果非关联方（可以是公司或个人）在一个“特别目的实体”权益性资本的投资中不超过3%，即使该“特别目的实体”的风险主要由上市公司承担，上市公司也可不将该“特别目的实体”纳入合并报表的编制范围。安然公司正是利用这个只注重法律形式，不顾经济实质的会计惯例的漏洞，设立了数以千计的“特别目的实体”，以此作为隐瞒负债，掩盖损失的工具。

2. 通过空挂应收票据高估资产和股东权益

安然公司于2000年成立了4家“特别目的实体”（以下简称V类公司），为安然公司的投资的市场风险进行套期保值。为了解决V类公司的资本金问题，安然公司于2000年第一季度向V类公司发行了价值为1.72亿美元的普通股。在没有收到V类公司支付认股款的情况下，安然公司仍将其记录为实收股本的增加，并相应增加了应收票据，由此虚增了资产和股东权益1.72亿美元。按照公认会计原则，这笔交易也视为股东欠款，作为股东权益的减项。SEC的前首席会计师Lynn Turner说，安达信因为忽视了一个基本的会计原则而高估了股东权益。美国著名的会计网站Accountingweb.com评价说：会计师事务所所犯的错误即便是个一年级的会计学生都能够发现。安然公司在股权交易中，公司发行股权换取了应收票据。这些应收票据在公司的账本上记录为资产，发行的股票记录为股东权益。但是，LynnTumer 说："在没有收到现金前不能记录权益的增加，这是一个基本的会计原理。短期债券并不是现金。问题在于，如此简单的会计条款问题怎么会让合伙人与经理都疏忽了呢？"

此外，2001 年第一季度，安然公司与 V 类公司签订了若干份远期合同，根据这些合同的要求，安然公司影响 V 类公司发行 8.28 亿美元的普通股，以此交换 V 类公司出具的应付票据。安然公司按上述方式将这些远期合同记录为实收资本和应收票据的增加，又虚增资产和股东权益 8.28 亿美元。上述两项合计安然公司共虚增了 10 亿美元的资产和股东权益。

3. 通过有限合伙企业操纵利润

安然公司通过一系列的金融创新，包括设立由其控制的有限合伙企业（简称 LJM 公司）进行筹资或避险，安然公司在东窗事发前，以 LJM 的多名有限责任合伙人与安然公司没有关联关系的金融机构和其他投资者为由，未将 LJM 纳入合并报表编制范围。但从经济实质看，LJM 的经营控制权完全掌握在安然公司手中，安然公司现已承认 LJM 属于安然公司的子公司。从 1999 年 6 月至 2001 年 9 月，安然公司与 LJM 公司发生了 24 笔交易，这些交易的价格大都严重偏离公允价值，24 笔交易使安然公司税前利润增加了 5.78 亿美元。为推动二级市场股价，安然公司开始通过关联交易做手脚。最为著名的关联交易发生在 2001 年第二季度，安然公司把北美的 3 个燃气电站卖给了关联企业 Allegheny 能源公司，成交价格为 10.5 亿美元。市场估计此项交易比公允价值高出 3 亿至 5 亿美元，该差额被加入能源公司业务利润中。就在这个季度结束的前一天，安然公司将它的一家生产石油添加剂的工厂卖给了名为 EOTF 公司的关联企业。外界怀疑由于安然公司无法提供令华尔街满意的盈利数字而强迫 EOTF 在季报的最后一天完成了交易。实际上，早在 1999 年年底该石油添加剂工厂已被安然公司列为"损毁资产"（Impaired Asset），冲销金额达 4.4 亿美元。而 18 个月后又以 1.2 亿美元的价格出售，其间充满蹊跷。从美国证监会和美国注册会计师协会得到的最新资料表明，安然公司欧洲分部的一家资产只有几百万美元的小公司，正是利用关联交易，隐藏了 6 亿美元的债务。在调查尚未结束前，唯一可以肯定的是，安然公司在处理资产的方式上，"玩"出了许多新手段，而这些衍生出来的金融工具对审计人员来说甚为陌生。在判断这些交易是否公允合理时，会计师事务所常表现得无能为力。

4. 利用合伙企业网络组织自我交易，涉嫌隐瞒巨额损失

安然公司拥有错综复杂的庞大的合伙企业网络组织，为特别目的（主要是为向安然公司购买资产或替其融资）设立了约 3 000 家合伙企业和子公司，其中，约 900 家设在海外的避税天堂。安然公司通过建立复杂的公司体系，拉长控制链条，将债务留在子公司账上，将利润显示在母公司的账上，以自上而下"传递"风险，自下而上"传递"报酬。根据《纽约时报》2002 年 1 月 17 日的报道，安然公司有可能有 13 亿美元的损失是安然公司尚未确认的与合伙企业复杂的融资安排等衍生金融工具有关的损失，其中，5 亿美元与安然公司已对外披露的 V 类公司有关，其余 8 亿美元则与安然公司的合伙企业网络组织有关。至于众多以安然股票为轴心的创新金融工具及其他复杂的债务安排多涉及的损失和表外债务，很可能是个难以估量的财务黑洞。

5. 利用衍生金融工具

安然公司最主要的创新成就，来自对金融工具的创造性"运用"。安然公司几乎把所有的资产都转化成衍生金融工具，而这些是以未来不确定交易为特征的。安然公司将资产都演变成一个协议，预计未来某个时间卖出某个价钱。由于创新，使安然公司会计利润大大增加。事实上，这些利润也是不确定的，而会计师要评估其利润，就缺乏一定的标准。通过新的金融工具使本来不流动或流动性很差的资产或能源商品"流通"起来，其主要的方法有以下两种。

（1）为能源产品（包括天然气、电力和各类石油产品）开辟期货、期权和其他复杂的衍生金融工具，以期货、期权市场和衍生金融合同把这些能源商品"金融化"。

在世界各国的能源证券交易中，安然公司占据着垄断地位。比如，为了避免 3 年以后的汽油价格风险，一家公司可能希望买进一种汽油合同。如果 3 年后汽油价每升超出 40 美元，可以以每升 40 美元的价格买进 100 万升汽油；如果 3 年后汽油价低于 20 美元，则愿意以每升 20 美元买进 100 万升汽油。那么，交易对手在哪里呢？到哪里去购买这种特定的汽油衍生证券呢？更重要的是，这一合同本身值多少钱呢？安然公司在任何时候都愿意卖给任何公司这种或其他任何能源衍生证券，它可以成为所有这类合同的交易对手，在这个意义上，它为这些需求创造了市场。

为诸如此类的合同定价并参与交易，不仅极度复杂，而且风险极高。安然公司研制出一套为能源衍生证券定价与风险管理的系统，这构成了它的核心竞争力。有人认为，这与瞎猜差不了多少。的确，一个最大的问题是会计准则对如何估价这些资产并没有明确的规定。会计师们也不知道该如何正确评估资产。在安然公司原来报告的 2000 年度 14.1 亿美元的税前利润中，差不多有一半属于此类。这些定价技术、风险控制技术以及财力资源上的优势，使安然公司垄断了能源交易市场，并从一个天然气、石油传输公司变成一个类似美林、高盛的华尔街公司。如果说有什么差别的话，可能是安然交易的品种是能源证券，而美林和高盛主要交易金融证券和股票。

（2）将一系列不动产（如水厂、天然气井与油矿）打包，以此为抵押，通过某种“信托基金”或资产管理公司，对外发行债券或股权，以此把不动产“做活”。

以不动产抵押发行证券本身不足为奇，关键在于，在此过程中，安然公司建立了众多关联企业与子公司，之间隐藏着多种复杂的合同关系，从而达到隐蔽债务、减税及人为操纵利润的目的，这一手法也恰恰是导致安然破产的主因。

著名经济学家克鲁格曼在评论安然事件的时候曾经谈到“9·11”事件。尽管这两个事件都给人们带来了巨大的震动，但是在克鲁格曼看来，它们的影响是截然不同的。这是因为，“9·11”的恐怖袭击是来自外部的冲击，尽管它让美国人第一次身临其境地感受到了恐惧和悲伤，但是它并没有对美国的经济体系带来实质性的破坏。恐惧和悲伤都是很容易被忘记的。然而，在克鲁格曼看来，安然的倒台绝不仅是一个公司的衰败，它预示着人们对整个资本主义体系信心的丧失。信心的丧失可能是永远的，而且信心丧失之后一定会发生危机。我们目前所不清楚的，只不过是这种失败的程度和可能爆发危机的时间。从亚当·斯密的时候起，经济学家就已经注意到所有权与经营权的分离，尽管这种分离能够促进资本和企业家才能的分工与合作，但是也给企业管理人员通过所谓的“内部人控制”侵蚀股东利益留下了漏洞。后来，人们尝试并完善了各种各样的制度以防范“内部人控制”，如现代会计制度、独立审计制度、证券监管等。安然事件证明，所有的这些制度都已经被腐化。尽管这些制度的设计煞费苦心，日益精巧，但是在这场安然事件中，按道理应该扮演独立公正角色的中介机构和管理机构，由于利益的诱惑或权力的威胁，统统被拉下水。

5.7 合并财务报表方面的假账与反假账

改革开放以来，我国企业的收购兼并、参股控股活动发生频繁且愈演愈烈，这一方面推动了生产要素的重新组合和优化配置，另一方面也给会计审计界带来了合并财务报表这个难题。

5.7.1 合并财务报表的会计知识

合并财务报表是指反映母公司和其全部子公司形成的企业集团整体财务状况、经营成果和现金流量的财务报表。

母公司是指控制一个或一个以上主体（含企业、被投资单位中可分割的部分，以及企业所控制的结构化主体等，下同）的主体。

子公司是指被母公司控制的主体。

1. 合并财务报表的特点

与个别财务报表相比，合并财务报表具有下列特点。

（1）合并财务报表反映的对象是由母公司和其全部子公司组成的会计主体。

（2）合并财务报表的编制者是母公司，但所对应的会计主体是由母公司及其控制的所有子公司所构成的合并财务报表主体（简称为“合并集团”）。

（3）合并财务报表是站在合并财务报表主体的立场上，以纳入合并范围的企业个别财务报表为基础，根据其他有关资料，抵销母公司与子公司、子公司相互之间发生的内部交易，考虑了特殊交易事项对合并财务报表的影响后编制的，旨在反映合并财务报表主体作为一个整体的财务状况、经营成果和现金流量。

2. 合并财务报表的组成

合并财务报表至少应当包括下列组成部分：

（1）合并资产负债表；

（2）合并利润表；

（3）合并现金流量表；

（4）合并所有者权益（或股东权益，下同）变动表；

（5）附注。

企业集团中期期末编制合并财务报表的，至少应当包括合并资产负债表、合并利润表、合并现金流量表和附注。

3. 合并财务报表的编制者、编制合并财务报表的豁免规定

母公司应当编制合并财务报表。如果母公司是投资性主体，且不存在为其投资活动提供相关服务的子公司，则不应编制合并财务报表。除上述情况外，《企业会计准则第 33 号——合并财务报表》不允许有其他情况的豁免。

《企业会计准则第 33 号——并财务报表》主要规范合并财务报表合并范围的确定及合并财务报表的编制和列报，以及特殊交易在合并财务报表中的处理，不涉及外币财务报表的折算和在子公司权益的披露。外币报表的折算由《企业会计准则第 19 号——外币折算》和《企业会计准则第 31 号——现金流量表》规范；在子公司权益的披露由《企业会计准则第 41 号——在其他主体中权益的披露》规范。

4. 外币财务报表折算

外币财务报表折算，适用《企业会计准则第 19 号——外币折算》和《企业会计准则第 31 号——现金流量表》。

5. 在子公司权益的披露

关于在子公司权益的披露，适用《企业会计准则第 41 号——在其他主体中权益的披露》。

5.7.2 合并财务报表的审计方法

查账人员在审计预备调查阶段应当了解被查单位与合并财务报表编制和审计有关的重要事项，在编制合并财务报表审计计划时予以特别考虑，以避免审计计划的重大遗漏，也可使查账人员提高合并财务报表的审计效率；在实施审计阶段应当对合并财务报表的合并范围及其变动情况、母子公司的会计政策、集团内公司间交易的抵销情况等进行审计，以确保被查单位编制的合并财务报表符合有关规定，防止被查单位蓄意或无意高估整个企业集团的净资产和净利润；在审计报告阶段不仅应考虑合并财务报表审计报告范围段的特殊性，而且要充分关注母公司和重要子公司审计意见类型对合并财务报表审计意见的影响。

1. 合并财务报表方面假账查处目标

具体地讲，审计合并财务报表旨在确定合并财务报表的合并范围是否正确、完整；合并财务报表的合并基础是否正确、完整；合并财务报表的合并结果是否正确；合并财务报表及附注各项目的披露是否恰当。

2. 合并财务报表方面假账查处程序

为达到上述假账查处目标，查账人员对合并财务报表方面假账查处程序主要包括以下几点。

（1）检查合并财务报表的范围及其变动是否符合有关规定。

1）以控制为基础确定合并财务报表的合并范围。

应当强调实质重于形式原则，综合考虑所有相关事实和因素进行判断，如考虑被投资单位各个投资者的持股情况、投资者之间的相互关系、公司治理结构、潜在表决权等因素。

母公司应当将其控制的所有子公司（含特殊目的主体等），无论是小规模的子公司还是经营业务性质特殊的子公司，均应纳入合并财务报表的合并范围。

母公司不能控制的被投资单位不纳入合并财务报表合并范围，如原采用比例合并法核算的合营企业，应改用权益法核算。

① 合并财务报表的合并范围应当以控制为基础予以确定。控制是指一个企业能够决定另一个企业的财务和经营政策，并能据以从另一个企业的经营活动中获取利益的权力。

② 母公司直接或通过子公司间接拥有被投资单位半数以上的表决权，表明母公司能够控制被投资单位，应当将该被投资单位认定为子公司，纳入合并财务报表的合并范围。但是，有证据表明母公司不能控制被投资单位的除外。

③ 母公司拥有被投资单位半数或以下的表决权，满足下列条件之一的，视为母公司能够控制被投资单位，应当将该被投资单位认定为子公司，纳入合并财务报表的合并范围。但是，有证据表明母公司不能控制被投资单位的除外：

- 通过与被投资单位其他投资者之间的协议，拥有被投资单位半数以上的表决权。
- 根据公司章程或协议，有权决定被投资单位的财务和经营政策。
- 有权任免被投资单位的董事会或类似机构的多数成员。
- 在被投资单位的董事会或类似机构占多数表决权。

④ 在确定能否控制被投资单位时，应当考虑企业和其他企业持有的被投资单位的当期可转换的可转换公司债券、当期可执行的认股权证等潜在表决权因素。

⑤ 母公司应当将其全部子公司纳入合并财务报表的合并范围。

2）对特殊目的主体的合并。母公司应当将其控制的特殊目的主体纳入合并财务报表的合并范围。

在判断母公司能否控制特殊目的主体时，应当综合考虑下列因素。

① 母公司根据其特定经营业务的需要直接或间接设立特殊目的主体，向企业提供融资、商品或劳务以支持其主要经营活动。

② 母公司实质上具有控制或获得控制特殊目的主体或其资产的决策权，包括在特殊目的主体成立后才开始存在的某些决策权力，通常采用预先设定经营计划方式授权。例如，企业拥有单方面终止特殊目的主体的权力、变更特殊目的主体章程的权力、对变更特殊目的主体章程的否决权等。

③ 通过章程、合同、协议等，母公司实质上具有获取特殊目的主体大部分利益的权力。例如，以未来净现金流量、利润、净资产等方式，获取从特殊目的主体中分配的大部分经济利益的权力以及在清算中获取大部分剩余权益的权力。

④ 通过章程、合同、协议等，母公司实质上承担了特殊目的主体的大部分风险。例如，母公司通过向特殊目的主体提供大部分资本的投资者作出获得固定回报的承诺，而提供大部分资本的投资者实际承担有限风险，母公司保留了特殊目的主体剩余权益风险即所有权风险。

（2）检查合并财务报表的合并基础是否正确。

① 检查合并财务报表工作底表所列个别财务报表是否经过审计。如经过审计，则与审定后个别财务报表核对相符，并考虑个别财务报表审计意见对合并财务报表的影响程度；如由其他

注册会计师审计，则应对其出具的审计报告、提供的资料进行复审、分析和判断；必要时，可以以审计问卷的方式商请答复，如规模较小，其资产总额、主营业务收入、净利润等在企业集团中所占比例不大，则可要求该子公司提供与合并报表及其附注有关的明细资料。

② 检查母、子公司财务报表决算日和会计期间是否一致。将具有不同财务报表决算日和会计期间的财务报表直接合并，既缺乏经济意义，又容易误导财务报表使用者。因此，查账人员应对母公司和子公司的财务报表决算日和会计期间的一致性进行审计。若不一致，应提请被查单位按规定披露该子公司的名称和不一致的原因，或以母公司为基准对子公司财务报表的决算日和会计期间进行必要的调整。

③ 检查母、子公司采用的会计政策是否一致。同上理由，查账人员应对母公司和子公司所采用会计政策的一致性进行审计。若存在重大不一致，且对合并的财务状况、经营成果和现金流量产生重大影响的，查账人员应提请被查单位在编制合并财务报表时，按照母公司会计政策对子公司的财务报表作必要的调整。

④ 检查母公司对子公司长期股权投资的核算方法是否符合有关规定，对纳入合并范围的所有子公司是否均已采用权益法核算。

（3）检查合并财务报表的合并结果是否正确。

（4）如合并报表中存在外币折算问题，应检查报表各项目使用的外币折算汇率是否正确，外币折算差额在报表上的反映是否恰当。

（5）检查少数股东本期损益、少数股东权益的计算是否正确，在报表上的反映是否恰当。

（6）检查利润分配的基数是否正确，前后期是否一致。

（7）复核合并报表工作底表的各项数据的计算是否正确，相关项目的勾稽关系是否正确无误。

（8）检查合并报表与母公司报表的净利润及所有者权益合计等金额是否一致。

（9）检查合并现金流量表的编制是否适当。

（10）检查合并财务报表及附注各项目的披露是否恰当。企业应当在附注中披露下列信息。

- 子公司的清单，包括企业名称、注册地、业务性质、母公司的持股比例和表决权比例。
- 母公司直接或通过子公司间接拥有被投资单位表决权不足半数但能对其形成控制的原因。
- 母公司直接或通过其他子公司间接拥有被投资单位半数以上的表决权但未能对其形成控制的原因。
- 子公司所采用的与母公司不一致的会计政策，编制合并财务报表的处理方法及其影响。
- 子公司与母公司不一致的会计期间，编制合并财务报表的处理方法及其影响。
- 本期增加子公司，按照《企业会计准则第 20 号——企业合并》的规定进行披露。
- 本期不再纳入合并范围的原子公司，说明原子公司的名称、注册地、业务性质、母公司的持股比例和表决权比例，本期不再成为子公司的原因，其在处置日和上一会计期间资产负债表日资产、负债和所有者权益的金额及本期期初至处置日的收入、费用和利润的金额。
- 子公司向母公司转移资金的能力受到严格限制的情况。
- 需要在附注中说明的其他事项。

5.8 未来财务报表方面的假账与反假账

由于在我国目前情况下，需要编制未来财务报表的仅是上市公司，而且上市公司所编制的未来财务报表仅是盈利预测表，因此，在本节中我们仅研究我国上市公司盈利预测表的粉饰方法。

盈利预测是上市公司为发行和上市股票而对预测期间的经营成果所做的预计和测算，盈利预测表是上市公司编制的反映预测期间经营成果的财务报表，它包括盈利预测表及其附表、盈利预测基准、盈利预测基本假设和盈利预测说明等。盈利预测表的编制是一项十分复杂的工作，公司管理层应当建立预算制度，并搞好其他各项基础工作。在编制盈利预测表时，公司管理层应当合理确定预测基准和预测假设、科学界定预测期间、正确运用会计政策和预测方法。由于盈利预测信息与公司股票发行价格高度相关，同时由于盈利预测信息本身具有高度的不确定性，在信息不对称的证券市场上，一些公司便操纵盈利预测信息，粉饰盈利预测表。

在我国证券市场上粉饰盈利预测表的情况并不是个别现象。这些公司通常是如何粉饰盈利预测表的呢？从大量的实例中可以看出，运用不当盈利预测基准、虚构交易合同、选用不当预测方法是粉饰盈利预测表的主要方法。

1. 运用不当盈利预测基准

盈利预测基准是公司盈利预测的编制基础，主要包括经具有证券、期货相关业务许可证的注册会计师审计的公司前 3 年经营业绩；预测期间公司的生产经营能力、投资计划、生产计划和营销计划；公司采用的会计政策。显然，在以上的编制基础上，公司前 3 年的经营业绩可以在公司与注册会计师“合谋”后制造出水分，或者虽是没有“合谋”但由于审计固有的局限，公司前 3 年的经营业绩中仍可能存有水分；而预测期间的投资计划、生产计划和营销计划，均是企业“编”出来的；编制盈利预测所采用的会计政策应与前期保持一致，但并不是说这些会计政策就不可以变更了。盈利预测基准的以上特征决定了盈利预测表存在粉饰空间。

例如，红光实业 1997 年度盈利预测 7 055 万元的净利润是在 1996 年度 5 400 万元基础上进行预测的，表面上看，红光实业的预测是有依据的，是不离奇的，是比较客观的，问题是 1996 年度实现净利润 5 400 万元是虚假的，实际上 1996 年度亏损 10 300 万元。

2. 虚构交易合同

在编制盈利预测表时，对销售量等项目的预测，往往需要以所签订的销售合同为依据。一纸虚假的销售合同，能够增加较多的收入和成本，至于是否履行合同，到时自有解释。当然，也有公司根据无效的销售合同进行预测。

例如，石劝业下属的五洲大酒店实行承包经营，1996 年 3 月 8 日因合同纠纷法院判决解除承包合同，然而该公司在 1996 年 3 月 12 日发布的上市公告书中，仍然根据合同预测 1996 年公司全年利润中的 25%来自该酒店。结果是，该公司 1996 年度实现净利润仅为预测值的 8.7%。该公司的解释是：五洲大酒店于 1996 年 3 月 8 日被法院判决解除承包合同后暂时无法经营。然而，该公司在 3 月 12 日公布的上市公告书中却隐瞒了这一事实。

3. 选用不当预测方法

在进行盈利预测时，无论是销售量与销售价格的预测，还是有关成本费用等的预测，均需要运用一定的预测方法。而预测方法很多，有定量的预测方法，也有定性的预测方法，运用某一种方法，而不运用另一种方法，势必对预测结果产生重大影响。由于局外人很难判断公司选用的预测方法是否适当，一些上市公司也就毫无顾忌地选择对公司有利但可能不是适当的预测方法了。

第 6 章

收入方面的假账与反假账

收入，是指企业在日常活动中形成的、会导致所有者权益增加的、与所有者投入资本无关的经济利益的总流入。

为保持我国企业会计准则与国际财务报告准则持续趋同，切实解决我国原收入准则实施中存在的具体问题，进一步规范收入确认、计量和相关信息披露，财政部 2017 年 7 月 5 日修订发布了《企业会计准则第 14 号——收入》（财会〔2017〕22 号，以下简称“新收入准则”）。对于在境内外同时上市的企业及在境外上市并采用国际财务报告准则或企业会计准则编制财务报表的企业，自 2018 年 1 月 1 日起执行新收入准则；对于其他在境内上市的企业，自 2020 年 1 月 1 日起执行新收入准则；对于执行企业会计准则的非上市企业，自 2021 年 1 月 1 日起执行新收入准则。新收入准则适用于所有与客户之间的合同，但下列各项除外：（1）由《企业会计准则第 2 号——长期股权投资》《企业会计准则第 22 号——金融工具确认和计量》《企业会计准则第 23 号——金融资产转移》《企业会计准则第 24 号——套期会计》《企业会计准则第 33 号——合并财务报表》及《企业会计准则第 40 号——合营安排》规范的金融工具及其他合同权利和义务。（2）由《企业会计准则第 21 号——租赁》规范的租赁合同。（3）由保险合同相关会计准则规范的保险合同。

注意

1. 企业以存货换取客户的固定资产、无形资产等的，按照新收入准则的规定进行会计处理，但没有商业实质的非货币性资产交换，不确认收入。其他非货币性资产交换，按照《企业会计准则第 7 号——非货币性资产交换》的规定进行会计处理。

2. 本准则所称客户是指与企业订立合同以向该企业购买其日常活动产出的商品或服务（以下简称“商品”）并支付对价的一方。

3. 本准则所称合同是指双方或多方之间订立有法律约束力的权利义务的协议。合同有书面形式、口头形式及其他形式。

小知识

收入的分类

收入按照不同的分类方式，可以有不同的分类。

1. 按照企业从事日常活动的性质不同，可将收入分为销售商品收入、提供服务收入、租赁收入、投资收益、公允价值变动损益等

（1）销售商品收入，是指企业通过销售商品实现的收入。商品包括企业为销售而生产的产品和为转销而购进的商品；企业销售的其他存货如原材料、包装物等也视同商品。

（2）提供服务收入，是指企业通过提供服务实现的收入。比如，企业通过提供旅游、运输、咨询、代理、培训、产品安装、建筑等服务所实现的收入。

（3）租赁收入，是指企业从事租赁业务所取得的收入。

（4）投资收益，是指企业对外进行投资而取得的损益。

（5）公允价值变动损益，是指企业持有金融工具、采用公允价值模式计量的投资性房地产等因其公允价值变动而取得的损益。

其中，销售商品收入、提供服务收入的确认和计量，由《企业会计准则第 14 号——收入》规范；租赁收入的确认和计量，由《企业会计准则第 21 号——租赁》规范；投资收益、公允价值变动损益的确认和计量，由《企业会计准则第 22 号——金融工具确认和计量》《企业会计准则第 2 号——长期股权投资》《企业会计准则第 3 号——投资性房地产》等会计准则规范。

2. 按照企业从事日常活动在企业的重要性不同，可将收入分为主营业务收入、其他业务收入等

（1）主营业务收入，是指企业为完成其经营目标所从事的经常性活动实现的收入。

不同行业的主营业务收入所包括的内容不同。比如，工业企业的主营业务收入主要包括销售商品、自制半成品、代制品、代修品，提供工业性劳务等取得的收入；商品流通企业的主营业务收入主要包括销售商品所取得的收入；旅游企业的主营业务收入主要包括客房收入、餐饮收入等。主营业务收入一般占企业总收入的比重较大，对企业的经济效益产生较大的影响。

（2）其他业务收入，是指企业为完成其经营目标所从事的与经常性活动相关的活动实现的收入。

不同行业企业的其他业务收入所包括的内容不同。比如，工业企业的其他业务收入主要包括对外销售材料，对外出租包装物、商品或固定资产，对外转让无形资产使用权，对外进行权益性投资（取得现金股利）或债权性投资（取得利息），提供非工业性劳务等实现的收入。其他业务收入属于企业日常活动中次要交易实现的收入，一般占企业总收入的比重较小。

3. 按照利润表编制的要求不同，可将收入分为营业收入、投资收益、公允价值变动损益、资产处置收益、其他收益等

小知识

收入会计准则的主要变化

此次新收入准则修订的主要内容如下。

1. 将原先收入和建造合同两项准则纳入统一的收入确认模型

原先收入准则和建造合同准则在某些情形下边界不够清晰，可能导致类似的交易采用不同的收入确认方法，从而对企业财务状况和经营成果产生重大影响。

新收入准则要求采用统一的收入确认模型来规范所有与客户之间产生的合同收入，并且为“在某一时段内”还是“在某一时点”确认收入提供具体指引，有助于更好地解决目前收入确认时点的问题，提高会计信息可比性。

2. 以控制权转移替代风险报酬转移作为收入确认时点的判断标准

原先收入准则要求区分销售商品收入和提供劳务收入等，并且强调在将商品所有权上的主要风险和报酬转移给购买方时确认销售商品收入，在实务中有时难以判断。

新收入准则打破商品和劳务的界限，要求企业在履行合同中的履约义务时，即客户取得相关商品（或服务）控制权时确认收入，从而能够更加科学合理地反映企业的收入确认过程。

3. 采用“五步法”模型确认收入

（1）收入确认的模式（见表 6-1）。新收入准则第四条规定，取得相关商品控制权，是指能够主导该商品的使用并从中获得几乎全部的经济利益。

对于如何认定企业在某一时段内转移对商品或服务的控制，新收入准则第十一条给出了三个条件，满足其中任何一个条件，即可认定控制在某一时段内转移，从而在某一时段内确认收入。

1）客户在企业履约的同时即取得并消耗企业履约所带来的经济利益。

2）客户能够控制企业履约过程中在建的商品。

3）企业履约过程中所产出的商品具有不可替代用途，且该企业在整个合同期间内有权就累计至今已完成的履约部分收取款项。

表 6-1 收入确认的模式

新收入准则	原先收入准则
• 引入单一的收入确认模型 将原先收入和建造合同两项准则纳入统一的收入确认模型。不再区分业务类型，而是提供一个统一的衡量标准，以判断履约义务是否在某一时段内履行。因此，生产并销售存货（如在产品）也有可能在某一时段内确认收入	• 并行两种收入确认模型 根据业务类型（销售商品、提供劳务、让渡资产使用权和建造合同）分别采用不同的收入确认模型。销售商品收入主要以风险和报酬转移为基础确认，提供劳务收入和建造合同收入主要采用完工百分比法确认
• 在控制权转移的时点或某一时段确认收入 以控制权转移替代风险报酬转移作为收入确认时点的判断标准。在“控制权转移”核心原则下，无论是在某一时点确认收入还是在某一时段内按照履约进度确认收入的前提均为“控制权转移”。另外，在“控制权转移”模型下，风险和报酬仍作为控制权转移的一个指标	• 在主要风险和报酬转移时确认收入 “风险报酬转移”模型，强调与商品所有权上的主要风险和报酬转移给客户时（同时满足其他四个条件），确认收入

对于在某一时点转移控制权的认定，新收入准则第十三条给出了企业应当考虑控制转移的五个迹象。

1）企业就该商品享有现时收款权利，即客户就该商品负有现时付款义务。

2）企业已将该商品的法定所有权转移给客户，即客户已拥有该商品的法定所有权。

3）企业已将该商品实物转移给客户，即客户已实物占有该商品。

4）企业已将该商品所有权上的主要风险和报酬转移给客户，即客户已取得该商品所有权上的主要风险和报酬。

5）客户已接受该商品。

（2）交易价格的确定（见表 6-2）。

表 6-2 交易价格的确定

新收入准则	原先收入准则
企业应当按照分摊至各单项履约义务的交易价格计量收入。交易价格按照企业预期有权收取的对价金额计量。 若一项安排涉及可变对价、非现金对价、重大融资成分或应付客户的对价，交易价格的确定会更为复杂	收入按照已收或应收对价的公允价值计量

（3）对包含多重交易安排的合同的会计处理（见表 6-3）。

表 6-3 对包含多重交易安排的合同的会计处理

新收入准则	原先收入准则
新收入准则引入了“履约义务”的概念，明确了如何识别是否存在各单项履约义务以及如何将交易价格分摊到各单项履约义务。即要求企业在合同开始日对合同进行评估，识别合同所包含的各单项履约义务，按照各单项履约义务所承诺商品（或服务）的单独售价的相对比例将交易价格分摊至各单项履约义务，进而在履行各单项履约义务时确认相应的收入	原先收入准则提供了非常有限的指引，具体体现在原收入准则第十五条及企业会计准则讲解中有关奖励积分的会计处理规定

（4）合同成本的处理（见表 6-4）。

表 6-4　合同成本的处理

新收入准则	原先收入准则
合同成本包括取得合同的增量成本（如销售佣金）和履行合同成本。 企业为取得合同发生的增量成本预期能够收回的，应当作为合同取得成本确认为一项资产（资本化），并且采用与收入确认相同的基础进行摊销，计入当期损益。 符合资本化条件的履行合同的成本必须是与一项合同（或特定预期合同）直接相关的成本	《企业会计准则第 15 号——建造合同》要求符合条件的建造合同的订立成本可以计入合同成本，但是未涉及其他情况下发生的合同取得成本的会计处理，实务中可能存在不同做法

（5）特定交易（或事项）的会计处理（见表 6-5）。

表 6-5　特定交易（或事项）的会计处理

新收入准则	原先收入准则
新收入准则对区分总额和净额确认收入、附有销售退回条款的销售、附有质量保证条款的销售、附有客户额外购买选择权的销售、向客户授予知识产权许可、售后回购、无须退还的初始费等特定交易进行了明确规定。这些规定将有助于更好的指导实务操作，从而提高会计信息的可比性	原收入准则无相关特定交易（或事项）的规定

（6）列报和披露（见表 6-6）。

表 6-6　列报和披露

新收入准则	原先收入准则
增加新的术语，要求在资产负债表中列示合同资产和合同负债	无相关规定
制定了广泛的新披露要求，企业可能需要因此而更改现有的数据收集流程和信息系统	收入的信息披露仅限于会计政策的讨论

4. 对于包含多重交易安排的合同的会计处理提供更明确的指引

原先收入准则对于包含多重交易安排的合同仅提供了非常有限的指引，具体体现在收入准则第十五条及企业会计准则讲解中有关奖励积分的会计处理规定。这些规定远远不能满足当前实务需要。

新收入准则对包含多重交易安排的合同的会计处理提供了更明确的指引，要求企业在合同开始日对合同进行评估，识别合同所包含的各单项履约义务，按照各单项履约义务所承诺商品（或服务）的单独售价的相对比例将交易价格分摊至各单项履约义务，进而在履行各单项履约义务时确认相应的收入，有助于解决此类合同的收入确认问题。

5. 对于某些特定交易（或事项）的收入确认和计量给出了明确规定

新收入准则对某些特定交易（或事项）的收入确认和计量给出了明确规定。例如，区分总额和净额确认收入、附有质量保证条款的销售、附有客户额外购买选择权的销售、向客户授予知识产权许可、售后回购、无须退还的初始费等，这些规定将有助于更好的指导实务操作，从而提高会计信息的可比性。

6.1　新收入准则下舞弊风险、手段及评估

6.1.1　新收入准则下表明被查单位在收入确认方面可能存在舞弊风险的迹象

舞弊风险迹象是查账人员在实施审计过程中发现的、需要引起对舞弊风险警觉的事实或情

况。存在舞弊风险迹象并不必然表明发生了舞弊，但了解舞弊风险迹象有助于查账人员对审计过程中发现的异常情况产生警觉，从而更有针对性地采取应对措施。

（1）查账人员发现，被查单位的客户是否付款取决于下列情况。

① 能否从第三方取得融资；

② 能否转售给第三方（如经销商）；

③ 被查单位能否满足特定的重要条件。

（2）未经客户同意，在销售合同约定的发货期之前发送商品。

（3）未经客户同意，将商品运送到销售合同约定地点以外的其他地点。

（4）被查单位的销售记录表明，已将商品发往外部仓库或货运代理人，却未指明任何客户。

（5）在实际发货之前开具销售发票，或实际未发货而开具销售发票。

（6）对于期末之后的发货，在本期确认相关收入。

（7）实际销售情况与订单不符，或者根据已取消的订单发货或重复发货。

（8）已经销售给货运代理人的商品，在期后有大量退回。

（9）销售合同或发运单上的日期被更改，或者销售合同上加盖的公章并不属于合同所指定的客户。

（10）在接近期末时发生了大量或大额的交易。

（11）交易之后长期不进行结算。

（12）在被查单位业务或其他相关事项未发生重大变化的情况下，询证函回函相符比例明显异于以前年度。

（13）发生异常大量的现金交易，或被查单位有非正常的资金流转及往来，特别是有非正常现金收付的情况。

（14）应收款项收回时，付款单位与购买方不一致，存在较多代付款的情况。

（15）交易标的对交易对手而言不具有合理用途。

（16）主要客户自身规模与其交易规模不匹配。

6.1.2 新收入会计准则下常见的收入确认舞弊手段

了解被查单位通常采用的收入确认舞弊手段，有助于查账人员更加有针对性地实施审计程序。被查单位通常采用的收入确认舞弊手段如下：

1. 为了达到粉饰财务报表的目的而虚增收入或提前确认收入

1）利用与未披露关联方之间的资金循环虚构交易。

2）通过未披露的关联方进行显失公允的交易。例如，以明显高于其他客户的价格向未披露的关联方销售商品。

3）通过出售关联方的股权，使之从形式上不再构成关联方，但仍与之进行显失公允的交易，或与未来或潜在的关联方进行显失公允的交易。

4）通过虚开商品销售发票虚增收入，而将货款挂在应收账款中，并可能在以后期间计提坏账准备，或在期后冲销。

5）为了虚构销售收入，将商品从某一地点移送至另一地点，以出库单和运输单据为依据记录销售收入。

6）在与商品相关的风险和报酬尚未全部转移给客户之前确认销售收入。例如，销售合同中约定被查单位的客户在一定时间内有权无条件退货，而被查单位隐瞒退货条款，在发货时全额确认销售收入。

7）通过隐瞒售后回购或售后租回协议，而将以售后回购或售后租回方式发出的商品作为销售商品确认收入。

8）采用完工百分比法确认劳务收入且采用已经发生的成本占估计总成本的比例确定完工进度时，故意低估预计总成本或多计实际发生的成本，以通过高估完工百分比的方法实现当期多确认收入。

9）在采用代理商的销售模式时，在代理商仅向购销双方提供帮助接洽、磋商等中介代理服务的情况下，按照相关购销交易的总额而非净额（扣除佣金和代理费等）确认收入。

10）当存在多种可供选择的收入确认会计政策或会计估计方法时，随意变更所选择的会计政策或会计估计方法。

11）选择与销售模式不匹配的收入确认会计政策。

2. 为了达到报告期内降低税负或转移利润等目的而少计收入或延后确认收入

1）被查单位将商品发出、收到货款并满足收入确认条件后，不确认收入，而将收到的货款作为负债挂账，或转入本单位以外的其他账户。

2）被查单位采用以旧换新的方式销售商品时，以新旧商品的差价确认收入。

3）对于在某一时间段内履行的履约义务，在履约进度能够合理确定的情况下，不在资产负债表日按履约进度确认收入，而推迟到完成履约义务时确认收入。

6.1.3 新收入会计准则下对收入确认存在的舞弊风险的评估

假定收入确认存在舞弊风险，并不意味着查账人员应当将与收入确认相关的所有认定都假定为存在舞弊风险。查账人员需要结合对被查单位及其环境的具体了解，考虑收入确认舞弊可能如何发生。被查单位不同，管理层实施舞弊的动机或压力不同，其舞弊风险所涉及的具体认定也不同，查账人员需要作出具体分析。例如，如果管理层难以实现预期的利润目标，则可能高估收入的动机或压力（如提前确认收入或记录虚假的收入），因此，收入的发生认定存在舞弊风险的可能性较大，而完整性认定通常不存在舞弊风险；相反，如果管理层有隐瞒收入而降低税负的动机，则查账人员需要更加关注与收入完整性认定相关的舞弊风险。再如，如果被查单位预期难以达到下一年度的销售目标，而已经超额实现了本年度的销售目标，就可能倾向于将本期的收入推迟至下一年度确认。

如果查账人员认为收入确认存在舞弊风险的假定不适用于业务的具体情况，从而未将收入确认作为由于舞弊导致的重大错报风险领域，查账人员应当在审计工作底稿中记录得出该结论的理由。

1. 通过实施风险评估程序识别与收入确认相关的舞弊风险

风险评估程序是查账人员为了解被查单位及其环境，以识别和评估重大错报风险而实施的审计程序。风险评估程序应当包括询问管理层及被查单位内部其他人员、分析程序、观察和检查程序。

实施风险评估程序，对查账人员识别与收入确认相关的舞弊风险至关重要。例如，查账人员通过了解被查单位生产经营的基本情况、销售模式和业务流程、与收入相关的生产技术条件、收入的来源和构成、收入交易的特性、收入确认的具体原则、所在行业的特殊事项、重大异常交易的商业理由、被查单位的业绩衡量等，有助于其考虑收入虚假错报可能采取的方式，从而设计恰当的审计程序以发现此类错报。

查账人员应当评价通过实施风险评估程序和执行其他相关活动获取的信息是否表明存在舞弊风险因素。例如，如果查账人员通过实施风险评估程序了解到被查单位所处行业竞争激烈并伴随着利润率的下降，而管理层过于强调提高被查单位利润水平的目标，则查账人员需要警惕管理层通过实施舞弊高估收入，从而高估利润的风险。

2. 对收入确认实施分析程序

分析程序是一种识别收入确认舞弊风险的较为有效的方法，查账人员需要重视并充分利用分析程序，发挥其在识别收入确认舞弊中的作用。

在收入确认领域，查账人员可以实施的分析程序的例子包括：

1）将本期销售收入金额与以前可比期间的对应数据或预算数进行比较；

2）分析月度或季度销售量变动趋势；

3）将销售收入变动幅度与销售商品及提供劳务收到的现金、应收账款、存货、税金等项目的变动幅度进行比较；

4）将销售毛利率、应收账款周转率、存货周转率等关键财务指标与可比期间数据、预算数或同行业其他企业数据进行比较；

5）分析销售收入等财务信息与投入产出率、劳动生产率、产能、水电能耗、运输数量等非财务信息之间的关系；

6）分析销售收入与销售费用之间的关系，包括销售人员的人均业绩指标、销售人员薪酬、差旅费用、运费，以及销售机构的设置、规模、数量、分布等。

查账人员通过实施分析程序，可能识别出未注意到的异常关系，或难以发现的变动趋势，从而有目的、有针对性地关注可能发生重大错报风险的领域，有助于评估重大错报风险，为设计和实施应对措施提供基础。例如，如果查账人员发现被查单位不断地为完成销售目标而增加销售量，或者大量的销售因不能收现而导致应收账款大量增加，需要对销售收入的真实性予以额外关注；如果查账人员发现被查单位临近期末销售量大幅增加，需要警惕将下期收入提前确认的可能性；如果查账人员发现单笔大额收入能够减轻被查单位盈利方面的压力，或使被查单位完成销售目标，需要警惕被查单位虚构收入的可能性。

如果发现异常或偏离预期的趋势或关系，查账人员需要认真调查其原因，评价是否表明可能存在由于舞弊导致的重大错报风险。涉及期末收入和利润的异常关系尤其值得关注，例如在报告期的最后几周内记录了不寻常的大额收入或异常交易。查账人员可能采取的调查方法举例如下：

1）如果查账人员发现被查单位的毛利率变动较大或与所在行业的平均毛利率差异较大，查账人员可以采用定性分析与定量分析相结合的方法，从行业及市场变化趋势、产品销售价格和产品成本要素等方面对毛利率变动的合理性进行调查。

2）如果查账人员发现应收账款余额较大，或其增长幅度高于销售收入的增长幅度，查账人员需要分析具体原因（如赊销政策和信用期限是否发生变化等），并在必要时采取恰当的措施，如扩大函证比例、增加截止测试和期后收款测试的比例等。

3）如果查账人员发现被查单位的收入增长幅度明显高于管理层的预期，可以询问管理层的适当人员，并考虑管理层的答复是否与其他审计证据一致。例如，如果管理层表示收入增长是由销售量增加所致，查账人员可以调查与市场需求相关的情况。

6.2 主营业务收入方面的假账与反假账

6.2.1 主营业务收入方面造假手法

主营业务收入是企业销售商品、提供服务等主营业务实现的收入。企业可按主营业务的种类进行明细核算。企业在履行了合同中的单项履约义务时，应按照已收或应收的合同价款，加上应收取的增值税额，借记“银行存款”“应收账款”“应收票据”“合同资产”等科目，按应确认的收入金额，贷记本科目，按应收取的增值税额，贷记“应交税费——应交增值税（销项税额）”“应交税费——待转销项税额”等科目。合同中存在企业为客户提供重大融资利益的，企业应按照应收合同价款，借记“长期应收款”等科目，按照假定客户在取得商品控制权时即以现金支付而需支付的金额（即现销价格）确定的交易价格，贷记本科目，按其差额，贷记“未实现融资收益”科目；合同中存在客户为企业提供重大融资利益的，企业应按照已收合同价款，借记“银行存款”等科目，按照假定客户在取得商品控制权时即以现金支付的应付金额（即现销价格）确定的交易价格，贷记“合同负债”等科目，按其差额，借记“未确认融资费用”科目。涉及增值税的，还应进行相应的处理。企业收到的对价为非现金资产时，应按该非现金资产在合同开始日的公允价值，借记“存货”“固定资产”“无形资产”等有关科目，贷记本科目。涉及增值税的，还应进行相应的处理。期末，应将本科目的余额转入“本年利润”科目，结转后本科目应无余额。

1. 销售业务内控制度不健全造成的会计信息失真

（1）合同制度不健全。一些企业对产品销售业务没有健全的合同制度，对于已签订合同，没有专人负责登记和控制，致使企业销售合同丢失或损毁，由此造成信息失真。

（2）开票、发货和结算制度不健全。某些企业没有建立一套严密、有效的开票、发货和结算制度，开票无专人负责，发货时常出现计量不准、规格不符，货款结算无专人负责，各环节之间协调不够，造成会计信息失真。

（3）退货、折让与折扣制度不健全。某些企业并没有制定销售退货的标准、审批等制度，往往与购货方发生纠纷；某些企业的销售折让没有制定严格的标准，随意性很大；某些企业的折扣时间幅度很不合理，并且没专人负责，给销售人员舞弊、作假提供了条件。

2. 利用发票作弊产生的会计信息失真。

（1）销售发票“大头小尾”，开“阴阳票”。一式数联的发票，不一次复写，“存根联”少开，从而达到少报销售额、逃税的目的，或为对方作弊提供方便。

（2）以收据代替发票，或不开发票。购销双方以货易货，相互串通不开发票，以收据结算差额，隐匿收入。

（3）涂改发票。发票开出后，涂改发票存根，以大改小，虚减产品销售收入。

（4）发票内容不真实，如发票上产品品种不符，日期不符等。

（5）虚开发票。有的企业在年末为了达到虚增本年利润的目的，在未实现销售的情况下，开出虚假发票作应收账款处理，下年初再用红字冲回作销售退回。

3. 主营业务收入确认不合规产生的会计信息失真

有的企业为某种目的或为简化核算，人为确定销售实现时间，其主要表现是将应反映在下一期的收入反映在本期，或将应在本期反映的收入反映到以后各期。例如，有的是交款提货销售的，在对方交款未提货时，未作收入；有的采用预收货款方式销售，在没有向对方交货时就计入销售收入；对分期收款销售人为规定销售确认时间及比例，而不是按合同条款；采用托收承付方式销售，并不是发出产品办妥托收手续时确认销售实现，而是在收到对方承付通知后才确认收入入账。

4. 主营业务收入入账时间不正确

有的企业常常违反入账时间，人为地改变入账时间，改变当期计税基数，随意的调整当期的利润，影响了利润数据的真实性。

例如，某企业某月开具价值 50 万元的发票，当期抵扣后应交税费 30 000 元。但企业觉得上缴税金可惜，便决定只上缴 16 000 元的税金，会计只能将开具税额为 14 000 元的发票取出不下账，待下月再下账，再找进项。从而使当月的发票领用存月报表、发票使用明细表等报表全部失真。

5. 主营业务收入入账金额不实形成的会计信息失真

某些企业销售商品时以“应收账款”“银行存款”直接冲减“库存商品”，从而随意变动记账的销售额，造成当期损益不实。

例如，某企业销售一批节能灯，价值计 20 000 元，企业为了逃税，便不通过收入、销货成本核算，直接挂往来账抵减库存商品。

（1）将已实现的销售收入不全部计入产品（商品）销售收入，而将其中一部分长期挂账。

（2）以浮动价或溢价销售的产品，按平价入账，其价差不计入销售收入，而作营业外收入或不入账。

（3）企业内部在建工程、福利、三产等部门，领用本企业产品不计入销售。

6. 故意隐匿收入

企业为了逃税，在发出商品、收到货款，但发票尚未给购货方的情况下，将发票联单独存放，而作为应付款下账。

例如，某企业销售一台计算机，购货方提走计算机，并将货款 5 000 元已付给了销货企业方，但未索取发票联。企业并不知道购货方何时来取发票联，便将开具的价格为 5 000 元的发票隐藏起来不做账，从而影响了当期损益。

7. 白条出库，作销售入账

企业应在发出商品、提供劳务，同时收讫货款或取得索取货款的凭证时，确认主营业务收入的实现。有的企业为了虚增利润，依据白条出库来确认销售收入的实现。

例如，某企业为了调整利润，便采用造假手法，以白条为依据作为收入的实现，具体表现为：该企业领导人开了一张白条，命令库管员将产品 50 000 个发往 M 公司，让其代销，企业并未收到 M 公司的签收凭据，只用仓库发货的一张白条下账，作为收入的实现。企业本应收到 M 公司的代销清单时再作销售处理，但企业为了虚调利润，在无任何结算单据的情况下，便以白条下了账。

8. 预收货款提前转作销售收入

企业预先收到购货单位支付的货款，应通过“预收账款”账户进行核算，等发出商品时，进行冲减“预收账款”，同时，增加“主营业务收入”科目的核算。但企业为了调整利润，在产品还未发出时便作为销售，视为销售收入的实现。

例如，某企业销售设备，预收货款 80 万元。企业上月报表利润亏损，本月为了取得贷款，想有些盈利，便采用了虚增主营业务收入的造假手段，将预收的货款 80 万元作为主营业务收入处理。

9. 向预付款单位发出商品时，不做销售处理

财务制度规定企业向购货单位预收货款后，应当在发出产品时，作实现销售的账务处理。但企业通常在预收购货单位的货款，向购货单位发出商品时，为了调整当期损益，直接记入“发出商品”而不记入“主营业务收入”，从而偷逃税金，转移了利润。

例如，某企业与购货方签订了一份产品销售合同，合同中约定购货方预付货款 100 万元后 3 个月销货方将货交予购货方。该企业在收到货款时应当借记“银行存款”，贷记“预收账款”，

发出产品时应借记“预收账款”，贷记“主营业务收入”。但企业不做冲减“预收账款”，增加“主营业务收入”的处理，直接按产品的实际成本80万元，借记“发出商品”，贷记“库存商品”。

10. 虚设客户，调整利税

有的企业为了调增利润，便采取假设客户，编造主营业务收入的做法。

例如，某企业为了保持微利目标，便编造了假设客户，从而虚增主营业务收入。具体表现为某财务部受领导授意，在某月未发生销售，也未收到任何收款凭证的情况下，虚拟一个购货单位购买产品，以货款暂欠500万元的白条作为原始凭证下了账。

11. 延期办理托收承付，调整当年利润

企业采用托收承付的结算方式销售产品，当产品发出，托收手续已办妥并取得收取价款的凭据时，应作为销售收入处理。但企业为了控制利润数额，少缴税，便采取了延期托收手续，故意减少当期主营业务收入的手法。

例如，某企业合同约定，12月出580万元的产品，但企业为了少缴税金，故意延期到下一年度才开具发票，办理托收，从而减少了当年利润，并将当年实现的销售利润转移到了下年。

12. 销货退回，虚拟业务

按财务制度规定，对销售退回不论是本年度退回，还是以前年度的销售退回，均应冲减当月销售收入。但在工作中，有些企业为了不影响收入利润，对退回的产品不入账，形成账外物，或者直接虚拟往来，不冲减主营业务收入。

例如，某企业收到上月退回的价值30万元的质次商品，企业当月本应冲减当月的主营业务收入30万元。但企业为了对当月的损益无影响，便故意将退回的产品虚挂了“应收账款”或“应付账款”的某一子目。

13. 延期结算代销产品，经办人员获利私吞

企业委托其他单位代销产品，代销清单应按企业与代销单位商定的日期按时提供来作为委托单位下账的原始依据。有的委托单位经办个人私欲强烈，私用职权，允许代销单位采用延期提供代销清单的不法行为。

例如，某企业委托某公司代销商品，商定代销单位每月末向委托企业提供代销清单，以便及时进行货款结算。但代销单位为了占用代销款进行其他经营活动，串通委托企业的经办人，故意拖延提供代销清单的时间，从而使代销单位长期占用资金，委托方经办人也从中获利。

14. 赊销商品转作收入，虚增存货周转率

企业将没有产生收入的赊销产品，按现销作为当期的收入办理，以提高企业的存货周转率。

例如，某企业2011年实现主营业务收入8 000万元，其中赊销款为2 400万元，存货平均成本为4 000万元，存货的实际周转率为1.4次。企业向银行提供报表，为了反映企业运作较好，将赊销款作为销售收入处理，使企业虚增了收入，存货周转率由原来的1.4次提高到2次。

15. 销售自制半成品，直接冲减生产成本

企业为了调整损益，将应入库后作销售的半成品，在未入库之前直接从车间发给客户，并将取得的销售收入直接冲减生产成本。

例如，某企业按规定，应将加工完毕并已验收合格的半成品交付半成品库，并办理有关的入库手续。但厂部为了在做合并报表时少缴税款，便将加工完毕的半成品直接从车间发往购货单位，使车间财务做账务处理时直接将主营业务收入记入银行存款，同时减少了生产成本——基本生产成本。结果使企业少缴增值税、城建税、教育费附加等。

16. 低价出售产品，经办人员捞取回扣

在市场竞争中，企业在业务上允许销售人员根据情况，在给定的价格变动的幅度内上下浮动，这样使有关经办人在销售价格上有机可乘。

例如，某企业与购货方商谈价格中，销售人员为了自己谋利，谈妥了条件，销售人员以较低价格出售，购货方不要发票，从而销售人员从中可得好处，使企业销售收入虚减。

17. 产品“以旧换新”，用差价计收入

企业采用“以旧换新”的促销方式，对新旧产品都应做账处理，对改进的旧产品应作购进处理，对发出的新产品应作销售处理，但企业用差价计算销售收入，使企业少缴税款。

18. 凭空填制记账凭证，将收入转为损失

企业在结账时，发现收入太大，税金过高，便凭空填制记账凭证，虚减主营业务收入，将收入转为财产损失计入当年损益。

例如，某企业在月终转账时，为了调减收入，制作了一张虚假的记账凭证。记账凭证摘要里注明：因质量问题退回 A 产品 80 万元。财务直接用红字冲减了销售收入，同时虚挂了一个“其他应付款”的往来账户，从而掩盖了收入，少缴了税金。

19. 混淆收入界限而致使会计信息失真

有些企业混淆各种收入的界限，将正常的收入作其他业务收入或营业外收入处理，影响了有关指标的真实性。

有的企业因报价错误，使企业少收入了货款后，向购货方追缴货款的差额，企业直接计入“营业处收入”，从而来减少销项税额。

例如，某企业财务失误将本应收 100 万元的销货款的产品，只按 80 万元收账。后经企业与购货商谈，购货方同意补付货款，同时不要发票，只要一个内部收据即可。这样，该企业财务人员将补收的 20 万元货款不作销售收入处理。却直接计入了“营业外收入”，从而影响了应交的增值税及其附加。

20. 销售折让与折扣处理不规范而形成的会计信息失真

① 虚设折扣与折让事项，人为调节销售收入。有的企业在工作中经常虚设折扣与折让事项冲减收入，如某工业企业为了调节利润，在已结账的情况下，随意调整报表上的销售折扣与折让，以满足报表使用者（如银行的要求）。

② 有关人员依据收取好处或回扣的多少作为决定折扣率高低的条件，损公肥私。

③ 对折扣及折让会计处理不正确，将折扣作为销售费用、坏账准备或管理费用入账。

④ 用销售折扣与折让，截留资金纳入“小金库”。有的企业把属于销售收入的金额以“折让”“折扣”名义擅自截留，存入“小金库”以便用在一些非法支出方面。

例如，某企业领导要送礼，便指令财务做了一些不合理财务处理，将取得的销售收入中以销售折扣与折让的形式挤出一部分资金，以满足需要。

21. 销售退回的运杂费一并混入销售冲销

企业销售货物，发生退回。经双方协议，退回运杂费由销货方承担。但企业将销售退回的运杂费一并冲销销售收入，使企业虚减收入。

22. 来料加工节省材料，不作收入

工业企业对外进行加工、修理、修配业务，按合同规定节省材料可留归企业所有，该企业将节省材料作价出售，却不作收入处理，留到以后备用。

例如，某企业承揽一项来料加工业务，合同规定若有余料将归受托单位所有。该企业对来

料加工完毕后，将节省材料对外售出，取得价款 8 000 元，未做收入，直接入了“小金库”。

23. 工业性劳务，直接冲减成本

工业企业从事工业性劳务，属于主营业务，对其收入与成本应进行明细核算，劳务收入记入“主营业务收入”，期末结转其成本。有的企业将工业性劳务收入直接记入“生产成本”以冲减劳务成本，达到逃税的目的。

例如，某企业全年提供加工劳务收入 100 万元，成本 80 万元。企业将取得的收入直接冲减生产成本 100 万元，从而逃避了应交的增值税及附加。

24. 在建工程领用产成品，不作销售处理

企业在建工程在领用自制产品时，应视同销售。结算时按产品售价，借记“在建工程”，贷记“主营业务收入”。有的企业为了降低固定资产的造价，在领用自制产品时，不作销售收入处理，而是直接冲减成本。

例如，某企业因资金困难，为了缓解资金矛盾，在一个领用自制产品的扩建项目中，将应作为收入处理的价值 50 万元的产品直接冲减“库存商品”成本，无形中扩大了投资。

6.2.2　主营业务收入方面假账查处技法

（1）主营业务收入方面假账查处目标。主营业务收入项目核算企业在销售商品、提供劳务及让渡资产使用权等日常活动中所产生的收入。

此方面假账查处目标一般包括：

① 确定主营业务收入的内容、数额是否合理、正确、完整；

② 确定对销货退回、销售折扣与折让的处理是否适当；

③ 确定主营业务收入的会计处理是否正确；

④ 确定主营业务收入的披露是否恰当。

（2）主营业务收入实质性测试程序。针对上述假账查处目标，主营业务收入的实质性测试程序一般包括以下内容。

① 取得或编制主营业务收入项目明细表，复核加计正确，并与报表数、总账数和明细账合计数核对相符。

② 查明主营业务收入的确认原则、方法，注意是否符合会计准则规定的收入实现条件，前后期是否一致。

特别关注周期性、偶然性的收入是否符合既定的收入确认原则和方法。

对主营业务收入的主要实质性测试程序，测试企业是否按收入准则的规定确认产品销售收入，具体有如下几点。

- 采用交款提货销售方式，应于货款已收到或取得收取货款的权利，同时已将发票账单和提货单交给购货单位时确认收入的实现。对此，查账人员应着重检查被查单位是否收到货款或取得收取货款的权利，发票账单和提货单是否已交付购货单位。应注意有无扣压结算凭证，将当期收入转入下期入账，或者虚记收入、开假发票、虚列购货单位，将当期未实现的收入虚转为收入记账，在下期予以冲销的现象。
- 采用预收账款销售方式，应于商品已经发出时，确认收入的实现。对此，查账人员应重点检查被查单位是否收到了货款，商品是否已经发出。应注意是否存在对已收货款并已将商品发出的交易不入账、转为下期收入，或开具虚假出库凭证、虚增收入等现象。
- 采用托收承付结算方式，应于商品已经发出，劳务已经提供，并已将发票账单提交银行、

办妥收款手续时确认收入的实现。对此，查账人员应重点检查被查单位是否发货，托收手续是否办妥，货物发运凭证是否真实，托收承付结算回单是否正确。

- 委托其他单位代销商品的，如果代销单位采用视同买断方式，应于代销商品已经销售并收到代销单位代销清单时，按企业与代销单位确定的协议价确认收入的实现。对此，应注意查明有无商品未销售、编制虚假代销清单、虚增本期收入的现象。如果代销单位采用收取手续费方式，应在代销单位将商品销售、企业已收到代销单位代销清单时确认收入的实现。
- 采用分期收款结算方式，应按合同约定的收款日期分期确认收入。对此，查账人员应重点检查本期是否收到价款，合同约定的本期应收款日期是否真实，是否存在提前确认收入或收入不入账、少入账、缓入账的现象。
- 长期工程合同收入，一般应当根据完工百分比法合理确认收入。查账人员应重点检查收入的计算、确认方法是否合乎规定，并核对应计收入与实际收入是否一致，注意查明有无随意确认收入、虚增或虚减本期收入的情况。
- 委托外贸企业代理出口、实行代理制方式的，应在收到外贸企业代办的发运凭证和银行交款凭证时确认收入。对此，查账人员应重点检查代办发运凭证和银行交款单是否真实，注意有无内外勾结，出具虚假发运凭证或虚假银行交款凭证的情况。
- 对外转让土地使用权和销售商品房的，通常应在土地使用权和商品房已经移交并将发票结算账单提交对方时确认收入。对此，查账人员应重点检查已办理的移交手续是否符合规定要求，发票账单是否已交对方。注意查明被查单位有无编造虚假移交手续，采用“分层套写”、开具虚假发票的行为，防止其高价出售、低价入账，从中贪污货款。如果企业事先与买方签订了不可撤销合同，按合同要求开发房地产，则应按建造合同的处理原则处理。

（3）选择运用以下分析性复核方法，作比较分析。

- 将本期与上期的主营业务收入进行比较，分析产品销售的结构和价格的变动是否正常，并分析异常变动的原因。
- 比较本期各月各种主营业务收入的波动情况，分析其变动趋势是否正常。是否符合被查单位季节性、周期性的经营规律，并查明异常现象和重大波动的原因。
- 计算本期重要产品的毛利率，分析比较本期与上期同类产品毛利率变化情况，注意收入与成本是否配比，并查清重大波动和异常情况的原因。
- 计算重要客户的销售额及其产品毛利率，分析比较本期与上期有无异常变化。

（4）根据普通发票或增值税发票申报表，估算全年收入，与实际入账收入金额核对，并检查是否存在虚开发票或已销售但未开发票的情况。

（5）获取产品价格目录，抽查售价是否符合定价政策，并注意销售给关联方或关系密切的重要客户的产品价格是否合理，有无低价或高价结算以转移收入的现象。

（6）抽取本期一定数量的销售发票，检查开票、记账、发货日期是否相符，品名、数量、单价、金额等是否与发运凭证、销售合同等一致，编制测试表。

（7）实施销售的截止测试。截止测试是实质性测试中常用的一种具体审计技术，被广泛运用于货币资金、往来款项、存货、长短期投资、主营业务收入和期间费用等项目的审计中，尤以在主营业务收入审计中的运用更为典型。

我国企业会计准则规定，企业应当合理确认营业收入的实现，并将已实现的收入按时入账。根据这一收入确认的基本原则，查账人员在审计中应该注意把握三个与主营业务收入确认有着密切关系的日期：发票开具日期或者收款日期；记账日期；发货日期（服务业则提供劳务的日期）。

发票开具日期是指开具增值税专用发票或普通发票的日期；记账日期是指被查单位确认主营业务收入实现并将该笔经济业务记入主营业务收入账户的日期；发货日期是指仓库开具出库单并发出库存商品的日期。检查三者是否归属于同一适当会计期间是营业收入截止测试的关键所在。

围绕上述三个重要日期，在审计实务中，查账人员可以考虑选择三条审计路线实施营业收入的截止测试。

① 以账簿记录为起点。从报表日前后若干天的账簿记录查至记账凭证，检查发票存根与发运凭证，目的是证实已入账收入是否在同一期间已开具发票并发货，有无多记收入。使用这种方法主要是为了防止多计收入。

② 以销售发票为起点。从报表日前后若干天的发票存根查至发运凭证与账簿记录，确定已开具发票的货物是否已发货并于同一会计期间确认收入。具体做法是抽取若干张在报表日前后开具的销售发票的存根，追查至发运凭证和账簿记录，查明有无漏记收入现象。这种方法的优点是较全面、连贯，容易发现漏记的收入；缺点是较费时费力，有时难以查找相应的发货及账簿记录，而且不易发现多记的收入。

使用该方法时应注意两点：一是相应的发运凭证是否齐全，特别应注意有无报告期内已作收入而下期初用红字冲回，并且无发货、收货记录，以此来调节前后期利润的情况；二是被查单位的发票存根是否已全部提供，有无隐瞒。为此，应查看被查单位的发票领购簿，尤其应关注普通发票的领购和使用情况。使用这种方法主要是为了防止少计收入。

③ 以发运凭证为起点。从报表日前后若干天的发运凭证查至发票开具情况与账簿记录，确定营业收入是否已记入恰当的会计期间。该方法的优缺点与方法二类似，具体操作中还应考虑被查单位的会计政策才能作出恰如其分的处理。使用这种方法主要也是为了防止少计收入。

上述三条审计路线在实务中均被广泛采用，它们并不是孤立的，查账人员可以考虑在同一被查单位财务报表审计中并用这三条路线，甚至可以在同一主营业务收入项目审计中并用。为提高审计效率，查账人员应当凭专业经验和所掌握的信息、资料作出正确判断，选择其中的一条或两条审计路线实施更有效的收入截止测试。

（8）结合对决算日应收账款的函证程序，观察有无未经认可的巨额销售。

（9）检查销售折扣、销售退回与折让业务是否真实，内容是否完整，相关手续是否符合规定，折扣与折让的计算和会计处理是否正确。

企业在销售业务中，往往会因产品品种不符、质量不符合要求以及结算方面的原因发生销售折扣、销售退回与折让业务。尽管引起销售折扣、退回与折让的原因不尽相同，其表现形式也不尽一致，但都是对收入的抵减，直接影响收入的确认和计量。因此，查账人员应重视折扣与折让的审计。

折扣与折让的实质性测试程序主要包括：

① 取得被查单位有关折扣与折让的具体规定和其他文件资料，并抽查较大的折扣与折让发生额的授权批准情况，与实际执行情况进行核对，检查其是否经授权批准，是否合法、真实；

② 检查销售退回的产品是否已验收入库并登记入账，有无形成账外物资情况；销售折让与折扣是否及时足额提交对方，有无虚设中介、转移收入、私设账外“小金库”等情况；

③ 检查折扣与折让的会计处理是否正确。

（10）检查外币收入折算汇率是否正确。

（11）检查有无特殊的销售行为，如附有销售退回条件的商品销售、委托代销、售后回购、以旧换新、商品需要安装和检验的销售、分期收款销售、出口销售、售后租回等，确定恰当假账查处程序进行审核：

① 附有销售退回条件的商品销售，如果对退货部分能作合理估计的，确定其是否按估计不会退货部分确认收入；如果对退货部分不能作合理估计的，确定其是否在退货期满时确认收入。

② 售后回购，分析特定销售回购的实质，判断其是属于真正的销货交易，还是属于融资行为。

③ 以旧换新销售，确定销售的商品是否按照商品销售的方法确认收入，回收的商品是否作为购进商品处理。

④ 出口销售，确定其是否按离岸价格、到岸价格或成本加运费价格等不同的成交方式，确认收入的时点和金额。

⑤ 售后租回，若售后租回形成一项融资租赁，检查是否对售价与资产账面价值之间的差额单独设置“递延收益”科目核算，并按该租赁资产的折旧进度进行分摊，作为折旧费用的调整；若售后租回形成一项经营租赁，检查是否也对售价与资产账面价值之间的差额单独设置“递延收益”科目核算，并在租赁期内按照租金支付比例分摊。

（12）调查集团内部销售的情况，记录其交易价格、数量和金额，并追查在编制合并财务报表时是否已予以抵销。

（13）调查向关联方销售的情况，记录其交易品种、数量、价格、金额以及占营业收入总额的比例。

（14）检查主营业务收入在利润表上的披露是否恰当。

小知识

主营业务收入方面假账的主要审查方法

1. 对发票管理不严格进行审查

对于在发票管理中存在的问题，可以通过查阅发票存根联、记账联，将发票存根与供货合同核对等查找线索，必要时与购货方核对。

（1）查证发票各联是否一次复写完成。若发现发票联背面无复写痕迹，或出现部分复写痕迹，或第二联及以后各联出现直接书写痕迹，则极有可能是违章发票。

（2）查证发票内容是否真实。主要查证发票上的品名、数量、单价、金额是否符合实际或市场行情，若发现发票内容有异常现象或者发现品目超出购货单位正常需要量，就应进一步追踪查核。

（3）查证发票是否合法。税务机关为加强发票的管理，其中最重要的一条措施是监印发货票。凡是没有税务机关的“发票监制章”的发票，或者套印已过时的“检印”“发票专用章”的发票，均是不合法的发票。同时在查证时，还要注意是否有以收据代替发票的情况。

（4）查证发票有无涂改痕迹。若发现发票票面上字迹杂乱、模糊不清，出现多种笔迹、删添字或涂改、重写而有开票人盖章或签名，就应进一步追查。

① 核对大写与小写金额是否相符；

② 查核笔迹是否正常、字体是否一致；

③ 以数量乘以单价核对金额；

④ 特别注意阿拉伯数字中的“0”和“1”，因为“0”易改为“6”“8”“9”，“1”易改为“9”“7”。

（5）查证是否属于代开发票。所谓“代开发票”，就是一些无照经营者手中没有合法发票，便以付手续费为条件，找一些持有税务部门核准发票的单位代为开具发票，进行非法经营活动。为他人代开发票，既可以从中获取非法所得，又可帮助他人偷逃国家税收。在查证时，主要看所开发票内容是否在开出发票单位的经营范围之内，开出发票所收回的款项是否作为本单位的“营业收入”处理，有无流向其他渠道。

当然，仅靠事后查证是远远不够的。因此，应加强事前的防范，防止此种弊的措施包括：

① 开票员与收款员应严格分离，相互牵制；

② 加强发票和收据的管理工作，特别是要按规定要求开具发票的收据。

2. 对入账时间正确与否进行审查

对于这类问题，甄别时主要依据主营业务收入凭证和记录（发票、提货单、运单、有关记账凭证、主营业务收入明细账及总账、应收账款明细账等），甄别企业销售实现的确认是否依照现行会计制度，有无不记、少记、漏记和错记现象。具体过程为：在查阅“主营业务收入”有关明细账时，应根据其中所记录的摘要内容和凭证字号，调阅有关原始凭证和记账凭证，根据所附的发运证明、收货证明，确定其发出日期，根据所附的托收回单、送款单等确定其收款依据，以此判断入账时间是否正确，必要时应调查询问有关业务人员和保管人员，以取得证据。如果发现问题或疑点，再根据有关凭证进行核对，以进一步查核内容。例如，委托其他单位代销，须收到对方的代销清单时才能视为销售的实现。因此，应查明有无产品未销售而编制假代销清单，虚增本期收入的现象。在托收承付结算方式和委托收款结算方式下，若发现入账依据是银行转来的托收货款或委托收款的收妥货款通知，即可判断入账时间不正确，明显将销售业务延后。因此，应调阅该笔业务的会计凭证进行账证、证证核对，从而查证问题。对于分期收款销售方式，应按合同规定的收款日期、收款比例确认实现收入。因此，应重点查证合同中相关条款的真实性，并进一步以其为依据，衡量账务处理的合规性。特别值得注意的是，必须认真查证期末前几天销售账，同时甄别被查单位未入账的会计凭证，根据其具体形式和内容，分析判断其所反映的内容有无属于应入账的产品或商品销售业务，即查证有无开票后不入销售账的情况。

上述入账时间不正确的问题查证后，应根据其具体形态作出调整。

（1）对于产品或商品销售业务入账时间延后的问题。如果查实被查单位过去发生的但已经入账的业务入账时间延后的问题，一般情况下可不作账务调整，但应向被查单位指明问题所在，并督促其在以后的会计工作中加以改正。如果查实被查单位对有关应入账的产品或商品销售业务仍未入账，应要求被查单位对其即刻作出入账处理，即作如下分录：

借：应收账款

　　贷：应交税费——应交增值税（销项税额）

　　　　主营业务收入

（2）对于产品或商品销售业务入账时间提前的问题。如果到甄别日此业务仍未到入账时间，应要求被查单位对已经提前入账的销售业务作冲账处理，即作如下分录：

借：应交税费——应交增值税（销项税额）

　　主营业务收入

　　贷：应收账款等

3. 入账金额不正确的审查方法

对于这类问题，审查人员一般不易在单独查阅“主营业务收入”明细账时发现。审查人员应在查阅收入明细账记录的同时调阅有关原始凭证，甄别其账户对应关系是否正确，并审核其原始凭证，看账证是否相符，内容是否正确。假如出现账证不符，则肯定存在收入的一部分转移到应付或应收款项账户的情况，可以此为线索再作进一步调查询问。必要时向购货单位调查情况。如果属于漏记收入，账户对应关系必定不正确。审查人员在审阅此类企业的会计凭证时，可以了解到原始凭证反映的商品或产品销售业务，而记账凭证上所确定的会计分录未通过有关销售账户，同时在核对收入有关明细账与产成品或库存商品有关明细账时，可以发现“库存商品”有关明细账中有属于销售业务的产成品或商品的出库记录，而收入有关明细账中无对应记录。

对于多记或少记、漏记收入情况，一般表现为将应计入收入账户的金额记入应付款项账户等。

例如，某企业 8 月 20 日销售商品一批，售价共 501 250 元。仅按 500 000 元入销售账，另 1 250 元截留在“其他应付款”账户，即作如下账务处理：

借：银行存款	586 462.50	
贷：主营业务收入		500 000
应交税费——应交增值税（销项税额）		85 212.50

其他应付款　　1 250

这类问题被查证后，应将其截留收入的 1 250 元作为销售收入入账，即应作如下账务处理：

借：其他应付款　　1 250

　　贷：主营业务收入　　1 250

4. 虚增虚减收入的审查方法

对于这类问题，审查人员可以通过对比企业前后销售收入有无明显变化来发现线索，必要时可查阅主营业务收入明细账，再进一步调阅有关的记账凭证和原始凭证。因为这种情况一般是企业虚拟业务，审查人员在审阅该笔业务的会计凭证时，可能发现只有记账凭证，而没有原始凭证，或者虽有原始凭证，但其内容不真实、不完整。在查证“主营业务收入”和“应收账款”有关明细账时，可能会发现该笔业务“摘要”栏的说明模糊不清，即使说明清楚，也可能是不真实的。

5. 销售折让、折扣及退回处理不规范的审查方法

（1）销售折让的审查。包括审查企业给予对方折让的原因是否确属商品质量或品种不符合合同要求，有无故意压低价格出售产品，而从中营私舞弊的现象；审查企业发生的销售折让是否真正付给买方，有无被经后人员中间截留的现象。

（2）销售折扣的审查。包括审查销售折扣的有关规定是否明确，有无擅自抬高或压低折扣，以调整主营业务收入的现象；审查有无抬高折扣而从买方获取好处的现象。

（3）销售退回的审查。审查销售退回的真实性，退回手续的完备性，退货是否验收入库，有无未将货物退回的情况；审查货款是否已退还对方，是否如数冲减主营业务收入，有无经办人从中贪污的情况。

审查人员在审阅“主营业务收入”“应收账款”或其他有关账户时，发现所发生的销售折扣、折让或退回业务的理由不清楚，或金额较大时，应根据账户中记录的凭证日期与字号，将会计凭证调出，并审阅其所反映的业务内容，通过账证、证证核对来查证问题。例如，对于虚设退回的问题，在审阅“主营业务收入”及“应收账款”等有关账户时，可能会发现其中所记录的销售退回的理由说明不清楚、不充分，退货金额过大或精确度异常等。发现这些线索或疑点后，再调阅会计凭证，进行账证、证证核对。必要时再调查询问购货单位或有关个人，从而查证问题。特别应注意销货退回的同时是否退了增值税，账务处理上是否正确。此外，还应注意销货退回发生的运杂费有无混入销售一并冲销的现象，如有则应立即纠正。另外，应注意审查期初或结账时退货，有的企业在年终为追求销售计划的完成，有时虚构销售，开出空头发票，次年初又用红字发票冲回。对此，要有充分的警惕。

6. 索赔款处理不合规的审查方法

对于这类问题，审查人员可以通过审阅“主营业务收入”或“营业外支出”或其他有关账户、凭证来发现。如果其中有列支销售商品发生的索赔款，应通过审阅该笔业务的会计资料，调查有关情况，确定其列示的账户是否正确，有无虚列索赔款进行舞弊的问题。

7. 销项税额处理不正确的审查方法

对于这类问题，可将“应交税费——应交增值税”的明细账中“销项税额”专栏中的记录与其相对应的主营业务收入明细账及银行存款或应收账款明细账进行核对，若存在问题，一般会发现金额不符。

6.3 其他业务收入方面的假账与反假账

6.3.1 其他业务收入方面造假手法

其他业务收入是指除主营业务活动以外的其他经营活动实现的收入，包括出租固定资产、出租无形资产、出租包装物和商品、销售材料、用材料进行非货币性交换（非货币性资产交换具有商业实质且公允价值能够可靠计量）或债务重组等实现的收入。

这方面的造假方式曝光如下。

（1）销售边角余料，私存“小金库”。企业生产车间剩余的边角余料，作价出售时，应作为收入处理，同时冲减材料成本，但车间领导为了自己用钱方便，便将销售的边角余料不下账，收入直接存入“小金库”。

（2）收入挂往来。对应收取的手续费收入未列入代购代销收入而是反映在“应付账款”和“其他应付款”账户。

（3）将其他业务收入直接冲减成本。有的企业将其他业务收入直接冲减“其他业务成本”“管理费用”等账户。有些企业为了逃交税款，将销售材料所得的收入直接冲减材料成本。

（4）代购代销业务有关费用处理不正确，如将其他业务所应分担的费用直接冲减代购代销收入等。

（5）对其他业务收入入账时间故意提前或推迟。有的企业为了控制利润指标，常在月末或年末将本应在下月或下年度入账的收入列入本期，从而调增当期利润。

例如，某企业将在下月提供一项价值 50 000 元的劳务，但为了调增当期利润，便将未实现的劳务收入直接增加了应收账款，同时增加了其他业务收入。

有的企业将已实现的收入长期不入账（多为现金），一方面虚减当期利润；另一方面也容易被个人挪用、贪污或形成“小金库”。

例如，某企业提供劳务收入 3 000 元，财务给对方开了一张价值 3 000 元的内部收据，迟迟未下账处理，5 个月后经手人离职，财务人员发现有机可乘，便将劳务收入顺利地放进了自己的腰包。

（6）其他业务收入入账金额不实。

① 企业多列或虚列固定资产出租、包装物出租等其他业务收入的金额，从而虚增利润。

② 少计或不计其他业务收入（多指不经常发生的业务），从而隐瞒利润，以达到贪污、挪用或私设“小金库”的目的。

例如，某企业很少提供劳务，有一次提供劳务收入 50 元，提供劳务人未将劳务收入 50 元交财务而是直接放入自己的腰包。

（7）其他业务收入会计处理不合规，如将基本业务收入列入其他业务收入，将其他业务收入记入“营业外收入”账户。

6.3.2　其他业务收入方面假账查处技法

（1）审查企业实际发生的各项其他业务是否正确、合理，其规模是否超过正常范围。这是为了防止企业与职工个人或其他单位低价销售企业生产上正在使用的材料、零部件等损害企业利益的情况。

具体表现为以下两个方面。

1）对超储多余积压物资销售的审查。

① 查明出售的材料物资是否确属超储、多余、积压、残次的材料物资，有无将生产上需要的物资出售而影响正常生产的情况。

审计方法一般有两种：

- 将清仓后划出的属于超储、多余、积压、残次材料物资清单上所列品种、数量逐项与生产部门所需材料物资品种、数量进行核对视其划出有无错误；
- 审计其销售明细账有关会计凭证，核对出售的材料物资品名与超储、多余、积压、残次材料物资清单上所列品名是否相符，视其有无将属于生产上需用的材料物资特别是紧俏物资，出售给其他单位和个人。

② 查明出售的价格是否合理。审查时应注意有无低于规定价格或低于购进成本出售的情

况，同时，审查其销售的收入是否计算正确、入账及时与否，有无企业把销售收入私放“小金库”的问题或将销售收入列入主营业务收入或营业外收入。

③ 采用赊销和分期收款方式的，看货款能否及时收回，有无发生久欠不付的情况；有无为了推销积压材料而发推销奖并在销售收入中直接扣除，或将这些资金作销售费用处理的情况。审查时可根据“其他业务收入”明细账户借方或贷方发生额，调阅会计凭证核实。

2）边角余料、下脚废料销售的审查。边角余料、下脚废料的审查可参照上述方法，审查时应注意以下各点：边角余料是一种有用的材料，看企业有无大材小用或将成品材料当作边角余料出售情况和出现随意处理浪费的情况；查核售价是否合理，有无低于规定价格的情况；销售款是否全部入账，有无作为“小金库”的情况；查明出售给废旧物资回收站的边角余料和下脚料是否取得了凭证，有无凭证涂改的情况。

（2）出租包装物的审查。应注意审核出租包装物租金是否记入“其他业务收入”账户，应转入“营业外收入”处理的逾期未退包装物没收的押金，是否错记入“其他业务收入”账户。审查时，可审计出租、出借包装物明细账和往来账户，并调阅有关凭证进行审查。

（3）对技术转让的审查。技术转让是指技术商品转让，如商标、技术专利、先进技术成果和新产品开发等的转让。对技术转让审查要点如下。

- 审查技术转让的许可协定或转让合同的内容是否确切、齐全、合理、合法，有无容易引起误解和纠纷的不明确条款等。
- 审查技术转让的技术是否经国家有关机构的认定证明，防止企业作假骗取国家对新技术等的优惠政策。
- 审查技术转让的收入是否正确，有无将与技术转让的技术无关的收入列入的现象。同时，还应审查收入记录是否完整，有无隐瞒、转移收入等问题。
- 审查技术转让支出的成本、费用是否属实，有无将与技术转让支出无关的费用、成本列入。
- 审查技术转让收支的余额是否超过国家规定的免征所得税余额的界限。超出时，是否缴纳了所得税。

（4）对固定资产出租的审查。固定资产出租是一种讲求经济效益的行为。审查时，其要点如下。

- 审查固定资产出租的合同，查清固定资产出租后保管、维修的责任，出租的价格是否恰当。主要看租出的固定资产是否确属企业暂时不需要用而租出的，租出时所订条款是否合理，是否符合国家的有关政策规定。
- 审查固定资产出租收入的记录是否正确，是否都已入账，有无隐瞒出租的固定资产，隐瞒收入的情况。
- 审查出租固定资产的手续是否齐全，是否经过有关部门审批、签字认可。出租后的固定资产是否作了会计记录。出租固定资产是否有专人负责和登记管理。

（5）对对外运输、非工业性劳务收入的审查。这种劳务收入不是经常发生的。对于这种临时性收入，企业往往没有严格的管理制度，而由运输部门自行收取现金或与出售产品同时开发票收款。审查要点为：审查这种收款凭证，核算该项劳务收入与消耗的料、工、费等成本，有无得不偿失，收入不报账，或以多报少，从中私分、贪污的情况。另外，应查明与主营业务收入有无界限不清，列入主营业务收入的情况。

（6）审查上述各种其他业务收入是否按时、足额缴纳税金，有无逃税漏税的情况。

小知识

其他业务收入审计的实质性程序

其他业务收入的实质性程序一般包括以下内容：

（1）获取其他业务收入明细表，复核加计是否正确，并与总账数和明细账合计数核对是否相符，结合主营业务收入科目与营业收入报表数核对是否相符。

（2）计算本期其他业务收入与其他业务成本的比率，并与上期该比率比较，检查是否有重大波动，并查明原因。

（3）检查其他业务收入是否真实准确，收入确认原则及会计处理是否符合规定，抽查原始凭证予以核实。

（4）对异常项目，追查入账依据及有关法律文件是否充分。

（5）抽查资产负债表日前后一定数量的记账凭证，实施截止测试，确定入账时间是否正确。

（6）确定其他业务收入在财务报表中的列报是否恰当。

小知识

收　　入

1. 收入项目虚假

收入项目包括主营业务收入、其他业务收入、投资收益、营业外收入等，其造假表现形式主要为虚列收入或隐瞒收入，侧重于虚列收入。

修改收入确认的条件，将不符合收入确认条件的经济业务（如企业销售商品的所有权的主要风险和报酬尚未转移给购货方、仍然保留对已售出商品的所有权实施继续管理和控制、与交易相关的经济利益不能流入企业、不能可靠地计量等情况）确认为销售收入；不按权责发生制原则，故意提前或推迟确认时间和结账日期，将收入提前或推迟入账，造成虚列收入或者少列收入。

改变收入的计量标准，不按企业与购货方或接受劳务方签订的合同或协议金额，也不按实际交易发生的收入金额确定销售收入，擅自高估收入金额或者随意用红字冲减收入，应按收入净额反映收入而按总额反映收入等。

违反收入的会计核算原则，虚构交易或事项，或利用代购代销进行虚购虚销，虚增主营业务收入，同时虚增主营业务成本；将预收账款等负债作为收入或者将收入作为负债列示；发生销售退回、销售折让不冲减营业收入，建造合同和提供劳务不按合同金额和实际完工进度百分比确认收入，将为第三方收取的款项作为业务收入，将收入直接抵减支出。

2. 操纵收入确认

（1）操纵收入的认定时点，以美化业绩。由于我国发票管理制度的特殊性，在我国会计和税务实务中，开具销售发票往往是销售实现的一个标志。因此一些公司往往以开具销售发票和已计税为理由确认营业收入，而不管销售过程是否真正完成。但实际上，开具销售发票仅是形式，并不代表销售过程的终结。在房地产和高新技术行业，提前确认收入的现象非常普遍，如房地产企业往往将预收账款作销售收入。

（2）创造虚无的销售收入。这是最严重的收入粉饰行为，有以下几种做法：

① 白条出库，作销售入账。

② 对开发票，确认收入。

③ 虚开发票，确认收入。

④ 利用阴阳合同虚构收入。例如，公开合同上注明货款是 1 亿元，但秘密合同上约定实际货款为 5 000 万元，另外，5 000 万元虚挂，这样虚增了 5 000 万元的收入，这在关联交易中非常普遍。

为掩盖造假行为，企业经常捏造存货记录、发运记录和发票。以生产芭比娃娃出名的美国玩具公司马蒂尔公司在 1970 年就曾以“先开账单、货暂代管”的方式提早确认了巨额的销售收入，被诉之法庭后赔偿 3 000 万美元（在当时是天文数字）。

（3）不适当的销售分割。在12月虚开发票，次年再以质量不合格等理由冲回、退货。为增加销售收入，没有在会计期末结账，将下期销售记入本期。

（4）在存在重大不确定性时确定收入。下列情况下不应确认收入：所有权上的风险和报酬没有转移；客户有可能退货；买方有可能拒付货款；交易涉及未解决的问题或还需要进行协商；或借助于第三方签订“卖断收益权”的协议；或顾客还拥有退货或终止合约的选择权。例如，商品销售后如果需要安装和检验，则应在安装和检验后才产生付款义务，因而应在安装和检验后才能确认为收入。在某些行业（如出版业、音像业、玩具业、体育用品业）往往存在着正式或非正式的协议允许所收商品部分或全部退回。因此要注意销售收入的水分。即使知名的、受人尊敬的公司也有可能存在这种会计诡计。1997年11月，博士伦公司与美国证券委员会和解了一桩粉饰案，这是一起典型的高层对低层提出近乎不可能实现的经营目标而引起的财务报告粉饰案。来自美国本土公司的压力迫使香港的亚太分部虚报了雷朋及其他一些品牌太阳眼镜的销售收入，手法是隐形眼镜部私下赋予顾客退货权，同时把这些交易确认为真正的收入。

（5）完工百分比法的不适当运用。通过夸大在建项目的完成比例来高估收入。由于信息的不对称，管理层既可以隐瞒未来的不确定性，在存在重大不确定性的情况下，采用完工百分比法确认收入和相应结转费用，又可以随心所欲地估计完成合同需要的总成本及各期的完工程度，以达到操纵收入的目的。

（6）利用受托销售和分期付款销售。将代销收入列为本企业的销售收入，以虚增收入；或者把今后要赚的钱算到现在的账上。例如，A公司是一家软件公司，靠出售软件许可赚钱。客户大多是分期付款，签一个5万元的5年合同，分5年付清。实际上，A公司第一年只收到了1万元，但账上写了5万元。A公司的收益便因此而大增，股票翻番。经济发展好的时候问题不大，可现在经济下滑，签了合同的公司或付不起贷款，或破了产，那5万元只收回了一两万元，A公司的账面上便出现了亏空。

（7）未认可发运。发运有缺陷的货物或并非对方需要的货物后，以全部价格而不是以销售退回或折扣价格记录来增加收入。例如，从美国证券交易委员会（SEC）对Sunbeam公司的处理决定中得知，该公司向客户推销出远远超过实际需要量的商品，而且不要求客户立即付款。还有一些公司向客户承诺有无限期退货的权利。通过这种“填鸭式”销售方法，公司看起来卖了许多东西，但实际上有些货最终还会返回公司。对分析者来说，能经常识别出这种花招非常重要：如果买主对所买的货物不付钱，公司账目上的应收款就比销售额增长得快，如Sunbeam公司从1996年到1997年销售额增长18.7%，而账目上的应收款激增38.5%。

（8）在仍需提供未来服务时确认收入。在收到款项时马上确认为收入，而不管未来仍需要提供服务，这是常见的操纵收入的手法，特别是收款后马上出具销售发票时，更使这种手法具有隐蔽性和欺骗性。事实上，收到款项有时仅是预收货款，应先作为负债，待有关产品或劳务已经提供后，方可确认收入。一些劳务收入的确认，如特许权费收入、会员费收入、服务费收入、广告费收入、安装费收入、软件定制费收入，很容易出现这样的情况。

例如，某股份公司于1997年12月5日与美国一家公司签订协议，以3 500万元的价格向美国公司购买了一批硬件和软件，同时美国公司同意以12 000万元的价格购买开发出的软件，合同约定交货的时间为1998年6月和9月，1998年12月质量鉴定后予以验收。1997年12月25日，该上市公司与一家外贸公司签订协议，以9 600万元的价格“卖断”软件，同时确认5 100万元的利润。鉴于该股份公司尚未提供商品或劳务，风险与报酬尚未转移，上述收益的确定显然是不成立的。即使与外贸公司签订的协议成立，这9 600万元也只能作为预收账款，只有等到1998年6月和9月才能根据提供的商品或劳务逐步确认收益。可见，该上市公司实质上是利用与外贸公司的所谓“协议”，进行跨年度的利润调节。

（9）递延确认收入。它是将应由本期确认的收入递延到未来期间确认。与提前确认收入一样，延后确认收入也是企业报告粉饰的一种手法。这种手法一般在企业当前收益较为充裕，而未来收益预计可能减少的情况下时有发生。这也是一种非常严重的报告粉饰行为，会误导投资者。公司可以在当期收入下降时，通过确认以前年度的收入来高估当期收益，会使人们认为公司仍然处于经营业绩良好状态。但此时公司已开始“走下坡路”。因此，一旦公司宣布停止经营，给投资者的冲击是非常巨大的，他们来不及做好心理准备去接受这一事实。

（10）制造收入事项。例如，一家企业利用一家子公司按市场价将产品销售给第三方，确认该子公司销售收入，再由另一公司从第三方手中购回，这种做法避免了集团内部交易必须抵销的约束，确保了在合并报表中确认收入和利润，达到收入操纵的目的；或者借钱给客户，让客户来买自己的产品。不少公司与一些中小公司建立了伙伴关系，名义上是帮助这些中小公司发展，可以贷款给他们。但附加条件是，你必须用贷给你的钱来买我的软件或产品。从账面上看，这家公司的销售额因此而大增，收益上升。可羊毛出在羊身上，经济下滑，市场萎缩，那些中小公司难以为继，借的钱花完了，有的甚至浪费掉了，问题也就暴露出来了。

（11）不同控股程度子公司间的销售安排。在同时拥有几家不同控股程度的子公司且均经营同一业务的情况下，上市公司可在不同控股程度的子公司之间分配订单以达到调节利润的目的。如果上市公司想增加利润，可将订单全部或大部分交由本部工厂或控股程度高的子公司生产，降低少数股东损益；反之，则是将订单大部分交由控股程度低的子公司生产，提高少数股东收益，如少数股东为上市公司的控股股东，则控股股东所获收益因此增加。该手段也常被上市公司用来规避税收。

（12）销售给控股股东和非控股子公司。上市公司将产品销售给控股股东和非控股子公司，因无须合并报表，因而不必以对外的销售作为最终的销售实现。对于上市公司而言，销售收入会因此增加，同时应收账款和利润亦增加；而对于控股股东和非控股子公司来说，则是应付账款和存货的增加。总体而言，并未对外实现销售，但上市公司自身已合法地实现了销售。这种制造利润的手段很难持续，而且应收账款的潜在坏账损失风险较大。

（13）变更销售收入确认方式。有一类上市公司，它们并非销售单一产品，而是销售整个系统，需要实施、安装与服务，销售过程持续时间长，因而收入并非一次实现。特别是对于跨年度实现的销售，需要在年度间分配利润。一般企业根据销售的不同阶段划分收入实现比率，而该类比率的变化，无疑会影响到当期盈利。如果当年接获的订单很多，而公司如提高开始阶段收入实现比率，则当期利润增加。

（14）利用销售回购交易。它是企业在会计期末与别的企业达成协议，按某一价格把存货售给其他企业，然后在下一会计期初再按合同规定的价格把这些存货购回。它与循环交易是有区别的，其作用在于消除过于臃肿的存货项目，把存货转换成现金或应收账款。经过短暂的时间过渡到下一会计年度，一切恢复原样。例如，A 公司存货 500 000 元，占总资产 50%，同行业正常比率为 30%，在期末 A 公司售出存货 200 000 元，获得现金 210 000 元，其存货此时占总资产 30%，在下一会计期初又会以 210 000 元将其购回。

小知识

ZJJ 报告收入粉饰案

ZJJ 股份公司 1996—1998 年年报中共虚构收入累计 12 261 万元，占三年累计营业收入的 49%；虚构其他业务利润 528 万元，虚增税前利润 4 662 万元，占三年税前利润总额的 62%。具体如下：

（1）1995—1996 年，ZJJ 股份公司先后与某电业局、深圳某贸易有限公司、深圳某实业公司签订了 364 亩土地转让合同，转让金额合计 7 965.927 万元，并约定土地使用权证在买方付款后移交。但是，ZJJ 股份公司在未开具发票和收到款项，亦未转移土地使用权的情况下，将合同约定的 7 965.927 万元转让金确认为 1996 年的收入，使收入虚增 7 965.927 万元，税前利润虚增 2165 万元。

（2）1997 年，ZJJ 股份公司与该市土地房产开发公司及深圳、湖南等公司签订了 150 亩土地转让协议，转让金额合计 4 295 万元。协议约定，受让方需在半年内付清全部价款才能得到土地使用权证。如受让方不按合同规定支付价款，转让方将收回土地或另行转让。但是，ZJJ 股份公司在未开具发票和收到款项、土地使用权亦未转移的情况下，将合同约定的 4 295 万元转让金额确认为 1997 年的收入，使收入虚增 4 295 万元。

（3）1998 年 8 月，ZJJ 股份公司以 2 160 万元价款从香港某公司购得该地区某公路的权益。按合同约定，该权益包括投资本金和投资利息补偿，且当年应收回 591 万元投资回收款。但是，ZJJ 股份公司将 591 万元投资回收款全部计入了其他业务利润，在扣除了 63 万元的摊销费用后，差额 528 万元虚增了利润。

6.4　新收入会计准则下营业收入审计的实质性程序

企业的收入主要来自出售商品、提供服务等，由于所处行业不同，企业具体的收入来源有所不同。查账人员需要对被查单位的相关行业活动和经营性质有比较全面的了解，才能因地制宜地执行被查单位收入、支出的审计工作。

6.4.1 营业收入的审计目标

营业收入项目核算企业在销售商品、提供劳务等主营业务活动中所产生的收入，以及企业确认的除主营业务活动以外的其他经营活动实现的收入，包括出租固定资产、出租无形资产、出租包装物和商品、销售材料等实现的收入。其审计目标一般包括：确定利润表中记录的营业收入是否已发生，并且与被查单位有关（发生认定）；确定所有应当记录的营业收入是否均已记录（完整性认定）；确定与营业收入有关的金额及其他数据是否已恰当记录，包括对销售退回、销售折扣与折让的处理是否适当（准确性认定）；确定营业收入是否已记录于正确的会计期间（截止认定）；确定营业收入是否已按照企业会计准则的规定在财务报表中作出恰当的列报。营业收入包括主营业务收入和其他业务收入，下面分别介绍这两部分的实质性程序。

6.4.2 主营业务收入审计的一般实质性程序

1. 获取营业收入明细表，并执行以下工作

（1）复核加计是否正确，并与总账数和明细账合计数核对是否相符；

（2）检查以非记账本位币结算的主营业务收入使用的折算汇率及折算是否正确。

2. 实施实质性分析程序

（1）针对已识别需要运用分析程序的有关项目，并基于对被查单位及其环境的了解，通过进行以下比较，同时考虑有关数据间关系的影响，以建立有关数据的期望值。

① 将本期的主营业务收入与上期的主营业务收入、销售预算或预测数等进行比较，分析主营业务收入及其构成的变动是否异常，并分析异常变动的原因；

② 计算本期重要产品的毛利率，与上期预算或预测数据比较，检查是否存在异常，各期之间是否存在重大波动，查明原因；

③ 比较本期各月各类主营业务收入的波动情况，分析其变动趋势是否正常，是否符合被查单位季节性、周期性的经营规律，查明异常现象和重大波动的原因；

④ 将本期重要产品的毛利率与同行业企业进行对比分析，检查是否存在异常。

（2）确定可接受的差异额。

（3）将实际金额与期望值相比较，计算差异。

（4）如果差异额超过确定的可接受差异额，调查并获取充分的解释和恰当的、佐证性质的审计证据（如通过检查相关的凭证等）。需要注意的是，如果差异超过可接受差异额，查账人员需要对差异额的全额进行调查证实，而非仅针对超出可接受差异额的部分。

（5）评估实质性分析程序的结果。

3. 检查主营业务收入确认方法是否符合《企业会计准则》的规定

根据《企业会计准则第 14 号——收入》的规定，企业应当在履行了合同中的履约义务，及在客户取得相关商品控制权时确认收入。取得相关商品控制权，是指能够主导该商品的使用并从中获得几乎全部的经济利益。

当企业与客户之间的合同同时满足下列条件时，企业应当在客户取得商品控制权时确认收入。

（1）合同各方已批准该合同并承诺将履行各自义务；

（2）该合同明确了合同各方与所转让商品或提供劳务相关的权利和义务；

（3）该合同有明确的与所转让的商品相关的支付条款；

（4）该合同具有商业实质，即履行该合同将改变企业未来现金流量的风险、时间分布或金额；

（5）企业因向客户转让商品而有权取得的对价很可能收回。

《企业会计准则》分别对“在某一时段内履行的履约义务”和“在某一时点履行的履约义务”的收入确认作出了规定。

对于在某一时段内履行的履约义务，企业应当在该段时间内按照履约进度确认收入。当履约进度能够合理确定时，采用产出法或投入法确定恰当的履约进度。当履约进度不能合理确定时，企业已经发生的成本预计能够得到补偿的，应当按照已经发生的成本金额确认收入，直到履约进度能够合理确定为止。

对于在某一时点履行的履约义务，企业应当在客户取得相关商品的控制权时确认收入。在判断客户是否已取得商品控制权时，企业应当考虑下列迹象。

（1）企业就该商品享有现时收款权利，即客户就该商品负有现时付款义务；

（2）企业已将该商品的法定所有权转移给客户，即客户已拥有该商品的法定所有权；

（3）企业已将该商品实物转移给客户，即客户已实物占有该商品；

（4）企业已将该商品所有权上的主要风险和报酬转移给客户，即客户已取得该商品所有权上的主要风险和报酬；

（5）客户已接受该商品；

（6）其他表明客户已取得商品控制权的迹象。

因此，查账人员需要基于对被查单位商业模式和日常经营活动的了解，判断被查单位的合同履约义务是在某一时段内履行还是某一时点履行的，据以评估被查单位确认产品销售收入的会计政策是否符合《企业会计准则》，并测试被查单位是否按照其既定的会计政策确认产品销售收入。

查账人员通常对所选取的交易，追查至原始的销售合同及与履行合同相关的单据和文件记录，以评价收入确认方法是否符合《企业会计准则》的规定。这里我们假定被查单位在某一时点履行履约义务，在商品发运至客户并签收时确认收入（客户在该时点取得对商品的控制权）。

4. 核对收入交易的原始凭证与会计分录

以主营业务收入明细账中的会计分录为起点，检查相关原始凭证，如订购单、销售单、发运凭证、发票等，以评价已入账的营业收入是否真实发生。检查订购单和销售单，用以确认存在真实的客户购买要求，销售交易已经过适当的授权批准。销售发票存根上所列的单价，通常还要与经过批准的商品价目表进行比较核对，对其金额小计和合计数也要进行复算。发票中列出的商品的规格、数量和客户代码等，则应与发运凭证进行比较核对，尤其由客户签收商品的一联，确定已按合同约定履行了履约义务，可以确认收入。同时，还要检查原始凭证中的交易日期（客户取得商品控制权的日期），以确认收入计入了正确的会计期间。

5. 从发运凭证（客户签收联）中选取样本，追查至主营业务收入明细账，以确定是否存在遗漏事项（完整性认定）

也就是说，如果查账人员测试收入的“完整”这一目标，起点应是发货凭证。为使这一程序成为一项有意义的测试，查账人员需要确认全部发运凭证均已归档，这一点一般可以通过检查发运凭证的顺序编号来查明。

6. 结合对应收账款实施的函证程序，选择主要客户函证本期销售额

7. 实施销售截止测试

查账人员对销售交易实施的截止测试可能包括以下程序：

（1）选取资产负债表日前后若干天的发运凭证，与应收账款和收入明细账进行核对；同时，从应收账款和收入明细账选取在资产负债表日前后若干天的凭证，与发运凭证核对，以确定销售是否存在跨期现象。

（2）复核资产负债表日前后销售和发货水平，确定业务活动水平是否异常，并考虑是否有必要追加实施截止测试程序。

（3）取得资产负债表日后所有的销售退回记录，检查是否存在提前确认收入的情况。

（4）结合对资产负债表日应收账款的函证程序，检查有无未取得对方认可的销售。实施截止测试的前提是查账人员充分了解被查单位的收入确认会计实务，并识别能够证明某笔销售符合收入确认条件的关键单据。例如，货物出库时，与货物所有权相关的主要风险和报酬可能尚未转移，即客户尚未取得对商品的控制权，不符合收入确认的条件，因此，仓储部门留存的发运凭证可能不是实现收入的充分证据，查账人员需要检查有客户签署的那一联发运凭证。销售发票与收入相关，但是发票开具日期不一定与收入实现的日期一致。实务中由于增值税发票涉及企业的纳税和抵扣问题，开票日期滞后于收入可确认日期的情况并不少见，因此，通常不能将开票日期作为收入确认的日期。

8. 存在销货退回的，检查相关手续是否符合规定，结合原始销售凭证检查其会计处理是否正确，结合存货项目审计关注其真实性

9. 检查销售折扣与折让

企业在销售交易中，往往因各种原因向客户提供销售折扣与折让。销售折扣与折让直接影响收入的计量。

10. 检查主营业务收入在财务报表中的列报和披露是否符合《企业会计准则》的规定

6.4.3 营业收入的特别审计程序

除了上述较为常规的审计程序，查账人员还要根据被查单位的特定情况和收入的重大错报风险程度，考虑是否有必要实施一些特别的审计程序。

如果查账人员认为被查单位存在通过虚假销售做高利润的舞弊风险，可能采取一些非常规的审计程序应对该风险，例如：

（1）调查被查单位客户的工商登记资料和其他信息，了解客户是否真实存在，其业务范围是否支持其采购行为；

（2）检查与已收款交易相关的收款记录及原始凭证，检查付款方是否为销售交易对应的客户；

（3）考虑利用反舞弊专家的工作，对被查单位和客户的关系及交易进行调查。

对于与关联方发生的销售交易，查账人员要结合对关联方关系和交易的风险评估结果，实施特定的审计程序。

第 7 章

成本费用方面的假账与反假账

成本费用是指企业在日常活动中发生的、会导致所有者权益减少的、与向所有者分配利润无关的经济利益的总流出。

7.1 生产成本方面的假账与反假账

生产成本是指公司在一定期间内生产产品所发生的直接费用和间接费用的总和。生产成本核算是计算产品成本的前提和基础。成本核算一般分为两个阶段，第一阶段是生产成本核算，它要解决的主要问题是将生产成本按其性质归类汇总，按成本对象进行分配；第二阶段是计算产品的总成本与单位成本。为了正确计算产品成本，加强对生产费用的管理和核算，应对生产费用进行合理的分类。

对“生产成本”方面假账的审查，常用的方法主要有审阅法、核对法、调查法、盘点法、分析法和核实法等技术方法。为提高工作效率，对不同的舞弊问题应运用相应具体方法和技巧。

对“生产成本”账户的甄别，总的来说是按成本项目进行的，甄别构成各成本项目的各项耗费的归集及其分配是否真实、合理、合规。进行直接材料费用审查时，应根据领料单、退料单、材料库存报表、材料分配明细表等资料进行甄别。对直接工资和其他直接支出的审查，应通过抽查记账凭证、工资计算表、工资（含职工福利费）分配表等资料及“应付职工薪酬——工资”“应付职工薪酬——福利费”账户，结合查对有关劳动人事记录和职工考勤表等进行甄别。另外，期初在产品成本和期末在产品成本对产成品成本有直接影响。期初在产品审查的重点在数量方面，先与上期期初在产品总成本进行比较，看有无超常规变化，并对变动幅度大的各种在产品进行抽查，如有严重失实情况，应在查账人员监督下，请被审单位重新盘点。期末在产品成本的审查，实际上是甄别生产成本在产成品和期末在产品之间的分配情况，是对成本核算原则——划清同种产品、划分不同完工程度的成本界限——执行情况的甄别。

（1）对将不属于产品成本负担的费用支出列入直接材料、直接人工费用等成本项目中的错弊，首先审阅“生产成本”中的“基本生产成本”明细账和“辅助生产成本”明细账，查看各明细账记录的各项费用内容和数额是否有异常现象。也可审阅企业“在建工程”“应付职工薪酬——福利费”“固定资产”等明细账，根据记录结合实物资产进行业务内容分析，从支出内容和支出水平的大小、波动上找出疑点，再进一步查证成本明细账，调阅会计凭证和原始资料，查出问题。

（2）对将不属于本期产品成本负担的费用列入本期成本项目，一般都是在直接材料、直接燃料、动力等项目上出现的错弊，故甄别时可分以下几个步骤进行：第一步，审阅生产成本明细账，查看记录的材料费用是否有数额过大或过小的不正常情况，如有数额过大或过小现象，应进行追踪审查；第二步，将发现的疑点与有关账册凭证进行核对，首先与材料明细账、记账凭证、材料费用分配表、领料单核对，看其是否有计算、分配和记账错误；同时可以将领料数额与材料定额和限额核对，对超定额和限额过多的业务，应进一步追查多领用的原因；第三步，调查核实虚增、虚减直接材料费用的数额，进一步确定影响损益的金额。

（3）对虚增、虚减生产成本的舞弊问题，根据直接材料费、直接人工费核算各种基础资料，如领退料单、材料分配表、工资计算表、工资分配表等，对“生产成本”明细账进行审查，并与有关其他明细分类账进行核对，找出虚增、虚减生产成本的疑点，结合库存盘点、生产工人的清点和核实各种价格及各种定额等方法，进一步核实和确认虚增、虚减生产成本的舞弊问题。

（4）对将对外投资支出记入生产成本、费用项目中的错弊，查账人员可通过查阅“生产成本”的直接材料消耗明细账，发现疑点后，直接调阅有关记账凭证，审查领料单，分析领料单位、材料品种和用途，并进一步进行询查，核实错弊问题。

（5）对将应属成本开支的费用列入其他支出的错弊，审查人员可直接查阅其他有关支出科目，如在建工程、固定资产、应付职工薪酬——福利费、各种间接费用，其他业务成本和营业外支出等。对疑点问题，调阅有关记账凭证、原始凭证和有关业务核算的原始资料，核实错弊问题。

（6）对改变生产费用分配方法和利用定额成本调节利润的舞弊行为，首先应向企业询问生产费用的分析采用什么计算方法，得知企业采用的分配方法后，再审阅基本生产费用在完工产品和在产品之间进行分配所采用的计算方法是否一致。如发现有前后采用两种计算方法分配生产费用的情况，应当查清企业改变分配方法对完工产品成本与在产品成本的影响数额，以及对当期损益的影响数额。

对虚估约当产量的甄别，首先，应审阅《在产品清查明细表》，看其登记和计算的在产品完工程度的情况，必要时，可对原始记录进行询证，以查明期末在产品折算的真实程度。其次，以审查确认的期末在产品数额为依据，与企业分配生产费用时计算在产品成本的数额进行对照，看其是否一致。最后，审查核实期末在产品少分配或多分配生产费用的数额，确认对本期利润的影响额度。

7.2 制造费用方面的假账与反假账

制造费用通过“制造费用”科目进行归集。“制造费用”科目用于核算企业为生产产品和提供劳务而发生的各项间接费用，包括车间管理人员的工资和福利费、折旧费、修理费、办公费、水电费、机物料消耗、劳动保护费、租赁费、保险费、排污费及其他制造费用。企业发生的各项制造费用，通过“制造费用”科目进行归集和分配。“制造费用”科目应按不同的车间、部门设置明细账，账内按制造费用的项目内容设专栏进行明细核算，发生的各项间接费用记入“制造费用”科目及其所属明细账的借方；月终，将制造费用分配计入有关的成本计算对象时，记入“制造费用”科目及其所属明细账的贷方。结转后“制造费用”科目无余额。

1. 制造费用方面造假手法

（1）制造费用内容不真实引起的会计信息失真。

① 将不属于制造费用内容的支出列作制造费用，如将不属于成本开支范围的在建工程的人工费计入制造费用。

② 将属于期间费用的支出计入制造费用，如将车间工人外出学习培训费计入制造费用。

③ 将不属于当月列支的费用列入当月制造费用，如将取暖费、降温费一次计入发放的当月。

④ 未将属于制造费用的内容列入制造费用，如将车间大修理费用列入在建工程。

⑤ 任意提高费用开支标准，如随意缩短固定资产折旧年限和提高折旧率，从而提高了制造费用发生额。

（2）制造费用分配方法不正确引起的会计信息失真。

① 把新开发产品试制费计入产品成本中。新产品开发试制费应计入管理费用中。

② 没有正确核算副产品成本，没有采用分类法核算副产品成本，而将生产过程中全部费用计入了产成品成本中。

③ 各种产成品之间成本分配不真实，如将可比产品负担的费用划给不可比产品，将没有补贴的产品成本转入有补贴的产品成本等。

（3）在产品与产成品成本分配不当引起的会计信息失真。

① 成本分配方法选用不合理，有的企业各项消耗定额、费用定额不准，长时间没有进行修改。

② 增大产成品成本，减小在产品成本，如有的企业把应计入在产品成本的燃料动力费用、直接人工费计入产成品成本。

③ 增大在产品成本，减少产成品成本，如虚报在产品数量。

2. “制造费用”方面假账查处技法

（1）甄别有无非本部门的间接费用混入核销。

（2）对摊提费用，要审查费用项目的必要性，查明有无用摊提费用来调剂生产成本和当年利润的现象，分摊期限是否超过一年。

（3）审查有无将不应列入成本费用的支出，如投资支出、自营工程支出、被没收的财物、支付的罚款、违约金和技术改造支出等挤入制造费用。

（4）对提取的固定资产折旧费的审查。

① 要甄别企业现行的折旧方法和折旧年限，是否与上报主管财政机关备案的折旧方法和折旧年限相同。倘若不同，要审查是否报经批准，以及变更方法的起始年限与申请变更方法的年限是否相同。

② 甄别企业有无任意变更计提固定资产折旧范围，当前要特别注意甄别有无已提足折旧继续使用的固定资产、提前报废的固定资产等照提折旧因而扩大了计提折旧的范围，或者为“完成”承包利润指标，故意不提或少提折旧的情况。

③ 按国家规定的固定资产折旧率的计算公式甄别折旧额的计算是否正确，是否按月计提。

④ 有无将提取的折旧费冲减了资本金，而没有计入制造费用。

（5）对用现金和银行存款支付的其他各项目支出，要甄别报销发票的合规性和正确性，甄别有无涂改发票、中饱私囊的问题。

（6）对制造费用在各种产品之间的分配，要审查分配依据的真实性、合理性；对分配结果要甄别计算是否正确。

对“制造费用”中经常出现的错弊种类，如将不属于制造费用范围的支出列入“制造费用”中；将不属于本期列支的费用列入本期“制造费用”中；将属于制造费用列支的费用未列入“制造费用”；虚增、虚减制造费用调节当期损益，提高费用开支标准，加大费用项目；违规分配制造费用等，对这类表现形式的错弊，其具体甄别方法和技巧，同“生产成本”账户错弊甄别的方法和技巧基本相似，这里不再赘述。

7.3 其他业务成本方面的假账与反假账

其他业务成本是指企业确认的除主营业务活动以外的其他日常经营活动所发生的支出。

其他业务成本包括销售材料的成本、出租固定资产的折旧额、出租无形资产的摊销额、出租包装物的成本或摊销额等。采用成本模式计量投资性房地产的，其投资性房地产计提的折旧额或摊销额，也构成其他业务成本。

企业应当设置“其他业务成本”科目，核算企业确认的除主营业务活动以外的其他日常经营活动所发生的支出。企业发生的其他业务成本，借记本科目，贷记“原材料”“周转材料”“累计折旧”“累计摊销”“应付职工薪酬”“银行存款”等科目。“其他业务成本”科目按其他业务成本的种类进行明细核算。期末，“其他业务成本”科目余额转入“本年利润”科目，结转后，“其他业务成本”科目无余额。

对“其他业务成本”的甄别，应以其他业务成本的真实性、正确性、合规性和合法性为重点，结合对成本费用的甄别、销售税金的甄别一起进行。同时审查其他支出会计核算是否正确、合规。例如，对其他业务成本期末分配转账进行甄别时，注意对企业内部服务部分的分配转账，以及对外经营抵减本年利润的支出其数额是否真实、正确，有无人为调节其他支出，虚增、虚减利润情况。

7.4 税金及附加方面的假账与反假账

税金及附加是指企业经营活动应负担的相关税费。“税金及附加”科目核算企业经营活动发生的消费税、城市维护建设税、资源税、教育费附加及房产税、土地使用税、车船税、印花税等相关税费。

编者按：房产税、土地使用税（不含与投资性房地产相关的房产税、土地使用税）、车船税、印花税，以前在“管理费用”科目核算。

税金及附加的主要构成为：

消费税，是对生产、委托加工及进口应税消费品（主要指烟、酒、化妆品、高档次及高能耗的消费品）征收的一种税。消费税的计税方法主要有从价定率、从量定额，或者从价定率和从量定额复合计税三种。从价定率是根据商品销售价格和规定的税率计算应交消费税；从量定额是根据商品销售数量和规定的单位税额计算应交的消费税；复合计税是两者的结合。

城市维护建设税（以下简称城建税）和教育费附加，是对从事生产经营活动的单位和个人，以其实际缴纳的增值税、消费税为依据，按纳税人所在地适用的不同税率计算征收的一种税。

资源税，是对在我国境内从事资源开采的单位和个人征收的一种税。

房产税，是以房屋为征税对象，按房屋的计税余值或出租房产取得的租金收入为计税依据，向产权所有人征收的一种财产税。我国房产税采用比例税率。其中，从价计征的，税率为1.2%；从租计征的，税率为12%。从2001年1月1日起，对个人按市场价格出租的居民住房，用于居住的，可暂减按4%的税率征收房产税。

城镇土地使用税，是以城市、县城、建制镇、工矿区范围内使用土地的单位和个人为纳税人，以其实际占用的土地面积和规定税额计算征收的一种税。年应纳税税额等于实际占用应税土地面积乘以适用税额。

车船税，是对行驶于我国公共道路，航行于国内河流、湖泊或领海口岸的车船，按其种类实行定额征收的一种税。

印花税，是对经济活动和经济交往中书立、领受凭证征收的一种税。

企业应当设置“税金及附加”科目，核算企业经营活动发生的消费税、城建税、教育费附加、资源税、房产税、城镇土地使用税、车船税、印花税等相关税费。按规定计算确定的与经营活动相关的消费税、城建税、资源税、教育费附加、房产税、城镇土地使用税、车船税等税费，企业应借记“税金及附加”科目，贷记“应交税费”科目。期末，应将“税金及附加”科目余额转入“本年利润”科目，结转后，“税金及附加”科目无余额。企业交纳的印花税，不会发生应付未付税款的情况，不需要预计应纳税金额，同时不存在与税务机关结算或者清算的问题。因此，企业交纳的印花税不通过“应交税费”科目核算，于购买印花税票时，直接借记“税金及附加”科目，贷记“银行存款”科目。

对税金及附加的实质性测试，应在查明被查单位应交纳的税种基础上结合“税金及附加”总账、明细账与有关原始凭证，以及与该账户对应的“应交税费”“其他应付款”等账户进行检查，必要时，应向有关部门、单位和人员进行查询。

1. 税金及附加方面假账查处目标

（1）确定税金及附加的记录是否完整。

（2）确定税金及附加的计算和会计处理是否正确。

（3）确定税金及附加在财务报表上的披露是否恰当。

2. 税金及附加方面假账查处技法

（1）取得或编制税金及附加明细表，复核加计正确，并与报表数、总账数和明细账合计数核对相符。

（2）确定被查单位的纳税范围与税种是否符合国家规定。

（3）根据审定的应税消费品销售额（或数量），按规定适用的税率，分项计算、复核本期应纳消费税税额。

（4）根据审定的应税资源税产品的课税数量，按规定适用的单位税额，计算、复核本期应纳资源税税额。

（5）检查城建税、教育费附加等项目的计算依据是否和本期应纳增值税、消费税合计数一致，并按规定适用的税率或费率计算、复核本期应纳城建税、教育费附加等。

（6）复核各项税费与应交税费、其他应付款等项目的勾稽关系。

（7）确定被查单位减免税的项目是否真实，理由是否充分，手续是否完备。

（8）确定税金及附加是否已在利润表上作恰当披露。如果被查单位是上市公司，在其财务报表附注中应分项列示本期税金及附加的计缴标准及金额。

7.5　销售费用方面的假账与反假账

1. 销售费用的构成

销售费用，是指企业在销售商品和材料、提供劳务的过程中发生的各种费用，包括保险费、包装费、展览费和广告费、业务宣传费、商品维修费、长期待摊费用的摊销、预计产品质量保证损失、运输费、装卸费等，以及为销售本企业商品而专设的销售机构（含销售网点、售后服务网点等）的职工薪酬、业务费、折旧费等经营费用。

企业发生的销售费用，应设置“销售费用”科目核算，并在“销售费用”科目中按费用项目设置明细账进行明细核算。期末应将“销售费用”科目的余额转入“本年利润”科目，结转后应无余额。

企业发生的与专设销售机构相关的不满足资本化确认条件的固定资产日常修理费用和大修理费用等固定资产后续支出，也在“销售费用”科目核算。

企业在销售商品过程中发生的包装费、保险费、展览费、广告费、运输费和装卸费等费用，借记“销售费用”科目，贷记“库存现金”“银行存款”科目。

摊销长期待摊费用时，借记“销售费用”科目，贷记“长期待摊费用”科目。

企业发生的为销售本企业商品而专设的销售机构的职工薪酬、业务费等经营费用，借记“销售费用”科目，贷记“应付职工薪酬”“银行存款”“累计折旧”等科目。

2. 销售费用方面假账查处技法

（1）销售费用方面假账查处目标。

① 确定销售费用的内容是否完整。

② 确定销售费用的分类、归属和会计处理是否正确。

③ 确定销售费用在财务报表上的披露是否恰当。

（2）销售费用的实质性测试程序。

① 获取或编制销售费用明细表，复核加计正确，与报表数、总账数及明细账合计数核对相符，并检查其明细项目的设置是否符合规定的核算内容与范围，是否划清了销售费用和其他费用的界限。

② 检查销售费用各项目开支标准是否符合有关规定，开支内容是否与被查单位的产品销售等活动有关，计算是否正确。

③ 将本期销售费用与上期销售费用进行比较，并将本期各月的销售费用进行比较，如有重大波动和异常情况应查明原因，并作适当处理。

④ 选择重要或异常的销售费用，检查其原始凭证是否合法，会计处理是否正确，必要时，对销售费用实施截止测试，检查有无跨期入账的现象，对于重大跨期项目应建议做必要调整。

⑤ 核对销售费用有关项目金额与累计折旧、应付职工薪酬——工资等项目相关金额的勾稽关系，如有不符，应查明原因并作适当处理。

⑥ 检查销售费用的结转是否正确、合规，查明有无多转、少转或不转销售费用，人为调节利润的情况。

⑦ 检查销售费用是否已在利润表上恰当披露。

小知识

销售费用方面假账主要审查方法

1. 对运输费、装卸费、包装费的审查

（1）开支范围的合规性，金额的真实、准确性。

（2）对发生额较大和接近年终发生的各项费用，应审查明细账及会计凭证，查明受益的产品当年度是否已实现销售；有无将未实现销售的产品发生的这些费用，提前计入当年损益等。

2. 对展览费和广告费的审查

（1）审查其真实性和合理性，以防企业以此名义，掩饰不正当的开支。

（2）查明列支的展览费和广告费是否确属当年费用，有无违反权责发生制，将上年度或下年度费用列作当年费用的现象等。

3. 对专设销售机构费用的审查

（1）其费用开支是否真实、合理、合规。

（2）是否划清了与其他费用的界限。

7.6　管理费用方面的假账与反假账

1. 管理费用的构成

管理费用，是指企业为组织和管理企业生产经营所发生的费用，包括企业在筹建期间内发生的开办费、董事会和行政管理部门在企业的经营管理中发生的或者应由企业统一负担的公司经费（包括行政管理部门职工薪酬、物料消耗、低值易耗品摊销、办公费和差旅费、经营租赁费、折旧费等）工会经费、董事会费（包括董事会成员津贴、会议费和差旅费等）聘请中介机构费、咨询费（含顾问费）诉讼费、业务招待费、技术转让费、无形资产摊销、矿产资源补偿费、研究费用、排污费、存货盘亏或盘盈、融资租赁发生的履约成本、经营租赁发生的初始直接费用、长期待摊费用的摊销、高危行业安全生产费等。

企业发生的管理费用，应设置"管理费用"科目核算，并在"管理费用"科目中按费用项目设置明细账进行明细核算。期末应将"管理费用"科目的余额转入"本年利润"科目，结转后应无余额。

企业生产车间和行政管理部门等发生的不满足资本化确认条件的固定资产日常修理费用和大修理费用等固定资产后续支出，也在"管理费用"科目核算。

同一控制下企业合并发生的直接相关费用，也在"管理费用"科目核算。

商品流通企业管理费用不多的，可不设置"管理费用"科目，而将应核算内容并入"销售费用"科目核算。

企业在筹建期间内发生的开办费，包括人员工资、办公费、培训费、差旅费、印刷费、注册登记费以及不符合资本化条件的借款费用等在实际发生时，借记"管理费用（开办费）"科目，贷记"银行存款"等科目。

行政管理部门人员的职工薪酬，借记"管理费用"科目，贷记"应付职工薪酬"科目。行政管理部门计提的固定资产折旧，借记"管理费用"科目，贷记"累计折旧"科目。发生的办公费、水电费、业务招待费、聘请中介机构费、咨询费、诉讼费、技术转让费、研究费用，借记"管理费用"科目，贷记"银行存款""研发支出"等科目。

摊销长期待摊费用时，借记"管理费用"科目，贷记"长期待摊费用"科目。

按规定计算确定的应缴矿产资源补偿费的金额，借记"管理费用"科目，贷记"应交税费"科目。

对于经营租赁的租金支出，在出租人提供了免租期的情况下，承租人应将租金总额在整个租赁期内，而不是在租赁期扣除免租期后的期间内，按直线法或其他合理的方法进行分摊，免租期内应确认租金费用；在出租人承担了承租人的某些费用的情况下，承租人应将该费用从租金总额中扣除，并将租金余额在租赁期内进行分摊。

2. 管理费用方面假账查处技法

（1）管理费用方面假账查处目标。

① 确定管理费用的记录是否完整。

② 确定管理费用的计算是否正确。

③ 确定管理费用的披露是否恰当。

（2）管理费用方面假账查处程序。

① 取得或编制管理费用明细表，复核加计正确，与报表数、总账数及明细账数合计数核对是否相符。

② 检查其明细项目的设置是否符合规定的核算内容与范围。

③ 将本期、上期管理费用各明细项目作比较分析，必要时比较本期各月份管理费用，对有重大波动和异常情况的项目应查明原因，必要时作适当处理。

④ 选择管理费用中数额较大，以及本期与上期相比变化异常的项目追查至原始凭证，并注意：董事会费是否已经实际支出并有合法依据；对于坏账损失按实际发生数列支的，应逐项检查其原因、报批手续；业务招待费的支出是否合理；差旅费支出是否符合企业开支标准及报销手续；咨询费支出是否符合规定，有无诉讼费及赔偿款项支出；无形资产、开办费、长期待摊费用及其他长期资产的摊销额是否符合规定，与各有关账户的贷方发生额是否一致；支付外资机构的特许权使用费支出是否超过规定限额，必要时应进行应纳税所得额调整；上交母公司或其他关联方的管理费用是否有合法的单据及证明文件；检查大额支出和有疑问支出的内容和审批手续、权限是否符合有关规定；注意管理费用中的其他支出内容，有无不正常开支。

⑤ 审阅下期期初的管理费用明细账，检查管理费用各明细项目有无跨期入账的现象，对于重大跨期项目，应作必要调整。

⑥ 检查管理费用的披露是否恰当。

小知识

管理费用方面假账主要审查方法

1. 对无形资产摊销进行审查

主要包括：无形资产的估价是否真实、合理；无形资产的摊销期限是否合理，注意查明无形资产仍可长期使用而其价值已全部摊销，或者无形资产的使用期限已到，而其价值尚未摊销完毕的情况，这可通过查阅无形资产摊销明细账查明；有无将无形资产摊销列入固定资产折旧的错误处理。

2. 对土地使用费方面假账的查处

主要包括：根据有关规定，核实列支的土地使用费是否真实、正确；有无将上年度或下年度的土地使用费列作当年费用；对未办理土地使用证书或虽已办理了证书，但当年未支付土地使用费的，应查明其是否按规定预提了土地使用费，并计入当年损益。

3. 对职工教育经费方面假账的查处

职工教育经费方面假账的查处主要是审查是否按规定列支，计算是否正确，有无被挪作他用的情况等。

旧《企业财务通则》规定职工教育经费是指企业为职工学习先进技术和提高文化水平而支付的费用，按照职工工资总额的1.5%提取。新《企业财务通则》没有直接规定职工教育经费的提取比例，但明确规定职工教育经费专项用于企业职工的后续职业教育和职业培训。

新《企业财务通则》第四十四条规定："企业为职工缴纳住房公积金以及职工住房货币化分配的财务处理，按照国家有关规定执行。

职工教育经费按照国家规定的比例提取，专项用于企业职工后续职业教育和职业培训。

工会经费按照国家规定比例提取并拨缴工会。"

财政部税务总局关于企业职工教育经费税前扣除政策：一般企业按照职工工资总额的1.5%从成本（费用）中提取职工教育经费，作为负债管理。从业人员技术素质要求高、培训任务重、经济效益较好的企业可按2.5%提取。为鼓励企业加大职工教育投入，自2018年1月1日起，企业发生的职工教育经费支出，不超过工资薪金总额8%的部分，准予在计算企业所得税应纳税所得额时扣除；超过部分，准予在以后纳税年度结转扣除（财税〔2018〕51号）。

根据财政部、全国总工会等 11 个部门联合印发的《关于企业职工教育经费提取与使用管理的意见》（财建〔2006〕317 号），职工教育培训经费必须专款专用，面向全体职工开展教育培训，特别要加强各类高技能人才的培养。具体列支范围包括：

（1）上岗和转岗培训。

（2）各类岗位适应性培训。

（3）岗位培训、职业技术等级培训、高技能人才培训。

（4）专业技术人员继续教育。

（5）特种作业人员培训。

（6）企业组织的职工外送培训的经费支出。

（7）职工参加的职业技能鉴定、职业资格认证等经费支出。

（8）购置教学设备与设施。

（9）职工岗位自学成才奖励费用。

（10）职工教育培训管理费用。

（11）有关职工教育的其他开支。

经单位批准参加继续教育及政府有关部门集中举办的专业技术、岗位培训、职业技术等级培训、高技能人才培训所需经费，可从职工教育经费中列支。企业职工参加社会上的学历教育及个人为取得学位而参加的在职教育，所需费用应由个人承担。企业高层管理人员的境外培训和考察，其一次性单项支出较高的费用应从其他管理费用中支出。矿山和建筑企业等聘用外来农民工较多的企业，以及在城市化进程中接受农村转移劳动力较多的企业，对农民工和农村转移劳动力培训所需的费用，可从职工教育经费中支出。

职工教育经费由企业按照国家有关财务规定自主支配使用，任何政府部门或者其他单位不得以统筹的名义，直接向企业收取职工教育经费。为保障企业职工的学习权利和提高他们的基本技能，职工教育培训经费的 60%以上应用于企业一线职工的教育和培训。企业应当按规定向职工公开职工教育经费有关财务、会计信息。

4. 对技术转让费方面假账的查处

技术转让费是指企业为使用非专利技术而支付的费用。其审查主要包括：

（1）企业是否与技术出让方签订了技术转让合同，合同内容及其附件和手续是否完备、合理，重点审查技术转让费的标准是否合理；

（2）当期支付的技术转让费的时间、方式、金额等是否与合同的规定标准相一致，接受转让的技术是否达到了规定的要求；

（3）按合同规定当年应支付的技术转让费用是否已全部支付，未按期支付的，在年终会计结算前，是否按差额部分预提转出，计入当年损益；

（4）有无将专有技术及专利摊销数列入技术转让费中。

5. 对研究开发费方面假账的查处

研究开发费是指企业为了开发和应用新产品、新技术、新工艺所发生的新产品设计费、工艺规程制定费、设备调试费、原材料和半成品的试验费等支出。其审查主要包括：

（1）是否将应由管理费用列支的各项研究开发费用计入生产成本、制造费用等相关项目，可对企业单位产品成本的异常变动进行追查；

（2）是否将新产品试制失败及其他有关费用，当作资产损失列入营业外支出；

（3）对研究开发过程中的剩余材料等，未从管理费用中扣减，而将其作为其他收入，或转入“小金库”，这可通过核实资产予以查清。

6. 对坏账损失方面假账的查处

坏账损失是指应收账款中无法收回的呆账、坏账。其审查主要包括：

（1）计提坏账准备金的应收账款余额的真实性和正确性；

（2）是否确实发生了坏账损失，冲减坏账准备金是否有事实依据；

（3）企业在年末是否根据应收账款余额调整坏账准备金账面金额；

（4）企业已确认并转销的坏账损失，以后又实际收回时，是否及时入账，并冲减管理费用或坏账准备。

7. 对业务招待费方面假账的查处

业务招待费是指企业为业务经营的合理需要而支付的费用。其审查主要包括：

（1）是否严格按财务制度规定的计算列支业务招待费，有无多列支的情况，应查明原因，并在确定应纳税所得额时调整计算；

（2）企业当期所列的业务招待费的支出标准和范围是否符合有关规定；

（3）所列支业务招待费支出是否与企业业务经营有关，若发现存在与业务经营无关的支出，应查明其用途，并作出处理；

（4）列支的业务招待的真实性，有无预提的现象，若有，应予以冲回。

注意：

旧《企业财务通则》对成本、费用的项目及其核算作出了详细的规定，如直接工资、直接材料等直接支出计入经营成本，各项间接费用分配计入生产经营成本，并列示了销售费用、管理费用和财务费用的具体内容。新《企业财务通则》要求建立费用开支范围、标准和报销审批制度，但没有统一标准，如业务招待费等，由企业根据实际情况自行确定。

7.7 财务费用方面的假账与反假账

1. 财务费用的构成

财务费用，是指企业为筹集生产经营所需资金等而发生的筹资费用，包括利息支出（减利息收入）汇兑损益及相关的手续费、企业发生的现金折扣或收到的现金折扣、未确认融资费用摊销、分期收款销售方式下“未实现融资收益”的摊销等。

企业发生的财务费用，应设置“财务费用”科目核算，并在“财务费用”科目中按费用项目设置明细账进行明细核算。期末应将“财务费用”科目的余额转入“本年利润”科目，结转后应无余额。

为购建或生产满足资本化条件的资产发生的应予资本化借款费用，在“在建工程”“制造费用”等科目核算，不在“财务费用”科目核算。

企业发生的财务费用，借记“财务费用”科目，贷记“银行存款”“未确认融资费用”等科目。发生的应冲减财务费用的利息收入、汇兑差额、现金折扣，借记“银行存款”“应付账款”等科目，贷记“财务费用”科目。

2. 财务费用方面假账查处技法

（1）财务费用方面假账查处目标。

① 确定财务费用的记录是否完整。

② 确定财务费用的计算是否正确。

③ 确定财务费用的披露是否恰当。

（2）财务费用方面假账查处程序。

① 获取或编制财务费用明细表，复核加计正确，与报表数、总账数及明细账合计数核对是否相符。

② 将本期、上期财务费用各明细项目作比较分析，必要时比较本期各月份财务费用，如有重大波动和异常情况应追查原因，扩大审计范围或增加测试量。

③ 检查利息支出明细账，确认利息收支的真实性及正确性。检查各项借款期末应计利息有无预计入账。注意检查现金折扣的会计处理是否正确。

④ 检查汇兑损失明细账，检查汇兑损益计算方法是否正确，核对所用汇率是否正确，前后期是否一致。

⑤ 检查“财务费用——其他”明细账，注意检查大额金融机构手续费的真实性与正确性。

⑥ 审阅下期期初的财务费用明细账，检查财务费用各项目有无跨期入账的现象，对于重大跨期项目，应作必要调整。

⑦ 检查从其他企业或非银行金融机构取得的利息收入是否按规定计缴增值税。

⑧ 检查财务费用的披露是否恰当。

小知识

财务费用方面假账主要审查方法

1. 对利息支出方面假账的查处

（1）企业当年列支的利息支出是否确实属于当年损益应负担的利息支出，有无将应由上年度或基建项目承担的利息支出列入当年损益。

（2）利息支出列支范围是否合规，注意审查各种不同性质的利息支出的处理是否正确。

（3）审查存款利息收入是否抵减了利息支出，计算是否正确，特别应注意升降幅度较大的月份，分析其原因。

2. 对汇兑损失方面假账的查处

（1）审查企业列支的汇兑损益是否确已发生，即计算汇兑损益的外币债权、债务是否确实收回或偿还，调剂出售的外汇是否确已实现。

（2）审查汇兑损益计算的正确性，计算方法的前后一致性。

（3）审查有无将不同数量的外币之间的记账本位币差额当成汇兑损益的现象。

（4）审查企业经营初期发生的汇兑损益，尤其是外汇调剂、汇兑损失应查明发生的具体时间，有无为了延缓减免税期，而人为地将筹建期间发生的汇兑损失计入生产经营期间汇兑损失的行为。

3. 对各种手续费方面假账的查处

主要审查各种手续费的真实性、合法性、合理性及计算正确与否；有无将应列入其他费用项目的或者应在前期、下期列支的手续费计入当期财务费用。

小知识

成本和费用方面的假账手法曝光

1. 基本建设领用材料，计入产品生产成本

有些企业将不属于产品成本的费用支出列入直接材料费等成本项目，如企业为调节基建工程成本和产品生产成本，通过人为多计或少计辅助生产费用的错误做法，达到其目的。例如，某生产企业将自营建造工程领用的材料，直接列入“直接材料费”，借记“生产成本”，贷记“原材料”。这样处理，把不应计入成本、费用的支出计入了成本、费用，虚减了利润，违反了成本、费用开支范围。

2. 将福利费用开支挤入成本项目

有些企业违反成本、费用开支的范围，将应由福利费开支的费用列入成本项目，加大成本、减少利润。例如，某企业将福利部门人员的工资，列入成本项目“直接人工费”，借记“生产成本”，贷记“应付职工薪酬——工资”。

3. 福利部门接受劳务，不作转账结算

有些企业将辅助生产车间为职工医院、食堂、学校等部门提供的水、电、气、加工修理等费用全部转嫁给基本生产车间和企业管理部门，如企业辅助生产车间向职工食堂提供水电，共计 50 万元，借记“生产成本——基本生产成本 50 万元”，贷记“生产成本——辅助生产成本 50 万元”。按规定这些应在“应付职工薪酬——福利费”账户内列支。这样一来，使产品成本虚增了 50 万元，“应付职工薪酬——福利费”账户则漏计50万元。

4. 把对外投资的支出计入成本、费用项目中

有些企业以材料物资的方式，向其他企业进行投资时，不反映在“长期股权投资”科目中，而把减少的材料列入成本、费用项目中。例如，某机床厂以自己的钢材向某汽车制造厂进行投资，借记“生产成本”，贷记“原材料”。这样，一方面加大了产品成本，减少利润，少缴所得税；另一方面也隐瞒了投资收益，再次少计利润，少缴所得税。

5. 修理费用，重复计入生产成本

有些企业为控制利润实现数额，将车间固定资产修理费用重复计入生产成本。

6. 多期材料，一期分摊

根据权责发生制的原则，会计核算应正确划分各月份的界限，但有些企业违反规定，将不属于本期产品成本负担的材料费用支出一次全部列入本期成本项目。例如，某企业2011年3月购入原材料100吨，计12万元。当月领用该原材料25吨，但企业将12万元全部计入产品成本，由此造成该企业少计当月利润的后果。

7. 虚计费用，调节成本

有些企业为了调节产品成本和当年利润，有意将不应计入本账户的费用计入本账户或者将应计入本账户的费用转移计入其他账户。例如，某企业为了压缩当年利润，于12月以修理车间的名义，虚领材料，计入“制造费用”账户，月份终了分配计入产品成本。由此行为，造成企业本期利润虚减的结果。

8. 回收物资，账外处理

有些企业将回收的废料收集起来，不去冲减当月的领料数而作为账外物资处理。这样的结果使企业不仅没有如实反映产品生产中材料的实际消耗，而且也相对加大产品的直接材料费成本、少计利润，少纳税金。例如，某企业将职工交回加工后余下的边角余料，不办理交库手续，不填废料交库单，不冲减当月的领料数。

9. 生产费用分配，张冠李戴

有些企业为了调节当年损益，将本期发生的生产费用在盈利产品和亏损产品之间进行不合理分配，造成盈亏不实。例如，某服装厂生产男装、女装和童装，2011年10月，该厂女装和童装的销售要好于男装，该厂在分配间接费用时，按规定的分配标准计算出各种产品应分配数额后，有意将应分配计入亏损产品的制造费用，加计在盈利产品中。

10. 未用材料，不作退库

有些企业为了调节本期损益，对车间领用原材料采用以领代耗的办法，将投入产品生产的材料全部计入产品成本，期末有剩余材料，不管下期是否需用，均不作退库处理。例如，某企业基本生产车间10月多领用原材料20多万元，期末车间未办理材料退回和“假退料”手续，财会部门也未作扣减材料费用的账务处理。由此，该企业造成多计费用少计利润的结果。

11. 改变分配方法，调节当年盈亏

企业计入各种产品成本的在产品费用和本月发出的生产费用，应在各种产品的完工产品和月末在产品之间进行合理的分配，企业应当根据产品生产的特点选择适合本企业的分配方法，但有的企业为了调节本期盈亏，往往改变已经选用的分配方法，并且在会计当期不作披露。

12. 虚估约当产量，高速本期损益

有些企业利用约当产量估算的特点，采用多计（少计）在产品数量的手法，虚增（或虚减）利润，来调节当年损益。例如，某制造企业年末在产品300件，在产品完工程度为60%，约当产量为180件，但在分配费用时约当产量被定为200件，相应地使完工产品少计成本。随着产品的销售，也就自然少转了产品销售成本，导致利润增加。

13. 期间费用计入生产成本，或生产成本计入期间费用

有些企业为了调节当年利润，将发生的费用计入生产成本；或采用将应计入生产成本的费用计入期间费用。例如，某企业为了实现计划利润目标，12月将应计入“管理费用” 账户的10万元无形资产摊销记入了“制造费用”账户，月末分配制造费用时，将上述费用全部分配记入了“生产成本——基本生产成本”账户，由完工产品和在产品共同负担，这样，就造成少计期间费用，虚增利润的结果。

14. 已销产品不结转成本

有些企业对已销产品不作成本结转，只记收入不记成本；或者相反，对未销售产品视为销售、多记成本。例如，某企业 2010 年 5 月销售产品 1 万件，成本 80 万元，销售收入 100 万元，该企业财务人员在进行账务处理时，只记收入 100 万元，不记成本 80 万元，由此造成虚增利润 80 万元。

15. 随意改变结转产品销售成本的方法

有些企业出于调节当年损益的需要，在年度中间随意改变既定的计价方法。例如，某企业发出商品一直采用先进先出法，但在 11 月时，材料市场价格上涨，该企业为了压低年末利润，遂改用后进先出法核算出库产品的实际成本，在年末的财务报表附注中并未披露。

16. 随意调节成本差异率

有些采用计划成本核算的企业，在结转产品成本差异时，通过调高或压低成本差异率的方式，多计算或少计算结转的产品成本差异，以达到虚减或虚增利润的目的。例如，某企业为了压低利润，有意提高产品成本差异率，多记产品销售成本，以达到虚减利润的目的。

17. 不按比例结转成本

有些企业为了调节当年损益，在分期收款销售的产品实现收入时，人为地确定结转产品销售成本的比率，多记或少记销售成本，以虚增或虚减利润。例如，某企业年初销售一批产品价款 500 万元，成本 400 万元，在一年内分 4 次收款，每次收款比率为 25，按季度收款，在 4 月本应收取款项 125 万元，结转成本 100 万元，但该企业为了体现上半年的利润，采用人为少记成本的方法，结转成本 80 万元，来达到虚增利润的目的。

18. 任意扩大开支范围，提高费用标准

在实际工作中，存在着许多乱花、乱摊、乱计费用的问题。有些企业为了自身的经济利益，违反财务会计制度的规定，任意扩大开支范围和提高开支标准，从而提高企业费用水平，减少当期利润。例如，某企业领导人将其家属的“游山玩水”费用列为本单位职工的差旅费来报销，使该企业虚增管理费用，虚减利润。

19. 利用“汇兑损益”账户人为调节利润水平

有些外币业务较多的企业，为了达到调节利润的目的，采用多种方法人为调整汇兑损益。例如，某企业为了调低年末利润，就有意在期末按低于账面汇率的期末汇率计算期末人民币余额，使当期发生汇兑损失，减少当期利润等。

20. 混淆资本性支出与收益性支出的界限

有些企业为了调节利润，故意混淆记入成本与费用的界限。例如，某企业 2010 年 1 月 1 日向银行借款用于自营营业大厅，期限三年，该营业厅于 2011 年 1 月 1 日竣工并交付使用，但企业在 2011 年 2 月的账务处理中，依然借记“在建工程”，贷记“长期借款”，少计财务费用，以达到虚增利润的目的。

21. 将利息收入转作“小金库”，不冲销财务费用

财务费用包括利息净支出、汇兑净损失、金融机构手续费以及筹集生产经营资金发生的其他费用等。但有些企业在实务操作中，违反财务会计制度的规定，将利息收入转作“小金库”，不冲销财务费用，而虚减期末利润。例如，某企业出纳人员将每期的利息收入不作账务处理，不在“银行存款”与“财务费用”账簿上进行反映，而是提取后存入部门“小金库”，留待日后部门搞职工福利之用。

小知识

成本费用方面的报表粉饰手法

工业企业往往可通过夸大或缩小产品成本的计算口径以影响利润。制造业产品成本，受企业技术装备水平、生产设备的利用程度、企业的折旧政策、成本计算的弹性（如制造费用与非制造费用之间的划分，各期制造费用的划分，各种产品对共同消耗制造费用的划分，以及各种产品完工产品成本与期末在产品成本的划分）及产品成本计算方法的选择等多种因素的制约。正是上述因素的制约，使工业产品成本的计算具有较强的主观性。

小知识

成本费用项目造假的主要表现

成本费用项目包括存货成本（采购成本、在产品成本、库存产品或商品成本等）、销售成本、税金及附加、销售费用、管理费用、财务费用、其他业务成本、营业外支出、所得税费用等。造假的主要表现为少列费用或者虚列费用，主要是少列费用。

改变费用的确认原则，混淆收益性支出与资本性支出的界限，将收益性支出作为资本性支出；不按权责发生制原则，将当期费用留待以后分摊；不按配比原则，当期实现的收入不结转与其相关的成本和费用，或者人为调节成本费用，少计或多计当期费用。

修改成本费用的计量标准，不以实际发生的成本费用入账，不按规定的年限、折旧率和原值计提固定资产折旧，不摊或少摊无形资产价值及债券折、溢价。

违反成本的计算规定，不按规定的成本对象归集和分配成本费用，混淆各种产品成本、完工产品与在产品成本、制造成本与期间费用、盈利分部与亏损分部之间的成本费用界限，随意改变成本计算方法、成本对象、成本计算期和存货成本的摊销及结转方法，少摊当期成本和费用或者多摊成本和费用。

违反成本费用的会计处理原则，应当在当期列支或摊销的费用不列支、期末不结转，而悬挂于资产项目；应当于当期预提的支出、费用等不予计提或不予提足；将费用直接抵冲收入，随意压低或提高产品或商品销售成本，混淆成本费用各项目之间的费用界限；将对外投资费用随意计入投资的初始成本；汇兑损失长期不列账，或者损失和费用不预计充分，造成隐瞒、少计当期费用或者虚列、多计当期费用。

利用母、子公司进行费用分担与转嫁。由于企业与关联方之间存在千丝万缕的联系，关联方之间往往利用转嫁费用的方式在转移利润，进行盈利管理。这一点在母、子公司之间发生得最为明显。在我国，由于上市公司和母公司之间存在着天然的联系，很多时候都有费用支付和分摊的问题。严格地说，处理这类问题时，有关各方应本着客观、公正、公平的原则，制定合理的费用分摊标准，各自负担应负担的部分。但在有些情况下，当企业利润水平不理想时，可能会通过改变费用分摊标准的方式，如母公司调低上市公司应交纳的管理费标准或免交应交的管理费用，母公司承担上市公司的管理费用、广告费用、宣传费用、离退休人员的费用甚至退回以前年度收缴的有关费用等，将费用从上市公司转移，提高上市公司盈利水平，达到操纵利润的目的。

滥用借款费用资本化，将应计入当期损益的财务费用计入固定资产或在建工程。

在实际工作中，不少企业利用利息资本化规定终止时间的弹性进行利润操纵，如在资产先交付使用、后办理竣工结算的情况下，为了增加利润，就以某资产还处于试生产阶段为借口，把办理竣工决算手续的时间作为资本化终止的时间，这样在借款费用继续资本化的同时，固定资产也可暂不提折旧，就可以达到虚增资产、虚增利润的目的。利用借款费用资本化进行盈利管理的更隐蔽的做法，是利用自有资金和借入资金难以界定的事实，人为划分资金来源和资金用途，将用于非资本性支出的利息资本化。

小知识

直接生产费用会计信息失真形式

1. 随意扩大直接生产费用的开支范围造成会计信息失真

将自营建造工程领用材料、发生水电费等资本性支出列入直接生产费用。

将应由福利费开支的福利部门人员工资、福利部门领用材料列入成本项目中直接人工、直接材料。

将对外投资的支出列入直接生产费用。

将非正常的损失列入直接生产费用项目中。

2. 成本在不同会计期间的不正确划分而带来会计信息失真

将不属于本期产品成本负担的材料费用一次全部列作本期成本项目。

将应由几个月产品成本分摊的材料、燃料等费用一次全部列入当期产品成本项目。

3. 成本项目的不合理归集引起会计信息失真

有的企业将本来应属于成本项目的费用支出列入其他支出之中，如将固定资产修理费用列入在建工程，虚减了成本。

4. 回收废料等账务处理不当造成会计信息失真

例如，有的企业对回收的废料并不按规定冲减当月领料数并相应减少直接材料费，由此形成账外物资和虚增直接材料费；有的对车间月末结存的材料没办理“假退料”手续而形成账外物资和虚增直接材料费。

5. 各种产品之间的直接生产费用划分不清而引起会计信息失真

有的企业对各种产品之间发生的直接费用划分不清，将由亏损产品负担的费用转移到盈利产品，从而影响产品成本的真实反映。

小知识

期间费用会计信息失真形式

1. 混淆生产成本与期间费用的界限

有的企业将应计入产品成本的生产费用，如材料消耗、车间共同性消耗等记入有关期间费用账户，造成企业产品成本不实。

2. 任意扩大开支范围，提高开支标准

有的企业违反财务制度、会计制度的规定，任意扩大开支范围和提高开支标准，从而提高了企业费用水平，减少了当期利润。

有些人利用企业管理核算制度不严、责任不明的漏洞，采用虚报冒领、涂改发票、开假发票等形式贪污舞弊，造成国有资产流失。

3. 虚列有关费用，人为降低利润水平

私分商品或将产品、商品出售后作为小金库，其成本转入费用账户。有些企业以捐赠、报损等名义列支费用支出，但将商品作为福利分给职工，或低价出售收取现金后存入企业“小金库”。

第 8 章

利润方面的假账与反假账

利润，更准确地应该称为收益，是指企业在一定会计期间的经营成果。

会计利润的确定目前普遍采用的是利润表法，即通过配比的方式，将当期的全部收入（广义的收入）与当期全部成本费用损失（广义的费用）等进行配比，以形成当期的财务成果。企业经营成果的形成和确定是投资者最为关注的，企业盈利的大小在很大程度上反映了企业生产经营的经济效益和经营能力。

利润包括收入减去费用后的净额、直接计入当期利润的利得和损失等。

未计入当期利润的利得和损失扣除所得税影响后的净额计入其他综合收益项目。

净利润与其他综合收益的合计金额为综合收益总额。

利得是指由企业非日常活动所形成的、会导致所有者权益增加的、与所有者投入资本无关的经济利益的流入。

损失是指由企业非日常活动所发生的、会导致所有者权益减少的、与向所有者分配利润无关的经济利益的流出。

与利润相关的计算公式主要如下：

1. 营业利润

营业利润=营业收入-营业成本-税金及附加-销售费用-管理费用-研发费用-财务费用+其他收益+投资收益（-投资损失）+净敞口套期收益（-净敞口套期损失）+公允价值变动收益（-公允价值变动损失）-信用减值损失-资产减值损失+资产处置收益（-资产处置损失）

其中：

营业收入是指企业经营业务所确认的收入总额，包括主营业务收入和其他业务收入。

营业成本是指企业经营业务所发生的实际成本总额，包括主营业务成本和其他业务成本。

研发费用是指企业进行研究与开发过程中发生的费用化支出，以及计入管理费用的自行开发无形资产的摊销。

其他收益主要是指与企业日常活动相关，除冲减相关成本费用以外的政府补助。

投资收益（-损失）是指企业以各种方式对外投资所取得的收益（-发生的损失）。

公允价值变动收益（-损失）是指企业交易性金融资产等公允价值变动形成的应计入当期损益的利得（-损失）。

信用减值损失是指企业计提各项金融工具信用减值准备所确认的信用损失。

资产减值损失是指企业计提各项资产减值准备所形成的损失。

资产处置收益（-损失）反映企业出售划分为持有待售的非流动资产（金融工具、长期股权投资和投资性房地产除外）或处置组（子公司和业务除外）时确认的处置利得或损失，以及处置未划分为持有待售的固定资产、在建工程、生产性生物资产及无形资产而产生的处置利得或损失，还包括债务重组中因处置非流动资产产生的利得或损失和非货币性资产交换中换出非流动资产产生的利得或损失。

2. 利润总额

利润总额=营业利润+营业外收入−营业外支出

其中：

营业外收入是指企业发生的与其日常活动无直接关系的各项利得。

营业外支出是指企业发生的与其日常活动无直接关系的各项损失。

3. 净利润

净利润=利润总额−所得税费用

其中，所得税费用是指企业确认的应从当期利润总额中扣除的所得税费用。

8.1　利润形成方面的假账与反假账

企业应设置“本年利润”科目，核算企业当期实现的净利润（或发生的净亏损）。

企业期（月）末结转利润时，应将各损益类科目的金额转入本科目，结平各损益类科目。结转后本科目的贷方余额为当期实现的净利润；借方余额为当期发生的净亏损。

年度终了，应将本年收入和支出相抵后结出的本年实现的净利润，转入“利润分配”科目，借记本科目，贷记“利润分配——未分配利润”科目；如为净亏损作相反的会计分录。结转后本科目应无余额。

利润形成方面会计信息失真形式主要包括以下几方面。

（1）形成利润的各损益类科目核算内容、期末余额不正确、不合规造成利润形成核算信息失真。

因为损益类科目核算的正确、合规是利润形成正确、合规的基础，所以损益类科目的不正确必然影响到利润的正确性与合规性。

（2）年末损益类科目没有如实结转到“本年利润”账户，留有不应有的余额。有的企业不及时结转收入，不按与收入相配比的原则结转成本，人为地调节会计期间利润。

（3）其他业务成本科目结转不正确。由于其他业务成本是可能留有余额的损益类科目，因此，多留或少留账户余额往往成为人为调节利润的常用手段。

（4）有的企业将属于利润分配的项目列入利润的形成，影响利润的正确计算，如将超过规定期限的应由税后利润弥补的亏损错误地用税前利润弥补，将上年利润调整直接计入本年利润。

8.2　利润分配方面的假账与反假账

企业应设置利润分配科目核算企业利润的分配（或亏损的弥补）和历年分配（或弥补）后的余额。本科目应当分别“提取法定盈余公积”“提取任意盈余公积”“应付现金股利或利润”“转作股本的股利”“盈余公积补亏”和“未分配利润”等进行明细核算。

企业按规定提取的盈余公积，借记本科目（提取法定盈余公积、提取任意盈余公积），贷记“盈余公积——法定盈余公积、任意盈余公积”科目。外商投资企业按规定提取的储备基金、企业发展基金、职工奖励及福利基金，借记本科目（提取储备基金、提取企业发展基金、提取职工奖励及福利基金），贷记“盈余公积——储备基金、企业发展基金”“应付职工薪酬”等科目。企业（金融）按规定提取的一般风险准备，借记本科目（提取一般风险准备），贷记“一般风险准备”科目。

经股东大会或类似机构决议，分配给股东或投资者的现金股利或利润，借记本科目（应付现金股利或利润），贷记“应付股利”科目。经股东大会或类似机构决议，分配给股东的股票股利，应在办理增资手续后，借记本科目（转作股本的股利），贷记“股本”科目。用盈余公积弥补亏损，借记“盈余公积——法定盈余公积或任意盈余公积”科目，贷记本科目（盈余公积补亏）。企业（金融）用一般风险准备弥补亏损，借记“一般风险准备” 科目，贷记本科目（一般风险准备补亏）科目。

年度终了，企业应将本年实现的净利润，自“本年利润”科目转入本科目，借记“本年利润”科目，贷记本科目（未分配利润），为净亏损的做相反的会计分录；同时，将“利润分配”科目所属其他明细科目的余额转入本科目“未分配利润”明细科目。结转后，本科目除“未分配利润”明细科目外，其他明细科目应无余额。本科目年末余额，反映企业的未分配利润（或未弥补亏损）。

利润及利润分配方面的假账手法如下。

1. 虚列收入、调整利润

企业财务人员受上级领导指示，对已实现的收入不按现行财务、会计制度的规定进行账务处理。企业领导人为了私利，授意会计人员虚增利润，造成企业虚盈实亏；有的企业谋求团体利益，虚增、虚减、转移或截留利润；有些效益较好的企业为了偷逃税款，对已实现的收入不作销售处理：一是虚挂往来；二是不入账或跨期入账，既逃缴税金，又达到隐匿利润的目的。

例如，某企业领导对市场看好，其产品畅销，效益好。为了控制利润增长幅度，便授意财务人员将本年 300 万元销售收入不入账，使企业虚减了利润，从而偷漏缴所得税和增值税。

2. 虚转成本，调整利润

有的企业管理混乱，财务部门根据领导旨意，人为地增加或减少销售成本，造成利润虚增或虚减。财务管理制度不健全，库存账没有设，每笔业务和成本结转都是通过计划利润来作相应的调整。

例如，某外企，库存账没有设，为了贷款，报表上必须稍有盈余，为了将利润控制在 200 万元，领导便授意将销售成本随意减少 500 万元，结果导致企业有 500 万元的销售成本未转销，使利润虚增 500 万元。

3. 转移股利收入，挂往来账

投资企业收到被投资企业发放的股利，应作为投资收益下账。有的企业为了截留分得的股利，将股利不作为投资收益处理，而计入其他“应付账款”。

例如，2018 年 1 月 1 日，A 公司购入 B 公司面值为 100 元的普通股 15 000 股，另支付手续费 8 000 元。年终收到分的股利 65 000 元。A 公司将取得的股利直接挂入“其他应付款”中以备以后挪用。

4. 出售股票收益，用于职工福利

出售股票取得的高于股票账面价值的数额，应作投资收益处理。有的企业为了弥补职工福利费的不足，便转作职工福利费，将出售股票收益予以截留。

例如，某企业由于职工医疗费和其他福利费支出数额较大，该企业遇到了潜在的困难，故企业领导者授意财务人员，将出售股票收益 20 万元直接记入了“其他应付款”账户，然后由“其他应付款”账户转入“应付职工薪酬——福利费”账户，而不通过“投资收益”来处理。这样，企业既虚减了利润，同时逃缴了应交纳的所得税。

5. 截留联营利润，发放职工奖金

有的企业私心过重，与联营单位协商后，将从联营单位应分得的利润隐匿在联营单位。同时，授意联营单位将联营利润由“应付股利”直接转入“其他应付款”账户。以后，该投资单位根据需要将应分得的联营利润直接从联营单位提现，放入“小金库”以备用于职工超过定额的工资及奖金。

6. 隐藏联营投资利润，直接转入联营投资

有的企业为了偷逃所得税，将应从联营单位分得的联营利润，直接作增加联营投资处理，而不作投资收益入账。

7. 转移罚没收入，不作利润处理

企业在经济交往中，收取的赔款、罚金、滞纳金等各种罚没收入均应计入“营业外收入”，有的企业为了将罚没收入挪作他用，便虚挂往来账户。

例如，企业向不履行合约单位收取罚没收入 8 万元，本应计入“营业处收入”，但企业虚挂往来计入“其他应付款”。

8. 转移营业收入，计入营业外收入

营业收入是指企业取得的与企业生产经营活动有直接关系的各种收入，而营业外收入是指企业取得的与企业生产经营活动无直接联系的各种收入。营业外收入不属经营性收入，不缴纳销售税金，而经营收入应交纳销售税金。有的企业为了少缴税金，故意将营业收入转入营业外收入进行核算。

例如，某企业销售一批货物，售价 200 万元，成本 120 万元。双方结算后，企业本应作为收入入账，同时期末结转产品销售成本，并按规定缴纳产品的税金及附加。但企业为了少缴税金直接将收入 200 万元转入了营业外收入核算。同时结转成本时，冲减了“营业外收入”。结果使企业少缴了增值税等项税金。

9. 没收财产损失，计入当年损益

企业被没收的财物损失，支付的各种罚没资金，应在税后利润中列支。有的企业为了少缴所得税，将被没收的财物损失直接计入了“营业外支出”，按年终实现的利润总额计缴所得税。

例如，某企业非法经营，被没收价值 200 万元的物品。此项损失应在税后利润中列支，但企业为了偷逃所得税便全部直接记入“营业外支出”且不进行纳税调整，使当年虚减利润 200 万元，少缴所得税 50 万元。

10. 转移正常停工损失，计入营业外支出

由于水、风、雨等自然灾害造成的非正常损失及非正常停工损失，应计入营业外支出。但有的企业为了控制利润水平，延期缴纳所得税，便将正常的停工损失也计入“营业外支出”。

例如，某企业年终对机器的设备进行保养、维修，在停工期间所支付工人工资及提取的福利费，所耗燃料、动力及应负担的制造费用共计 20 万元，企业全部作为非正常停工损失，直接记入“营业外支出”账户且不进行纳税调整，使其对利润的影响额为 20 万元，对所得税影响额为 5 万元。

11. 提前报废固定资产，调整当年利润

固定资产盘亏、报废、毁损和出售的净损失，均应列作营业外支出。有些企业为了调整当年利润和少缴所得税，将部分固定资产提前报废处理。

例如，某企业于年底更新了 5 台正常运作的设备，原值 100 万元，已提折旧 40 万元。厂长授意，财务部门做了清理处理，借记“固定资产清理 60 万元”，借记“累计折旧 40 万元”，贷

记“固定资产100万元”，于年末结转清理净损失，借记“营业外支出——处理固定资产净损失60万元”，贷记“固定资产清理60万元”。结果导致企业虚减利润60万元，少缴所得税15万元。

12. 应收入的包装物押金，列入营业外支出

企业在收到使用包装押金时，直接转入“小金库”，而账务上作包装物押金被没收的处理，直接列入营业外支出。企业在借用或租用包装物时，将押金借记“其他应收款”，贷记“库存现金”；收到押金时则直接借记“营业外支出”，贷记“其他应收款”。

例如，某建筑公司购入沙子时，借入袋子的押金30 000元。借入时借记“其他应收款30 000元”，贷记“库存现金30 000元”。收回押金时，借记“营业外支出30 000元”，贷记“其他应收款30 000元”，从而将收回押金转作“小金库”，同时虚减了利润。

8.3 其他业务利润方面的假账与反假账

在一般情况下，其他业务利润具有不经常、不定期、数额不稳定的特点。其他业务利润项目涉及“其他业务收入”和“其他业务成本”两个账户。

1. 其他业务利润方面假账查处目标

其他业务利润方面假账查处目标一般包括：确定其他业务利润的记录是否完整；确定其他业务利润的计算和会计处理是否正确；确定其他业务利润在财务报表上的披露是否恰当。

2. 其他业务利润的实质性测试程序

（1）获取或编制其他业务收支明细表，复核加计正确，与报表数、总账数和明细账合计数核对相符，并注意其他业务收入是否有相应的业务支出数。

（2）与上期其他业务利润比较，如有重大波动，了解波动原因，分析其合理性。

（3）抽查大额其他业务收支项目。查账人员应根据其他业务收支明细表，抽查大额其他业务收支项目，检查原始凭证是否齐全，有无授权批准，会计期间划分是否恰当，会计处理是否正确；注意其他业务收入的内容是否真实、合法，是否符合收入实现原则；其他业务成本的内容（包括相关的成本、税金、费用）是否真实，计算是否正确，是否符合配比原则。

（4）检查异常的其他业务收支项目，追查其入账依据及有关法律性文件是否充分。

（5）必要时，实施截止测试，追踪到发票、收据，确定其截止划分是否恰当，并对重大跨期项目作必要的调整。

（6）检查被查单位是否存在技术转让等免税收益，若有，应调减应纳税所得额。

（7）检查其他业务利润是否已在利润表上恰当披露。

8.4 营业外收入方面的假账与反假账

营业外收入是指企业确认的与其日常活动无直接关系的各项利得。营业外收入并不是企业经营资金耗费所产生的，实际上是经济利益的净流入，不需要与有关的费用进行配比。

注意

我国财政部已经将原“营业外支出”和“营业外收入”核算范围中的“非流动资产处置利得”和“非流动资产处置损益”，分别调整为“非流动资产毁损报废收益”和"“非流动资产毁损报废损失”。

1. 营业外收入方面造假手法

（1）内容不完整。有的企业将应反映在营业外收入中的各种收入通过各种方式反映在应付账款、应付职工薪酬——工资、其他应付款或作为账外“小金库”。

（2）利用营业外收入人为地调节利润水平。有些企业采用虚列、多记或少记营业外收入的方式调节利润水平。

（3）将属于产品（商品）销售收入或其他业务收入的内容列入营业外收入。

2. 营业外收入方面假账查处技法

（1）营业外收入方面假账查处目标。

① 确定营业外收入的记录是否完整。

② 确定营业外收入的计算是否正确。

③ 确定营业外收入的披露是否恰当。

（2）营业外收入方面假账查处程序。

① 获取或编制营业外收入明细表，复核加计正确，并与报表数、总账数及明细账合计数核对是否相符。

② 检查营业外收入的核算内容是否符合会计准则的规定。

③ 抽查营业外收入中金额较大或性质特殊的项目，审核其内容的真实性和依据的充分性。

④ 对营业外收入中各项目，包括处理固定资产净收益、处理无形资产净收益、固定资产盘盈、罚款净收入等相关账户记录核对相符，并追查至相关原始凭证。

⑤ 检查营业外收入的披露是否恰当。

小知识

营业外收入方面假账主要审查方法

“营业外收入”业务除个别项目外，一般在企业中不常发生，业务很少，一般采用全面审查的方法进行甄别。

（1）甄别已经发生的各项营业外收入是否及时全部入账，入账金额是否正确、真实，科目运用及财务处理是否合规。注意审查有无取得收入不入账或入账不通过营业外收入账户的情况。有效的甄别方法是从内控制度入手，结合查询进行。

（2）甄别营业外收入与其他收入的界限是否清楚，有无将营业外收入作为主营业务收入入账，人为调节产品销售利润指标的情况。一般可以采取审查收入原始凭证，核对记账凭证的方法进行甄别。

8.5　营业外支出方面的假账与反假账

营业外支出是指企业发生的与其日常活动无直接关系的各项损失。

1. 营业外支出的构成

（1）非流动资产毁损报废损失，是指因自然灾害等发生毁损、已丧失使用功能而报废非流动资产所产生的清理损失。

（2）公益性捐赠支出，是指企业对外进行公益性捐赠发生的支出。

（3）盘亏损失，主要是指对于财产清查盘点中盘亏的资产，查明原因并报经批准计入营业外支出的损失。

（4）非常损失，是指企业对于因客观因素（如自然灾害等）造成的损失，扣除保险公司赔偿后应计入营业外支出的净损失。

（5）罚款支出，是指企业支付的行政罚款、税务罚款，以及其他违反法律法规、合同协议等而支付的罚款、违约金、赔偿金等支出。

（6）非货币性资产交换损失。

（7）债务重组损失。

2. 营业外支出方面假账查处技法

（1）营业外支出方面假账查处目标

① 确定营业外支出记录是否完整。

② 确定营业外支出的计算是否正确。

③ 确定营业外支出的披露是否恰当。

（2）营业外支出方面假账查处程序

① 获取或编制营业外支出明细表，复核加计正确，并与报表数、总账数及明细账合计数核对是否相符。

② 查营业外支出内容是否符合会计准则的规定。

③ 对营业外支出的各项目，包括处理固定资产、无形资产净损失、固定资产盘亏、债务重组净损失、计提的无形资产减值准备、固定资产减值准备、在建工程减值准备等，与固定资产、无形资产等相关账户记录核对相符，并追查至相关原始凭证。

④ 检查是否存在非公益性捐赠支出、税收滞纳金、罚金、罚款支出、各种赞助会费支出，必要时进行应纳税所得额调整。

⑤ 对非常损失应详细检查有关资料、被查单位实际损失和保险理赔情况及审批文件。检查有关会计处理是否正确。

⑥ 检查营业外支出的披露是否恰当。

小知识

营业外支出方面假账主要审查方法

营业外支出所包括的项目除个别项目外，一般不常发生，一旦发生则都有其具体情况和原因。营业外支出的真实、正确与否，直接影响企业的利润总额。因此，为了减少审计风险，对营业外支出一般采用全面甄别的方法进行重点审查。

1. 甄别营业外支出范围是否合规

注意审查有无将不正当的开支列入营业外支出；有无将期间费用计入营业外支出以人为调节费用指标；有无为掩饰企业发生的损失而故意不列或不及时入账等情况。审查时可采取审阅营业外支出明细账，并核对有关会计凭证和有关原始凭证的方法进行。

2. 审查营业外支出额是否真实，核销审批手续是否完备

应注意非常损失、固定资产盘亏、报废、毁损净损失的处理，其金额是否真实、正确，处理手续是否合规完备，具体甄别可通过对有关原始凭证及记账凭证的甄别、校对及复算进行。

3. 审查营业外支出的会计处理是否及时、正确、合规

具体审查、可结合上述甄别的内容进行，注意其在会计处理中科目运用是否合规，账户记录是否正确，营业外支出项目在利润表中的表达是否充分、合规。

8.6 所得税费用方面的假账与反假账

企业的所得税费用包括当期所得税和递延所得税两个部分。其中，当期所得税是指当期应交所得税。

递延所得税包括递延所得税资产和递延所得税负债。递延所得税资产是指以未来期间很可能取得用来抵扣可抵扣暂时性差异的应纳税所得额为限确认的一项资产。

递延所得税负债是指根据应纳税暂时性差异计算的未来期间应付所得税的金额。

应交所得税的计算：

应交所得税是指企业按照企业所得税法规定计算确定的针对当期发生的交易和事项，应交纳给税务部门的所得税金额，即当期应交所得税。

应纳税所得额是在企业税前会计利润（利润总额）的基础上调整确定的，计算公式为：

应纳税所得额=税前会计利润+纳税调整增加额−纳税调整减少额

纳税调整增加额主要包括企业所得税法规定允许扣除项目中，企业已计入当期费用但超过税法规定扣除标准的金额（如超过企业所得税法规定标准的职工福利费、工会经费、职工教育经费、业务招待费、公益性捐赠支出、广告费和业务宣传费等），以及企业已计入当期损失但企业所得税法规定不允许扣除项目的金额（如税收滞纳金、罚金、罚款）。

纳税调整减少额主要包括按企业所得税法规定允许弥补的亏损和准予免税的项目，如前 5 年内未弥补亏损和国债利息收入等。

企业当期应交所得税的计算公式为：

应交所得税=应纳税所得额×所得税税率

所得税费用的账务处理：

企业根据企业会计准则的规定，计算确定的当期所得税和递延所得税之和，即应从当期利润总额中扣除的所得税费用。即：

所得税费用=当期所得税+递延所得税

其中，递延所得税=（递延所得税负债的期末余额−递延所得税负债的期初余额）−（递延所得税资产的期末余额−递延所得税资产的期初余额）

企业应通过“所得税费用”科目，核算企业所得税费用的确认及其结转情况。期末，应将“所得税费用”科目的余额转入“本年利润”科目，借记“本年利润”科目，贷记“所得税费用”科目，结转后，“所得税费用”科目应无余额。

1. 所得税费用方面假账查处目标

（1）确定被查单位所得税的数额是否正确、完整。

（2）确定被查单位所得税的计算依据和会计处理是否正确。

（3）确定被查单位所得税费用的披露是否恰当。

2. 所得税费用方面假账查处程序

（1）将报表数与总账数核对相符。

（2）核实所得税的计算依据，检查被查单位所采用的会计政策是否正确，前后期是否一致。

（3）根据审定后的利润总额和规定的企业所得税税率，复核本期所得税费用是否正确。

（4）检查所得税的会计处理是否正确。

（5）根据规定，企业根据税收优惠政策向税务部门申请获得退回的所得税，无论是在资产负债表日以后、财务报告批准报出日之前收到，还是在财务报告批准报出日之后收到，一律应在实际收到时冲减收到当期的所得税费用；企业因逃税而按规定应补缴以前年度的所得税，应视同重大会计差错，按重大会计差错的规定进行会计处理；对于因逃税而支付的罚款，应计入支付当期的营业外支出，不得追溯调整前期损益。

（6）检查所得税费用的披露是否恰当。

（7）所得税费用审计中，应重点关注纳税调整事项。

第 9 章

货币资金方面的假账与反假账

货币资金是指企业生产经营过程中处于货币形态的资产，包括库存现金、银行存款和其他货币资金。

9.1 库存现金方面的假账与反假账

库存现金是指存放于企业财会部门、由出纳人员经管的货币。库存现金是企业流动性最强的资产，企业应当严格遵守国家有关现金管理制度，正确进行现金收支的核算，监督现金使用的合法性与合理性。

小知识

企业现金管理制度见表 9-1。

表 9-1 企业现金管理制度

项目	内容阐释说明
现金的使用范围	企业可用现金支付的款项有： （1）职工工资、津贴； （2）个人劳务报酬； （3）根据国家规定颁发给个人的科学技术、文化艺术、体育比赛等各种奖金； （4）各种劳保、福利费用及国家规定的对个人的其他支出； （5）向个人收购农副产品和其他物资的价款； （6）出差人员必须随身携带的差旅费； （7）结算起点（1000 元）以下的零星支出； （8）中国人民银行确定需要支付现金的其他支出。 除上述情况可以用现金支付外，其他款项的支付应通过银行转账结算
现金的限额	现金的限额是指为了保证单位日常零星开支的需要，允许单位留存现金的最高数额。 这一限额由开户银行根据单位的实际需要核定，一般按照单位 3～5 天日常零星开支所需确定。边远地区和交通不便地区的开户单位的库存现金限额，可按多于 5 天、但不得超过 15 天的日常零星开支的需要确定。经核定的库存现金限额，开户单位必须严格遵守，超过部分应于当日终了前存入银行。需要增加或者减少库存现金限额的，应当向开户银行提出申请，由开户银行核定
现金收支的规定	开户单位现金收支应当依照下列规定办理： （1）开户单位现金收入应当于当日送存开户银行，当日送存确有困难的，由开户银行确定送存时间。 （2）开户单位支付现金可以从本单位库存现金限额中支付或从开户银行提取，不得从本单位的现金收入中直接支付（坐支）。因特殊情况需要坐支现金的，应当事先报经开户银行审查批准，由开户银行核定坐支范围和限额。坐支单位应当定期向开户银行报送坐支金额和使用情况。 （3）开户单位从开户银行提取现金时，应当写明用途，由本单位财会部门负责人签字盖章，经开户银行审核后，予以支付。 （4）因采购地点不确定，交通不便，生产或市场急需，抢险救灾及其他特殊情况必须使用现金的，开户单位应向开户银行提出申请，由本单位财会部门负责人签字盖章，经开户银行审核后，予以支付现金

小知识

现金的清查

为了保证现金的安全完整，企业应当按规定对库存现金进行定期和不定期的清查，一般采用实地盘点法，对于清查的结果应当编制现金盘点报告单。如果有挪用现金、白条顶库的情况，应及时予以纠正；对于超限额留存的现金应及时送存银行。如果账款不符，发现有待查明原因的现金短缺或溢余，应先通过“待处理财产损溢”科目核算，按管理权限经批准后，分别两种情况处理：如为现金短缺，属于应由责任人赔偿或保险公司赔偿的部分，计入其他应收款；属于无法查明原因的，计入管理费用。如为现金溢余，属于应支付给有关人员或单位的，计入其他应付款；属于无法查明原因的，计入营业外收入。

9.1.1　库存现金方面造假手法

1. 虚列凭证、虚构内容

通过改动凭证或直接虚列支出，如工资、补贴等手段作弊。

例如，广东某公司分工不明确，对明细账只是大概浏览一下，这样就给财务人员留下了可钻的漏洞。财务人员利用企业偷逃个人所得税的做法，即在工资单中多加名字和金额，达到贪污的目的。

2. 大头小尾，贪污现金

开票方目无法纪，为所欲为，为了获利，公务人员利用工作性质，假公济私，多报差额，贪污现金。

例如，北京某单位部门领导胡某接受上级指示为本单位做一次媒体广告，胡某了解市场后决定在某报刊上登载。胡某为了个人创收，要求广告公司在发票联上多开了 3 000 元的广告费，且使广告方的存根联与记账联一致（不反映多开 3 000 元），由于税收征管各环节尚不完善，广告公司的开票行为不了了之。

3. 伪造单据套取现金，私设小金库

单位以购买某种物品为名，套取现金单独存放，用于不当支出。

例如，山东某公司经理与会计经商量决定找一些物品发票报销下账，公司实际库存现金并未减少，为的是将这部分现金用于一些不合理支出。

4. 涂改凭证，获取利差

涂改凭证是一种非法行为，而不法分子为了满足膨胀的私欲，不择手段地进行猖獗活动。

例如，河北某公司董事长兼总经理王某，一心想做大生意，藐视一切法律法规的存在，凭着自己出国的经历注册了资本 1 亿元的一个公司。注册资金按期还未到位，王某就指使财务人员将第一期第一次的出资证明进行窜改复印，作为投资到位的一种虚假证明，来逃避查账人员的视线。

5. 少列现金收入总额

企业出纳员或收款员利用企业内部控制混乱，故意将开具的非正式内部收据隐藏或撕毁，将所收现金据为已有，并使发票存根联、发票记账联、记账凭证、账簿、报表一致，令人难以发现收入现金的动向。

例如，2018 年 3 月 17 日广东某电脑公司的出纳王某收到一笔提供劳务款 2 002 元，给对方开具了一张从商店买的一式三联的内部收据，由于财务和业务脱节，出纳王某将开了收据的存根联与记账联一并撕毁。收到的劳务费在无任何当事人知道的情况下，顺利进入自己的腰包。

6. 记录错误出现长款

在实际会计工作中，由于数字繁多加之会计人员的粗心大意，可能发生记账错误，导致账账不符。若出纳人员素质不高，会将长款据为己有。

例如，2018 年 2 月 1 日北京某公司会计张某因粗心对 1 月记账凭证汇总时，漏记了一笔收到现金的往来款 7 000 元，因为漏记的这笔业务并不影响汇总的科目表的平衡（资产科目一冲一减），致使现金总账和明细账产生了差额。出纳因私心过重，将现金明细账比总账中长出的 7 000 元现金据为己有。

7. 多报车票，冒领公款

有的单位报销制度不健全，财务人员对报销把关不严，个别人员便利用这一机会，将平时非公务积累的一些车票、住宿费等单据混在正常票据中一起报销，冒领公款。

例如，上海某企业报销差旅费签字时，企业经理不进行认真审核，大笔一挥签了字。爱打小九九的“小机灵”业务员李某看到经理如此“大度”同意报销，便在报销单中夹杂一些非公务票据，冒领 800 元。

8. 公款私存，贪污利息

财务人员利用自己掌握现金和企业内控制度不健全的机会，将公款擅自以个人名义存入银行，侵吞存款利息。挪用公款储蓄、贪污利息有多种方式，如多留库存现金，从库存现金中拿一部分出来搞个人储蓄，或截留现金收入不入账，直接存入银行个人储蓄户。

例如，浙江某企业现金流水较大，加之对现金不做日清日结的核算，出纳李某利用自己掌握的现金数额进行私人储蓄，月末报账时，将储蓄存款取出，存入企业银行账户。一年下来，贪污利息 5 000 元。

9. 索要空白发票，多计费用

有的单位上至领导下至一般员工，利用职务和工作之便，索要空白发票，套取现金。

例如，福建某公司执行董事（不是公司的股东），发现自己囊中快空，找了一张盖章生效的空白的非限额发票，发票的上面和下面各垫一张复写纸，按发票的格式正规填写了发票的名称、用途、大小写金额，以达到掩人耳目的目的。

10. 利用借款挪用现金

企业在日常生产经营活动中，往往会存在一些零星支出，如差旅费、采购费等业务支出。因业务属实，会计处理不会有相关的作假发生。但有些情况下财务主管或经理利用职务之便，可以以合理的理由打一张借条，长期借用公款，形成公款私用。

11. 延迟入账，挪用现金

按现行财务制度规定，企业收入的现金应及时入账，并及时送存银行。如果收入的现金未制记账凭证或未下账，财务人员便有机可乘。

例如，某电子公司出纳小于将收到的现金未做记账凭证，挪用了 500 元，待到下月才做凭证记账，收到滴水不漏之功效。

12. 白条抵库，挪用现金

财务制度规定，企业不允许不符合财务制度的白条顶替库存现金。但部分企业人员利用职务之便，为自己和他人谋取私利。

例如，M 公司执行经理买房一时筹不到巨额现金，便向公司借款，打白条不注明事由。由于公司领导说了算的惯例，财务人员无权过问，使公司的巨额现金被挪用。

13. 循环入账，挪用现金

企业是以营利为目的的，在经营过程中难免会遇到一些常见的往来信用客户。往来信用客户往往分期分次付款，这样财务人员便可能利用这种循环业务关系达到挪用现金之目的。

例如，企业销售一批货物价值33 000元，货款3个月付讫。当财务人员收到第一次货款时不下账，等收到第二次货款时用第二次收的现金抵补上一次收到的现金，第三次收到货款时抵补第二次货款入账。等付款期限到时财务人员才把被挪用现金补齐以掩人耳目。

14. 虚报坏账，贪污货款

对尚能收回的货款作为坏账转销，然后向对方要回全部或部分货款，将其据为己有。

例如，某一建材公司销售建材给某建筑公司，后因建筑公司直接联系人已离开公司，其他人员都未过问此事，鉴于货款是多年的应收未收回款项，会计作为坏账处理。但因建材公司业务员得知建筑公司按规定还应继续偿还以前债务，于是到建筑公司索要回少额货款据为己有。

15. 非法侵占出售国家和其他单位资产的收入

有的单位对出售次品、边角余料、废旧物资的现金收入直接存入“小金库”。

16. 截留企业的各项罚没款收入

截留企业的各项罚没款收入，用于发放职工的各种奖金、支付回扣和其他活动，逃避国家税收，侵蚀国有资产或者化国有为私有。

17. 开现金支票取款后不入现金账进行贪污

18. 利用吃空额，涂改或伪造工资表中有关内容进行贪污

19. 在销售过程中以短斤少两、抬高价格等手段进行贪污

20. 用现金支付回扣或好处费

企业在销售物品过程中，按收入的一定比例支付给购货方或购货方采购人员好处费。会计造假：

（1）好处费走“销售费用”科目；

（2）以红字冲销作退货处理；

（3）用“小金库”支付回扣和好处费，以使销货方和购货方少数人员获利。

小知识

现金会计信息失真主要形式

1. 截留现金收入

将销售业务中取得的现金收入不入账，转入“小金库”，形成体外循环资金。

2. 现金收入暂不入账或将本应发放的现金暂不发放，挪用现金

一些不法分子利用职务之便，擅自挪用公款，给国家、单位造成严重经济损失。

3. 非法坐支现金

坐支现金一方面不便于银行加强现金管理，另一方面易发生差错，给不法分子带来可乘之机。

4. 超出规定的现金结算范围收付现金

5. 白条抵库

以单位、个人开具的不符合财务手续和会计凭证要求的字条或单据抵充现金，如有些单位职工未经领导批准而书写借据借走现金。

6. 涂改、变造、伪造单据，窃取现金

有些不法分子往往涂改、变造单据中的数量、单价、金额或其他项目窃取现金；还有些不法分子无中生有伪造单据，利用假发票弄虚作假，贪污现金。

7. 假公济私，中饱私囊

有些企业将私人购买生活用品的单据作为单位公共开支进行报销。

8. 巧立名目，私分现金

有些企业为职工“谋福利”，巧立名目，提现发给职工。

9.1.2 库存现金方面假账查处技法

1. 库存现金方面假账查处目标

现金是指企业的库存现金，包括人民币现金和外币现金。现金是企业流动性最强的资产，尽管其在企业资产总额中的比重不大，但企业发生的舞弊事件大都与现金有关，因此，查账人员应该重视库存现金的审计。

库存现金方面假账查处目标一般应包括以下几点。

（1）确定被查单位资产负债表中的现金在财务报表日是否确实存在，是否为被查单位所拥有。

（2）确定被查单位在特定期间内发生的现金收支业务是否均已记录完毕，有无遗漏。

（3）确定库存现金余额是否正确。

（4）确定库存现金在财务报表上的披露是否恰当。

2. 库存现金内部控制的测试

（1）库存现金内部控制。由于现金是企业流动性最强的资产，加强现金管理对于保护企业资产安全完整、维护社会经济秩序具有重要的意义。在良好的现金内部控制下，企业的现金收支记录及时、准确、完整；全部现金支出均按经批准的用途进行；现金得以安全保管。一般而言，一个良好的现金内部控制应该达到以下几点。

① 现金收支与记账的岗位分离。

② 现金收入、支出要有合理、合法的凭据。

③ 全部收入及时准确入账，并且支出要有核准手续。

④ 控制现金坐支，当日收入现金应及时送存银行。

⑤ 按月盘点现金，以做到账实相符。

⑥ 加强对现金收支业务的内部审计。

（2）现金内部控制的了解与评价。

① 了解现金内部控制。通常通过现金内部控制流程图来了解现金内部控制。编制现金内部控制流程图是现金符合性测试的重要步骤。查账人员在编制之前应通过询问、观察等调查手段收集必要的资料，然后根据所了解的情况编制流程图，对中小企业，也可采用编写现金内部控制说明的方法。若年度审计工作底稿中已有以前年度的流程图，查账人员可根据调查结果加以修正，以供本年度审计之用。一般地，了解现金内部控制时，查账人员应当注意检查现金内部控制是否建立并严格执行。

- 现金的收支是否按规定的程序和权限办理；
- 是否存在与本单位经营无关的款项收支情况；
- 是否存在出租、出借银行账户的情况；
- 出纳与会计的职责是否严格分离；
- 现金是否妥善保管，是否定期盘点、核对等。

② 抽取并检查收款凭证。如果现金收款内部控制不强，很可能会发生贪污舞弊或挪用等情况。例如，在一个小企业中，出纳员同时记应收账款明细账，很可能发生循环挪用的情况。

为测试现金收款的内部控制，查账人员应按现金的收款凭证分类，选取适当的样本量，作如下检查：

- 核对现金日记账的收入金额是否正确；
- 核对收款凭证与应收账款明细账的有关记录是否相符；
- 核对实收金额与销货发票是否一致等。

③ 抽取并检查付款凭证。为测试现金付款内部控制，查账人员应按照现金付款凭证分类，选取适当的样本量作如下检查：

- 检查付款的授权批准手续是否符合规定；
- 核对现金日记账的付出金额是否正确；
- 核对付款凭证与应付账款明细账的记录是否一致；
- 核对实付金额与购货发票是否相符等。

④ 抽取一定期间的现金日记账与总账核对。检查其有无计算错误，加总是否正确无误，现金日记账是否与总分类账核对相符。

⑤ 检查外币现金的折算方法是否符合有关规定，是否与上年度一致。对于有外币现金的被查单位，查账人员应检查外币现金日记账及“财务费用”“在建工程”等账户的记录，确定企业有关外币现金的增减变动是否按业务发生时的市场汇率或业务发生当期期初的市场汇率折合为记账本位币，选用方法是否前后期保持一致；检查企业的外币现金余额是否按期末市场汇率折合为记账本位币金额，有关汇兑损益的计算和记录是否正确。

⑥ 评价现金的内部控制。查账人员在完成上述程序之后，即可对现金的内部控制进行评价。评价时，查账人员应首先确定现金内部控制可信赖的程度以及存在的薄弱环节和缺点，然后据以确定在现金实质性测试中对哪些环节可以适当减少审计程序，哪些环节应增加审计程序，作重点检查，以减少审计风险。

3. 库存现金的实质性测试

库存现金的实质性测试程序一般包括以下内容。

（1）核对现金日记账与总账的余额是否相符。查账人员测试现金余额的起点，核对现金日记账与总账的余额是否相符。如果不相符，应查明原因，并作适当调整。

（2）盘点库存现金。盘点库存现金是证实资产负债表中所列现金是否存在的一项重要程序。

盘点库存现金，通常包括对已收到但未存入银行的现金、零用金、找换金等的盘点。盘点库存现金的时间和人员应视被查单位的具体情况而定，但必须有出纳员和被查单位会计主管人员参加，并由查账人员进行监盘。

盘点库存现金的步骤和方法如下。

① 制定库存现金盘点程序，实施突击性的检查，时间最好选择在上午上班前或下午下班时进行，盘点的范围一般包括企业各部门经管的现金。在进行现金盘点前，应由出纳员将现金集中起来存入保险柜。必要时可加以封存，然后由出纳员把已办妥现金收付手续的收付款凭证等入现金日记账。如企业现金存放部门有两处或两处以上的，应同时进行盘点。

② 审阅现金日记账并同时与现金收付凭证相核对。一方面检查日记账的记录与凭证的内容和金额是否相符；另一方面了解凭证日期与日记账日期是否相符或接近。

③ 由出纳员根据现金日记账进行加计累计数额结出现金结余额。

④ 盘点保险柜的现金实存数，同时编制“库存现金盘点表”（格式参见表 9-2），分币种、面值列示盘点金额。

⑤ 资产负债表日后进行盘点时，应调整至资产负债表日的金额。

⑥ 盘点金额与现金日记账余额进行核对，如有差异，应查明原因，并做记录或适当调整。

⑦ 若有冲抵库存现金的借条、未提现支票、未作报销的原始凭证，应在“库存现金盘点表”中注明或作必要的调整。

（3）抽查大额现金收支。查账人员应抽查大额现金收支的原始凭证内容是否完整，有无授权批准，并核对相关账户的进账情况，如有与被查单位生产经营业务无关的收支事项，应查明原因，并做相应的记录。

（4）检查现金收支的正确截止日期。被查单位资产负债表中的现金数额，应以结账日实有数额为准。因此，查账人员必须验证现金收支的截止日期。通常，查账人员可以对结账日前后一段时期内现金收支凭证进行审计，以确定是否存在跨期事项。

（5）检查外币现金的折算是否正确。对于有外币现金的被查单位，查账人员应检查被查单位对外币现金的收支是否按所规定的汇率折合为记账本位币金额；外币现金期末余额是否按期末市场汇率折合为记账本位币金额；外币折合差额是否按规定记入相关账户。

（6）检查现金是否在资产负债表上恰当披露。根据有关会计准则的规定，现金在资产负债表中“货币资金”项下反映，查账人员应在实施上述审计程序后，确定现金账户的期末余额是否恰当，据以确定货币资金是否在资产负债表上恰当披露。

表 9-2　库存现金盘点表

客户　　　　　　　　　　　　　编制人：　　日期：　　　　　索引号：

项目　现金监盘　　　　　　　　复核人：　　日期：　　　　　页　次：

会计期间

盘点日期：　　　　　　　　　　年　月　日

<table>
<tr><th colspan="6">检查盘点记录</th><th colspan="7">实有现金盘点记录</th></tr>
<tr><th colspan="2" rowspan="2">项目</th><th rowspan="2">项次</th><th rowspan="2">人民币</th><th rowspan="2">美元</th><th rowspan="2">某外币</th><th rowspan="2">面额</th><th colspan="2">人民币</th><th colspan="2">美元</th><th colspan="2">某外币</th></tr>
<tr><th>张</th><th>金额</th><th>张</th><th>金额</th><th>张</th><th>金额</th></tr>
<tr><td colspan="2">上一日账面库存余额</td><td>1</td><td></td><td></td><td></td><td>1 000 元</td><td></td><td></td><td></td><td></td><td></td><td></td></tr>
<tr><td colspan="2">盘点日未记账传票收入金额</td><td>2</td><td></td><td></td><td></td><td>500 元</td><td></td><td></td><td></td><td></td><td></td><td></td></tr>
<tr><td colspan="2">盘点日未记账传票收入金额</td><td>3</td><td></td><td></td><td></td><td></td><td></td><td></td><td></td><td></td><td></td><td></td></tr>
<tr><td colspan="2">盘点日账面应有金额</td><td>4=1+2−3</td><td></td><td></td><td></td><td>100 元</td><td></td><td></td><td></td><td></td><td></td><td></td></tr>
<tr><td colspan="2">盘点实有现金数额</td><td>5</td><td></td><td></td><td></td><td>50 元</td><td></td><td></td><td></td><td></td><td></td><td></td></tr>
<tr><td colspan="2">盘点日应有与实有差异</td><td>6=4−5</td><td></td><td></td><td></td><td>10 元</td><td></td><td></td><td></td><td></td><td></td><td></td></tr>
<tr><td rowspan="3">差异原因分析</td><td>白条抵库（张）</td><td></td><td></td><td></td><td></td><td>5 元</td><td></td><td></td><td></td><td></td><td></td><td></td></tr>
<tr><td></td><td></td><td></td><td></td><td></td><td>2 元</td><td></td><td></td><td></td><td></td><td></td><td></td></tr>
<tr><td></td><td></td><td></td><td></td><td></td><td>1 元</td><td></td><td></td><td></td><td></td><td></td><td></td></tr>
</table>

续表

<table>
<tr><th colspan="6">检查盘点记录</th><th colspan="7">实有现金盘点记录</th></tr>
<tr><th colspan="2" rowspan="2">项目</th><th rowspan="2">项次</th><th rowspan="2">人民币</th><th rowspan="2">美元</th><th rowspan="2">某外币</th><th rowspan="2">面额</th><th colspan="2">人民币</th><th colspan="2">美元</th><th colspan="2">某外币</th></tr>
<tr><th>张</th><th>金额</th><th>张</th><th>金额</th><th>张</th><th>金额</th></tr>
<tr><td rowspan="4">差异原因分析</td><td></td><td></td><td></td><td></td><td></td><td>0.5 元</td><td></td><td></td><td></td><td></td><td></td><td></td></tr>
<tr><td></td><td></td><td></td><td></td><td></td><td>0.2 元</td><td></td><td></td><td></td><td></td><td></td><td></td></tr>
<tr><td></td><td></td><td></td><td></td><td></td><td>0.1 元</td><td></td><td></td><td></td><td></td><td></td><td></td></tr>
<tr><td></td><td></td><td></td><td></td><td></td><td>合计</td><td></td><td></td><td></td><td></td><td></td><td></td></tr>
<tr><td rowspan="5">追溯调整</td><td colspan="2">报表日至查账日现金付出总额</td><td></td><td></td><td></td><td colspan="7" rowspan="6">情况说明及审计结论：</td></tr>
<tr><td colspan="2">报表日至查账日现金收入总额</td><td></td><td></td><td></td></tr>
<tr><td colspan="2">报表日库存现金应有余额</td><td></td><td></td><td></td></tr>
<tr><td colspan="2">报表日账面汇率</td><td></td><td></td><td></td></tr>
<tr><td colspan="2">报表日余额折扣本位币金额</td><td></td><td></td><td></td></tr>
<tr><td colspan="3">本位币合计</td><td></td><td></td><td></td></tr>
</table>

盘点人： 监盘人： 复核：

小知识

内部审计机构的管理

1. 利用现金收支内部控制制度的反假账对策

对现金收支内控制度甄别时，应注意：

（1）现金出纳和会计记录工作是否适当分离，出纳工作是否由专人负责；

（2）现金日记账是否根据经审核合法的收付款凭证登记入账；

（3）现金日记账是否序时逐笔登记；

（4）库存现金是否每日清点，账实相符；

（5）收入的现金是否当日送存银行；

（6）库存现金是否遵守银行规定的限额；

（7）现金支出是否经过批准；

（8）现金是否在规定的范围内使用；

（9）是否存在以白条抵充现金现象；

（10）是否存在私设小金库现象；

（11）现金存放之处是否安全；

（12）出纳办理收付款后是否在收付款凭证上加盖“收讫”“付讫”戳记；

（13）出纳人员收取现金后是否开出收款收据；

（14）企业内部有关部门和人员所需的日常零星开支是否建立备用金制度。

2. 现金收入方面反假账对策

（1）先审查“现金日记账”收方记录金额，将超过 1 000 元以上限额的收款业务与据以登账的会计凭证进行核对，根据收款业务的具体内容判断是否违反了有关规定。对于查证的这类问题，一般不需要作账务调整。如金额巨大、性质严重，则应以此为线索，追查付款方的责任及造成这一情况的具体过程和结果。

（2）调查询问业务人员及其他有关人员，发现问题的线索，然后结合该线索所涉及的经济活动和会计反映，进行追踪查证。

（3）将会计部门的现金收据存根或记账联，与交款人手中的收据或收据单位作原始凭证入账的收据进行核对，由此发现问题并进一步查证。若交款人未保留此收据，可将收据存根或记账联与有关的会计资料进行核对来发现和查证问题。

（4）出纳员销毁现金收据或交款单进行贪污的，甄别时可发现被查单位收款次数和额度有异常反映。核对现金收据存根或交款单的编号，可发现不连续现象。以此为线索，调查询问出纳员、交款员及其他有关人员，查清问题。

（5）将现金日记账中收入方记录日期与收款凭证上的制证日期进行核对，并把交款凭证上的制证日期与所附的原始凭证的制证日期进行核对，来查证出纳员是否收取现金后未及时编制收款凭证并登记入账，从而挪用公款。

（6）甄别被查单位的成本、费用支出情况的明细账及有关会计凭证中有无以领代耗的记录，如有，则进一步调查分析领、借后的有关物资或现金是否合理使用；如未合理使用，则是否存入“小金库”。

（7）审核“固定资产”“周转材料”等明细账户中所反映的有关残值收入记录，结合调查分析，通过追踪，查证被查单位的经办人或知情人员。

（8）甄别有关会计资料和财产物资的记录或实际情况，分析被查单位在采购过程中是否存在舍近求远、所购物资质次价高、不适销对路的情况。如问题存在，则进一步调查采购人员、供货单位及有关人员有无索要、收取采购回扣或好处费，并存入“小金库”。

（9）甄别对外投资、联营的有关经济活动资料和会计资料，是否根据合同协议，及时、足额收取投资、联营利润。若发现疑点，可向接受投资方或联营方进行调查，进一步查证有无将投资收益存入“小金库”。

（10）调查了解企业有无将罚、没款收入作为收入而未开具收据的情况；有无经营或代办其他业务，其经营或代办业务是否有收入；是否有收入而未入账。如问题存在，则应跟踪追查相关单位，查证其收入是否存入“小金库”。

3. 现金支出方面反假账对策

（1）审阅“现金日记账”付方金额记录等内容。如将超过1 000元限额的付款业务与据以登账的会计凭证进行核对，根据付款业务的具体内容判断其是否违反了现金结算范围。例如，金额较大，且摘要中业务内容说明模糊不清，则需进一步查证。

（2）分析审阅有关会计凭证。付款凭证上是否多汇总，数字是否颠倒，着重分析判断是否故意多汇总。虽然账账相符，但证证不符，也有可能贪污了差额款。例如，会计凭证中的内容模糊不清，或有其他异常现象，则需进一步调查分析有关情况。

调查询问开具发票、收据等原始凭证或编制付款凭证的单位或人员，必要时，对会计凭证中的有关记录进行技术鉴定，以查清问题。

非正常业务的重要现金支出包括：支付给公司内部股东、董事、高级管理人员、一般职员、子公司、关联公司等巨额的现金。在查证现金支出业务中如发现有非正常的重要支出时，应注意确定这些支出是否经过适当的授权或批准；每一笔支出是否附有已经审核、合乎要求的原始凭证；每一笔支出是否用适当的会计科目来反映。必要时还要查证现金支出所对应的明细账记录，核实业务的来龙去脉和实质。

4. 库存现金方面反假账对策

库存现金包括由企业的出纳员保管作为零星开支用的现款，以及已收到尚未存入银行的现款。

为了证实资产负债表上所列现金余额是否确实存在，必须对库存现金进行查证，应采取突击方式进行实地查证。

在查证前不能通知出纳员作查证准备，以防出纳员在查证之前采取措施掩盖贪污挪用的事实或转移账外资金。查证时间宜安排在营业起讫时间，尽量避免现金收支高峰期。

在查证之前，应事先问明库存现金的存放地点，并要求出纳员提供所经管全部现金及尚未入账的收付款凭证。必要时还应查证存放现金的保险柜或抽屉内是否有遗留的现金或凭证单据。

在查证之前，所有的现金和可流通的票据、有价证券应置于查账人员的控制之下，直至库存现金查证完毕。

在查证过程中，应要求出纳员和企业的主管会计人员在场，以防现金短缺时分不清责任。

在查证过程中，发现借条、借据应加以分析，区别对待。对于经过批准且手续完备的临时借条、借据，可视同现金，纳入现金实有额。对于不符合手续，未经批准的非正式借条、借据，应向借款人询问，查证借款的真实性。其中由于临时业务所需而借款的，应允许补办手续后视同库存现金处理；属私人挪用现金的白条等不得充抵库存现金，应由企业的主管人员限令出纳员限期追回。

查证结束，应根据查证结果编制库存现金清点表，反映库存现金查证数、实存数、账面结存数以及账实差额。如果查证现金日是在结账日之后，应根据结账日至查证日之间的现金收支数，调节至结账日的现金实存数并与结账日的现金账面结存数比较，以确定溢缺金额。

5. 现金日记账反假账对策

抽取一定时期的现金日记账进行查证，在查证中要注意以下几点。

（1）根据日期和凭证号数栏记载，查明是否以记账凭证为依据逐笔序时登记收支业务并逐笔结出余额，有无前后日期和凭证编号前后顺序颠倒的情况。

（2）根据摘要栏、金额栏和对方科目栏的记载，判断经济业务的会计处理、会计科目的使用是否恰当。同时，还要进一步查证零星的现金收入是否及时如数送存银行，有无违反规定以收抵支、坐支现金。库存现金收付的内容和金额是否符合国家规定的范围和限额。

（3）根据结存记载，查证是否有异常的红字余额。如出现红字余额，可能是漏记收入、多记支出所致，查账人员应查明原因。同时，还要查证现金日记账的每日账面余额是否遵守银行核定的余额，超过限额的现金是否及时送存银行。如经常超过，应向出纳人员了解是否有白条抵库、挪用现金的情况。

6. 现金收付款凭证反假账对策

现金的收付款凭证是现金日记账的记账依据，是现金日记账正确与否的前提，在查证时应着重注意以下几点。

（1）凭证的内容是否完整。查证时要注意凭证签发单位名称、地址，接受单位名称、签发日期，内容摘要等方面的内容是否齐备，若有疑点应进一步查证。

（2）凭证的计算是否正确。查证时要注意凭证的数量、单价、金额、合计等方面有无漏洞，大小写是否相符。

（3）凭证本身是否合法合规。查证时要注意企业的正式发票是否套印有税务局发票监制章，如不符合有关规定，须指出并酌情处理。

（4）凭证所反映的经济业务是否真实。查证时应注意有无弄虚作假、营私舞弊等情况。

（5）凭证编制是否正确。这里主要指根据原始凭证编制的记账凭证是否正确。审查有关费用、支出凭证，判断其是否合理合法。

7. 现金支票反假账对策

在银行的多种结算方式中，只有现金支票能够提取现金。可以选择一至两个月份已使用的现金支票进行查证，了解企业是否按顺序签发支票，已签发的支票存根号码是否连续，有无缺号、断号现象，作废支票是否与存根联一并保存在支票本上并有作废戳记。然后将本支票上已签发的支票号码和金额与相同月份的银行对账单上支票号码和金额逐一核对，确认已付讫的支票。对于月末尚未付讫的支票，要编列清单，列明未兑现支票的号码和金额，并查证由企业职员编制的相同月份的银行存款余额调节表，查证这些未兑现的支票是否列作“企业已付银行未付”项目。然后，将期末未兑现支票与下一月份的银行对账单核对，核实月末未兑现支票在下月初是否已全部兑现。

对于超过正常期限未付讫的支票，应进一步查明原因，作必要的调整。对于银行存款余额调节表上漏记或少记的月末未兑现支票应予以进一步查证，查证是否有现金的短缺或挪用。

9.2　银行存款方面的假账与反假账

银行存款是企业存放在银行或其他金融机构的货币资金。

企业收入的一切款项，除保留库存现金限额外，都必须送存银行。企业必须到当地银行开设银行存款账户，必须遵守银行结算纪律。

“银行存款日记账”应定期与“银行对账单”核对，至少每月核对一次。

企业银行存款账面余额与银行对账单余额之间如有差额，应编制“银行存款余额调节表”调节，如没有记账错误，调节后的双方余额应相等。需要注意的是，“银行存款余额调节表”只是为了核对账目，不能作为调整企业银行存款账面记录的记账依据。

9.2.1 银行存款方面造假手法

1. 擅自提现

财务人员在支票管理制度比较混乱，内控制度不健全的情况下，私自签发现金支票，不留存根不记账，将提取的现金据为己有。

2. 出借账户

财务人员或领导利用工作之便，因为交情将账户出借给他人的一种造假行为。

例如，某公司财务主管的亲戚王某得到佣金8万元无法获得现金，财务主管出于交情指使出纳将王某8万元支票送入银行，并提出现金交付王某。会计科目一进一出保持平衡。

3. 制造余额差额

财务人员将银行存款日记账余额故意算错，用转账支票套购商品或擅自提现等。有的在银行存款月末试算时乘机制造余额差额。这种方法一般的人非常难以觉察，除非在造假当年核查，否则很难发现。

4. 出借转账支票

会计人员利用工作之便或领导授意，非法将转账支票借给他人进行营利性业务的结算，或将空白支票作抵押进行买卖交易。

5. 修改银行存款进账单日期

会计人员将以前年度已下账的进账单修改日期后作为报账年度的原始凭证下账，然后擅自提现进行贪污。这种作假方式主要是通过重复记账套取现金，而账账、银行存款日记账和对账单余额总是保持一致，不易被人发现。

6. 重支存款

会计人员利用实际支付款项时的银行结算凭证回执联和有关付款凭证即支票存根分别进行下账。化一为二，一笔业务做两笔账。利用账户余额平衡原理，将银行存款日记账上记载的比银行存款对账单上记载的多余金额从账户中提出，据为己有。

7. 支票套物

会计人员利用职务之便签发转账支票套购物品，不保留存根不记账，将所购物品据为己有。

8. 开立“黑户”截留存款

由于银行内部制度不健全，有些单位为了在经营过程中运作灵活，在正常使用的银行账户以外，以某种名义在银行开立别的账户用于收付非法款项或作为企业的小金库。

9. 银行存款不入账，贪污或挪用

这是财务人员和业务人员常见的一种造假行为，如各种现金收入送存个人账户以“预付货款”名义将单位银行存款划到个人账户上，或“预收货款”不入账，擅自入个人账户，或虚拟业务将银行存款划入个人账户。业务活动中各种回扣不上缴，存入私人账户以便贪污或挪用。

10. 转账套现

企业领导或财务人员通过利用外单位的银行存款账户为其套取现金，表面上会计处理挂往来“借：应收账款—贷：银行存款”一收一付金额不变；然后外单位又以“借：银行存款—贷：库存现金”以虚避实的方法套取现金，交于企业领导或财务人员。

11. 存款漏账

会计人员利用管理上的漏洞，伺机漏记银行存款，待以后有机会再从银行账上提现。这种情况多为银行代收款，银行收款后通知企业，会计隐匿收款凭证不记账。

12. 套取利息

财务人员在制作会计凭证时，只记贷款利息支出，不记存款利息收入，出现了账簿与银行存款账户差额。银行存款超出账簿的金额，给财务人员造成了提现不下账的机会，既做到银行账户余额平衡，又达到了套取现金的目的。

13. 银行多划款，企业作收入

由于银行或付款单位人员失误，将账款划错。收款企业对来路不明的款项也不主动退回，企业将这部分不属于自己的款项据为己有。

14. 挪用账外资金，炒股票非法获利

企业建立“黑户”，设置账外账。有权决定“小金库”的人擅自挪用资金，进行账外谋利活动。

15. 多头设户，拖欠银行本息

企业越做越大，贷款越来越多，外债越积越高。业主将资金转移，销货回收率降低，收回的款项不足以支付贷款利息。

16. 公款私办信用卡，损害国家利益

有些单位领导和财务人员利用职务之便，图谋方便或炫耀自己，利用公款办理私用信用卡。之后，虽然补足挪用的公款，但损害了国家利益。

17. 擅自出借资金，利息收入不入账

企业资金运作较好，比较宽裕，当权者将银行存款擅自借给别人，收到利息收入，私设“小金库”用于不正当支出。

18. 为其他单位或个人提供银行账户，收取好处费

例如，李某获得设计费 5 万元，因为出票方只对单位，无奈李某借用 A 设计院账户，支付借用账户好处费 1 万元。

小知识

银行存款会计信息失真的主要形式

1. 化整为零，套取现金

尽管国家对银行结算起点金额做了规定，但有些企业为取得现金，往往巧立名目，化整为零，套取现金。

2. 从银行提现后挪作他用

有的企业提取现金后，不按规定用途使用，而从事不合理、不合法业务。甚至有些出纳人员从银行提现后全部或部分不入账，挪用公款。

3. 出借银行账号

有些单位将自己的账户出借给其他单位或个人办理结算，违反财经纪律及有关规定，歪曲存款实际数及发生额。

4. 涂改、变造银行对账单

有的出纳为了掩盖日记账与对账单不符，故意涂改、变造银行对账单，掩盖真相。

5. 故意漏记、错记、重记，以贪污现金

一些不法分子常利用漏记、错记存款收入，重复登记存款支出等手法，以贪污现金。

9.2.2 银行存款方面假账查处技法

1. 银行存款方面假账查处目标

（1）确定被查单位资产负债表中的银行存款在财务报表日是否确实存在，是否为被查单位所拥有。

（2）确定被查单位在特定期间内发生的银行存款收支业务是否均已记录完毕，有无遗漏。

（3）确定银行存款的余额是否正确。

（4）确定银行存款在财务报表上的披露是否恰当。

2. 银行存款内部控制的测试

（1）银行存款的内部控制。一般而言，一个良好的银行存款的内部控制同现金的内部控制一样，也应达到以下几点。

① 银行存款收支与记账的岗位分离。

② 银行存款收入、支出要有合理、合法的凭据。

③ 全部收支及时准确入账，并且支出要有核准手续。

④ 按月编制银行存款余额调节表，以做到账实相符。

⑤ 加强对银行存款收支业务的内部审计。

按照我国现金管理的有关规定，超过规定限额以上的现金支出一律使用支票。因此，企业应建立相应的支票申领制度，明确申领范围、申领批准及支票签发、支票报销等。

对于支票报销和现金报销，企业应建立报销制度。报销人员报销时应当有正常的报批手续、适当的付款凭据，有关购货支出还应具有验货手续。财会部门应对报销单据加以审核，现金出纳见到加盖核准戳记的支出凭据后方可付款。

付款记录应及时登记入账，一切凭证应按顺序或内容编制会计记录的附件。

（2）银行存款内部控制的了解与评价。

① 了解银行存款的内部控制。查账人员对银行存款内部控制的了解一般与了解现金的内部控制同时进行。查账人员应当注意的内容包括：

- 银行存款的收支是否按规定的程序和权限办理；
- 银行账户是否存在与本单位经营无关的款项收支情况；
- 是否存在出租、出借银行账户的情况；
- 出纳与会计的职责是否严格分离；
- 是否定期取得银行对账单并编制银行存款余额调节表等。

② 抽取并检查收款凭证。查账人员应选取适当的样本量做如下检查：

- 核对收款凭证与存入银行账户的日期和金额是否相符；
- 核对银行存款日记账的收入金额是否正确；
- 核对收款凭证与银行对账单是否相符；
- 核对收款凭证与应收账款明细账的有关记录是否相符；
- 核对实收金额与销货发票是否一致等。

③ 抽取并检查付款凭证。为测试银行存款付款内部控制，查账人员应选取适当的样本量做

如下检查：

- 检查付款的授权批准手续是否符合规定；
- 核对银行存款日记账的付出金额是否正确；
- 核对付款凭证与银行对账单是否相符；
- 核对付款凭证与应付账款明细账的记录是否一致；
- 核对实付金额与购货发票是否相符等。

④ 抽取一定期间的银行存款日记账与总账核对。查账人员应抽取一定期间的银行存款日记账，检查其有无计算错误，并与银行存款总分类账核对。

⑤ 抽取一定期间银行存款余额调节表，查验其是否按月正确编制并经复核。为证实银行存款记录的正确性，查账人员必须抽取一定期间的银行存款余额调节表，将其同银行对账单、银行存款日记账及总账进行核对，确定被查单位是否按月正确编制并复核银行存款余额调节表。

⑥ 检查外币银行存款的折算方法是否符合有关规定，是否与上年度一致。对于有外币银行存款的被查单位，查账人员应检查外币银行存款日记账及“财务费用”“在建工程”等账户的记录，确定企业有关外币银行存款的增减变动是否按业务发生时的市场汇率或业务发生当期期初的市场汇率折合为记账本位币，选用方法是否前后期保持一致；检查企业的银行存款账户的余额是否按期末市场汇率折合为记账本位币金额，有关汇兑损益的计算和记录是否正确。

⑦ 评价银行存款的内部控制。查账人员在完成上述程序之后，即可对银行存款的内部控制进行评价。评价时，查账人员应首先确定银行存款内部控制可信赖的程度以及存在的薄弱环节和缺点，然后据以确定在银行存款实质性测试中对哪些环节可以适当减少审计程序，哪些环节应增加审计程序做重点检查，以减少审计风险。

3. 银行存款的实质性测试

（1）银行存款日记账与总账的余额是否相符。查账人员测试银行存款余额的起点，是核对银行存款日记账与总账的余额是否相符。如果不相符，应查明原因，并作适当调整。

（2）分析性复核程序。计算定期存款占银行存款的比例，了解被查单位是否存在高息资金拆借。如果存在高息资金拆借，应进一步分析拆出资金的安全性，检查高额利差的入账情况；计算存放于非银行金融机构的存款占银行存款的比例，分析这些资金的安全性。

（3）取得并检查银行存款余额调节表。检查银行存款余额调节表是证实资产负债表中所列银行存款是否存在的重要程序。银行存款余额调节表通常应由被查单位根据不同的银行账户及货币种类分别编制，其格式见表 9-3。如果经调节后的银行存款余额存在差异，查账人员应查明原因，并作出记录或进行适当的调整。

取得银行存款余额调节表后，查账人员应检查调节表中未达账项的真实性，以及资产负债表日后的进账情况，如果存在应于资产负债表日之前进账的应作相应的调整。

其程序一般包括：

① 验算调节表的数字计算；

② 对于金额较大的未提现支票、可提现的未提现支票以及查账人员认为重要的未提现支票，列示未提现支票清单，注明开票日期和收票人姓名或单位；

③ 追查截止日期银行对账单上的在途存款，并在银行账户调节表上注明存款日期；

④ 检查截止日仍未提现的大额支票和其他已签发一个月以上的未提现支票；

⑤ 追查截止日期银行对账单已收、企业未收的款项性质及款项来源；

⑥ 核对银行存款总账余额、银行对账单加总金额。

表 9-3　银行存款余额调节表

年　月　日

编制人：　日期：　索引号：

复核人：　日期：　页次：

户别：

项　目
银行对账单余额（　年　月　日）
加：企业已收、银行尚未入账金额
其中：1.　元
2.　元
减：企业已付、银行尚未入账金额
其中：1.　元
2.　元
调整后银行对账单金额
企业银行存款日记账金额（　年　月　日）
加：银行已收、企业尚未入账金额
其中：1.　元
2.　元
减：银行已付、企业尚未入账金额
其中：1.　元
2.　元
调整后企业银行存款日记账金额
经办会计人员：（签字）　会计主管：（签字）

（4）函证银行存款余额。函证是指查账人员在执行审计业务过程中，需要以被查单位名义向有关单位发函询证，以验证被查单位的银行存款是否真实、合法、完整。按照国际惯例，财政部、中国人民银行于 1999 年 1 月 6 日联合印发了《关于做好企业的银行存款、借款及往来款项函证工作的通知》(以下简称《通知》)。《通知》对函证工作提出了明确的要求，并提供了银行询证函和企业询证函参考格式。查账人员在执行审计业务时，可按照此格式以被查单位的名义向有关单位发函询证。《通知》规定：各商业银行、政策性银行、非银行金融机构要在收到询证函之日起 10 个工作日内，根据函证的具体要求，及时回函并可按照国家的有关规定收取询证费用；各有关企业或单位根据函证的具体要求回函。

函证银行存款余额是证实资产负债表所列银行存款是否存在的重要程序。通过向往来银行的函证，查账人员不仅可了解企业资产的存在，同时，还可了解欠银行的债务。函证还可用于发现企业未登记的银行借款。函证时，查账人员应向被查单位在本年存过款（含外埠存款、银行汇票存款、银行本票存款、信用卡存款、信用证保证金存款）的所有银行发函，其中包括企业存款账户已结清的银行，因为有可能存款账户已结清，但仍有银行借款或其他负债存在。同时，虽然查账人员已直接从某一银行取得了银行对账单和所有已付支票，但仍应向这一银行进行函证。例 9-1 为财政部、中国人民银行制定的应用于审计的银行询证函参考格式。

【例 9–1】

银行询证函

编号:

（银行）:

本公司聘请的 × × 会计师事务所正在对本公司的财务报表进行审计，按照中国注册会计师独立审计准则的要求，应当询证本公司与贵行的存款、借款往来等事项。下列数据出自本公司账簿记录，如与贵行记录相符，请在本函下端“数据证明无误”处签章证明；如有不符，请在“数据不符”处列明不符金额。有关询证费用可直接从本公司 × × 存款账户中收取。回函请直接寄至 × × 会计师事务所。

通信地址:

邮编:　　电话:　　传真:

截至　　年　　月　　日，本公司银行存款、借款账户余额等列示如下:

1. 银行存款

银行存款

账户名称	银行账户	币种	利率	余额	备注

2. 银行借款

银行借款

银行账号	币种	余额	借款日期	还款日期	利率	借款条件	备注

3. 其他事项

（公司签章）

（日期）

结论：1. 数据证明无误

（银行签章）

（日期）

2. 数据不符，请列明不符金额

（银行签章）

（日期）

（5）检查一年以上定期存款或限定用途存款。一年以上的定期存款或限定用途的银行存款，不属于企业的流动资产，应列于其他资产类下。对此，查账人员应查明情况，作出相应的记录。

（6）抽查大额现金和银行存款的收支。查账人员应抽查大额现金收支、银行存款（含外埠存款、银行汇票存款、银行本票存款、信用证存款）收支的原始凭证内容是否完整，有无授权批准，并核对相关账户的进账情况。如有与被查单位生产经营业务无关的收支事项，应查明原因并作相应的记录。

（7）检查银行存款收支的正确截止。被查单位资产负债表上的银行存款数额，应以结账日实有数额为准。因此，查账人员必须验证银行存款收支的截止日期。通常，查账人员可以对结账日前后一段时期内银行存款收支凭证进行审计，以确定是否存在跨期事项。

企业资产负债表上银行存款数字应当包括当年最后一天收到的所有存放于银行的款项，而不得包括其后收到的款项；同样，企业年终前开出的支票，不得在年后入账。为了确保银行存款收付的正确截止，查账人员应当在清点支票及支票存根时，确定各银行账户最后一张支票的号码，同时查实该号码之前的所有支票均已开出。在结账日未开出的支票及其后开出的支票，均不得作为结账日的存款收付入账。

（8）检查外币银行存款的折算是否正确。对于有外币银行存款的被查单位，查账人员应检查被查单位对外币银行存款的收支是否按所规定的汇率折合为记账本位币金额；外币银行存款期末余额是否按期末市场汇率折合为记账本位币金额；外币折合差额是否按规定记入相关账户。

（9）检查银行存款是否在资产负债表上恰当披露。根据有关会计准则的规定，企业的银行存款在资产负债表上"货币资金"项目下反映。所以，查账人员应在实施上述审计程序后，确定银行存款账户的期末余额是否恰当，从而确定资产负债表上"货币资金"项目中的数字是否在资产负债表上恰当披露。

小知识

银行存款方面假账主要审查方法

1. 利用银行存款收支内部控制制度反假账对策

甄别银行存款业务的内部控制制度，应注意：

（1）企业是否根据不同的银行账号分别开设银行存款日记账；

（2）银行存款的处理和日记账的登记工作是否由出纳专门负责；

（3）出纳和会计的职责是否分离；

（4）银行存款日记账是否根据经审核后的合法的收付款凭证登记入账；

（5）银行存款日记账是否逐笔序时登记；

（6）企业除零星支付外的支出是否通过银行转账结算；

（7）对于重大的开支项目是否经过核准、审批；

（8）银行支票是否按顺序签出；

（9）是否严格控制和保管空白支票；

（10）作废支票是否加盖"作废"戳记，并与存根联一并保存；

（11）是否使用支票登记簿；

（12）支票是否由出纳和有关主管人员共同签发；

（13）签发支票的印章是否妥善保管，大、小印是否分别由专人保管；

（14）银行存款日记账与总账是否每月核对相符；

（15）银行存款日记账是否定期与银行对账单核对；

（16）是否定期由独立人员编制银行存款调节表，调节未达账项。

2. 银行存款增加错弊方面的反假账对策

（1）审阅"银行存款日记账"，核对其送存现金的收方记录与对应的会计凭证，并追溯甄别所送存现金的收款业务，了解现金来源是否合理、合法；查阅其每月结余额，并将其与所核定的限额进行核对，即可确定是否将超库存限额现金全部及时送存银行。

（2）查阅"银行存款日记账"收方记录的业务内容、日期、金额，与"应收账款"总账下相应明细账中记录的业务内容、日期金额进行核对，从而查证企业通过银行转账增加的银行存款，有无划回不及时，不足额的问题。同时，也可审阅银行转来的有关凭证上的收款单位是否确属被查单位，名称、账号是否相符，了解被查单位与支付款单位有无业务往来，查证是否银行工作差错。

（3）甄别有关合同、协议是否符合规定，甄别有无物资保证和商业信誉，以往有无不及时付款、付货或不提供服务的情况；调查询问有无给客户或顾客造成经济或其他方面的损失。以此查证企业有无进行不合理、不正当的需要收贷款或其他款项的业务。

3. 银行存款减少错弊方面反假账对策

（1）以“现金日记账”收方或“银行存款日记账”的付方记录的提取现金的摘要，审阅甄别提取现金的有关摘要上的说明，是否有正当理由，提取现金后是否记入现金账，然后根据“现金日记账”和付款凭证上反映的业务内容，以及“库存现金”科目的对方科目，来分析该笔现金的去向是否明确，是否合理、合法，如有必要可与收款单位取得联系，促其协助调查问题。

（2）利用查阅法、核对法、分析法，甄别“银行存款日记账”付方记录时发现线索或疑点，然后调查会计凭证，甄别划出银行存款的理由是否正当合理、合法；调查分析了解此两单位之间是否存在正常的业务往来关系，从而查证银行存款的划出是否合理、合法。也可以在调节银行存款余额时发现线索，然后，进行相应会计期间的“银行存款日记账”与“银行对账单”的逐笔核对，并在调阅审查有关会计凭证的基础上查证企业银行存款支出后是否不记账，以掩盖非法开支的舞弊问题。

（3）审阅甄别“银行存款日记账”付方记录的内容时，发现企业签发空头支票、空白支票，并给单位造成损失的线索，然后通过调阅会计凭证进行账证、证证核对查证问题。或者直接在审阅、核对会计凭证时发现并查证问题。

（4）甄别、核对企业的销售收入明细账与商品明细账，查证其是否有发出商品而货款长期未收，并审查有无假退货。如发现疑点，即与供货方联系，查证款项去向，并由此查证企业是否开立“黑户”，截留存款。

4. 银行存款余额错弊方面的反假账对策

（1）询证期末银行存款余额。银行存款是货币资金中的最主要部分，为了查证资产负债表所列示银行存款余额是否存在，必须向开户银行询证。通过询证，可以获得企业银行存款确实存在的证据；获得银行存款可供企业使用、企业拥有其所有权的证据；还可能发现企业未入账的银行存款。

（2）取得或编制银行存款余额调节表。银行存款余额调节表可以由企业编制，也可以由查账人员编制。其查证的内容主要包括以下几点。

① 根据银行对账单、银行存款日记账和总账上的结账日余额核对银行存款余额调节表上调节前的相对应余额，查证列示是否正确。

② 将银行对账单记录与银行存款日记账记录逐笔核对，核实调节表上各个调节项目的列示是否真实完整。任何漏记或多记调节项目的现象均应引起查账人员的注意。

③ 在核对银行存款日记账账面余额和银行对账单余额的基础上，复核未达账项加减调节，验证调节后两者的余额计算是否相符，是否正确。如不符，说明其中一方或双方存在差错，应进一步查明原因。

④ 逐笔查证未达账项，以确定其真实性。

银行存款余额调节表的格式见表9-4。

表9-4 银行存款余额调节表

币别　　　　　　　　户别　　　　　　××××年××月××日

项目	金额	项目	金额
银行存款记账余额		银行对账单余额	
加：银行已收，企业		加：企业已收，银行	
未入账款项		未入账款项	
减：银行已付，企业		减：企业已付，银行	
未入账款项		未入账款项	
调整银行存款日记账余额		调整后银行对账单余额	

5. 银行存款日记账方面的反假账对策

（1）根据日期和凭证号数栏的记载，查明是否以记账凭证为依据逐笔序时登记收支业务并逐笔结出余额，有无前后日期和凭证编号前后顺序颠倒的情况。

（2）根据摘要栏、金额栏和对方科目栏的记载，判断经济业务的会计处理、会计科目的使用是否适当。同时，还要进一步查证其收付业务是否与本单位经营活动有关，是否有出租出借银行账号之嫌。开具的银行提现支票，其内容是否符合现金结算范围规定，如不属于规定的现金结算范围，又不通过现金日记账反映，应注意可能存在套取现金的可能。

（3）根据结存余额栏的记载，查明是否有异常的红字余额。如出现红字余额，可能是由于不同银行账号的业务记录出现"串户"，或者收支业务记录的先后顺序颠倒，或者开具空头支票等所致。

6. 银行存款收付凭证方面的反假账对策

银行存款的收付凭证是银行存款日记账的记账依据，是银行存款日记账正确与否的前提。其甄别要点与现金收付款凭证的甄别要点相似，此处不再赘述。

9.3 其他货币资金方面的假账与反假账

其他货币资金是指企业除库存现金、银行存款以外的各种货币资金，主要包括银行汇票存款、银行本票存款、信用卡存款、信用证保证金存款、存出投资款、外埠存款等。

（1）银行汇票存款。银行汇票是指银行签发的，由其在见票时按照实际结算金额无条件支付给收款人或者持票人的票据。银行汇票的出票银行为银行汇票的付款人。单位和个人各种款项的结算，均可使用银行汇票。银行汇票可以用于转账，填明"现金"字样的银行汇票也可以用于支取现金。

（2）银行本票存款。银行本票是指银行签发的，承诺自己在见票时无条件支付确定的金额给收款人或持票人的票据。单位和个人在同一票据交换区域需要支付的各种款项，均可使用银行本票。银行本票可以用于转账，注明"现金"字样的银行本票可以用于支取现金。

（3）信用卡存款。信用卡存款是指企业为取得信用卡而存入银行信用卡专户的款项。信用卡是银行卡的一种，按使用对象分为单位卡和个人卡；按信用等级分为金卡和普通卡；按是否向发卡银行交存备用金分为贷记卡和准贷记卡。

（4）信用证保证金存款。信用证保证金存款是指采用信用证结算方式的企业为开具信用证而存入银行信用证保证金专户的款项。企业向银行申请开立信用证，应按规定向银行提交开证申请书、信用证申请人承诺书和购销合同。

（5）存出投资款。存出投资款是指企业已存入证券公司但尚未进行投资的资金。

（6）外埠存款。外埠存款是指企业为了到外地进行临时或零星采购，而汇往采购地银行开立采购专户的款项。该账户的存款不计利息、只付不收、付完清户，除了采购人员可从中提取少量现金，一律采用转账结算。

9.3.1 其他货币资金方面造假手法

1. 账户开设不合理

有的企业为了转移资金，在外地开设外埠存款账户，而不是为到外地临时采购。

2. 虚列其他货币资金

有的企业为从账面上改善企业货币资金状况而虚列在途资金。

3. 不按规定用途使用

将款项汇往外地，未按原定计划采购所需物资，而是挪作他用。

可以看出，货币资金会计信息失真，常常与企业违反国家财经纪律、企业内部控制不完善、不法之徒贪污盗窃货币资金有关，所以应引起严重关注。

4. 关于外埠存款

（1）非法设立外埠存款账户。主要表现为捏造申请书，骗取银行信用，在异地开设采购户进行非法交易；在异地会同异地合伙单位设立存款账户，将企业存款汇往异地作为外埠存款。

（2）外埠存款非理、非法支出。主要表现为将外埠存款挪用进行股票投资、债券投资等交易活动。

5. 关于银行汇票

（1）银行汇票使用不合理、不合法。主要表现在超出了使用范围，套取现金；到外地提取现金，用于非法活动；贪污汇票存款，找假发票，使发票单位或收款单位不一致。

（2）非法转让或贪污银行汇票。也就是说，企业财会部收到银行汇票时，不及时存入银行，而是通过背书转让给其他单位，从中获取非法所得。

（3）收受无效的银行汇票，给企业带来损失。主要表现为接受过期、作废或经涂改的银行汇票；接受非银行签发的银行汇票或假冒的银行汇票；收到的银行汇票，收款人并非本企业。

6. 关于银行本票

这方面的造假主要表现在：银行本票与采购金额不一致；银行本票金额大，致使业务员用假发票抵账，贪污余款。

7. 关于在途货币资金

这方面造假的主要表现在：收到存款或收到在途货币资金不作转账处理，挪作他用或者贪污；虚增在途货币资金，如为了虚列销售收入，表现为增加在途货币资金。

9.3.2　其他货币资金方面假账查处技法

1. 其他货币资金方面假账查处目标

（1）确定被查单位资产负债表中的其他货币资金在财务报表日是否确实存在，是否为被查单位所拥有。

（2）确定被查单位在特定期间内发生的其他货币资金收支业务是否均已记录完毕，有无遗漏。

（3）确定其他货币资金的余额是否正确。

（4）确定其他货币资金在财务报表上的披露是否恰当。

2. 其他货币资金内部控制的测试

一个良好的其他货币资金的内部控制同现金的内部控制一样，也应达到以下几点：

- 其他货币资金收支与记账的岗位分离；
- 其他货币资金收入、支出要有合理、合法的凭据；
- 全部收支及时准确入账，并且支出要有核准手续；
- 加强对其他货币资金收支业务的内部审计。

其他货币资金内部控制的测试程序包括以下几点。

（1）了解其他货币资金的内部控制。查账人员在对其他货币资金的内部控制进行了解时，应当注意以下内容。

① 其他货币资金的收支是否按规定的程序和权限办理。

② 其他货币资金的记账依据是否充分、恰当。

③ 其他货币资金是否及时入账。

④ 出纳与会计的职责是否严格分离。

（2）抽取并检查收支凭证。查账人员应选取适当的样本量，作如下检查。

① 检查授权批准手续是否符合规定。

② 检查原始凭证是否充分、恰当。

③ 检查入账金额是否正确。

④ 检查入账时间是否及时。

（3）抽取一定期间的其他货币资金明细账与总账核对。查账人员应抽取一定期间的其他货币资金明细账，检查其有无计算错误，并与其他货币资金总分类账核对。

（4）评价其他货币资金的内部控制。查账人员在完成上述程序之后，即可对其他货币资金的内部控制进行评价。评价时，查账人员应首先确定现金内部控制可信赖的程度以及存在的薄弱环节和缺点，然后据以确定在其他货币资金实质性测试中对哪些环节可以适当减少审计程序，哪些环节应增加审计程序，作重点检查，以减少审计风险。

一般而言，企业的其他货币资金业务较少，查账人员可以直接进行其他货币资金的实质性测试。

3. 其他货币资金的实质性测试

（1）核对外埠存款、银行汇票存款、银行本票存款等各明细账期末合计数与总账数是否相符。

（2）函证外埠存款户、银行汇票存款户、银行本票存款户期末余额。

（3）对于非记账本位币的其他货币资金，检查其折算汇率是否正确。

（4）抽查一定样本量的原始凭证进行测试，检查其经济内容是否完整，有无适当的审批授权，并核对相关账户的进账情况。

（5）抽取资产负债表日后的大额收支凭证进行截止测试，如有跨期收支事项，应作适当调整。

（6）检查其他货币资金的披露是否恰当。

小知识

其他货币资金方面假账主要审查方法

1. 其他货币资金业务错弊的查证方法

（1）查阅各种存款日记账，查证各种专户存款开立是否必要。例如，外埠存款是否因临时、零星采购物资所需而开立，信用证存款是否确实因在开展进出口贸易业务中采用国际结算方式所需而开立。

（2）要求企业提供各种书面文件，查证开立各种专户存款是否经过适当的审批手续，其数额是否合理。

（3）从日记账记录中抽出数笔业务查证其原始凭证和记账凭证，查证各存款户支用款项是否合理，即是否按原定的用途使用；是否遵守银行的结算制度；采购业务完成之后是否及时办理结算手续；有无非法转移资金的现象。

（4）对于在途货币资金，应根据汇出单位的汇款通知书，查证在途货币资金的形成是否真实；在途货币资金发生后是否及时入账；收到在途货币资金后是否及时注销；对于长期挂账不注销或一直未收到款项的应查明原因。

2. 外埠存款反假账对策

（1）查账人员应运用详查法，审查以外埠存款购进的全部商品、材料和其他物品，看其有无超出采购存款的佣金。

（2）再审查“其他货币资金——外埠存款”明细账余额，查明其有无长期挂账现象，若“其他货币资金——外埠存款”占用时间长，应进一步分析查证其有无挪用资金或者不及时办理结算的问题。

3. 银行汇票存款的反假账对策

（1）审查银行汇票申请书，查明被查单位与收款单位有无业务往来。

（2）审查购销合同规定的结算方式是否为采用银行汇票结算。

（3）在分析使用汇票结算合理性的基础上，审查“其他货币资金——银行汇票存款”明细账，审查其是否及时办理结算，有无长期挂账而挪用汇票存款或侵占行为。

（4）核对银行存款和银行对账单，审查其款项是否与银行对账单一致，如果不一致，应分析是否为未达账项；否则，应查明是否收到无效或过期汇票。

4. 银行本票存款的反假账对策

银行本票存款的反假账对策，与银行汇票存款的查证基本相同，故从略。

第 10 章

应收及预付款项方面的假账与反假账

应收及预付款项是指企业在日常生产经营过程中发生的各项债权，包括应收款项和预付款项。应收款项包括应收票据、应收账款、应收股利、应收利息和其他应收款等；预付款项是指企业按照合同规定预付的款项，如预付账款等。

10.1　应收账款方面的假账与反假账

应收账款，是指企业以摊余成本计量的、企业因销售商品、提供劳务等日常活动应收取的款项。因销售商品、提供劳务等，采用递延方式收取合同或协议价款、实质上具有融资性质的，在“长期应收款”科目核算。

（1）企业发生应收账款，按应收金额，借记本科目，按确认的营业收入，贷记“主营业务收入”“手续费及佣金收入”“保费收入”等科目。收回应收账款时，借记“银行存款”等科目，贷记本科目。涉及增值税销项税额的，还应进行相应的处理。

代购货单位垫付的包装费、运杂费，借记本科目，贷记“银行存款” 等科目。收回代垫费用时，借记“银行存款”科目，贷记本科目。

（2）企业与债务人进行债务重组，应当分别债务重组的不同方式进行处理。

① 收到债务人清偿债务的款项小于该项应收账款账面价值的，应按实际收到的金额，借记“银行存款”等科目，按重组债权已计提的坏账准备，借记“坏账准备”科目，按重组债权的账面余额，贷记本科目，按其差额，借记“营业外支出”科目。

收到债务人清偿债务的款项大于该项应收账款账面价值的，应按实际收到的金额，借记“银行存款”等科目，按重组债权已计提的坏账准备，借记“坏账准备”科目，按重组债权的账面余额，贷记本科目，按其差额，贷记“信用减值损失”科目。

以下债务重组涉及重组债权减值准备的，应当比照此规定进行处理。

② 接受债务人用于清偿债务的非现金资产，应按该项非现金资产的公允价值，借记“原材料”“库存商品”“固定资产”“无形资产”等科目，按重组债权的账面余额，贷记本科目，按应支付的相关税费和其他费用，贷记“银行存款”“应交税费”等科目，按其差额，借记“营业外支出”科目。涉及增值税进项税额的，还应进行相应的处理。

编者按：债务重组中因处置非流动资产产生的利得或损失和非货币性资产交换中换出非流动资产产生的利得或损失在“资产处置损益”科目核算。

③ 将债权转为投资，应按享有股份的公允价值，借记“长期股权投资”科目，按重组债权的账面余额，贷记本科目，按应支付的相关税费和其他费用，贷记“银行存款”“应交税费”等科目，按其差额，借记“营业外支出”科目。

④ 以修改其他债务条件进行清偿的，应按修改其他债务条件后债权的公允价值，借记本科

目，按重组债权的账面余额，贷记本科目，按其差额，借记“营业外支出”科目。

本科目期末借方余额，反映企业尚未收回的应收账款；期末如为贷方余额，反映企业预收的账款。

10.1.1　应收账款方面造假手法

1. 虚增应收账款

有些企业为了完成利润指标，往往虚构销售业务或将并不符合销售的经济业务也列作销售。例如，将分期收款销售金额记为销售收入，开出虚假销售发票虚增应收账款。

2. 虚减应收账款

有些企业为了隐瞒利润，达到少缴税或为以后年度打基础，将一些符合销售条件的业务不登记入账。

3. 收回应收账款不入账

收回应收账款后不入账或暂不入账，非法侵占、挪用或贪污企业的货币资金。

4. 不按规定提取、转销坏账准备

有些企业不按规定比例计提，而多提或少提坏账准备，有的企业转销坏账不符合现行制度规定的条件或坏账转销未履行审批手续。

10.1.2　应收账款方面假账查处技法

1. 应收账款方面假账查处目标

（1）确定应收账款是否存在。

（2）确定应收账款是否归被查单位所有。

（3）确定应收账款增减变动的记录是否完整。

（4）确定应收账款是否可收回，坏账准备的计提方法和比例是否恰当，坏账准备的计提是否充分。

（5）确定应收账款和坏账准备期末余额是否正确。

（6）确定应收账款和坏账准备在财务报表上的披露是否恰当。

2. 应收账款方面假账查处技法

（1）核对应收账款。取得或编制应收账款明细表，复核加计正确，并与总账数和明细账合计数核对相符；结合坏账准备科目与报表数核对相符。

应当注意，应收账款报表数反映企业因销售商品、产品和提供劳务等应向购买单位收取的各种款项，减去已计提的相应的坏账准备后的净额。因此，其报表数应同应收账款总账数和明细账减去与应收账款相应的坏账准备总账数和明细账后的余额核对相符。

（2）分析应收账款账龄。查账人员可以通过编制或索取应收账款账龄分析表来分析应收账款的账龄，以便了解应收账款的可收回性。应收账款账龄分析表见表 10-1。

表 10-1　应收账款账龄分析表

年　月　日　　　　　货币单位：

顾客名称	期末余额	账龄			
		1 年以内	1～2 年	2～3 年	3 年以上
合计					

应收账款的账龄，是指资产负债表中的应收账款从销售实现、产生应收账款之日起，至资产负债表日止所经历的时间。编制应收账款账龄分析表时，可以选择重要的顾客及其余额列示，不重要的或余额较小的，可以汇总列示。应收账款账龄分析表的合计数减去已计提的相应坏账准备后的净额，应该等于资产负债表中的应收账款数。

（3）向债务人函证应收账款。应收账款函证就是直接发函给被查单位的债务人，要求核实被查单位应收账款的记录是否正确的一种审计方法。函证应收账款的目的是证实应收账款账户余额的真实性、正确性，防止或发现被查单位及其有关人员在销售业务中发生的差错或弄虚作假、营私舞弊行为。通过函证，可以比较有效地证明债务人的存在和被查单位记录的可靠性。询证函由查账人员利用被查单位提供的应收账款明细账户名称及客户地址等资料据以编制，但询证函的寄发一定要由查账人员亲自进行。

1）函证的范围和对象。除非有充分证据表明应收账款对被查单位财务报表而言是不重要的，或者函证很可能是无效的，否则，查账人员应当对应收账款进行函证。如果查账人员不对应收账款进行函证，应当在工作底稿中说明理由。如果认为函证很可能是无效的，查账人员应当实施替代审计程序，获取充分、适当的审计证据。函证数量的多少、范围是由诸多因素决定的，主要有以下几个方面。

① 应收账款在全部资产中的重要性。若应收账款在全部资产中所占的比重较大，则函证的范围应相应大一些。

② 被查单位内部控制的强弱，若内部控制制度较健全，则可以相应减少函证量；反之，则应相应扩大函证范围。

③ 以前期间的函证结果。若以前期间函证中发现过重大差异，或欠款纠纷较多，则函证范围应相应扩大一些。

④ 函证方式的选择。若采用积极式函证，则可以相应减少函证量；若采用消极式函证，则要相应增加函证量。

一般情况下，查账人员应选择以下项目作为函证对象：大额或账龄较长的项目；与债务人发生纠纷的项目；关联方［包括持股 5%（含）以上股东］项目；主要客户（包括关系密切的客户）项目；交易频繁但期末余额较小甚至余额为零的项目；非正常的项目。

2）函证的方式。函证方式分为积极式函证和消极式函证两种。

① 积极式函证，即向债务人发出询证函，要求他证实所函证的欠款是否正确，无论对错都要求复函。例 10-1 为财政部、中国人民银行制定的积极式询证函参考格式。

【例 10-1】

企业询证函

编号：

（公司）：

本公司聘请的××会计师事务所正在对本公司财务报表进行审计，按照中国注册会计师独立审计准则的要求，应当询证本公司与贵公司的往来账项等事项。下列数据出自本公司账簿记录，如与贵公司记录相符，请在本函下端“数据证明无误”处签章证明；如有不符，请在“数据不符”处列明不符金额。回函请直接寄至××会计师事务所。

通信地址：

邮编：　　电话：　　传真：

1. 本公司与贵公司的往来账项列示

往来账项

截止日期	贵公司欠	欠贵公司	备注

2. 其他事项

本函仅为复核账目之用，并非催款结算，若款项在上述日期之后已经付清，仍请及时函复为盼。

（公司签章）

（日期）

结论：

1. 数据证明无误

（签章）

（日期）

2. 数据不符，请列明不符金额

（签章）

（日期）

② 消极式函证，也是向债务人发出询证函，但所函证的款项相符时不必复函，只有在所函证的款项不符时才要求债务人向查账人员复函。

查账人员采用哪种函证方式，可以根据下述情形作出选择。

当符合下列情况时，采用积极式函证较好：

- 被查单位个别账户的欠款金额较大；
- 查账人员有理由相信欠款可能会存在争议、差错等问题。

当符合以下所有条件时，可以采用消极式函证：

- 被查单位相关的内部控制是有效的，固有风险和控制风险评估为低水平；
- 查账人员预计应收账款差错率较低；
- 欠款余额小的债务人数量很多；
- 查账人员有理由确信大多数被函证者能认真对待询证函，并对不正确的情况予以反馈。

有时两种函证方式结合起来使用可能更适宜：对于大金额账项采用积极式函证，对于小金额账项则采用消极式函证。

3）函证时间的选择。为了充分发挥函证的作用，应恰当选择函证的发送时间。查账人员通常以资产负债表日为截止日，充分考虑对方复函的时间，在期后适当时间内实施函证，尽可能做到在查账人员的审计工作结束前取得函证的全部资料。如果固有风险和控制风险评估为低水平，查账人员也可选择资产负债表日前适当日期为截止日实施函证，并对所函证项目自该截止日起至资产负债表日止发生的变动实施其他实质性测试程序。

4）函证的控制。查账人员应当直接控制询证函的发送和回收。对于因无法投递而退回的信函要进行分析、研究、处理，查明是由于被函证者地址迁移、差错而致使信函无法投递，还是这笔应收账款本来就是一笔假账。如果被询证者以传真、电子邮件等方式回函，查账人员应当直接接收，并要求被询证者寄回询证函原件。对于采用积极式函证方式而没有得到复函的，查账人员应当考虑对重要的账户余额或其他信息再次函证，一般说来应第二次乃至第三次发送询证函，如果仍得不到答复，查账人员则应考虑采用必要的替代审计程序。例如，检查与销售有关的文件，包括销售合同、销售订单、销售发票副本及发运凭证等，以验证这些应收账款的真实性。查账人员可通过函证结果汇总表来加以控制。函证结果汇总表见表 10–2。

表 10–2　函证结果汇总表

函证编号	债务人名称	债务人地址	函证日期		账面金额	函证结果	差异金额及说明	审定金额
			第一次	第二次				

5）函证结果差异的分析。收回的询证函若有差异，查账人员应对此进行分析，寻找差异的原因，并应与债务人直接联系，作进一步核实。必要时，应要求被查单位作适当调整。产生差异的原因可能是由于购销双方登记入账的时间不同，也可能是由于一方或双方记账错误，还可能是其中有弄虚作假或舞弊行为。因登记入账的时间不同而产生的差异，主要表现为：

① 询证函发出时，债务人已经付款，而被查单位尚未收到货款；

② 询证函发出时，被查单位的货物已经发出并已作销售记录，但货物仍在途中，债务人尚未收到货物；

③ 债务人由于某种原因将货物退回，而被查单位尚未收到；

④ 债务人对收到的货物的数量、质量及价格等有异议而全部或部分拒付货款。

6）对函证结果的总结和评价。查账人员应将函证的过程和情况记录在工作底稿中，并据以总结和评价应收账款情况。查账人员对函证结果可进行如下评价。

① 查账人员应重新考虑：对内部控制的原有评价是否适当；控制测试的结果是否适当；分析性复核的结果是否适当；相关的风险评价是否适当等。

② 如果函证结果表明没有审计差异，则查账人员可以合理地推论，全部应收账款总体是正确的。

③ 如果函证结果表明存在审计差异，查账人员则应当估算应收账款总额中可能出现的累计差错是多少，估算未被选中进行函证的应收账款的累计差错是多少。为取得对应收账款累计差错更加准确的估计，也可以进一步扩大函证范围。

需要指出的是，即便应收账款得到了债务人的确认，也并不意味着债务人一定会付款。另外，函证也不可能发现应收账款中存在的所有问题。尽管如此，应收账款的函证仍不失为一种必要的、有效的审计方法。查账人员通过对应收账款进行函证，并执行其他实质性测试审计程序，可以对有关债权回收的可能性给出合理的结论，并向被查单位管理层提出有关债权情况所面临的风险和应当采取的措施。

同时需要指出的是，查账人员应当将询证函回函作为审计证据，纳入审计工作底稿管理，询证函回函的所有权归所在会计师事务所。除法院、检察院及其他部门依法查阅审计工作底稿、查账人员协会对执业情况进行检查以及前后任查账人员沟通等情况外，会计师事务所不得将询证函回函提供给被查单位作为法律诉讼证据。

（4）请被查单位协助，在应收账款明细表上标出至审计时已收回的应收账款金额。对已收回金额较大的款项进行常规检查，如核对收款凭证、银行对账单、销售发票等，并注意凭证发生日期的合理性。

（5）检查未函证应收账款。由于查账人员不可能对所有应收账款进行函证，因此，对于未函证应收账款，查账人员应抽查有关原始凭据，如销售合同、销售订单、销售发票副本及发运凭证等，以验证与其相关的这些应收账款的真实性。

（6）检查坏账的确认和处理。首先，查账人员应检查有无债务人破产或者死亡的，以及破产或以遗产清偿后仍无法收回的，或者债务人长期未履行清偿义务的应收账款；其次，应检查被查单位坏账的处理是否经授权批准，有关会计处理是否正确。

（7）抽查有无不属于结算业务的债权。不属于结算业务的债权，不应在应收账款中进行核算。因此，查账人员应抽查应收账款明细账，并追查有关原始凭证，查证被查单位有无不属于结算业务的债权，如有，应作记录或建议被查单位作适当调整。

（8）检查应收账款是否业已用于贴现，判定应收账款贴现业务属质押还是出售，其会计处理是否正确。企业以其按照销售商品、提供劳务的销售合同所产生的应收债权向银行等金融机构贴现，在进行会计核算时，应按照“实质重于形式”的原则，充分考虑交易的经济实质。对于有明确的证据表明有关交易事项满足销售确认条件，如与应收债权有关的风险、报酬实质上已经发生转移等，应按照出售应收债权处理，并确认相关损益；否则，应作为以应收债权为质押取得的借款进行会计处理。

（9）分析应收账款明细账余额。应收账款明细账的余额一般在借方。在分析应收账款明细账余额时，查账人员如果发现应收账款出现贷方明细余额的情形，就应查明原因，必要时建议作重分类调整。

（10）检查应收账款在资产负债表上是否已恰当披露。

小知识

应收账款方面假账主要审查方法

1. 甄别应收账款内部控制制度

对应收账款内部控制制度甄别时，应注意以下几点。

（1）是否建立明确的职责分工制度。为了确保企业应收账款业务的可靠性和合法性，企业应建立明确的职责分工制度，按各相关业务环节进行明确的分工，加强内部控制，防止各种舞弊行为的发生。例如，现金收款的职员、编制应收账款余额核对表的职员，必须同记录应收账款的职员岗位分离；“应收账款”的总账和明细账户的登记应由不同职员根据汇总的记账凭证和各种原始凭证、记账凭证分别登记，并由独立于记录应收账款的其他职员定期甄别核对总账账户和明细账户的余额；由信贷部门的职员定期编制应收账款账龄分析表等。

（2）是否严格控制应收账款业务。应收账款的登记必须有专人负责，应收账款的记录必须以经销售部门核准的销售发票和发运单等原始凭证为依据。

（3）是否建应收账款的定期清理、催收制度。企业应根据应收账款的明细账户定期编制应收账款余额核对表，并将该表寄客户请其认可；对长期未收回的应收账款，应查明原因，指定专人进行催收和索取贷款。

（4）是否建立严格的批准、审核制度。坏账损失的冲销、销售折扣与折让的给予，必须经过企业专门指定的人员签字批准、审核才能处理。

查账人员可能通过查阅被查单位的有关规章制度、文件资料，向有关人员查询或现场调查等方式，了解被查单位应收账款的内部控制制度，并用适当的方法将了解的情况描述出来，记入工作底稿。常用的方法有：编写书面说明、编制内部控制调查表和绘制内部控制流程图。通过对企业应收账款内部控制制度的评价，找出企业在应收账款管理和控制方面的薄弱环节，这些薄弱环节就是下一步审查的重点内容。

2. 运用核对法

将“应收账款”账户的有关书面资料，即账、表、证就其相关范围进行核对，以检验其是否相符。

对于“应收账款”账户入账金额的甄别，查账人员应审核销售发票，看其与“应收账款”“主营业务收入”等账户记录是否一致，来确定其入账金额是否按规定采用总额法。对于“应收账款”账户核算内容的正确性、合理性、合法性的甄别，查账人员可以通过审阅“应收账款”账户的有关明细账及记账凭证和原始凭证来加以判断，如属于虚列主营业务收入，则可能其记账凭证未附有关原始凭证，如没有附销售部门核准的销售发票和发运单等，或者明细账户没有任何登记。审查有无将应在其他债权账户上核算的业务反映到“应收账款”账户上，可以先审阅其摘要的内容，来判断是否应由“应收账款”账户核算，必要时再审阅该笔业务的原始凭证。

3. 运用账龄分析法

将应收账款按时间的长短进行适当分类分析。查账人员可以通过编制或索取应收账款账龄分析表来分析应收账款的账龄，从而分析应收账款收回的可能性。对于数额大的、久欠不还的、有纠纷的、催收情况不明的应收账款，应进行重点审查。应收账款属于企业的短期债权，是企业变现能力最强的流动资产之一，一般不应超过一个经营周期。对于应收账款迟迟不能收回的情况，查账人员应根据企业的具体业务情况和客户情况，确定一个标准的回收期，将其与企业“应收账款”账户有关明细账资料作对比，对于超过标准回收期的款项再作进一步调查，看是否存在款项收回后，通过不正当手段转移、贪污的情况。

4. 运用函证法

查账人员直接致函欠款单位，根据对方回函情况来验证应收账款数据的真实性。

采用函证法，首先要科学地选择函证方式。函证的方式有两种，即积极式函证与消极式函证。积极式函证要求对方无论函证的内容对错都应复函答复；消极式函证只要求对方在不同意函证内容时才复函。相比较而言，积极式函证的结果更为可靠。一般对重要的业务事项（如金额巨大的）、内部控制比较薄弱的业务事项和查账人员认为疑点较多的事项（如账龄长的），应采取积极式函证，否则可用消极式函证。其次，要注意查收复函和退回的函件。对于无从投递的退回函件，必须仔细分析，了解其中的原因。在多数情况下，退回的函件更为重要，暗示了被函证的事项可能存在着重大问题。收取复函后，查账人员应结合其他查账方法，分析差异，提出函证结论。

10.2 应收票据方面的假账与反假账

应收票据属于企业金融资产范畴，是指企业因销售商品或提供劳务而持有的尚未到期的商业票据，是一项债权凭证。票据包括支票、本票、汇票，但是，会计上作为应收票据核算的仅指商业汇票。

为了反映和监督应收票据取得、票款收回等情况，企业应当设置“应收票据”科目，借方登记取得的应收票据的面值，贷方登记到期收回票款或到期前向银行贴现的应收票据的票面余额，期末余额在借方，反映企业持有的商业汇票的票面余额。

“应收票据”科目可按照开出、承兑商业汇票的单位进行明细核算。本科目核算以摊余成本计量的、企业因销售商品、提供劳务等而收到的商业汇票，包括银行承兑汇票和商业承兑汇票。企业应当设置“应收票据备查簿”，逐笔登记商业汇票的种类、号数和出票日、票面金额、交易合同号和付款人、承兑人、背书人的姓名或单位名称、到期日、背书转让日、贴现日、贴现率和贴现净额以及收款日和收回金额、退票情况等资料。商业汇票到期结清票款或退票后，在备查簿中应予注销。本科目可按开出、承兑商业汇票的单位进行明细核算。

企业因销售商品、提供劳务等而收到开出、承兑的商业汇票，按商业汇票的票面金额，借记本科目，按确认的营业收入，贷记“主营业务收入”等科目。涉及增值税销项税额的，还应进行相应的处理。持未到期的商业汇票向银行贴现，应按实际收到的金额（减去贴现息后的净额），借记“银行存款”等科目，按贴现息部分，借记“财务费用”等科目，按商业汇票的票面金额，贷记本科目或“短期借款”科目。将持有的商业汇票背书转让以取得所需物资，按应计入取得物资成本的金额，借记“材料采购”或“原材料”“库存商品”等科目，按商业汇票的票面金额，贷记本科目，如有差额，借记或贷记“银行存款”等科目。涉及增值税进项税额的，还应进行相应的处理。商业汇票到期，应按实际收到的金额，借记“银行存款”科目，按商业汇票的票面金额，贷记本科目。本科目期末借方余额，反映企业持有的商业汇票的票面金额。

10.2.1　应收票据方面造假手法

（1）虚增或虚减应收票据。有些企业出于调节利润的需要，虚增或隐瞒应收票据使应收票据金额失真。

（2）未按商业汇票的使用范围使用，违反有关法律规定。

（3）带息票据利息核算不正确。跨越两期的带息票据利息应分属于两期，工作人员图省事，不予以分摊。

（4）已向银行贴现的未到期票据未作充分反映。

（5）应收票据长期挂账。有些企业对已到期但出票人无力付款的票据未转作应收账款，虚增票据。

（6）计提坏账准备时未包括应收票据账户余额，对于无法收回的应收票据也未作坏账转销。

在实际工作中为调节利润指标，虚增（减）应收账款及应收票据是应收账款（应收票据）信息失真的主要原因。

10.2.2　应收票据方面假账查处技法

1. 应收票据方面假账查处目标

（1）确定应收票据是否存在。

（2）确定应收票据是否归被查单位所有。

（3）确定应收票据增减变动的记录是否完整。

（4）确定应收票据是否有效，可否收回。

（5）确定应收票据期末余额是否正确。

（6）确定应收票据在财务报表上的披露是否恰当。

2. 应收票据方面假账查处技法

（1）获取或编制应收票据明细表，复核加计正确，并核对其期末余额合计数与报表数、总账数和明细账合计数是否相符。

应收票据明细表通常包括出票人姓名、出票日、到期日、金额和利率等资料。在复核加计正确及与上述有关数额核对相符的基础上，查账人员应抽查部分票据，并追查至相关文件资料，判断其内容是否正确，有无应转应收账款的逾期应收票据，以及虽未逾期但有确凿证据表明不能够收回或收回可能性不大的应收票据。

（2）监盘库存票据，注意票据的种类、号数、签收的日期、到期日、票面金额、合同交易号、付款人、承兑人、背书人姓名或单位名称，以及利率、贴现率、收款日期、收回金额等是否与应收票据登记簿的记录相符，是否存在已作质押的票据和银行退回的票据。

（3）必要时，抽取部分票据向出票人函证，证实其存在性和可收回性，编制函证结果汇总表。

（4）检查有疑问的商业票据是否曾经更换或转期，或向出票人函证以确定其兑现能力。

（5）检查应收票据的利息收入是否正确入账，注意逾期应收票据是否已按规定停止计提利息。

如果查账人员计算的应计利息金额与账面所列金额不符，则应加以分析，特别要对“财务费用——利息收入”账户中那些与应收票据账户中所列任何票据均不相关的贷方金额加以注意，因为这些贷项可能代表据以收取利息的票据未曾入账。

（6）对于已贴现的应收票据，查账人员应检查其贴现额与利息额的计算是否正确，会计处理方法是否适当，复核、统计已贴现及已转让但未到期的应收票据的金额。

企业以应收票据向银行等金融机构贴现，应比照应收账款等应收债权贴现的有关规定，即根据实质重于形式的原则，如果与所贴现应收票据有关的风险和报酬并未转移，申请贴现的企业应按照以应收票据为质押取得借款的规定进行会计处理；如果有关的风险和报酬业已转移，应视同应收票据出售进行会计处理。

（7）请被查单位协助，在应收票据明细表上标出至外勤审计时已兑现或已贴现的应收票据，核对收款凭证等资料，以确认其资产负债表日的真实性。

（8）对以非记账本位币结算的应收票据，应检查其采用的折算汇率和汇兑损益处理的正确性。

（9）检查应收票据在资产负债表上的披露是否恰当。

查账人员应检查被查单位资产负债表中应收票据项目的数额是否与审定数相符，是否剔除了有关的风险和报酬业已转移的已贴现票据。如果被查单位是一般企业，其已贴现的商业承兑汇票应在报表下端补充资料内的“已贴现的商业承兑汇票”项目中加以反映；如果被查单位是上市公司，其财务报表附注通常应披露贴现或用作抵押的应收票据的情况和原因说明，以及持有其5%以上（含5%）股份的股东单位欠款情况。

小知识

应收票据方面假账主要审查方法

1. 审查企业应收票据的内部控制制度

甄别企业应收票据的内部控制制度的重点，应放在以下几个方面。

（1）是否建立明确的职责分工制度。应收票据的总账和明细账户的登记应由不同的职员分别登记，现金收款员不得从事应收票据的记账工作。

（2）是否严格控制应收票据业务，票据的接受、贴现和换新是否进行严格的审批。

（3）是否按规定设置“应收票据备查簿”，有无专人负责登记和注销，内容是否完整。

（4）应收票据账实是否有定期盘点核对制度，是否切实执行。

2. 运用实地甄别方法验证应收票据是否确实存在

通过全面盘点应收票据实物，并逐项与应收票据备查簿上结存的各种应收票据的余额进行核对；在此基础上，再将应收票据期末余额汇总与应收票据总账余额进行核对。除实际盘查库存票据外，还要按照应收材料据的发生额，分析其对应账户，并追查应收票据的原始凭证。

3. 运用核对法，将“应收票据”及对应账户的总账记录与明细账核对

如果存在虚拟应收票据业务，利用“应收票据”账户调节收入的情况，往往没有相应的明细账记录；必要时，再核对有关记账凭证和原始凭证，看其账证、证证是否相符。查阅“应收票据”明细账及“应收票据备查簿”，核对应收票据的应收日期和金额与实际收款日期、金额间是否相符，以查明“应收票据”长期挂账的问题。

4. 运用调查了解方法，看应收票据是否以合法商品交易为基础，有无非商品交易形成的应收票据，有无到期或过期而未及时办理收款的票据

必要时应查阅有关会计凭证，询问有关当事人（如承兑人、付款人）以查清事实真相，是对方单位无力支付，还是经办人员责任心不强，还是为谋取私利故意到期不收回。对于内容、数额不实的票据和大额的票据，还要调查出票单位或个人的资金状况和抵押品市价，以判明其收回程度。

10.3 预付账款方面的假账与反假账

为了反映和监督预付账款的增减变动及其结存情况，企业应当设置“预付账款”科目。本科目核算企业按照合同规定预付的款项。预付款项情况不多的，也可以不设置本科目，将预付的款项直接记入“应付账款”科目。企业进行在建工程预付的工程价款，也在本科目核算。本科目可按供货单位进行明细核算。

企业因购货而预付的款项，借记本科目，贷记“银行存款”等科目。收到所购物资，按应计入购入物资成本的金额，借记“材料采购” 或“原材料”、“库存商品”等科目，按应支付的金额，贷记本科目。补付的款项，借记本科目，贷记“银行存款”等科目；退回多付的款项做相反的会计分录。涉及增值税进项税额的，还应进行相应的处理。

企业进行在建工程预付的工程价款，借记本科目，贷记“银行存款”等科目。按工程进度结算工程价款，借记“在建工程”科目，贷记本科目、“银行存款”等科目。

企业（保险）预付的赔付款，借记本科目，贷记“银行存款”等科目。转销预付的赔付款，借记“赔付支出”“应付分保账款”等科目，贷记本科目。

本科目期末借方余额，反映企业预付的款项；期末如为贷方余额，反映企业尚未补付的款项。

10.3.1　预付账款方面造假手法

1. 预付账款不真实、不合法

有些企业常利用预付账款转移资金或从事舞弊活动。如有的预付账款没有有关购销合同作为依据，实际是有关人员挪用企业资金。

2. 预付账款转销不合理

未收到供货方商品或劳务，也未收到供应方未能履约退回款项，就转销预付账款。

10.3.2　预付账款方面假账查处技法

预付账款方面假账查处应结合购货与付款循环的审计进行。

1. 预付账款方面假账查处目标

（1）确定预付账款是否存在。

（2）确定预付账款是否归被查单位所有。

（3）确定预付账款增减变动的记录是否完整。

（4）确定预付账款期末余额是否正确。

（5）确定预付账款在财务报表上的披露是否恰当。

2. 预付账款的实质性测试程序

（1）获取或编制预付账款明细表，复核加计正确，并与报表数、总账数和明细账合计数核对相符；同时请被查单位协助，在预付账款明细表上标出截止审计日已收到货物并冲销预付账款的项目，抽查复核其真实性和正确性。

（2）根据被查单位的具体情况，选择以下方法对预付账款进行分析性复核。

① 将期末预付账款余额与上期期末余额进行比较，分析其波动原因。

② 了解预付账款惯例及收回货物的平均天数，并分析预付账款的账龄；有确凿证据表明企业的预付账款不符合预付账款性质，或者因供货单位破产、撤销等原因已无望再收回所购货物的，是否将原计入预付账款的金额转入其他应收款项目。

③ 计算预付账款与主营业务成本的比率，与以前各期末比较，分析异常变动的原因。

④ 将预付账款余额的增减幅度与主营业务成本的增减幅度比较，分析异常变动的原因。

（3）分析预付账款账龄及余额构成，根据审计策略选择大额或异常的预付账款重要项目（包括零账户），函证其余额是否正确，并根据回函情况编制函证结果汇总表；回函金额不符的，要查明原因并作出记录，或建议作适当调整；未回函的，可再次函证，也可采用替代审计程序进行检查，如检查该笔债权的相关凭证资料，或抽查资产负债表日后预付账款明细账及存货明细账，核实是否已收到货物、转销预付账款，并根据替代检查结果判断其债权的真实性或出现坏账的可能性。

（4）结合应付账款明细账，查核有无重复付款或将同一笔已付清的账款在预付账款和应付账款这两个项目同时挂账的情况。

（5）分析明细账余额，对于出现贷方余额的项目，应查明原因，必要时建议作重新分类调整。

（6）检查预付账款长期挂账的原因。

（7）关注是否存在预付关联方账款。若有，应通过了解关联交易事项目的、价格和条件，检查采购合同等方法确认该预付账款的合法性和合理性；通过向关联方或其他查账人员查询及函证等方法，以确认交易的真实性。

（8）对于用非记账本位币结算的预付账款，检查其采用的折算汇率和汇兑损益处理的正确性。

（9）检查预付账款是否已在资产负债表上恰当披露。

小知识

预付账款方面假账主要审查方法

1. 审查企业预付账款内部控制制度

对预付账款内部控制制度甄别时，应注意以下几点。

（1）是否建立明确的职责分工制度。“预付账款”的总账和明细账户的登记应由不同的职员分别登记；现金收款员不得从事预付账款的记账工作。

（2）预付账款的形式是否经过严格的审批，是否严格按照合同的规定执行。

（3）是否建立催收货款制度。企业发生的各种预付账款应当及时按照合同的规定清算、催收，对于长期未收回的预付账款，应查明原因，必要时可派人索要。

（4）是否建立坏账损失审批制度。企业发生的预付账款，如确实形成坏账损失，需经过必要的审批方可列作坏账损失入账。

2. “预付账款”账户甄别技巧

（1）查账人员可以在审阅“预付账款”账户或有关会计凭证时发现线索或疑点，然后再追踪查证。

对于利用“预付账款”账户隐瞒主营业务收入的问题，在审阅会计资料，进行账证核对时可发现下列线索或疑点：

① “预付账款”账户挂账；

② 该笔业务在“预付账款”账户的摘要栏说明不真实或模糊不清；

③ 该笔业务的会计凭证不真实、不合法，甚至只有记账凭证，没有原始凭证；

④ 如果将截留的该笔收入作非法开支，也会造成证证、账证不符。

发现上述一个或几个线索、疑点后，可以进行进一步的审阅核对有关会计资料，调查询问有关人员，了解有关情况，从而查证问题。

（2）由于预付款业务须以合法合同为基础，因此对每一笔预付款业务，看其是否有对应合同，查证合同上规定的预付款数额是否同预付款发生额相符，并要对购货合同的合法性、合理性进行查证，以确定是否存在以虚假或不合理合同串通作弊，虚列预付账款。

（3）查阅预付账款总账与明细账，看其余额是否相符，还应注意明细账中相关摘要的叙述是否清晰，必要时可调阅相关记账凭证和原始凭证，以确定是否存在“预付账款”账户所反映的经济业务超出其核算范围的情况。

（4）查证预付账款业务关联单位，确定是否存在虚假预付账款业务，以及预付账款余额是否正确。

（5）查证购货入库记录，看有无重复付款或将同一笔已付清的账款在预付款和应付账款两个科目中同时挂账的情况。

（6）查证“预付账款”明细账的账龄长短及相关的记账凭证、原始凭证。如果账龄过长，则有利用“预付账款”转移资金或进行其他舞弊行为的可能。

（7）问题查证后，应根据其具体形态作出恰当的调整。

10.4　其他应收款方面的假账与反假账

其他应收款是指企业除应收票据、应收账款、预付账款等以外的其他各种应收及暂付款项。其主要内容包括：

（1）应收的各种赔款、罚款，如因企业财产等遭受意外损失而应向有关保险公司收取的赔款等。

（2）应收的出租包装物租金。

（3）应向职工收取的各种垫付款项，如为职工垫付的水电费，应由职工负担的医药费、房租费等。

（4）存出保证金，如租入包装物支付的押金。

（5）其他各种应收、暂付款项。

10.4.1　其他应收款方面造假手法

（1）其他应收款内容不符合会计制度规定。由于其他应收款内容繁杂，因此，有些企业将一些属于应收账款、应收票据、预付账款的内容放在其他应收款账户中核算，甚至有些企业将对外投资也放在其他应收款账户中，歪曲财务状况，隐瞒投资收益。

（2）其他应收款业务不真实、不合法。

10.4.2　其他应收款方面假账查处技法

1. 其他应收款方面假账查处目标

其他应收款方面假账查处目标为：确定其他应收款是否存在；确定其他应收款是否归被查单位所有；确定其他应收款增减变动的记录是否完整；确定其他应收款是否可收回；确定其他应收款期末余额是否正确；确定其他应收款的披露是否恰当。

2. 其他应收款方面假账查处程序

（1）获取或编制其他应收款明细表，复核加计正确，并与报表数、总账数和明细账合计数核对是否相符；检查其他应收款的账龄分析是否正确；分析有贷方余额的项目，查明原因，必要时作重新分类调整；结合应收账款明细余额，查验是否有双方同时挂账的项目，核算内容是否重复，必要时作适当调整；标明应收关联方（包括持股 5%以上股东）的款项，并注明合并报表时应予抵销的数字。

（2）判断选择一定金额以上、账龄较长或异常的明细账户余额发函询证，编制函证结果汇总表。

（3）对发出询证函未能收回及未发出的样本，采用替代审计程序，如核查下期明细账，或追踪至其他应收款发生时的原始凭证，特别注意是否存在抽逃资金、隐藏费用的现象。

（4）审核资产负债表日后的收款事项，确定有无未及时入账的债权。

（5）分析明细账户，对于长期未能收回的项目，应查明原因，确定是否可能发生坏账损失。

（6）对非记账本位币结算的其他应收款，检查其采用的折算汇率是否正确。

（7）检查转作坏账损失项目，是否符合规定并办妥审批手续。

（8）验明其他应收款的披露是否恰当。

小知识

其他应收款方面假账主要审查方法

1. 审查其他应收款内部控制制度

对其他应收款内部控制制度甄别时，应注意以下几点。

（1）被查单位是否建立明确的职责分工制度。“其他应收款”的总账和明细账户的登记应由不同的职员分别登记；现金收款员不得从事其他应收款的记账工作。

（2）是否建立备用金领用和报销制度，备用金限额的确定是否合理，实际执行是否严格按照制度控制。

（3）是否建立包装物的收受、领发、回收、退回等制度，是否设专人保管，是否有单独的账簿记录。

（4）是否建立定期清理制度，其他应收款的催收工作是否及时等。

2. 应用审阅法，全面审阅“其他应收款”明细账

通过审阅摘要说明及业务内容，看其是否记有不属于“其他应收款”账户核算范围的各种应收和暂付款项；是否有应向职工收取的各种垫付款项；是否有长期挂账现象；是否有将其他应收款违规转销的情况等。

3. 应用核对法，在审阅明细账的基础上，再核对记账凭证及原始凭证

不属于“其他应收款”账户核算的内容，往往通过查看记账凭证及原始凭证就一目了然了。通过审查记账凭证及原始凭证，可查明垫付款项的具体内容和垫付款作坏账损失处理的依据，从而判断其账务处理正确与否；通过核对记账凭证及原始凭证，可查明借款部门（单位）、借款人、借款时间、借款原因、借款金额、还款情况及长期拖欠的金额等；通过核对记账凭证及原始凭证，可查清企业将其他应收款作为坏账损失处理的依据是否合规。

4. 运用调查方法向对方单位调查

在核对法的基础上，对于情况不符的其他应收款，应调查对方单位，是否已将租金或押金等退回，而企业没有入账，转作“小金库”或被有关人员贪污；对于长期挂账的应收款，应询问有关人员，查清应收回款项长年挂账的原因，从而进一步搞清舞弊的全过程。

10.5 应收款项减值方面的假账与反假账

企业的各项应收款项可能因购货人拒付、破产、死亡等原因而无法收回。这类无法收回的应收款项就是坏账。企业因坏账而遭受的损失为坏账损失或减值损失。

企业应设置“坏账准备”科目核算企业以摊余成本计量的应收款项等金融资产以预期信用损失为基础计提的损失准备。“坏账准备”科目的贷方登记当期计提的坏账准备、收回已转销的应收账款而恢复的坏账准备，借方登记实际发生的坏账损失金额和冲减的坏账准备金额。本科目可按应收款项的类别进行明细核算。期末贷方余额，反映企业已计提但尚未转销的坏账准备。企业计提坏账准备时，按照应减记的金额，借记“信用减值损失——计提的坏账准备”科目，贷记“坏账准备”科目。冲减多计提的坏账准备时，借记“坏账准备”科目，贷记“信用减值损失——计提的坏账准备”科目。企业确实无法收回的应收款项按管理权限报经批准后作为坏账转销时，应当冲减已计提的坏账准备。已确认并转销的应收款项以后又收回的，应当按照实际收到的金额增加坏账准备的账面余额。企业实际发生坏账损失时，借记“坏账准备”科目，贷记“应收账款”、“其他应收款”等科目。已确认并转销的应收款项以后又收回的，应当按照实际收到的金额增加坏账准备的账面余额。已确认并转销的应收款项以后又收回时，借记“应收账款”“其他应收款”等科目，贷记“坏账准备”科目；同时，借记“银行存款”科目，贷记“应收账款”“其他应收款”等科目。

应收款项减值有两种核算方法，即直接转销法和备抵法，《企业会计准则》规定，应收款项的减值的核算只能采用备抵法，不得采用直接转销法。

1. 直接转销法

采用直接转销法时，日常核算中应收款项可能发生的坏账损失不予考虑，只有在实际发生坏账时，才作为坏账损失计入当期损益，同时直接冲销应收款项，即借记“信用减值损失”科目，贷记“应收账款”等科目。

这种方法的优点是账务处理简单，其缺点是不符合权责发生制原则，也与资产定义相冲突。在这种方法下，只有坏账实际发生时，才将其确认为当期费用，导致资产不实、各期损益不实。另外，在资产负债表上，应收账款是按账面余额而不是按账面价值反映，这在一定程度上歪曲了期末的财务状况。所以，企业会计准则不允许采用直接转销法。

2. 备抵法

备抵法是采用一定的方法按期估计坏账损失，计入当期损益，同时建立坏账准备，待坏账实际发生时，冲销已提的坏账准备和相应的应收款项。采用这种方法，在财务报表上列示应收款项的净额，使财务报表使用者能了解企业应收款项预期可收回的金额或真实的财务情况。在备抵法下，企业应当根据企业会计准则的规定，评估当期坏账损失金额。

笔者按：应收款项确认减值损失的会计科目，由“资产减值损失”调整为“信用减值损失”，原确认时借记“资产减值损失”，现改为借记“信用减值损失”科目，而存货、固定资产和无形资产减值的会计处理科目不变，仍为“资产减值损失”。

我国金融资产减值会计已经由“已发生损失法”改为“预期损失法”。原先金融工具确认和计量准则对于金融资产减值的会计处理采用的是“已发生损失法”，即只有在客观证据表明金融资产已经发生损失时，才对相关金融资产计提减值准备。新修订的金融工具确认和计量准则将金融资产减值会计处理由“已发生损失法”修改为“预期损失法”，要求考虑金融资产未来预期信用损失情况，从而更加及时、足额地计提金融资产减值准备，便于揭示和防控金融资产信用风险。对于购入或源生的未发生信用减值的金融资产，企业应当判断金融工具的违约风险自初始确认以来是否显著增加，如果已显著增加，企业应采用概率加权方法，计算确定该金融工具在整个存续期的预期信用损失，以此确认和计提减值损失准备。如果未显著增加，企业应当按照相当于该金融工具未来 12 个月内预期信用损失的金额确认和计提损失准备。

10.5.1　坏账准备方面造假手法

企业应当设置“坏账准备”科目，以核算应收款项的坏账准备计提、转销等情况。

“坏账准备”科目的贷方登记当期计提的坏账准备、收回已转销的应收账款而恢复的坏账准备，借方登记实际发生的坏账损失金额和冲减的坏账准备金额，期末贷方余额，反映企业已计提但尚未转销的坏账准备。

坏账准备可按以下公式计算：

$$\text{当期应计提的坏账准备} = \text{当期按应收款项应计提坏账准备金额} -(\text{或}+) \text{“坏账准备”科目的贷方（或借方）余额}$$

企业计提坏账准备时，按照应减记的金额，借记“信用减值损失——计提的坏账准备”科目，贷记“坏账准备”科目。冲减多计提的坏账准备时，借记“坏账准备”科目，贷记“信用减值损失——计提的坏账准备”科目。

企业确实无法收回的应收款项按管理权限报经批准后作为坏账转销时，应当冲减已计提的坏账准备。已确认并转销的应收款项以后又收回的，应当按照实际收到的金额增加坏账准备的账面余额。企业实际发生坏账损失时，借记“坏账准备”科目，贷记“应收账款”“其他应收款”等科目。

已确认并转销的应收款项以后又收回的，应当按照实际收到的金额增加坏账准备的账面余额。已确认并转销的应收款项以后又收回时，借记“应收账款”“其他应收款”等科目，贷记“坏账准备”科目；同时，借记“银行存款”科目，贷记“应收账款”“其他应收款”等科目。

1. 审查企业坏账损失内部控制制度

甄别企业坏账损失内部控制制度，重点应放在以下三个方面。

（1）是否建立坏账准备金制度。采取直接转销法处理坏账损失的企业，不应再提取坏账准备金。

（2）坏账准备的计提是否严格遵守会计制度的规定，计提的范围、计提的标准是否合理、合法。

（3）是否建立坏账审批制度。坏账损失的处理是否经过必要的审批程度，列账批复手续是否合规。

查账人员可以通过查阅企业的会计账簿或者询问有关的会计人员来确定被审单位采用哪种方法来核销坏账；抽查一些金额大的坏账记录，甄别其是否得到适当的审批，审批的依据是否合理，有无隐瞒虚报情况，冲销应收账款的金额是否同批准的金额相一致。通过对企业坏账损失控制制度的评价，找出企业内部控制的薄弱环节，这些环节就是容易产生错弊的地方，从而确定下一步审计的重点。

2. 运用审阅法、复核法甄别坏账准备

查账人员应运用审阅法、复核法来甄别企业的“应收账款”账户年末余额和“管理费用”账户有关明细账发生额，甄别企业坏账准备金计提的范围和标准是否正确，有无通过少提或多提坏账准备来调节当期损益的情况。

通过审阅“坏账准备”“管理费用”等账户及时对应账户，来甄别企业是否有利用直接转销法或备抵法前后期的不一致来调节当期损益的情况。

审核“坏账准备”账户的借方发生额及相关原始凭证，查证有无人为多冲或少冲坏账准备的情况。

审核“坏账准备”账户的贷方发生额或相应账户及相关的原始凭证，查证企业是否存在将收回的、已核销的坏账损失未记入“坏账准备”账户而记入其他账户如“应付账款”账户的情况。

3. 运用调查了解方法甄别坏账准备

（1）调查了解核销的坏账是否真实、合理，有无利用坏账的处理来掩盖挪用或贪污公款的情况。

（2）通过调查了解债务人，查证企业是否将债务人偿还的货款不入账，挪作他用或被有关经办人员贪污。

10.5.2　坏账准备方面假账查处技法

1. 坏账准备方面假账查处目标

（1）确定计提坏账准备的方法和比例是否恰当，坏账准备的计提是否充分。

（2）确定坏账准备增减变动的记录是否完整。

（3）确定坏账准备期末余额是否正确。

（4）确定坏账准备的披露是否恰当。

2. 坏账准备的实质性测试程序

围绕上述假账查处目标，坏账准备的实质性测试程序一般包括以下几点。

（1）检查坏账准备的计提。主要应查明坏账准备的计提方法和比例是否符合准则规定，计提的数额是否恰当，会计处理是否正确，前后期是否一致。

按照企业会计准则的规定，企业只能用备抵法核算坏账损失，计提坏账损失的具体方法由企业自行确定。企业应当列出目录，具体注明计提坏账准备的范围、提取方法、账龄的划分和提取比例，按照管理权限，经股东大会或董事会，或经理（厂长）会议或类似机构批准，并且按照法律、行政法规的规定报有关各方备案，并备置于公司所在地，以供投资者查阅。坏账准备提取方法一经确定，不得随意变更。如需变更，仍然应按上述程序经批准后报经有关各方备案，并在财务报表附注中说明变更的内容和理由、变更的影响数等。

用备抵法核算坏账，首先要按期估计坏账损失。估计坏账损失主要有账龄分析法、余额百分比法等方法。采用账龄分析法计提坏账准备时，收到债务单位当期偿还的部分债务后，剩余的应收款项，不应改变其账龄，仍应按原账龄加上本期应增加的账龄确定；在存在多笔应收款项且各笔应收款项账龄不同的情况下，收到债务单位当期偿还的部分债务，应当逐笔认定收到的是哪笔应收款项；如果确实无法认定的，按照先发生先收回的原则确定，剩余应收款项的账龄按上述同一原则确定。

在采用账龄分析法、余额百分比法等方法的同时，能否采用个别认定法，应当视具体情况而定。如果某项应收款项的可收回性与其他各项应收款项存在明显的差别（例如，债务单位所处的特定地区等），导致该项应收款项如果按照与其他应收款项同样的方法计提坏账准备，将无法真实地反映其可收回金额的，可对该项应收款项采用个别认定法计提坏账准备。企业应根据所持应收款项的实际可收回情况，合理计提坏账准备，不得多提或少提，否则应视为滥用会计估计，按照重大会计差错更正的方法进行会计处理。

在确定坏账准备的计提比例时，按照《企业会计准则》的规定，企业应当根据以往的经验、债务单位的实际财务状况和现金流量的情况，以及其他相关信息合理地估计。除有确凿证据表明该项应收款项不能收回，或收回的可能性不大时（如债务单位撤销、破产、资不抵债、现金流量严重不足、发生严重的自然灾害等导致停产而在短时间内无法偿付债务等，以及应收款项逾期 3 年以上），下列各种情况一般不能全额计提坏账准备。

① 当年发生的应收款项，以及未到期的应收款项。

② 计划对应收款项进行重组。

③ 与关联方发生的应收款项。

④ 其他已逾期，但无确凿证据证明不能收回的应收款项。但这一规定并不意味着企业对与关联方之间发生的应收款项可以不计提坏账准备。企业与关联方之间发生的应收款项与其他应收款项一样，也应当在期末时分析其可收回性，并预计可能发生的坏账损失。对预计可能发生的坏账损失，计提相应的坏账准备。企业与关联方之间发生的应收款项一般不能全额计提坏账

准备，但如果有确凿证据表明关联方（债务单位）已撤销、破产、资不抵债、现金流量严重不足等，并且不准备对应收款项进行重组或无其他收回方式的，则对预计无法收回的应收关联方的款项也可以全额计提坏账准备。

此外，企业持有的未到期应收票据，如有确凿证据证明不能够收回或收回的可能性不大时，应将其账面余额转入应收账款，并计提相应的坏账准备；企业的预付账款如有确凿证据表明其不符合预付账款性质，或者因供货单位破产、撤销等原因已无望再收到所购货物的，应将原计入预付账款的金额转入其他应收款，并计提相应的坏账准备。

（2）检查坏账损失。对于被查单位在被审期间内发生的坏账损失，查账人员应检查其原因是否清楚，是否符合有关规定，有无授权批准，有无已作坏账处理后又重新收回的应收款项，相应的会计处理是否正确。对有确凿证据表明确实无法收回的应收款项，如债务单位已撤销、破产、资不抵债、现金流量严重不足等，企业应根据管理权限，经股东大会或董事会，或经理（厂长）办公会，或类似机构批准作为坏账损失，冲销提取的坏账准备。

（3）检查长期挂账应收款项。查账人员应检查应收款项（包括应收账款和其他应收款等）明细账及相关原始凭证，查找有无资产负债表日后仍未收回的长期挂账应收款项，如有，应提请被查单位作适当处理。

（4）检查函证结果。对债务人回函中反映的例外事项及存在争议的余额，查账人员应查明原因并作记录。必要时，应建议被查单位作相应的调整。

（5）分析性复核。通过计算坏账准备余额占应收款项余额的比例并和以前期间的相关比例比较，检查分析其重大差异，以发现可能存在重要问题的审计领域。

（6）确定坏账准备的披露是否恰当。企业应当在财务报表附注中清晰地说明坏账的确认标准、坏账准备的计提方法和计提比例，并应区分应收账款和其他应收款项目，按账龄披露坏账准备的期末余额。并且，上市公司除按会计准则规定应披露坏账准备的计提方法等外，还应在财务报表附注中分项披露如下事项：

① 本期全额计提坏账准备，或计提坏账准备的比例较大的（计提比例一般超过 40%及以上的，下同），应说明计提的比例以及理由；

② 以前期间已全额计提坏账准备，或计提坏账准备的比例较大但在本期又全额或部分收回的，或通过重组等其他方式收回的，应说明其原因、原估计计提比例的理由以及原估计计提比例的合理性；

③ 对某些金额较大的应收款项不计提坏账准备或计提坏账准备比例较低（一般为 5%或低于 5%）的理由；

④ 本期实际冲销的应收款项及其理由，其中，实际冲销的关联交易产生的应收款项应单独披露。

小知识

应收及预付款项方面的主要假账手法

在会计核算中，涉及往来账项核算的造假账手法主要表现在两个方面。

（1）企业利用应收及预付款项账户调节产品成本和费用，人为随意调节当期损益。

（2）企业有关业务人员利用应收及预付款结算方式及其某些难以控制的薄弱环节，贪污、挪用公款谋取私利。

具体形式如下。

1. 应收销货款长期挂账，购销双方彼此渔利

企业赊销商品而产生的应收账款，本应及时收回，但购货单位为了长期占用应付货款，销售企业经销人员和财会人员为了从购货单位谋取利益，而共谋长期拖欠货款及运杂费，造成企业应收销货款长期挂账。

例如，某企业销售人员得知某购货单位拟购买100万元的化肥，但由于资金一时无法筹措，需拖延付款时间。销售人员与财会人员共谋后，决定向购货单位索取5万元使用费而延长收款，遂造成应收账款长期挂账，而5万元落入私人腰包。

2. 坏账损失不作处理，有意制造潜亏

对一般企业来说，对因债务人破产或者死亡等原因，确实不能收回的应收账款及因债务人逾期偿付超过3年仍不能收回的应收账款，应及时报主管部门审查作坏账处理；对于股份制企业来说，只有在应收账款有确凿证据证明不能收回或收回的可能性不大，如债务单位破产、资不抵债、现金流量严重不足、发生严重的自然灾害等导致停产而在短时间内无法偿付债务时，以及其他足以证明应收款项可能发生损失的证据和应收款项逾期5年以上的情况，才准予作坏账处理。但有的企业经济效益欠佳，为了确保完成利润指标，就对应处理的坏账损失不上报、不处理，人为造成大量陈账、呆账长期挂账，以掩盖企业潜亏真相。

例如，某企业有一笔挂账达3年之久的应收账款，近日获悉该往来企业已进入破产清算程序，破产财产只足以抵偿职工工资和一些相关税费，破产债权无法得以实现。该企业本应将此笔根本收不回来的应收账款转入管理费用，但该企业领导考虑到这样一来，势必影响到年度的利润，影响企业的业绩。遂决定此笔应收账款暂不转销，继续挂在往来账上。这样的结果必会造成人为调节资产、调节利润的后果。

3. 调整计提比例，错提坏账准备金

在采用备抵法核算坏账损失的企业，坏账准备的计提应按年末应收账款余额乘以一定比例与坏账准备科目贷方余额作比较之后计算提取，有些企业在不改变应收账款余额的情况下，采取人为提高或压低提取坏账准备百分比的手法，多提或少提坏账准备，以调节当期利润。

例如，某企业领导好大喜功，为了向上级主管部门表现自己的贡献，人为地调低坏账准备的提取比例，这样就可以达到少计费用、多计利润的目的。还有的企业为了少缴企业所得税，擅自调高坏账准备的提取比例，以达到多计费用、少计利润、偷逃税款的不法目的。坏账准备计提比例作为企业的一项会计政策，提取比例有一定的范围限制，并且变更的话要采取相应的调整方法并应在财务报表附注中进行披露，以让报表使用者能更清晰地了解企业的真实情况，而一些企业在提取比例上搞虚假，足以扰乱正常的经济秩序。

4. 调整应收账款数额，错提坏账准备金

采用备抵法核算坏账损失的企业，为了调节盈亏而虚增或虚减管理费用，除了采用提高或压低计提坏账准备金的比率，还采取调增或调减应收账款数额的手法，多提或少提坏账准备金。

例如，某企业当年效益非常好，但企业领导为了给明年的任务打下伏笔，便人为地虚增年末应收账款余额，多提取坏账准备金，多计管理费用，压低本年利润。相反，有些企业领导为了加官晋爵，搞浮夸，虚减年末应收账款余额，少提取坏账准备金，少计管理费用，调高本年利润。

5. 利用坏账损失转移资金，挤列费用

有些企业将单位还款不冲销往来账，而是截留并转移他处，再通过坏账损失挤列管理费用。企业收到外单位归还的欠款后，直接从银行提出现金转入企业“小金库”，不在银行日记账上反映，日后再将应收账款作为坏账处理，通过坏账损失列入管理费用。

例如，江西某企业收到湖南某实业公司归还以前年度的欠款5万元，企业收款后直接开出一张5万元的现金支票，提出现金后转入企业“小金库”，用于吃喝业务招待以及购买一些福利用品。之后再将此笔应收账款作坏账处理，直接转销，计入管理费用，并保持账面的平衡。

6. 利用应收账款放贷，利息转入“小金库”

企业间可以互相拆借资金，但有些企业利用应收账款放贷，将利息收入转入“小金库”，并称为企业间拆借资金。

例如，企业将收回的还款，直接转借给其他单位，并将取得的利息收入转入“小金库”。当企业收到外单位还欠款时，不进银行日记账，同时签发相同金额的转账支票，有偿转借给另一个单位，对付出银行存款也不计银行日记账，将两笔业务合并记作“借：应收账款——乙，贷：应收账款——甲”的账务处理，收到利息后不记收入，直接记入“小金库”。

7. 虚列应收账款，虚增销售收入

企业为了体现经营业绩，或为了完成承包任务，就会利用年底结账时，人为地虚列销售收入、挂往来账、虚增利润。待下一年年初，再用红字将此笔虚列的往来账冲掉。

例如，查账人员在审阅北京某企业商品销售利润明细表时，发现该企业 2011 年 12 月毛利率比其他月份高出几倍，通过详细审查，发现该企业的一笔销售收入未结转成本，且对应的应收账款账户名经函证查无此单位，经查问财务人员，才知是企业领导人为完成承包任务而在年底虚增的一笔收入。

8. 应收账款的入账金额不实

在存在现金折扣的情况下，应收账款的入账金额核算有总价法和净价法两种方式。根据我国会计制度的规定，只允许采用总价法核算。但在实际工作中，可能出现按净价法入账的情况，这样的结果就会使企业少记正常的收入，客观上造成应收账款入账金额不实的结果，为一些不法分子贪污提供机会。

例如，山西某家具商场在销售上采取的信用政策为 2/10、1/20、N/30，但其按净价法核算销售收入，这样就会少计收入，从而影响到利润的核算。

9. 延期承兑应收票据，索取酬金

企业在经济往来中，也采取签发商业汇票进行结算，有些人就在票据上大做文章。本已到期的应收票据，因付款方暂无力支付，该企业便提出以“好处费”为条件，将应收票据转入“应收账款”。

例如，甲企业售给乙企业商品一批，价款 50 万元，经双方约定采用商业承兑汇票结算方式支付货款。甲企业发出商品后，收到了乙企业承兑的不带息商业汇票，即作了账务处理。商业汇票临到期时，乙企业派人与甲企业协商，要求待资金缓解时偿还应付货款，并许诺可给有关人员“劳务报酬”。甲企业有关人员则为谋取私利，答应对方要求。经商定，乙企业可在一年内付讫货款，条件是按该笔货款同期借款利息 15%，向甲企业有关人员支付“好处费”。甲企业收到“好处费”后，将到期票据转作应收账款。

10. 利用预付账款业务往来搭桥

按规定，企业的预付款业务必须以有效合法的供应合同为基础，而在实际工作中，有的企业的预付款业务根本无对应的合同，而是利用预付款这一“中转站”往来搭桥，为他人进行非法结算，将所得回扣或佣金据为己有；或利用该项业务转移资金，隐匿收入，私设“小金库”或私分。

例如，甲企业本与乙企业无任何业务往来，但甲企业的负责人与乙企业的财务主管有亲戚关系，于是，甲企业以收取一定“使用费”为条件，在查账人员的函证中证明该企业收到乙企业的预付款，给查账人员的工作制造很大的障碍，使甲、乙两企业的会计核算失去了真实性。

11. 预付账款成为“回收站”

众所周知，在 Windows 视窗中，有一个“回收站”，它是用来存放一些垃圾文件的，一旦发现该文件有用，还可以从“回收站”中恢复出来。在许多企业中，“预付账款”账户就发挥着“回收站”的作用，企业销售商品，不确认收入，而是暂时存放在“预付账款”账户中，作为预付款，日后，再做相反会计分录，视同退款。其后果是企业可以偷逃税收、隐匿收入。

12. 列作应收票据的经济事项不真实、不合法

在实际工作中，有的企业将不属于应收票据的经济事项列作应收票据处理，或虚减应收票据业务，利用“应收票据”账户从事舞弊。

13. 占用备用金，谋取私利

其他应收项目主要指企业发生的非购销活动的应收债权。对于这类应收项目，主要在“其他应收款”账户中核算，如企业发生的各种赔款、存出保证金和备用金等，备用金主要是企业拨给有关职能部门或有关业务人员备作零星开支的款项。某些企业由于备用金领用和报销制度不健全，有关人员就浑水摸鱼，多领备用金或长期占用备用金，将手中的备用金存入银行收取利息，或投资于股票等项目，获取投资收益。有的财务人员也利用职权，私领备用金向有关单位投资或挪作他用，捞取个人好处。

14. 利用“其他应收款”账户从事违法乱纪活动

“其他应收款”账户反映的业务较零星、复杂，也就容易为某些企业所利用，主要形式曝光如下。

（1）为谋取暴利、逃避税务和工商管理部门的监管，将超出企业经济范围的业务反映在“其他应收款”

账户。

（2）利用“其他应收款”账户私自存放大量现金现象，违反库存现金限额管理的规定。

（3）利用“其他应收款”账户为其他单位或个人套取现金，在一定程度上为贪污盗窃、损公肥私大开方便之门。

15. “其他应收款”占压期过长

一般情况下，其他应收款作为企业的债权，其占压期不能过长，但在实际工作中，许多企业的“其他应收款”长期挂账，造成一种不真实的会计信息。

例如，查账人员在查阅某企业“其他应收款”明细账时，发现摘要中注明应收王 × 赔款的业务，借方发生时间为 4 年以前，但至今仍挂账未解决，经询问知情人，才知王 × × 为该企业前任出纳员，因责任事故给企业造成损失，由于各种原因，本应由王 × × 赔偿的款项一直没有收回，现王 × × 已调离单位去向不明，因此，这部分赔款已成为事实上的坏账，但仍旧挂在企业账上，充作资产，不作坏账损失处理。

第 11 章

存货方面的假账与反假账

11.1 存货方面造假手法

存货是指企业在日常活动中持有以备出售的产成品或商品、处在生产过程中的在产品、在生产过程或提供劳务过程中耗用的材料或物料等，包括原材料、在产品、半成品、产成品、商品以及包装物、低值易耗品、委托代销商品等。

（1）原材料。企业在生产过程中经加工改变其形态或性质并构成产品主要实体的各种原料及主要材料、辅助材料、燃料、修理用备件（备品备件）、包装材料、外购半成品（外购件）等。

（2）在产品。企业正在制造尚未完工的生产物，包括正在各个生产工序加工的产品和已加工完毕但尚未检验或已检验但尚未办理入库手续的产品。

（3）半成品。经过一定生产过程并已检验合格交付半成品仓库保管，但尚未制造完工成为产成品，仍需进一步加工的中间产品。

（4）产成品。工业企业已经完成全部生产过程并已验收入库，可以按照合同规定的条件送交订货单位，或者可以作为商品对外销售的产品。企业接受来料加工制造的代制品和为外单位加工修理的代修品，制造和修理完成验收入库后，应视同企业的产成品。

（5）商品。商品流通企业外购或委托加工完成验收入库用于销售的各种商品。

（6）包装物。为了包装本企业的商品而储备的各种包装容器，如桶、箱、瓶、坛、袋等。其主要作用是盛装、装潢产品或商品。

（7）低值易耗品。不能作为固定资产核算的各种用具物品，如工具、管理用具、玻璃器皿、劳动保护用品，以及在经营过程中周转使用的容器等。其特点是单位价值较低，或使用期限相对于固定资产较短，在使用过程中保持其原有实物形态基本不变。

（8）委托代销商品。企业委托其他单位代销的商品。

存货在企业流动资金中占有很大比重。这部分资金流动性弱，种类杂、数量多、收发频繁，在企业中滞留时间长，变现能力慢，在管理和核算上存在一定难度，容易产生薄弱环节。一些不法分子常把存货作为偷窃变卖的对象，有的企业也往往把存货作为调节成本和利润的“蓄水池”。

在形形色色的报告粉饰手法中，收入和资产粉饰占据了主要地位。而存货项目因其种类繁多并且具有流动性强、计价方法多样的特点，又导致存货高估构成资产计价粉饰的主要部分。

存货的价值确定涉及两个要素：数量和价格。确定现有存货的数量常常比较困难，因为货物总是在不断地被购入和销售；不断地在不同存放地点间转移及投入生产过程之中。存货单位价格的计算同样可能存在问题，因为采用先进先出法、平均成本法及其他的计价方法所计算出来的存货价值将不可避免地存在较大的差异。正因如此，复杂的存货账户体系往往成为极具吸引力的粉饰对象。

不诚实的企业常常利用以下几种方法的组合来进行存货造假，但所有这些精心设计的方案都有一个共同的目的，即虚增存货的价值，从而虚增利润。

1. 账外物资“小仓库”

企业为了给职工搞额外收入，或进行一些非法支出，设账外物资“小仓库”，将账内的一定比例的物资材料移到账外，置于企业生产经营的体外，作为随时可供自己调用的物资“蓄水池”。

例如，某企业车间和管理部门领料，实物以领代耗，将领取的材料不用或少用，但在账务处理时依据领料单将领取的材料物资数额，全部作为耗用计入了成本费用账户。由此而形成的大量账外材料物资，既不作退库处理，也不作盘盈入账，而是将其卖出，获取的价款存入“小金库”，以便给职工购买生活用品或者以发放奖金的名义直接发放现金。

2. 虚构存货

一个极易想到的增加存货资产价值的方法是对实际上并不存在的项目编造各种虚假资料，如没有原始凭证支持的记账凭证、夸大存货盘点表上存货数量、伪造装运和验收报告及虚假的订购单，从而虚增存货的价值。因为很难对这些伪造的材料进行有效识别，查账人员往往需要通过其他的途径来证实存货的存在与估价。

3. 偷梁换柱

有的企业采取“调包计”的方法，将采购或库存商品进行调换，以次等品换优等品，以廉价物品换贵重物品，以劣质商品换优质商品，以旧商品换新商品，以坏商品换好商品；有计划、有预谋地对不同商品产品串档串规，混淆不同批次、不同型号、不同产地、不同价格的物资，偷梁换柱，瞒天过海，以达到其违法乱纪的目的。

4. 存货计价不当

企业对存货成本的计算若采用不适当的方法或任意分摊存货成本，就可能降低销售成本，增加营业利润。例如，按定额成本法计算产品成本，应该将定额成本与实际成本的差异，按比例在期末在产品、库存产成品和本期销售产品之间进行分摊，但有的企业为了达到报告粉饰的目的，定额成本差异只在期末在产品和库存产品之间分摊，本期销售产品不分摊产品定额成本差异，从而达到虚增本期利润的目的。也有一些企业任意改变存货发出核算方法，如在物价上涨的情况下，把加权平均法改为先进先出法，以期达到高估本期利润的效果。更有甚者，故意虚列存货，或隐瞒存货的短缺或毁损。商业企业往往可利用库存不实调节利润，如原材料、存货已失效报废，却仍作为正品记在账上，数量上多报期末存货，调高当期利润，价格上有的存货价格下跌，账面上仍按原价计算。

小知识

随意变更存货的计价方法

企业可以根据自身的需要选用制度所规定的存货计价方法，但选用的方法一经确定，年度内不能随意变更，如确定需要变更，必须在财务报表中说明变更原因及其对财务状况的影响。但在实际工作中，许多企业都存在随意变更计价方法的问题，造成会计指标前后各期口径不一致，人为调节生产或销售成本，调节当期利润。

例如，M 企业某年选用先进先出法计算发出存货的成本，但由于受多种因素的影响，该商品购进价格上扬时，改用后进先出法计算发出成本，购进价格下降时再用先进先出法，使该商品在同一会计年度内先进先出法和后进先出法交替使用，人为地调节利润。

又如，某企业多年来一直采用后进先出法计算确定发出木材的实际成本，由于木材涨价过猛等原因，致使木器产品成本大幅度提高，经济效益明显下降。企业为遏制经济效益下降的局面，在采取积极措施的同时也采取了一些不正当的手段，变更发出原材料实际成本的计算方法，将后进先出法变换为先进先出法。该企业原先一直采用后进先出法计算发出木材的实际成本，截至 6 月底木材的账面结存 1 000 立方米，单位成本为 180 元/立方米，余额为 18 万元。下半年购进木材 3 450 立方米，金额为 146.2 万元（其中 7 月购进木材 1 700 立方米，单位成本 400 元/立方米，金额为 68 万元；10 月购进木材 1 750 立方米，单位成本 460 元/立方米，金额为 78.2 万元）。从 7 月开始，未经审批便改用先进先出法计算发出木材的实际成本。这样就人为地调节了发出存货成本、销售成本和利润。

5. 以物易物

企业之间以生产资料串换生活资料，以生产资料对换其他生产资料等，都应视同销售，作购进和销售账务处理，并计算相关税金。但有些企业在这种非货币性交易中，不结算，不走账，摆脱银行、工商行政管理等部门的监督，为偷逃流转税、虚减销售收入、隐瞒利润大开方便大门。

例如，某汽车生产厂家，将自己生产的汽车与某机床厂生产的机床进行易货贸易，该企业财务人员人作账务处理，两种商品之间通过协商不存在差价问题。

6. 材料采购方面造假手法

（1）有的企业高价采购，有些采购员舍近求远、舍贱求贵、舍好求次，从中捞回扣，中饱私囊。

（2）有的以物易物、截留利润，不作采购销售处理，少缴税金。

7. 货到票未到，不暂估入库

根据财会制度的规定，对于月末已收到的购入材料（但发票账单未到），要暂估入库进行账务处理，待下月初再用红字冲回。但有些企业对于收到的这部分材料，月末不作账务处理，造成账实不符。

例如，查账人员在对某企业存货进行审计时，盘点库存实物与账面金额不符。经详查，得知该企业购入的一批电机已入库，但发票一直未到，企业财务人员没有进行账务处理。

8. 材料假出库，虚列成本费用

企业为了逃避所得税，虚减利润，就采用办理假出库手续，虚列材料费用，人为提高产品成本。

例如，某企业车间在年终办理领料手续，填制领料单，而实际未领料。车间成本核算员根据领料单填写的用途，以产品生产用料和车间维修用料为名，分别作增加产品生产成本和制造费用的账务处理。年终再以少保留在产品成本、多分配完工产品成本的舞弊方式，将虚增的产品成本人为地转入销售成本，相应地虚减利润总额。

9. 违规分摊，成本不实

一些企业要核算购入材料的采购成本时，将能够直接计入各种材料的采购成本不直接计入，或将应按一定比例分摊计入各种材料的采购成本不按规定进行合理的分摊。例如，在“材料采购”账户中，只核算购入材料的买价，将应计入购入材料的运杂费、运输途中的合理损耗、入库前的整理挑选费用等采购费用全部计入“管理费用”账户；购入材料发生的运杂费，不按材料的重量或买价等比例分摊计入各种材料的采购成本，而全部计入某主要材料的采购成本，以加大主要材料的采购成本，减少其他材料的采购成本。

例如，某企业从木材厂拉入圆木 50 吨，其他木料 50 吨，运杂费共计 3 万元，全部由圆木负担，这样购入圆木的采购成本多计 1.5 万元，其他木料的采购成本则少计 1.5 万元，从而造成各种材料的采购成本核算不实。

10. 虚计在产品完工程度，调整完工产品成本

产品总成本在完工产品和在产品之间的分配是否正确，将决定着完工产品和月末在产品成本的真实性。企业为了调节利润，常常在分配完工产品成本和在产品成本上做文章，即有意多折合或少折合月末在产品的约当产量，或多计或少计在产品的加工程度等，以调节生产费用在在产品和完工产品之间的分配。

例如，某企业本月生产费用共计 4 500 万元，本月生产产品 2 000 台，如月末完工 1 400 台，在产品 600 台，完工程度为 80%。企业为了提高产品销售成本，将在产品的完工程度定为 60%，从而使完工产品成本分配数额比应分配数额多，造成少计利润。

有的企业为了调节产品成本利润，有意过高或过低地确定材料的计划价格，甚至对已制定的接近实际价格的计划价格，有意大幅度地上调或下压，从而人为地调整“材料成本差异”账户余额，达到调节利润的目的。

（1）人为提高成本差异率。有些企业，为了控制超额利润，大都从隐匿收入和虚增成本两个方面进行作弊，人为提高材料成本差异率。多分摊材料成本差异，是采用计划成本进行日常核算企业的常用作弊手段。

例如，某企业为了逃避所得税，采用提高材料成本差异率的手段。该企业全年产品生产领用原材料的计划成本平均每月 3 000 万元，每月应计原材料成本差异率为 9.5% ~ 12.8%。经过调整，每月的人为差异率都比应计差异率提高 1.5%，全年即可多分摊材料成本差异 500 多万元。

（2）人为压低差异率。与提高成本差异率相反，有些企业为了完成承包任务，人为地压低材料成本差异率，用来降低成本，虚增销售利润，实现承包任务。

虽然任何存货项目都可能存在不恰当资本化的情况，但产成品项目中这方面的问题尤为突出。有关产成品被资本化的部分通常是销售费用和管理费用。为了发现这些问题，查账人员应当对生产过程中的有关人员进行访谈，以获取归入存货成本的费用归集与分配过程是否适当的信息。分析客户往往可列出很多看似非常充分的理由，用以支持通过对存货项目进行资本化而增加利润的处理。此类粉饰往往是财务总监在总裁的指使下实施的。因此，在对关键人物的正式访谈中，如果怀疑有人指使他们夸大有关存货的信息，查账人员应采取一种直截了当的方式，以责难的态度迫使其说出真相。

小知识

材料盘盈盘亏，不作转账处理

企业由于材料品种多，规格型号复杂，收发次数频繁，在计量和计算上难免发生差错，在仓储保管中可能发生自然损耗、损毁和被盗等问题。因此，企业应在年终时对各种材料进行实地盘点，并将实存数量与账面数量核对，对于材料盘盈、盘亏应查明原因，按照规定进行转账处理。但在实际工作中，许多企业利用不正确处理盘盈或盘亏的手法，以调节利润。例如，有的企业经济效益较好，但企业领导人担心“枪打出头鸟”，为了压低利润，采取了只列报和处理材料盘亏，而对材料盘盈隐匿不报，不作转账处理；相反，效益不好的企业，为了争取多实现一部分利润，就采取了只对材料盘盈作转账处理，而对材料盘亏留待下年度处理的做法。还有的企业随意转账，将盘盈材料计入“营业外收入”或“其他业务收入”，或将盘盈盘亏与物资储备中发生的非常损失或溢出金额相互冲销，不转出其相应的“进项税额”，以增加增值税的抵扣数。

11.2 存货方面的反假账对策

11.2.1 存货方面假账查处目标

（1）确定存货是否存在。

（2）确定存货是否归被查单位所有。

（3）确定存货增减变动的记录是否完整。

（4）确定存货的品质状况，存货跌价准备的计提是否合理。

（5）确定存货的计价方法是否恰当。

（6）确定存货期末余额是否正确。

（7）确定存货的披露是否恰当。

11.2.2 存货的内部控制

11.2.2.1 存货内部控制及其评审

1. 存货内部控制系统的内容

（1）存货业务流转过程中内部控制的主要环节。存货业务流转过程的内部控制涉及采购、储存、发货等几个方面。

1）采购业务的内部控制。

① 职能分工控制。存货的采购应由专门的采购机构负责，或设置专职的采购人员，建立岗位责任制，明确采购工作责任，以防止职责不清，出现错弊不易查找。

② 授权批准控制。采购材料、商品及其他物资，均应由使用部门提出要货计划或请购单，经主管领导批准后执行。

③ 采购合同控制。企业采购的大宗材料、商品和其他物资，应与供货单位签订合同，以加强双方责任控制，保证按期、按货物品名、数量规格、质量及合同规定的其他条件发货。合同还应经过内审部门或其他部门审核，以防止失误和上当受骗。

④ 甄别验收控制。企业所订购的存货运达后，要由材料供应部门、有关业务部门和质量检验部门，根据运单、发票、合同以及产品说明书加以审查，并由独立于采购、运输验收部门或人员进行数量甄别和质量检验，核对相符；若品种数量、规格、质量符合要求，即填制验收单。

⑤ 入库复查控制。材料、商品等存货经验收后，保管员应及时办理入库手续，填制入库单，以建立保管责任制，防止丢失、毁损，保证存货安全。

⑥ 在途存货的清查处理控制。对已付款尚未到货的在途存货，应按一定期限进行清理，以确认在途存货的真实性，保证其安全。

2）存货的储存保管控制。仓储保管部门负责存货的储存保管责任。

① 存货储存的管理责任控制。为保证存货的安全及合理使用，应建立储存管理责任制。对各项存货的收、付、存，都应有专人负责，严格手续制度。材料、商品采购凭验收单、入库单办理验收入库；库存商品、自制半成品，凭库存商品或半成品入库单办理验收入库手续，认真做好点数、过秤并抽查质量，把好入库关，以防止差错和损失。保管员应及时登记保管卡。

② 存货存放的安全控制。

- 创造安全条件，即库房应具有防火、防盗、防潮、防鼠、防虫等具体措施，以保证存货的安全完整；

- 规范存放秩序，如分区保管，定位存放，五五成行，快速计数等，使每项存货堆放整齐，数量清楚，以保证存货储存数量的正确性；
- 加强定期保养，材料、商品、库存商品都应当定期甄别质量，进行维护保养，以防质量下降。

③ 存货的清查盘点控制。为检验并控制存货储存情况，企业对存货应定期或不定期进行盘点，由仓储、有关业务部门与财会部门组成盘点小组，运用与材料商品出入库相同的计量衡器和计算方法，点清数量，查明质量，按规定编制各种存货的盘点表，对盘盈盘亏的应查明原因，转交财会部门按规定作账务处理。此外还应有轮流盘点以及流动盘点的制度，即存货发生收发，立即盘点核对。为保证盘点质量，可请内部查账人员监盘（见表 11-1）。

表 11-1　存货的清查盘点控制

说明	仓储保管部门	会计部门	生产部门
1. 仓储保管部门对已验收商品办理入库手续，编制入库单			
2. 会计部门根据入库单登记相应账簿			
3. 生产部门根据销售订单编制生产计划			
4. 生产部门根据生产计划领用原材料，编制领料单			
5. 仓储保管部门根据已审核的领料单发放原材料，编制出库单			
6. 会计部门根据出库单登记相应账簿			

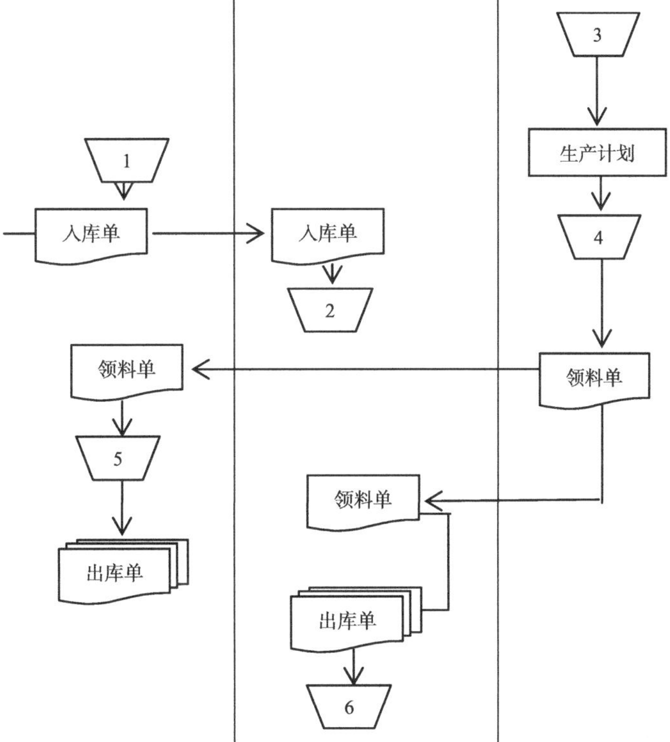

3）存货发出的内部控制。

① 存货发出的授权批准控制。此项控制应由供应部门或销售部门负责。材料、库存商品（或商品）的耗用或销售都要由使用部门、营业部门提出耗用或销售具体计划，再由供应部门或销售部门编制材料供应计划或库存商品（或商品）销售计划，报主管领导批准。

② 存货发出的手续控制。主要是发货时应有手续齐全的发货单或提货单，领用材料应有手续齐全的领料单，以明确责任，防止差错，保证存货的安全。

③ 存货发出的合同控制。企业销售各类产品、商品或其他物资，一般应与购货单位签订合同，以加强双方的责任，保证按期供应存货，及时收回货款。

2. 存货核算记录程序的内部控制

存货核算记录程序的内部控制制度主要包括账簿体系设置控制、存货收付存的记录程序控制、存货业务会计处理的合规控制及存货的账目核对控制等。

（1）账簿体系设置控制。为了保证存货数量和成本的正确性，系统地反映存货的收发存情况，财会部门应设置材料、商品、库存商品等存货的总分类账和相应存货的类目账，同时要按各种存货的品名、规格及存放地点设置明细分类账，形成账簿核算体系。这是对存货的安全性、完整性实施控制，取得良好效果的重要制度。

（2）存货收付存的记录程序控制。

① 要遵循存货会计记录的程序规定，即严格遵循从填制凭证开始，经过登记明细分类账、总分类账，到编制财务报表的全过程都必须遵循制度的规定。

② 对存货的会计记录必须执行登记有据制度，即存货的收入、发出、退回、损耗、盘盈、盈亏都应有手续完整且真实、正确、可靠的凭证为依据，以保证会计记录的正确性。

（3）存货业务会计处理的合规控制。

1）采购环节的会计处理合规控制。

① 货款的审核支付控制。财会部门收到入库单、验收单和进货发票后，应与合同（副本）进行核对，核对无误后，经财会主管审核后按约定的方式办理结付货款。

② 存货采购的登记入账控制。财会部门根据各原始凭证，编制记账凭证，如实反映材料采购和原材料入库情况，登记存货明细账和总分类账。

③ 存货采购成本构成的入账控制。财会部门应按规定的成本构成范围和计价标准，如实反映存货采购成本。

2）发出环节的会计处理合规控制。

① 存货出售货款的结算清理控制。财会部门根据业务部门所开销货发票及存货出库单，按购销双方约定的方式及时办理货款结算。

② 存货发出的账目登记控制。财会部门根据有关原始凭证（出库单、完工产品入库单等），按规定记入有关存货的总账和各明细账户的贷方，借记有关生产、费用、主营业务成本账户，并按售价记入“银行存款”“应收账款”等账户，贷记主营业务成本账户。

③ 存货发出计价方法控制。财会部门应根据企业存货的具体情况，选择适当的成本计算方法，并保证一致性。

（4）存货的账目核对控制。除仓库设有存货明细账（卡）以外，商品业务部门和财会部门也要设立材料、商品、库存商品等明细账，由各部门分别根据入库单、验收单、领料单、发货单等及时进行登记，定期进行总账、明细账、保管卡的核对工作，正确反映库存数量，并由会计稽核人员和内部查账人员定期或不定期进行抽查核实。

存货收入、储存、发出业务内部控制形式概括起来，包括职能分工控制，授权批准控制、购销合同控制，验收，保管和出库手续控制，清查盘点控制，进销货款结算审核控制，账簿系统控制，审核稽核控制等各种形式。

11.2.2.2 存货内部控制系统的审评

1. 存货内部控制符合性测试

存货收、发、存业务活动频繁，因而健全、有效的内部控制对保证存货业务的真实、合法、合规、有效运转是十分重要的。在存货审查中，查账人员不可能对存货收、发、存业务进行详细审查核实。另外，由于存货各项业务的内部控制具有同一性和普遍性，因而一般采用抽样审查的方式对内部控制进行符合性的测试。

（1）存货内部控制一般性审查。查账人员通过收集、审查企业关于存货采购、储存、发出及销售等方面内部控制的制度文件，走访面询和实地观察采购部门、仓库、验收及财会部门的工作情况，深入了解被查企业存货管理各项有关制度是否健全，手续是否完备，主要控制环节是否发挥作用。然后，根据调查资料及内部控制调查表和流程图反映的情况，将内部控制情况进行描述并记入查账工作底稿。

此外，查账人员可以根据自身的经验或某种标准的控制制度，结合被查企业建立的存货内部控制制度进行比较、评价，找出被查企业存货内部控制制度不健全的缺陷，为深入评审打下基础。由于尚未测试，上述缺陷一般称为“逻辑缺陷”。

（2）存货内部控制的符合性测试。在对存货内部控制制度进行审阅、调查了解和逻辑分析的基础上，对企业确定的存货内部控制进行符合性测试。一般可以采取以下两种方法。

① 账务追索，即按照存货收、发、存业务的整个账务处理系统，包括账务处理经过的环节和每个环节实际进行牵制的内容，予以审查、评价，从中发现存货内部控制的缺陷。这种测试是以存货内部控制的执行情况都会在账务处理上集中反映为基础的。例如，存货的收入和发出都必须经过两个或两个以上的部门或环节，在这种账务处理上就表现为原始凭证必须有分属两个或两个以上部门、环节的人员签字，同时，两个或两个以上的部门都应有相应的存货账簿登记，类似上述情况的都可以从账务系统中予以追索甄别。

② 实务追索，它是顺着企业正在进行的存货收、发、存业务，追索正在发生的业务是否按制度规定去执行。实务追索也可以针对已发生的业务进行，一般称为“重做一遍”。通过这种跟踪追索的方法，就可以发现已确定的内部控制制度是否被实际执行，执行的有效性如何，以便从中找到缺陷。

2. 存货内部控制系统的评价

通过对调查表、流程图的审核和符合性测试，对被查企业的存货内部控制的健全性和有效性有了一定的了解，可进行初步评价。

对存货内部控制进行评价时，在对其进行逻辑分析和实务分析过程中，通常要抓住存货内部控制的关键控制环节（亦称关键控制点）进行重点审查、评价。

其重点包括以下方面。

（1）对存货的收入、发出和结存是否按职能分工，并建立了责任制。例如，存货的采购是否设有专门采购部门或专职的采购人员，职能是否划分清楚；存货的发出业务是否由供应部门或销售部门负责，并经过授权批准。

（2）大宗存货的采购是否实行了计划管理并签订了购货合同，是否按批准手续执行；抽查供货发票、验收单、入库单与合同规定是否一致。

（3）存货的采购、检验和验收制度是否健全有效，具体措施是否能严格执行，各项措施是否合理。

（4）存货的收付是否有严格的手续。例如，收入存货是否根据进货发票并如实填写入库单、验收单；发出存货是否有手续齐全的领料单、发货单或提货单，是否对发货单和领料单进行认真审核签章后才装运发货，有无错发或漏发现象。

（5）存货的收付凭证是否由专人负责管理，是否坚持领用付出办理登记并按编号顺序使用，作废凭证是否按规定处理。

（6）存货的入库金额是否存在复核制度并与结付货款金额相一致。

（7）存货的保管制度是否恰当。例如，存货的存放是否安全，易混淆的存货是否进行隔离，易燃、易爆物品是否专设仓库并符合消防措施，易霉烂变质的存货是否加强了管理并积极进行处理。

（8）存货的领用或销售是否都由生产部门（或使用部门）填制领料单、销售部门填制发货票并送材料部门、仓储部门和财会部门，经审核后，办理发出手续，按规定入账。

（9）存货是否定期进行清查盘点。根据抽查若干月的盘点记录，审查盘点范围和盘点组织方法，盘点结果与账面余额是否相符，对盘盈盘亏的存货，是否认真查明原因并报经批准后作妥善处理。

（10）退回存货是否有合法的凭证和正常手续，对已批准的退回存货是否按制度规定进行处理。

（11）财会部门的会计记录是否遵循严格的程序，存货的各种记录资料是否汇集到财会部门并经审核后按规定处理，存货发出的计价方法是否按规定使用并保持稳定。

（12）财会部门的存货总分类账、类目账和明细分类账是否定期与供应部门的材料账、业务部门的商品（产品）账、仓储保管部门的保管账卡核对相符，定期或不定期进行稽核或审查。

在了解和掌握上述各方面的存货内部控制之后，就应当根据收集的证据对存货的内部控制是否健全及执行的有效性进行评价，在查账工作底稿中标明哪些属于控制较强的部分，哪些属于控制较弱的部分，并依据内部控制制度可以信赖的程度，确立核实存货实有额及审查存货收、发、存的真实性、合法性的查账程序和查账重点。

11.2.3 存货监盘

经由中国注册会计师协会拟订，中华人民共和国财政部发布了《中国注册会计师审计准则第 1311 号——存货监盘》，中国注册会计师协会制定了《中国注册会计师执业准则指南》。

11.2.3.1 存货监盘的含义

存货监盘是指查账人员现场观察被查单位存货的盘点，并对已盘点的存货进行适当检查。

存货监盘的含义可从以下几方面理解。

1. 存货监盘是一项复合程序

存货监盘是一项复合程序，是观察程序和检查程序的结合运用。在存货监盘过程中，注册会计师应当现场观察被审计单位存货的盘点活动或盘点程序。例如，盘点表单的使用是否得到了有效的控制，盘点工作是否符合盘点计划的要求，是否充分关注了存货的状况并予以恰当的记录，对存货的移动是否进行了较好的控制；同时，注册会计师还应当对已盘点的存货进行适当检查，包括检查与存货相关的记录或文件并检查存货实物。检查存货实物也包括对被审计单位盘点的存货进行抽点。

2. 存货监盘的目的是获取有关存货数量和状况的审计证据

存货监盘针对的主要是存货的存在认定、完整性认定及权利和义务认定，存货数量的准确性直接影响到这三项认定。通过存货监盘，注册会计师还会获取到有关存货状况（如毁损、陈旧等）的审计证据，从而为测试计价认定提供部分审计证据。

需要指出的是，注册会计师在测试存货的所有权认定和完整性认定时，可能还需要实施其他审计程序。

3. 存货监盘可以理解为一种双重目的的测试

被审计单位的存货盘点可以理解为一项控制活动。相应地，注册会计师的存货监盘可以理解为一项控制测试，即注册会计师通过观察和检查，确定被审计单位的存货盘点控制能否合理确定存货的数量和状况。

存货监盘也可以理解为一种双重目的测试。除上述的控制测试功能外，在存货监盘过程中，注册会计师通过检查存货的数量和状况，能够提供存货账面金额是否存在错报的直接审计证据。

在存货监盘过程中，注册会计师的测试目的可能有所侧重。如果注册会计师认为被审计单位的存货盘点能够合理确定存货的数量和状况，存货监盘从性质上讲更多为控制测试。否则，存货监盘从性质上讲则更多为实质性程序。但是无论存货监盘服务于何种目的的测试，在监盘过程中，注册会计师都需要运用检查程序。

11.2.3.2　管理层和注册会计师的责任

定期盘点存货，合理确定存货的数量和状况是被审计单位管理层的责任。实施存货监盘，获取有关期末存货数量和状况的充分、适当的审计证据是注册会计师的责任。

1. 管理层的责任

《中华人民共和国会计法》第四条规定："单位负责人对本单位的会计工作和会计资料的真实性、完整性负责。"定期盘点存货是被审计单位的一项重要的内部控制。《企业财务会计报告条例》第二十条规定："企业在编制年度财务会计报告前，应当按照下列规定，全面清查资产、核实债务：（二）原材料、在产品、自制半成品、库存商品等各项存货的实存数量与账面数量是否一致，是否有报废损失和积压物资等……企业清查、核实后，应当将清查、核实的结果及其处理办法向企业的董事会或者相应机构报告，并根据国家统一的会计制度的规定进行相应的会计处理。企业应当在年度中间根据具体情况，对各项财产物资和结算款项进行重点抽查、轮流清查或者定期清查。"这说明被审计单位管理层是会计工作的责任主体，应当承担定期盘点存货、合理确定存货数量和状况的责任。

2. 注册会计师的责任

注册会计师是出具审计报告的责任主体，需要对被审计单位的财务报表发表审计意见，而存货项目通常又是被审计单位财务报表中的重要项目。存货对制造业、批发业和零售业等许多行业都十分重要，存货项目在企业资产中往往又占有很大的比重，并对许多财务指标和财务报表项目产生直接或间接的影响。例如，存货的重大错报对于流动资产、营运资本、总资产、销售成本、毛利及净收益通常都会产生直接的影响；对于诸如利润分配和所得税等其他财务报表项目也具有间接影响。

因此，注册会计师应当按照本准则的要求对被审计单位的存货实施存货监盘程序，以获取有关期末存货数量和状况的充分、适当的审计证据，形成合理的审计结论，为最终发表审计意见提供依据。

11.2.3.3　存货监盘计划

1. 编制存货监盘计划时应当实施假账查处程序

（1）了解存货的内容、性质、各存货项目的重要程度及存放场所。

1）存货的内容。存货可分为原材料、在产品、半成品、产成品、商品、包装物、低值易耗品和委托代销商品等。这些存货具有以下特征之一：

① 企业在日常经营中持有以备出售，如产成品或商品；

② 仍处于生产过程之中，如在产品；

③ 将在生产或提供劳务过程中被耗用，如材料和物料。

2）存货的性质。在了解被审计单位存货的性质时，注册会计师需要关注被审计单位易腐烂、易毁损、陈旧过时及单位价值较高、具有危害性的物质，需要利用特殊配方或制造工艺加工的存货。

3）存货项目的重要程度。注册会计师需要从以下几个方面确定存货项目的重要程度：

① 存货与其他资产和净利润的相对比率及内在联系；

② 各类存货（原材料、在产品和产成品）占存货总数的比重；

③ 各存放地存货占存货总数的比重。

考虑并评价存货项目的重要程度直接关系到注册会计师如何恰当地分配审计资源。

4）存货项目的存放场所。注册会计师可以通过与管理层沟通、查阅文件资料以及发放调查问卷等方式，了解被审计单位存货的所有存放地点，包括存放于公共仓库的存货和委托代销存货的存放地点。

（2）了解与存货相关的内部控制。在制订存货监盘计划时，注册会计师应当了解被审计单位与存货相关的内部控制，并根据内部控制的完善程度确定进一步审计程序的性质、时间和范围。

与存货相关的内部控制涉及被审计单位供、产、销各个环节，包括采购、存货验收、仓储、领用、加工、袋运出库等方面。需要说明的是，与存货内部控制相关的措施有很多，其有效程度也存在差异。

① 采购。与采购相关的内部控制的总体目标是所有交易都已获得适当的授权与批准。使用购货订单是一项基本的内部控制措施，购货订单应当预先连续编号，事先确定采购价格并获得批准。此外，还应当定期进行清点购货订单。

② 存货验收。与存货验收相关的内部控制的总体目标是所有收到的货物都已得到记录。使用验收报告单是一项基本的内部控制措施，被审计单位应当设置独立的部门负责验收货物，该部门具有验收存货实物、确定存货数量、编制验收报告、将验收报告传送至会计核算部门及运送货物至仓库等一系列职能。

③ 仓储。与仓储相关的内部控制的总体目标是确保与存货实物的接触必须得到管理层的指示和批准。被审计单位应当采取实物控制措施，使用适当的存储设施，以使存货免受意外损毁、盗窃或破坏。

④ 领用。与领用相关的内部控制的总体目标是所有存货的领用均应得到批准和记录。使用存货领用单是一项基本的内部控制措施，对存货领用单，应当定期进行清点。

⑤ 加工（生产）。与加工（生产）相关的内部控制的总体目标是对所有的生产过程作适当的记录。使用生产报告是一项基本的内部控制措施，在生产报告中，应当对产品质量缺陷和零部件使用及报废情况及时作出说明。

⑥ 装运出库。与装运出库相关的内部控制的总体目标是所有的装运都得到了记录。使用装运文件是一项基本的内部控制措施，装运单应当预先编号，定期进行清点，并作为日后开具收款账单的依据。

例 11-1 以调查问卷的形式列举了常见的存货内部控制。

【例 11-1】

存货内部控制调查问卷

本资料以调查问卷形式列示了关于存货及销售成本的内部控制。第一部分是关于存货数量的内部控制。第二、第三部分是关于存货采购和存货销售的内部控制。本资料所列问题仅供参考，并且只选择了通常与存货有关的重要控制，未包括所有可能存在的控制及各个控制要素。

1. 存货数量控制

（1）是否对存货采取集中控制？

（2）对于盗窃存货的行为是否存在防范措施？

（3）上述防范措施是否充分？

（4）是否设置了永续存货记录？

（5）是否所有的存货项目都需要运送到仓储部门？

（6）从仓储部门提取货物是否需要填制申请单？

（7）进行存货会计记录的职员是否独立于仓储部门？

（8）存货是否至少每年进行一次实地盘点？

（9）是否所有的盘点差异都经过调查并获得批准？能否对永续存货记录进行及时调整？

（10）是否存在控制废料的适当程序？

（11）是否存在适当程序对过时存货、毁损存货或周转缓慢的存货作出确认并报告？

（12）是否存在适当程序来控制代销存货？

（13）是否编制生产报告？

（14）是否存在适当程序来控制生产过程中的存货流转？

（15）在进行永续存货记录时，是否采用了预先编号的入库单和出库单等单据，并对其进行定期清点？

（16）不同业务部门之间编制的数据能否相互核对相符？

（17）在存货盘点之前，是否制定书面的指导文件？

（18）存货盘点结果是否需要由不负责存货记录的人员进行复核验证？

（19）在存货盘点以后，是否对盘点记录（盘点标签、盘点表）作出了充分控制？

（20）存货的验收入库和销售截止是否恰当？

（21）负责存货实物保管的职员是否既不接触存货采购记录，也不接触销售记录？

（22）存货投保范围是否充分？

（23）被审计单位是否保持了存货内部控制评审报告和记录？

（24）是否定期进行账账、账实核对，并对差异及时进行调节？

（25）是否设置了其他的存货数量控制措施？如是，请详述。

2. 存货采购控制

（1）是否存在正式的存货采购业务部门？

（2）存货采购部门是否独立于存货的验收、运输及会计记录部门？

（3）是否使用事先编号并经批准后方可生效的采购订单？是否对其实施控制？

（4）存货验收部门是否将采购订单副联作为存货验收入库的获准凭据？

（5）是否使用并控制预先编号的存货验收报告？

（6）编号的顺序是否由会计部门进行复核？

（7）对于未核对相符的验收报告，是否加以留存并作调查？

（8）验收部门是否留存一份验收报告副本？

（9）采购部门是否留存一份验收报告副本？

（10）购货退回时，是否送交运输部门？

（11）购货退回时，会计部门能否得到购货退回的通知？

（12）购货退回时，是否经过验收并填制验收单据？

（13）上述验收单据是否与购货方退回的相关单据核对相符？

（14）在支付货款前，会计部门是否将支票与采购订单及验收报告进行核对？

（15）是否对存货盘亏和毁损情况进行恰当的报告？

（16）是否对尚未办理完结的采购订单作了记录？

3. 存货销售控制

（1）销售、开具账单、验收、运输及应收账款记录等部门之间是否相互分离？

（2）在存货出库时是否有经批准的运输凭证？

（3）是否对销售订单（备份）实施了适当控制？

（4）运输单是否被事先编号？

（5）运输单是否与销售发票核对相符？

（6）销售记录部门是否直接从运输部门获取运输单的副本？

（7）是否同时编制出库单、运输单和销售发票？

（8）是否设置了控制程序以保证所有已装运货物均已开具发票？

（9）对销售发票是否进行了连续的预先编号？

（10）包括已作废发票在内的所有发票是否都已进行了清点？

（11）对于废料处置及向内部职员销售产品，是否存在适当的控制？

（12）销售退回是否均已在验收部门、存货记录部门及应收账款部门得到了正确处理？

（13）对于销售退回，是否编制了验收报告？

（14）上述验收报告是否与贷项通知单（一种通知购货方减少其所欠货款的凭证）核对相符？

（15）是否可通过永续存货记录或存货零售价法使销货与存货记录核对相符？

（3）存货的盘存制度。存货数量的盘存制度一般分为实地盘存制和永续盘存制。存货盘存制度不同，对存货数量的控制程度的影响也不同。

① 实地盘存制。实地盘存制也称定期盘存制，指会计期末通过对全部存货进行实地盘点，以确定期末存货的结存数量，然后再乘以各项存货的盘存单价，计算出期末存货的总金额，记入各有关存货项目，倒轧本期已耗用或已销售存货的成本。

② 永续盘存制。永续盘存制也称账面盘存制，指对存货项目设置动态的库存记录，按品名、规格设置存货明细账，逐笔或逐日登记存货的收入和发出，并随时计列结存数。通过会计账簿资料，就可以完整地反映存货的收入、发出和结存情况。在没有发生丢失或被盗的情况下，存货账户的余额应当与实际库存相符。采用永续盘存制，并不意味着无须对存货实物进行盘点，为了核对存货账面记录，加强对存货的管理，被审计单位每年至少应对存货进行一次全面盘点。

（4）评估与存货相关的重大错报风险和重要性。存货通常具有较高的错报风险，影响错报风险的因素具体包括：

① 存货的数量和种类；

② 成本归集的难易程度；

③ 陈旧过时的速度或易损坏程度；

④ 遭受失窃的难易程度。

由于制造过程和成本归集制度的差异，制造企业的存货与其他企业（如批发企业）的存货相比，往往具有更高的错报风险，对于注册会计师的审计工作而言则更具复杂性。此外，外部因素也会对存货的错报风险产生影响。例如，技术进步可能导致某项产品过时，从而导致存货价值更容易发生高估。

以下列举了可能增加审计复杂性与错报风险的若干情况。

- 制造过程漫长。对制造过程漫长的企业（如飞机制造和酒类产品酿造企业）进行审计时，应当重点关注递延成本、预期发生成本及未来市场波动可能对当期损益的影响等事项。
- 固定价格合约。审计时应重点关注预期发生成本的不确定性。
- 商品存货。计价是一个重要的审计问题，因为商品极易受到市场波动影响。有些企业为应对未来的价格变动进行套期交易，以降低有关风险。
- 与时装相关的服装行业。由于服装产品的消费者对服装风格或颜色的偏好容易发生变化，因此，存货是否过时是重要的审计事项。
- 鲜活、易腐商品存货。因为物质特性和保质期短暂，此类存货变质的风险很高。
- 具有高科技含量的存货。由于技术进步，此类存货易于过时。
- 单位价值高昂、容易被盗窃的存货。例如，珠宝存货的错报风险通常高于铁制纽扣之类存货的错报风险。

根据对存货错报风险的评估结果，注册会计师应当合理确定存货项目审计的重要性水平。

（5）查阅以前年度的存货监盘工作底稿。注册会计师可以通过查阅以前年度的存货监盘工作底稿，了解被审计单位的存货情况、存货盘点程序及其他在以前年度审计中遇到的重大问题。在查阅以前年度的存货监盘工作底稿时，注册会计师应充分关注存货盘点的时间安排、周转缓慢的存货的识别、存货的截止确认、盘点小组人员的确定及存货多处存放等内容。

（6）考虑实地察看存货的存放场所。注册会计师应当考虑实地察看被审计单位的存货存放场所，特别是金额较大或性质特殊的存货，这有助于注册会计师熟悉在库存货及其组织管理方式，也有助于注册会计师在盘点工作进行前发现潜在问题，如存在难以盘点的存货、周转缓慢的存货、过时存货、残次品及代销存货。

注册会计师应关注所有的存货存放地点，以防止被审计单位或自己发生任何遗漏。对存放大额存货的每一个地点尤其应当予以特别关注。对多处存放存货的情况，注册会计师应当考虑被审计单位与存货相关内部控制措施和盘点惯例，评价审计风险及除存货监盘外的其他替代程序的可行性，从而确定实施监盘的范围。例如，由于连锁商店的分店的数目可能很多，注册会计师通常不会对零售连锁商店每一家分店实施监盘，而是选择一定数目的分店进行监盘，并使用分析程序等替代程序，或者利用内部审计人员的工作，以便对其他分店存货余额的准确性作出评价。

（7）考虑利用专家或其他注册会计师的工作。

① 利用专家的工作。在确定资产数量或资产实物状况（如矿石堆），或在收集特殊类别存货（如艺术品、稀有玉石、房地产、电子器件、工程设计等）的审计证据时，注册会计师可以考虑利用专家的工作。

当在产品存货金额较大时，可能面临如何评估在产品完工程度的问题。注册会计师可了解被审计单位的盘点程序，如果有关在产品的完工程度未明确列出，注册会计师应当考虑采用其他有助于确定完工程度的措施，如获取零部件明细清单、标准成本表及作业成本表，与工厂的有关人员进行讨论等，并运用职业判断。注册会计师也可以根据存货生产过程的复杂程度考虑利用专家的工作。

② 利用其他注册会计师的工作。很多情况下，被审计单位组成部分的财务信息由其他注册会计师审计并出具审计报告，这当然也包括了由其他注册会计师负责对被审计单位组成部分的存货实施监盘。如果注册会计师计划利用其他注册会计师的工作，则应遵循《中国注册会计师

审计准则第1401号——利用其他注册会计师的工作》的相关要求。

（8）复核或与管理层讨论其存货盘点计划。

1）复核或与管理层讨论盘点计划应当考虑的主要因素。在复核或与管理层讨论其存货盘点计划时，注册会计师应当考虑下列主要因素，以评价其能否合理地确定存货的数量和状况。

① 盘点的时间安排。注册会计师应当根据被审计单位的存货盘存制度和相关内部控制的有效性，评价其盘点时间是否合理。

企业实施存货盘点的时间可能在资产负债表日以前、资产负债表日或资产负债表日之后。企业可能采取在某一时间集中盘点的方式，也可能采取在会计期间内的不同日期进行循环盘点的方式。此外，企业根据自身规模大小和存货特点，可能选择不同的存货盘存制度，包括实地盘存制或永续盘存制。存货盘点时间安排可能会因存货盘存制度而异。与存货相关的采购、验收、仓储、领用、加工生产及装运出库等内部控制程序是否有效也会对存货盘点时间产生影响。

注册会计师应当考虑被审计单位的存货盘点时间与资产负债表日的间隔情况，评价在信赖内部控制的前提下能否将盘点日的结论延伸到资产负债表日。在此基础上，判断被审计单位的盘点时间是否合理，包括：

- 盘点时间与资产负债表日的间隔期是否合理；
- 对具体存货项目的盘点时点的安排是否合理，如对存放在不同场所的相同存货项目应当在同一时点进行盘点，而不应安排在不同日期盘点；
- 不同的存货盘存制度下的存货盘点时间的安排是否合理，如被审计单位选择实地盘存制，则必须要求其在期末实施存货盘点；
- 不同的存货内部控制下的存货盘点时间的安排是否合理。如被审计单位内部控制较差，则不能接受其只在期中盘点存货的做法。

② 存货盘点范围和场所的确定。注册会计师应当关注，被审计单位是否恰当确定存货的盘点范围并将存货存放于适当的场所；管理层是否区分并隔离受托代销商品或其他顾客已购商品，以确保此类商品未被纳入被审计单位的存货范围；是否将委托代销、委托加工和存放于第三方的存货纳入盘点范围，并针对其制定了适当的盘点方案。

③ 盘点人员的分工及胜任能力。被审计单位的存货清查盘点工作应由熟悉相关业务的人员完成，同时配备日常并不对这些存货负有经管责任的人员参与存货盘点工作。由一位熟悉存货情况的人员和另一位日常不对这些存货负有经管责任的人员组成盘点小组，其中一人负责清点，另一人负责记录，这样的盘点人员分工会取得更好的效果。

④ 盘点前的会议及任务布置。注册会计师应当关注，被审计单位是否召开盘点工作会议，全面布置盘点工作；是否明确现场盘点人员各自的职责；是否设置盘点的复核程序，如安排另一独立盘点工作组对盘点结果进行复核并再次盘点；盘点工作的任务布置是否合理，参与盘点的工作人员是否正确理解了各自的职责，能否落实盘点计划的各项指令。

⑤ 存货的整理和排列，对毁损、陈旧、过时、残次及所有权不属于被审计单位的存货劝区分。注册会计师应当关注，被审计单位是否已将存货有序地组织与摆放，是否对毁损、陈旧、过时、残次及所有权不属于被审计单位存货进行了区分并隔离摆放。

⑥ 存货的计量工具和计量方法。注册会计师应当关注，盘点需要的计量工具是否准备妥当，所选取的计量方法是否适当，存货的计量工具和计量方法是否能够满足盘点工作的需要。

⑦ 在产品完工程度的确定方法。注册会计师应当关注，被审计单位是否存在确定在产品完工程度的适当程序，了解并评价在产品完工程度的确定方法。盘点时中止生产最为理想，当无

法做到这一点时，应建议被审计单位将盘点前生产的在产品和盘点后生产的在产品区分开来，并制定令注册会计师满意的对在产品进行盘点的其他程序。

⑧ 存放在外单位的存货的盘点安排。注册会计师应当关注，被审计单位是否有存放在外单位的存货，如存放在公共仓库或质押给第三方的存货等。对此类存货是否已纳入盘点范围并制定了令注册会计师满意的盘点程序。

⑨ 存货收发截止的控制。注册会计师应当关注，被审计单位盘点计划是否包括对存货的收发截止的控制，盘点期间盘点人员如何收集存货收发截止信息。如果盘点期间未停止存货收发业务，被审计单位是否制定了适当的程序以确保存货的收发能够正确归入所属会计期间。

⑩ 盘点期间存货移动的控制。注册会计师应当关注，被审计单位是否制定了存货移动的控制程序。在存货盘点过程中，不发生存货移动最为理想。但是在实务工作中，被审计单位有时无法在存货盘点过程中停止存货的生产、验收入库和装运出库业务。在这种情况下，被审计单位有必要制定相应程序，以充分识别存货的移动情况，并在适当期间内记录存货。对于在盘点前后出入库的存货及在不同部门间流转的存货，均应制定相应的截止程序加以区分。

⑪ 盘点表单的设计、使用与控制。盘点表单包括存货盘点表和存货标签等。注册会计师应当关注，盘点表设计是否适当，盘点表的使用是否得到了控制，对盘点表的收发是否有适当的控制程序；为减少潜在的遗漏或重复盘点，是否使用复制的预先编号的存货标签，或制定了能够提供相同控制效果的类似制度或程序。在许多情况下，存货项目在盘点工作进行之前便已经由熟悉存货情况的工作人员贴上了标签。两套标签中的一套粘贴在已盘点的存货上，另一套则由盘点工作人员留存并返还给存货盘点的监管人员。监管人员应单独控制所签发和收回的标签号码。如果标签没有事先编号，被审计单位出于控制目的应当在每张标签上标注一个号码。如果被审计单位未使用盘点标签，注册会计师应了解被审计单位如何确定已盘点的存货，并考虑被审计单位所使用方法是否尽可能地减少了重复盘点或遗漏存货项目等错误。

⑫ 盘点结果的汇总及盘盈或盘亏的分析、调查与处理。注册会计师应当关注被审计单位对盘点结果的汇总以及盘盈、盘亏分析、调查与处理的安排是否适当。

2）盘点计划存在缺陷时的处理。如果认为被审计单位的存货盘点计划存在缺陷，注册会计师应当提请被审计单位调整。

注册会计师通常可利用存货盘点计划调查问卷（见例 11–2）的形式，与被审计单位管理层讨论存货盘点计划，并评价被审计单位盘点计划能否合理地确定存货的数量和状况。如果认为被审计单位的盘点计划存在缺陷，注册会计师应当提请被审计单位采取必要措施，修改和完善盘点计划。

【例 11–2】

存货盘点计划调查问卷

本调查问卷旨在帮助注册会计师了解和评价被审计单位存货盘点计划。如果被审计单位有盘点的书面说明，本调查问卷也可作为有益的补充。需要说明的是，注册会计师在审计实务中，应当根据被审计单位所处行业的特点、内部控制和会计核算制度等具体情况，对本调查问卷进行修改。

被审计单位：

资产负债表日：

1. 存货盘点的范围、盘点的场所以及盘点时间是如何确定的？请填列下表。

存货盘点表

地　　点	存货类型	占存货总额的大致比例	盘点时间

2. 盘点人员是如何组织分工的？是否具有胜任能力？请填列下表。

盘点人员组织分工表

人　　员	地　　点	职　　责	胜任能力	电　　话

3. 盘点过程是否有专家参加？是否对专家参与盘点作出了适当的安排？

4. 盘点前是否召开会议并布置任务？

5. 在盘点过程中，存货是怎样整理和排列的？

6. 是否存在代销存货等所有权不属于被审计单位的存货？如有，情况如何？

7. 有哪些毁损、陈旧、过时、残次的存货？它们是如何区分和存放的？

8. 半成品、原材料和产成品如何分开？

9. 对于成堆堆放或分散在仓库中的存货，是否设置了专门的盘点程序或数量转换计算的方法？

10. 分散在不同地方的相同存货项目如何汇总（这对于与后续盘点汇总保持一致很重要）？

11. 存货盘点采用什么计量工具和计量方法？

12. 在产品的完工程度如何确认？原材料、直接人工、制造费用等如何在产成品和在产品之间分配？

13. 是否有存放在外单位的存货？如何进行盘点？

14. 放在距离较远的地方的存货如何盘点？

15. 对存货收发截止是如何进行控制的？

16. 对盘点期间存货移动是如何进行控制的？盘点期间是否需要停止生产？

17. 盘点表单是如何设计、使用与控制的？使用什么形式的文件来记录盘点？盘点表是否预先编号？

18. 是否所有的盘点都被独立检查以确保它们的准确性？若使用永续存货盘存制，如果实际数量与记录存在差异，是否有进行独立再盘点的措施？是否要求监督者对盘点执行的检查作出记录？

19. 盘点结果是如何汇总的？

20. 如何对盘盈或盘亏进行分析、调查与处理？

21. 是否存在其他在盘点中需要注意的事项？

22. 对被审计单位存货盘点计划能否合理地确定存货的数量和状况作出总体评价：

（1）被审计单位存货盘点计划是否适当？

（2）盘点计划是否存在缺陷？如是，应建议被审计单位调整。

编制人：　　　　　　　　　　　　编制时间：

审核人：　　　　　　　　　　　　审核时间：

2. 存货监盘计划的主要内容

在实施上述审计程序后，注册会计师应当制定存货监盘计划。存货监盘计划应当包括下列主要内容。

（1）存货监盘的目标、范围及时间安排。存货监盘的目标是获取被审计单位资产负债表日有关存货数量和状况的审计证据，检查存货的数量是否真实完整，是否归属被审计单位，存货有无毁损、陈旧、过时、残次和短缺等状况。

存货监盘范围的大小取决于存货的内容、性质及与存货相关的内部控制的完善程度和重大错报风险的评估结果。对存放于外单位的存货，应当考虑实施适当的替代程序，以获取充分、适当的审计证据。

存货监盘的时间包括实地察看盘点现场的时间、观察存货盘点的时间和对已盘点存货实施检查的时间等，应当与被审计单位实施存货盘点的时间相协调。

（2）存货监盘的要点及关注事项。存货监盘的要点主要包括注册会计师实施存货监盘程序的方法、步骤，各个环节应注意的问题及所要解决的问题。注册会计师需要重点关注的事项包括盘点期间的存货移动、存货的状况、存货的截止确认、存货的各个存放地点及金额等。

（3）参加存货监盘人员的分工。注册会计师应当根据被审计单位参加存货盘点的人员分工、分组情况、存货监盘工作量的大小和人员素质情况，确定参加存货监盘的人员组成，各组成人员的职责和具体的分工情况，并加强督导。

（4）检查存货的范围。注册会计师应当根据对被审计单位存货盘点和对被审计单位内部控制的评价结果确定检查存货的范围。注册会计师在实施观察程序后，如果认为被审计单位内部控制设计良好且得到有效实施、存货盘点组织良好，可以相应缩小实施检查程序的范围。

11.2.3.4　存货监盘程序

1. 观察程序

（1）在盘点前观察存货现场。在被审计单位盘点存货前，注册会计师应当观察盘点现场，确定应纳入盘点范围的存货是否已经适当整理和排列，并附有盘点标志，防止遗漏或重复盘点。对未纳入盘点范围的存货，注册会计师应当查明未纳入的原因。

在盘点之前观察盘点现场，有助于注册会计师了解存货及其组织管理方式，在监盘中及时发现潜在问题，防止存货遗漏或重复盘点。

（2）对所有权不属于被审计单位的存货的处理。对所有权不属于被审计单位的存货，注册会计师应当取得其规格、数量等有关资料，并确定这些存货是否已分别存放、标明，且未被纳入盘点范围。

在存货监盘过程中，注册会计师应当根据取得的所有权不属于被审计单位的存货的有关资料，观察这些存货的实际存放情况，确保其未被纳入盘点范围。即使在被审计单位声明不存在受托代存存货的情形下，注册会计师在存货监盘时也应当关注是否存在某些存货不属于被审计单位的迹象，以避免盘点范围不当。

（3）观察盘点人员是否遵守盘点计划。注册会计师应当观察被审计单位盘点人员是否遵守盘点计划并准确地记录存货的数量和状况。

注册会计师应当跟随被审计单位安排的存货盘点人员，注意观察被审计单位事先制订的存货盘点计划是否得到了贯彻执行，盘点人员是否准确无误地记录了被盘点存货的数量和状况，是否已经恰当地区分所有毁损、陈旧、过时及残次的存货。当盘点人员没有按照存货盘点计划和程序进行盘点时，注册会计师应与被审计单位的复核或监督人员联系以纠正盘点中的问题，或调整盘点程序。例如，假设盘点程序要求一组人员盘点存货，另一组人员重新盘点以保证存货数量的准确性，注册会计师如发现两组人员同时在一起盘点，需通知被审计单位管理层予以纠正。

2. 检查程序

（1）实施检查程序的基本要求。注册会计师应当对已盘点的存货进行适当检查，将检查结果与被审计单位盘点记录相核对，并形成相应记录。

注册会计师需要根据被审计单位与存货相关的内部控制、存货的构成和性质等，确定观察程序和检查程序的实施范围。如果实施观察程序后认为被审计单位的存货盘点工作组织管理得当，盘点、监督及复核程序充分有效，注册会计师可据此考虑减少所需检查的存货项目。

检查的范围通常包括每个盘点小组盘点的存货及难以盘点或隐蔽性较强的存货。需要说明的是，注册会计师应尽可能避免让被审计单位事先了解将抽取检查的存货项目。

注册会计师在实施检查程序时，应当按照《中国注册会计师审计准则第 1314 号——审计抽样和其他选取测试项目的方法》中的相关规定确定测试的范围和项目。

（2）检查程序的实施。在检查已盘点的存货时，注册会计师应当从存货盘点记录中选取项目追查至存货实物，以测试盘点记录的准确性；注册会计师还应当从存货实物中选取项目追查至存货盘点记录，以测试存货盘点记录的完整性。

为确定被审计单位对存货存在的认定，以存货盘点记录为起点查至存货实物（逆查）通常是最有效的审计方法；而为确定被审计单位对存货完整性的认定，以存货实物为起点查至存货盘点记录（顺查）则通常是最有效的审计方法。因此，在检查已盘点的存货时，注册会计师应当合理确定测试的方向，既要从存货盘点记录中选取项目逆查至存货实物，又要从存货实物中选取项目顺查至存货盘点记录。

在检查过程中，注册会计师还需关注以下有关问题。

① 实施检查程序时，对于所选择的存货项目，注册会计师可对存货的描述说明作出验证，并将自己的检查结果与被审计单位的盘点结果进行核对。在可能的情况下，还可与永续存货记录进行核对。

② 检查是否存在未被盘点的存货时，应当了解存货是否加贴了标签。如果在存货上采用了盘点标签或其他盘点标记，注册会计师通常可寻找未加标签的存货项目；如果在存货上没有采用标签或其他盘点标记，注册会计师可以考虑将存货记录和盘点记录进行比较，并应特别关注大宗存货的漏记迹象。在对存货进行检查时，如有必要，注册会计师可要求将某些包装物打开或将存货挪动位置。

③ 对于没有检查到的存货项目，注册会计师应考虑对其进行记录或复印相关项目的明细表，以便在获取期末存货完整性认定的审计证据时，与存货盘点明细报告核对。注册会计师还可以复核某些未被检查的存货项目的数量和名称。

④ 注册会计师应将检查的内容予以记录，以便事后的追踪查证。

⑤ 对所有权不属于被审计单位的存货，如受托代销或受托加工的存货。注册会计师应当实施必要的检查程序，取得并核对可证明这些存货所有权的有关资料，必要时向存货所有者实施函证程序，以确定存货的所有权。

例 11-3 为受托代存存货询证函。

【例 11–3】

受托代存存货询证函

（公司）:

我公司聘请的 × × 会计师事务所正在对我公司财务报表进行审计。按照中国注册会计师审计准则的要求，应当询证截至 20× × 年 × 月 × 日由我公司持有、代贵公司加工、销售或保管的存货的详细资料。下列数据出自我公司账簿记录，如与贵公司记录相符，请在本函下端“询证事项证明无误”处签章证明；如有不符，请在“询证事项不符”处列明不符情况。回函请直接寄至 × × 会计师事务所。

通信地址：× × 省 × × 市 × × 路 × × 号　业务 × 部注册会计师 × × × 收

邮政编码：　　　　　电话：　　　　　传真：

截至 20× × 年 × 月 × 日由我公司持有、代贵公司加工、销售或保管的存货见下表。

存货表

序号	类　别	品　名	数　量	是否有留置权	备　注
1	代加工存货				
2	代销售存货				
3	代保管存货				

本函仅为核对账目之用，请及时函复为盼。

（公司盖章）
年　月　日

结论：

1. 询证事项证明无误。

（公司盖章）
经办人：
年　月　日

2. 询证事项不符，不符情况如下：

（公司盖章）
经办人：
年　月　日

（3）实施检查程序时发现差异的处理。如果检查时发现差异，注册会计师应当查明原因，及时提请被审计单位更正。如果差异较大，注册会计师应当扩大检查范围或提请被审计单位重新盘点。

注册会计师在实施检查程序时发现差异，很可能表明被审计单位的存货盘点在准确性或完整性方面存在错误。由于检查的内容通常仅是已盘点存货中的一部分，所以在检查中发现的错误很可能意味着被审计单位的存货盘点还存在着其他错误。一方面，注册会计师应当查明原因，并及时提请被审计单位更正；另一方面，注册会计师应当考虑错误的潜在范围和重大程度，在可能的情况下，扩大检查范围以减少错误的发生。注册会计师还可要求被审计单位重新盘点，重新盘点的范围可限于某一特殊领域的存货或特定盘点小组。

3. 实施存货监盘程序应特别关注的问题

在存货监盘程序中，无论是观察程序还是检查程序，注册会计师都应当特别关注存货的移动情况、存货的状况及存货的截止情况。

（1）存货移动情况。注册会计师应当特别关注存货的移动情况，防止遗漏或重复盘点。

尽管盘点存货时最好能保持存货不发生移动，但在某些情况下存货的移动是难以避免的。如果在盘点过程中被审计单位的生产经营仍将持续进行，注册会计师应通过实施必要的检查程序，确定被审计单位是否已经对此设置了相应的控制程序，确保在适当的时间内对存货做了准确记录。

（2）存货的状况。注册会计师应当特别关注存货的状况，观察被审计单位是否已经恰当区分所有毁损、陈旧、过时及残次的存货。

除了对存货的状况予以特别关注，注册会计师还应当把所有毁损、陈旧、过时及残次存货的详细情况记录下来，这既便于进一步追查这些存货的处置情况，也能为测试被审计单位存货跌价准备计提的准确性提供证据。

（3）存货的截止。注册会计师应当获取盘点日前后存货收发及移动的凭证，检查库存记录与会计记录期末截止是否正确。

注册会计师在对期末存货进行截止测试时，通常应当关注以下事项。

① 所有在截止日以前入库的存货项目是否均已包括在盘点范围内，并已反映在截止日以前的会计记录中；任何在截止日期以后入库的存货项目是否均未包括在盘点范围内，也未反映在截止日以前的会计记录中。

② 所有在截止日以前装运出库的存货项目是否均未包括在盘点范围内，且未包括在截止日的存货账面余额中；任何在截止日期以后装运出库的存货项目是否均已包括在盘点范围内，并已包括在截止日的存货账面余额中。

③ 所有已确认为销售但尚未装运出库的商品是否均未包括在盘点范围内，且未包括在截止日的存货账面余额中。

④ 所有已记录为购货但尚未入库的存货是否均已包括在盘点范围内，并已反映在会计记录中。

⑤ 在途存货和被审计单位直接向顾客发运的存货是否均已得到了适当的会计处理。

在存货监盘过程中，注册会计师应当获取存货验收入库、装运出库及内部转移截止等信息，以便将来追查至被审计单位的会计记录。

在存货入库和装运过程中采用连续编号的凭证时，注册会计师应当关注截止日期前的最后编号。如果被审计单位没有使用连续编号的凭证，注册会计师应当列出截止日期以前的最后几笔装运和入库记录。如果被审计单位使用运货车厢或拖车进行存储、运输或验收入库，注册会计师应当详细列出存货场地上满载和空载的车厢或拖车，并记录各自的存货状况。

（4）对特殊类型存货的监盘。对某些特殊类型的存货而言，被审计单位通常使用的盘点方法和控制程序并不完全适用。这些存货通常或者没有标签，或者其数量难以估计，或者其质量难以确定，或者盘点人员无法对其移动实施控制。在这些情况下，注册会计师需要运用职业判断，根据存货的实际情况，设计恰当假账查处程序，对存货的数量和状况获取审计证据。例 11-4 列举了这些特殊存货的类型、被审计单位通常采用的盘点方法、盘点控制程序、潜在问题及可供注册会计师实施的监盘程序。

【例 11-4】

特殊类型存货的监盘程序示例

注册会计师在审计实务中，应当根据被审计单位所处行业的特点、存货的类别和特点及内部控制等具体情况，并在通用的存货监盘程序基础上，设计关于特殊类型存货监盘的具体审计程序（见表 11-2）。

表 11-2　特殊类型存货监盘的具体审计程序

存货类型	盘点方法与潜在问题	可供实施假账查处程序
木材、钢筋盘条、管子	通常无标签，但在盘点时会作上标记或用粉笔标记 难以确定存货的数量或等级	检查标记或标识 利用专家或被审计单位内部有经验人员的工作
堆积型存货（如糖、煤、钢废料）	通常既无标签也不作标记 在估计存货数量时存在困难	运用工程估测、几何计算、高空勘测，并依赖详细的存货记录 如果堆场中的存货堆不高，可进行实地监盘，或通过旋转存货堆加以估计
使用磅秤测量的存货	在估计存货数量时存在困难	在监盘前和监盘过程中均应检验磅秤的精准度，并留意磅秤的位置移动与重新调校程序 将检查和重新称量程序相结合 检查称量尺度的换算问题
散装物品（如贮窖存货、使用桶、箱、罐、槽等容器储存的液、气体、谷类粮食、流体存货等）	在盘点时通常难以加以识别和确定 在估计存货数量时存在困难 在确定存货质量时存在困难	使用容器进行监盘或通过预先编号的清单列表加以确定 使用浸蘸、测量棒、工程报告及依赖永续存货记录 选择样品进行化验与分析，或利用专家的工作
贵金属、石器、艺术品与收藏品	在存货辨认与质量确定方面存在困难	选择样品进行化验与分析，或利用专家的工作
生产纸浆用木材、牲畜	在存货辨认与数量确定方面存在困难；可能无法对此类存货的移动实施控制	通过高空摄影以确定其存在性，对不同时点的数量进行比较，并依赖永续存货记录

4. 盘点结束时的后续工作

（1）再次观察现场并检查盘点表单。在被审计单位存货盘点结束前，注册会计师应当实施下列审计程序：

① 再次观察盘点现场，以确定所有应纳入盘点范围的存货是否均已盘点；

② 取得并检查已填用、作废及未使用盘点表单的号码记录，确定其是否连续编号，查明已发放的表单是否均已收回，并与存货盘点的汇总记录进行核对。

在被审计单位存货盘点结束前，注册会计师再次观察盘点现场、取得盘点结果，并在此基础上实施相应的检查，有助于注册会计师确定存货盘点工作是否完成。

（2）复核盘点结果汇总记录。注册会计师应当复核盘点结果汇总记录，评估其是否正确地反映了实际盘点结果。实施的主要程序包括：

① 将监盘过程中所记录的检查情况与存货盘点结果汇总记录进行核对，以确定这些项目的数量和相关描述已被完整并适当地记录在存货盘点结果汇总记录中；

② 将监盘过程中获取的未经检查但已复印或摘录的内容与存货盘点汇总记录进行核对，以确定所有原先关注的存货项目的数量和相关描述均已反映在存货盘点汇总记录中；

③ 利用在监盘过程中获取的数据，测试所有用于记录实物盘点的存货盘点标签和盘点表是

否均已反映在存货盘点汇总记录中；

④ 利用在监盘过程中获取的数据，测试存货盘点汇总记录中是否没有在盘点之后新增存货的任何盘点标签和盘点表；

⑤ 通过将原始的盘点表单与存货盘点汇总记录进行比较，检查盘点后是否减少了存货盘点表单，盘点表单是否被涂改，并确定原始表单中的存货项目均已反映在存货盘点汇总记录中；

⑥ 通过将存货盘点汇总记录与原始的盘点表单进行比较，检查盘点后是否增加了存货盘点表单，并确定在存货盘点汇总记录中并未增加新的存货项目；

⑦ 选择金额较大的存货项目，将本期与以前各期数量进行比较，对异常波动情况作出合理解释；

⑧ 将存货盘点明细报告与永续盘存记录进行比较，如果存在无法解释的大额盘点差异，注册会计师有必要实施追加假账查处程序。

（3）关注盘点日与资产负债表日之间存货的变动情况。在很多情况下，存货盘点日并不是资产负债表日，而在资产负债表日之后或之前，甚至存货盘点是在不同日期进行的。如果存货盘点日不是资产负债表日，注册会计师应当实施适当假账查处程序，确定盘点日与资产负债表日之间存货的变动是否已作出正确的记录。

（4）存货盘点结果与永续盘存记录之间出现重大差异的处理。在永续盘存制下，如果永续盘存记录与存货盘点结果之间出现重大差异，注册会计师应当实施追加假账查处程序，查明原因，并检查永续盘存记录是否已作出适当的调整。

大额且无法得到合理解释的差异可能意味着盘点错误或截止错误，还可能意味着实物保管控制存在缺陷。形成盘点差异的原因各不相同，导致的后果也相应不同。注册会计师有必要对重大差异实施追加假账查处程序，不仅应确定被审计单位已对账面金额作出了正确的调整，而且应通过询问被审计单位的有关人员，了解盘点差异产生的原因。对被审计单位的询问答复，注册会计师应当确定其合理性，并考虑获取相关证据。如果无法获取满意的解释和证据，注册会计师应评价盘点差异对财务报表的潜在影响。

（5）盘点方式及其结果无效时的处理。如果认为被审计单位的盘点方式及其结果无效，注册会计师应当提请被审计单位重新盘点。

如果被审计单位的存货盘点计划存在缺陷，但未进行必要调整；或虽制订了适当的存货盘点计划，但在盘点过程中，盘点人员未按计划的要求实施盘点工作或采取了不恰当的盘点方式，就会对盘点结果的有效性产生重大影响。这种影响可能涉及个别存货项目，也可能覆盖存货总体。注册会计师在实施存货监盘程序后，如果认为被审计单位的对某项存货的盘点方式及其结果不可信赖，应当提请盘点人员对该项存货项目进行重新盘点；如果认为盘点结果在总体上是不可依赖的，应当提请被审计单位重新组织安排整个盘点工作。

11.2.3.5 特殊情况的处理

1. 由于存货的性质或位置而无法实施存货监盘程序

如果由于被审计单位存货的性质或位置等原因导致无法实施存货监盘，注册会计师应当考虑能否实施替代审计程序，获取有关期末存货数量和状况的充分、适当的审计证据。注册会计师实施的替代审计程序主要包括：

- 检查进货交易凭证或生产记录及其他相关资料；
- 检查资产负债表日后发生的销货交易凭证；
- 向顾客或供应商函证。

（1）存货的特殊性质。被审计单位存货的性质可能导致注册会计师无法实施存货监盘，这样的情况包括：

① 存货涉及保密问题，如产品在生产过程中需要利用特殊配方或制造工艺；

② 存货系危害性物质，如辐射性化学品或气体。

对具有特殊性质的存货实施审计，通常需要依赖内部控制。注册会计师应当复核采购、生产和销售记录，以获取充分、适当的审计证据，在通常情况下，还可以向能够接触到相关存货项目的第三方人员询证。此外，注册会计师还可以实施其他替代审计程序。例如，对于危害性物质，如果被审计单位对其生产、使用和处置存有正式报告，注册会计师可通过追查至有关报告的方式确定此类危害性物质是否存在。

（2）存货的特殊位置。被审计单位存货的位置也可能导致注册会计师无法实施存货监盘，如在途存货。如果此类项目仅占存货的一小部分，通常可以通过审查相关凭证加以查验。对于存放在公共仓库中的存货，可通过函证方式查验。

2. 因不可预见因素导致无法在预定日期实施存货监盘或接受委托时被审计单位的期末存货盘点已经完成

如果因不可预见的因素导致无法在预定日期实施存货监盘或接受委托时被审计单位的期末存货盘点已经完成，注册会计师应当评估与存货相关的内部控制的有效性，对存货进行适当检查或提请被审计单位另择日期重新盘点；同时测试在该期间发生的存货交易，以获取有关期末存货数量和状况的充分、适当的审计证据。

（1）不可预见因素。有时，由于不可预见因素而可能导致无法在预定日期实施存货监盘，两种比较典型的情况是：

① 注册会计师无法亲临现场，即由于不可抗力导致其无法到达存货存放地实施存货监盘；

② 气候因素，即由于恶劣的天气导致注册会计师无法实施存货监盘程序，或由于恶劣的天气无法观察存货，如木材被积雪覆盖。

对于上述情况，如果被审计单位存在良好的内部控制，注册会计师可以考虑改变存货监盘日期，并对预定盘点日与改变后的存货监盘日之间发生的交易进行测试。对于无法亲临现场的情况，注册会计师可考虑委托其他适当人员实施存货监盘。

（2）接受委托时被审计单位的期末存货盘点已经完成。如果接受委托时被审计单位的期末存货盘点已经完成，注册会计师应当评估与存货相关的内部控制的有效性，并根据评估结果对存货进行适当检查或提请被审计单位另择日期重新盘点，同时测试检查日或重新盘点日与资产负债表日之间发生的存货交易。

3. 委托其他单位保管或已作质押的存货

对被审计单位委托其他单位保管的或已作质押的存货，注册会计师应当向保管人或债权人函证。如果此类存货的金额占流动资产或总资产的比例较大，注册会计师还应当考虑实施存货监盘或利用其他注册会计师的工作。

如果被审计单位将存货存放于其他单位，注册会计师通常需要向该单位获取委托代管存货的书面确认函，例 11 5 提供了委托代管存货询证函例。如果存货已被质押，注册会计师应当向债权人询证与被质押存货有关的内容。对于此类存货，通常还应当检查被审计单位的相关会计记录和可能设置的备查记录。如果此类存货比较重要，注册会计师应当考虑与被审计单位讨论其对委托代管存货或已作质押存货的控制程序，并考虑对此类存货实施监盘程序，或聘请其他注册会计师实施监盘程序。

【例 11-5】

委托代管存货询证函

（公司）:

本公司聘请的××会计师事务所正在对本公司财务报表进行审计。按照中国注册会计师审计准则的要求，应当询证截至20××年×月×日由贵公司持有、代本公司加工、销售或保管的存货的详细资料。下列数据出自本公司账簿记录，如与贵公司记录相符，请在本函下端“询证事项证明无误”处签章证明；如有不符，请在“询证事项不符”处列明不符情况。回函请直接寄至××会计师事务所。

通信地址：××省××市××路××号　业务×部注册会计师×××收

邮政编码:　　　　电话:　　　　传真:

截至20××年×月×日由贵公司持有、代本公司加工、销售或保管的存货见下表。

存货表

序号	类　别	品　名	数　量	是否有留置权	备　注
1	代加工存货				
2	代销售存货				
3	代保管存货				

本函仅为核对账目之用，请及时函复为盼。

（公司盖章）

年　月　日

结论:

1. 询证事项证明无误。

（公司盖章）

经办人:

年　月　日

2. 询证事项不符，不符情况如下:

（公司盖章）

经办人:

年　月　日

4. 首次接受委托的情况

当首次接受委托未能对上期期末存货实施监盘，且该存货对本期财务报表存在重大影响时，如果已获取有关本期期末存货余额的充分、适当的审计证据，注册会计师应当实施下列一项或多项审计程序，以获取有关本期期初存货余额的充分、适当的审计证据。

（1）查阅前任注册会计师工作底稿。

（2）复核上期存货盘点记录及文件。

（3）检查上期存货交易记录。

（4）运用毛利百分比法等进行分析。

注册会计师在首次接受委托时，通常无法对被审计单位上期期末存货实施监盘，因此，在对本期财务报表审计时，会面临对期初存货余额的审计问题。注册会计师应当按照《中国注册会计师审计准则第 1331 号——首次接受委托时对期初余额的审计》的规定，结合存货的特点，实施必要假账查处程序，以获取关于期初存货余额的充分、适当的审计证据。

例 11-6 为存货监盘方面假账处理程序。

【例 11-6】

存货监盘方面假账处理程序

本资料提供了关于存货监盘方面假账查处程序，以及注册会计师在不能实施存货监盘的特殊情况下应实施的替代审计程序，可指导注册会计师设计存货监盘的具体审计程序。需要说明的是，注册会计师在审计实务中，应当根据被审计单位所处行业的特点，内部控制和会计核算制度等具体情况，对本审计程序进行修改或补充。

审查目标：确定存货是否存在；确定被审计单位拥有的存货都已完整记录；确定存货是否归被审计单位所有；确定存货的状况是否恰当描述。

监盘前：

1. 复核或与管理层讨论其存货盘点计划，评价其能否合理地确定存货的数量和状况。

2. 根据被审计单位的存货盘存制度和相关内部控制的有效性，评价其盘点时间是否合理。

（1）如盘点日和资产负债表日不一致，应当考虑两者的间隔情况，评价对内部控制的信赖能否将盘点日的结论延伸到资产负债表日；

（2）确定采用实地盘存制时盘点日是否与资产负债表日一致；

（3）确定对存放在不同地点的相同存货项目是否同时盘点。

3. 如果认为被审计单位的存货盘点计划存在缺陷，应当提请被审计单位调整。

4. 完成被审计单位盘点计划调查问卷。

5. 了解存货的内容、性质、各存货项目的重要程度及存放场所。

6. 了解与存货相关的内部控制。

7. 评估与存货相关的重大错报风险和重要性。

8. 查阅以前年度的存货监盘工作底稿。

9. 与管理层讨论以前年度存货存在的问题及目前存货的状况。

10. 考虑实地察看存货的存放场所，特别是金额较大或性质特殊的存货。

11. 如存在特殊存货，考虑是否需要利用专家的工作或其他注册会计师的工作。

12. 编制存货监盘计划，并将计划传达给每一位监盘人员。

监盘中：

13. 在被审计单位盘点存货前，观察盘点现场：

（1）确定应纳入盘点范围的存货是否已经适当整理和排列；

（2）确定存货是否附有盘点标志。

对未纳入盘点范围的存货，查明未纳入的原因。

14. 检查所有权不属于被审计单位的存货：

（1）取得其规格、数量等有关资料；

（2）确定这些存货是否已分别存放、标明；

（3）确定这些存货未被纳入盘点范围。

15. 在被审计单位盘点人员盘点时进行观察：

（1）确定被审计单位盘点人员是否遵守盘点计划；

（2）确定被审计单位盘点人员是否准确地记录存货的数量和状况；

（3）关注存货发送和验收场所，确定这里的存货应包括在盘点范围之内还是排除在外；

（4）关注存货所有权的证据，如货运单据及商标等；

（5）关注所有应盘点的存货是否均已盘点。

16. 检查已盘点的存货：

（1）从存货盘点记录中选取项目追查至存货实物，以测试盘点记录的准确性；

（2）从存货实物中选取项目追查至存货盘点记录，以测试存货盘点记录的完整性。

17. 对以包装箱等封存的存货，考虑要求打开箱子或挪开成堆的箱子。

18. 当发现重大盘点错误时，考虑扩大监盘范围。

19. 对于那些没有盘点的其他项目，复印或列出明细信息，以便它们能与存货清单一致。

20. 对检查发现的差异，进行适当处理：

（1）查明差异原因；

（2）及时提请被审计单位更正；

（3）如果差异较大，应当扩大检查范围或提请被审计单位重新盘点。

21. 特别关注存货的移动情况，防止遗漏或重复盘点。

22. 特别关注存货的状况，观察被审计单位是否已经恰当区分所有毁损、陈旧、过时及残次的存货。

23. 对特殊类型的存货，考虑实施追加假账查处程序。

24. 获取盘点日前后存货收发及移动的凭证，检查库存记录与会计记录期末截止是否正确。

（1）存货采购截止：

① 检查盘点日前最后的与盘点日后最前的几份入库单或验收报告，确定截止是否正确；

② 如有必要，选择重要存货项目，核对其在盘点汇总记录和会计记录中的数量，确定范围是否一致，截止是否恰当；

③ 如果被审计单位期末存货明细记录可以依赖，将从验收报告中选取的样本与永续盘存明细记录核对一致。

（2）存货销售截止：

① 检查盘点日前最后的与盘点日后最前的几份出库单或发运报告，确定截止是否正确；

② 如有必要，选择重要存货项目，核对其在盘点汇总记录和会计记录中的数量，确定范围是否一致，截止是否恰当；

③ 如果期末存货明细记录可以信赖，将从发运报告中选取的样本与永续盘存明细记录保持一致。

（3）在途货物及部门间流动截止：

① 检查盘点日前后一段时期的文件样本，包括截止期前最后的和截止期后最前的几份文件；

② 如有必要，选择重要存货项目，核对其在盘点汇总记录和会计记录中的数量，确定范围是否一致，截止是否恰当。

监盘后：

25. 在被审计单位存货盘点结束前，再次观察盘点现场，以确定所有应纳入盘点范围的存货是否均已盘点。

26. 在被审计单位存货盘点结束前，取得并检查已填用、作废及未使用的盘点表单及号码记录：

（1）确定其是否连续编号；

（2）如盘点表未预先编号，记录已使用盘点表的数量或进行复印；

（3）提请被审计单位划去盘点表上所有空白部分；

（4）查明已发放的表单是否均已收回；

（5）与存货盘点汇总记录进行核对；

（6）必要时，将盘点表上的事项与检查记录进行核对。

27. 取得并复核盘点结果汇总记录：

（1）评估其是否正确地反映了实际盘点结果；

（2）确定盘点结果汇总记录中未包括所有权不属于被审计单位的货物；

（3）选择盘点结果汇总记录中的项目，查至原始盘点表，以确定没有混入不应包括在内的存货项目；

（4）选择价值较大的存货项目，和上期相同项目的库存数量比较，获取异常变动的信息。

28. 如果盘点日与资产负债表日一致，且被审计单位使用永续盘存记录来确定期末数，应当考虑对永续记录实施适当假账查处程序，并作必要的抽盘或监盘。

29. 如果存货盘点日不是资产负债表日，应当实施适当假账查处程序，确定盘点日与资产负债表日之间存货的变动是否已作出正确的记录。

30. 在永续盘存制下，如果永续盘存记录与存货盘点结果之间出现重大差异，应当实施追加假账查处程序，查明原因并检查永续盘存记录是否已作出适当的调整。

31. 如果认为被审计单位的盘点方式及其结果无效，注册会计师应当提请被审计单位重新盘点。

特殊情况的处理：

32. 如果由于被审计单位存货的性质或位置等原因导致无法实施存货监盘，注册会计师应当考虑能否实施下列替代审计程序：

（1）检查进货交易凭证或生产记录及其他相关资料；

（2）检查资产负债表日后发生的销货交易凭证；

（3）向顾客或供应商函证。

33. 如果因不可预见的因素导致无法在预定日期实施存货监盘，或接受委托时被审计单位的期末存货盘点已经完成，注册会计师应当实施下列审计程序：

（1）评估与存货相关的内部控制的有效性；

（2）对存货进行适当检查或提请被审计单位另择日期重新盘点；

（3）测试在该期间发生的存货交易，以获取有关期末存货数量和状况的充分、适当的审计证据。

34. 对被审计单位委托其他单位保管的或已作质押的存货，注册会计师应当实施下列审计程序：

（1）向保管人或债权人函证；

（2）如果此类存货的金额占流动资产或总资产的比例较大，还应当考虑实施存货监盘或利用其他注册会计师的工作。

35. 当首次接受委托未能对上期期末存货实施监盘，且该存货对本期财务报表存在重大影响时，应当实施下列一项或多项审计程序：

（1）查阅前任注册会计师的工作底稿；

（2）复核上期存货盘点记录及文件；

（3）检查上期存货交易记录；

（4）运用毛利百分比法等进行分析。

36. 确定存货监盘的审计结论。

11.2.3.6 存货监盘结果对审计报告的影响

1. 基本要求

注册会计师应当根据已获取的审计证据，形成有关期末存货数量和状况的审计结论，并确定对审计报告的影响。

存货监盘是存货审计的一个重要部分，注册会计师应当根据已获取的相关审计证据，形成有关期末存货数量和状况的审计结论。需要指出的是，实施存货监盘程序并不能实现有关存货认定的所有方面假账查处目标，注册会计师还应当结合其他存货审计程序，形成合理的审计结论。

2. 审计范围受到限制的情况

如果无法实施存货监盘，也无法实施替代审计程序以获取有关期末存货数量和状况的充分、适当的审计证据，注册会计师应当考虑出具保留意见或无法表示意见的审计报告。

如果注册会计师无法实施存货监盘，也无法实施替代审计程序以获取有关期末存货数量和状况的充分、适当的审计证据，表明注册会计师审计范围受到了限制。

按照《中国注册会计师审计准则第 1502 号——非标准审计报告》的规定，注册会计师应当判断因审计范围受到限制可能产生的影响程度。如果虽影响重大，但不至于出具无法表示意见的审计报告，则应当出具保留意见的审计报告；如果审计范围受到限制可能产生的影响非常重大而广泛，以至于无法对财务报表发表审计意见，注册会计师应当出具无法表示意见的审计报告。

3. 被审计单位拒绝调整的情况

如果通过实施存货监盘发现被审计单位财务报表存在重大错报，且被审计单位拒绝调整，注册会计师应当考虑出具保留意见或否定意见的审计报告。

注册会计师应当根据拒绝调整事项对财务报表的重要程度，判断拒绝调整事项可能产生的影响。如果虽影响重大，但不至于出具否定意见的审计报告，则应当出具保留意见的审计报告；如果拒绝调整事项影响重大而广泛，导致被审计单位财务报表不能在所有重大方面公允地反映被审计单位的财务状况、经营成果和现金流量，注册会计师应当出具否定意见的审计报告。

4. 首次接受委托的情况

如果首次接受委托，按照规定实施审计程序后，仍未能获取有关本期期初存货余额的充分、适当的审计证据，注册会计师应当考虑出具保留意见或无法表示意见的审计报告。

当首次接受委托未能对上期期末存货实施监盘，且该存货对本期财务报表存在重大影响时，注册会计师应当实施存货监盘的替代审计程序。如果在实施必要的替代审计程序后，注册会计师仍然不能获取本期期初存货余额充分、适当的审计证据，这种情形属于审计范围受到限制。注册会计师应当按照《中国注册会计师审计准则第 1502 号——非标准审计报告》的规定，判断因审计范围受到限制可能产生的影响，并视影响程度出具保留意见或无法表示意见的审计报告。

11.2.4 存货的截止测试

所谓存货截止测试，就是检查截至 12 月 31 日购入并已包括在 12 月 31 日存货盘点范围内的存货。在会计上，就是检查存货及其对应的会计科目是否一并记入当年财务报表内。存货正确截止的关键在于存货实物纳入盘点范围的时间与存货引起的借贷双方会计科目的入账时间都处于同一会计期间。如果当年 12 月 31 日购入货物，并已包括在当年 12 月 31 日的实物盘点范围内，而购货发票是次年 1 月 2 日才收到，并已记入次年 1 月账内，当年 12 月账上并无进货和对应的负债记录，这就少记了存货和应付账款；相反，如果在当年 12 月 31 日就收到一张购货发票，并记入当年 12 月账内，而这张发票所对应的存货实物在次年 1 月 2 日才收到，未包括在当年年底的盘点范围内，这样就有可能虚减本年的利润。

按照存货正确截止的基本要求，若未将年终在途货物列入当年存货盘点范围内，只要相应的负债亦同时记入次年账内，对财务报表的影响就并不重要。

存货截止审计的主要方法是抽查存货盘点日期前后的购货发票与验收报告（或入库单），档案中的每张发票均附有验收报告（或入库单）。12 月底入账的发票如果附有 12 月 21 日或之前的验收报告（或入库单），则货物肯定已经入库，并包括在本年的实地盘点存货范围内；如果验收报告日期为 1 月的日期，则货物不会列入年底实地盘点存货范围内；反之，如果仅有验收报告（或入库单）而并无购货发票，则应认真审核每一验收报告单上面是否加盖暂估入库印章，并以暂估价记入当年存货账内，待次年年初以红字冲销。

存货截止审计的另一种方法是审阅验收部门的业务记录，凡是接近年底（包括次年年初）购入的货物，必须查明其相对应的购货发票是否在同期入账，对于未收到购货发票的入库存货，是否将入库单分开存放并暂估入账。

在确定截止审计样本时，一般以截止日为界限，分别向前倒推或向后顺推若干日，按顺序选取较大金额购货业务的发票或验收报告作审计样本。截止审计完成后，对于发现的错误，应提请被查单位作必要的账务调整。

11.2.5　存货计价的审计

监盘程序只能对存货的结存数量予以确认。为验证财务报表上存货余额的真实性，还必须对存货的计价进行审计。存货计价审计如表 11-3 所示。

表 11-3　存货计价审计

日期	品名及规格	购入			发出			余额		
		数量	单价	金额	数量	单价	金额	数量	单价	金额

1．计价方法说明：

2．情况说明及审计结论：

1. 样本的选择

计价审计的样本，应从存货数量已经盘点、单价和总金额已经计入存货汇总表的结存存货中选择。选择样本时应着重选择结存余额较大且价格变化比较频繁的项目，同时考虑所选样本的代表性。抽样方法一般采用分层抽样法，抽样规模应足以推断总体的情况。

2. 计价方法的确认

存货的计价方法多种多样，企业可结合国家法规要求选择符合自身特点的方法。查账人员除应了解掌握企业的存货计价方法外，还应对这种计价方法的合理性与一贯性予以关注，没有足够理由，计价方法在同一会计年度内不得变动。

3. 计价审计

进行计价审计时，查账人员首先应对存货价格的组成内容予以审核，然后按照所了解的计价方法对所选择的存货样本进行计价审计。审计时，应排除企业已有计算程序和结果的影响，进行独立审计。待审计结果出来后，应与企业账面记录对比，编制对比分析表，分析形成差异的原因。如果差异过大，应扩大范围继续审计，并根据审计结果作出审计调整。

在存货计价审计中，查账人员应充分关注企业对存货可变现净值的确定及存货跌价准备的计提。可变现净值是指企业在正常经营过程中，以估计售价减去估计完工成本及销售所必需的估计费用后的价值。存货跌价准备应按单个存货项目的成本与可变现净值计量，如果某些存货具有类似用途并与在同一地区生产和销售的产品系列相关，且实际上难以将其与该产品系列的其他项目区别开来进行估价的存货，可以合并计量成本与可变现净值；对于数量繁多、单价较低的存货，可以按存货类别计量成本与可变现净值。

当存在以下一项或若干项情况时，应当将存货账面余额全部转入当期损益：

（1）已霉烂变质的存货；

（2）已过期不可退货的存货（主要指食品）；

（3）生产中已不再需要，并且已无转让价值的存货；

（4）其他足以证明已无使用价值和转让价值的存货。

当存在下列情况之一时，应当计提存货跌价准备：

（1）市价持续下跌，并且在可预见的未来无回升的希望；

（2）企业使用该项原材料生产的产品的成本大于产品的销售价格；

（3）企业因产品更新换代，原有库存原材料已不适应新产品的需要，而该原材料的市场价格又低于其账面成本；

（4）因企业所提供的商品或劳务过时或消费者偏好改变而使市场的需求发生变化，导致市场价格逐渐下跌；

（5）其他足以证明该项存货实质上已经发生减值的情形。

11.2.6 存货成本的审计

存货成本审计包括直接材料成本的审计、直接人工成本的审计、制造费用的审计和主营业务成本的审计等内容。

1. 直接材料成本方面假账的查处

直接材料成本的审计一般应从审阅材料和生产成本明细账入手，抽查有关的费用凭证，验证企业产品直接耗用材料的数量、计价和材料费用分配是否真实、合理。

（1）抽查产品成本计算单，检查直接材料成本的计算是否正确，材料费用的分配标准与计算方法是否合理和适当，是否与材料费用分配汇总表中该产品分摊的直接材料费用相符。

（2）检查直接材料耗用数量的真实性，有无将非生产用材料计入直接材料费用。

（3）分析比较同一产品前后各年度的直接材料成本，如有重大波动应查明原因。

（4）抽查材料发出及领用的原始凭证，检查领料单的签发是否经过授权，材料发出汇总表是否经过适当的人员复核，材料单位成本计价方法是否适当，是否正确及时入账。

（5）对采用定额成本或标准成本的企业，应检查直接材料成本差异的计算、分配与会计处理是否正确，并查明直接材料的定额成本、标准成本在本年度内有无重大变更。

2. 直接人工成本方面假账的查处

（1）抽查产品成本计算单，检查直接人工成本的计算是否正确，人工费用的分配标准与计算方法是否合理和适当，是否与人工费用分配汇总表中该产品分摊的直接人工费用相符。

（2）将本年度直接人工成本与前期进行比较，查明其异常波动的原因。

（3）分析比较本年度各个月份的人工费用发生额，如有异常波动，应查明原因。

（4）结合应付职工薪酬——工资的检查，抽查人工费用会计记录及会计处理是否正确。

（5）对采用标准成本法的企业，应抽查直接人工成本差异的计算、分配与会计处理是否正确，并查明直接人工的标准成本在本年度内有无重大变更。

3. 制造费用方面假账的查处

制造费用是企业为生产产品或提供劳务而发生的间接费用，即生产单位为组织和管理生产而发生的费用，包括分厂和车间管理人员的工资、提取的职工福利费、折旧费、修理费、办公费、水电费、取暖费、租赁费、机物料消耗、低值易耗品摊销、劳动保护费、保险费、设计制图费、实验检验费、季节性和修理期间的停工损失及其他制造费用。

制造费用审计的基本要点如下。

（1）获取或编制制造费用汇总表，并与明细账、总账核对相符，抽查制造费用中的重大数额项目及例外项目是否合理。

（2）审阅制造费用明细账，检查其核算内容及范围是否正确，并应注意是否存在异常会计事项，如有，则应追查至记账凭证及原始凭证，重点查明企业有无将不应列入成本费用的支出（如投资支出、被没收的财物、支付的罚款、违约金、技术改造支出等）计入制造费用。

（3）必要时，对制造费用实施截止测试，即检查资产负债表日前后若干天的制造费用明细账及其凭证，确定有无跨期入账的情况。

（4）检查制造费用的分配是否合理。重点查明制造费用的分配方法是否符合企业自身的生产技术条件，是否体现受益原则，分配方法一经确定，是否在相当时期内保持稳定，有无随意变更的情况；分配率和分配额的计算是否正确，有无以人为估计数代替分配数的情况。对按预定分配率分配费用的企业，还应查明计划与实际差异是否及时调整。

（5）对于采用标准成本法的企业，应抽查标准制造费用的确定是否合理，计入成本计算单的数额是否正确，制造费用的计算、分配与会计处理是否正确，并查明标准制造费用在本年度内有无重大变动。

4. 主营业务成本方面假账的查处

主营业务成本是指企业对外销售商品、产品，对外提供劳务等发生的实际成本。它是由期初库存产品成本加上本期入库产品成本，再减去期末库存产品成本求得的。对主营业务成本的审计，应通过审阅主营业务成本明细账、产成品明细账等记录并核对有关的原始凭证和记账凭证进行。

（1）获取或编制主营业务成本明细表，与明细账和总账核对相符。

（2）编制生产成本及销售成本倒轧表（见表 11-4），与总账核对相符。

（3）分析比较本年度与上年度主营业务成本总额，以及本年度各月份的主营业务成本金额，如有重大波动和异常情况，应查明原因。

（4）结合生产成本的审计，抽查销售成本结转数额的正确性，并检查其是否与销售收入配比。

（5）检查主营业务成本账户中重大调整事项（如销售退回等）是否有其充分理由。

（6）确定主营业务成本在利润表中是否已恰当披露。

表 11-4 生产成本及销售成本倒轧表

项目	未审数	调整或重分类金额借（贷）	审定数
原材料期初余额			
加：本期购进			
减：原材料期末余额			
其他发出额			
直接材料成本			
加：直接人工成本			
制造费用			
生产成本			
加：在产品期初余额			
减：在产品期末余额			
产品生产成本			
加：产成品期初余额			
减：产成品期末余额			
销售成本			

11.2.7 存货相关账户审计

下面介绍各种具体存货相关账户方面假账的查处程序。

1. 材料采购方面假账的查处

"材料采购"科目核算企业采用计划成本进行材料日常核算而购入材料的采购成本。采用实际成本进行材料日常核算的，购入材料的采购成本，在"在途物资"科目核算。委托外单位加工材料、商品的加工成本，在"委托加工物资"科目核算。购入的工程用材料，在"工程物资"科目核算。本科目可按供应单位和材料品种进行明细核算。企业支付材料价款和运杂费等，按应计入材料采购成本的金额，借记本科目，按实际支付或应支付的金额，贷记"银行存款""库存现金""其他货币资金""应付账款""应付票据""预付账款" 等科目。涉及增值税进项税额的，还应进行相应的处理。期末，企业应将仓库转来的外购收料凭证，分别下列不同情况进行处理：对于已经付款或已开出、承兑商业汇票的收料凭证，应按实际成本和计划成本分别汇总，按计划成本，借记"原材料""周转材料"等科目，贷记本科目；将实际成本大于计划成本的差异，借记"材料成本差异"科目，贷记本科目；实际成本小于计划成本的差异做相反的会计分录。对于尚未收到发票账单的收料凭证，应按计划成本暂估入账，借记"原材料""周转材料"等科目，贷记"应付账款——暂估应付账款"科目，下期初做相反分录予以冲回。下期收到发票账单的收料凭证，借记本科目，贷记"银行存款""应付账款""应付票据"等科目。涉及增值税进项税额的，还应进行相应的处理。本科目期末借方余额，反映企业在途材料的采购成本。

在审计材料采购账户时，首先应获取或编制材料采购明细表，复核加计正确，与总账数、明细账合计数核对是否相符；其次应检查期末材料采购，核对有关凭证，对大额材料采购，追查至相关的购货合同及购货发票，复核采购成本的正确性，并抽查期后入库情况。同时，查账人员应查阅资产负债表日前后若干天内的材料采购增减变动的有关账簿记录和收料报告单等资料，检查有无跨期现象，如有，则应作出记录，必要时作调整。如采用计划成本核算，查账人员应审核材料采购账项有关材料成本差异发生额的计算处理是否正确。此外，查账人员还应审核有无长期挂账事项，如有，应查明原因，必要时应作调整。

2. 原材料方面假账的查处

“原材料”科目核算企业库存的各种材料，包括原料及主要材料、辅助材料、外购半成品（外购件）、修理用备件（备品备件）、包装材料、燃料等的计划成本或实际成本。收到来料加工装配业务的原料、零件等，应当设置备查簿进行登记。本科目可按材料的保管地点（仓库）、材料的类别、品种和规格等进行明细核算。企业购入并已验收入库的材料，按计划成本或实际成本，借记本科目，按实际成本，贷记“材料采购”或“在途物资”科目，按计划成本与实际成本的差异，借记或贷记“材料成本差异”科目。自制并已验收入库的材料，按计划成本或实际成本，借记本科目，按实际成本，贷记“生产成本”科目，按计划成本与实际成本的差异，借记或贷记“材料成本差异”科目。委托外单位加工完成并已验收入库的材料，按计划成本或实际成本，借记本科目，按实际成本，贷记“委托加工物资”科目，按计划成本与实际成本的差异，借记或贷记“材料成本差异”科目。生产经营领用材料，借记“生产成本”“制造费用”“销售费用”“管理费用”等科目，贷记本科目。出售材料结转成本，借记“其他业务成本”科目，贷记本科目。发出委托外单位加工的材料，借记“委托加工物资”科目，贷记本科目。采用计划成本进行材料日常核算的，发出材料还应结转材料成本差异，将发出材料的计划成本调整为实际成本。采用实际成本进行材料日常核算的，发出材料的实际成本，可以采用先进先出法、加权平均法或个别认定法计算确定。本科目期末借方余额，反映企业库存材料的计划成本或实际成本。

首先应获取或编制原材料明细表，复核加计是否正确，并与总账数、明细账合计数核对是否相符；同时抽查核对明细账是否与仓库台账、卡片记录相符。在此基础上，实施以下审计程序。

（1）对期末原材料余额与上期期末余额进行比较，解释其波动原因，并对大额异常项目进行调查。

（2）现场观察被查单位的期末原材料盘点情况，取得原材料盘点资料和盘盈、盘亏报告表，作重点抽查，并注意查明账实不符原因，有关审批手续是否完备，账务处理是否正确；存放在外的库存材料，应现场查看或函询核实。

（3）检查原材料的入账基础和计价方法是否正确，是否前后期一致：在以实际成本计价条件下，应以样本的单位成本与原材料明细账及购货发票核对；在以计划成本计价条件下，应以样本的单位成本与原材料明细账、原材料成本差异明细账及购货发票核对。

（4）检查发出材料的计价基础，抽查若干月发出材料汇总表的正确性。

（5）根据被查单位原材料计价方法，抽查年末结存量较大的原材料的计价是否正确。若原材料以计划成本计价，还应检查“材料成本差异”账项发生额、转销额是否计算正确。

（6）审核有无长期挂账原材料事项，如有，应查明原因，必要时作调整。

（7）查阅资产负债表日前后若干天的原材料增减变动的有关账簿记录和原始凭证，检查有无跨期现象，如有，则应作出记录，必要时作调整。

（8）结合原材料的盘点，检查期末有无料到单未到的情况，如有，应查明是否已暂估入账，其暂估价是否合理。

3. 周转材料方面假账的查处

"周转材料" 科目核算企业周转材料的计划成本或实际成本，包括包装物、低值易耗品，以及企业（建造承包商）的钢模板、木模板、脚手架等。企业的包装物、低值易耗品，也可以单独设置 "包装物""低值易耗品" 科目。本科目可按周转材料的种类，分别 "在库""在用" 和 "摊销" 进行明细核算。企业购入、自制、委托外单位加工完成并已验收入库的周转材料等，比照 "原材料" 科目的相关规定进行处理。采用一次转销法的，领用时应按其账面价值，借记 "管理费用"、"生产成本""销售费用""工程施工" 等科目，贷记本科目。周转材料报废时，应按报废周转材料的残料价值，借记 "原材料" 等科目，贷记 "管理费用""生产成本""销售费用""工程施工" 等科目。采用其他摊销法的，领用时应按其账面价值，借记本科目（在用），贷记本科目（在库）；摊销时应按摊销额，借记 "管理费用""生产成本""销售费用""工程施工" 等科目，贷记本科目（摊销）。周转材料报废时应补提摊销额，借记 "管理费用""生产成本""销售费用""工程施工" 等科目，贷记本科目（摊销）；同时，按报废周转材料的残料价值，借记 "原材料" 等科目，贷记 "管理费用""生产成本""销售费用""工程施工" 等科目；并转销全部已提摊销额，借记本科目（摊销），贷记本科目（在用）。周转材料采用计划成本进行日常核算的，领用等发出周转材料时，还应同时结转应分摊的成本差异。本科目期末借方余额，反映企业在库周转材料的计划成本或实际成本及在用周转材料的摊余价值。

（1）包装物方面假账的查处。对包装物的审计，同样首先应获取或编制包装物明细表，复核加计正确，并与总账数、明细账合计数核对是否相符，同时抽查核对明细账是否与仓库台账、卡片记录相符。然后对期末包装物余额与上期期末余额进行比较，解释其波动原因，并对大额异常项目进行调查；现场观察被查单位的期末包装物盘点情况，取得包装物盘点资料和盘盈、盘亏报告表，作重点抽查，并注意查明账实不符原因，有关审批手续是否完备，账务处理是否正确，存放在外的包装物，应现场查看或函询核实；检查包装物的入账基础和计价方法是否正确，是否前后期一致；检查发出包装物的计价基础，抽查若干月发出包装物汇总表的正确性；根据被查单位的包装物计价方法，抽查期末结存量较大的包装物的计价是否正确，若包装物以计划成本计价，还应检查 "材料成本差异" 账项发生额、转销额是否计算正确；审核有无长期挂账包装物事项，如有，应查明原因，必要时作调整；查阅资产负债表日前后若干天的包装物增减变动的有关账簿记录和原始凭证，检查有无跨期现象，如有，则应作出记录，必要时作调整；结合包装物的盘点，检查期末有无料到单未到的情况，如有，应查明是否已暂估入账，其暂估价是否合理；检查出租、出借包装物的会计处理是否正确。

（2）低值易耗品方面假账的查处。首先应获取或编制低值易耗品明细表，复核加计正确，并与总账数、明细账合计数核对是否相符。然后实施以下程序：检查低值易耗品与固定资产的划分是否符合规定；检查低值易耗品的入库和领用的手续是否齐全，会计处理是否正确；检查低值易耗品摊销方法是否正确，前后期是否一致；审核有无长期挂账低值易耗品事项，如有，查明原因，必要时作调整。

4. 材料成本差异方面假账的查处

"材料成本差异"科目核算企业采用计划成本进行日常核算的材料计划成本与实际成本的差额。企业也可以在 "原材料""周转材料" 等科目设置 "成本差异" 明细科目。本科目可以分别 "原材料""周转材料" 等，按照类别或品种进行明细核算。本科目期末借方余额，反映企业库存材料等的实际成本大于计划成本的差异；贷方余额反映企业库存材料等的实际成本小于计划成本的差异。

入库材料发生的材料成本差异，实际成本大于计划成本的差异，借记本科目，贷记 "材料采购”科目；实际成本小于计划成本的差异做相反的会计分录。入库材料的计划成本应当尽可能接近实际成本。除特殊情况外，计划成本在年度内不得随意变更。

结转发出材料应负担的材料成本差异，按实际成本大于计划成本的差异，借记“生产成本”、“管理费用”“销售费用”“委托加工物资”“其他业务成本”等科目，贷记本科目；实际成本小于计划成本的差异做相反的会计分录。发出材料应负担的成本差异应当按期（月）分摊，不得在季末或年末一次计算。发出材料应负担的成本差异，除委托外部加工发出材料可按期初成本差异率计算外，应使用当期的实际差异率；期初成本差异率与本期成本差异率相差不大的，也可按期初成本差异率计算。计算方法一经确定，不得随意变更。材料成本差异率的计算公式如下：

本期材料成本差异率=（期初结存材料的成本差异+本期验收入库材料的成本差异）÷（期初结存材料的计划成本+本期验收入库材料的计划成本）× 100%

期初材料成本差异率=期初结存材料的成本差异 ÷ 期初结存材料的计划成本 × 100%

发出材料应负担的成本差异=发出材料的计划成本 × 材料成本差异率

首先应获取或编制材料成本差异明细表，复核加计正确，并与总账数、明细账合计数核对是否相符。在此基础上实施以下程序：对每月材料成本差异率进行分析性复核，检查是否有异常波动，注意是否存在调节成本现象；抽查若干月发出材料汇总表，检查材料成本差异的分配是否正确，并注意分配方法前后期是否一致。

5. 库存商品方面假账的查处

“库存商品”科目核算企业库存的各种商品的实际成本（或进价）或计划成本（或售价），包括库存产成品、外购商品、存放在门市部准备出售的商品、发出展览的商品以及寄存在外的商品等。接受来料加工制造的代制品和为外单位加工修理的代修品，在制造和修理完成验收入库后，视同企业的产成品，也通过本科目核算。企业（房地产开发）的开发产品，可将本科目改为“开发产品”科目。企业（农业）收获的农产品，可将本科目改为“农产品”科目。本科目可按库存商品的种类、品种和规格等进行明细核算。本科目期末借方余额，反映企业库存商品的实际成本（或进价）或计划成本（或售价）。

企业生产的产成品一般应按实际成本核算，产成品的入库和出库，平时只记数量不记金额，期（月）末计算入库产成品的实际成本。生产完成验收入库的产成品，按其实际成本，借记本科目、“农产品”等科目，贷记“生产成本”“消耗性生物资产”“农业生产成本”等科目。产成品种类较多的，也可按计划成本进行日常核算，其实际成本与计划成本的差异，可以单独设置“产品成本差异”科目，比照“材料成本差异”科目核算。采用实际成本进行产成品日常核算的，发出产成品的实际成本，可以采用先进先出法、加权平均法或个别认定法计算确定。对外销售产成品（包括采用分期收款方式销售产成品），结转销售成本时，借记“主营业务成本”科目，贷记本科目。采用计划成本核算的，发出产成品还应结转产品成本差异，将发出产成品的计划成本调整为实际成本。购入商品采用进价核算的，在商品到达验收入库后，按商品进价，借记本科目，贷记“银行存款”“在途物资”等科目。委托外单位加工收回的商品，按商品进价，借记本科目，贷记“委托加工物资”科目。购入商品采用售价核算的，在商品到达验收入库后，按商品售价，借记本科目，按商品进价，贷记“银行存款”“在途物资”等科目，按商品售价与进价的差额，贷记“商品进销差价”科目。委托外单位加工收回的商品，按商品售价，借记本科目，按委托加工商品的账面余额，贷记“委托加工物资”科目，按商品售价与进价的差额，贷记“商品进销差价”科目。对外销售商品（包括采用分期收款方式销售商品），结转销售成本时，借记“主营业务成本”科目，贷记本科目。采用进价进行商品日常核算的，发出商品的实际成本，可以采用先进先出法、加权平均法或个别认定法计算确定。采用售价核算的，还应结转应分摊的商品进销差价。企业（房地产开发）开发的产品，达到预定可销售状态时，按实际成本，借记“开发产品”科目，贷记“开发成本”科目。期末，企业结转对外转让、销售和结算开发产品的实际成本，借记“主营业务成本”科目，贷记“开发产品”科目。企业将开发的营业性配套设施用于本企业从事第三产业经营用房，应视同自用固定资产进行处理，并按营业性配套设施的实际成本，借记“固定资产”科目，贷记“开发产品”科目。

首先应获取或编制库存商品明细表，复核加计正确，并与总账数、明细账合计数核对是否相符；同时与仓库台账、卡片抽查核对相符。然后实施以下程序：

（1）现场观察被查单位库存商品盘点情况，取得库存商品盘点资料和盘盈、盘亏报告表，作重点抽查，并注意查明账实不符原因，有关审批手续是否完备，账务处理是否正确；对冷背、残次、呆滞的库存商品，关注其计价是否合理。

（2）查核库存商品的计价方法，检查其前后期是否一致：对自制商品产品等，在实际成本计价条件下，应以样本的单位成本与库存商品明细账及成本计算单核对；在计划成本计价条件下，应以样本的单位成本与库存商品明细账、商品成本差异明细账及成本计算单核对。

对库存外购商品，在以实际成本计价条件下，应以样本的单位成本与库存商品明细账及购货发票核对；在以计划成本计价条件下，应以样本的单位成本与库存商品明细账、商品成本差异明细账及购货发票核对。

（3）抽查库存商品入库单，核对库存商品的品种、数量与入账记录是否一致，并检查入库库存商品的实际成本是否与“生产成本”科目的结转额相符。

（4）抽查库存商品的发出凭证，核对转出库存商品的品种、数量和实际成本与“主营业务成本”是否相符。

（5）审阅库存商品明细账，检查有无长期挂账库存商品事项，如有，查明原因，必要时作调整。

6. 委托加工物资方面假账的查处

“委托加工物资”科目核算企业委托外单位加工的各种材料、商品等物资的实际成本。本科目可按加工合同、受托加工单位及加工物资的品种等进行明细核算。本科目期末借方余额，反映企业委托外单位加工尚未完成物资的实际成本。企业发给外单位加工的物资，按实际成本，借记本科目，贷记“原材料”“库存商品”等科目；按计划成本或售价核算的，还应同时结转材料成本差异或商品进销差价。支付加工费、运杂费等，借记本科目，贷记“银行存款”等科目；需要交纳消费税的委托加工物资，由受托方代收代交的消费税，借记本科目（收回后用于直接销售的）或“应交税费——应交消费税” 科目（收回后用于继续加工的），贷记“应付账款”、“银行存款”等科目。加工完成验收入库的物资和剩余的物资，按加工收回物资的实际成本和剩余物资的实际成本，借记“原材料”“库存商品”等科目，贷记本科目。采用计划成本或售价核算的，按计划成本或售价，借记“原材料”或“库存商品”科目，按实际成本，贷记本科目，按实际成本与计划成本或售价之间的差额，借记或贷记“材料成本差异”或贷记“商品进销差价”科目。采用计划成本或售价核算的，也可以采用上期材料成本差异率或商品进销差价率计算分摊本期应分摊的材料成本差异或商品进销差价。

首先应获取或编制委托加工物资明细表，复核加计正确，并与总账数、明细账合计数核对是否相符。然后检查若干份委托加工业务合同，抽查有关发料凭证、加工费、运费结算凭证，核对其计费、计价是否正确，会计处理是否及时、正确；抽查加工完成物资的验收入库手续是否齐全，会计处理是否正确；对委托加工物资的期末余额，应现场查看或函询核实；审核有无长期挂账的委托加工物资事项，如有，查明原因，必要时作调整。

7. 委托代销商品方面假账的查处

“发出商品”科目核算企业未满足收入确认条件但已发出商品的实际成本（或进价）或计划成本（或售价）。采用支付手续费方式委托其他单位代销的商品，也可以单独设置“委托代销商品”科目。本科目可按购货单位、商品类别和品种进行明细核算。本科目期末借方余额，反映企业发出商品的实际成本（或进价）或计划成本（或售价）。对于未满足收入确认条件的发出商品，应按发出商品的实际成本（或进价）或计划成本（或售价），借记本科目，贷记“库存商品”科目。发出商品发生退回的，应按退回商品的实际成本（或进价）或计划成本（或售价），借记“库存商品”科目，贷记本科目。发出商品满足收入确认条件时，应结转销售成本，借记“主营业务成本”科目，贷记本科目。采用计划成本或售价核算的，还应结转应分摊的产品成本差异或商品进销差价。

首先应获取或编制委托代销商品明细表，复核加计正确，并与总账数、明细账合计数核对是否相符。在此基础上实施以下程序：检查若干份委托代销业务合同，抽查有关发货凭证，核对其会计处理是否及时、正确；检查是否定期收到委托代销商品销售月结单（对账单），抽查若干月的销售月结单（对账单），验明会计处理是否及时、正确；对委托代销商品的期末余额，应现场查看或函询核实；审核有无长期挂账的委托代销商品事项，如有，查明原因，必要时作调整。

8. 受托代销商品方面假账的查处

“存货跌价准备”科目核算企业存货的跌价准备。本科目可按存货项目或类别进行明细核算。本科目期末贷方余额，反映企业已计提但尚未转销的存货跌价准备。

资产负债表日，存货发生减值的，按存货可变现净值低于成本的差额，借记“资产减值损失”科目，贷记本科目。已计提跌价准备的存货价值以后又得以恢复，应在原已计提的存货跌价准备金额内，按恢复增加的金额，借记本科目，贷记“资产减值损失”科目。发出存货结转存货跌价准备的，借记本科目，贷记“主营业务成本”“生产成本”等科目。企业（建造承包商）建造合同执行中预计总成本超过合同总收入的，应按其差额，借记“资产减值损失”科目，贷记本科目。合同完工时，借记本科目，贷记“主营业务成本”科目。

首先应获取或编制受托代销商品明细表，复核加计正确，并与总账数、明细账合计数核对是否相符；同时与仓库台账、卡片抽查结果一致。然后实施以下程序：检查若干份受托代销业务合同，抽查有关收货凭证，核对其会计处理是否及时、正确；检查是否定期发出受托代销商品销售月结单（对账单），抽查若干月的销售月结单（对账单），验明会计处理是否及时、正确；对受托代销商品的期末余额，应现场查看其是否存在；审核有无长期挂账的受托代销商品事项，如有，查明原因，必要时作调整。

9. 发出商品方面假账的查处

首先应获取或编制发出商品明细表，复核加计正确，并与总账数、明细账合计数核对是否相符。在此基础上实施以下程序：检查若干份分期收款业务协议、合同，抽查有关发货凭证，核对其会计处理是否及时、正确；结合库存商品审计，抽查发出商品的入账基础，是否与库存商品结转额核对相符；检查是否按合同约定时间分期收回货款，并复核其转销成本是否与约定收到货款比例配比，验明会计处理是否及时、正确；对发出商品的期末余额，必要时应函询核实；审核有无长期挂账的发出商品事项，如有，应查明原因，必要时作调整。

10. 存货跌价准备方面假账的查处

（1）存货跌价准备方面假账查处目标。

① 确定存货跌价准备的发生是否真实，转销是否合理。

② 确定存货跌价准备发生和转销的记录是否完整。

③ 确定存货跌价准备的期末余额是否正确。

④ 确定存货跌价准备的披露是否恰当。

（2）存货跌价准备方面假账查处程序。

① 获取或编制存货跌价准备明细表，复核加计正确，并与报表数、总账数和明细账合计数核对是否相符。

② 检查被查单位是否于期末对存货作检查分析，存货跌价准备计提的依据、方法是否合理，前后各期是否一致；计算及会计处理是否正确。

③ 抽查计提存货跌价准备的项目，其期后售价是否低于原始成本。

④ 检查存货跌价准备的期末余额是否符合税法规定，如果超过规定，应作纳税调整。

⑤ 验明存货跌价准备的披露是否恰当。

第 12 章

投资方面的假账与反假账

12.1 投资方面的造假手法

投资是指企业为通过分配来增加财富，或为谋求其他利益而将资产让渡给其他单位所获得的另一项资产。

按照投资目的分类，投资分为短期投资和长期投资。短期投资是指能够随时变现并且持有时间不准备超过一年的投资，这种投资在很大程度上是为了暂时存放剩余资金，并通过这种投资取得高于银行存款利率的利息收入，待需要使用资金时即可兑换成现金。短期投资包括股票投资和债券投资。长期投资是指短期投资以外的投资，这种投资在很大程度上是为了积累整笔资金，以供特定用途之需，或为了达到控制其他单位或对其他单位实施重大影响，或出于其他长期性质的目的而进行的投资。长期投资包括长期股权投资、债权投资、其他债权投资。

小知识

新企业会计准则中关于投资的若干概念和分类

新会计准则对投资的分类不再局限于原来以时间长短来划分的短期投资与长期投资，而是从投资交易的目的性和经济实质反映经济内容来分类。

2017 年 3 月 31 日，财政部发布了《关于印发修订〈企业会计准则第 22 号—金融工具确认和计量〉的通知》(财会〔2007〕7 号)等，对于在境内外同时上市的企业及在境外上市并采用国际财务报告准则或企业会计准则编制财务报告的企业，自 2018 年 1 月 1 日起施行新金融工具相关会计准则；其他境内上市企业，自 2019 年 1 月 1 日起施行新金融工具相关会计准则；对于执行企业会计准则的非上市企业，自 2021 年 1 月 1 日起施行新金融工具相关会计准则。

金融资产分类由原先“四分类”改为“三分类”。

原先金融工具确认和计量准则按照持有金融资产的意图和目的将金融资产分为四类(以公允价值计量且其变动计入当期损益的金融资产、持有至到期投资、贷款和应收款项、可供出售金融资产)，分类较为复杂，存在一定的主观性，在一定程度上影响了会计信息的可比性。

新修订的金融工具确认和计量准则规定以企业持有金融资产的“业务模式”和“金融资产合同现金流量特征”作为金融资产分类的判断依据，将金融资产分类为以摊余成本计量的金融资产、以公允价值计量且其变动计入其他综合收益的金融资产及以公允价值计量且其变动计入当期损益的金融资产三类，减少了金融资产类别，提高了分类的客观性和会计处理的一致性。

金融资产同时符合下列条件的，应当分类为以摊余成本计量的金融资产。

(1) 企业管理该金融资产的业务模式是以收取合同现金流量为目标。

(2) 该金融资产的合同条款规定，在特定日期产生的现金流量，仅为对本金和以未偿付本金金额为基础的利息的支付。

金融资产同时符合下列条件的，应当分类为以公允价值计量且其变动计入其他综合收益的金融资产。

(1) 企业管理该金融资产的业务模式既以收取合同现金流量为目标又以出售该金融资产为目标。

（2）该金融资产的合同条款规定，在特定日期产生的现金流量，仅为对本金和以未偿付本金金额为基础的利息的支付。

按照规定分类为以摊余成本计量的金融资产和分类为以公允价值计量且其变动计入其他综合收益的金融资产之外的金融资产，企业应当将其分类为以公允价值计量且其变动计入当期损益的金融资产。

在初始确认时，企业可以将非交易性权益工具投资指定为以公允价值计量且其变动计入其他综合收益的金融资产，并按照规定确认股利收入。该指定一经做出，不得撤销。

在初始确认时，如果能够消除或显著减少会计错配，企业可以将金融资产指定为以公允价值计量且其变动计入当期损益的金融资产。该指定一经做出，不得撤销。

"交易性金融资产"科目核算企业分类为以公允价值计量且其变动计入当期损益的金融资产。衍生金融资产在"衍生工具"科目核算。

"债权投资"（原"持有至到期投资"）科目核算企业以摊余成本计量的债权投资的账面余额。本科目可按债权投资的类别和品种，分别"面值""利息调整""应计利息"等进行明细核算。"债权投资减值准备"（原"持有至到期投资减值准备"）科目核算企业以摊余成本计量的债权投资以预期信用损失为基础计提的损失准备。

"其他权益工具投资"科目核算企业指定为以公允价值计量且其变动计入其他综合收益的非交易性权益工具投资。本科目可按其他权益工具投资的类别和品种，分别"成本""公允价值变动"等进行明细核算。

"长期股权投资"科目核算企业持有的长期股权投资。本科目应当按照被投资单位进行明细核算。长期股权投资核算采用权益法的，应当分别"投资成本"、"损益调整"、"其他综合收益"、"其他权益变动"进行明细核算。"长期股权投资减值准备"科目核算企业长期股权投资发生减值时计提的减值准备。

"投资性房地产"科目核算企业采用成本模式计量的投资性房地产的成本。企业采用公允价值模式计量投资性房地产的，也通过本科目核算。采用成本模式计量的投资性房地产的累计折旧或累计摊销，可以单独设置"投资性房地产累计折旧（摊销）"科目，比照"累计折旧"等科目进行处理。采用成本模式计量的投资性房地产发生减值的，可以单独设置"投资性房地产减值准备"科目，比照"固定资产减值准备"等科目进行处理。本科目可按投资性房地产类别和项目进行明细核算。采用公允价值模式计量的投资性房地产，还应当分别"成本"和"公允价值变动"进行明细核算。

投资方面造假手法主要有：

1. 将购买成本，列入当期费用

有些企业在进行短期投资时，将应记入投资成本的部分支出如手续费、经纪人佣金等，列入当期费用，减少了利润。企业购买股票、债券时，将发生的经纪人佣金、手续费等有关费用列入管理费用或财务费用，相对减少了投资额，减少了当期利润。

2. 短期投资不入账

有些企业经常不将企业购入的短期有价证券入账，从而形成企业的账外资产，使企业的会计核算出现遗漏。

例如，某企业负责人得到股市内幕消息，在大盘指数即将上涨时买入一制造业的股票，准备在一个月后卖出。该领导授意财务人员不作账务处理，待一个月后，卖出该股票将原银行存款补上。买卖差额存入"小金库"，逃避税务机关的甄别。

3. 将已宣告股利，列入股票成本

有些企业在购买股票时将已宣告发放但未支付的股利也作为短期投资入账，按支付额借记"交易性金融资产——股票（债券）投资"科目，贷记"银行存款"科目。

4. 短期投资挂账，截留投资收益

企业在购买股票、债券等进行短期投资时，采用虚列债权的手段加以隐瞒，其目的通常是想截留投资收益。

5. 隐瞒收益、用于福利

企业进行对外投资，分得的利益（或联营利润）应作为投资收益入账。但企业为了搞职工福利，便将收得的投资收益作增加其他应付款的账务处理，年终时全部用于职工福利开支。

例如，某企业经营效益一直不错，为了充分利用闲散资金，决定与一电子产品生产厂进行联营，用货币资金对外投资，投资核算采用成本法。按照联营协议的规定，年终分得联营投资利润 20 万元，企业为了将这笔投资利润用于职工福利，便转移该项收入。其将收到的联营利润记入“其他应付款”账户，然后再通过该账户核算职工福利支出。年终将分得联营利润存入银行，其会计分录为：

借：银行存款

　　贷：其他应付款

次年以慰问职工的名义，将联营利润全部私分，会计分录为：

借：库存现金

　　贷：银行存款

借：其他应付款

　　贷：库存现金

6. 投资计价不真实

企业以现金、存款等货币资金向其他单位投资，在计价时，不遵守规定，不按照实际支付的金额计价。

企业以实物、无形资产向其他单位投资时，不按会计准则规定计价。

由于企业不按照财务会计制度的规定操作，造成某些科目的核算出现错误，由此人为地调节资产和利润，逃避来自各方面的甄别。

7. 隐藏联营投资利润

有的企业将应收的投资收益，不作投资收益入账，而直接作增加投资处理。

8. 截留收益，发放奖金

有的企业为了捞取好处，与被投资单位协商后，将应分得的投资收益隐藏在被投资单位，并授意被投资单位将该收益由“应付股利”账户转入“其他应付款”账户。此后，该投资企业根据需要，从被投资单位提取现金私分。也有的企业将应分得的投资收益从被投资单位直接提取现金后，纳入“小金库”，用于给本企业职工发放实物和奖金。

9. 低价转让债券，损害企业利益

企业将购入的债券低价出售给职工，其差额计入当期投资损失。当作价发放债券时，按购入债券的成本贷记“短期投资——债券投资”，按收取职工的价款，借记“库存现金”，按现金与债券成本的差额，借记“投资收益”，转嫁债券损失。

10. 控股企业不计投资收益，调节利润

有些企业故意少体现利润，在被投资单位所有者权益增加时，不调整企业的长期投资和投资收益额。成本法和权益法混淆使用，虚增或虚减利润。

11. 长期债券投资，不摊销溢（折）价

企业溢价或折价购入债券，溢价或折价金额要在该债券的到期时间内等额摊销，计入投资收益。有的企业为了调节利润，对债券溢（折）价不进行摊销，造成投资与损益不实。

小知识

利用长期投资造假

1. 利用投资调控利润

近年来，一些公司迫于利润压力，经常在会计年度即将结束之际，与关联公司签订股权转让协议，按权益法或通过合并报表，将被收购公司全年的利润纳入控股公司的财务报表。对亏损控股子公司通过减持股份后不纳入合并报表范围或者对投资事项减持股份后由权益法改为成本法核算，可以避免将子公司的亏损计入合并报表。

2. 利用投资收益、委托理财掩盖企业业绩

企业往往利用投资收益使之成为掩盖企业亏损的重要手段。例如四川 ET，1997 年进行法人股转让，以每股 3.1 元价格卖掉 1 000 万股“乐山电力”法人股，使其当年扭亏为盈，每股收益为 0.007 元。由于 2001 年证监会要求上市公司中报必须对短期投资及其收益作出说明，发现众多上市公司越来越多募集资金不再投资项目，而是选择各种方式涌入股市，炒股收益越来越大地影响着公司利润和业绩，比如江南 ZG，以战略投资者的身份参与新股配售，半年即获利 835 多万元，而主营业务利润仅为 6 000 多元，公司利润的 99.9%来自炒股收益，该公司 2000 年的股票投资收益也高达 3 021.26 万元。于 2001 年 4 月上市的 YY 软件，几个月后投资兴趣也从高科技转移到股市，公告用 3 亿元委托投资国债，事隔几日，又将 3 亿元中的 2 亿元委托理财。股票投资收益具有不稳定性，如果投资收益左右公司业绩，操纵利润，其危害性是非常巨大的。实际上，没有任何一家上市公司在招股说明中声称募股资金是用来进行委托理财或股票投资的，那么公司进行股票投资是否构成了欺诈？

对于委托理财这个问题，早有有识之士指出，由于中国股市的不正常表现，股市中的暴利常常掩盖了上市公司主业不兴、盈利能力不佳等问题。特别是在 2000 年中国股市牛气冲天的时候，许多上市公司经营不佳的矛盾统统消失在委托理财的现象中。但是委托理财作为一项高风险的资本运作，其风险性必然会在一定时间得到充分体现。

3. 利用国外子公司调控利润

许多上市公司的业务是跨国经营的。有的国家或地区可以以一元钱注册一个公司去进行数亿元的业务而没有法律限制，有的合同本身就是假的。只要母公司有一家没有合并的国外子公司，公司的报告利润就存在着人为因素。假定跨国公司采用成本法，也就是说，母公司只有收到国外子公司汇回的股息时，才将它们确认为利润。如想人为扩大母公司的利润，跨国公司只需增加国外子公司的股息分红，然后汇回母公司；反之，如想人为降低母公司的利润，跨国公司只需减少国外子公司的股息分红。

小知识

对外投资会计信息失真主要形式

1. 股票投资会计信息失真形式

（1）账户使用不正确。有的企业将长期投资记入“交易性金融资产”账户或将交易性金融资产记入“长期股权投资”账户。

（2）股票投资计价不正确。短期股票投资成本包括买价、佣金、手续费等费用，在取得股票所支付价款中如果有已宣告发放但未支取的股利，应从投资成本中扣除，作“应收股利”处理。有的企业按所支付价款计价，这是不正确的。有的企业为了人为地调节企业利润选择不正确的长期投资入账价格与交易性金融资产入账价格做法，歪曲企业财务状况和经营成果。

（3）股票投资账实不符。有些不法之徒利用职务之便用公款炒卖股票，赔了记在企业账上，赚了塞进自己腰包，损公肥私。这样账户上记录的股票种类、数量、单价、金额与企业实际拥有的股票不一致。

（4）截留股票投资收益。有的个人将企业投资收益截留，中饱私囊，也有些企业截留投资收益作“小金库”。

2. 债券投资会计信息失真形式

（1）账户设置不正确。有的企业不根据所购债券特点和自身投资意图设置账户。

（2）债券投资计价不正确。短期债券投资成本包括买价、佣金、手续费等相关费用。但长期投资在取得债券时所支付价款如果包括应计利息，则应扣除，不计入成本。有的企业未予以区分。

（3）长期债券投资折价或溢价摊销不正确。这不仅关系到长期债券投资计价，而且关系到损益计量。有的企业人为地调节利润，不按存续期进行摊销或改变摊销方法使之前后不一致。另外，债券投资也存在账实不符和有些企业个别人员截留债券投资收益的问题。

3. 其他股权投资会计信息失真形式

（1）投资内容核算不正确。有的故意将一些往来款项或无形资产混入其他股权投资，有的又将本来属于其他股权投资的内容记入往来款项。

（2）投资的计价不正确。有的入账金额与投资合同中出资金额不一致，有的企业实物出资未经评估，缺乏可信性。

（3）投资账实不符。有的企业利用对外投资进行舞弊，投资账户上记录与合同不符。有的企业甚至虚构联营合作伙伴，借“合作”转移资金。

（4）截留其他投资收益。

12.2 投资方面假账查处技法及对策

12.2.1 投资方面假账查处目标

（1）确定投资是否存在。

（2）确定投资是否归被查单位所有。

（3）确定投资的增减变动及其收益（或损失）的记录是否完整。

（4）确定成本法或权益法是否正确。

（5）确定投资的年末余额是否投资的计价方法是否正确。

（6）确定投资在财务报表上的披露是否恰当。

12.2.2 投资方面的实质性测试

查账人员应在对投资内部控制检查和评价的基础上，进行实质性测试。

1. 获取或编制投资明细表

投资明细表将企业全部投资项目的有关情况完整、系统地予以列示，查账人员据此可了解企业投资的全貌。明细表主要内容包括投资种类及说明、年初余额、本年增加或减少数、年末余额、投资收益等。对于长期股权投资和联营投资，还须列示该投资占接受投资企业股本（或实收资本）的份额（或比例）以及会计核算方法的选择（是成本法还是权益法）。

投资明细表可以由查账人员根据企业的会计资料自行编制，也可以由企业会计部门提供，经查账人员审阅后使用。对于投资明细表，查账人员应复核加计数是否正确，并与明细账和总账的余额核对相符。

2. 分析性复核

（1）计算短期股票投资、长期股权投资、期货等高风险投资所占的比例，分析短期投资和长期投资的安全性，要求被查单位估计潜在的短期投资和长期投资损失。

（2）计算投资收益占利润总额的比例，分析被查单位在多大程度上依赖投资收益，判断被查单位盈利能力的稳定性；将当期确认的投资收益与从被投资单位实际获得的现金流量进行比较分析；将重大投资项目与以前年度进行比较，分析是否存在异常变动。

3. 实地盘点投资资产并检查账实是否相符

盘核投资资产包括以下两个步骤。

（1）盘点库存证券。盘点时要有企业有关管理人员在场，盘点结果要填制盘点清单。这一步工作可与其他盘点工作一道安排于期末结账日进行。如实地盘核工作是在结账日后进行的，查账人员应根据盘点结果和结账与盘点日之间的证券增减变动业务的发生情况计算结账日长期投资余额。

（2）将盘点清单与前述明细表中有关账户相核对，并经企业管理人员签章后列入审计工作底稿。

如果企业的投资证券是委托某些专门机构代为保管的，查账人员应向这些保管机构发出询证函，以证实投资证券的真实存在。

① 清点或函证股票数量。查账人员首先应监督盘点企业内部管理的所有股票，并对其股数、每股金额、股票序号及取得时的成本进行核对，编制盘点表予以记录；然后发函询证企业委托专门机构代理管理的股票是否真实，核对专门机构发来的清单中所列股票种类、股票序号、股数、股票面值及取得时的成本等。根据清点和函证的结果，与明细表及“交易性金融资产——股票投资”和“长期股权投资”账户进行核对，判断其账实是否相符。

② 清点或函证债券数量。查账人员主要通过盘点方式对企业所有债券进行清查，逐项查点债券种类、面值、期限、序号，并编制债券清点表，然后将债券清点表与明细表以及“交易性金融资产——债券投资”和“债权投资”账户进行核对，检查企业债券是否账实相符，检查有无贪污盗窃及挪用情况。

③ 通过向被投资者询证。检查其他投资资产是否存在。审计人员通过向被投资者询证，核对企业明细表或账面反映的其他投资是否与在被投资者账上反映的实际投资数符合，有无弄虚作假、虚增投资数额的现象。对于固定资产、无形资产、流动资产的对外投资，还应结合企业的固定资产、无形资产和流动资产有关账户一起进行检查。

4. 检查投资的入账价值

查账人员应检查投资入账价值是否符合投资合同、协议的规定，会计处理是否正确。重大投资项目，应查阅董事会有关决议，并取证。具体内容包括以下几点。

（1）检查交易性金融资产的入账价值。企业取得交易性金融资产时，按交易性金融资产的公允价值，借记本科目（成本），按发生的交易费用，借记“投资收益”科目，按实际支付的金额，贷记“银行存款”“存放中央银行款项”等科目。

在持有交易性金融资产期间收到被投资单位宣告发放的现金股利或债券利息，借记“银行存款”科目，贷记本科目（公允价值变动）。

对于收到的属于取得交易性金融资产支付价款中包含的已宣告发放的现金股利或债券利息，借记“银行存款”科目，贷记本科目（成本）。

（2）检查长期股权投资的入账价值。如果是以货币资金购买股票，应按所支付的价款作为长期股权投资入账价值。如果企业实际支付的价款中含有已宣告尚未发放的股利，则应按认购股票实际支付的价款扣除已宣告尚未发放的股利作为长期股权投资的入账价值，对于已宣告尚未发放的股利，在“应收股利”科目核算。因此，对于这类长期股权投资，应将“长期股权投资”账户与有关货币资金及“应收股利”等账户互相核对，来判明其入账的价值是否合规适当。如果企业以非货币性交换换入长期股权投资，按照换出资产的账面价值、应支付的相关税费、支付或收到的补价等计算确定其入账价值。因此，对于这类长期股权投资，查账人员应查阅有关评估报告或协议文件、换出资产的账面记录及相关原始资料等来验证长期股权投资入账价值的适当性。

（3）检查债权投资的入账价值。“债权投资”科目核算企业以摊余成本计量的债权投资的账面余额。

本科目可按债权投资的类别和品种，分别“面值”“利息调整”“应计利息”等进行明细核算。

以摊余成本计量的金融资产的会计处理，主要包括该金融资产实际利率的计算、摊余成本的确定、持有期间的收益确认及将其处置时损益的处理。

以摊余成本计量的金融资产所产生的利得或损失，应当在终止确认、按照规定重分类、按照实际利率法摊销或确认减值时，计入当期损益。

以摊余成本计量的债权投资相关的账务处理如下：

① 企业取得的以摊余成本计量的债权投资，应按该投资的面值，借记“债权投资——成本”科目，按支付的价款中包含的已到付息期但尚未领取的利息，借记“应收利息”科目，按实际支付的金额，贷记“银行存款”等科目，按其差额，借记或贷记“债权投资——利息调整”科目。

② 资产负债表日，以摊余成本计量的债权投资为分期付息、一次还本债券投资的，应按票面利率计算确定的应收未收利息，借记“应收利息”科目，按该金融资产摊余成本和实际利率计算确定的利息收入，贷记“投资收益”科目，按其差额，借记或贷记“债权投资——利息调整”科目。

以摊余成本计量的债权投资为一次还本付息债券投资的，应按票面利率计算确定的应收未收利息，借记“债权投资——应计利息”科目，按该金融资产摊余成本和实际利率计算确定的利息收入，贷记“投资收益”科目，按其差额，借记或贷记“债权投资——利息调整”科目。

③ 出售以摊余成本计量的债权投资，应按实际收到的金额，借记“银行存款”等科目，按其账面余额，贷记“债权投资——成本、应计利息”科目，贷记或借记“债权投资——利息调整”科目，按其差额，贷记或借记“投资收益”科目。已计提信用减值准备的，还应同时结转信用减值准备。

企业持有的以摊余成本计量的应收款项、贷款等的账务处理原则，与债权投资大致相同，企业可使用“应收账款”“贷款”等科目进行核算。

本科目期末借方余额，反映企业以摊余成本计量的债权投资的摊余成本。

5. 检查投资收益

对于长期股权投资收益的检查，应着重于以下几方面。

（1）查账人员应按照不同种类的股票，分别从公开印发的股利手册或证券公司及付款单位查证各种股票的股利收入。

（2）通过核对企业有关货币资金账户和“投资收益”账户，检查企业所获得的股利收入是否得到适当正确的记录。

（3）采用权益法核算长期投资时，应主要检查企业投资收益增减额的正确性，即是否按其在被投资企业投资比例来分享投资收益。还应当检查企业实际收到接受投资企业分配来的股利和利润时，是否再次重复记入“投资收益”账户。

对其他投资收益的检查与长期股权投资收益相类似，应重点检查投资收益额是否与企业对外投资额相对应，查账人员应结合对接受投资企业财务报表所反映的财务状况的了解及对股利发放或利润分配情况的了解，检查其他投资收益情况。

6. 检查长期投资的核算方法

长期股权投资，通常可以采用成本法或权益法进行核算。查账人员应首先检查企业有哪些投资项目适合用权益法核算，并通过询问企业管理层或函证接受投资企业等方式，确认企业是否确实对接受投资企业拥有控制、共同控制或重大影响，检查企业是否对这些项目采用了权益法。如果企业未按有关规定选择权益法核算，查账人员应该取得该企业不能对接受投资企业拥有控制、共同控制或重大影响的证据。

由于权益法下，企业“长期股权投资”账户反映的投资额要随着接受投资企业净资产的增减变动而变动，查账人员应注意重点检查以下两个问题：

（1）接受投资企业净资产增减变化数额是否真实、准确；

（2）投资企业投资额占被投资企业实收资本或股本的比例及按此比例分享的净资产增减额是否真实、准确。

为了检查上述问题，查账人员应尽量取得被投资企业经过审计的年度财务报表，如被投资企业是股票上市公司，其年度财务报表可以从公开渠道获得。否则，查账人员应与担任被投资企业审计工作的查账人员或与被投资企业联系，函证获得所需情况或数据。

7. 检查本期发生的重大股权变动

对于当期（尤其是会计年度结束前）发生的重大股权转让，应当审阅股权转让合同、协议、董事会和股东大会决议，分析是否存在不等价交换，判断被查单位是否通过不等价股权转让调节利润，粉饰财务状况；对于年度内取得股权的，应分析被查单位根据被投资单位的净损益确认投资收益时，是否以取得股权后发生的净损益为基础，应特别注意股权转让协议是否存在倒签日期的现象，股权转让涉及的款项是否已经支付或收取。

12.2.3 投资方面的反假账对策

1. 短期投资业务的反假账对策

（1）甄别短期投资的相关账簿记录是否详细。短期投资通常以证券投资占绝大部分，因此投资企业应对投资时所购入的证券按照不同的品种设置明细账，并应详细地记录证券投资的种类、品名、面值、数量、入账价格、收到的债券利息或股利等情况。但应注意，对于代职工或其他单位保管的证券，应另设登记簿予以明细记录。同时必须建立健全严格的联合控制制度和内部控制制度，以防止舞弊现象的发生。

（2）甄别企业对投资购入的有价债券是否有健全的盘存制度。为了保证企业投资的安全完整，保证账实相符，企业应对投资购入的各种有价证券建立定期盘点制度。在盘点时，应由企业内审人员、相关负责人或不参与此项工作的其他相关人员参加进行，以便加强监督和分清责任，保证盘点的真实性、有效性和完整性。如果出现企业投资的证券存在委托其他单位代为保管的情况，则应主动向相关保管机构发询证函件，确认其投资证券的真实存在和安全完整，否则就应该当面调查，求得实证，才能真正确保企业投资安全完整。

（3）甄别短期投资的计价方法是否符合财务制度规定。对于取得的短期投资，首先应该甄别其是否根据投资时的实际成本入账，再看投资成本有无违反规定扩大入账价格或者只按证券面值入账，而将一些所属费用、佣金、手续费等直接记入当期有关费用的情况。还应注意：如果企业是投资购买股票，则应甄别该股票在购买时有无宣告发放股利，有无将宣告发放的股利单独做账，是否将已宣告发放但尚未支取的股利也计入了投资购入成本。

（4）甄别企业在投资过程中有无隐匿和截留短期投资收益的现象。企业在进行短期投资活动中所获得的投资收益，主要体现在投资股票的股利收入、投资债券的利息收入和转让出售有价债券的损益三个方面。

就这三个方面而言，首先应审查核对投资项目的真实性，以及投资期限和投资收回情况。具体地讲，对于股票投资的股利收入，应该与发行股票的公司及公布的分红比率、配股情况、分红日期等进行核对，从而确认其收入的正确性与合法性。对于债券投资取得的债券利息收入，应与发行债券单位所规定的利率兑现日期等事项进行核对。对于转让有价债券所获得的投资收益，要审核其投资转让所获得的收入，以及结转债券投资的购入成本是否准确，从而验证其投资损益的计算和结算是否准确。对于企业所获得的短期投资收益，都应该与“投资收益”账户及相关的货币资金等账户进行核对，防止发生多列、少列或不列短期投资收益的现象。

（5）甄别企业的短期投资在财务报表上列示是否恰当和准确。（根据企业适用《企业会计准则》还是《小企业会计准则》分别进行。）

2. 长期投资业务的反假账对策

（1）甄别企业以实物投资时，其投资的财产物资是否符合现行财务制度的规定，是否按现行会计制度对投资实物在相关账面进行了正确核算和反映。

（2）甄别企业以实物和无形资产向其他单位投资时，是否签订有效的经济合同，其资产评估的确认价值与账面净值有无差异，对差额是否进行了相关的会计处理，差额是否进入了“资本公积”账户。

（3）甄别企业的资产投出后，是否影响企业的正常生产经营活动，是否对相关的资产账户和“长期股权投资”账户进行了会计处理。还应对企业投出的货币资产进行考察，考察其货币资产投出后，是否影响企业的偿债能力，其流动比率和速动比率是否保持在比较合适的水平上，以及是否会增加资产利润率。

（4）甄别企业在进行债券投资时，在企业溢价或折价购入债券的情况下是否进行了正确的会计反映，是否在债券存续期内按直线法对溢价和折价进行了分期均衡摊销，有无多摊、少摊或者不摊，以调节企业的当期收益的情况。

（5）甄别企业进行股票投资和其他投资时，是否达到对受资企业控股的程度，对受资企业是否拥有实际控股权，控股份额是多少，是否确切。对股权性投资，是否按现行财务制度规定，以权益法对实际股权进行了会计核算，是否存在不按规定的方法随意进行核算的现象，尤其是仍然以成本法反映股权的现象。

（6）甄别企业长期投资收益是否进行正确核算，有无转移、少计或不计的现象，确认投资收益的完整性和真实性。同时是否按财务制度规定将长期投资应得收益记入了“投资收益”账户，注意确认“投资收益”账户发生额反映何种经济事项。查清投资收益有无截留、转移或挪用的情况。

（7）甄别企业其他投资的核算是否符合现行的会计制度规定，尤其对于其他投资收回的会计处理，应该作为甄别重点。甄别其收回投资的价值与投资价值有无差额，对这种差额的处理是否符合投资收益核算的基本要求，是否按规定作增减企业投资收益处理。

3. 长期股权投资的反假账对策

甄别企业股票投资的内控制度是否健全，主要甄别股票投资的决策、股票的保管、记录及定期核查制度等几个环节的健全和合法状况。

（1）盘点企业股票数量，看其是否账实相符，具体查账时分以下几步进行。

① 清点企业内部管理的所有股票，通过逐项核对之后，编制股票清点表予以记录。

② 发函询证委托他人保管的股票是否确实。

③ 若股票的保管者是不合法的保管机关，则不宜函询，查账人员应坚持实地盘查，并就此项委托保管业务提出意见。

（2）根据清点、核对和询证的结果编制股票投资清单，并与企业长期投资账户核对，看账实是否相符。

甄别股票投资业务，这主要是审查企业的股票投资业务是否遵守了企业决策和有关规定，投资行为是否符合企业投资的目的，股票投资是否正确及时地进行了正常的会计处理等内容。

审查股票取得后的会计核算是否正确，这主要是甄别企业是否按会计准则和国家统一会计制度要求认真正确地进行了核算，有无乱记股票价值调整计价核算办法的情况，成本法或权益法的核算是否正确等内容。

审查投资收益是否均已恰当地进行了记录和核算，通过查阅有关股利发放的资料，甄别股利是否正确；通过阅读有关财务报表，验证用权益法计算的股票投资的投资收益是否真实，通过甄别“投资收益”账户，分析投资收益的数额是否合理，特别是对股利变化大的投资业务要详细甄别，以落实投资收益的正确性和合理性。

审查股票投资在资产负债表上表述是否合理，有无对股票擅自重新估价在报表上反映的情况，需要进行市场价和成本价双重表述的，其表述情况是否真实正确、有根有据。

4. 债权投资的反假账对策

（1）甄别企业关于债券投资的内控制度是否健全，这同股票投资的要求大致相同。

（2）清点企业债券实有数，验证是否账实相符，这主要是通过盘点方式对企业所有的债券进行清查，并编制债券清点表，然后将债券清点表与企业债券投资账和债券投资登记簿进行核对，以甄别企业债券是否账实相符，有无贪污盗窃挪用债券的情况。

（3）甄别债券投资业务，看其是否符合企业决策，有无私自更换债券种类和发行单位以及擅自改变购买价格的情况。

（4）审查债券投资记录的真实性，主要审查债券投资的会计处理、债券成本的计算、债券利息的核算等内容。

（5）甄别债券收益计算是否正确并及时取得，有无被挪用或贪污盗窃的情况，主要通过债券面值和利率计算核实。其应计利息、本金、折价、溢价也都可以用计算加以验证。

5. 投资收益的反假账对策

对“投资收益”的甄别，应通过对企业的“投资收益”“交易性金融资产”“长期股权投资”“其他应收款”“其他应付款”“银行存款”等账户及有关的会计凭证，确认其投资收益的实现及分配情况，了解企业取得的投资收益是否按规定计算期予以入账，并查看其是否按财务制度规定其计入了企业实现的利润总额中，同时是否按国家规定的利润分配办法，参与了企业的利润分配。

当然，在必要的时候，还可以到受资单位进行甄别外调，了解其实现的利润是否真实完整，应分给投资单位的利润计算是否正确，有无截留投资单位利润挪作他用的现象。

查账人员应从以下两个方面对投资收益进行重点甄别。

（1）对企业的债券利息和股利的甄别。对企业投资收益的甄别，应首先注意审查其取得的收益是否及时按规定入账。其次，企业的债券投资到期时，其投资收益是否按规定数额入账；企业在转让、出售投资的股票和债券时，是否对实际收到的金额与账面实际成本的差额进行会计处理，将这种差额记入“投资收益”账户，有无不按规定，漏记、乱记或不记的现象。

（2）对企业投出货币资金和财产获取收益的甄别。企业用于投资的货币资金或资产，主要是一些闲置资产，尤其货币资金一般都是暂时闲置的。因此，应该注意对企业投出货币资金和资产的收益情况进行甄别。

甄别企业对外投资的财产和货币资金，是否符合国家规定的范围，是否存在以国家专项储备物资或国家规定不得用于对外投资的其他资产向其他单位进行投资的现象，其真实性和合法性如何。另外，企业对外投资的财产是否按现行的财务规定进行了评估作价，其评估作价的结果是否真实、合理和准确。再者，还应甄别投资双方是否签有法律上有效的投资协议，并甄别协议中所规定的利润分成办法是否符合国家现行的相关政策的规定，同时结合企业"投资收益"账户，甄别企业对外投资取得的收入是否及时入账，入账数额是否准确，有无将收入列入其他账户不如实反映企业投资收益的现象。甄别企业在收回各种对外投资时，其收回投资数额与投出资产数额的差额，是否按现行财务制度规定，记入了企业"投资收益"账户。

对投资收益的甄别，在方法上要特别注意下列几点。

① 在甄别企业联营投资时，首先应该审阅联营投资协议或合同，看协议和合同规定的内容是否合法合规，如无异议，则应根据协议或合同规定，审查企业执行协议或合同的情况。

对于联营利润分配条款的执行情况，重点审阅"长期股权投资"或"交易性金融资产"账户以及"投资收益"账户，并结合其他相关账户的会计记录，确认其应取得的联营利润是否按财务规定入账。如发现少收联营利润或不收联营利润的情况，则应进一步审查。针对少收联营利润的情况，应重点审阅相关账户中的"应付账款"或"其他应付款"科目，尤其是相关的原始凭证。而对于在投资账户未见投资增加，同时在"投资收益"账户未见联营收入的情况，则应及时向受资企业调查，审阅其利润分配的情况，并核实"应付股利"划拨情况。

② 对于企业转让出售所投资股票收益的甄别的，通常以审阅法为主要手段。

审查时，首先审阅股票投资的明细账，了解账面有无转让和出售股票的记录，然后再以此为线索，审阅相关记账凭证和原始凭证，进而结合"其他应付款"账户或"应付账款"账户的审查达到甄别目的，确认企业投资收益的存在或转移。

③ 对于企业转移股利收入的甄别，按照一般审查过程，通常可以分以下步骤进行核查。

- 审阅企业对外投资投票的明细账，查看投资账户是否有购买股票的记录，如查清有股票购买的记录，证明企业进行了股票投资。
- 再审阅投资收益明细账，查看其是否收到分得的股利。
- 如果在投资收益账户未见股利收入，则应查对银行存款日记账，尤其是股利发放日期前后的银行存款日记账，并查对相关的记账凭证，查清这一期间银行存款收入的经济事项和对方科目，通常就可能发现股利收入挂在"其他应付款"等科目的账面上。

④ 企业投资挂账的甄别。企业投资若要挂账隐匿，最大可能就是将其挂入与资产账户性质类似的债权账户。所以应重点审查"应收账款"等往来账的明细账户，审核有关凭证，看其内容有无可疑之处，对疑点问题进行追查。必要时采用询证法，向有关单位和当事人进行调查，弄清事实真相。而对投资收益挂账的违法行为的甄别，则应首先审查"交易性金融资产"明细账。根据原始凭证，审查债券或投票的购入时间，并查看债券或股票票面上利息或股利支付方式，以及利率。然后，再审查"投资收益"明细账，查看有无取得收入的记录，发现疑点再查明原因。由于"投资收益"账户作为收益账户和负债账户的核算有类似的性质，因此，在"投资收益"账户未见收益记录的情况下，就应考虑仔细甄别"应付账款""其他应付款"这样的负债账户，事实证明这两个负债账户通常确实可以用来隐匿企业的投资收益。

⑤ 针对将已宣告发放股利列入股票投资成本，造成虚增企业利润的现象，一般情况下，首

先审阅“长期股权投资”或“交易性金融资产”的明细账户，并与相关的会计凭证核对，主要查看入账成本和实际支付金额，依据原始凭证审查购入股票以前是否宣告发放了股利，价款中是否包含已宣告发放股利，并结合“投资收益”明细账和“现金日记账”或“银行存款日记账”进行审查，这样一般都可查出企业虚增投资额和虚增利润额的行为。

⑥ 对甄别低价转让债券（或股票）损害企业利益的行为，在审查中，应该重点审查“交易性金融资产”明细账。对折价销售的债券或股票，要查明原因，分析是市场行情引起的，还是企业故意折价。若发现疑点，则可以进一步查找债券或股票出售收入的相关明细账和原始凭证，此时往往就可能发现职工领取债券的签名，同时有付款的签名，这就证明企业低价转让债券或股票可能是想以此扩大职工福利。

第 13 章

固定资产方面的假账与反假账

固定资产是指同时具有以下特征的有形资产：

（1）为生产商品、提供劳务、出租或经营管理而持有的；

（2）使用寿命超过一个会计年度。

13.1 固定资产方面的假账与反假账

13.1.1 固定资产方面造假手法

固定资产方面的造假直接影响着会计信息使用人对企业生产经营预测和决策的判断。

1. 固定资产构成上的造假方式

（1）对固定资产与低值易耗品的划分不符合规定标准。在工作中存在着未按企业会计准则规定划分固定资产与低值易耗品的问题。

有的企业将属于低值易耗品的物品列作固定资产，有的企业将属于固定资产的物品列作低值易耗品，既造成核算上的混淆不清，也造成二者的价值在向生产经营成本、费用转移形式和水平上的不合规、不合理。

企业为了增加成本、费用，将符合固定资产的物品划入低值易耗品，一次摊销或分次摊销；为了减少当期成本、费用，将符合低值易耗品标准的物品划入固定资产进行管理，延缓其摊销速度。这种混淆划分标准，还会导致资产结构的变化，使固定资产与存货之间发生此长彼消关系，使会计信息产生错报，直接影响投资者的决策。

（2）固定资产分类不正确。企业对固定资产可根据实际情况进行分类，一般企业多采用按经济用途及使用情况分类。对固定资产的分类正确与否主要涉及企业对哪些固定资产应计提折旧，以及折旧费用的列支问题，这些问题都直接影响到企业费用与成本的计算，财务成果的确定与计算所得税的依据。

① 将未使用固定资产划入生产经营用的固定资产之中，会增加当期的折旧费用，使生产费用上升，还会导致固定资产内部结构发生变化，虚增固定资产使用率，给信息使用者以假象，使管理者作出错误的决策。

② 企业将采用经营租赁方式租入的固定资产与采用融资租赁方式租入的固定资产混为一谈，以达到降低或提高折旧费用，从而人为地调整财务成果的目的。

如果对于用经营租赁方式租入的固定资产计提折旧，其结果只能是人为地提高折旧费用，增加当期的生产成本或期间费用。如果对采用融资租赁方式租入的固定资产不计折旧，其结果就是虚假地降低生产成本或期间费用。这两种结果都是对企业财务成果与纳税的人为干扰。

（3）固定资产的计价不准。企业在计价方法和价值构成以及任意变动固定资产的账面价值方面常出现如下问题。

① 计价方法。有些企业不按规定采用正确的计价方法，从而影响了当期其他的成本费用，使固定资产在有效期内的折旧产生差错，使会计信息反映失实，最终误导人们的决策错误。

② 价值构成。企业在固定资产价值构成方面发生的问题主要是任意变动固定资产价值所包括的范围。有些企业不按规定，在购入固定资产时，将与购入该固定资产无关的费用支出或虽有某些联系但不应计入固定资产价值的支出，统统作为固定资产的价值组成部分，造成固定资产价值虚增虚减。

③ 任意变动固定资产的账面价值。有些企业不顾国家规定，任意调整、变动已入账的固定资产的账面价值。

例如，经营租赁的固定资产，实物虽已转移，但出租单位仍应对该固定资产进行管理，会计部门应对其进行核算。但企业因固定资产已不在本企业使用而随意将固定资产从账户中削去，导致会计信息失真，影响企业当局及外部会计信息使用者的正确判断。

2. 固定资产增减业务方面的造假方式

（1）购入固定资产质次价高，采购人员捞取回扣。企业采购人员为了捞取回扣，与卖方合谋，购买质次价高的物品，造成企业不当损失。

例如，某采购人员为企业采购计算机10台，该计算机市场价每台为6 000元，销货方同意给购货方6%的回扣，而故意抬高价格，每台以6 500元成交。购货单位付款65 000元，采购人员得回扣3 900元，装入自己腰包。

（2）固定资产运杂费，掺入了旅游参观费。固定资产的原值包括买价、包装费、保险费、运输费、安装成本和缴纳的税金。有的企业将不属于构成固定资产价值的支出也记入了固定资产的价值，虚增了固定资产价值。

例如，企业购买捷达汽车一部车款23万元，计价时将请客送礼、游山玩水等费用全部计入该项固定资产运杂费，加大了固定资产价值。

（3）运杂费用张冠李戴，人为调节安装成本。购入需要安装的固定资产，应将固定资产的买价、运杂费、安装费等都先计入在建工程，当设备安装完毕交付使用时，计入固定资产价值。将不需安装的固定资产发生的运杂费列入需要安装的固定资产的安装成本中，从而人为调节了固定资产的价值。

例如，某机械厂购了一部货车价值150 000元，运杂费3 000元。同时，该厂又外购机床1台，价值100 000元，运杂费2 000元，该机床需要安装。该机械厂实行运输队单独核算，企业为了照顾运输队的利益，将汽车运杂费计入生产设备安装成本，使外购机床的成本由原来102 000元变成105 000元，人为调整了外购机床与货车的原价。

（4）接受贿赂，虚计固定资产重估价值。其他单位投入的固定资产，应按合同、协议约定的价值或经评估确认的价值计价。由于企业或投资单位有关人员接受贿赂，私下商定有意抬高或降低固定资产的价值。

例如，A、B公司合成为C公司，B公司接受贿赂同意虚开发票进行并不存在的实物投资，同时接受A公司投入已使用的账面原值200 000元，已提折旧15 000元，净现值为135 000元的固定资产，以150 000元重估价值作为投资的资本金。

（5）固定资产出租收入，虚挂往来账。固定资产出租收入属于租赁性质的劳务收入，应通过“其他业务收入”科目核算，发出对应的成本费用应在“其他业务成本”科目中核算，有的企业为了挪用固定资产出租收入，将收入直接记入“其他应付款”科目，而分期挂账。

例如，企业出租房屋收入200 000元，应计入“其他业务收入”，但企业挂了“其他应付款”科目。将全年计提的固定资产折旧80 000元和发生的其他费用18 000元全部计入“管理费用”，而不通过“其他业务成本”核算。使企业应交纳的房产税、增值税及附加税费全部逃缴，进而也影响了当年利润和应纳所得税。

（6）固定资产变价收入，存入小金库。财务制度规定报废固定资产的残料价值和变价收入应冲减清理支出。但有的企业为将报废的固定资产的变价收入挪作他用，将收回的款项存入了企业的“小金库”。

例如，某工厂经有关部门批准，报废了 1 台设备，出售收回价款 50 000 元，应冲减清理支出。企业为了给职工谋福利，将变价收入作为“小金库”并以个人名义存入银行。

（7）清理固定资产净收益，不按营业外收入记账。财务制度规定，处理固定资产收回的价款，应冲减固定资产清理支出，将净收益作为营业外收入处理。有的企业经营效益好，为了控制利润，便将固定资产净收入仍挂在固定资产清理账中，并结转下年再处理。

例如，某工厂售出一台已用机床，原值 50 000 元，已提折旧 20 000 元，销售收入 60 000 元，净收入 30 000 元。本应记入营业外收入，但企业为了调整利润将 30 000 元挂“固定资产清理”账户，并结转下年。这种造假方式直接影响了所得税补缴和盈余公积的提取。

（8）转移工程借款利息，调节当年损益。企业工程借款利息，在办理竣工结算前应计入工程成本“在建工程”，结算后计入“财务费用”。但有的企业为了调节利润，将应计入在建固定资产造价的费用，在未办理竣工结算之前计入当年“财务费用”。

例如，某企业于 2016 年 4 月贷款 300 000 元用于购买工程设备，年利率 5%，期限三年，每年计息一次，该设备安装工程预计两年内投产完成。2018 年 4 月安装完毕并办理交付使用手续，发现该企业故意将在两年内每年发生的利息 15 000（300 000×5%）元都记入“财务费用”，虚增费用，虚减利润，导致该企业少缴税金，进而也少提了盈余公积。

（9）在建工程试运转收入，不冲减在建工程成本。企业在建工程在试运转过程中所取得的收入扣除税金后应冲减在建工程成本。但有的企业为了调节利润，便转移收入，在“其他应付款”中加以挂账。

例如，某企业在试运转过程中发生各种费用为 20 000 元，在运转过程中取得的收入为 30 000 元，该企业故意将收入在“其他应付款”科目直接挂账，并在年终结转到下年度。

（10）融资租入的财务费用，计入固定资产价值。企业财务制度规定，融资租入的固定资产的价值包括按照租赁协议或者合同确定的固定资产价款和运输费、保险费、安装调试费等，不包含融资应计入“财务费用”的账户的各项支出。有的企业面对金融机构，为了增加利润，便将应计入“财务费用”账户的各项支出，计入融资租入固定资产的价值中。

例如，企业经营效益不好，融资租入了整套设备，采用分期付款方式。在支付的融资租赁费中包含按租赁合同或协议确定的固定资产价值再加上运输途中运输费、保险费和安装调试费等。但租赁手续费和设备交付使用后的利息支出共计 9 万元记入了融资租入固定资产的原价中，导致费用减少，利润增加，使企业保持盈利。

（11）无偿转让旧设备，清理损失列损益。企业进行设备更新，将淘汰的旧设备无偿转入自办企业，并将发生的清理损失列入当年损益。

例如，企业将旧设备转入自办企业，原价 500 000 元，已提折旧 200 000 元，企业为了减少利润故意将原值直接记入“固定资产清理”账户。

（12）固定资产盈亏，不做账务处理。有的企业为了调节利润，对固定资产的盘盈、盘亏不作账务处理。

例如，企业经济效益不佳，为了调高利润，盘亏的固定资产不作账务处理，少记了“营业外支出”，从而提高当期利润。

（13）随意改变折旧方法，调节折旧计提数额。企业固定资产折旧方法一般采用平均年限法。经有关部门批准，可采用“年数总和法”和“双倍余额递减法”等快速折旧法。但有的企业为了调整成本利润，便随意改变公司使用固定资产的折旧方法。

例如，某企业 2016 年 1 月购入某项固定资产，原值 150 000 元，12 月已提折旧 15 000 元，到了第三年未经财经部门批准，企业改用双倍余额递减法计提折旧，多提折旧 15 000 元。

（14）随意改变折旧率，调节成本利润。固定资产折旧率一经确定，将不能随意改变。但有的企业为了调节某年度的利润随意变更固定资产折旧率，多计或少提折旧。

例如，企业为了贷款需要有所盈余，企业未经主管财政部门批准就擅自降低折旧率，由原来折旧率 8%改为 5%，少提折旧 120 000 元，虚增利润，使企业有些微利。

（15）增加固定资产，不提折旧。财务制度规定：当月增加的固定资产在下月初开始计提折旧。有的企业为了调增利润，将应计提的折旧有意漏提。

例如，某在建工程完工后，已交付使用，应及时办理竣工决算，从交付使用的下月初起计提折旧，但企业为了调增利润，有意漏提折旧，如职工宿舍 5 月交付使用，但直到年底才办理竣工决算，少计提了 6 个月的折旧。

（16）未使用固定资产（除房屋、建筑物外）提取折旧。按财务制度规定，对除房屋、建筑物外的未使用固定资产不计提折旧，但企业为了调节利润，对未使用的除房屋、建筑物外的固定资产也计提折旧。

例如，某企业机器设备年折旧率为 5%。当年购入价值 50 000 元的设备虽未使用，为了调增费用，却按该折旧率多计提折旧 2 500 元。

（17）停用的固定资产，当月不计提折旧。企业为了虚增盈利，压缩成本费用的支出，对当月停用或减少的固定资产，不计提折旧。

例如，企业为了报表上稍有盈余，对当月内停用的机器一律不计提折旧，从而使企业账面上反映出盈利。

（18）当月不应计提折旧的，当月计提折旧。企业为了调节成本、利润，常常违规对固定资产进行折旧，如本月新增固定资产折旧本应下月初计提折旧，而当月计提折旧；提前报废的固定资产报废后不再计提折旧，而仍在计提；超龄固定资产有效期满不再计提折旧，仍在计提。

例如，企业为了降低利润，3 月投入使用的固定资产当月即计提折旧 13 万元。

（19）变卖固定资产，仍旧提取折旧。例如，某企业 5 月将不需要的设备卖掉，卖掉后又提了 12 个月的折旧 35 000 元，虚增成本，虚减利润。

（20）在建工程提前报决算，多提折旧。企业为了控制当年利润实现数额，采用在建工程提前报决算，提前转入固定资产，提前计提固定资产折旧，以虚增费用减少利润。

例如，某房地产公司下属企业，在建工程尚未完工，利用提前报决算的方法，多提折旧 50 000 元，提高成本，降低了利润，在上缴利润时截留了 50 000 元利润。

13.1.2 固定资产方面假账查处技法

固定资产审计的范围很广。固定资产项目反映企业所有固定资产的原价，累计折旧项目反映企业固定资产的累计折旧数额，这两项无疑属于固定资产的审计范围。除此之外，由于固定资产的增加包括购置、自行建造、投资者投入、融资租入、更新改造、以非现金资产抵偿债务方式取得或以应收债权换入、以非货币性交换换入、经批准无偿调入、接受捐赠和盘盈等多种途径，相应涉及银行存款、应付账款、预付账款、在建工程、股本、资本公积、长期应付款等项目；企业的固定资产又因出售、报废、投资转出、捐赠转出、抵债转出、以非货币性交换换出、无偿调出、毁损和盘亏等原因而减少，与固定资产清理、其他应收款、营业外收入和营业外支出等项目有关；另外，企业按月计提固定资产折旧，这又与制造费用、销售费用、管理费用等项目联系在一起。因此，在进行固定资产审计时，应当关注这些相关项目。广义的固定资产审计范围，自然也包括这些相关项目在内。

1. 固定资产方面假账查处目标

（1）确定固定资产是否存在。

（2）确定固定资产是否归被查单位所有。

（3）确定固定资产增减变动的记录是否完整。

（4）确定固定资产的计价是否恰当。

（5）确定固定资产的期末余额是否正确。

（6）确定固定资产在财务报表上的披露是否恰当。

2. 固定资产的内部控制和控制测试

商品存货与固定资产同属一个交易循环，在内部控制和控制测试问题上固然有许多共同的地方，但固定资产还存在不少特殊性，有必要对其单独加以说明。

就许多从事制造业的被查单位而言，固定资产在其资产总额中占有很大的比重，大额固定资产的购建会影响其现金流量，而固定资产的折旧、维修等费用则是影响其损益的重要因素。固定资产管理一旦失控，所造成的损失将远远超过一般的商品存货等流动资产。所以，为了确保固定资产的真实、完整、安全和有效利用，被查单位应当建立和健全固定资产的内部控制制度。下面结合企业常用的固定资产内部控制制度，讨论查账人员实施控制测试程序所应予以关注的地方。

（1）固定资产的预算制度。预算制度是固定资产内部控制中最重要的部分。通常，大企业应编制旨在预测与控制固定资产增减和合理运用资金的年度预算；小企业即使没有正规的预算，对固定资产的购建也要事先加以计划。查账人员应注意检查固定资产的取得和处置是否均依据预算，对实际支出与预算之间的差异以及未列入预算的特殊事项，应检查其是否履行特别的审批手续。如果固定资产增减均能处于良好的经批准的预算控制之下，查账人员即可适当减少对固定资产增加、减少审计中的实质性测试样本量。

（2）授权批准制度。完善的授权批准制度包括：企业的资本性预算只有经过董事会等高层管理机构批准方可生效；所有固定资产的取得和处置均需经企业管理层的书面认可。查账人员不仅要检查被查单位固定资产授权批准制度本身是否完善，还要关注授权批准制度有否得到切实执行。

（3）账簿记录制度。除固定资产总账外，被查单位还需设置固定资产明细分类账和固定资产登记卡，按固定资产类别、使用部门和每项固定资产进行明细分类核算。固定资产的增减变化均应有充分的原始凭证。一套设置完善的固定资产明细分类账和登记卡，将为查账人员分析固定资产的取得和处置、复核折旧费用和修理支出的列支带来帮助。

（4）职责分工制度。对固定资产的取得、记录、保管、使用、维修、处置等，均应明确划分责任，由专门部门和专人负责。明确的职责分工制度，有利于防止舞弊，降低查账人员的审计风险。

（5）资本性支出和收益性支出的区分制度。企业应制定区分资本性支出和收益性支出的书面标准。通常需明确资本性支出的范围和最低金额，凡不属于资本性支出的范围、金额低于下限的任何支出，均应列作费用并抵减当期收益。

（6）固定资产的处置制度。固定资产的处置，包括投资转出、报废、出售等，均要有一定的申请报批程序。

（7）固定资产的定期盘点制度。对固定资产的定期盘点，是验证账面各项固定资产是否真实存在、了解固定资产放置地点和使用状况及发现是否存在未入账固定资产的必要手段。查账人员了解和评价企业固定资产盘点制度，并应注意查询盘盈、盘亏固定资产的处理情况。

（8）固定资产的维护保养制度。固定资产应有严密的维护保养制度，以防止其因各种自然和人为的因素而遭受损失，并应建立日常维护和定期检修制度，以延长其使用寿命。

严格地讲，固定资产的保养不属于企业固定资产的内部控制范围，但它对企业非常重要。因此，查账人员在检查、评价企业的内部控制时，应当了解企业对固定资产的保养情况。

作为固定资产的一个组成项目，在建工程项目有其特殊性。在建工程的内部控制包括以下内容。

① 岗位分工与授权批准。单位应当建立工程项目业务的岗位责任制，明确相关部门和岗位的职责、权限，确保办理工程项目业务的不相容岗位相互分离、制约和监督。工程项目业务不相容岗位一般包括：项目建议、可行性研究与项目决策；概预算编制与审核；项目实施与价款支付；竣工决算与竣工审计。

单位应当对工程项目相关业务建立严格的授权批准制度，明确审批人的授权批准方式、权限、程序、责任及相关控制措施，规定经办人的职责范围和工作要求。审批人应当根据工程项目相关业务授权批准制度的规定，在授权范围内进行审批，不得超越审批权限。经办人应当在职责范围内，按照审批人的批准意见办理工程项目业务。对于审批人超越授权范围审批的工程项目业务，经办人有权拒绝办理，并及时向审批人的上级授权部门报告。

单位应当制定工程项目业务流程，明确项目决策、概预算编制、价款支付、竣工决算等环节的控制要求，并设置相应的记录或凭证，如实记载各环节业务的开展情况，确保工程项目全过程得到有效控制。

② 项目决策控制。单位应当建立工程项目决策环节的控制制度，对项目建议书和可行性研究报告的编制、项目决策程序等作出明确规定，确保项目决策科学、合理。

③ 概预算控制。单位应当建立工程项目概预算环节的控制制度，对概预算的编制、审核等作出明确规定，确保概预算编制科学、合理。

④ 价款支付控制。单位应当建立工程进度价款支付环节的控制制度，对价款支付的条件、方式及会计核算程序作出明确规定，确保价款支付及时、正确。

⑤ 竣工决算控制。单位应当建立竣工决算环节的控制制度，对竣工清理、竣工决算、竣工审计、竣工验收等作出明确规定，确保竣工决算真实、完整、及时。

⑥ 监督检查。

- 工程项目业务相关岗位及人员的设置情况。重点检查是否存在不相容职务混岗的现象。
- 工程项目业务授权批准制度的执行情况。重点检查重要业务的授权批准手续是否健全，是否存在越权审批行为。
- 工程项目决策责任制的建立及执行情况。重点检查责任制度是否健全，奖惩措施是否落实到位。
- 概预算控制制度的执行情况。重点检查概预算编制的依据是否真实，是否按规定对概预算进行审核。
- 各类款项支付制度的执行情况。重点检查工程款、材料设备款及其他费用的支付是否符合相关法规、制度和合同的要求。

- 竣工决算制度的执行情况。重点检查是否按规定办理竣工决算、实施决算审计。

3. 固定资产的实质性测试程序

（1）获取或编制固定资产及累计折旧分类汇总表。

检查固定资产的分类是否正确，复核加计正确，并与报表数、总账数和明细账合计数核对是否相符。

固定资产和累计折旧分类汇总表又称一览表或综合分析表，是审计固定资产和累计折旧的重要工作底稿，其格式见表 13-1。

表 13-1　固定资产及累计折旧分类汇总表

年　月　日

编制人：　　　　　日期：

被查单位：　　　　　复核人：　　　　　日期：

固定资产类别	固定资产				累计折旧					
	期初余额	本期增加	本期减少	期末余额	折旧方法	折旧率	期初余额	本期增加	本期减少	期末余额
合计										

汇总表包括固定资产与累计折旧两部分，应按照固定资产类别分别填列。需要解释的是“期初余额”栏，查账人员对其审计应分下列三种情况。

① 在连续常年审计的情况下，应注意与上期审计工作底稿中的固定资产和累计折旧的期末余额审定数核对相符。

② 在变更会计师事务所时，后任查账人员应借调、参阅前任查账人员有关工作底稿，如果以前期间均由具有良好信誉的会计师事务所审计，则后任查账人员的审核范围通常仅限于一般性复核。

③ 如果被查单位以往未经查账人员审计，即在初次审计情况下，查账人员应对期初余额进行较全面的审计，尤其是当被查单位的固定资产数量多、价值大、占资产总额比重高时，最理想的方法是彻底审计自被查单位设立起的“固定资产”和“累计折旧”账户中的所有重要的借贷记录。这样，既可核实期初余额的真实性，又可从中加深对被查单位固定资产管理和会计核算工作的了解。

（2）检查固定资产的增加。被查单位如果不正确核算固定资产的增加，将对资产负债表和利润表产生长期的影响。因此，审计固定资产的增加，是固定资产实质性测试中的重要内容。

固定资产的增加有多种途径，审计中应注意以下几点。

① 对于外购固定资产，通过核对购货合同、发票、保险单、发运凭证等文件，抽查测试其计价是否正确，授权批准手续是否齐备，会计处理是否正确。如果是房屋，还应检查契税的会计处理是否正确。如果以一笔款项购入多项没有单独标价的固定资产，还应检查是否按各项固定资产公允价值的比例对总成本进行分配，分别确定各项固定资产的入账价值。

② 对于在建工程转入的固定资产，应检查竣工决算、验收和移交报告是否正确，与在建工程相关的记录是否核对相符，借款费用资本化金额是否恰当；对已经在用或已经达到预定可使用状态但尚未办理竣工决算的固定资产，检查其是否已经暂估入账，并按规定计提折旧；竣工

决算完成后，是否及时调整。

③ 对于投资者投入的固定资产，应检查其入账价值与投资合同中关于固定资产作价的规定是否一致，需经评估确认的是否有评估报告并经国有资产管理部门等确认；固定资产交接手续是否齐全。

④ 对于更新改造增加的固定资产，应查明增加的固定资产原值是否真实，是否符合资本化条件，增计金额是否超过了该项固定资产的可收回金额；重新确定的剩余折旧年限是否恰当。

⑤ 对于因债务人抵债而获得的固定资产，应检查产权过户手续是否齐备，固定资产计价及确认的损益是否符合相关会计准则的规定。

⑥ 对于以非货币性交换换入的固定资产，应检查是否按企业会计准则规定确认入账价值；若涉及补价的，换入固定资产的入账价值是否符合相关会计准则的规定。

⑦ 对于盘盈的固定资产，如果同类或类似固定资产存在活跃市场的，应检查是否按同类或类似固定资产的市场价格，减去按该项固定资产新旧程度估计的价值损耗后的余额，作为入账价值；如果同类或类似固定资产不存在活跃市场的，应检查是否以该项固定资产的预计未来现金流量现值作为入账价值。

⑧ 对于因其他原因增加的固定资产，应检查相关的原始凭证，核对其计价及会计处理是否正确，法律手续是否齐全。

（3）检查固定资产的减少。固定资产的减少主要包括出售、向其他单位投资转出、向债权人抵债转出、报废、毁损、盘亏等。

有的被查单位在全面清查固定资产时，常常会出现固定资产账存实亡现象，这可能是由于固定资产管理或使用部门不了解报废固定资产与会计核算两者间的关系，擅自报废固定资产而未及时通知财务部门作相应的会计核算所致，这样势必造成财务报表反映失真。审计固定资产减少的主要目的就在于查明业已减少的固定资产是否已作适当的会计处理。

其审计要点如下。

① 检查减少固定资产的授权批准文件。

② 检查因不同原因减少固定资产的会计处理是否符合有关规定，验证其数额计算的准确性。

③ 结合固定资产清理和“待处理财产损益——待处理固定资产损益”科目，抽查固定资产账面转销额是否正确。

④ 检查是否存在未作会计记录的固定资产减少业务：

- 复核本期是否有新增加的固定资产替换了原有固定资产；
- 分析营业外收支等账户，查明有无处置固定资产所带来的收支；
- 若某种产品因故停产，追查其专用生产设备等的处理情况；
- 向被查单位的固定资产管理部门查询本期有无未做会计记录的固定资产减少业务。

（4）检查固定资产后续支出的核算是否符合规定。

在具体实务中，应对照会计准则检查固定资产后续支出的核算是否符合规定。

（5）检查固定资产的所有权。对各类固定资产，查账人员应获取、汇集不同的证据以确定其是否确归被查单位所有：对外购的机器设备等固定资产，通常经审核采购发票、购货合同等予以确定；对于房地产类固定资产，尚需查阅有关的合同、产权证明、财产税单、抵押借款的还款凭据、保险单等书面文件；对融资租入的固定资产，应验证有关融资租赁合同，证实其并非经营租赁；对汽车等运输设备，应验证有关运营证件等；对受留置权限制的固定资产，通常还应审核被查单位的有关负债项目等予以证实。

（6）对购入的固定资产进行实地观察。实施实地观察审计程序时，查账人员可以以固定资产明细分类账为起点，进行实地追查，以证明会计记录中所列固定资产确实存在，并了解其目前的使用状况；也可以以实地为起点，追查至固定资产明细分类账，以获取实际存在的固定资产均已入账的证据。

当然，查账人员实地观察的重点是本期新增加的重要固定资产，有时，观察范围也会扩展到以前期间增加的重要固定资产。观察范围的确定需要依据被查单位内部控制的强弱、固定资产的重要性和查账人员的经验来判断。如为初次审计，则应适当扩大观察范围。

（7）确定被查单位估计的固定资产使用期限和残值是否合理。

（8）检查固定资产的租赁。检查经营性租赁时，应查明以下几项。

① 固定资产的租赁是否签订了合同、租约，手续是否完备，合同内容是否符合国家规定，是否经相关管理部门的审批。

② 租入的固定资产是否确属企业必需，或出租的固定资产是否确属企业多余、闲置不用的，双方是否认真履行合同，其中是否存在不正当交易。

③ 租金收取是否签有合同，有无多收、少收现象。

④ 租入固定资产有无久占不用、浪费损坏的现象；租出的固定资产有无长期不收租金、无人过问，是否有变相馈送、转让等情况。

⑤ 租入固定资产是否已登入备查簿。

⑥ 租入固定资产改良支出的核算是否符合规定。

在检查融资租赁固定资产时，除可参照经营租赁固定资产检查要点以外，还应注意融资偿付的利息，其利率的计算是否与市场利率相当；融资租入固定资产的计价是否正确，并结合长期应付款、未确认融资费用等科目检查相关的会计处理是否正确。

此外还应注意，对于融资租入固定资产发生的固定资产后续支出，如果使可能流入企业的经济利益超过了原先的估计，可将其资本化，计入融资租入固定资产账面价值，但增计后的金额不应超过该融资租入固定资产的可收回金额。

（9）检查固定资产的保险。注意检查保险的范围是否恰当，保险金额是否足够。

（10）调查未使用和不需用的固定资产。查账人员应调查被查单位有无已完工或已购建但尚未交付使用的新增固定资产，因改扩建等原因暂停使用的固定资产，以及多余或不适用的需要进行处理的固定资产，如有，应予以调查，以确定其是否真实。同时，还应调查未使用、不需用固定资产的购建启用及停用时点，并作出记录。对于暂时闲置的固定资产，应获取相关证明文件，观察其实际状况，检查其是否按规定计提折旧，相关的会计处理是否正确。

（11）检查因清产核资、资产评估调整的固定资产。对于因清产核资、资产评估调整固定资产的，应取得有关清产核资报告、资产评估报告及政府有权部门的批复或备案报告，检查其会计处理是否正确。

（12）检查固定资产的抵押、担保情况。结合对银行借款等的检查，了解固定资产是否存在重大的抵押、担保情况。如存在，应取证、记录，并提请被查单位作必要披露。

（13）检查固定资产的购置情况。检查固定资产的购置是否存在与资本性支出有关的财务承诺，必要时，提请被查单位作适当披露。

（14）检查有无与关联方之间的固定资产购售活动。如果被查单位存在与关联方之间的固定资产购售活动，查账人员应检查是否经适当授权，是否按正常交易价格进行交易。

（15）检查固定资产是否已在资产负债表上恰当披露。企业应当在附注中披露与固定资产有关的下列信息：

- 固定资产的确认条件、分类、计量基础和折旧方法；
- 各类固定资产的使用寿命、预计净残值和折旧率；
- 各类固定资产的期初和期末原价、累计折旧额及固定资产减值准备累计金额；
- 当期确认的折旧费用；
- 对固定资产所有权的限制及其金额和用于担保的固定资产账面价值；
- 准备处置的固定资产名称、账面价值、公允价值、预计处置费用和预计处置时间等。

小知识

固定资产方面假账主要审查方法

1. 固定资产甄别的主要方法

（1）核对法。核对法是审核会计信息一致性、正确性的方法。固定资产单位价值较大，原价的计算内容有着具体的规定，检验其有关资料内容的一致性和计算的正确性是很重要的。而通过核对可以证实固定资产各种会计资料之间是否衔接正确，从而确定是否存在着错弊。在进行证证核对时，核对的主要内容是固定资产的购置发票、各种自制单据、工程结算表、合同、协议等内容在日期、业务内容及数字计算方面是否与记账凭证一致，账务处理是否合理，以及原始凭据是否齐全。进行证账核对时，应主要将固定资产的有关原始单据或记账凭证与其明细账（或明细卡片）的记录进行核对，主要是确定其内容是否一致。至于其他账表、账账、表表等核对内容，应视企业会计工作水平而定，如企业核算基础工作水平高，则对主要数据或内容进行简单核对即可，否则就不容忽略。另外，对主要数据进行核对时，应运用相对复算的方法。复算各栏的合计数叫“加总”，复算各栏各行的合计数叫“验总”，审查人员不应忽视这一简单、略显枯燥的方法，因为有些错弊行为往往是利用审查人员的这种麻痹思想进行的。例如，在实际工作中，往往发现工程成本计算表各表合计数的加总与总表的总计数不一致，这就是利用了审查人员重视各表每行内容的验算而忽视各表最后一行合计数的加总验算。还应注意，运用核对法时，用来核对的数字、内容本身应是真实、正确、合规的，如在进行证证核对时，原始单据本身不合规、不合法，即使核对时会计科目、两证之间的数字完全相符，也就没有意义了。

（2）审阅法。在进行固定资产账户甄别时，应重点审阅有关原始单据，从形式和内容两方面审查固定资产增减业务是否真实、合法、合理、合规。这也是甄别固定资产错弊的重点内容，因为该方法运用较普遍，就不再赘述。

（3）抽查法。在进行固定资产账户甄别中，主要将该方法用于账实是否相符的评判。在实际工作中，考虑到甄别目的及各种客观条件的限制，一般很少对全部固定资产进行账实甄别（固定资产总量很小，甄别条件许可的情况除外）。进行抽查时，应根据固定资产的明细卡片及其明细分布特点，做好抽查工作，以对固定资产的账实相符情况进行较准确、客观的评价。

2. 固定资产甄别的技巧

总的来说，固定资产甄别的技巧为：一要灵活巧妙地综合运用适当的甄别方法；二是根据常见错弊形式和内容，确定甄别要点。为了帮助甄别人员更好地掌握运用这些技巧，下面就结合“固定资产”账户的主要经济业务，将上述两种技巧融合在一起进行叙述。

（1）购进固定资产业务的甄别。

① 审查固定资产的购进是否经过授权控制手续，有无违反规定自行购进；

② 审阅对固定资产数量和质量的验收记录、手续及检验证明，确定有无超授权购进或购进低劣固定资产的情况；

③ 审核固定资产购进的原始发票及有关支出凭证，确定购进的固定资产价格是否正确，应注意记入固定资产的费用有没有遗漏，有无乱列支费用的情况。

（2）建造固定资产的甄别，应按固定资产建造过程进行审查。对建造前期的业务，要审查是否进行了可行性研究，有关批文手续是否齐全完备，建设资金的筹措渠道是否适当合理。在工程施工阶段，对企业自行建造的工程要重点审核有关工程成本支出是否与正常生产经费支出的内容划分清楚，是否有严密具体的手续控制。对出包方式的建造工程，要重点以合同内容为依据，认真审阅合同签订的合法性、正确性及完整性，以及合同执行情况、工程造价、结算方式等是否符合有关基建要求。在工程完工交付使用阶段，首先在审查该工程成本支出内容及有关核算是否正确、合理；其次要审查竣工验收手续是否齐全，工程质量是否符合规定的要求，特别要注意交付使用财产明细项目的相关性、完整性。

（3）对投资转入的固定资产方面假账的查处。随着企业改革的深化，发生这种业务的情况越来越普遍。审查时，应重点审核固定资产投入的手续是否齐全、合规、合法，以及投入的固定资产是否为企业所需。

（4）对固定资产租赁业务方面假账的查处。应以有关合同、合约的审查为重点，确定合同、合约签订的合理性、合法性，以及企业执行情况是否符合合同规定，并且是否按经营性租赁和融资租赁的有关业务规定进行账务处理。

（5）固定资产减少业务方面假账的查处。应根据固定资产减少的各种原因不同情况，抓住审查重点，不论是固定资产的报废清理，还是对外调出和投资，应同样重点审查有关授权手续。另外，对报废情况的固定资产应着重审查清理费用计算的正确性，以及残值处理的合法性和正确性。对外投资的固定资产应注意其作价或价值评估是否正确、合规。最后，对固定资产减少业务不能忽视对其合法性的甄别。

（6）对固定资产清点盘查业务方面假账的查处。一般运用抽查法，对固定资产的账面数量进行实地盘查，以确定实存数与账面数是否一致。甄别人员应在对有关记录进行分析判断后，确定重要的抽查对象及适当充分的抽查规模。在盘查过程，应注意固定资产的标志有无错误，其零件和附属设备是否完整；对盘盈固定资产，要弄清是否属于已经在生产成本中列支的账外资产。对盘亏的固定资产，要注意到是否存在由于管理上的漏洞而导致资产丢失或流失的情况。对毁损的固定资产，一是要核实其毁损证据；二是要注意是否有多列虚报损失，以谋取不正当利益的情况。

13.2　固定资产清理方面的假账与反假账

企业应设置“固定资产清理”科目核算企业因出售、报废、毁损、对外投资、非货币性资产交换、债务重组等原因转出的固定资产价值及在清理过程中发生的费用等。本科目可按被清理的固定资产项目进行明细核算。本科目期末借方余额，反映企业尚未清理完毕的固定资产清理净损失。企业因出售、报废、毁损、对外投资、非货币性资产交换、债务重组等转出的固定资产，按该项固定资产的账面价值，借记本科目，按已计提的累计折旧，借记“累计折旧”科目，按其账面原价，贷记“固定资产”科目。已计提减值准备的，还应同时结转减值准备。清理过程中应支付的相关税费及其他费用，借记本科目，贷记“银行存款”“应交税费——应交增值税”等科目。收回出售固定资产的价款、残料价值和变价收入等，借记“银行存款”“原材料”等科目，贷记本科目。应由保险公司或过失人赔偿的损失，借记“其他应收款”等科目，贷记本科目。固定资产清理完成后，属于生产经营期间正常的处理损失，借记“资产处置损益”科目，贷记本科目；属于自然灾害等非正常原因造成的损失，借记“营业外支出——非常损失”科目，贷记本科目。如为贷方余额，借记本科目，贷记“资产处置损益”科目。

编者按：债务重组中因处置非流动资产产生的利得或损失和非货币性资产交换中换出非流动资产产生的利得或损失在“资产处置损益”科目核算。

1. 固定资产清理方面假账查处目标

（1）确定固定资产清理的记录是否完整。

（2）确定反映的内容是否正确。

（3）确定固定资产清理的期末余额是否正确。

（4）确定固定资产清理在财务报表上的披露是否恰当。

2. 固定资产清理的实质性测试程序

（1）获取或编制固定资产清理明细表，复核加计正确，并与报表数、总账数和明细账合计数核对相符。

（2）检查固定资产清理的发生是否有正当理由，是否经有关技术部门鉴定，固定资产清理的发生和转销是否经授权批准，相应的会计处理是否正确。

① 结合固定资产等账项的审计，检查固定资产、累计折旧等的账面转入额是否正确。

② 检查固定资产清理收入和清理费用的发生是否真实、准确，清理结果（净损益）的计算是否正确，与施工有关的，是否计入工程成本；属于筹建期间的，是否计入长期待摊费用；属于生产经营期间的，是否计入营业外收支；属于清算期间的，是否计入清算损益；属于出售职工住房的，是否计入营业外收支；因债务重组或因非货币性交换发生的，其会计处理是否符合企业会计准则规定。

（3）检查固定资产清理是否长期挂账，如有，应作出记录，必要时建议作适当调整。

（4）检查固定资产清理是否已在资产负债表上恰当披露。

小知识

固定资产清理方面假账主要审查方法

1. 固定资产清理的甄别方法

甄别该账户的主要方法有审阅法、核对法和查询法等。运用审阅法主要对固定资产清理的记录、内容及账务处理进行甄别，以确定其真实性、合规性和合法性。核对法是用来核对固定资产清理明细账和总账余额的一致性，看有无不正常现象。

2. 固定资产清理甄别要点

该账户的甄别比较简单，关键要抓住以下两点：

（1）该业务发生的合理性、合规性，应确定固定资产清理发生的理由是否正当，对出售的固定资产，看有无低价出售的情况，对报废、毁损的固定资产看是否经技术部门鉴定，有关手续是否合法；

（2）要注意审查清理时间较长的固定资产，看有无不正常现象，从中找出管理和会计核算方面存在的问题，以真实地反映企业的经济活动，从而加强管理，堵塞漏洞。

13.3 固定资产减值准备方面的假账与反假账

固定资产的初始入账价值是历史成本，由于固定资产使用年限较长，市场条件和经营环境的变化、科学技术的进步以及企业经营管理不善等原因，都可能导致固定资产创造未来经济利益的能力大大下降。因此，固定资产的真实价值有可能低于账面价值，在期末必须对固定资产减值损失进行确认。

固定资产在资产负债表日存在可能发生减值的迹象时，其可收回金额低于账面价值的，企业应当将该固定资产的账面价值减记至可收回金额，减记的金额确认为减值损失，计入当期损益，借记“资产减值损失——计提的固定资产减值准备”科目，同时，计提相应的资产减值准备，贷记“固定资产减值准备”科目。

需要强调的是，企业固定资产减值损失一经确认，在以后会计期间不得转回。

1. 固定资产减值准备方面假账查处目标

（1）确定计提固定资产减值准备的方法是否恰当，固定资产减值准备的计提是否充分。

（2）确定固定资产减值准备增减变动的记录是否完整。

（3）确定固定资产减值准备期末余额是否正确。

（4）确定固定资产减值准备的披露是否恰当。

2. 固定资产减值准备方面假账查处技法

（1）获取或编制固定资产减值准备明细表，复核加计正确，并与报表数、总账数和明细账合计数核对是否相符。

（2）检查固定资产减值准备的计提和核销的批准程序，取得并核对书面报告等证明文件。主要应查明固定资产减值准备的计提方法是否符合制度规定，计提的依据是否充分，计提的数额是否恰当，相关会计处理是否正确，前后期是否一致。

此外，在审计中还应特别关注以下几点。

① 是否按单项资产计提固定资产减值准备。

② 当存在下列情况之一时，是否按照该项固定资产的账面价值全额计提固定资产减值准备：

- 长期闲置不用，在可预见的未来不会再使用，且已无转让价值的固定资产；
- 由于技术进步等原因，已不可使用的固定资产；
- 虽然固定资产尚可使用，但使用后产生大量不合格品的固定资产；
- 已经毁损，以至于不再具有使用价值和转让价值的固定资产；
- 其他实质上已经不能再给企业带来经济利益的固定资产。

③ 已全额计提减值准备的固定资产，是否不再计提折旧。

（3）运用分析性复核的方法，分析本期末固定资产减值准备数额占期末固定资产原价的比率，并与期初数比较。如有异常波动，查明波动原因，判断波动的合理性。

（4）检查实际发生固定资产损失时，相应固定资产减值准备的转销是否符合有关规定，会计处理是否正确。

（5）已计提减值准备的固定资产价值又得以恢复时，是否在原已计提减值准备的范围内转回。

新的会计准则体系增加了资产减值准则，其明确规定，减值损失不允许转回，确保财务状况和经营业绩更加真实、可靠，避免利用资产减值操纵盈余管理，保护投资者利益。

（6）确定固定资产减值准备的披露是否恰当。检查固定资产减值准备的披露是否恰当，除了关注其在财务报表附注披露上的恰当性，还应当关注企业资产减值准备明细表中有关固定资产减值准备内容披露的恰当性。如果被查单位是上市公司，其财务报表附注中还应分项列示计提的固定资产减值准备金额、增减变动情况及计提的原因。

13.4　累计折旧方面的假账与反假账

企业应当在固定资产的使用寿命内，按照确定的方法对应计折旧额进行系统分摊，根据固定资产的性质和使用情况，合理确定固定资产的使用寿命和预计净残值。固定资产的使用寿命、预计净残值一经确定，不得随意变更，但是，符合《企业会计准则第 4 号——固定资产》第十九条规定的除外。上述事项在报经股东大会或董事会、经理（厂长）会议或类似机构批准后，作为计提折旧的依据，并按照法律、行政法规等的规定报送有关各方备案。

影响折旧的因素主要有以下几个方面。

（1）固定资产原价，是指固定资产的成本。

（2）预计净残值，是指假定固定资产预计使用寿命已满并处于使用寿命终了时的预期状态，企业目前从该项资产处置中获得的扣除预计处置费用后的金额。

（3）固定资产减值准备，是指固定资产已计提的固定资产减值准备累计金额。

（4）固定资产的使用寿命，是指企业使用固定资产的预计期间，或者该固定资产所能生产产品或提供劳务的数量。企业确定固定资产使用寿命时，应当考虑下列因素：

- 该项资产预计生产能力或实物产量；
- 该项资产预计有形损耗，如设备使用中发生磨损、房屋建筑物受到自然侵蚀等；
- 该项资产预计无形损耗，如因新技术的出现而使现有的资产技术水平相对陈旧、市场需求变化使产品过时等；
- 法律或者类似规定对该项资产使用的限制。

总之，企业应当根据固定资产的性质和使用情况，合理确定固定资产的使用寿命和预计净残值。固定资产的使用寿命、预计净残值一经确定，不得随意变更，但是符合《企业会计准则第 4 号——固定资产》第十九条规定的除外。

除以下情况外，企业应当对所有固定资产计提折旧：

（1）已提足折旧仍继续使用的固定资产；

（2）单独计价入账的土地。

在确定计提折旧的范围时。还应注意以下几点。

- 固定资产应当按月计提折旧，当月增加的固定资产，当月不计提折旧，从下月起计提折旧；当月减少的固定资产，当月仍计提折旧，从下月起不计提折旧。
- 固定资产提足折旧后，不论能否继续使用，均不再计提折旧；提前报废的固定资产，也不再补提折旧。所谓提足折旧，是指已经提足该项固定资产的应计折旧额。
- 已达到预定可使用状态但尚未办理竣工决算的固定资产，应当按照估计价值确定其成本，并计提折旧；待办理竣工决算后，再按实际成本调整原来的暂估价值，但不需要调整原已计提的折旧额。

企业至少应当于每年年度终了，对固定资产的使用寿命、预计净残值和折旧方法进行复核。使用寿命预计数与原先估计数有差异的，应当调整固定资产使用寿命。预计净残值预计数与原先估计数有差异的，应当调整预计净残值。与固定资产有关的经济利益预期实现方式有重大改变的，应当改变固定资产折旧方法。

固定资产使用寿命、预计净残值和折旧方法的改变应当作为会计估计变更。

1. 累计折旧方面假账查处目标

（1）确定折旧政策和方法是否符合企业会计准则的规定，是否一贯遵循。

（2）确定累计折旧增减变动的记录是否完整。

（3）确定折旧费用的计算、分摊是否正确、合理和一贯。

（4）确定累计折旧的期末余额是否正确。

（5）确定累计折旧在财务报表上的披露是否恰当。

2. 累计折旧的实质性测试程序

（1）获取或编制固定资产及累计折旧分类汇总表，复核加计正确，并与报表数、总账数和明细账合计数核对相符。

（2）检查被查单位制定的折旧政策和方法是否符合企业会计准则的规定，确定其所采用的折旧方法能否在固定资产使用年限内合理分摊其成本，前后期是否一致，预计使用寿命和预计净残值是否合理。如被查单位采用加速折旧法，应取得其批准文件；如没有批准文件，应提请被查单位改正并建议调整应纳税所得额。

（3）根据具体情况，选择以下方法对累计折旧进行分析性复核。

① 对折旧计提的总体合理性进行复核，是测试折旧正确与否的一个有效办法。在不考虑固定资产减值准备的前提下，计算、复核的方法是用应计提折旧的固定资产乘以本期的折旧率。计算之前，查账人员应对本期增加和减少固定资产、使用年限长短不一的和折旧方法不同的固定资产作适当调整。如果总的计算结果和被查单位的折旧总额相近，且固定资产及累计折旧的内部控制较健全时，就可以适当减少累计折旧和折旧费用的其他实质性测试工作量。

② 计算本期计提折旧额占固定资产原值的比率，并与上期比较，分析本期折旧计提额的合理性和准确性。

③ 计算累计折旧占固定资产原值的比率，评估固定资产的老化率，并估计因闲置、报废等原因可能发生的固定资产损失，结合固定资产减值准备，分析其是否合理。

（4）复核本期折旧费用的计提是否正确。

- 已计提部分减值准备的固定资产，计提的折旧是否正确。
- 已全额计提减值准备的固定资产，是否已停止计提折旧。
- 包含土地使用权的固定资产，折旧方法是否符合有关规定，计提的折旧是否正确。
- 因更新改造而停止使用的固定资产是否已停止计提折旧，因大修理而停止使用的固定资产是否照提折旧。
- 对按规定予以资本化的固定资产装修费用是否在两次装修期间与固定资产尚可使用年限两者中较短的期间内，采用合理的方法单独计提折旧，并在下次装修时将该项固定资产装修余额一次全部计入了当期营业外支出。
- 对融资租入固定资产发生的、按规定可予以资本化的固定资产装修费用，是否在两次装修期间、剩余租赁期与固定资产尚可使用年限三者中较短的期间内，采用合理的方法单独计提折旧。
- 对采用经营租赁方式租入的固定资产发生的改良支出，是否在剩余租赁期与租赁资产尚可使用年限两者中较短的期间内，采用合理的方法单独计提折旧。
- 未使用、不需用和暂时闲置的固定资产是否按规定计提折旧。

（5）检查折旧费用的分配是否合理，与上期分配方法是否一致。

（6）注意固定资产增减变动时，有关折旧的会计处理是否符合规定，查明通过更新改造、接受捐赠或融资租入而增加的固定资产的折旧费用计算是否正确。

（7）将“累计折旧”账户贷方的本期计提折旧额与相应的成本费用中的折旧费用明细账户的借方相比较，以查明所计提折旧金额是否已全部摊入本期产品成本或费用。一旦发现差异，应及时追查原因，并考虑是否应建议作适当调整。

（8）结合固定资产审计，检查其折旧的计提是否正确无误，并追查至固定资产登记卡。特别应注意，有无已提足折旧的固定资产继续超提折旧的情况和应计提折旧的固定资产不提或少提折旧的情况。

（9）对于因资产评估调整累计折旧的，取得有关资产评估报告，检查其会计处理是否正确。

（10）如果被查单位是煤炭生产企业，当使用已提取的安全费用并形成固定资产时，应查明是否按实际成本确定固定资产原价，并将原记“长期应付款”科目的该部分安全费用转入“累计折旧”科目；该项固定资产在使用期间是否不再计提折旧。

（11）检查累计折旧的披露是否恰当。如果被查单位是上市公司，应在其财务报表附注中按固定资产类别分项列示累计折旧期初余额、本期计提额、本期减少额及期末余额。

小知识

累计折旧方面假账主要审查方法

"累计折旧"账户甄别主要应用审阅法、核对法和查询法。这主要是由"累计折旧"账户的核算特点和内容所决定，实际甄别中往往以某一方法为主结合运用其他方法，以提高甄别效率；而且主要对固定资产折旧计提范围、折旧方法和账务处理两个方面进行甄别。至于该账户的甄别技巧，就是要把握住累计折旧的甄别要点，灵活运用审查方法。

1. 主要甄别方法的应用

审阅法在对"累计折旧"账户甄别中，主要审阅"固定资产折旧计算表""固定资产"明细表卡及有关会计资料，以确定其核算的合规性。因为国家财务制度中有关折旧的规定在实际执行中弹性小，一般不能擅自变更，除非经主管财政机关批准。从上述内容已知，财务制度中对计提折旧的固定资产范围、折旧年限和折旧计算方法等影响累计折旧核算正确性、真实性和合规性的主要因素均有严格的规定，它们的变更均有严密的程序和手续，所以审阅这些内容的合规性至关重要，它决定了该账户核算的正确性、真实性。仅看有关折旧计算公式本身是否正确远远不能达到甄别的目的。甄别"累计折旧"账户，核对法和查询法的运用效果是建立在正确运用审阅法基础上的，它们常用来进一步发现和查证应用审阅法所发现的问题或疑点线索。

2. "累计折旧"账户的甄别要点

（1）折旧的计提范围。主要通过实施甄别程序确定计提固定资产折旧范围的正确性，其甄别要点如下。

① 有关财政和主管部门对企业固定资产折旧的审批情况及凭据。

② 固定资产的划分是否清楚，有无与低值易耗品相混淆的情况。另外，固定资产是否按规定正确地进行了分类，使用年限的运用是否恰当。

③ 有无不遵守计提折旧的固定资产范围，多提或少提折旧，也即确定是否对应计提折旧的固定资产都提了折旧，对不应计提折旧的固定资产不提折旧。应注意，对尚未提足折旧提前报废的固定资产和已提足折旧的仍在使用的固定资产，是否已按规定进行处置。其次，对季节性停用或大修理停用的固定资产，出租或融资租赁的固定资产，以及基建拨入虽未办妥手续但实际在用的固定资产，均应计提折旧，应审查是否有漏提折旧的问题。

（2）固定资产折旧方法。因为折旧方法的种类很多，内容也相差很大，所以甄别各折旧方法时，侧重点各有不同，下面介绍几个甄别方法。

① 年限平均法。重点是审查折旧率和固定资产原值两个方面。首先应对"固定资产"的总分类账户、二级账户和固定资产登记簿，以及固定资产卡片上记载的金额进行核对，查明同一固定资产原值记载是否相同，计算有无错误。上节已讲述了对固定资产原价的甄别，不再赘述。其次，折旧率，应审查企业是否按照国家规定折旧年限和净残值率进行计算，是否存在任意变更、提高和降低折旧率的情况，还应特别注意，固定资产折旧率在会计年度期间是否有变化，如变化，是否经财政部门审批，或报财政部门备案。

② 工作量法。其甄别重点是实际工作量（千米、小时）等计算正确是否，是否有完整的使用和产量记录，是否参照固定资产技术设计资料的规定或同类固定资产的历史资料，对其在整个寿命期中可完成工作量进行正确的预计。

③ 余额递减法。首先应审阅企业采用该方法是否经过批准。其次对折旧年限和折旧额是否进行了正确计算，应注意审查，企业采用该方法是否是为了达到提高经济效益的目的，如出现由盈变亏的情况，应引起重视。

④ 年限总额法。其审查要点与余额递减法相似。

13.5 在建工程方面的假账与反假账

13.5.1 在建工程方面假账查处目标

（1）确定在建工程是否存在。

（2）确定在建工程是否归被查单位所有。

（3）确定在建工程增减变动的记录是否完整。

（4）确定计提在建工程减值准备的方法和比例是否恰当，在建工程减值准备的计提是否充分。

（5）确定在建工程的期末余额是否正确。

（6）确定在建工程在财务报表上的披露是否恰当。

13.5.2　在建工程方面假账审查方法

1. 在建工程审查的重点内容

根据在建工程的核算特点及常见错弊内容，在对在建工程方面假账进行查处时，应运用审阅法、核对法、抽查法、查问法和观察法等查账方法，重点对下述内容进行审查：

（1）工程项目是否经过严格审批；

（2）在建工程增减变动的记录是否完整，计价是否准确；

（3）工程预算的执行情况；

（4）是否正确地划分工程中的收益性支出与资本性支出；

（5）在建工程期末余额及其反映是否正确适当。

2. 在建工程方面假账的查处程序

由于在建工程的重要性和复杂性，要提高甄别效果，应灵活运用上述查账方法，遵循一定的甄别程序。

（1）采用核对法甄别在建工程明细账与总账是否相符，找出可能出现的错弊。

（2）甄别在建工程项目是否经授权批准，有无预算外项目；抽查有关会计凭证，确定会计处理的正确性、合规性、合法性。

（3）运用观察法，即到工程现场实地观察、了解工程项目的实际完工进度，查看未安装设备是否实际存在，有无虚构工程及其完工进度，使账户处理进度与之保持一致。

（4）甄别是否存在已交付使用，但未办理竣工交付使用手续、未及时进行会计处理的在建工程项目，防止账务处理过程中出现错弊；竣工交付使用的项目，应从在建工程账户中转入固定资产账户中，并按月提取相应的折旧费用。这样，才能保证会计信息的及时性及真实性。

（5）复核在建工程项目的计价是否正确。该计入工程支出的项目是否已全部入账，工程多余物资及试营运的净收入是否已冲减工程成本，有无虚构成本的现象。

（6）将工程项目的实际支出与工程预算相核对，对有重大差异的项目进行分析研究。

（7）甄别在建工程是否已在资产负债表上恰当地披露，有关核算是否及时。

13.5.3　在建工程的实质性测试程序

1. 获取或编制在建工程明细表，复核加计正确，并与报表数、总账数和明细账合计数核对相符

应当注意，在建工程报表数反映企业期末各项未完工程的实际支出，包括交付安装的设备价值，未完建筑安装工程已经耗用的材料、工资和费用支出、预付出包工程的价款、已经建筑安装完毕但尚未交付使用的工程等的可收回金额，应根据在建工程科目的期末余额减去在建工程减值准备科目的期末余额后的金额填列。因此，其报表数应同在建工程总账数和明细账合计数减去相应的在建工程减值准备总账数和明细账合计数后的余额核对相符。

2. 检查本期在建工程的增加数

对于重大建设项目，取得有关工程项目的立项批文、预算总额和建设批准文件，以及施工承包合同、现场监理施工进度报告等业务资料。

对于支付的工程款，应抽查其是否按照合同、协议、工程进度或监理进度报告分期支付，付款授权批准手续是否齐备，会计处理是否正确。

对于领用的工程物资，抽查工程物资的领用是否有审批手续，会计处理是否正确。

对于借款费用资本化，应结合长短期借款、应付债券或长期应付款的审计，检查借款费用（因借款而发生的利息、折价或溢价的摊销和辅助费用，以及因外币借款而发生的汇兑差额）资本化的起讫日的界定是否合规，计算方法是否正确，资本化金额是否合理，会计处理是否正确。

对于工程管理费用资本化，应结合管理费用等的审计工作，检查工程管理费用资本化的金额是否合理，会计处理是否正确。

对于计缴的土地开发费，应检查土地开发费的合法性、真实性，并检查其会计处理是否正确。

对于已取得土地使用权的，应当检查当该项土地开发时，是否将其账面价值转入相关工程成本。

3. 检查本期在建工程的减少数

了解在建工程转固定资产的政策，并结合固定资产审计，检查在建工程转销额是否正确，是否存在将已交付使用的固定资产挂列在建工程而少计折旧的情形。

检查已完工程项目的竣工决算报告、验收交接单等相关凭证以及其他转出数的原始凭证，检查会计处理是否正确。

检查在建工程项目期末余额的构成内容，并实地观察工程现场，确定在建工程是否存在；了解工程项目的实际完工进度；检查是否存在实际已使用但未办理竣工决算手续、未及时进行会计处理的项目。

查询在建工程项目保险情况，复核保险范围和金额是否足够。

检查在建工程减值准备的计提。主要应查明在建工程减值准备的计提方法是否符合制度规定，计提的依据是否充分，计提的数额是否恰当，相关会计处理是否正确，前后期是否一致。

13.6 工程物资方面的假账与反假账

工程物资是企业为在建工程准备的各种物资的成本，包括工程用材料、尚未安装的设备以及为生产准备的工器具等。

企业应设置“工程物资”科目按“专用材料”“专用设备”“工器具”等进行明细核算。工程物资发生减值的，可以单独设置“工程物资减值准备”科目，比照“固定资产减值准备”科目进行处理。

1. 工程物资方面假账查处目标

（1）确定工程物资是否存在。

（2）确定工程物资是否归被查单位所有。

（3）确定工程物资增减变动的记录是否完整。

（4）确定工程物资的期末余额是否正确。

（5）确定工程物资在财务报表上的披露是否恰当。

2. 工程物资方面假账查处技法

（1）获取或编制工程物资明细表，复核加计正确，并与报表数、总账数和明细账合计数核对是否相符。

（2）实地盘点工程物资，确定其是否存在，并观察是否有呆滞、积压物资。

（3）抽查若干工程材料采购合同、发票、货物验收单等原始凭证，检查其是否经过授权批准，会计处理是否正确。

（4）检查“预付大型设备款”明细科目，确定是否存在与资本性支出有关的财务承诺。

（5）结合在建工程审计，检查工程物资的领用手续是否齐全，会计处理是否正确。

（6）检查被查单位是否对工程物资定期盘点，对盘盈、盘亏的处理是否及时、是否符合规定，会计处理是否正确。

（7）检查工程完工后剩余的工程物资在转入存货时，是否将其所含增值税进项税额进行了正确的分离。

（8）检查有无与关联方的工程物资购销业务，若有，是否经过适当授权，是否按正常交易价格结算。

（9）检查工程物资在资产负债表上的披露是否恰当。如果被查单位是上市公司，应在其财务报表附注中分项列示各类工程物资的期初、期末余额。

第 14 章

无形资产方面的假账与反假账

无形资产，是指企业拥有或者控制的没有实物形态的可辨认非货币性资产。无形资产主要包括专利权、非专利技术、商标权、著作权、土地使用权、特许权等。

14.1 无形资产方面造假手法

1. 对无形资产所有权和使用权处理不当

无形资产的所有权是企业在法律规定范围内对无形资产所享有的占有、使用、收益、处置的权利。无形资产的使用权是按照企业无形资产的用途和性能加以利用，以满足生产经营的需要。有的企业将只有使用权的无形资产作为有所有权的无形资产下账，从而增大无形资产摊销，减少利润，进而减少所得税的上缴。

2. 无形资产增加不真实、不合规

企业增加的无形资产有的没有合法的文件证明，有的已超出了法定有效期。

3. 无形资产计价不正确

有的企业明知计价不合法、不合理，故意将无形资产计价过高或过低。

4. 对无形资产摊销期限不符合规定

在实际工作中，企业存在对无形资产摊销的造假方式，如摊销期限随意变动来调节管理费用，多摊或少摊无形资产，人为调节财务成果的高低。

5. 无形资产摊销金额不正确

有的企业为了随时调节利润，便通过调整无形资产使用年限的办法来调整摊销金额，以此虚调费用。

6. 伪造无形资产增加的虚假证明

例如，伪造专利权证书，商标注册证，为无形资产办理必要的产权转让手续等虚假证明。

7. 企业将转让收入记入“营业外收入”偷逃增值税等

例如，企业将转让的无形资产收入 10 万元，本应记入“其他业务收入”，而企业故意将其记入“营业外收入”。

8. 虚增商誉，增大费用

有的企业在正常的经营期内，擅自将商誉作价入账，多摊费用、降低利润。

9. 出售无形资产，不做账

有的企业为了增加费用，以达到减少利润的目的，故意隐匿出售证据，对出售的“无形资产”不进行账务处理。

注意

按照《企业会计准则第 42 号——持有待售的非流动资产、处置组和终止经营》，我国对固定资产和无形资产处置时的会计处理进行了调整：区分出售、报废和毁损。固定资产和无形资产出售产生的处置净损益通过“资产处置损益”科目核算；固定资产报废、毁损产生的处置净损益通过“营业外收入”或“营业外支出”科目核算。

14.2　无形资产方面假账查处技法

1. 无形资产方面假账查处目标

（1）确定无形资产是否存在。

（2）确定无形资产是否归被查单位所有。

（3）确定无形资产增减变动及其摊销的记录是否完整。

（4）确定无形资产的摊销政策是否恰当。

（5）确定无形资产减值准备的计提是否正确。

（6）确定无形资产的期末余额是否正确。

（7）确定无形资产的披露是否恰当。

2. 无形资产方面假账查处程序

（1）获取或编制无形资产明细表，复核加计正确，并与报表数、总账数和明细账合计数核对是否相符。

（2）获取有关协议和董事会纪要等文件、资料，检查无形资产的性质、构成内容、计价依据，其所有权是否归被查单位所有；检查无形资产各项目的摊销政策是否符合有关规定，是否与上期一致，若改变摊销政策，检查其依据是否充分。

（3）检查无形资产的增加。对股东投入的无形资产，检查是否符合有关规定，并经过适当的检查批准，无形资产的价值是否分别与验资报告及资产评估结果确认书或合同协议等证明文件一致，会计处理是否正确；对自行取得或购入的无形资产，检查其原始凭证，确认计价是否正确，法律程序是否完备（如依法登记、注册及变更登记的批准文件和有效期），会计处理是否正确。

（4）检查无形资产转让的会计处理是否正确，注意转让的是所有权还是使用权。

（5）检查本期摊销额是否正确，会计处理是否正确。

（6）检查无形资产减值准备的计提是否正确。

（7）检查无形资产的披露是否恰当。

企业应当按照无形资产的类别在附注中披露与无形资产有关的下列信息：

- 无形资产的期初和期末账面余额、累计摊销额及减值准备累计金额；
- 使用寿命有限的无形资产，其使用寿命的估计情况；使用寿命不确定的无形资产，其使用寿命不确定的判断依据；
- 无形资产的摊销方法；
- 用于担保的无形资产账面价值、当期摊销额等情况；
- 计入当期损益和确认为无形资产的研究开发支出金额。

小知识

无形资产方面假账主要审查方法

1. 无形资产业务甄别内容

（1）甄别企业已入账的无形资产，是否具备资产应有的各种特征，是否能在一定的时期内，为企业创造或带来较为明显的经济效益，并在法定有效期内对无形资产拥有所有权。

（2）甄别企业购入无形资产的价格构成是否合理有效，是否按照其购买时的实际支出对无形资产计价，是否存在多计或少计的作弊现象。

（3）甄别企业自行开发和研制的无形资产是否按实际支出的各项费用计入研制成本，有无将其他生产经营费用及自创的商标、商誉等自行估价入账，进入无形资产成本的情况。

（4）在一般情况下，无论是企业购入的无形资产，还是接受其他单位投资的无形资产，都应甄别其价值是否超过企业注册资本的 20%。当然，对于一些特殊企业经有关部门批准，其无形资产可以超过注册资本的 20%，但不得超过 30%；新闻出版业、电影行业最高不能超过 40%。

（5）还应重点对企业无形资产的摊销情况进行甄别，包括摊销的计算是否准确，无形资产的有效期是否合理，无形资产摊销的核算是否符合相关的财务制度规定，是否存在多摊或者少摊、不摊无形资产的现象，有无利用随意摊销无形资产价值调节企业利润的现象。

2. “无形资产”业务的甄别技法

（1）对虚报企业无形资产价值的问题进行审查，通常采用审阅法、核对法、逆查法和重置价格法。企业对无形资产价值进行评估时采用什么方法，审查时就应该相应地采取同样的评估方法。需要说明的是，企业若采用了不合理的评估方法，审查工作人员可以根据被评估的无形资产的特点，以及企业所拥有的各种条件、相关资料，选择可行方法进行评估。

另外，对于企业注册资金中虚报无形资产的甄别，主要采用评估法、观察法、鉴定法、调查法等进行审查。审查过程中首先用调查法弄清注册资本中的无形资产内容是什么，再通过对该项无形资产实地观察，对观察中发现的问题请相关专业人员或专家进行评估，作出鉴定结论，从而确认其无形资产的虚报情况和注册资本不实的情况。

当然，对有些人利用专利价值难确定的特点，有意高报专利，抬高无形资产价值的做法，主要还是采用审阅法、分析比较法、评估法、调查法等进行审查。其做法与甄别注册资金中无形资产虚报的情况类似，只是应该首先审阅其专利的研究和申请费用的各明细项目，确认其真实性和计费的准确性。

（2）对企业无形资产的摊销作弊的甄别技巧。无形资产摊销中的作弊，主要是企业出于某些不正当考虑，用多摊、不摊或少摊无形资产的手段进行作弊。

① 对企业不摊销无形资产价值的甄别，通常采用审阅法、核对法、复核法等技术方法进行审查。

在审查过程中应重点审阅无形资产的明细账，以确定企业对无形资产是否进行了摊销，对无形资产摊销的价值进行确认。采用复核法，按无形资产明细账中以及相关会计凭证中注明的价值、时间和有效使用期限，计算应摊销数额，然后根据计算结果，确定企业是否用不摊无形资产价值的手法，虚增了企业的利润总额，以及实际虚增数额是多少。

② 少摊无形资产价值，企业通常采取超有效期摊销的手法，使本应在年内摊销的无形资产成本，用 10 年摊销，从而减少各期的无形资产摊销成本，使企业少出费用、虚增利润。

对这种现象，大多采用审阅法、核对法、复核法等技术方法审查。其审查重点也仍然是审阅“无形资产”账户及所属明细账的记录，以及相关的企业资料，并通过仔细审阅账面各种资料，确认无形资产的有效期。在此基础上，复核各期应分摊的无形资产价值，并与无形资产账面各期已摊销额进行对比，从而可查出企业少摊无形资产价值，少出费用，虚盈利润的作弊行为。

企业为了挤占和调节利润，有时利用少算账面无形资产的有效期，在各期多摊无形资产账面成本的手法，使企业会计核算中当期损益增加，利润减少。对于这一情况的甄别技巧，通常和上述做法类似，重点注意查阅相关企业无形资产有效期的文件和资料。

③ 企业在无形资产摊销中，还有保留残值、计算摊销的现象。

这一现象的实质是少摊成本、虚增企业利润。对于这种情况，仍然适宜采用审阅法、核对法和复核法等技术方法进行审查。审查的重点是企业“无形资产”账户及所属明细账。具体做法是审查各期对无形资产的价值是否采取了等额摊销，如果发现各期的无形资产摊销价值不等额，则说明其无形资产摊销显然存在问题。如果账面各期摊销额相等，可再抽查其中一个计算期的摊销额进行复核，核对“无形资产”摊销金额是否准确。如发现各期少摊了无形资产价值，而核对有效期也比较准确，此时，就可以查出可能是以所谓“残值”方式将其从摊销价值中扣除，导致了错弊的发生。

（3）对企业无形资产投资或转让行为作弊的甄别技巧。对于企业违规以“无形资产”价值充补注册资本这种作弊行为，一般情况下主要采用评估法、观察法、鉴定法、调查法等技术方法进行审查。重点应该甄别企业注册资本文件，企业无形资产的账面记录，并依据以上资料，测算企业无形资产价值在注册资金中的份额，从而看无形资产占注册资金的份额是否超过现行财务制度规定。若无形资产所占注册资本份额符合规定，则应再查阅企业无形资产有无作价依据，是否经过有关机构审批和评估，必要时也可以对无形资产的有效能力进行实地观察、调查或请专家鉴定。通过上述甄别，通常可以发现企业虚设无形资产，抵充注册资本，骗取“公司注册”的问题。

对于企业侵吞无形资产对外投资差价的甄别，通常采用审阅法、核对法等技术方法进行审查。在审查过程中，重点审查“无形资产”明细账的记录，尤其应该注意无形资产对外投资和无形资产出让、转移的记录。若企业“无形资产”账面未见有无形资产对外投资精力，但有某项“无形资产”转出的账面记录，则应更加仔细审阅“无形资产”明细账的账面记录，同时追踪调阅无形资产转出的会计记账凭证，以及原始凭证。通过对记账凭证和原始凭证的仔细审阅，一般都可以发现，企业的无形资产转出业务，绝大部分都被企业用于对外投资。这显然是存在隐瞒投资，侵吞无形资产投资收益的现象。

另一种情况是，审阅企业无形资产明细账时，其无形资产明细账中，既有无形资产投资业务的记录，也有无形资产转出的记录，这样仍应重点调阅无形资产转出的会计记账凭证各原始凭证，并据以核对无形资产投资和无形资产转出是不是同一无形资产，其投资额是否与转出额一致。这样往往可以查出企业利用无形资产对外投资差价，充作其他业务收入，虚增企业利润的作弊行为。

最后，对于企业隐瞒转让无形资产收入的行为，应多采用审阅法、核对法、询问法和调查法等技术方法开展审查。在审查过程中，应注意重点查阅“无形资产”账户及所属明细账，对无形资产转出业务应特别引起重视。一发现转出业务，就必须追踪查阅相关会计记账凭证和原始凭证，确认企业转出无形资产是用以对外投资，还是对外出售。若转出无形资产未用于企业对外投资，则可能是用于出售。如确认企业转让无形资产的行为是用于出售，就应追踪查阅“其他业务收入”账户中有无该项记录。若是“其他业务收入”中无此记录，则说明企业可能存在“小金库”或存在账外资金循环的情况。

对于企业未入账的无形资产，应该重点注意企业的费用中是否存在研制该无形资产的费用支出，如果从费用账户中发现与其相关的费用记录，则应进一步调查了解该无形资产目前在企业的使用和存在状况，看其是否转让。其次注意在“应付账款”和“其他应付款”中查找线索，尤其是对应付款中的挂账收入，应追踪到底，查清挂账收入的真实原因，其中就可能有企业利用未入账无形资产转让，获取违规收入的现象。

3. 对主要无形资产项目的甄别技法

（1）对企业专利权的甄别。

① 应认真审查企业专利权（明细）账户，将各项专利权一一列表。表列项目应包括专利的详细说明、申请日期、研制或者购入成本等。对专利账户的各笔借项，都应该仔细查证，对于直接成本以外的费用，也需要详细地调查了解。对专利证书也应该进行审核，必要时可以向专利所有人进行函证，验证专利权存在的合法性。

② 应重点审查专利项目的转让和销售记录，以及相关费用和净利情况，以确定专利的获利能力和收益的准确性。

③ 应对企业专利权的成本分摊方法进行审核，从专利权的获得能力和使用期出发，验证分析企业专利价值的摊销方法和摊销比例是否正确合理。最后，如企业发生与专利权相关的侵害诉讼，应根据企业实际胜诉或败诉的情况，对其诉讼费是否正确计算留转进行核实，必要时，应调查诉讼原因，并加以说明。

（2）对企业租赁权的甄别技巧。

① 应审核租赁合约，弄清租赁甲乙双方的名称、财产内容、合约条款、预付款项、期间租金、付租期、保险准备、维护费用、废约依据等所有资料。缺少的资料可向产权所有人或转租人直接询问。

② 应对租赁账户（明细账户）的所有会计分录进行审核，该追踪到原始凭证的、追踪到有关账簿的，都应该分别追踪审查。如有转租，还应审查其租金收入情况。

③ 还应审核其摊销方法及比例，查看其是否按租赁期或改造物使用年限摊销成本。

（3）对土地使用权的甄别技巧。

① 应该对土地作价投资合同，合约甲乙方、合约条款、土地点、使用面积、使用年限、同类场地使用标准等最初的原始资料进行审核，研究土地使用权的作价依据，评价其价款地真实性、准确性和可靠性，衡量土地作价中是否存在错弊。

② 还应该对“无形资产——土地使用权”账户的所有会计分录进行审核，复核记账凭证及所属的原始凭证，并从原始凭证中可能出现的疑点，追踪到相关账簿。如发现有转租行为，还应查核证实其租金收入是否合理、准确。

③ 应详细查核、分析计算已入账土地使用费的分摊方法及其比例，看其是否真实合理。若发现多摊、少摊或不摊的不合理情况，必须追踪查核，纠正其不合理摊销。

④ 还应甄别既无合约又无合法依据的非法入账的土地使用权，尤其是历史上归企业使用的土地，通常也无作价评估的企业土地使用权，主要甄别企业变更的相关资料。

（4）对著作权的甄别技巧。着重甄别“无形资产——著作权”账户中著作权的销售记录，并通过记账凭证的审阅，比较该著作权摊销成本的毛利和净利，了解其是否将所有著作权成本于第一次生产或第一次印刷时摊销。如果著作权是从政府取得的，可以不另审核著作权成本，并将其转入当期的费用。如果著作权是从所有者手中购入的，则应审核其成本的构成和摊销方法，调查著作权的使用情况和评价其获利能力，看其剩余成本的留存是否正确。如果著作权成本小于著作权账面金额，还应该调查其账户的贷方抵销的情况，审核其分摊的规定。

（5）对经销权的甄别技巧。在审查企业的经销权时，首先应该了解每一种经销权，以便熟知其让与的条件，其中包括费用、租金、特殊规定、各种规定、各种条款、解约规定及提供服务等各种资料。如果经销权是通过购买获得的，应该对其成本计算和摊销的方法进行分析和复核。如没有经销成本，对期间租金应与合约租金数额进行比较。如果某些费用支出，政府的有关部门有规定的摊销方法，还应根据“无形资产——经销权”的账面记录，复核企业是否按政府的有关规定执行。

（6）对商誉的甄别。商誉是企业长期生产经营活动中创立的无形资产，这种无形资产在通常情况下，尽管能为企业带来长期经济利益，但难以界定其创立成本、创立时间和使用期限，所以不进入无形资产账面，只有在企业转让或以商誉投资时，商誉才可以进入无形资产账面。因此，对“商誉”账户的甄别，首先，应仔细查核企业“商誉”账户的入账金额是如何确定的，验证付款总额在取得有形资产、其他无形资产（专利、商标等可辨认无形资产）和商誉之间的分配情况，确认其商誉价值的合理性。同时，还应该查看和审阅公司董事会的会议记录，审验购入其他单位的合约、现金支出记录等。其次，应该就放账商誉的成本与摊销方法以及摊销比例的适当性，摊销的核算是否正确及时，计算本期损益负担商誉成本的准确性，进行查验和审阅。应该说明的是，由于实物资产市场价格经常波动，使商誉也受企业销货和净利波动的影响。如商誉原属企业购入并按成本列账，应予以摊销。但是如商誉已不再具有价值，应予冲销，使用财务规定的摊销方法或采用整笔列入费用均可。对于整笔冲销的理由，应在财务报表和相关资料中备注说明。所以为了彻底查清企业商誉摊销的情况，对“商誉”账面成本冲销完毕的情况应该仔细查阅，追踪相关资料。尤其是账面出现整笔冲销时，还应追查冲销期间的财务报表，注意报表有无整笔冲销的说明，从而进一步验证商誉是否失去价值。

第 15 章

负债方面的假账与反假账

负债是指企业过去的交易或者事项形成的、预期会导致经济利益流出企业的现时义务。负债按其流动性，可分为流动负债和非流动负债。

流动负债是指预计在一个正常营业周期中清偿，或者主要为交易目的而持有，或者自资产负债表日起一年内（含一年）到期应予以清偿，或者企业无权自主地将清偿推迟至资产负债表日后一年以上的负债。企业的流动负债通常包括短期借款、交易性金融负债、衍生金融负债、应付票据、应付账款、预收款项、合同负债、应付职工薪酬、应交税费、其他应付款、持有待售负债、一年内到期的非流动负债、其他流动负债。

非流动负债是指流动负债以外的负债，包括长期借款、应付债券（含优先股、永续债）、租赁负债、长期应付款、预计负债、递延收益、递延所得税负债、其他非流动负债。

15.1 流动负债方面的假账与反假账

15.1.1 短期借款方面的假账与反假账

短期借款是指企业向银行或其他金融机构等借入的期限在一年以下（含一年）的各种款项。

企业应通过“短期借款”科目，核算短期借款的取得、偿还等情况。该科目的贷方登记取得借款本金的金额，借方登记偿还借款的本金金额，余额在贷方，反映企业尚未偿还的短期借款。本科目可按借款种类、贷款人和币种设置明细科目进行明细核算。

企业从银行或其他金融机构取得短期借款时，借记“银行存款”科目，贷记“短期借款”科目。企业借入短期借款应支付利息。在实际工作中，如果短期借款利息是按期支付的，如按季度支付利息，或者利息是在借款到期时连同本金一起归还，并且其数额较大的，企业于月末应采用预提方式进行短期借款利息的核算。短期借款利息属于企业的筹资费用，应当在发生时作为财务费用直接计入当期损益。在资产负债表日，企业应当按照计算确定的短期借款利息费用，借记“财务费用”科目，贷记“应付利息”科目；实际支付利息时，借记“应付利息”科目，贷记“银行存款”或“库存现金”科目。如果企业的短期借款利息是按月支付的，或者利息是在借款到期时连同本金一起归还，但是数额不大的可以不采用预提的方法，而在实际支付或收到银行的计息通知时，直接计入当期损益，借记“财务费用”科目，贷记“银行存款”科目。

短期借款到期时，应及时归还。短期借款到期偿还本金时，企业应借记“短期借款”科目，贷记“银行存款”科目。如果利息是在借款到期时连同本金一起归还的，企业应将归还的利息通过“应付利息”或“财务费用”科目核算。

1. 短期借款方面造假手法

（1）短期借款程序和手续不完备、不合规。在借款时一般都要经批准，方可签借款合同或协议等。在实际工作中，存在取得借款不经企业管理层批准导致借款失控、合同条款不完备、到期不能归还借款等问题。

（2）虚计费用，调节利润。有的企业为了调节当年损益，就采用虚提银行借款利息，通过期间费用账户转入当年损益。

（3）将短期借款（特别是展期的短期借款）记录反映为长期借款，导致短期借款信息失真。

（4）通过连续展期将应由长期借款解决的资金变通为短期借款，如通过连续展期形式将获取的流动资金借款用于购建固定资产，使短期借款信息失真。

（5）取得的短期借款不按合同协议规定的用途使用，挪作他用，如用流动资产借款对外长期投资。

（6）用本企业资产抵押所取得的借款不予以特别披露，误导信息使用者。

2. 短期借款方面假账查处目标

借款是企业承担的一项经济义务，是企业的负债项目。在一般情况下，被查单位不会高估负债，因为这样于自身不利，且难以与债权人的会计记录相互印证；其次，除少数情况外，负债的金额都是真实的。为了正确反映企业的财务状况和经营成果，必须将企业的负债完整地列示在资产负债表中，并正确地予以计价。查账人员对于负债项目的审计，主要是防止企业低估债务。低估债务经常伴随着低估成本费用，从而高估利润的目的。因此，低估债务不仅影响财务状况的反映，而且会极大地影响企业财务成果的反映。所以，查账人员在执行借款业务审计时，应将被查单位是否低估借款作为一个关注的要点。

（1）确定被查单位在特定期间内发生的借款业务是否均已记录完毕，有无遗漏。

（2）确认被查单位所记录的借款在特定期间是否确实存在，是否为被查单位所承担。

（3）确认被查单位所有借款的会计处理是否正确。

（4）确定被查单位各项借款的发生是否符合有关法律的规定，被查单位是否遵守了有关债务契约的规定。

（5）确认被查单位借款余额在有关财务报表上的反映是否恰当。

3. 短期借款方面假账查处技法

对短期借款进行实质性测试，查账人员应根据被查单位年末短期借款余额的大小、占负债总额的比重、以前年度发现问题的多少及相关内部控制制度的强弱等，确定短期借款的实质性测试方面假账查处程序和方法。

一般而言，查账人员对于短期借款的实质性测试应包括以下内容。

（1）获取或编制短期借款明细表。查账人员应首先获取或编制短期借款明细表，复核其加计数是否正确，并与明细账和总账核对相符。

（2）函证短期借款的实有数。查账人员应在期末短期借款余额较大或认为必要时向银行或其他债权人函证短期借款。

（3）检查短期借款的增加。对年度内增加的短期借款，查账人员应检查借款合同和授权批准，了解借款数额、借款条件、借款日期、还款期限、借款利率，并与相关会计记录相核对。

（4）检查短期借款的减少。对年度内减少的短期借款，查账人员应检查相关记录和原始凭证，核实还款数额。

（5）检查有无到期未偿还的短期借款。查账人员应检查相关记录和原始凭证，检查被查单位有无到期未偿还的短期借款，如有，则应查明是否已向银行提出申请并经同意后办理延期手续。

（6）复核短期借款利息。查账人员应根据短期借款的利率和期限，复核被查单位短期借款的利息计算是否正确，有无多算或少算利息的情况，如有未计利息和多计利息，应作出记录，必要时进行调整。

（7）检查短期借款在资产负债表上的反映是否恰当。企业的短期借款在资产负债表上通常设“短期借款”项目单独列示，对于因抵押而取得的短期借款，应在资产负债表附注中揭示，查账人员应注意被查单位对短期借款项目的反映是否充分。

小知识

短期借款方面假账主要审查方法

由于“短期借款”账户的舞弊主要体现在多计、少计或预提借款利息问题上，所以对其审查，一般采用审阅法、核对法、调查法、穿行实验法和核实法等技术方法。

在具体审查“短期借款”业务时，首先应该审阅短期借款明细账记录，进而审阅相关的记账凭证，查看短期借款的期限及支付利息金额、付息时间。然后，在此基础上进一步审查利息支出的核算，看其是否按月预提利息，各月预提利息的计算是否准确，预提利息进入对方什么科目，有无将预提利息集中在某一较长的计算期或者不按规定进入当期损益的现象。若还不能准确判断，则应更进一步审阅“财务费用”账户的明细记录或者记账凭证，从而确认企业按月预提了短期借款利息，并按月计入了“财务费用”科目。

15.1.2　应付票据方面的假账与反假账

应付票据是由出票人出票，委托付款人在指定日期无条件支付确定的金额给收款人或者持票人的票据。应付票据也是委托付款人允诺在一定时期内支付一定款额的书面证明。应付票据与应付账款不同，虽然都是由于交易而引起的流动负债，但应付账款是尚未结清的债务，而应付票据是一种期票，是延期付款的证明，有承诺付款的票据作为凭据。

企业应通过“应付票据”科目核算应付票据的发生、偿付等情况。该科目贷方登记开出、承兑汇票的面值，借方登记支付票据的金额，余额在贷方，反映企业尚未到期的商业汇票的票面金额。

企业应当设置“应付票据备查簿”，详细登记商业汇票的种类、号数和出票日期、到期日、票面余额、交易合同号和收款人姓名或单位名称及付款日期和金额等资料。应付票据到期结清时，上述内容应当在备查簿内予以注销。

我国商业汇票的付款期限不超过 6 个月，因此，企业应将应付票据作为流动负债管理和核算。同时，由于应付票据的偿付时间较短，在会计实务中，一般均按照开出、承兑的应付票据的面值入账。

企业因购买材料、商品和接受劳务供应等而开出、承兑的商业汇票，应当按其票面金额作为应付票据的入账金额，借记“材料采购”“在途物资”“原材料”“库存商品”“应付账款”“应交税费——应交增值税（进项税额）”等科目，贷记“应付票据”科目。

企业因开出银行承兑汇票而支付银行的承兑汇票手续费，应当计入当期财务费用。支付手续费时，按照确认的手续费，借记“财务费用”科目，取得增值税专用发票的，按注明的增值税进项税额，借记“应交税费——应交增值税（进项税额）”科目，按照实际支付的金额，贷记“银行存款”科目。

企业开具的商业汇票到期支付票据款时，根据开户银行的付款通知，借记“应付票据”科目，贷记“银行存款”科目。

应付商业承兑汇票到期，如企业无力支付票款，由于商业汇票已经失效，企业应将应付票据按账面余额转作应付账款，借记“应付票据”科目，贷记“应付账款”科目。应付银行承兑汇票到期，如企业无力支付票款，则由承兑银行代为支付并作为对付款企业的贷款处理，企业应将应付票据的账面余额转作短期借款，借记“应付票据”科目，贷记“短期借款”科目。

1. 应付票据方面造假手法

（1）签发并记录无合同的商业汇票或非法的商业汇票，以应付票据为壳体，行其他之目的，导致应付票据信息失真。

（2）应付票据长期挂账，名实不符，导致信息失真。

（3）应付票据金额与发票不一致，利用票单差异从中收取好处或进行其他非法活动。

（4）错付票款。由于银行失误，将其他单位票据转入本企业，企业有关人员未认真核对导致票款错付。

2. 应付票据方面假账查处技法

（1）应付票据方面假账查处目标。

① 确定应付票据的发生和偿还记录是否完整。

② 确定应付票据期末余额是否正确。

③ 确定应付票据在财务报表上的披露是否恰当。

（2）应付票据的实质性测试程序。

① 获取或编制应付票据明细表，复核加计正确，并检查其与应付票据登记簿、报表数、总账数和明细账合计数是否相符。

应付票据明细表一般应列示票据类别及编号、出票日期、面额、到期日、收款人名称、利息率、付息条件以及抵押品的名称、数量和金额等。在核对时，查账人员应注意被查单位有无漏报、错报票据；有无漏列作为抵押的资产；有无属于应付账款的票据；有无漏计、多计或少计应付利息费用等情况。

② 选择应付票据重要项目（包括零账户），函证其余额是否正确，并根据回函情况，编制与分析函证结果汇总表。对未回函的，可再次函证，或采用其他替代审计程序以确定应付票据的真实性。

询证函通常应包括出票日、到期日、票面金额、未付金额、已付息期间、利息率以及票据的抵押担保品等项内容。

③ 实施分析性复核，以证实应付票据的完整性和合理性及发现需要加以特别关注的方面。

④ 检查应付票据备查簿，抽查若干重要原始凭证，确定其是否真实，会计处理是否正确：

- 检查该笔债务的相关合同、发票、货物验收单等资料，核实交易事项的真实性；
- 抽查资产负债表日后应付票据明细账及现金、银行存款日记账，核实其是否已付款并转销；
- 对资产负债表截止日已偿付的应付票据，注意其凭证入账日期的合理性。

⑤ 复核带息应付票据利息是否足额计提，其会计处理是否正确。

⑥ 查明逾期未兑付应付票据的原因，是否已转入应付账款项目，其中带息应付票据是否已停止计息；确定是否存在抵押票据的情形，必要时，提请被查单位予以披露。

⑦ 关注是否存在应付关联方的票据。若有，应通过了解关联交易事项的目的、价格和条件，检查采购合同等方法确认该应付票据的合法性和合理性；通过向关联方或其他查账人员查询和函证等方法，以确认交易的真实性。

⑧ 对于用非记账本位币结算的应付票据，检查其采用的折算汇率是否正确。

⑨ 确定应付票据是否已在资产负债表上恰当披露。

小知识

应付票据方面假账主要审查方法

对“应付票据”的甄别，如果金额较大而笔数不多，应作详细分析。“应付票据”账户的借项包括对票据的部分或全部偿付，换新票据或经合理核准所作的调整事项。受票人所开立的收款收据，不能用以替代原发票据。已付清的票据如本票很少又不留存在案卷中的，如企业不能提供查验，则可能有其隐衷，甄别时应当对申请签发票据付款的原始文件及有关凭单加以详核，并应与有关主管人员讨论此项交易的处理情形。贷记应付票据的数额必须有实在票据的发行。甄别时须查阅企业有关会议记录，以确定所有票据的发行是否经核准，或经授权签发。如票据仅经由一人签发或将其印章交由有权签发票据的另一人代办，则应注意有无发生舞弊及不合法借款的事项。将应付票据明细表与有关会议记录相对照，有助于这种弊端的发现。在审核利息时，应确定已付利息的负债是否已做合理记录、利息是否已及时支付。为查明未入账的票据，甄别时应就结账日以后至查账结束以前的一段时间所支付的票据及利息与结账日的应付票据账目互作比较。对从票据发票日起或最后一次付息日起，到结账日止的应付未付利息应予查核。将利息支出与应付利息比较时，要注意期初及期末预付利息及应付利息数额。

15.1.3 应付账款方面的假账与反假账

应付账款是指因购买材料、商品或接受劳务供应等而发生的债务。这是买卖双方在购销活动中由于取得物资与支付货款在时间上不一致而产生的负债。

实务中，为了使所购入材料、商品的金额、品种、数量和质量等与合同规定的条款相符，避免因验收时发现所购材料、商品的数量或质量存在问题而对入账的材料、商品或应付账款金额进行改动，在材料、商品和发票账单同时到达的情况下，一般在所购材料、商品验收入库后，根据发票账单登记入账，确认应付账款。在所购材料、商品已经验收入库，但是发票账单未能同时到达的情况下，企业应付材料、商品供应单位的债务已经成立，在会计期末，为了反映企业的负债情况，需要将所购材料、商品和相关的应付账款暂估入账，待下月月初用红字将上月月末暂估入账的应付账款予以冲销。

企业应通过“应付账款”科目，核算应付账款的发生、偿还、转销等情况。该科目贷方登记企业购买材料、商品和接受劳务等而发生的应付账款，借方登记偿还的应付账款，或开出商业汇票抵付应付账款的款项，或冲销无法支付的应付账款。余额一般在贷方，反映企业尚未支付的应付账款余额。

本科目应按照债权人设置明细科目进行明细核算。

企业购入材料、商品或接受劳务等所产生的应付账款，应按应付金额入账。购入材料、商品等验收入库，但货款尚未支付，根据有关凭证（发票账单、随货同行发票上记载的实际价款或暂估价值），借记“材料采购”“在途物资”“原材料”“库存商品”等科目，按照可抵扣的增值税进项税额，借记“应交税费——应交增值税（进项税额）”科目，按应付的款项，贷记“应付账款”科目。企业接受供应单位提供劳务而发生的应付未付款项，根据供应单位的发票账单所列金额，借记“生产成本”“管理费用”等科目，按照增值税专用发票上注明的可抵扣的增值税进项税额，借记“应交税费——应交增值税（进项税额）”科目，贷记“应付账款”科目。企业偿还应付账款或开出商业汇票抵付应付账款时，借记“应付账款”科目，贷记“银行存款”“应付票据”等科目。应付账款附有现金折扣的，企业应按照扣除现金折扣前的应付款总额入账。

因在折扣期限内付款而获得的现金折扣，应在偿付应付账款时冲减财务费用。实务中，企业外购电力、燃气等动力一般通过“应付账款”科目核算，即在每月付款时先作暂付款处理，按照增值税专用发票上注明的价款，借记“应付账款”科目，按照增值税专用发票上注明的可抵扣的增值税进项税额，借记“应交税费——应交增值税（进项税额）”科目，贷记“银行存款”等科目；月末按照外购动力的用途分配动力费时，借记“生产成本”“制造费用”和“管理费用”等科目，贷记“应付账款”科目。

应付账款一般在较短期限内支付，但有时由于债权单位撤销或其他原因而使应付账款无法清偿。企业对于确实无法支付的应付账款应予以转销，按其账面余额计入营业外收入，借记“应付账款”科目，贷记“营业外收入”科目。

1. 应付账款方面造假手法

（1）应付账款长期挂账。主要表现在企业的若干“应付账款”明细款项长期未付而挂账，有的属于合同纠纷或无力偿还，有的属于销货单位消亡而无从支付的情况，这样易导致虚列债务。

例如，查账人员在对某出版社进行审计时，发现其应付账款明细账中有数十家单位挂账已逾 5 年之久。经审计函证，这些单位大都已撤销或注销，或者合并改组，该出版社早应将这些无法偿付的应付账款转为营业外收入，但其一直列为负债，结果必是虚列债务。

（2）虚列应付账款，调节成本费用。有些企业为了调控利润的实现数额，就采用虚列应付账款的方式，虚增制造费用，相应减少利润数额。

（3）利润应付账款，隐匿收入。有些企业为了隐藏一些非法收入或不正当收入，以达到偷逃税款的目的，就会在收到现金（或银行存款）时，同时挂“应付账款”。

例如，查账人员在对某企业审查过程中，发现一张凭证为：“借：原材料，贷：应付账款”，后附一份进货清单，一张进账单，经盘问出纳人员，才知为企业一笔非法收入。为了隐瞒这笔收入，该企业领导人授意财务人员挂在往来账上。

（4）故意增大应付账款。如某企业采购人员在采购某物时，要求对方开票员多列采购金额，套取企业现金。

例如，某日化工厂采购员张 × 在采购原料时，要求对方开具 5 万元的发票金额，而实际合同价为 4.2 万元。采购员伙同对方开票员将 8 000 元现金套出私分，使企业财产受到损失。

（5）利用应付账款，贪污现金折扣。

有些企业在支付货款符合现金折扣的条件下，按总额支付，然后从对方套取现金私分或留存“小金库”。按规定，对付款期内付款享有现金折扣的应付账款，先按总价借记“材料采购”，贷记“应付账款”，在付款期内付款的，对享有的现金折扣应予以扣除，而以折扣后的金额付款。但有些企业付款时，对享有的现金折扣不予扣除，通过以下方式套取现金折扣，即：“借：应付账款——× × 单位（总价），贷：银行存款”，之后，再从销货单位拿取折扣的部分。

（6）故意推迟付款，合伙私分罚款。有些企业财务人员伙同对方财务人员，故意推迟付款，致使企业支付罚款，待支付罚款时，双方私分此罚款，使企业受到损失而肥了个人腰包。

（7）隐瞒退货。企业向供货单位购买货物后，取得了蓝字发票，但又因故把货物退回，取得了红字发票，而作弊人员用蓝字发票计入应付账款，而将红字发票隐瞒，然后寻机转出，贪污“应付账款”。

例如，查账人员在对某家具厂审计过程中发现，该家具厂一笔应付账款十分可疑。经函证，发现此货该厂早已退回，而应付账款被几位财务人员合谋套出私分了。

（8）不合理挤入，假公济私。有些企业对于一些非法开支，或已超过标准或规定的费用，人为挤入“应付账款”进行缓冲。

例如，查账人员在对某一热水器生产企业审计中发现，该企业曾购入 3 辆“新在洲”摩托车，企业财务人员的账务处理为“借：固定资产，贷：应付账款”。但查账人员在盘点企业固定资产时，没有发现这 3 辆摩托车。后经知情人透露，才知 3 位企业领导人利用公款买摩托车送给考入大学的子女作为奖励。

（9）用商品抵顶应付账款，隐瞒收入。有的企业用商品抵顶债务，不通过商品销售核算，隐瞒商品销售收入，偷漏增值税。

例如，某化纤厂以其产品抵顶应付账款 35 100 元，该厂作如下账务处理：“借：应付账款——××35 100，贷：库存商品——××35 100”，结果隐瞒销售收入 30 000 元、销项增值税 5 100 元。

编者按：自 2018 年 5 月 1 日起，纳税人发生增值税应税销售行为或者进口货物，原适用 17%和 11%税率的，税率分别调整为 16%、10%；纳税人购进农产品，原适用 11%扣除率的，扣除率调整为 10%；自 2018 年 5 月 1 日起，纳税人购进用于生产销售或委托加工 16%税率货物的农产品，按照 12%的扣除率计算进项税额；原适用 17%税率且出口退税率为 17%的出口货物，出口退税率调整至 16%；原适用 11%税率且出口退税率为 11%的出口货物、跨境应税行为，出口退税率调整至 10%。

自 2019 年 4 月 1 日起制造业等行业现行 16%的税率降至 13%，交通运输业、建筑业等行业原来 10%的税率降至 9%；保持 6%一档的税率不变，但通过采取对生产、生活性服务业增加税收抵扣等配套措施，确保所有行业税负只减不增。

2. 应付账款方面假账查处技法

应付账款业务是随着企业赊购交易的发生而发生的，查账人员应结合赊购业务进行应付账款的审计。

（1）应付账款方面假账查处目标。

① 确定应付账款的发生和偿还记录是否完整。

② 确定应付账款期末余额是否正确。

③ 确定应付账款在财务报表上的披露是否恰当。

（2）应付账款的实质性测试程序。

① 获取或编制应付账款明细表，复核加计正确，并与报表数、总账数和明细账合计数核对是否相符。

根据被查单位实际情况，选择以下方法对应付账款进行分析性复核：

- 对本期期末应付账款余额与上期期末余额进行比较，分析其波动原因；
- 分析长期挂账的应付账款，要求被查单位作出解释，判断被查单位是否缺乏偿债能力或利用应付账款隐瞒利润；
- 计算应付账款对存货的比率、应付账款对流动负债的比率，并与以前期间对比分析，评价应付账款整体的合理性；
- 根据存货、主营业务收入和主营业务成本的增减变动幅度，判断应付账款增减变动的合理性。

② 函证应付账款。一般情况下，应付账款不需要函证，这是因为函证不能保证查出未记录的应付账款，况且查账人员能够取得购货发票等外部凭证来证实应付账款的余额。但如果控制风险较高，某应付账款明细账户金额较大或被查单位处于财务困难阶段，则应进行应付账款的函证。

进行函证时，查账人员应选择较大金额的债权人，以及那些在资产负债表日金额不大甚至为零，但为企业重要供货人的债权人作为函证对象。函证最好采用积极形式，并具体说明应付金额。同应收账款的函证一样，查账人员必须对函证的过程进行控制，要求债权人直接回函，并根据回函情况编制与分析函证结果汇总表，对未回函的，应考虑是否再次函证。

如果存在未回函的重大项目，查账人员应采用替代审计程序，如可以检查决算日后应付账款明细账及现金和银行存款日记账，核实其是否已支付，同时检查该笔债务的相关凭证资料，核实交易事项的真实性。

③ 查找未入账的应付账款。为了防止企业低估负债，查账人员应检查被查单位有无故意漏记应付账款行为。例如，结合存货监盘，检查被查单位在资产负债表日是否存在有材料入库凭证但未收到购货发票的经济业务；检查资产负债表日后收到的购货发票，关注购货发票的日期，确认其入账时间是否正确；检查资产负债表日后应付账款明细账贷方发生额的相应凭证，确认其入账时间是否正确。检查时，查账人员还可以通过询问被查单位的会计和采购人员，查阅资本预算、工作通知单和基建合同来进行。

如果查账人员通过这些审计程序发现某些未入账的应付账款，应将有关情况详细记入审计工作底稿，然后根据其重要性确定是否需建议被查单位进行相应的调整。

④ 检查应付账款是否存在借方余额。如有，应查明原因，必要时建议被查单位作重分类调整。

结合预付账款的明细余额，查明有否在应付账款和预付账款同时挂账的项目；结合其他应付款的明细余额，查明有无不属于应付账款的其他应付款。如有，应作出记录，必要时，建议被查单位作重分类调整或会计误差调整。

⑤ 检查应付账款长期挂账的原因，作出记录，注意其是否可能无须支付。对确实无法支付的应付账款是否按规定转入了资本公积项目，相关依据及审批手续是否完备。

⑥ 检查带有现金折扣的应付账款是否按发票上记载的全部应付金额入账，待实际获得现金折扣时再冲减财务费用项目。

⑦ 被查单位与债权人进行债务重组的，结合债务重组事项的专项审计，检查有关的会计处理是否正确。

⑧ 关注是否存在应付关联方账款。若有，应通过了解关联交易事项目的、价格和条件，检查采购合同等方法确认该应付账款的合法性和合理性；通过向关联方或其他查账人员查询及函证等方法，以确认交易的真实性。

⑨ 对于用非记账本位币结算的应付账款，检查其采用的折算汇率是否正确。

⑩ 验明应付账款在资产负债表上的披露是否恰当。一般来说，“应付账款”项目应根据“应付账款”和“预付账款”科目所属明细科目的期末贷方余额的合计数填列。

小知识

应付账款和预收账款方面假账主要审查方法

1. 企业以“应付票据”转“应付账款”拖欠货款的甄别

对于企业通过拖欠货款牟利的甄别，通常采用审阅法、核对法、调查法和核实法等技术方法。具体审查该项业务时，应该掌握以下几个步骤。

（1）审阅企业的“应付票据”明细分类账和“应付票据”备查登记簿，查证其应付票据业务的账务处理是否真实、合理，应付票据登记簿的内容是否完整，包括应付票据的签发日期、种类、编号、到期日、票面金额、收款人单位或姓名、合同交易编号、付款日期和金额等详细资料。尤其应该注意应付票据的注销情况，如果发现异常，应该进一步跟踪审查。

（2）针对第一步发现的疑点和问题，进一步查找、审阅相关的账簿和记账凭证。对查出的到期票据结算情况应进一步核实，发现有转入应付账款的账务记录，应进一步追踪审查，弄清其转账背景、转账金额以及长期拖欠的时间。

（3）根据以上情况，再采取调查法，进行内查外调，仔细向交易双方调查，通过买卖双方人员核实企业应付票据转为应付账款，并在“应付账款”账户中长期挂账的真实原因，从而进一步查明交易合同双方有关经手人之间私自牟利的情况。

2. 对虚列应付账款舞弊行为的甄别

对企业虚列应付账款的甄别，通常采用审阅法、逆查法和复核法等技术方法。正常情况下，先查阅应付账款明细分类账，主要是看企业年初有无以红字冲减应付账款的记录。因为企业如果采用上述舞弊就一定会在以后的会计期间以红字冲回，否则就导致企业真正地减少利润。如果企业账面存在红字冲减业务，则应跟踪审查相应的记录凭证和原始凭证，从中查找问题。如果前后两笔业务的凭证内容一致，金额相等，就应该用查询法询问有关的财会人员，弄清业务的真相。接着应进一步审查制造费用明细账、生产成本明细账、产品成本明细账、产品销售成本明细账，确认企业虚列成本费用的实际数额，及其对本年利润的影响程度。

3. 对企业利用应付账款扩大职工福利的甄别

有些企业为了扩大职工福利，向职工发放钱物，经常采用将资金转入“应付账款”，以虚设债务的手段进行。对此类违法行为的审查，一般为采用审阅法、复核法、询证法等技术方法。具体甄别过程，首先审阅“应付账款”明细分类账，注意每笔业务的发生额及其业务内容的记录有无异常之处，发现疑点应追踪核对有关记账凭证和原始凭证，必要时还应采取询证法，发函或派人到债权单位进行调查取证，依据有关的询证资料与企业相关人员核实后，确认企业债务的真实性。若确认属于虚设“应付账款”，则应进一步查证其转销情况，往往就会发现其虚假债务，其实恰恰是企业的某项收入。企业之所以将其转入“应付账款”账户，主要是为了给职工违规发放钱物。

4. 对企业利用预收账款虚增收入的甄别

企业为了虚增产品或商品营业收入，往往利用取得的预收账款进行舞弊。对此类违纪行为的审查，通常采用审阅法、核对法等技术方法。这里应该重点审阅“预付账款”和“产品（商品）营业收入”明细分类账的记录。尤其应该注意企业年末以及红字冲销的业务记录，并应跟踪追查原始凭证，查清发票、仓库的提单等凭证是否齐全。对红字冲回的业务记录，要仔细查明冲回的是哪一笔经济业务，将两笔业务的凭证结合起来审查，查明是属于对方退货造成，还是企业虚增产品或商品营业收入，以及虚增当期利润所为。

5. 对预收货款长期挂账的甄别

对于企业将预收账款长期挂账的舞弊行为的审查，主要采用审阅法、调查法和复核法等技术方法。在审查过程中，首先应该详细审阅企业的“预收账款”明细分类账，依据相关的经济合同、贷款协议，逐笔核对企业是否存在逾期不供货、长期挂账的情况。如果发现企业存在拖延供货的时间，预收账款长期不结算等现象，则应采取相应的措施，进行内查外调，查明是属于企业的客观原因所致，还是企业为了骗取购货方的预付款项所致，这样就可以对企业在“预收账款”问题上的舞弊行为予以确认。

15.1.4　预收账款方面的假账与反假账

预收账款是指企业按照合同规定，向购货方预收的款项。这项负债要用以后的商品或劳务偿付。预收账款应按实际收到的金额入账。

预收账款与应付账款同为企业短期债务，但与应付账款不同的是，预收账款所形成的负债不是以货币偿付，而是以货物清偿。

企业应通过“预收账款”科目，核算预收账款的取得、偿付等情况。该科目贷方登记发生的预收账款金额和购货单位补付账款的金额，借方登记企业向购货方发货后冲销的预收账款金额和退回购货方多付账款的金额；期末贷方余额，反映企业预收的款项，如为借方余额，反映企业尚未转销的款项。本科目一般应当按照购货单位设置明细科目进行明细核算。

企业预收购货单位的款项时，借记“银行存款”科目，贷记“预收账款”科目；销售实现时，按实现的收入和应交的增值税销项税额，借记“预收账款”科目，按照实现的营业收入，贷记“主营业务收入”科目，按照增值税专用发票上注明的增值税税额，贷记“应交税费——应交增值税（销项税额）”等科目；企业收到购货单位补付的款项，借记“银行存款”科目，贷记“预收账款”科目；向购货单位退回其多付的款项，借记“预收账款”科目，贷记“银行存款”科目。预收货款业务不多的企业，可以不单独设置“预收账款”科目，其所发生的预收货款，可通过“应收账款”科目核算。

1. 预收账款方面造假手法

（1）利用预收账款，虚增商品销售收入。有些企业利用预收账款来调节商品销售收入，将尚未实现的销售收入提前做收入处理，虚增商品销售收入，调节利润；这些企业为平衡利润，在未发出商品时就虚做商品销售收入，虚增当期利润，在下一个会计期间再冲回原账务处理。

例如，某企业商品销售采用预收货款形式，收到货款记作“借：银行存款，贷：预收账款”的会计分录，待发出商品时确认收入，将预收账款转入产品销售收入，记作“借：预收账款，贷：主营业务收入，贷：应交税费——应交增值税（销项税额）”的账务处理。该企业在2018年12月预计不能完成目标利润，遂于年底将几笔预收账款转为销售收入，以达到增加利润的目的。查账人员在审计过程中发现，该企业这几笔销售收入并没有同时结转产品销售成本，纯属人为调节损益。

（2）利用预收账款、偷逃收入、税金。有些企业将预收账款长期挂账，不作销售处理。

例如，某印刷厂，收到客户交来货款时，记作“借：银行存款，贷：预收账款”的会计分录，待客户取走印刷品时，该厂继续将预收账款挂账，不转作收入，也不结转成本，以达到偷逃收入和税金的目的。

2. 预收账款方面假账查处技法

由于预收账款是随着企业销货业务的发生而发生的，查账人员应结合企业销货业务对预收账款进行审计。

（1）预收账款方面假账查处目标

① 确定预收账款的发生及偿还记录是否完整。

② 确定预收账款的期末余额是否正确。

③ 确定预收账款在财务报表上的披露是否恰当。

（2）预收账款的实质性测试程序

① 获取或编制预收账款明细表，复核加计正确，并核对其期末余额合计数与报表数、总账数和明细账合计数是否相符。

② 请被查单位协助，在预收账款明细表上标出至审计日止已转销的预收账款，对已转销金额较大的预收账款进行检查，核对记账凭证、仓库发运凭证、销售发票等，并注意这些凭证发生日期的合理性。

③ 抽查预收账款有关的销售合同、仓库发运凭证、收款凭证，检查已实现销售的商品是否及时转销预收账款，确保预收账款期末余额的正确性和合理性。

④ 选择预收账款的若干重大项目函证，根据回函情况编制函证结果汇总表。

函证测试样本通常应考虑选择大额或账龄较长的项目、关联方项目及主要客户项目。对于回函金额不符的，应查明原因并作出记录或建议作适当调整；对于未回函的，应再次函证或通过检查资产负债表日后已转销的预收账款是否与仓库发运凭证、销售发票相一致等替代程序，确定其是否真实、正确。

⑤ 检查预收账款是否存在借方余额，决定是否建议作重分类调整。

⑥ 检查预收账款长期挂账的原因，并作出记录，必要时提请被查单位予以调整。

⑦ 对以非记账本位币结算的预收货款，检查其采用的折算汇率和汇兑损益处理的正确性。

⑧ 对税法规定应予纳税的预收销售款，结合应交税费项目，检查是否及时、足额计缴有关税金。

⑨ 检查预收货款是否已在资产负债表上作恰当披露。

15.1.5　应付职工薪酬——工资方面的假账与反假账

职工薪酬，是指企业为获得职工提供的服务或解除劳动关系而给予的各种形式的报酬或补偿。职工薪酬包括短期薪酬、离职后福利、辞退福利和其他长期职工福利。

企业提供给职工配偶、子女、受赡养人、已故员工遗属及其他受益人等的福利，也属于职工薪酬。这里所称的“职工”，主要包括三类人员：

（1）与企业订立劳动合同的所有人员，含全职、兼职和临时职工；

（2）未与企业订立劳动合同，但由企业正式任命的企业治理层和管理层人员，如董事会成员、监事会成员等；

（3）在企业的计划和控制下，虽未与企业订立劳动合同或未由其正式任命，但向企业所提供服务与职工所提供服务类似的人员，也属于职工的范畴，包括通过企业与劳务中介公司签订用工合同而向企业提供服务的人员。

应付职工薪酬是指企业根据有关规定应付给职工的各种薪酬，包括职工工资、奖金、津贴和补贴，职工福利费，医疗、养老、失业、工伤、生育等社会保险费，住房公积金，工会经费，职工教育经费，非货币性福利等因职工提供服务而产生的义务。从广义上讲，职工薪酬是企业必须付出的人力成本，是吸引和激励职工的重要手段，也就是说，职工薪酬既是职工对企业投入劳动获得的报酬，也是企业的成本费用。具体而言，职工薪酬主要包括以下几方面的内容。

（1）职工工资、奖金、津贴和补贴，是指按照国家统计局《关于职工工资总额组成的规定》，构成工资总额的计时工资、计件工资、支付给职工的超额劳动报酬和增收节支的劳动报酬、为了补偿职工特殊或额外的劳动消耗和因其他特殊原则支付给职工的津贴，以及为了保证职工工资水平不受物价影响支付给职工的物价补贴等。企业按规定支付给职工的加班加点工资，以及根据国家法律、法规和政策规定，企业在职工因病、工伤、产假、计划生育假、婚丧假、事假、探亲假、定期休假、停工学习、执行国家或社会义务等特殊情况下，按照计时工资或计件工资标准的一定比例支付的工资，也属于职工工资范畴，在职工休假或缺勤时，不应当从工资总额中扣除。

（2）职工福利费，是指企业为职工集体提供的福利，如补助生活困难职工等。

（3）医疗保险费、养老保险费、失业保险费、工伤保险费和生育保险费等社会保险费，是指企业按照国家规定的基准和比例计算，向社会保险经办机构缴纳的医疗保险金、基本养老保险金、失业保险金、工伤保险费和生育保险费，以及根据《企业年金试行办法》《企业年金基金管理试行办法》等相关规定，向有关单位（企业年金基金账户管理人）缴纳的补充养老保险费。此外，以商业保险形式提供给职工的各种保险待遇也属于企业提供的职工薪酬。

（4）住房公积金，是指企业按照国家《住房公积金管理条例》规定的基准和比例计算，向住房公积金管理机构缴存的住房公积金。

（5）工会经费和职工教育经费。是指企业为了改善职工文化生活、提高职工业务素质用于开展工会活动和职工教育及职业技能培训，根据国家规定的基准和比例，从成本费用中提取的金额。

（6）非货币性福利，包括企业以自己的产品或其他有形资产发放给职工作为福利、企业向职工提供无偿使用自己拥有的资产（如提供给企业高级管理人员的汽车、住房等）、企业为职工无偿提供商品或类似医疗保健的服务等。

（7）其他职工薪酬。比如因解除与职工的劳动关系给予的补偿（又称辞退福利），即由于企业分离办社会职工、实施主辅分离辅业改制分流安置富余人员，实施重组、改组计划，职工不能胜任等原因，企业在职工劳动合同到期之前解除与职工的劳动关系，或者为鼓励职工自愿接受裁减而提出补偿建议的计划中给予职工的经济补偿。对于这些其他职工薪酬的内容，本书暂不涉及。

企业应当通过“应付职工薪酬”科目，核算应付职工薪酬的提取、结算、使用等情况。该科目贷方登记已分配计入有关成本费用项目的职工薪酬的数额，借方登记实际发放职工薪酬的数额；该科目期末贷方余额，反映企业应付未付的职工薪酬。“应付职工薪酬”科目应当按照“工资”“职工福利”“社会保险费”“住房公积金”“工会经费”“职工教育经费”“非货币性福利”等应付职工薪酬项目设置明细科目，进行明细核算。外商投资企业按规定从净利润中提取的职工奖励及福利基金，也在本科目核算。

1. 应付职工薪酬——工资方面造假手法

（1）利用工资费用，调节产品成本。企业为了调节产品成本和当年利润，人为地多列或少列应计入产品成本的工资费用，从而达到调节利润的目的。

例如，查账人员在审查某企业应付职工薪酬——工资时，发现本年度工资费用比上年度有较大幅度的增长。经进一步审查得知，在建工程工资支出60万元计入生产成本。由此而增大了产品成本，随着产品的销售，必然会导致当年的利润减少。

（2）冒领贪污。有些企业的会计人员利用会计部门内部管理不健全，虚列职工姓名，或者使原始凭证与记账凭证不一致，进行贪污。

例如，查账人员在对一空调生产企业审计时发现，工资表中很多人的签字似乎出自一人之手，经盘问出纳人员得知，其利用本单位内部管理混乱，虚列了职工名单，伪造签名后领出现金据为己有。

（3）支付利息，计入“应付职工薪酬——工资”科目。有些企业支付职工购买本单位债券的利息支出计入应付职工薪酬——工资，重复列支费用，虚减当期利润。按照规定，企业发行债券应支付的利息，每年都应通过计提的方式将应付债券利息计入财务费用，支付利息时应冲减应付债券。在计提利息时记作“借：财务费用——利息支出，贷：应付债券——应计利息”的账务处理。但有的企业为了隐瞒利润，一方面在计提债券利息时列入财务费用；另一方面在支付本企业职工购买的债券利息时，通过“应付职工薪酬——工资”重列费用，使已经支付给职工的利息，在“应付债券”贷方挂账。

例如，A公司发行五年期公司债券100万元，利率为8%，本公司职工购买50万元，当年企业共提利息8万元，列入财务费用。次年2月先支付外单位利息时企业记作“借：应付债券4万元，贷：库存现金4万元”的会计分录，将应付本单位职工的债券利息4万元并入当月工资一起记作“借：应付职工薪酬——工资，贷：库存现金”的账务处理，然后挤入销售费用和管理费用，减少利润4万元。

小知识

应付职工薪酬——工资会计信息失真的主要形式

（1）应付职工薪酬——工资总额计算不正确。将不属于工资总额内的支付给职工有关款项列作工资，如将医药费、福利费列入工资；采用计时工资的企业考勤不准，造成计时工资不正确；采用计件工资的企业产量不准，造成工资计算不正确；实行工效挂钩的企业，人为扩大工资的计提基数，多提工资；在工资单上虚构职工姓名，冒领工资进行贪污。

（2）应付职工薪酬——工资发放过程管理不严。例如，不按实付数提现金，多提现金；发放工资手续不健全，领取人未签名盖章，未领工资处理不当等。

（3）实行工效挂钩的企业，将应计入工资总额的不计入实发工资总额，如将临时工工资、一次性奖金直接计入有关费用，人为减少实发工资总额，增加应付职工薪酬——工资结余。

2. 应付职工薪酬——工资方面假账查处技法

（1）应付职工薪酬——工资方面假账查处目标。工资是企业支付给员工的劳动报酬，其主要形式有计时工资和计件工资两种。工资一般采用现金的形式支付，因而相对于其他业务更容易发生错误或舞弊行为，如虚报冒领、重复支付和贪污等。同时，工资有时是企业成本费用的重要构成项目，所以在审计中便显得十分重要。

随着经营管理水平的提高和技术手段的发展，工资业务中进行舞弊及掩饰的可能性已有缩小，因为有效的工资内部控制，可以及时地揭露错误和舞弊；使用计算机编制工资表和使用工资卡，提高了工资计算的准确性；通过有关机构，如税务部门、社会保障机构的复核，可相应防止工资计算的错误。

然而，在一般企业中，工资费用在成本费用中所占比重较大。如果工资计算错误，就会影响到成本费用和利润的正确性。所以，查账人员仍应重视对工资业务的审计。工资业务的审计，涉及应付职工薪酬——工资、应付职工薪酬——职工福利及相关成本费用账户。

一般地，应付职工薪酬——工资方面假账查处目标主要是：

① 确定应付职工薪酬——工资计提和支出的记录是否完整，计提依据是否合理；

② 确定应付职工薪酬——工资期末余额是否正确；

③ 确定应付职工薪酬——工资的披露是否恰当。

（2）应付职工薪酬——工资方面假账查处程序。

① 获取或编制应付职工薪酬——工资明细表，复核加计正确，并与报表数、总账数和明细账合计数核对是否相符。

② 对本期工资费用的发生情况进行分析性复核：

- 检查各月工资费用的发生额是否有异常波动，若有，则要求被查单位予以解释；
- 将本期工资费用总额与上期进行比较，要求被查单位解释其增减变动原因，或取得公司管理层关于员工工资水平的决议。

③ 检查工资的计提是否正确，分配方法是否与上期一致，并将应付职工薪酬——工资计提数与相关的成本、费用项目核对一致。

④ 如果被查单位实行工效挂钩的，应取得有关主管部门确认的效益工资发放额的认定证明，结合有关合同文件和实际完成的指标；检查其计提额是否正确。

⑤ 验明应付职工薪酬——工资的披露是否恰当。

小知识

应付职工薪酬——工资方面假账主要审查方法

1. 对于利用工资费用舞弊的甄别

一般对企业利用工资费用舞弊的甄别，大都采用审阅法、顺查法、复核法、实验法和核对法等技术方法。通常在审查过程中，首先采用顺查法和审阅法，按照现行会计的账务处理程序审阅工时记录、考勤记录、工资结算单、工资费用分配表和相关记账凭证的记录。在审阅工资费用明细分类账、相关记账凭证、原始凭证的过程中，可采用核对法，对企业的工时记录和工资表的应付款工资实际金额，与企业工资分配表中各项目的数额进行核对，看其实际工时记录是否与工资结算单一致。然后再采用试验法，复核企业工资费用的分配数据，用以与企业账面应付职工薪酬——工资金额进行核对。如发现企业存在与工资费用的分配金额不一致的项目或者疑点时，再进一步核实各相关账户记录的工资费用和企业实际工资数额差额的全部真实情况，进而查明出现差额的原因。

2. 对企业冒领工资的甄别

企业中冒领工资往往是为了解决一些违规账外开支而设立"小金库"所采用的舞弊行为。对这一现象的甄别，主要采用审阅法、核对法、调查法和复核法等技术方法。在审查工资的发放和分配列项的过程中，首先应该审阅企业车间班组的原始考勤记录，再通过这一原始工时记录，审阅各车间依照班组的实际出勤记录汇总上报的"考勤报表"，以及"工资计算明细表"，查看二者是否一致，如果存在不相符合的情况，则应逐人进行对照。对于出勤日数在两表反映不一致的人员，应列表计算虚列的工时数与实际出勤工时的差额。

然后，再进行追踪审查，查看企业职工工资的领发手续是否合规、合理，若"工资计算明细表"中领款人签章栏目中，没有本人签章，或一人代多人签章，则显然说明手续不完备，或者有冒领的可能。最后，在调查这些人员之后，便可以搞清楚，可能另外还有一份职工实领工资时签章的企业"工资计算明细表"。这样顺藤摸瓜，就可以查清虚报考勤、冒领工资的舞弊行为。

3. 对于属于"应付职工薪酬——工资"列支的资金直接列入费用的甄别

企业有时为了隐瞒职工工资增长情况，将原本属于"应付职工薪酬——工资"中列支的奖金，直接在费用科目中列支。对于此类情况的审查，大多采用审阅法、核对法和复核法等技术方法进行甄别。首先，应该甄别销售费用、管理费用及应付职工薪酬——福利费中的工资明细分类账，对各账户列支的工资进行加总计算。其次，通过审阅"应付职工薪酬——工资"贷方发生额，将"应付职工薪酬——工资"的计提总金额与实际列支的工资总额进行对比，如果后者大于前者，就应追踪审查两者对应的凭证，对两者相对应的编号的会计凭证进行核对。如果发现费用中支付的工资或奖金的凭证编号及有关记录在"应付职工薪酬——工资"中找不到，就要对该凭证进一步审查，即可甄别出不通过"应付职工薪酬——工资"直接将奖金在费用中列支的行为。

15.1.6 应交税费方面的假账与反假账

企业根据税法规定应交纳的各种税费包括增值税、消费税、城市维护建设税、资源税、企业所得税、土地增值税、房产税、车船税、土地使用税、教育费附加、矿产资源补偿费、印花税、耕地占用税、契税、环境保护税等。

企业应通过"应交税费"科目，核算各种税费的应交、交纳等情况。该科目贷方登记应交纳的各种税费等，借方登记实际交纳的税费；期末余额一般在贷方，反映企业尚未交纳的税费，期末余额如在借方，反映企业多交或尚未抵扣的税费。本科目按应交税费项目设置明细科目进行明细核算。企业代扣代交的个人所得税，也通过"应交税费"科目核算，而企业交纳的印花税、耕地占用税等不需要预计应交数的税金，不通过"应交税费"科目核算。

1. 应交税费方面造假手法

（1）少计应交税费，偷漏税款。

例如，有意漏记、错记销售额；从购货方取得大量价外收入不并入销售额中；对随产品销售的包装物不按规定计入销售额中；视同销售行为的事项未计算纳税；低列应税消费品和委托加工货物的组成计税价格；混合销售行为的计税不正确，税率确定不正确等。

（2）混淆纳税义务发生的时间和销售实现的时间，滞后“应交税费”的缴纳。

（3）增值税不按规定计算“进项税额转出”，抵扣进项税额多计，导致应交税费少计。例如，对在建工程、对外投资的原材料进项税额不转出等。

2. 应交税费方面假账查处技法

企业在一定时期内取得的营业收入和实现的利润，要按规定向国家缴纳相应的税金。这些应交的税金应按权责发生制原则预提计入有关账户，在尚未交纳前就形成了企业的一项负债。

（1）应交税费方面假账查处目标。

应交税费方面假账查处目标一般包括：确定应计和已缴纳税金的记录是否完整；确定应交税费的期末余额是否正确；确定应交税费在财务报表上的披露是否恰当。

（2）应交税费的实质性测试程序。

① 获取或编制应交税费明细表，复核其加计数是否正确，并核对其期末余额与报表数、总账数和明细账合计数是否相符。

② 查阅被查单位纳税鉴定或纳税通知及征、免、减税的批准文件，了解被查单位适用的税种、计税基础、税率，以及征、免、减税的范围与期限，确认其在被审计期间内的应纳税内容。

③ 核对期初未交税金与税务机关的认定数是否一致，如有差额，查明原因并作出记录，必要时建议作适当调整。

④ 取得税务部门汇算清缴或其他确认文件、有关政府部门的专项检查报告、税务代理机构的专业报告、被查单位纳税申报有关资料等，分析其有效性，并与上述明细表及账面情况进行核对。必要时，向主管税务部门函证应交税费的本期应交数和期末未交数。对于超过法定纳税期限的税项，应取得主管税务部门的批准文件。

⑤ 检查应交增值税的计算是否正确。

- 获取或编制应交增值税明细表，加计复核其正确性，并与明细账核对相符。
- 将“应交增值税明细表”与被查单位增值税纳税申报表进行核对，检查进项、销项的入账与申报期间是否一致，金额是否相符，增值税纳税申报表有无经税务机关认定。
- 抽查一定期间的进项税抵扣汇总表，与应交增值税明细表相关数额合计数核对，如有差异，查明原因并作适当处理。
- 抽查重要进项税发票与网上申报系统进行核对，并注意进口货物、购进的免税农产品、接受投资或捐赠、接受应税劳务等应计的进项税额是否按规定进行了会计处理；因存货改变用途或发生非常损失应计的进项税额转出数的计算是否正确，是否按规定进行了会计处理。
- 复核存货销售，或将存货用于投资、无偿馈赠他人、分配给股东（或投资者）应计的销项税额，以及将自产、委托加工的产品用于非应税项目应计的销项税额是否正确计算，是否按规定进行会计处理。
- 检查适用税率是否符合税法规定。
- 根据已审定的主营业务收入、其他业务收入及税法规定视同销售应税行为的有关记录，复核销项税额。注意计税依据的确定：在将自产、委托加工的货物用于非应税项目集体福利、个人消费等视同销售情况下，税基计算是否正确；将自产、委托加工或外购的货物用于投资、捐赠时，是否分别按货物的合同价、不含税捐赠价计算；将自产、委托加工或外购的货物分配给股东或投资者及其他情况下是否按不含税销售额计算。

- 取得《出口货物退（免）税申报表》及办理出口退税有关凭证，复核出口货物退税的计算是否正确，是否按规定进行了会计处理。
- 对经主管税务机关批准实行核定征收率征收增值税的被查单位，应检查其是否按照有关规定正确执行。如果申报增值税金额小于核定征收率计算的增值税金额，应注意超过申报额部分的会计处理是否正确。
- 抽查本期已缴增值税资料，确定已缴款数的正确性。

⑥ 检查应交消费税的计算是否正确。结合税金及附加等项目，根据审定的应税消费品销售额（或数量），检查消费税的计税依据是否正确，适用税率（或单位税额）是否符合税法规定，是否按规定进行了会计处理，并分项复核本期应交消费税税额；抽查本期已交消费税资料，确定已交数的正确性。

⑦ 检查应交资源税的计算是否正确，是否按规定进行了会计处理。

⑧ 检查应交土地增值税的计算是否正确，是否按规定进行了会计处理。

- 根据审定的土地使用权及其地上物（或称房地产）转让收入与其规定的扣除金额，复核计算房地产转让增值额，并与应交税费的有关明细账核对。
- 结合税金及附加等项目，根据房地产转让增值额和按规定适用的税率计算复核被查单位应交土地增值税，并与应交税费的有关明细账核对。
- 抽查本期已缴土地增值税资料，确定已缴数的正确性。

⑨ 检查应交城市维护建设税的计算是否正确。结合税金及附加和其他业务利润等项目的审计，根据审定的计税基础和按规定适用的税率，计算复核被查单位本期应交城市维护建设税税额；抽查本期已缴城市维护建设税资料，确定已缴数的正确性。

⑩ 检查应交车船税和房产税的计算是否正确；获取被查单位自有车船数量、吨位（或座位）及自有房屋建筑面积、用途、造价（购入原价）、购建年月等资料，并与固定资产（含融资租入固定资产）明细账复核一致；了解其使用、停用时间及其原因等情况；通过审核本期完税单，检查其是否如实申报和按期缴纳，是否按规定进行了会计处理。

⑪ 检查应交土地使用税的计算是否正确。

⑫ 结合所得税费用项目，确定应纳税所得额及企业所得税税率，复核应交企业所得税的计算是否正确，是否按规定进行了会计处理；抽查本期已缴所得税资料，确定已缴数的正确性。

⑬ 检查除上述税项外的其他税项及代扣税项的计算是否正确，是否按规定进行了会计处理。

⑭ 确定应交税费是否已在资产负债表上作恰当披露。如果被查单位是上市公司，在其财务报表附注中应按税种分项列示应交税费金额，并说明本期执行的法定税率。对于超过法定纳税期限的，应列示主管税务部门的批准文件。

小知识

应交税费方面假账主要审查方法

1. 对利用隐瞒收入的方法逃税的甄别

企业为了少缴税款，经常采用隐瞒营业收入的办法，因此应该注意对企业的营业收入方面假账进行查处，通常主要采用审阅法、核对法和核实法等技术方法。在进行甄别时，应全面审阅企业“应交税费”的明细分类账、“主营业务收入”的明细分类账、“库存商品”的明细分类账、“生产成本”的明细分类账、“在建工程”

明细分类账和“应付职工薪酬——福利费”明细分类账，以及与相关的会计记账凭证和其他资料。

对已发出的产品，要甄别企业是否存在应作营业收入处理而不作营业收入的情况。如果发现存在漏作销售处理的产品，应进一步查明情况和原因。甄别“在建工程”“应付职工薪酬——福利费”“库存商品”“自制半成品”“生产成本”等账户，如果发现存在本企业在建工程、福利部门的自制产品直接转作内部转账结算处理的业务时，应进一步查清企业结账的产品名称、数量、应实现的营业收入、利润及其漏缴各种税款的数额等方面的内容。

2. 对于销售已销退回产品偷漏税金的甄别

对于企业处理已销退回产品这个问题上的舞弊行为进行甄别，主要采用审阅法、核对法、调查法和核实法等技术方法。

进入审查时，在审阅企业主营业务收入明细分类账、产品销售成本明细分类账以及库存商品明细分类账的过程中，应当特别注意审查企业有无销售退回的会计记录。如果存在销售退回业务，则应在审查冲减本企业营业收入的同时，审查是否也冲减了销售数量和成本，尤其是以前月份中已销售退回的产品是否冲销了销售成本。审查过程中，可以用会计制度规定的两种冲转方法，进行计算对照。

一是审查企业是否将已销退回的产品的数量，直接从本月的销售中冲减后，应按本月实际销售的净数量，计算结转产品销售成本。但只从这一方面进行审查了解的情况，还不能就此确认企业结转产品销售成本是否有误。因此，还需要再用第二种方法进行验证，即审查企业是否单独计算和结转了本月已销退回的产品成本。根据两种查证，就可以确认企业在已销售退回产品上的会计处理是否正确。若是企业只冲减已销产品的营业收入，而未冲减销售成本，显然也挤占了本期利润，当然也就逃缴了相应的税金。

从库存商品账面看，如果已销退回的产品没有从销售数量中冲减，账面结存没有增加，那么，销售退回的产品到哪里去了呢？这就需要采取调查法进行追踪审查，进而可以得出企业对于已销退回的产品，已经以代销或其他形式再次出售了，其营业收入没有进入账面，而成了账外资金，也逃缴了税金。

3. 对企业以货易货偷漏税金的甄别

对企业以货易货不作销售，以此逃税的甄别，通常采用审阅法、核对法、调查法、试验法和核实法等技术方法审查。

首先应对企业的库存商品明细账进行详细审阅，查看企业对产品销售的账务处理情况。如果发现存在疑点，则进一步追踪审查相关记账凭证的会计分录以及原始凭证，以了解有无以货易货情况。如果存在直接减少库存商品、增加原材料的账务处理，应该在账账核对及账证核对基础上，开展内查外调，以调查法将以货易货双方的当事人及有关人员的情况弄清楚，了解以货易货的目的。

为了核实企业以货易货方式逃缴税款和影响利润的数额，应采取实验法。依据购销双方产品的实际销售价格和交换数量，重做一遍，并与企业的账面记录情况进行对照，进一步计算出影响当期利润和逃缴销售环节的增值税、各种附加税金、进项环节税金和应交所得税的实际情况。

4. 对利用销售外购材料偷漏税款的甄别

有些企业通常利用销售各种外购材料，牟取收益，偷漏税款。对这一舞弊行为的甄别，大都采用审阅法、核对法、实验法和核实法等技术方法进行审查。一般都从审阅企业的原材料明细分类账入手，重点查看发出材料的流向，看其是否存在对外销售材料。如果发现企业对外调剂、串换材料，则应进一步查核“其他业务收入”账户和“其他业务成本”账户，查看其是否存在材料营业收入和结算材料销售成本，并审查其营业收入和销售成本的计算是否正确。

通过上述甄别，会发现企业有时会以原材料收入直接冲减原材料成本（原材料售价大于进价），由于该原材料营业收入一般不计入“其他业务收入”账户，所以“其他业务成本”账户中也不可能反映销售原材料的实际成本，当然也就不存在应该缴纳销售环节税金的记录。对此，则应核复核企业在这方面的账务处理情况和营业收入金额，以核实逃缴税款的具体金额。

15.1.7 应付股利方面的假账与反假账

应付股利是指企业根据股东大会或类似机构审议批准的利润分配方案确定分配给投资者的

现金股利或利润。

企业通过“应付股利”科目，核算企业确定或宣告发放但尚未实际支付的现金股利或利润。该科目贷方登记应支付的现金股利或利润；借方登记实际支付的现金股利或利润；期末贷方余额反映企业应付未付的现金股利或利润。本科目应按照投资者设置明细科目进行明细核算。

企业根据股东大会或类似机构审议批准的利润分配方案，确认应付给投资者的现金股利或利润时，借记“利润分配——应付现金股利或利润”科目，贷记“应付股利”科目；向投资者实际支付现金股利或利润时，借记“应付股利”科目，贷记“银行存款”等科目。需要说明的是，企业董事会或类似机构通过的利润分配方案中拟分配的现金股利或利润，不需要进行账务处理，但应在附注中披露。企业分配的股利不通过“应付股利”科目核算。

1. 应付股利方面造假手法

企业在未弥补亏损之前，未提取公积金之前不得分配利润。有些企业却不遵守规定，在未补亏之前即分配利润，或者分配的利润大于可供分配的利润。这样就会造成账实不符，违法违规的后果 。

应付股利方面主要造假手法曝光如下：

（1）超额向投资者分配利润。未弥补亏损时分配利润，提取公积金之前分配利润，分配的利润大于可供分配的利润。

（2）应付股利计算不准确。分配比例不相同，不是同股同利，应付股利账账不符。

2. 应付股利方面假账查处技法

（1）应付股利方面假账查处目标。

① 确定应付股利的记录是否完整。

② 确定应付股利的期末余额是否正确。

③ 确定应付股利的披露是否恰当。

（2）应付股利方面假账查处程序。

① 获取或编制应付股利明细表，复核加计正确，并与报表数、总账数和明细账合计数核对是否相符。

② 审阅公司章程、股东大会和董事会会议纪要中有关股利的规定，了解股利分配标准和发放方式是否符合有关规定并经法定程序批准。

③ 检查应付股利的发生额，是否根据董事会或股东大会决定的利润分配方案，从税后可供分配利润中计算确定，并复核应付股利计算和会计处理的正确性。

④ 检查股利支付的原始凭证的内容和金额是否正确。

现金股利是否按公告规定的时间、金额予以发放结算；零股股利有否采用适当方法结算；对无法结算及委托发放而长期未结的股利是否作出适当处理；股利宣布、结算、转账的会计处理是否正确、适当。

⑤ 检查应付股利的披露是否恰当。对企业在资产负债表日至财务报告批准报出日之间由董事会或类似机构制定的利润分配方案中分配的股利（或分配给投资者的利润），应按以下规定进行处理。

- 在报告年度资产负债表日后事项期间，由董事会或类似机构制定的利润分配方案中分配的股利（或分配给投资者的利润），无论是现金股利还是股票股利，均应在报告年度的财务报表附注中单独披露，无须进行会计处理，也无须在报告年度财务报表中单独列示。
- 报告年度资产负债表日后至报告年度财务报告批准报出日之间由董事会或类似机构制

定并经股东大会或类似机构批准宣告发放的股利（或分配给投资者的利润），包括现金股利和股票股利，应比照上述同一原则处理。

- 报告年度资产负债表日后至报告年度财务报告批准报出日之间由董事会或类似机构制定并经股东大会或类似机构批准宣告发放的现金股利（或分配给投资者的利润），应作为本年度的交易事项，企业应于股东大会或类似机构宣告发放现金股利时，按照批准宣告发放的金额，借记“利润分配——应付普通股股利（应付优先股股利）”科目，贷记“应付股利”科目；实际宣告发放的股利，应借记“利润分配——转作股本的普通股股利”科目，贷记“股本”科目。

小知识

应付股利方面假账主要审查方法

企业的应付股利，是指按协议规定应该支付给投资者的利润。由于企业的资金通常有投资者投入，因此，企业在生产经营过程中实现的利润，在依法纳税后，还必须向投资人分配利润。而这些利润在应付未付之前暂时留在企业内，构成了企业的一项负债。

对企业而言，这显然是抵减企业财务成果的经济事项；从负债角度看，它又是企业资产的抵减事项。因此对应付股利进行正确核算，可保障投资人的利益，也可确保企业资产的安全，还可以有效地防止企业出现账外资金和资金体外循环的舞弊现象。

企业缴纳所得税后的利润分配顺序的逻辑关系是：企业以前年度的亏损未补完，不得提取法定公积金；在企业未提取盈余公积金以前，不得向投资者分配利润。因此，对应付股利业务的甄别应重点甄别企业是否按照以上原则和规定顺序进行，分配方法与数额是否与投资协议和经济合同的规定一致，有无弄虚作假、隐瞒或虚增可供分配利润，从而少向投资者分配利润或向投资者转移利润的现象。

15.1.8 其他应付款方面的假账与反假账

其他应付款是指企业除应付票据、应付账款、应交税费、短期借款、预收账款、应付职工薪酬、交易性金融负债、应付利息、应付股利、长期应付款等，还发生的一些经营活动以外的其他各项应付、暂收其他单位或个人的款项，包括：应付经营租入固定资产和包装物租金（含预付的租金）；存入保证金（如收取的包装物押金等）；应付、暂收所属单位、个人的款项。

企业应通过“其他应付款”科目，核算其他应付款的增减变动及其结存情况。该科目贷方登记发生的各种应付、暂收款项；借方登记偿还或转销的各种应付、暂收款项；该科目期末贷方余额，反映企业应付未付的其他应付款项。本科目按照其他应付款的项目和对方单位（或个人）设置明细科目进行明细核算。

1. 其他应付款方面造假手法

有些企业将“其他应付款”长期挂账，不转入收入处理，少计收入，偷逃税款。

例如，某粮食企业销售粮食时，收取麻袋押金，待归还时退还押金，对于逾期未退的，转入收入。但该企业不结转其他应付款，使其长期挂账，造成收入不实，负债不实的后果。

其他应付款方面主要造假手法如下。

（1）将本期的收入隐匿列入其他应付款用以调节利润，偷漏税款。

（2）虚列其他应付款，如咨询费、劳务费、中介费。

（3）将应计入当期的营业外收入或其他业务收入款项挂在“其他应付款”，待日后伪造单据骗取企业现金资产。

2. 其他应付款方面假账查处技法

（1）其他应付款方面假账的查处。其他应付款方面假账查处目标为：确定其他应付款的发生及偿还记录是否完整；确定其他应付款的期末余额是否正确；确定其他应付款的披露是否恰当。

（2）其他应付款方面假账查处程序。

① 获取或编制其他应付款明细表，复核加计正确，并与报表数、总账数和明细账合计数核对是否相符；分析有借方余额的项目，查明原因，必要时作重分类调整；结合应付账款、其他未交款明细余额，查明有否双方同时挂账的项目，核算内容是否重复，必要时作重分类调整；标出应付关联方（包括持股 5%以上的股东）的款项，并注明合并报表时应抵销的金额。

② 请被查单位协助，在其他应付款明细表上标出截止审计日已支付的其他应付款项，抽查付款凭证、银行对账单等，并注意这些凭证发生日期的合理性。

③ 判断选择一定金额以上和异常的明细余额，检查其原始凭证，并考虑向债权人发函询证。

④ 对非记账本位币结算的其他应付款，检查其折算汇率是否正确。

⑤ 审核资产负债表日后的付款事项，确定有无未及时入账的其他应付款。

⑥ 检查长期未结的其他应付款，并作妥善处理。

⑦ 检查是否存在超标准的职工教育经费和工会经费，必要时进行应纳税所得额的调整。

⑧ 检查其他应付款中关联方的余额是否正常，如数额较大或有其他异常现象，应查明原因，追查至原始凭证并作适当披露。

⑨ 检查其他应付款的披露是否恰当。

小知识

其他应付款方面假账主要审查方法

对逾期押金不按规定做账的甄别：

企业对出租、出借包装物和低值易耗品所收的钾金，逾期不退还，按现行会计制度规定应作按“营业外收入”入账。但有些企业往往并不按规定做账，而是采取长期挂账处理。对此类违纪行为的审查，通常采用审阅法、核对法和核实法等技术方法进行甄别。一般审查程序是，先查阅“其他应付款”的明细分类账中有关出租、出借包装物或低值易耗品押金的明细账户，逐户核对出租、出借包装物和低值易耗品押金的归还期限，看其是否逾期。对于已逾期未退的包装物、低值易耗品，则进一步审查其押金的挂账情况，以及其未转入“营业外收入”账户的前因后果，逐户确认是有意转账，还是属于无意拖延。同时依据相关会计制度规定，对企业提出相应的处理意见。

15.2 长期负债方面的假账与反假账

非流动负债是指流动负债以外的负债，包括长期借款、应付债券、长期应付款等。

15.2.1 长期借款方面的假账与反假账

长期借款是企业向银行或其他金融机构借入期限在一年以上（不含一年）的各项借款。

企业借入各种长期借款时按实际收到的金额，借记“银行存款”科目，贷记“长期借款——本金”科目，按其差额，借记“长期借款——利息调整”科目。在资产负债表日，应按摊余成本和实际利率计算确定的长期借款的利息费用，借记“在建工程”“制造费用”“财务费用”“研发支出”“工程施工”等科目，按合同利率计算确定的应付未付利息，贷记“应付利息”

科目，按其差额，贷记“长期借款——利息调整”科目。实际利率与合同利率差异较小的，也可以采用合同利率计算确定利息费用。企业归还长期借款，按归还的长期借款本金，借记“长期借款——本金”科目，按转销的利息调整金额，贷记“长期借款——利息调整”科目，按实际归还的款项，贷记“银行存款”科目，按借贷双方之间的差额，借记“在建工程”“财务费用”“制造费用”等科目。

1. 长期借款方面造假手法

（1）利息不入费用，长期挂账。有些企业为了完成计划利润，对长期借款利息不预提，长期挂账，隐瞒亏损。

（2）混淆资本化利息。有些企业为了体现利润，在固定资产交付使用后记作“借：固定资产，贷：长期借款”的账务处理，不将利息计入期间费用。

2. 长期借款方面假账查处技法

长期借款同短期借款一样，都是企业向银行或其他金融机构借入的款项，因此，长期借款的实质性测试同短期借款的实质性测试较为相似。

查账人员在进行长期借款的实质性测试时，一般需要执行的程序如下。

（1）获取或编制长期借款明细表，复核其加计数是否正确，并与明细账和总账核对相符。

（2）了解金融机构对被查单位的授信情况及被查单位的信用等级评估情况，了解被查单位获得长期借款的抵押和担保情况，评估被查单位的信誉和融资能力。

（3）对年度内增加的长期借款，应检查借款合同和授权批准，了解借款数额、借款条件、借款日期、还款期限、借款利率，并与相关会计记录相核对。

（4）检查长期借款的使用是否符合借款合同的规定，重点检查长期借款使用的合理性。

（5）向银行或其他债权人函证重大的长期借款。

（6）对年度内减少的长期借款，查账人员应检查相关记录和原始凭证，核实还款数额。

（7）检查年末有无到期未偿还的借款，逾期借款是否办理了延期手续，分析计算逾期贷款的金额、比率和期限，判断被查单位的资信程度和偿债能力。

（8）检查一年内到期的长期借款是否已转列为流动负债。

（9）计算长期借款在各个月份的平均余额，选取适用的利率匡算利息支出总额，并与财务费用的相关记录核对，判断被查单位是否高估或低估利息支出，必要时进行适当调整。

（10）检查非记账本位币折合记账本位币时采用的折算汇率，折算差额是否按规定进行会计处理。

（11）检查借款费用的会计处理是否正确。借款费用是指企业因借款而发生的利息、折价或溢价的摊销和辅助费用，以及因外币借款而发生的汇兑差额。

（12）检查企业抵押长期借款的抵押资产的所有权是否属于企业，其价值和实际状况是否与抵押契约中的规定相一致。

（13）检查企业重大的资产租赁合同，判断被查单位是否存在资产负债表外融资的现象。

（14）检查长期借款是否已在资产负债表上充分披露。

小知识

长期借款方面假账主要审查方法

1. 对未编制长期借款计划或计划编制不合理的反假账对策

查账人员应采用审阅、比较、分析等方法，通过对被查单位所制定的长期借款分项目进行审阅、比较分析，来查明借款计划是否合理或是否制订了该类计划，并以此作为审查长期借款的依据，判别借款的真实性和必要性。

2. 对长期借款未按规定用途使用的反假账对策

查账人员可根据“长期借款”有关明细账贷方记录与相应的会计凭证进行核对，甄别对方账户。如果企业先将长期借款转入“银行存款”账户，应根据实际工程价值的增加与长期借款的增加进行核对，通过比较分析，查明有无挪用借款或长期占用借款。同时，还应查明长期借款的项目之间是否相互占用资金，无法使项目正常进行。

3. 对长期借款利息会计处理不正确的反假账对策

主要形态有：

- 未按会计期间预提借款利息；
- 每期长期借款利息计算不准确。

对此，查账人员应核对“长期借款——应计利息”明细账下对各期借款利息是否正确计算，并与借款计划核对，以查明借款利息计算的准确性。

4. 对长期借款的归还不及时，所用资金不正确的反假账对策

查账人员应通过调查、分析和评价被查单位的有关情况及经济活动，确定其归还长期借款时所应用的资金来源，并审阅“长期借款”有关明细账中反映的增减余额和日期来查证问题。

15.2.2 应付债券方面的假账与反假账

应付债券是企业举借长期债务而发行的一种书面凭证，是企业依照法定程序对外发行、约定在一定期限内还本付息的有价证券。

发行债券是企业筹集长期资金的重要方式。

应付债券有很多种类，可按不同的标准加以分类。按是否记名分为记名债券和不记名债券；按有无担保品分为抵押债券和信用债券；按可否转换为发行企业股票分为可转换债券和不可转换债券；按偿还本金的方式分为一次还本债券和分期还本债券；按支付利息的方式分为到期一次付息债券和分期付息债券。企业发行的偿还期超过一年的债券，构成一项非流动负债。

企业发行的一年期或一年期以下的债券，应作为流动负债，通过“交易性金融负债”科目核算。

公司债券的发行方式有三种，即面值发行、溢价发行、折价发行。假设其他条件不变，债券的票面利率高于同期市场利率时，可按超过债券票面价值的价格发行，称为溢价发行。溢价是企业以后各期多付利息而事先得到的补偿；如果债券的票面利率低于同期市场利率，可按低于债券面值的价格发行，称为折价发行。折价是企业以后各期少付利息而预先给投资者的补偿。如果债券的票面利率与同期市场利率相同，可按票面价格发行，称为面值发行。溢价或折价是发行债券企业在债券存续期间内对利息费用的一种调整。无论是按面值发行，还是溢价发行或折价发行，均按债券面值记入“应付债券”科目的“面值”明细科目，实际收到的款项与面值的差额，记入“利息调整”明细科目。企业发行债券时，按实际收到的款项，借记“银行存款”“库存现金”等科目，按债券票面价值，贷记“应付债券——面值”科目，按实际收到的款项与票面价值之间的差额，贷记或借记“应付债券——利息调整”科目。

对于分期付息、一次还本的债券，应于资产负债表日按摊余成本和实际利率计算确定的债券利息费用，借记“在建工程”“制造费用”“财务费用”“研发支出”等科目，按票面利率计算确定的应付未付利息，贷记“应付利息”科目，按其差额，借记或贷记“应付债券——利息调整”科目。对于一次还本付息的债券，应于资产负债表日按摊余成本和实际利率计算确定的债券利息费用，借记“在建工程”“制造费用”“财务费用”“研发支出”等科目，按票面利率计算确定的应付未付利息，贷记“应付债券——应计利息”科目，按其差额，借记或贷记“应付债券——利息调整”科目。实际利率与票面利率差异较小的，也可以采用票面利率计算确定利息费用。

采用一次还本付息方式的，企业应于债券到期支付债券本息时，借记“应付债券——面值”“应付债券——应计利息”科目，贷记“银行存款”科目。采用分期付息、一次还本方式的，在每期支付利息时，借记“应付利息”科目，贷记“银行存款”科目；债券到期偿还本金并支付最后一期利息时，借记“应付债券——面值”“在建工程”“财务费用”“制造费用”“研发支出”等科目，贷记“银行存款”科目，按借贷双方之间的差额，借记或贷记“应付债券——利息调整”科目。

1. 应付债券方面造假手法

（1）未经批准，擅自发行。有些企业发行债券没有合法的程序，通过伪造一些资料（或数据）来骗取审批。

例如，某企业为了获准发行债券，遂将上报的资产负债表中的净资产人为地调至限额，骗取发行资格。

（2）变相提高债券利率。根据有关规定，发行债券的票面利率不得高于银行同期居民储蓄定期存款利率的 1.4 倍。有些企业为了给内部职工以优惠或为了尽快发行债券，就采用折价发行债券的方式发售，从而变相提高债券利率。

例如，某制药厂年初以 90 万元的价格发行面值为 100 万元的两年期债券，票面利率为 13%，同期银行储蓄利率为 10%，由于该厂折价发行债券，无形中使利率提高。

（3）溢（折）价不摊销。有些企业为了调节利润，就会采用不摊溢（折）价的方法来达到目的。

例如，某企业 2018 年 1 月 1 日发行五年期面值为 500 万元的债券，票面利率为 10%，企业按 510 万元的价格发行，2018 年 12 月 1 日，企业计提利息时做会计分录“借：财务费用 50 万元，贷：应付债券——应计利息 50 万元”。按照国家有关规定，企业发行债券应在到期日内分摊溢（折）价。该企业多计费用 2 万元，从而造成少计利润 2 万元，少缴企业所得税 0.66 万元。正确的会计分录应为“借：财务费用 48 万元，借：应付债券——债券溢价 2 万元，贷：应付债券——应付利息 50 万元”。

（4）混淆资本性支出与收益性支出的界限。根据国家有关规定，企业发行债券筹集资金如果是用于购建固定资产，则应付债券上的应计利息及溢价和折价的摊销，以及支付债券代理发行手续费及印刷费，在资产尚未交付使用前计入在建工程的成本，在资产交付使用后计入财务费用。有些企业为了完成目标利润，在资产交付使用后依然不将债券利息计入财务费用，而计入“在建工程”，从而达到少计费用，多计利润的目的。

例如，某石化企业 2018 年 1 月 1 日发行面值为 1 000 万元的债券用于新建车间，企业按 900 万元发行，票面利率为 10%，2020 年 1 月 1 日该车间交付使用。但查账人员在审查过程中发现，该企业在 2020 年 4 月 1 日计提利息时，记作“借：在建工程，贷：应付债券——应计利息，贷：应付债券——债券折价”的账务处理。

（5）债券使用超出章程范围。企业发行债券必须具有明确的目的和用途。有的企业发行债券筹集资金后，擅自改变用途，使债权人无形中承受极大的风险。

例如，某企业为购建几条大型生产线发行债券筹集资金 1 000 万元，由于当时股票市场十分看好，便将 1 000 万元全部投于股市。由于股市风云变幻，该企业在 1 个月之内便损失 50 万元。

2. 应付债券方面假账查处技法

被查单位应付债券业务不多，但每笔业务都可能是重要的，因此查账人员应重视此项负债的测试工作。

应付债券的实质性测试一般包括以下内容。

（1）取得或编制应付债券明细表。同其他负债项目的实质性测试一样，查账人员应首先取得或编制应付债券明细表，并同有关的明细分类账和总分类账核对相符。应付债券明细账通常都包括债券名称、承销机构、发行日、到期日、债券总额（面值）、实收金额、折价和溢价及其摊销、应付利息、担保情况等内容。

（2）检查债券交易的有关原始凭证。检查债券交易的各项原始凭证，是确定应付债券金额及其合法性的重要程序，查账人员应做好以下工作。

- 检查企业现有债券副本，确定其发行是否合法，各项内容是否同相关的会计记录相一致。
- 检查企业发行债券所收入现金的收据、汇款通知单、送款登记簿及相关的银行对账单。
- 检查用以偿还债券的支票存根，并检查利息费用的计算。
- 检查已偿还债券数额同应付债券借方发生额是否相符。
- 如果企业发行债券时已作抵押或担保，查账人员还应检查相关契约的履行情况。

（3）检查应计利息、债券折（溢）价摊销及其会计处理是否正确。此项工作一般可通过检查债券利息、溢价、折价等账户分析表来进行。该表可让企业代为编制，查账人员加以检查，也可由查账人员自己编制。对附有赎回选择权的可转换公司债券，查账人员还应关注其在赎回日可能支付的利息补偿金，即债券约定赎回期届满日应支付的利息减去应付债券票面利息的差额的会计处理是否正确。

（4）函证“应付债券”账户期末余额。为了确定“应付债券”账户期末余额的真实性，查账人员如果认为必要，可以直接向债权人及债券的承销人或包销人进行函证。函证内容应包括应付债券的名称、发行日、到期日、利率、已付利息期间、年内偿还的债券、资产负债表日尚未偿还的债权及其他查账人员认为应包括的其他重要事项。

（5）检查到期债券的偿还。对到期债券的偿还，查账人员应检查相关会计记录，检查其会计处理是否正确。对可转换公司债券持有人行使转换权利，将其持有的债券转换为股票，则应检查其转股的会计处理是否正确。

（6）检查借款费用的会计处理是否正确。

（7）检查应付债券是否已在资产负债表上充分披露。

小知识

应付债券方面假账主要审查方法

1. 对发行债券没有合法的程序，违反《企业债券管理条例》的反假账对策

查账人员可根据被查单位发行债券会计资料及有关文件资料，甄别其有无合法的批准手续。

2. 对变相提高债券利率的反假账对策

企业为了内部职工或尽快发行债券，有时采用折价发行债券的方式发售债券。对此，查账人员应首先审查“应付债券”账户的明细账，视其有无通过折价发行变相提高债券利率的现象，以查证问题。

3. 对债券使用超出章程范围的反假账对策

企业发行的债券具有明确的目的和用途，在审查发行债券使用范围时，应运用综合分析的方法，查明资金的去向，甄别使用是否合理。

4. 对预提债券利息计算错误的反假账对策

其主要形态有：

① 多计利息；

② 少计利息；

③ 债券利息账务处理错误。

对此，查账人员应根据被查单位“应付债券——应计利息”明细账，同时甄别其发行有无溢价和折价现象。一般采用复核法和核对法，调阅有关原始凭证，查明其账务处理存在的问题。

5. 对于企业以应付职工薪酬——工资形式支付职工拥有的企业债券利息的反假账对策

少数企业为了隐瞒利润，往往预提利息费用且只提不用，而向职工发放利息时，采取以应付职工薪酬——工资形式和工资一道发放债券利息，从而再列支。

对上述企业舞弊行为的甄别，一般多采用审阅法、核对法、询证法、调查法等技术方法进行审查。在甄别过程中，首先审阅企业“应付职工薪酬——工资”明细分类账。核对各月计提和发放的工资总额是否均衡，如果不均衡的话，说明存在疑点。尤其应对工资发放总额异常的月份重点审查，仔细核对会计凭证，审查会计分录的应付职工薪酬——工资金额与工资结算表所列的应付职工薪酬——工资的金额是否相符。如果不相符，则应结合使用询证法向有关人员进行调查，依据调查和询证的情况，进一步追踪相关账户，对其进行审查，直至查明原因，将问题弄他个水落石出。

通过上述甄别方法，一般情况下都可以发现企业利用债券“应付利息”和“应付职工薪酬——工资”账户进行舞弊的行为。

6. 对企业发行长期债券只记面值的甄别方法

企业为了通过发行长期债券的溢价或折价来调整利润，通常在发行长期债券时只记应付债券面值，而将其发行时的溢价或折价不记入应付债券，采取挂账的做法。

对企业上述错误行为，一般可采用审阅法、核对法进行审查。在审查过程中，重点对“应付债券”账户的明细分类账进行甄别审阅，并和相关的会计凭证进行核对，查看企业所发行的长期债券的入账价格是否正确，账务处理是否符合现行会计制度规定，是否存在溢价发行或折价发行的现象。如果在上述甄别中发现疑点，则应再就发行债券期间的“银行存款”账户进行仔细审阅，同时与相关的会计凭证进行认真的逐笔核对，看看收到的银行存款与发行企业长期债券的面值是否相符。若是不相符，则应进一步查找，计算不相符金额是属于溢价还是折价，再通过审阅相关“债券溢价”账户和“债券折价”账户或“应计利息”账户的明细记录，从而可以确认企业的违法行为。

15.2.3　长期应付款方面的假账与反假账

长期应付款，是指企业除长期借款和应付债券以外的其他各种长期应付款项，包括应付融资租入固定资产的租赁费、以分期付款方式购入固定资产发生的应付款项等。

（1）应付融资租入固定资产的租赁费。企业采用融资租赁方式租入的固定资产，应在租赁期开始日，将租赁开始日租赁资产公允价值与最低租赁付款额现值两者中较低者，加上初始直接费用，作为租入资产的入账价值，借记“固定资产”等科目，按最低租赁付款额，贷记“长期应付款”科目，按发生的初始直接费用，贷记“银行存款”等科目，按其差额，借记“未确认融资费用”科目。

企业在计算最低租赁付款额的现值时，能够取得出租人租赁内含利率的，应当采用租赁内含利率作为折现率；否则，应当采用租赁合同规定的利率作为折现率。企业无法取得出租人的租赁内含利率且租赁合同没有规定利率的，应当采用同期银行贷款利率作为折现率。租赁内含利率，是指在租赁开始日，使最低租赁收款额的现值与未担保余值的现值之和等于租赁资产公允价值与出租人的初始直接费用之和的折现率。

未确认融资费用应当在租赁期内各个期间进行分摊。企业应当采用实际利率法计算确认当期的融资费用。

（2）具有融资性质的延期付款购买资产。企业购买资产有可能延期支付有关价款。如果延期支付的购买价款超过正常信用条件，实质上具有融资性质的，所购资产的成本应当以延期支付购买价款的现值为基础确定。实际支付的价款与购买价款的现值之间的差额，应当在信用期间内采用实际利率法进行摊销，计入相关资产成本或当期损益。具体来说，企业购入资产超过正常信用条件延期付款实质上具有融资性质时，应按购买价款的现值，借记“固定资产”“在建工程”等科目，按应支付的价款总额，贷记“长期应付款”科目，按其差额，借记“未确认融资费用”科目。

1. 长期应付款方面造假手法曝光

（1）虚列账户。不根据合同或协议，或者根据不相关的合同或协议，虚列长期应付款账户，然后套现资金，据为己有或挪作他用。

例如，某企业业务人员串通财务人员，以虚拟的融资合同混入真实的合同中，套出企业银行存款，之后三人以此款进行炒股，待日后再将此款以退货形式返回，将股市投资收益据为己有。

（2）期满后继续付款。有些企业在融资租赁付款期满后继续付款，将多余的款项从对方提出，存入部门“小金库”或私分。

例如，某一生化厂，融资租入一台大型设备，租赁费 50 万元，租赁期为五年，查账人员在审计过程中发现该厂“长期应付款”明细账中有两笔 50 万元，并且付款日期很接近。经进一步审查合同以及采用其他审计手法，查账人员查明，该厂有关人员为了套取资金，而采用重复付款的方式来达到贪污的目的。

（3）融资租入固定资产，不计提折旧。根据有关规定，融资租入固定资产应视为自我资产管理，须计提折旧。但有些企业为了少计费用，对融资租入固定资产不计提折旧，从而达到人为调节利润的目的。

例如，查账人员在审查某企业长期应付款账户时，发现大量融资租入固定资产，再甄别有关折旧账户，并未有相应的折旧计提。该企业未计提折旧，实质上是虚减成本，虚增利润。

（4）混淆融资租赁和经营租赁。有些企业为了调节利润，少计费用，将经营租赁挤入融资租赁，挂“长期应付款”，推迟支付租赁费以达到调节企业当期利润的目的。

2. 长期应付款方面假账查处技法

（1）长期应付款方面假账查处目标。长期应付款方面假账查处目标是：确定长期应付款的发生、偿还及计息的记录是否完整；确定长期应付款的期末余额是否正确；确定长期应付款的披露是否恰当。

（2）长期应付款方面假账查处程序。

- 获取或编制长期应付款明细表，复核加计正确，并与报表数、总账数和明细账合计数核对是否相符；检查长期应付款的内容是否符合本行业会计准则的规定。
- 检查各项长期应付款相关的契约，有无抵押情况。对融资租赁固定资产应付款，还应审阅融资租赁合约规定的付款条件是否履行，检查授权批准手续是否齐全，并作适当记录。
- 向债权人函证重大的长期应付款。
- 检查各项长期应付款本息的计算是否准确，会计处理是否正确。
- 检查与长期应付款有关的汇兑损益是否按规定进行了会计处理。
- 检查长期应付款的披露是否恰当，注意一年内到期的长期应付款应列入流动负债。

小知识

长期应付款方面假账主要审查方法

1. 长期应付款业务所依据的合同或协议不合理，或者根据无相关合同或协议，而是虚列该账户

查账人员应查证有无相关合同以及合同的合理性，分析长期应付款业务发生有无必要，是否存在以引进设备为由骗取外汇等情况。

2. 账户设置和使用不合理

例如，把长期应付款记入“应付账款”账户。对此，查账人员应审查原始凭证与记账凭证，以账簿记录甄别其账户使用有无漏洞，账簿设置是否完备。

3. 每期支付款项与合同规定不符

例如，不按期付款，或者支付的款项大于或小于合同规定。

对此，查账人员应采用核对法，查证合同执行情况，然后通过调查询问，以查证问题。

4. 付款期满后继续付款

查账人员应审查“长期应付款”明细账，审查其金额有无反常或出现借方余额，进一步核对原始凭证、有关合同，以查证问题。

5. 对企业融资租入固定资产安装费舞弊的甄别方法

按照现行会计制度，企业融资租入的固定资产，其安装调试费应该进入融资租入固定资产成本，但少数企业往往将安装调试费挤入其他费用（通过待摊的形式）。对于企业的上述舞弊行为的甄别，通常多采用审阅法、核对法等技术方法进行审查。

在审查过程中，应首先审阅“固定资产——融资租赁固定资产”的明细分类账户，同时与相关的会计凭证进行核对，查验企业固定资产原值中除租赁费以外是否存在其他费用，如果不存在其他费用，则应进一步审阅“长期待摊费用”及“管理费用”等明细账户，再结合审阅相关的会计凭证，从而查出企业有无将与融资租赁固定资产有关的支出列入上述费用科目，形成舞弊行为，并导致挤占企业利润。

6. 对融资租赁固定资产按经营租赁固定资产处理的甄别方法

对企业将融资租赁固定资产按经营租赁固定资产进行账务处理的甄别，大多采用审阅法、核对法、复核法和盘点法进行技术方法进行审查。

在查阅过程中，首先应该重点审阅企业“固定资产”明细分类账，同时对企业固定资产进行盘点，通过盘点确认企业是否存在账外资产。如果发现租入固定资产没有入账，应查清该固定资产的租赁性质，确认其是属于经营性租赁固定资产，还是融资租入的固定资产。如果是属于融资租入的固定资产，则应核算自租入固定资产月起的固定资产应计折旧额。

其次，还应该仔细审阅“管理费用”等账户的记录，结合相关会计凭证，查找违纪记录，看其是否存在将企业已支付的租金分期或一次性摊入费用的情况，并查明计入费用的金额。

最后，再计算企业不记或者多记利润的金额。

一般通过上述步骤，就可以查出企业在融资租赁固定资产业务方面的舞弊行为。

15.2.4　预计负债方面的假账与反假账

1. 预计负债方面假账查处目标

一般企业预计负债的主要内容为因担保事项产生的预计负债。预计负债方面假账查处目标是：

（1）确定预计负债的确认是否完整；

（2）预计负债的计量是否符合规定；

（3）预计负债的会计处理是否正确；

（4）预计负债的披露是否恰当。

2. 预计负债方面假账的查处程序

（1）获取或编制预计负债明细表，复核加计正确，并与报表数、总账数和明细账合计数核对是否相符。

（2）了解并对被查单位对外担保的内部控制进行测试。

（3）向相关银行函证担保事项。

（4）对已涉诉并已判决的对外担保，取得并审阅相关法院判决书。

（5）对已涉诉但尚未判决的对外担保，取得被查单位律师或法律顾问的法律意见。

（6）检查预计负债的估计是否准确，会计处理是否正确。

（7）检查预计负债的披露是否恰当。

第 16 章

所有者权益方面的假账与反假账

16.1 基础知识

所有者权益是指企业资产扣除负债后由所有者享有的剩余权益。公司所有者权益又称为股东权益。

必须指出的是，在财务会计上把不能列为负债的要求权都归于业主权益，其中包括一些不完全具备企业所有者权利的项目，如优先股股权和少数股东权益。这些项目实际上是所有者权益和负债的混合体，或者是介于两者之间的另一类要求权。从理论上说，有必要对所有者权益作出更为严格的定义，而不能简单地视为扣减负债之后的剩余权益。比如可以再设立一类“准权益”，用于归属不能充分满足所有者权益条件的剩余权益。

注意

注册资本是公司登记机关依法登记的全体股东或者发起人实缴或者认缴的出资额。授权资本，是指公司根据章程授权可发行的全部资本。

认缴资本（发行资本），是指公司实际上已向股东发行的股本总额。认购资本，是指出资人同意缴付的出资总额。

待缴资本，是指股东已经认缴但还未缴纳的资本。

实缴资本（实收资本），是指全体股东或者发起人实际交付并经公司登记机关依法登记的出资额或者股本总额。

1. 所有者权益的特征

（1）除非发生减资、清算或分派现金股利，企业不需要偿还所有者权益；

（2）企业清算时，只有在清偿所有的负债后，所有者权益才返还给所有者；

（3）所有者凭借所有者权益能够参与企业利润的分配。

2. 所有者权益的来源

所有者权益的来源包括所有者投入的资本、其他综合收益、留存收益等，通常由实收资本（或股本）、其他权益工具、资本公积、其他综合收益、留存收益构成。

3. 所有者权益方面造假手法

（1）所有者权益会计核算方面的造假。实收资本账户反映企业实际收到的投资者投入的资本，包括国家投入的资本、法人投入的资本、个人投入的资本和外商投入的资本四个方面。由于企业的组织形式不同，因此所有者投入资金的核算方法也有差异。除了股份有限公司对股东投资资本应设置“股本”账户，其他企业对所有者投入的资本集中在“实收资本”账户中核算。

（2）所有者权益业务处理方面的造假。

① 接受财产捐赠，记入当期损益。企业将地方政府、社会团体或个人以及海外团体或个人赠予的财产，记入当期损益，虚增利润，减少所有者权益。企业接受捐赠的现金或实物时，应按实际接受的捐赠款或实物价格记入“资本公积”科目，而有些企业视为盈利记入了“营业外收入”，虚增了当期利润。

② 投资额低于账面价值的差额，冲减资本公积。企业以实物、无形资产向其他单位投资，投资合同和协议确认的价值或评估价值低于账面价值时，有些企业直接冲“资本公积”，减少了所有者权益，虚增了利润。

例如，某公司以库存商品对另一公司进行投资，账面原价 1 000 000 元，计税价 1 170 000 元，但投资确认的价值为 800 000 元，公司为了调整利润，将本应进入“营业外支出”科目记入了“资本公积”科目，即：

借：长期投资	800 000	
资本公积	370 000	
贷：库存商品		1 000 000
应交税费——应交增值税		170 000

③ 对外投资评估价值高于账面价值的差额，列入当期损益。

企业以商品或固定资产作价投资时，当评估价高于账面价值时，企业本应计入“资本公积”科目核算，但企业直接计入“营业外收入”虚增当期利润。

例如，A 企业向 B 企业投入一台大型设备，设备原值 800 000 元，累计折旧 600 000 元，评估确认价为 300 000 元，企业为了完成利润指标直接将本应计入“资本公积”核算的科目，记入了“营业外收入”科目，会计分录为：

借：长期投资	300 000	
累计折旧	600 000	
贷：固定资产		800 000
营业外收入		100 000

④ 溢价发行股票，按实收金额汇入股本。企业溢价发行股票时，股本应按股票面值登记入账，其差额部分应记入“资本公积——股权溢价”。有些企业混淆了法定资本的界限，将实收金额借记“银行存款”，贷记“股本”进行核算。

例如，某股份有限公司发行面值为 1 000 元的股票 20 000 股，每股以 1 100 元的价格发行，收到价款存入银行，公司的会计处理为“借：银行存款 22 000 000 元，贷：股本 22 000 000 元”。

⑤ 内部职工发放现金股利，挤列费用。企业内部职工购买职工股，在发给职工现金股利时，通过应付职工薪酬——工资挤入费用。企业分配股利应在税后利润分配中列支，但企业在利润分配中计提应付股利，实际支付时不冲减应付股利，而是通过“应付职工薪酬——工资”在费用中列支，使应付股利挂账，以便乘机转入“小金库”。

例如，某股份有限公司发行普通股票 10 000 股，每股面值 1 000 元，企业 2018 年 1 月按每段 130 元价格向股东分配上年的股利，企业作了借记“销售费用”，贷记“应付职工薪酬——工资”的账务处理，发放时借记“应付职工薪酬——工资”，贷记“库存现金”，将职工应分的股利全部挤入费用，从而将虚挂的应付股利转入“小金库”以备非法支出。

4. 所有者权益方面假账查处目标

如果查账人员能够对企业的资产和负债进行充分的审计，证明两者的期初余额、期末余额和本期变动都是正确的，这便从侧面为所有者权益的期末余额和本期变动的正确性提供了有力的证据。同时，由于所有者权益增减变动的业务较少、金额较大的特点，查账人员在审计了企业的资产和负债之后，往往只花费相对较少的时间对所有者权益进行审计。尽管如此，在审计过程中，对所有者权益进行单独审计仍是十分必要的。

所有者权益方面假账查处目标主要包括：

（1）确定投入资本、资本公积的形成、增减及其他有关经济业务会计记录的合法性与真实性，为投资者及其他有关方面研究企业的财务结构，进行投资决策提供依据；

（2）确定盈余公积和未分配利润的形成和增减变动的合法性、真实性，为投资者及其他有关方面了解企业的增值、积累情况等提供资料；

（3）确定财务报表上所有者权益的反映是否恰当。

16.2　实收资本

实收资本是投资者投入资本形成法定资本的价值，所有者向企业投入的资本，在一般情况下无须偿还，可以长期周转使用。

实收资本的构成比例，即投资者的出资比例或股东的股份比例，通常是确定所有者在企业所有者权益中所占的份额和参与企业财务经营决策的基础，也是企业进行利润分配或股利分配的依据，同时是企业清算时确定所有者对净资产的要求权的依据。

实收资本的构成比例或股东的股份比例是确定所有者在企业所有者权益中份额的基础，也是企业进行利润或股利分配的主要依据。

《中华人民共和国公司法》规定，股东可以用货币出资，也可以用实物、知识产权、土地使用权等可以用货币估价并可以依法转让的非货币财产作价出资；但是，法律、行政法规规定不得作为出资的财产除外。企业应当对作为出资的非货币财产评估作价，核实财产，不得高估或者低估作价。法律、行政法规对评估作价有规定的，从其规定。股东应当按期足额缴纳公司章程中规定的各自所认缴的出资额。股东以货币出资的，应当将货币出资足额存入有限责任公司在银行开设的账户；以非货币财产出资的，应当依法办理其财产权的转移手续。股东不按照前款规定缴纳出资的，除应当向公司足额缴纳外，还应当向已按期足额缴纳出资的股东承担违约责任。

企业收到所有者投入企业的资本后，应根据有关原始凭证（如投资清单、银行通知单等），分别不同的出资方式进行会计处理。

16.2.1　实收资本方面造假手法

（1）投资者以抵押物作为投入资本，骗取企业的投资收益，给接受投资的企业带来了经营风险和损失，也给企业的其他投资者带来了潜在的风险，同时损害了企业债权人的利益。

（2）有些企业的投资者不能如期缴纳所认缴的股本，甚至故意拖欠所认缴的股本，损害其他投资者的利益，也影响了企业的正常运营。

（3）有些企业弄虚作假，没有相应的原始单据搞虚假投资；有的投资者伪造、涂改、变造投资的依据。例如，投资者投入的货币资金没有存入或汇入指定的银行，伪造进账单，投资者投入的房产没有产权证明和过户手续等。

（4）企业应按照“谁投资，谁所得”的原则，根据投资者的投资比例或协议，对各投资主体的投资进行分类记录。有些企业常将国家投资转入其他投资主体的账户，普通股和优先股的分类不正确，投入资本和借入资金的划分不正确，实收资本和资本公积的划分不正确。

（5）投入资本的会计处理不正确也直接造成会计信息的失真。企业投入资本的会计处理不正确可能是由会计人员的技术不过关引起的，也可能是企业故意造成的。

小知识

实收资本方面造假手法

1. 投资者出资方式不合规

例如，无形资产所占比例过高，超过公司法规定；某些合资企业合营的外方出资的设备质次价高，并不是先进的而是陈旧的；有些投资者不按企业章程、投资合同规定的出资方式出资；有些投资者甚至用抵押物资作为投入资本，给受资企业带来风险。

2. 投资者出资比例不合规

有些股份制企业向社会公开募集股份，股东出资比例不合规；某些中外合资经营企业外方投资者出资比例不合规，有些达不到规定的25%搞虚假合资。

3. 投资者出资缴纳期限不合规

有些投资者不能按规定如期缴付资本金，甚至故意拖欠资本金，从而影响企业的正常经营。

4. 投资者投入资本入账依据不正确

有的入账不具备相应的原始单据，搞虚假投资。例如，投入货币资金没有存入或汇入指定银行的进账单、转账支票；投入实物无发票、无财产转移手续；投入无形资产无专利证书、没有专家鉴定及证明等；有的投入资本原始单据不实，如将借入资产用来投资，将产权证明采用遮盖方法更改姓名并复印，提供给受资企业作为入账原始单据。

5. 投资者投入资本入账价值不正确

有些企业接受外商投资时，资本金不按合同、协议中约定的汇率或收到外币当日国家公布的外汇汇率折算，故意用高汇率多计外商投资价值，损害国家利益；非货币投资评估不合理；非货币投资未经评估作价随意确定。

6. 资本金增减变动不合规

有些企业未经股东大会决议，未办理有关手续，未进行事先减资公告，合营企业合营一方未经他方同意擅自转让资本金；有些企业投资者投入货币资金待验资注册后又抽回，或投资者以借款名义向受资方借款，长期不还或长期占用其资产；有的企业不按国家规定，任意冲减资本金，影响了资本的完整性。

16.2.2 实收资本方面假账查处技法

除股份有限公司的投入资本在“股本”科目中核算，其他组织形式的企业，其投入资本集中在“实收资本”科目中核算。

1. 实收资本增减变动方面假账查处技法

实收资本的增减变动主要是由于企业设立投入资本、增资扩股及需要减资等业务所形成的。其主要包括以下内容。

（1）企业设立时，实际收到投资者的投资。注册会计师进行实收资本审计时，要对发生的上述业务，就企业是否按照国家有关法规和企业章程的规定，报经有关部门批准或经企业最高权力机构批准等方面进行检查。同时，还应对实收资本入账金额是否遵循了会计准则的规定进行审计。

（2）企业增资扩股时，新的投资者缴纳的出资额的核算是否正确，计入实收资本的金额是否为其应当拥有的企业投资比例，是否有损害原有投资者利益的情况。

（3）企业资本公积、盈余公积转增资本。按照《中华人民共和国公司法》规定，公司的资本公积可以转增公司的资本；公司的盈余公积既可以用于弥补公司亏损，又可以转增公司资本。但是，增资行为应当经过批准，增资金额必须符合有关规定。

（4）减少资本。企业的资本是其生产经营的基本保证，所以无论是增加资本还是减少资本，都不是随意进行的。通常企业由于经营方针或业务发生变化，如经营规模缩小，资本过剩，或由于企业发生重大亏损，短期内无法弥补等特殊原因，需要减少实收资本，经国家有关部门批准或由董事会批准，可宣告减资。公司减少注册资本必须编制资产负债表及财产清单，并在作出减少注册资本决定 10 日内通知债权人，30 日内在报纸上至少公告三次。债权人在一定时日内有权要求公司清偿债务或提出相应的担保。

2. 投入资本方面假账查处技法

对于投入资本的实质性测试，主要应通过“实收资本”账户进行，其程序一般包括以下内容。

（1）索取被查单位合同、章程、营业执照及有关董事会会议记录。查账人员应向被查单位索取合同章程、营业执照及有关董事会会议记录，并认真审阅其中的有关规定。企业合同、章程对投资各方的出资方式、出资期限及其他要求作了详细规定，一经国家审批部门批准，就具有法律效力，投资各方不得随意更改，应严格履行合同、章程所规定的出资义务。国家授权有关部门的批准证书是批准企业成立的法律性文件，投资各方应遵照执行。营业执照是由国家市场监督管理机关批准发给企业的合法经营的许可证，它规定企业成立和终止的日期。

（2）索取或编制实收资本明细表。查账人员应向被查单位索取或自行编制实收资本明细表，作为永久性档案存档，以供本年度和以后年度检查投入资本时使用。实收资本明细表应当包括投入资本变动的详细记载及有关的分析评价。编制时需将每次变动情况逐一记载并与有关的原始凭证和会计记录进行核对。

（3）检查出资期限和出资方式、出资额。进行实收资本的实质性测试，查账人员应检查投资者是否已按合同、协议、章程约定时间缴付出资额。

出资期限是投资者缴足其认缴资本的时间界限。出资期限包括合同期限和法律期限，前者是投资者根据企业筹建、开业的需要，在企业合同、章程中规定的出资期限；后者是国家有关法律、规定中要求的出资期限。合同期限要符合法律期限的要求。

出资方式是指各投资者认缴资本所采用的方式。出资方式包括货币资金方式出资、实物方式出资和无形资产方式出资。投入资本的出资方式除国家规定者外，应在企业成立时经批准的企业合同、章程中有详细规定。投资者的出资方式必须严格遵守国家规定和企业合同、章程，不得擅自改变出资方式，否则将构成违反合同、章程的行为（已经董事会补充修改并报原审批机关批准的除外）。

（4）检查实收资本的增减变动。对于实收资本的增减变动，查账人员应查明原因，查阅其是否与董事会纪要、补充合同、协议及有关法律文件的规定一致。一般而言，企业的实收资本不得随意增减，如有必要增减，首先应具备一定条件。例如，企业减资需要满足三个条件：第一，应事先通知所有债权人，债权人无异议；第二，经股东大会决议同意，并修改公司章程；第三，减资后的注册资本不得低于法定注册资本的最低限额。

（5）检查外币出资时实收资本的折算。以外币出资的，根据有关制度规定，企业对实际收到的外币出资，可以采用合同约定的市场汇率折合为记账本位币记账；合同没有约定的，按收到时的市场汇价折合。由于有关资产账户与实收资本账户所采用的折合汇率不同而产生的记账本位币差额，作为资本公积核算。

（6）检查实收资本是否已在资产负债表上恰当披露。企业的实收资本应在资产负债表上单独列示，同时应在财务报表附注中说明实收资本期初至期末间的重要变化，如所有者的变更、注册资本的增加或者减少、各所有者出资额的变动等。查账人员应在实施上述审计程序的基础上，确定被查单位资产负债表上的实收资本的反映是否正确，并确定有关投入资本是否在财务报表附注中予以分类揭示。

小知识

股本的实质性测试

对于股本的实质性测试，查账人员应通过“股本”账户进行，其程序一般包括以下内容。

1. 审阅公司章程、实施细则和股东大会、董事会会议记录

查账人员应向被查单位索取公司章程、实施细则和股东大会、董事会会议记录的副本，认真审阅其中有关股本的条款。被查单位每次发行股票、收回股票或从事其他类型的股票交易，均须经过股东大会或董事会的授权批准。查账人员应了解的资料包括核定股份和已发行股份的份数、股票面值、股票收回、股票分割及认股权证等。通过这些资料，查账人员应进一步确定被查单位股本的交易是否符合有关的法规规定及股东大会或董事会的决议。

2. 检查股东是否按照公司章程、合同、协议规定的出资方式出资，各种出资方式的比例是否符合规定

查账人员审计时，应当了解企业章程、合同、协议中出资方式、出资比例，确定其内容的合法性。然后具体分析企业实际募股时，是否存在与公司章程、合同、协议内容存在差异的情况，了解形成差异的原因，将有关的问题与公司有关人员协商，对审计过程及有关问题的处理，以适当的方式记录于工作底稿中。

3. 索取或自己编制股本明细表

查账人员应向被查单位索取或自己编制股本明细表，作为永久档案存档，以供本年度和以后年度检查股本时使用。股本明细表的内容应包括各类股本变动的详细记载及有关的分析评价。编制时应将每次变动情况逐一记载并与有关的原始凭证和会计账目进行核对。

4. 检查股票的发行、收回等交易活动

检查与股票发行、收回有关的原始凭证和会计记录，是验证股票发行、收回是否确实存在的重要步骤。应检查的原始凭证包括已发行股票的登记簿、向外界收回的股票、募股清单、银行对账单等。会计记录则主要包括银行存款日记账与总账、股本明细账与总账等。

5. 函证发行在外的股票

查账人员检查已发行的股票数量是否真实，是否均已收到股款或资产。我国目前股票发行和转让大都由企业委托证券交易所和金融机构进行，由证券交易所和金融机构对发行在外的股票份数进行登记和控制。因为这些机构一般既了解公司发行股票的总数，又掌握公司股东的个人记录以及股票转让情况，故在审计时可采取与证券交易所和金融机构函证及查阅的方法来验证发行股份的数量，并与股本账面数额进行核对，确定是否相符。对个别自己发行股票、自己进行有关股票发行数量、金额及股东情况登记的企业，由于企业已在股票登记簿和股东名单上进行了记录，在进行股本审计时，可在检查这些记录的基础上，抽查其记录是否真实有据，核对发行的股票存根，看其数额是否与股本账上数额相符。

6. 检查股票发行费用的会计处理

发行股票时，一般要发生股票的印刷费和委托其他单位发行股票时的手续费、佣金等。查账人员应检查相关会计记录和原始凭证，确定被查单位对股票发行费用的会计处理是否正确。

7. 检查股本是否已在资产负债表上恰当披露

股本应在资产负债表中单项列示，查账人员应核对被查单位资产负债表中股本项目的数字是否与审定数相符，并检查是否在财务报表附注中披露与股本有关的重要事项，如股本的种类、各类股本金额及股票发行的数额、每股股票的面值、本会计期间发行的股票等。

小知识

实收资本方面假账主要审查方法

1. 对实收资本内部控制制度的健全性和有效性进行审查

查账人员可以编制实收资本内部控制制度调查表，来对企业实收资本内部控制制度是否存在和遵守的情况进行鉴别。

2. 分析比较实收资本账户余额的变动情况

查账人员应将本期实收资本账户余额的实际数与上期进行比较，将本期实际数与资本预算和现金预算进行比较，通过比较，分析有无异常的情况，并对此作进一步甄别。

3. 甄别实收资本的业务是否合法

判断实收资本业务是否合法，主要是审阅股东会、董事会会议记录、国家的有关法律、法规，政府主管部门有关实收资本业务的文件、批文、营业执照等。

甄别实收资本的业务是否合法包括对出资方式、出资比例和出资期限、出资依据进行甄别。

（1）查账人员应甄别企业投资者的出资方式是否符合企业的章程、合同和国家有关法律的规定。如为合资企业，还应结合外方有关实物投资的有关技术证明资料，甄别其投资方式是否具备规定的条件。

（2）查账人员应甄别出资依据是否合法。如果投资者以货币资金出资，应甄别投资者存入或汇入企业开户银行的进账单、交款凭证或转账支票，看其存入银行的日期、用途、金额、币种是否与企业章程、合同的规定相一致；如果投资者以实物投资，应甄别实物的原始发票，验资证明、财产所有权证明等原始单据；如果投资者以无形资产投资，应甄别专利权证书、商标注册证书和评估机构的评估报告等原始单据。

（3）查账人员应甄别业务章程、合同、招股说明书等有关文件中关于出资比例的规定是否合规，再甄别企业“实收资本（股本）”“银行存款”“固定资产”“无形资产”等相关账簿和有关部门的批文等凭证，以判断投资者的实际出资与企业章程、合同、招股说明书等是否一致。

（4）查账人员应甄别企业“实收资本（股本）”明细账、银行收款单据、财产移交证明、出资证明、验收报告等单据，甄别出资者的实际出资日期与企业章程、合同的规定是否一致。

4. 甄别实收资本的真实性

查账人员应将“实收资本（股本）”明细账、有关的资产账户、原始凭证进行核对，甄别其是否一致。查账人员应特别注意原始凭证所反映的内容，确认股本投入的种类、币种、汇率和投入日期等经济业务事项是否确实存在，必要时对实物资本进行盘点、核对和查询。

5. 甄别实收资本的完整性

查账人员除了应甄别企业账面上所记载的实收资本是否确实存在，即是否真实，还应甄别企业的实收资本是否都已反映在账簿中，即是否完整。

查账人员应将“实收资本（股本）”明细账、有关的资料账户核对后的余额再与股本的备查账簿和有关的原始文件的记录进行核对，判断企业是否遗漏记录了股本业务。

6. 甄别实收资本的计价和会计处理是否正确

（1）查账人员应甄别企业是否按出资者的类型正确设置了明细分类账，有无借记、漏记和作弊的行为。特别是应注意有无将国家投资记入其他投资主体账户的情况。

（2）查账人员应甄别企业股票按面值发行时的发行费用是否作为开办费处理；溢价发行的溢价收入和扣除发行费用的余额是否全部记入“资本公积”账户。

（3）查账人员应甄别企业股份制改造时，改组后的企业是否全部承担了原企业所有的资产和负债，净资产的作价入股是否正确。企业应将评估调整后的全部资产减全部负债的净资产折价入股，以净资产换取的股份按实际支付价折算的金额与净资产相比较，甄别折算值是否全部计入“股本”账户；折算大于净资产的差额是否作为商誉；折算小于净资产的差额是否作为股本溢价记入“资本公积”账户。此外《中华人民共和国公司法》规定，有限责任公司（含国有独资公司）依法变更为股份有限公司时，折合的股份总额应当等于公司净资产额。

（4）如果投资者以实物投资，查账人员就要甄别企业的会计处理是否符合如下规定，如果评估确认价值小于投出单位的账面原价，按投出单位固定资产的账面原价借记“固定资产”账户，按评估确认的价值贷记“实收资本（股本）”账户，按固定资产的账面原价与评价确认价值的差额贷记“累计折旧”账户。

（5）企业吸收外币投资时，如果企业以人民币作为记账本位币，查账人员应甄别企业是否按合同约定的汇率将外币折合成人民币入账。如果合同没有约定汇率，查账人员应甄别企业是否按下列原则进行处理：企业用于登记注册的货币如与记账本位币一致，按收到出资时的市场汇率折合；企业用于登记注册的货币如与记账本位币不一致，按企业第一次收到出资时的市场汇率折合。如果出资人分期出资，则各期出资均应按第一期收到出资时的市场汇率折合。以上是关于资本折合汇率的会计处理办法。对于外币资产的折合汇率，一般按收到出资当日的市场汇率折合。因此，当企业收到外币投资时，将按收到出资当日的市场汇率折合的金额记入“银行存款”账户，将按上述资本折合汇率折算的金额贷记“实收资本（股本）”账户，将两者的差额记入“资本公积”账户。

（6）如果企业用资本公积、盈余公积转增资本时，查账人员应甄别企业是否按原有持股比例增加各股东的股本，并记入“实收资本（股本）”的明细账。企业用资本公积、盈余公积转增资本时一方面借记“资本公积”“盈余公积”的账户，另一方面贷记“实收资本（股本）”账户。

（7）如果企业在当期减资，企业收购股票的价格大于其票面价值的差额，查账人员应甄别企业是否按下列规定进行会计处理：如果企业所收购的股票原来是溢价发行的，应首先用发行股票时的溢价进行弥补，即借记“盈余公积”账户，盈余公积仍不足弥补的，再借记“利润分配——未分配利润”账户，用未分配利润弥补，按实际支付的款项贷记“银行存款”等账户；如果企业所收购的股票原来是按面值发行的，应首先用盈余公积进行弥补，即借记“盈余公积”账户，盈余公积不足弥补的，再借记“利润分配——未分配利润”账户，用未分配利润弥补，按实际支付的款项贷记“银行存款”等账户；如果企业因严重亏损而减资，应按注销的股份借记“实收资本（股本）”账户，贷记“利润分配——未分配利润”账户。

16.3 资本公积

资本公积是企业收到投资者出资额超出其在注册资本（或股本）中所占份额的部分，以及直接计入所有者权益的利得和损失等。

资本公积包括资本溢价（或股本溢价）和其他资本公积等。

形成资本溢价（或股本溢价）的原因有溢价发行股票、投资者超额缴入资本等。

其他资本公积是指除资本溢价（或股本溢价）、净损益、其他综合收益和利润分配以外所有者权益的其他变动。比如，企业的长期股权投资采用权益法核算时，因被投资单位除净损益、其他综合收益及利润分配以外的所有者权益的其他变动（主要包括被投资单位接受其他股东的资本性投入、被投资单位发行可分离交易的可转债中包含的权益成分、以权益结算的股份支付、其他股东对被投资单位增资导致投资方持股比例变动等），投资企业按应享有份额而增加或减少的资本公积，直接计入投资方所有者权益（资本公积——其他资本公积）。

企业根据国家有关规定实行股权激励的，如果在等待期内取消了授予的权益工具，企业应在进行权益工具加速行权处理时，将剩余等待期内应确认的金额立即计入当期损益，并同时确认资本公积（其他资本公积）。企业集团（由母公司和其全部子公司构成）内发生的股份支付交易，如结算企业是接受服务企业的投资者，应当按照授予日权益工具的公允价值或应承担负债的公允价值确认为对接受服务企业的长期股权投资，同时确认资本公积（其他资本公积）或负债。

小知识

资本公积与实收资本（或股本）、留存收益、其他综合收益的区别

1. 资本公积与实收资本（或股本）的区别

（1）从来源和性质看。实收资本（或股本）是指投资者按照企业章程或合同、协议的约定，实际投入企业并依法进行注册的资本，它体现了企业所有者对企业的基本产权关系。

资本公积是投资者的出资额超出其在注册资本中所占份额的部分（资本溢价或股本溢价），以及直接计入所有者权益的利得和损失（其他资本公积），它不直接表明所有者对企业的基本产权关系。

（2）从用途看。实收资本（或股本）的构成比例是确定所有者参与企业财务经营决策的基础，也是企业

进行利润分配或股利分配的依据，同时是企业清算时确定所有者对净资产的要求权的依据。

资本公积的用途主要是用来转增资本（或股本）。资本公积不体现各所有者的占有比例，也不能作为所有者参与企业财务经营决策或进行利润分配（或股利分配）的依据。

2. 资本公积与留存收益的区别

资本公积的来源不是企业实现的利润，而主要来自资本溢价（或股本溢价）等。

留存收益是企业从历年实现的利润中提取或形成的留存于企业的内部积累，来源于企业生产经营活动实现的利润。

3. 资本公积与其他综合收益的区别

其他综合收益是指企业根据企业会计准则规定未在当期损益中确认的各项利得和损失。

资本公积和其他综合收益都会引起企业所有者权益发生增减变动，资本公积不会影响企业的损益，而部分其他综合收益项目则在满足企业会计准则规定的条件时，可以重分类进损益，从而成为企业利润的一部分。

16.3.1　资本公积方面造假手法

（1）将资本溢价或股本溢价作为当期收益或计入实收资本，损害了其他投资者的利益。

（2）将法定财产重估增值，接受捐赠的资产等记入“营业外收入”“其他业务收入”等账户。

（3）截留接受捐赠的资产作为“小金库”，用于不合理的开支，或计入“应付职工薪酬——福利费”，用于发放职工福利。

（4）将法定财产重估减值冲减资本公积，而不是作为“营业外支出”处理。有些企业未经国家财税部门和国有资产管理部门的批准，自行组织安排财产重估，将评估增值作为资本公积。

（5）企业为了逃避所得税，将本应该计入当期损益的项目计入资本公积。例如，有些企业将资产盘盈作为资本公积，或将对外投资作为资本公积，或将汇兑损益作为资本公积。

（6）有些企业在不符合增资条件，未经批准和办理有关手续的情况下，擅自将资本公积转增资本；有些企业竟将资本公积挪作他用，用于集体或职工福利。

小知识

资本公积方面造假手法

1. 应列作资本公积的未列入资本公积

有的企业把资本溢价或股本溢价计入了当期收益；有的企业把接受捐赠资产列作当期收益或作为职工福利；有的企业把接受捐赠的资产隐匿不入账，作为账外资产；有的企业将资本溢价列作实收资本。

2. 不应列作资本公积的内容列入了资本公积

有的企业并未有产权转让等政策规定情况，而自行进行财产评估，将自行进行的财产重估增值计入资本公积；有的企业将投资到期收回或中途转让取得的款项高于账面价值的差额未计入投资收益，为了避税，而将其计入资本公积。

3. 资本公积使用不当

有的企业未经批准，未办理有关手续，擅自转增资本和将资本公积挪作他用。

16.3.2　资本公积的实质性测试

查账人员对资本公积进行实质性测试，其测试内容应包括几项。

1. 检查资本公积增减变动的内容及其依据

进行资本公积的实质性测试，查账人员应首先检查资本公积增减变动的内容及其依据，并查阅相关会计记录和原始凭证，确认资本公积增减变动的合法性和正确性。

2. 检查资本溢价或股本溢价

当新的投资者向企业投入资本时，为了保证原有投资者的利益，新投资者一般投入比其在实收资本中所占份额多的金额，多出部分即资本溢价；企业溢价发行股票时，发行收入超出股票面值部分的即股本溢价。按照有关规定，股本溢价应扣除相关发行费用（减去发行股票冻结期间所产生的利息收入）后，方可计入资本公积。

对资本溢价应检查是否在企业吸收新的投资者时形成，资本溢价的确定是否按实际出资额扣除其投资比例所占的资本额计算，其投资是否经企业董事会决定并已报原审批机关批准；对股本溢价应检查发行是否合法，是否经有关部门批准，股票发行价格与其面值的差额是否全部计入资本公积，是否已扣除委托证券商代理发行股票而支付的手续费、佣金（减去发行股票冻结期间所产生的利息收入）。

3. 检查接受非现金资产捐赠准备、接受现金捐赠

对捐赠公积应检查接受捐赠资产是否按规定办理了移交手续，是否经过验收，资产计价是否取得有关报价单或按同类资产的市场价格确认，接受的固定资产是否应计提折旧，是否存在捐赠资产不入账等情况。

4. 检查其他资本公积

其他资本公积是指除上述各项资本公积以外所形成的资本公积，以及从资本公积各准备项目转入的金额。其中包括债权人豁免的债务。

5. 检查资本公积转增资本是否经授权批准

对于资本公积转增资本，查账人员应检查转增资本是否经董事会、股东大会决定并报市场监督管理机关批准，并依法办理增资手续。

6. 检查资本公积是否已在资产负债表上恰当披露

查账人员应进一步核实企业的资本公积是否在资产负债表中单项列示，并在财务报表附注中说明资本公积的期末余额及期初至期末间的重要变化。

小知识

资本公积方面假账主要审查方法

查账人员应着重甄别以下内容。

1. 分析比较“资本公积”账户余额的变动情况

查账人员应将本期资本公积账户余额的实际数与上期进行比较，将本期实际数与资本预算和现金预算进行比较，通过比较，分析有无异常的情况，并对此作进一步甄别。

2. 资本公积的形成是否合法

对资本溢价，查账人员应甄别企业是否按实际出资额扣除其投资比例所占的资本额计算；对股本溢价，查账人员应甄别企业是否按股票发行价格与其面值的差额扣除发行股票的手续费、佣金后的余额计入资本公积。

对捐赠资本公积，查账人员应甄别所捐赠的资产是否办理了移交手续，其计价是否取得了有关单据或评估确认，是否办理了验收手续。

对法定财产重估增值资本公积，查账人员应甄别企业资产重估是否符合法定财产重估的范围且办理了审批手续；评估机构是否具有国家规定的评估资格；评估的方法是否科学合理。

3. 资本公积的使用是否合法

查账人员应甄别企业的资本公积是否按规定转增资本；在转增资本时是否经董事会决定并报工商行政管理机关办理增资手续；实际增资额与批准的数额是否一致；企业有无挪用资本公积的情况，如将资本（股本）溢价用于发放股利，将资本公积用于集体、职工福利。

4. 资本公积的真实性和完整性

查账人员应甄别企业接受投资的财产清单、接受捐赠的财产清单、报关单、企业对外投资或产权变动进行资产评估的有关报告以及办理增资的有关审批文件，并与“资本公积”的总账和明细账进行核对，做到账证相符、账账一致。

编者按：综合收益建立在“资产负债观”基础之上，把全部已确认但未实现的利得或损失纳入财务报表中，反映报告期内企业与所有者以外的其他各方之间的交易或事项所引起的净资产的变动额；综合收益的概念，突破了传统会计收益的实现原则，引入了公允价值，使公允价值作为计量属性的使用成为一种必然的趋势。

在资产负债表中，“其他综合收益”以前并没有作为一个单独的科目，而是计入到资本公积中，而现在作为了一个单独的科目，以便于和资本公积区分。其他综合收益是指企业根据企业会计准则规定未在损益中确认的各项利得和损失扣除所得税影响后的净额。这种核算方式，有利于使资本公积的核算内容明晰化。资本公积现在核算的内容主要为股东资本性投入的部分，与其他综合收益混在一个科目中，将不便于报表使用者理解和分析。

在“其他综合收益”科目下可设置以下明细科目核算：“以后会计期间不能重分类进损益的其他综合收益项目”“以后会计期间在满足规定条件时将重分类进损益的其他综合收益项目”“所得税影响”等明细科目核算。

16.4　留存收益

留存收益（或称留存利润）是股东权益的另一个组成部分，它是指企业从历年实现的利润中提取或形成的留存于企业的内部积累。

16.4.1　未分配利润方面的假账与反假账

未分配利润是企业留待以后年度进行分配的结存利润，也是企业所有者权益的组成部分。相对于所有者权益的其他部分来讲，企业对于未分配利润的使用分配有较大的自主权。从数量上来讲，未分配利润是期初未分配利润，加上本期实现的净利润，减去提取的各种盈余公积和分出利润后的余额。

在会计处理上，未分配利润是通过“利润分配”科目进行核算的，“利润分配”科目应当分别“提取法定盈余公积”“提取任意盈余公积”“应付现金股利或利润”“转作股本的股利”“盈余公积补亏”和“未分配利润”等进行明细核算。

分配股利或利润的会计处理。经股东大会或类似机构决议，分配给股东或投资者的现金股利或利润，借记“利润分配——应付现金股利或利润”科目，贷记“应付股利”科目。经股东大会或类似机构决议，分配给股东的股票股利，应在办理增资手续后，借记“利润分配——转作股本的股利”科目，贷记“股本”科目。

期末结转的会计处理。企业期末结转利润时，应将各损益类科目的余额转入“本年利润”科目，结平各损益类科目。结转后“本年利润”的贷方余额为当期实现的净利润，借方余额为当期发生的净亏损。年度终了，应将本年收入和支出相抵后结出的本年实现的净利润或净亏损转入“利润分配——未分配利润”科目。同时，将“利润分配”科目所属的其他明细科目的余额转入“未分配利润”明细科目。结转后，“未分配利润”明细科目的贷方余额，就是未分配利润的金额；如出现借方余额，则表示未弥补亏损的金额。“利润分配”科目所属的其他明细科目应无余额。

弥补亏损的会计处理。企业在生产经营过程中既有可能发生盈利，也有可能出现亏损。企业在当年发生亏损的情况下，与实现利润的情况相同，应当将本年发生的亏损自“本年利润”科目，转入“利润分配——未分配利润”科目，借记“利润分配——未分配利润”科目，贷记“本年利润”科目，结转后“利润分配”科目的借方余额，即未弥补亏损的数额。然后通过“利润分配”科目核算有关亏损的弥补情况。

由于未弥补亏损形成的时间长短不同等原因，以前年度未弥补亏损有的可以以当年实现的税前利润弥补，有的则须用税后利润弥补。以当年实现的利润弥补以前年度结转的未弥补亏损，不需要进行专门的账务处理。企业应将当年实现的利润自“本年利润”科目转入“利润分配——未分配利润”科目的贷方，其贷方发生额与“利润分配——未分配利润”的借方余额自然抵补。无论是以税前利润还是以税后利润弥补亏损，其会计处理方法均相同。但是，两者在计算交纳所得税时的处理是不同的。在以税前利润弥补亏损的情况下，其弥补的数额可以抵减当期企业应纳税所得额，而以税后利润弥补的数额，则不能作为纳税所得扣除处理。

1. 未分配利润方面造假手法

未分配利润的真实与否直接与利润的形成和利润的分配有着密切的关系。这方面的主要造假方式如下。

（1）有些企业将本应计入当期损益的其他业务收入、营业外收入、汇兑损益、投资收益等直接计入未分配利润以逃避所得税款；有些企业通过多计费用少计收益的方式，使未分配利润的会计信息失真；也有些企业虚夸利润，故意多计收入少计费用，多计未分配利润，造成未分配利润的信息失真。

（2）有些企业不经过企业权力机构的批准就分配利润，有些企业将未分配利润用于发放奖金和职工福利，损害投资者的利益。

2. 未分配利润方面假账查处技法

（1）检查利润分配比例是否符合合同、协议、章程及董事会纪要的规定，利润分配数额及年末未分配数额是否正确。

（2）根据审计结果调整本年损益数，直接增加或减少未分配利润，确定调整后的未分配利润数。

（3）检查未分配利润是否已在资产负债表上恰当披露。

小知识

未分配利润方面假账主要审查方法

1. 对未分配利润内部控制制度健全性和有效性方面假账的查处

查账人员可以编制未分配利润内部控制制度调查表，来对企业未分配利润内部控制制度是否存在和遵守的情况进行审查。

2. 分析比较未分配利润账户余额的变动情况

（1）对未分配利润内部控制制度健全性和有效性方面假账的查处。

查账人员可以编制未分配利润内部控制制度调查表来对企业未分配利润内部控制制度是否存在和遵守的情况进行审查。

（2）分析比较未分配利润账户余额的变动情况。

查账人员应将本期未分配利润账户余额的实际数与上期进行比较，通过比较，分析有无异常的情况，并对此作进一步甄别。查账人员还应分析未分配利润账户本年度的变动情况，一般地说未分配账户的贷方限于从“本年利润”账户转入的净利润，借方记录应为当年经营净损失、分配的股利、提取盈余公积。对其他变动的记录应作进一步的甄别。查账人员还应了解企业有关利润分配的限制性规定，查账人员可以查阅董事会的会议纪要，据以确定利润分配限制的目的和批准情况；如果法律对企业的利润分配作出了限制，应甄别企业实际的利润分配是否违反了这些限制性条款。

（3）甄别未分配利润的真实性与合法性。

由于未分配利润是企业年终结算时当年所实现的利润与已分配在“利润分配”明细账中调整的结果，其计算可以用下列公式表示：

年末累计未分配利润=上年末累计未分配利润+本年全年实现净利润–本年已分配利润

本年已分配利润=被没收财产损失和滞纳金及罚款+弥补以前年度亏损+提取盈余公积+分配给投资者的利润

查账人员应按上述公式甄别其数字的正确性，进而对实现利润和利润分配的合法性和真实性进行甄别。

16.4.2　利润分配方面的假账与反假账

利润分配是指企业根据国家有关规定和企业章程、投资者协议等，对企业当年可供分配的利润所进行的分配。

可供分配的利润=当年实现的净利润+年初未分配利润（或–年初未弥补亏损）+其他转入

利润分配的顺序依次是：

（1）提取法定盈余公积；

（2）提取任意盈余公积；

（3）向投资者分配利润。

企业应通过“利润分配”科目，核算企业利润的分配（或亏损的弥补）和历年分配（或弥补）后的未分配利润（或未弥补亏损）。该科目应分别“提取法定盈余公积”“提取任意盈余公积”“应付现金股利或利润”“盈余公积补亏”“未分配利润”等进行明细核算。企业未分配利润通过“利润分配——未分配利润”明细科目进行核算。年度终了，企业应将全年实现的净利润或发生的净亏损，自“本年利润”科目转入“利润分配——未分配利润”科目，并将“利润分配”科目所属其他明细科目的余额，转入“未分配利润”明细科目。结转后，“利润分配——未分配利润”科目如为贷方余额，表示累积未分配的利润数额；如为借方余额，则表示累积未弥补的亏损数额。

1. 利润分配方面造假手法

（1）利润分配顺序不正确。在利润分配过程中，企业执行财务制度不严或其他原因，存在未按顺序分配的问题，如在支付滞纳金之前提取了公积金，在弥补亏损或进行其他项目的分配之前向投资者分配了利润等。

（2）法定盈余公积金提取不正确，如未按 10%提取；在未超过资本总额的 50%即停止提取等。

（3）亏损弥补不正确，应由税后利润弥补的亏损计入税前利润，影响应纳所得税额及净利润的正确计算。

（4）向投资者分配的利润不真实、不正确。分配利润所依据的投资协议不合理或已失效，多分或少分利润；账务处理上计入净利润形成而不是净利润分配，从而影响所得税的正确计算。

（5）股份公司的股利发放不合规，主要表现在：

- 账务处理不正确，如把属于利润分配的股利发放业务计入净利润形成，从而达到税前发放股利，偷漏所得税的目的；
- 在没有盈余或当年盈余不足以弥补亏损的情况下发放了股利；
- 股利发放额度超过了有关规定，如企业当年无利润，用弥补亏损后的盈余公积发放股利时，股利发放率超过股票面值的 6%等；

- 股利发放损害了优先股股东的利益，如未支付优先股股利或未保证优先股额定股利情况下发放了普通股股利。

2. 利润分配方面假账主要审查方法

（1）对利润分配顺序的查证。查账人员首先应审阅核对企业利润分配的会计凭证，根据本年转入的净利润额，按正确分配顺序逐项计算核对，发现问题再找有关人员核实，确定问题的实质。

（2）对利润分配标准的查证。查账人员应审查利润分配的会计凭证及其他有关账簿所反映的分配标准，并将其与有关规定进行核对。例如，审查“盈余公积”账户，了解是否提取了盈余公积金；如果未提取，应计算法定盈余公积金是否已超过了资本额的 50%；如果已提取，应按规定分配顺序和标准计算提取额是否正确。发现问题后即核实确证并进行调整。

（3）对亏损弥补的查证。查账人员在审阅被查企业分配利润的有关资料时，若发现有用税前利润弥补以前年度亏损的情况，应通过追踪审阅、甄别被查企业以前利润实现及分配的会计资料，了解其亏损弥补期限及有关情况。

（4）对向投资者分配利润问题的查证。首先根据当年有关利润判断应否向投资者分配利润，同时审阅实收资本明细账，以查明外部投资的真实性，或调阅投资协议，核实投资协议的合理性、有效性，了解有关利润分配的规定。然后根据有关协议与利润分配的会计凭证相核对，确证向投资者分配利润的真实与否，发现问题后向企业有关部门及外部有关投资者查询、确证。

16.4.3 盈余公积方面的假账与反假账

盈余公积是指企业按照规定从净利润中提取的各种积累资金。公司制企业的盈余公积分为法定盈余公积和任意盈余公积。两者的区别就在于其各自计提的依据不同。前者以国家的法律或行政规章为依据提取；后者则由企业自行决定提取。

企业提取盈余公积主要可以用于以下几个方面。

1. 弥补亏损

企业发生亏损时，应由企业自行弥补。弥补亏损的渠道主要有：

（1）用以后年度税前利润弥补。按照现行制度规定，企业发生亏损时，可以用以后五年内实现的税前利润弥补，即税前利润弥补亏损的期间一般为五年。

（2）用以后年度税后利润弥补。企业发生的亏损经过五年期间未弥补足额的，尚未弥补的亏损应用所得税后的利润弥补。

（3）以盈余公积弥补亏损。企业以提取的盈余公积弥补亏损时，应当由公司董事会提议，并经股东大会批准。

2. 转增资本

企业将盈余公积转增资本时，必须经股东大会决议批准。在实际将盈余公积转增资本时，要按股东原有持股比例结转。企业提取的盈余公积，无论是用于弥补亏损，还是用于转增资本，只不过是在企业所有者权益内部作结构上的调整，比如企业以盈余公积弥补亏损时，实际是减少盈余公积留存的数额，以此抵补未弥补亏损的数额，并不引起企业所有者权益总额的变动；企业以盈余公积转增资本时，也只是减少盈余公积结存的数额，但同时增加企业实收资本或股本的数额，也并不引起所有者权益总额的变动。

3. 扩大企业生产经营

盈余公积的用途，并不指其实际占用形态，提取盈余公积也并不是单独将这部分资金从企业资金周转过程中抽出。企业盈余公积的结存数，实际只表现为企业所有者权益的组成部分，表明企业生产经营资金的一个来源而已。其形成的资金可能表现为一定的货币资金，也可能表现为一定的实物资产，如存货和固定资产等，随同企业的其他来源所形成的资金进行循环周转，用于企业的生产经营。

为了反映盈余公积的形成及使用情况，企业应设置“盈余公积”科目。企业应当分别“法定盈余公积”“任意盈余公积”进行明细核算。外商投资企业还应分别“储备基金”“企业发展基金”进行明细核算。企业提取盈余公积时，借记“利润分配——提取法定盈余公积”“利润分配——提取任意盈余公积”科目，贷记“盈余公积——法定盈余公积”“盈余公积——任意盈余公积”科目。外商投资企业按规定提取的储备基金、企业发展基金、职工奖励及福利基金，借记“利润分配——提取储备基金”“利润分配——提取企业发展基金”“利润分配——提取职工奖励及福利基金”科目，贷记“盈余公积——储备基金”“盈余公积——企业发展基金”“应付职工薪酬”科目。企业用盈余公积弥补亏损或转增资本时，借记“盈余公积”，贷记“利润分配——盈余公积补亏”“实收资本”或“股本”科目。经股东大会决议，用盈余公积派送新股，按派送新股计算的金额，借记“盈余公积”科目，按股票面值和派送新股总数计算的股票面值总额，贷记“股本”科目。

盈余公积方面造假手法如下：

（1）有些企业为了逃避所得税，将本应该计入当期损益的项目计入盈余公积，常见的做法有将无法支付的应付账款计入盈余公积；将资产盘盈、罚没收入等计入盈余公积。

（2）提取的顺序和基数不正确。按现行制度规定，盈余公积应在税后利润弥补以前年度亏损，扣除没收财产的损失、支付滞纳金和罚款后的余额提取。

（3）列支的渠道不正确，有些企业直接从成本费用中提取。

（4）根据现行财务制度和有关法律的规定，盈余公积中的法定盈余公积和任意盈余公积主要用于：

- 弥补亏损；
- 转增资本或特殊情况下用于分配股利，但转增资本或分配股利后法定盈余公积不得低于注册资本的 25%，分配股利的比例不得超过股票面值的 6%。

有些企业将盈余公积挪作他用，用于发放奖金，用于弥补超支的应付职工薪酬——福利费等。

小知识

盈余公积方面造假手法

（1）盈余公积内容不合规。有的企业将营业外收入、投资收益等内容列入了盈余公积。

（2）多提或少提盈余公积。

（3）盈余公积使用不合规。

查账人员对盈余公积进行实质性测试，其一般程序如下。

（1）获取或编制盈余公积明细表。进行盈余公积的实质性测试，查账人员应首先获取或编制盈余公积明细表，分别列示法定盈余公积、任意盈余公积，并与明细账和总账的余额核对相符。在此基础上，对盈余公积各明细项目的发生额，逐项检查其原始凭证。

（2）检查盈余公积的提取。对盈余公积的提取，查账人员主要应检查盈余公积提取是否符合规定并经过批准，提取手续是否完备，提取的依据（税后利润）是否真实、正确，提取项目是否完整，提取比例是否合法，有无多提或少提。

《中华人民共和国公司法》第一百六十六条规定："公司分配当年税后利润时，应当提取利润的百分之十列入公司法定公积金。公司法定公积金累计额为公司注册资本的百分之五十以上的，可以不再提取。

公司的法定公积金不足以弥补以前年度亏损的，在依照前款规定提取法定公积金之前，应当先用当年利润弥补亏损。

公司从税后利润中提取法定公积金后，经股东会或者股东大会决议，还可以从税后利润中提取任意公积金。

公司弥补亏损和提取公积金后所余税后利润，有限责任公司依照本法第三十五条的规定分配；股份有限公司按照股东持有的股份比例分配，但股份有限公司章程规定不按持股比例分配的除外。

股东会、股东大会或者董事会违反前款规定，在公司弥补亏损和提取法定公积金之前向股东分配利润的，股东必须将违反规定分配的利润退还公司。

公司持有的本公司股份不得分配利润。"

《关于取消外商投资企业预分利润审批事项的通知》规定："我部1993年颁发的《外商投资企业执行新企业财务制度的补充规定》第二十四条规定，外商投资企业效益较好，无到期债务，按规定预缴所得税后仍有较多利润的，经主管财政机关批准，可预分一部分利润。经研究决定，财政机关不再对外商投资企业预分利润事项进行审批。《外商投资企业执行新企业财务制度的补充规定》第二十四条，以及其他外商投资企业预分利润审批的有关规定相应废止。"

《关于〈公司法〉施行后有关企业财务处理问题的通知》："从2006年1月1日起，按照《公司法》组建的企业根据《公司法》第一百六十七条进行利润分配，不再提取公益金；同时，为了保持企业间财务政策的一致性，国有企业以及其他企业一并停止实行公益金制度。企业对2005年12月31日的公益金结余，转作盈余公积金管理使用；公益金赤字，依次以盈余公积金、资本公积金、以前年度未分配利润弥补，仍有赤字的，结转未分配利润账户，用以后年度实现的税后利润弥补。

企业经批准实施住房制度改革，应当严格按照财政部《关于企业住房制度改革中有关财务处理问题的通知》（财企〔2000〕295号）及财政部《关于企业住房制度改革中有关财务处理问题的补充通知》（财企〔2000〕878号）的相关规定执行。企业按照国家统一规定实行住房分配货币化改革后，不得再为职工购建住房，盈余公积金不得列支相关支出。

尚未实行分离办社会职能或者主辅分离、辅业改制的企业，原属于公益金使用范围的内设职工食堂、医务室、托儿所等集体福利机构所需固定资产购建支出，应当严格履行企业内部财务制度规定的程序和权限进行审批，并按照企业生产经营资产的相关管理制度执行。

企业停止实行公益金制度以后，外商投资企业的职工奖励及福利基金，经董事会确定继续提取的，应当明确用途、使用条件和程序，作为负债管理。"

（3）检查盈余公积的使用。对盈余公积的使用，查账人员应主要检查盈余公积的使用是否符合规定用途并经过批准。按规定盈余公积的使用必须经过一定的授权批准手续，法定盈余公积和任意盈余公积用于弥补亏损、转增资本和特别批准后支付股利，但必须符合国家规定的限制条件（如转增资本或分配利润后剩余额不得低于注册资本的25%，支付股利时支付比率不超过股票面值的6%）；转增资本还必须经批准，依法办理增资手续，取得合法的增资文件；弥补亏损也必须按批准数额转账。

（4）检查盈余公积是否已在资产负债表上恰当披露。

小知识

盈余公积方面假账主要审查方法

1. 对盈余公积的内部控制制度健全性和有效性的鉴别

查账人员可以编制盈余公积内部控制制度调查表，来对企业盈余公积内部控制制度是否存在和遵守的情况进行审查。

2. 分析比较盈余公积账户余额的情况

查账人员应将本期盈余公积账户余额的实际数与上期进行比较，通过比较，分析有无异常的情况，并对此作进一步甄别。

3. 甄别盈余公积的提取是否符合规定并经过批准

盈余公积账户应包括法定盈余公积和任意盈余公积。查账人员应甄别企业盈余公积的提取是否符合有关规定。

4. 甄别盈余公积的使用是否符合规定并经过批准

根据现行制度规定，法定盈余公积和任意盈余公积可用于弥补亏损或按规定条件转增资本。在亏损年度企业用盈余公积弥补亏损后，还可以按规定条件分配股利，但用盈余公积分配股利的数额不得超过股票面值的 6%，且分配股利后企业法定盈余公积不得低于注册资本的 25%。查账人员应甄别企业盈余公积的使用方法是否符合上述规定，并经过企业权力机构的批准。

5. 甄别盈余公积的会计处理是否正确

查账人员应甄别企业盈余公积是否按照会计准则的有关规定进行处理。

主要参考文献

[1] 贺志东. 造假账手法曝光[M]. 北京：经济管理出版社，2001.
[2] 尹平. 财务造假防范与经济凭证鉴别[M]. 北京：中国审计出版社，2000.
[3] 中华第一财税网（www.tax.org.cn）.